中国彩票年鉴

Yearbook of the Chinese Lotteries 2021

Caipiao

中国彩票年鉴编辑委员会

中国财经出版传媒集团
中国财政经济出版社

图书在版编目（CIP）数据

中国彩票年鉴. 2021 / 中国彩票年鉴编辑委员会编
. -- 北京：中国财政经济出版社，2021.10
ISBN 978-7-5223-0756-5

Ⅰ. ①中… Ⅱ. ①中… Ⅲ. ①彩票—中国—2021—年鉴 Ⅳ. ①F832. 5-54

中国版本图书馆CIP数据核字（2021）第180539号

责任编辑：陆宗祥　　责任印制：史大鹏
封面设计：卜建辰　　责任校对：徐艳丽

中国彩票年鉴2021
ZHONGGUO CAIPIAO NIANJIAN 2021

中国财政经济出版社出版

URL：http：//www.cfeph.cn
E-mail：cfeph @cfemg.cn

社址：北京市海淀区阜成路甲28号　邮政编码：100142
营销中心电话：010-88191522
天猫网店：中国财政经济出版社旗舰店
网址：https：//zgczjjcbs.tmall.com
北京时捷印刷有限公司印刷　各地新华书店经销
成品尺寸：210mm × 285mm　16开　32印张　796 000字
2022年1月第1版　2022年1月北京第1次印刷
定价：220.00元
ISBN 978-7-5223-0756-5
（图书出现印装问题，本社负责调换，电话：010-88190548）
本社质量投诉电话：010-88190744
打击盗版举报热线：010-88191661　QQ：2242791300

▲ 2020 年，“中央专项彩票公益金法律援助项目”实施十周年第三方评估报告发布会。

▲ 2020 年，中央专项彩票公益金支持“爱心传递 防治出生缺陷”公益行走进四川活动。

◀2020 年，中国法律援助基金会理事长张彦珍在《今日说法 · 中央专项彩票公益金法律援助项目典型案例》节目中接受访谈。

▶2020 年，在中央专项彩票公益金支持下，山西省红十字会举办省城纪念第 21 个“世界急救日”活动。

▲2020 年，中央专项彩票公益金支持山西省运城市乡村小学美术教师核心素养能力提升培训。

▲2020 年，中国法律援助基金会秘书长张建华（左三）实地了解实施单位“中彩金”法律援助项目实施情况。

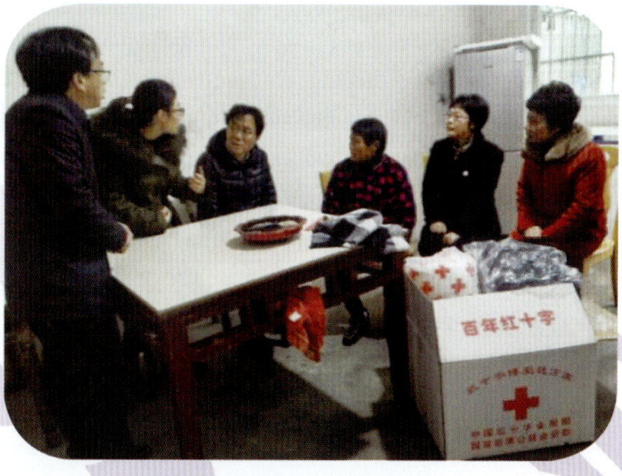

▲ 2020 年，中央专项彩票公益金支持的“红十字博爱送万家”活动。

◀ 2020 年，中央专项彩票公益金支持蒲县爱邦“青年之家”举办“情暖困境家庭·助力快乐成长”水墨画主题体验活动。

▶ 2020 年，中央专项彩票公益金支持团体“助力计划”山西省困境青少年服务项目。

◀ 2020 年，中央专项彩票公益金支持“红十字关爱生命健康教育”项目：山西省红十字会 2020 年第 1、2 期救护师资复训班。

▲ 2020 年，中央专项彩票公益金支持失能老人养老服务项目：评审委员会的专家认真审核养老机构的申报材料。

▲ 2020 年，中央专项彩票公益金支持重点青少年禁毒防艾教育服务项目。

▶ 2020 年，中央专项彩票公益金支持的山西省长治市伯乐职业培训学校“青年之家”项目：为潞州区新华小学的困境青少年提供旱地冰球训练。

◀ 2020 年，中央专项彩票公益金支持新疆生产建设兵团第一师阿拉尔市新建九年一贯制学校购置的教学仪器——智能黑板，学生们正在专心听课。

▶ 2020 年，中央专项彩票公益金支持的励耕计划：甘肃省平凉市庄浪四幼为杨春兰同志颁发资助金。

▲ 2020 年，中央专项彩票公益金支持的助力计划：山西省临汾市敲击音符“青年之家”在乡村小学举办“中国鼓兴趣课堂”活动。

▲ 2020 年，中央专项彩票公益金支持的滋蕙计划：甘肃省临夏州康乐中学发放仪式。

▶ 2020 年，贵州省黔东南州黄平县救助金发放仪式。

◀ 2020 年，国家艺术基金 2018 年度传播交流推广资助项目歌剧《马向阳下乡记》入选全国脱贫攻坚舞台艺术优秀剧目展演活动。

▶ 2020 年，女子轮椅篮球队集训。

◀ 中央彩票公益金支持的 2020 年度第三期养老院长培训班在江西举行。

◀ 2020 年 1 月 17 日至 21 日，河北省秦皇岛福彩中心组织开展“爱在你身边”主题公益活动。

▶ 2020 年 3 月，湖北省福彩管理站工作人员疫情控制区域，身着福彩马甲，支起福彩帐篷，参与一线工作。“福彩红”成为湖北各地抗疫前线一道独特风景。

▲ 2020 年的 3 月至 5 月，湖南省福彩携手省直机关文明办、省财信公益基金会共同组织发起“微光大义·致敬白衣天使”公益行动。图为怀化 43122128 号福彩投注站业主何委柽慰问医护人员。

▲ 2020 年 6 月，陕西省福彩开展“福彩圆梦助力脱贫攻坚”关爱困难家庭儿童慰问活动，使用 150 万元省级福利彩票公益金资助全省 1 500 名困难家庭儿童，每人 1 000 元。

◀ 2020 年 6 月 9 日，“金山 · 银山”主题即开型福利彩票首发仪式在浙江省湖州举行。

▲ 2020 年 6 月 29 日，浙江省“福彩暖万家 · 点亮希望”主题活动。

▲ 2020 年 8 月 25 日，陕西省“公益福彩助力脱贫攻坚”资助贫困家庭大学新生活动启动仪式在西安举行。安排 2 000 万元省本级福彩公益金，资助全省 4 200 名贫困家庭大学新生。

▶ 2020 年 10 月 28 日，浙江开展快乐 8 游戏上市公益跑活动。

◀ 2020 年 10 月 29 日，“燕赵福彩，福佑燕赵”——“燕赵风采”电脑福利彩票上市 20 周年暨双色球年主题活动在河北省广播电视台演播室举行。省民政厅副厅长陈建民为郭丽佳颁发福彩助学金。

▶ 2020 年 11 月 26 日，由山东省福利彩票发行中心主办的首届“为福添彩 精彩有我——最美齐鲁福彩人”颁奖仪式在济南举办，20 位一线福彩工作者（团体）获得“最美齐鲁福彩人”称号。

▲ 2020 年 12 月 10 日，2020 年度江苏福彩爱心助学授助仪式在南京医科大学江宁校区举行。

▲ 2020 年 11 月 8 日，福利彩票双色球游戏 12 亿派奖启动。

2020 年 10 月 28 日，福彩快乐 8 游戏在部分省份试点上市销售

▲ 陕西快乐 8 首卖式。

▲ 重庆快乐 8 首卖式。

▲ 上海快乐 8 首卖式。

▲ 广东快乐 8 首卖式体验区。

▶ 2020 年 1 月 1 日，“中国体育彩票”2020 年全国新年登高健身大会在全国各地盛大举行，主会场为浙江省江山，全国 31 个省（区、市）超 100 个举办地实现同步联动，近百万群众纷纷通过登高的方式喜迎新年。

◀ 2020 年 2 月 14 日，“加油中国”2020 年中国体育彩票全国象棋业余棋王赛网络赛正式启动。本次网络赛首次采用了分组参赛、赛赛衔接的比赛形式。

▶ 2020 年 3 月 18 日，谭蕾在湖南省人民医院完成造血干细胞采集手术，他捐献的造血干细胞将救助一个陌生的 4 岁小女孩。湖南省体彩中心为他送上“大爱体彩人”荣誉奖牌。

◀ 2020 年 4 月 8 日，作为“加油中国 光芒焕新”系列活动之一的“益起来 绘精彩”体彩吉祥物征集活动在线上启动。体彩吉祥物评审活动将于 6 月展开，经过 3 轮评选后，于 10 月将正式与大众见面。

▶ 2020年，5月16日，《相约体彩》上线“加油中国 光芒焕新”特别节目，为大家讲述体彩人坚决战“疫”的感人故事和复工复产的温情举措。

◀ 2020年8月，中国体育彩票联手CCTV-6电影频道推出公益纪实节目《温暖有光放映队》，展示了在充盈群众健康与小康生活的各个体育扶贫环节中，体彩公益金发挥出的积极作用。

▶ 2020年8月8日，全民健身日当天，中国体育彩票“燃动中国”全民健身嘉年华活动在西安举行，该活动也是中国体育彩票“点亮健康中国”活动的收官之作。

◀ 2020年8月22日至28日，中国体育彩票与CCTV—2《第一时间》栏目合作推出“健康，从公筷开始”活动。除了宣传公筷的健康属性外，群众观看节目还有机会获得体彩定制“公筷”，感受到体彩的公益魅力。

▶ 2020 年 9 月 2 日，按照国家体育总局定点扶贫工作的部署要求，国家体彩中心继续在山西省繁、代两县开展扶贫支教活动。自 2000 年以来，总局体彩中心多次向繁峙县学校捐赠物资，派驻支教教师。

◀ 2020 年 9 月 8 日，2020 年贵州“公益体彩 快乐操场”捐赠仪式在织金县第八小学举行。中国体育彩票向第八小学的孩子们捐赠了体育器材、书包、航空模型等物资。

▶ 2020 年 9 月 25 日，由河北省体育彩票管理中心、河北省志愿服务基金会联合举办的第三届“‘公益体彩文体下乡’——志愿服务助力脱贫攻坚”启动仪式暨首场志愿服务下乡活动在张家口市尚义县满井镇特布不落村举行。

◀ 2020 年 10 月 14 日，在海南省海口举行中国体育彩票全国象棋“民间棋王”电视争霸赛的总决赛。

▶ 2020年10月18日，中国体育彩票在北京举行了以“见证公益的力量”为主题的发布会。发布会上，体彩吉祥物乐小星首次亮相。活动现场，奥运冠军武大靖前来助力。

◀ 2020年11月23日，中国体育彩票联合新华社客户端共同发起“寻找微光公益见证官”活动。此次活动邀请了体育明星、新闻记者、公益项目志愿者等16位爱心人士作为“微光公益见证官”代表，分享亲身经历的体彩微公益故事，旨在让“微公益”理念触及更多人群。

▶ 2020年12月24日，2020年“中国体育彩票·新长城助学基金”（青海站）捐助仪式在青海师范大学举行，项目惠及青海师范大学40名优秀特困学子，资助金额共计16万元。

◀ 2020年9月，国家体彩中心组织中央媒体代表组成“走基层采访小分队”，开展“发现身边的公益——黔中锦绣彩妆成”主题新闻采访活动，重点围绕总局对贵州省织金县的扶贫成果、贵州体育发展成就、体彩公益金资助项目等进行宣传报道。

中国彩票年鉴2021

编辑委员会

中国彩票年鉴 2021

编辑出版工作人员

编辑工作小组

唐在富　李　剑　郭　梅　赵敏敏　顾兆霞　王晓飞

崔　露　刘　艺　刘建鲁　盛飒飒　秦　川

责任编辑

陆宗祥

英文目录翻译

吴楚松

英文校订

陆宗祥

封面设计

卜建辰

版式设计

南博文化

责任校对

徐艳丽

印制监督

史大鹏

编辑部电话

010-88190710

88190759

88190710（传真）

编辑说明

一、《中国彩票年鉴》是财政部综合司组织中国福利彩票发行管理中心和国家体育总局体育彩票管理中心等单位共同编纂的有关中国彩票业年度发展基本情况的综合信息密集型工具书，自2002年起每年出版一卷，已成系列。现奉献给读者的是该系列中的第二十本。

二、年鉴工具书一般是以出版年号为卷次名称，具有按年度连续编纂的特点。2021年卷次主要收录从2020年1月1日到2020年12月31日间中国彩票业的市场发展概况，汇集这期间的相关资料。

三、《中国彩票年鉴》不仅收录了最新彩票游戏规则、玩法说明，而且还汇集了如按系统、按类型、分地区，历年或按年、按月等多重方式叠加的彩票游戏销售统计数据，更加有利于读者从不同维度深入了解全国彩票市场的发行销售品种、结构和数量，有利于行业研究者开发出更加切合销售实际的彩票游戏新品种，整个统计体系脉络清晰，划分得当。

四、本年卷主体分为七个部分，包括彩票市场发展概况，彩票大事记，彩票制度、政策和文献，彩票统计资料，中央专项彩票公益金使用情况，附录及彩票票样等，其中彩票票样仍由中国福利彩票发行管理中心和国家体育总局体育彩票管理中心提供。

五、自2011年卷开始，年鉴已把“四、统计资料”部分的“（三）历年彩票游戏销售统计资料”栏目中“历年”的时间跨度改为十年，本年卷即为“2011—2020年”，以后仍逐年递推，敬请读者留意。

六、为扩大彩票公益金使用效果宣传，便于社会各界了解中央专项彩票公益金使用情况，自2012卷开始，增添“中央专项彩票公益金使用情况”栏目，内容逐年增加，越来越丰富。

七、本年卷文字记述中，凡涉及数据的，一般满亿的以亿为单位，不足亿的以万为单位，保留两位小数，四舍五入；读者如采用数据，请以统计资料中的数字为准；凡未注明提供者的统计数据均由财政部综合司提供，特此说明。

八、为进一步诠释国家彩票发行事业的“公益”理念，提高全书质量，增强可读性，在正文前设置了若干主要由教育部、民政部、文化和旅游部、中国红十字会总会、全国妇联妇女发展部、中国残疾人联合会、扶贫机构、教育机构，以及中国福利彩票发行管理中心、国家体育总局体育彩票管理中心等部门提供的专题彩色插页，力求生动、鲜活地反映2020年度彩票行业的发展风貌。凡是来稿中注明摄影者的，本书采用时就予以署名，而其他图片不再一一注明供稿机构。

九、为开阔读者视野，年鉴在附录中按照不同地区或品种，用19张附表详细统计了世界彩票销售情况，以飨读者。

十、《中国彩票年鉴2021》是集体协作的结晶，编辑过程中，特别得到了财政部综合司及两国家级彩票发行管理中心领导的热情支持。在此，谨向他们及其他为本年鉴的编辑出版付出辛勤劳动、给予大力支持的个人和单位，一并致以最诚挚的谢意！

中国彩票年鉴编辑委员会

2021年11月

目录

Contents

一、2020年彩票市场发展概况

全国彩票市场发展概况

“十三五”时期，我国彩票事业总体呈现平稳健康发展态势。全国累计销售彩票约2.08万亿元，其中，福利彩票约0.98万亿元，体育彩票约1.1万亿元；经国务院批准，“十三五”时期安排中央专项彩票公益金777.65亿元，累计筹集公益金预计超过5 500亿元，有力支持了民政福利、体育、教育、扶贫、医疗卫生等社会公益事业发展，有力彰显出国家彩票公益特征和社会责任。

彩票市场监管方面，坚持规范市场管理与改革创新并重，加大对擅自利用互联网销售彩票的查处力度，切实维护彩票市场秩序。一是优化品种结构。有序退市高频快开彩票游戏，停销福利彩票视频型游戏，调整单场竞猜游戏规则，防范和化解市场风险，防止非理性投注等导致的社会问题。调整乐透型、基诺型游戏规则，大力支持即开型彩票发展，推动博弈性小、沉迷性低、娱乐性强的彩票游戏上市销售。二是凝聚监管合力。会同公安部、工信部、中央网信办等部门成立彩票监管工作组，指导各地财政部门牵头成立地方彩票监管工作组，印发工作方案，狠抓任务落实，基本形成统一部署、上下联动、分工协作的彩票监管工作机制。三是强化监督检查。建立擅自利用互联网销售彩票行为发现、核查、处置机制，开展全国彩票市场摸排核查，严厉打击处理一批违法违规案件，妥善处置历史遗留问题。目前4 800余个擅自利用互联网销售彩票网站、手机客户端已全部封堵完成，有效遏制彩票市场乱象，促进彩票市场平稳健康发展。

下一步，财政部将按照党中央、国务院决策部署，继续坚持国家彩票公益属性和社会责任，进一步优化彩票品种和游戏结构，不断规范资金管理，切实发挥好彩票公益金作用，研究改革完善彩票管理体制机制，促进国家彩票事业有序健康发展。

（财政部综合司供稿）

全国福利彩票市场发展概况

2020年是极不平凡的一年，也是福利彩票极为不易的一年。受新冠疫情影响，福利彩票春节休市长达49天，中福在线游戏停销、快开游戏分阶段退市，福利彩票面临极为严峻的市场形势。在民政部党组和各级民政部门的坚强领导下，在财政、公安、市场监管等部门的大力支持下，全国福彩系统坚决贯彻落实党中央、国务院决策部署，统筹疫情防控与复工复市，严格落实监管政策调整，上下同心，步调一致，迎难而上，担当作为，有力保障了福利彩票安全运行、健康发展。

一、全国福利彩票市场基本情况

（一）总体情况

2020年全国福利彩票销售受新冠疫情、中福在线游戏停销、快开游戏分步退市等因素影响，销售额呈现下降，全年发行销售1 445亿元，同比减少467.5亿元，下降24.4%（见图1）。不计视频型彩票，即开型和乐透数字型、基诺型彩票的总销量达到上年的93.6%。剔除受新冠疫情影响及春节国庆休市，2020年福利彩票实际销售天数为313天，日均销量（不计视频型彩票）同比上年增长4.9%。

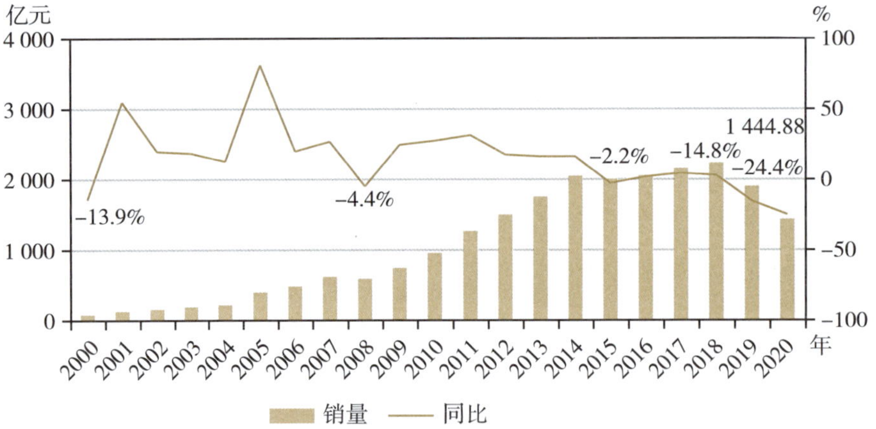

图1　2000—2020年福彩销量与同比增速情况

2020年福利彩票筹集公益金（不含弃奖）约445亿元，公益金筹集率约达30.8%，筹集率为近十年来最高。

（二）分月销售情况

1~12月，福利彩票月销量呈现震荡爬升走势，月均销量为120亿元。除2~3月延长休市外，其他各月销量均在119亿元以上。1月因春节休市10天、销量同比较低，2月因疫情延长休市销量为0，自3月11日福利彩票恢复销售后，月销量持续提升。其中，5~7月因视频型彩票恢复销售，月销量及同比双双攀升，7月销量及同比均达全年峰值。自8月中福在线游戏停销后，月销量再次走低。10月，受国庆休市销售日较上年减少3天影响，同比小幅回暖。后两月受年底旺季及双色球派奖等因素共同拉动，呈现月销量年底翘尾（见图2）。

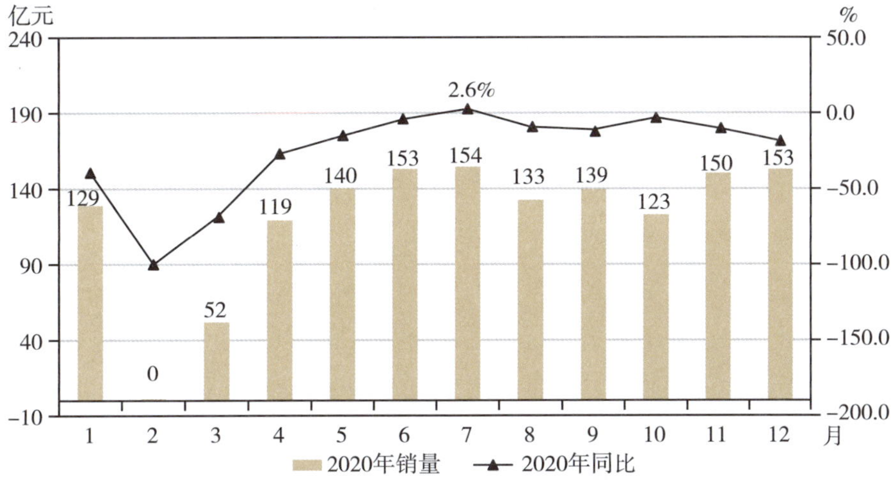

图2　2020年1~12月福利彩票月销量与同比走势图

二、分类型销售情况

（一）主力游戏销售情况

2020年，乐透数字型彩票销售1 221.41亿元，同比减少98.84亿元，下降7.5%。其中，双色球销售484.02亿元，同比减少58亿元，下降10.7%；快开游戏销售555.58亿元，同比减少25.7亿元，下降4.4%；3D销售162.76亿元，同比减少12.28亿元，下降7%。即开型彩票销售146.43亿元，同比减少3.21亿元，下降2.1%。视频型彩票销售67.93亿元，同比减少372.89亿元，下降84.6%（见图3）。基诺型彩票销售9.11亿元，同比增加7.44亿元，增长445.9%。

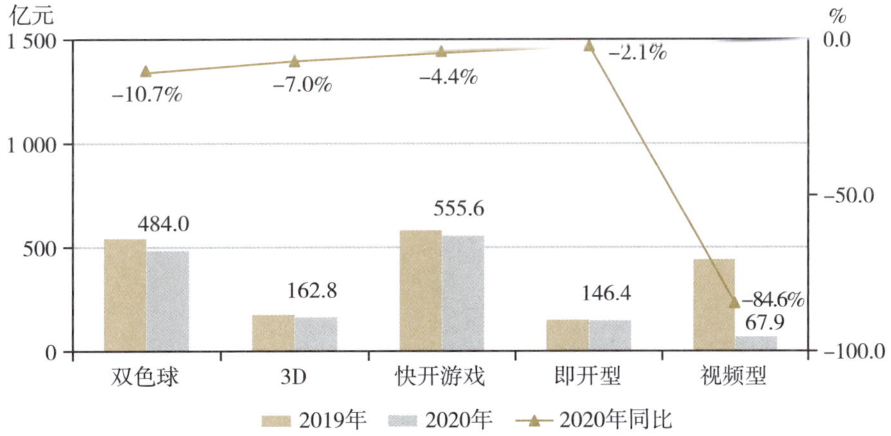

图3　2020年全国福利彩票主力游戏销售销量及同比

（二）主力游戏占比情况

2020年全年，乐透数字型、即开型、视频型、基诺型彩票销售量分别占福利彩票销售总量的84.54%、10.13%、4.7%和0.63%。乐透数字型彩票中，双色球、3D、快开游戏分别占福利彩票销售总量的33.5%、11.3%和38.5%。

主力游戏中，除视频票占比下降较多外，其他主力游戏占比均有所提高。一方面，视频票在销时间仅约3个月，直接导致销量大幅下降，占比较上年降低18.3个百分点。另一方面，其他游戏占比均呈现不同程度提高，其中快开游戏、双色球、即开型彩票、3D游戏份额分别提高8.1个百分点、5.2个百分点、2.3个百分点和2.1个百分点；基诺型彩票受快乐8游戏年底上市拉动，份额提高0.5个百分点。

三、各省销售情况

（一）从销售总量上看

2020年，全国除新疆和青海实现增长外，其他省份均呈现不同程度销量下降（见图4）。其中，销量在100亿元以上的省份有两省（同比减少2省），分别是广东（162.14亿元）、浙江（117.63亿元）。销量在70亿元至100亿元之间的省份有4个，依次是山东（91.9亿元）、江苏（89.19亿元）、陕西（83.75亿元）、四川（79.42亿元）。销量在50亿元至70亿元之间的省份有5个，分别是云南（63.98亿元）、辽宁（62.5亿元）、湖北（52.5亿元）、新疆（51.2亿元）、湖南（50.86亿元）。销量在30亿元至50亿元之间的省份有7个，分别是上海（46.45亿元）、安徽（43.77亿元）、河南（40.58亿元）、河北（38.13亿元）、广西（31.56亿元）、重庆（31.07亿元）、福建（30.61亿元）。销量在30亿元以下的有13个省份，分别是内蒙古（29.11亿元）、黑龙江（29.03亿元）、山西（28.71亿元）、甘肃（27亿元）、江西（25.34亿元）、北京（25.34亿元）、天津（24.51亿元）、吉林（21.45亿元）、贵州（19.52亿元）、西藏（17.65亿元）、青海（14.65亿元）、宁夏（11.51亿元）和海南（3.82亿元）。

（二）从同比增速上看

2020年全国仅有两省份福利彩票年销量实现增长，与上年持平。其中，新疆增速达5.9%，为全国增速最高；青海实现同比增长4.7%。降幅在20%以内的省份有10个，分别是西藏（–6.9%）、上海（–9.9%）、陕西（–12.1%）、山西（–13.6%）、宁夏（–14.2%）、广东（–16.8%）、吉林（–17.2%）、云南（–17.5%）、贵州（–19.6%）、四川（–19.6%）。降幅在20%~30%的省份有9个，依次是甘肃（–20.4%）、浙江（–23.6%）、黑龙江（–24.9%）、天津（–25.8%）、重庆（–28.2%）、福建（–28.4%）、江苏（–29.4%）、河北（–29.4%）、辽宁（–29.8%）。降幅在30%~60%的省份有10个，依次是广西（–30.2%）、内蒙古（–31%）、山东（–32.4%）、湖南（–32.6%）、湖北（–35.4%）、北京（–35.6%）、江西（–35.6%）、安徽（–36.7%）、河南（–37.3%）和海南（–56.8%）。

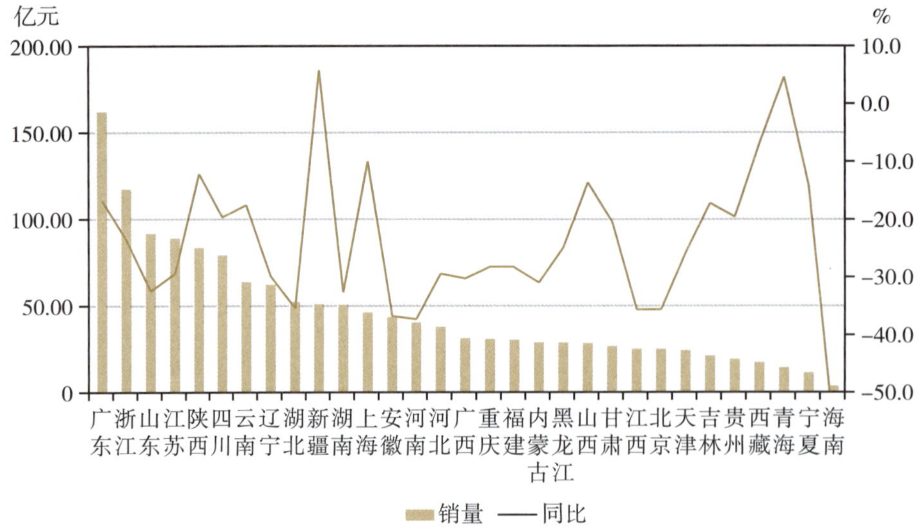

图4　2020年福利彩票各省份销量及同比情况图

四、发行管理工作情况

（一）全面加强党的政治建设，坚决做到“两个维护”

福彩系统深入贯彻落实习近平总书记关于彩票工作的重要批示精神，深刻把握福利彩票的人民性、国家性、公益性，坚持以政治建设为统领，全面加强党对福彩工作的领导。坚持从讲政治高度审视福彩工作，牢固树立“福彩中心是政治机关，福彩事业是党的事业”的政治意识，深入推进政治机关建设，完成中央巡视整改政治任务，以实际行动增强“四个意识”，坚定“四个自信”，做到“两个维护”，政治站位不断提高。坚持以习近平新时代中国特色社会主义思想为指导，深入学习党的十九大和十九届二中、三中、四中、五中全会精神，及时跟进学习习近平总书记系列重要讲话精神，发挥理论学习中心组、主题实践等机制成效，巩固“不忘初心、牢记使命”主题教育成果，运用党的先进思想提高认识、指导实践、推动工作，理论武装持续加强。坚持完善党建工作责任体系，夯实组织基础，深入推进党支部标准化、规范化建设，促进党建和业务工作融合，开展“灯下黑”问题专项整治，在攻坚克难中激发组织凝聚力、战斗力，政治功能有效发挥。坚持强化党风廉政建设和反腐败斗争，认真配合做好福彩系统监督执纪问责，持续净化政治生态；深入开展福彩领域以案释纪警示教育，强化党员干部纪律规矩意识；严格落实中央八项规定精神，驰而不息纠治“四风”，持续整治形式主义、官僚主义突出问题；聚焦对外合作、采购等“三重一大”事项，加强日常监督和重要时间节点管理，强化廉政风险防控，全面从严治党深入推进。坚持围绕中心、服务大局，勇担社会责任，立足自身优势，持续加大人力、物力、财力投入，通过选派干部担任驻村“第一书记”，精准结对帮扶、包联帮扶，产业扶贫、消费扶贫、教育扶贫等多种方式，助力脱贫攻坚胜利收官，为全面建成小康社会作出了应有贡献。

（二）统筹疫情防控和复工复市，坚决完成福彩领域“六稳”“六保”任务

面对突如其来的疫情，坚持生命至上，及时研判部署休市安排；制定印发《中国福利彩票销售场所疫情防控指南》等系列文件，开发“疫情防控小程序”，指导销售机构做好疫情防控；各地守土负责，建立机制、出台举措、开展巡查，严格落细落实各项防控规定。经过系统上下的共同努力，全国福彩销售场所零感染、零病例，未发生疫情传播。在做好常态化疫情防控的同时，分票种、分地区有序恢复福利彩票销售，推动复工复市。积极协调推动民政部、财政部出台“阶段性调整福利彩票发行机构业务费比例”的政策，下调2020年1~4月（湖北省为1~6月）福利彩票发行机构业务费比例约2.6亿元，全部用来扶持一线销售站点；协调财政部加快下拨2020年预留市场调控资金2亿元；各地销售机构利用市场调控资金、彩票发行销售风险基金、业务费，通过发放抗疫补贴等方式，全面扶持一线销售站点，着力排忧解难，有效推动市场恢复，稳住了市场基本盘。全国福彩销售网点保持动态平衡，实现总体稳定。

（三）严格落实监管政策，稳步提升风险防范能力

稳妥做好中福在线游戏停销。加强领导，组建专班，周密部署，制订和完善停销方案，实行“一厅一案、一人一策”，建立每日总结、每周调度机制，分类推进、上下协同、精准实施、防控风险，2020年7月31日中福在线游戏实现总体平稳停销。同时，紧锣密鼓推进新视频游戏上市审批和技术、市场等各方面准备工作，先后通过民政部审核和财政部两次专家评审。在游戏审批情况发生变化后，按照民政部、财政部要求，迅速调整工作计划，切实做好后续工作。落实财政部等三部门通知要求，全面做好社会公告、技术和市场管理准备，于2020年11月1日起分步停止销售部分快开游戏，2021年春节休市结束后所有快开游戏已全部停止销售，游戏博弈性进一步

降低。配合公安部完成快开游戏数据管理排查整改；配合财政部门，推进违规网络售彩、派奖促销、代销经营、数据安全、开奖管理、资金归集等方面专项整治和自查自纠，认真整改四类11项问题；完成首期“神秘顾客”市场监察，覆盖全国179个城市12 002个销售网点。

（四）多措并举促发展，牢牢稳住市场基本面

大力推动新游戏上市，为市场提供增量资源。2020年10月28日快乐8游戏上市试点销售，成为近10年来第一款在全国范围内获批调整上市的福利彩票新游戏，也是第一款全国统一系统销售、统一渠道管理、统一开奖的游戏。在各地高度重视和大力支持下，市场表现超出预期，目前游戏已在全国31个省份试点销售，网点数量接近7万个，日销量突破5 000万元。

全年申报了30多款即开票新游戏，有效促进即开票市场开发。大力拓展销售渠道，为市场开源。印发《关于规范拓展销售渠道稳定福利彩票市场的指导意见》，支持指导各地加大渠道开发力度，推进行业合作，推动专营、兼营优势互补、协同发展。浙江深入推进“最多跑一次”改革，全面实现投注站征召申办、信息变更、退机注销事项“掌上办”“码上办”；江苏等投放了一批智能投注机试点运营；湖南开展“千站结对培训帮扶”，一对一精准帮扶，带动销量5 288万元，成效明显；安徽首次允许兼营店参加星级站点评定；上海对标准化菜场、农贸市场等商圈，推出新增站点专项扶持政策；新疆等充分发挥即开票销售展示柜效能，打造增长新亮点；重庆等加强即开票小卖场建设，创新运用直播等方式培训提升投注站经营管理能力，渠道整体规模实现逆势增长。大力创新营销宣传，为市场赋能。首次在全国范围内开展为期1个月的“双色球销售技能擂台赛”营销活动，评选“双色球销售之星”和“双色球擂台之星”，通过“以奖代补、以赛代补”帮扶销售网点，激发市场销售热情，取得了良好市场效果，获得部党组书记、部长李纪恒批示肯定。首次利用一般调节基金，针对“超级幸运”“超给力”即开票新游戏开展全国派奖和营销活动，惠及广大购彩者和销售站主，活动期间即开票销量显著增长。组织开展了首届营销创意大赛，营销宣传平台一期建成并投入使用。在广泛听取各地意见和建议的基础上，开展双色球派奖，满足市场需求、提振系统士气，派奖期间双色球单期销量创历史新高。山东等创新营销方式，构建立体宣传阵地，品牌效应凸显；广东等加大营销投入，精准发力，助推双色球“质”“量”双升。

（五）坚持强基固本，进一步夯实高质量发展的基础

以推进快乐8游戏上市为契机，开发了全国统一的基诺型彩票发行销售管理系统，全国乐透数字基诺型游戏系统统一迈出关键一步；建成新视频票发行销售系统，锻炼培养了自有技术人才队伍；完善发行销售数据监控系统功能，推进技术规范体系建设，提升安全防护技术能力，有力保障发行销售技术安全。制定《福彩责任彩票框架手册》，连续发布年度社会责任报告，依法公开福利彩票发行销售有关信息，接受社会监督；各地广泛开展各种形式的“福彩圆梦”“福彩助学”公益活动，陕西持续扩大“公益驿站”规模；广大干部职工大力弘扬福彩文化，践行福彩宗旨，积极参与志愿服务，深入社区投身抗疫一线，社会责任建设成效显著。中福彩中心创新运行机制，优化公司布局，将原积分公司改制成立运营公司，以即开票市场化运营为着力点，探索“总对总”渠道合作模式，加快推进渠道拓展和全国福彩运营网络整合；北京改革销售管理体制，实行全市福彩销售统一管理，设立6个区域销售分中心，切实提升彩票销售现代化管理能力。大力加强人才队伍建设，严格规范“三重一大”决策，加强资金、采购、资产、合同管理，自身建设得到全面加强。

（中国福利彩票发行管理中心供稿）

全国体育彩票市场发展概况

一、2020年体育彩票市场基本情况

2020年，受新冠疫情及监管政策收紧影响，体育彩票共销售1 894.63亿元，较上年的2 308.15亿元减少413.52亿元，同比下降17.9%。若除去2020年春节休市延期影响（受新冠疫情影响，2020年彩票行业春节停售延期至3月10日），2020年4~12月较上年同期减少37.49亿元，同比下降2.2%。其中，乐透数字型彩票销售997.67亿元，同比上升4.7%；竞猜型彩票销售749.17亿元，同比下降38.6%；即开型彩票销售147.77亿元（含山东、海南电话销售的即开游戏），同比上升9.0%。山东省、海南省电话销售即开型体育彩票共销售0.80亿元，海南省体育娱乐视频电子即开彩票游戏共销售146.31万元（见图1、表1）。

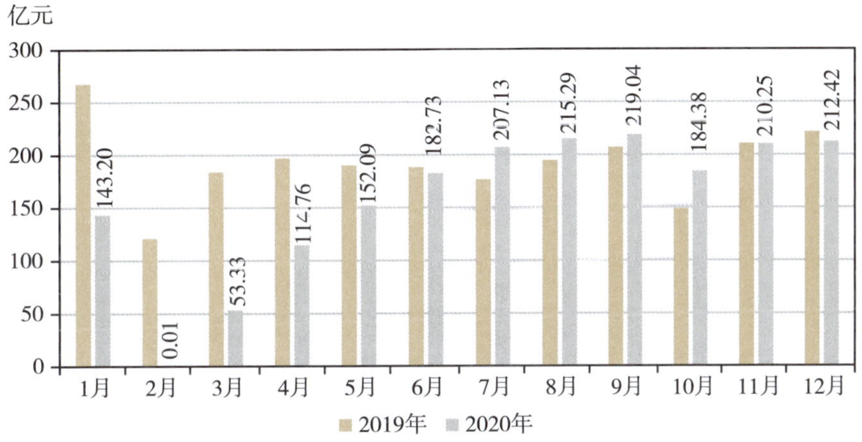

图1　2020年1~12月体育彩票销售量与上年同期比较图

表1　**2020年体育彩票分类型销售情况与上年同期比较**　单位：亿元

	2019年				2020年				
	乐透数字型	竞猜型	即开型	所有游戏合计		乐透数字型	竞猜型	即开型	所有游戏合计
1月	92.79	164.14	10.42	**267.36**	1月	63.45	68.04	11.71	**143.20**
2月	47.19	66.51	7.47	**121.17**	2月	—	—	0.01	**0.01**
3月	77.03	93.95	13.07	**184.04**	3月	39.99	7.68	5.66	**53.33**
4月	78.39	106.59	11.95	**197.03**	4月	98.45	4.32	11.98	**114.76**

续表

2019年					2020年				
	乐透数字型	竞猜型	即开型	所有游戏合计		乐透数字型	竞猜型	即开型	所有游戏合计
5月	81.92	95.50	12.88	**190.30**	5月	110.71	27.16	14.21	**152.09**
6月	80.35	96.23	11.92	**188.49**	6月	104.75	63.61	14.37	**182.73**
7月	83.98	81.89	11.01	**176.88**	7月	100.14	93.10	13.89	**207.13**
8月	81.13	102.22	11.41	**194.76**	8月	99.86	102.40	13.02	**215.29**
9月	83.34	114.25	9.47	**207.07**	9月	96.40	105.79	16.85	**219.04**
10月	64.38	73.93	10.40	**148.72**	10月	86.81	83.99	13.58	**184.38**
11月	88.73	108.72	13.19	**210.65**	11月	97.86	96.38	16.01	**210.25**
12月	93.90	115.50	12.29	**221.69**	12月	99.25	96.69	16.48	**212.42**
合计	**953.12**	**1 219.43**	**135.49**	**2 308.15**	**合计**	**997.67**	**749.17**	**147.77**	**1 894.63**
比例（%）	**41.29**	**52.83**	**5.87**	**100**	**比例（%）**	**52.66**	**39.54**	**7.80**	**100**

二、省（区、市）销售情况

（一）彩票销售量

彩票销售量在100亿元以上的省份有5个，依次为江苏（195.51亿元）、广东（163.59亿元）、山东（148.92亿元）、浙江（132.16亿元）、河南（130.72亿元）。

彩票销售量在50亿~100亿元的省份有8个，依次为河北（94.93亿元）、福建（86.80亿元）、湖北（82.72亿元）、云南（82.34亿元）、四川（73.76亿元）、安徽（65.53亿元）、北京（53.65亿元）、江西（51.72亿元）。

彩票销售量在50亿元以下的省份有18个，依次为陕西（45.92亿元）、内蒙古（45.39亿元）、贵州（44.26亿元）、重庆（40.78亿元）、辽宁（39.19亿元）、上海（38.18亿元）、黑龙江（37.58亿元）、湖南（36.63亿元）、吉林（36.09亿元）、甘肃（31.60亿元）、天津（28.75亿元）、新疆（25.06亿元）、山西（24.41亿元）、广西（18.98亿元）、宁夏（13.29亿元）、西藏（12.87亿元）、青海（7.64亿元）、海南（5.68亿元）（见表2）。

（二）彩票销售量同比增长率

2020年相比2019年，除西藏增长32.0%外，其他省份彩票销售量均同比下降。

彩票销售量同比2019年降幅在20%以上的省份有13个，依次为湖南（–41.0%）、辽宁（–32.3%）、重庆（–26.1%）、北京（–26.7%）、黑龙江（–26.6%）、山东（–26.1%）、海南（–24.7%）、广西（–24.2%）、内蒙古（–23.5%）、江西（–23.3%）、湖北（–21.9%）、山西（–21.5%）、安徽（–20.4%）。

彩票销售量同比2019年降幅在10%~20%的省份有9个，依次为河南（–19.5%）、新疆（–19.4%）、广东（–18.6%）、四川（–17.4%）、浙江（–15.4%）、江苏（–14.0%）、陕西（–13.9%）、天津（–12.5%）、上海（–11.3%）。

彩票销售量同比2019年降幅低于10%的省份有9个，依次为甘肃（–7.7%）、青海（–6.0%）、河北（–6.0%）、吉林（–5.8%）、云南（–5.6%）、贵州（–5.5%）、宁夏（–5.3%）、福建（–5.2%）（见表2）。

表2　　2020年体育彩票各省份销售情况

省份	2020年销售额（亿元）	2019年销售额（亿元）	同比（%）
北京	53.65	73.19	–26.7%
天津	28.75	32.88	–12.5%
河北	94.93	100.95	–6.0%
山西	24.41	31.08	–21.5%

续表

省份	2020年销售额（亿元）	2019年销售额（亿元）	同比（%）
内蒙古	45.39	59.29	-23.5%
辽宁	39.19	57.91	-32.3%
吉林	36.09	38.33	-5.8%
黑龙江	37.58	51.20	-26.6%
上海	38.18	43.06	-11.3%
江苏	195.51	227.33	-14.0%
浙江	132.16	156.15	-15.4%
安徽	65.53	82.30	-20.4%
福建	86.80	91.54	-5.2%
江西	51.72	67.45	-23.3%
山东	148.92	201.49	-26.1%
河南	130.72	162.43	-19.5%
湖北	82.72	105.96	-21.9%
湖南	36.63	62.11	-41.0%
广东	163.59	200.91	-18.6%
广西	18.98	25.05	-24.2%
海南	5.68	7.54	-24.7%
重庆	40.78	56.00	-27.2%
四川	73.76	89.31	-17.4%
贵州	44.26	46.85	-5.5%
云南	82.34	87.26	-5.6%
西藏	12.87	9.76	32.0%
陕西	45.92	53.32	-13.9%
甘肃	31.60	34.25	-7.7%

续表

省份	2020年销售额（亿元）	2019年销售额（亿元）	同比（%）
青海	7.64	8.12	-6.0%
宁夏	13.29	14.03	-5.3%
新疆	25.06	31.09	-19.4%

三、分类型彩票销售情况

乐透数字型彩票、即开型彩票占比均有所提升，竞猜型彩票受监管政策进一步收紧影响，占比下降。乐透数字型彩票销售量占比为52.66%，较上年提升11.36个百分点；竞猜型彩票销售量占比为39.54%，较上年下降13.29个百分点；即开型彩票的销售量占比为7.80%，较上年上升1.93个百分点。

（一）游戏销售情况

2020年，全国共销售乐透数字型体育彩票997.67亿元，同比2019年增加44.55亿元，上涨4.7%。其中，超级大乐透385.50亿元，同比2019年减少26.01亿元，下降6.3%；高频464.64亿元，同比2019年增加58.14亿元，上涨14.3%；7星彩19.46亿元，同比2019年减少0.32亿元，下降1.6%；排列3/排列5 110.67亿元，同比2019年增加14.46亿元，上涨15.0%；其他游戏17.40亿元（见图2）。

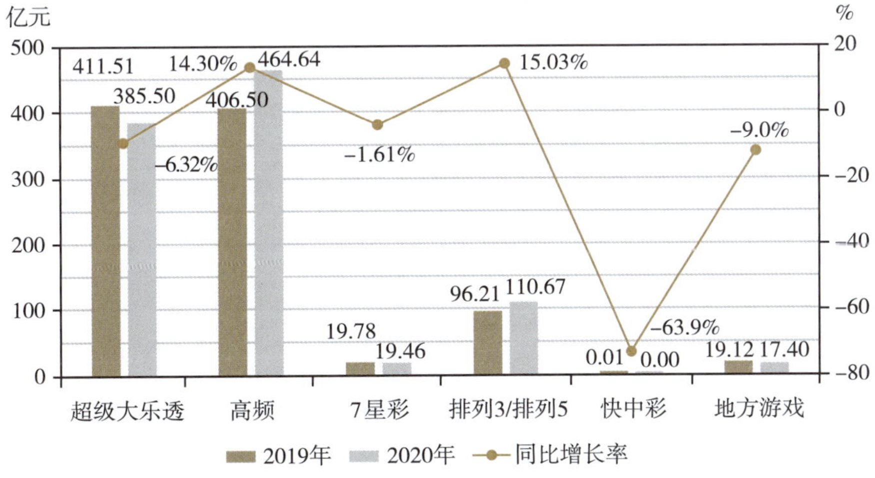

图2　2020年体育彩票乐透数字型游戏销售量及同比增长率

2020年，全国发行销售竞猜型彩票749.17亿元，同比2019年减少470.25亿元，下降38.6%。其中，竞彩634.91亿元，同比2019年减少429.24亿元，下降40.3%；传统足彩43.59亿元，同比2019年减少44.17亿元，下降50.3%；传统单场33.76亿元，同比2019年增加0.07亿元，上涨0.2%；虚拟竞猜36.91亿元，同比2019年增加3.08亿元，上涨9.1%。四类玩法占竞猜型彩票销量的比重分别为87.3%、7.20%、2.76%、2.77%（见图3）。

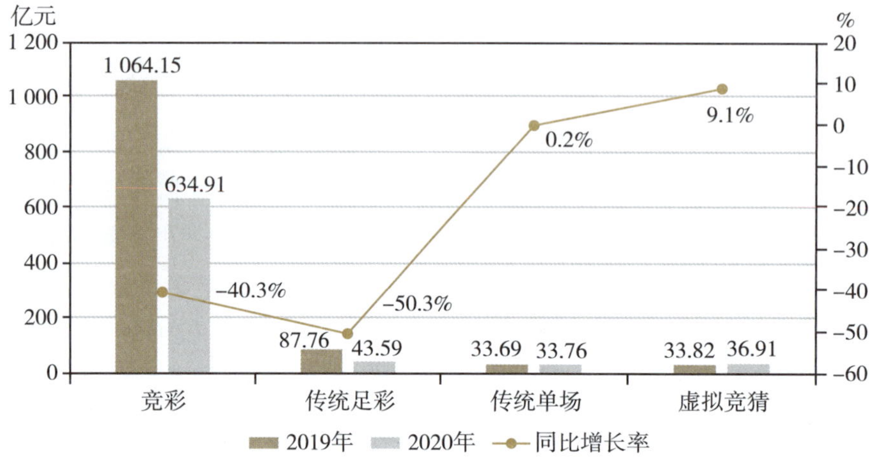

图3　2020年体育彩票竞猜型游戏销售量及同比增长率

2020年即开票销售147.77亿元，同比2019年增加12.19亿元，上涨9.0%。

（二）2020年体育彩票市场特点

1. 2020年体彩市场受新冠疫情及监管政策收紧影响较明显，但市场发展基础仍然保持稳定。

2020年，体彩全年销售量有所下降。体彩全年销售1 894.63亿元，同比减少413.52亿元，下降17.9%。其中，2020年竞猜型游戏方面监管政策进一步收紧，竞猜型游戏销售受此影响，销售量波动较大，体彩全国联网单场竞猜游戏（以下简称“竞彩”），2020年销售634.9亿元，同比减少429.2亿元，下降40.3%，销售量占比下降13.2%。

尽管全年体彩销售规模下降较明显，但体彩发展的市场基础并未因此受到影响。从大盘乐透型游戏及即开型游戏两类基础游戏的销售情况来看，2020年4月销售规模恢复至2019年同期水平，5月起销售规模开始高于2019年同期，并延续至年底（见图4）。体彩发展的市场基础经受住了疫情的考验。

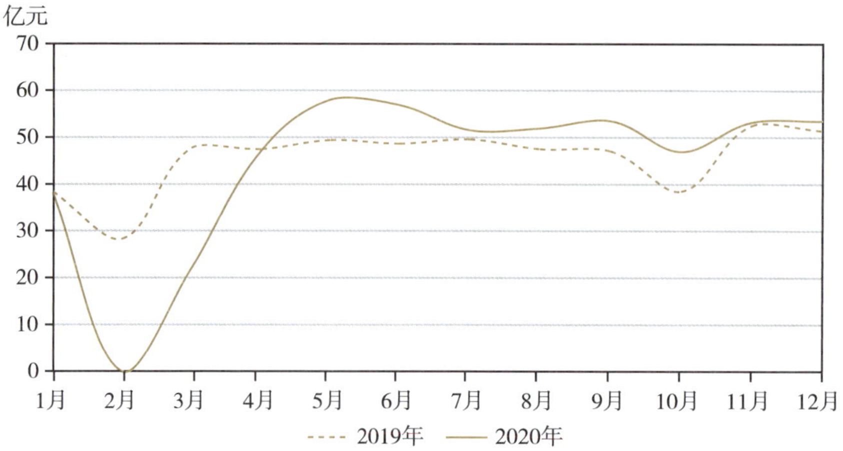

图4　2019—2020年体彩基础游戏销售量曲线

2.新游戏成为体彩优化产品结构、布局下一步产品发展的切入点。

体彩于2020年10月11日启动7星彩在30个省市的改版上市，受新版规则吸引及在部分省市上市推广活动的带动下，销售增长明显，其中上市第1个月期均销售量达到2 934万元，环比上市前基准销售量增幅为116.9%；自上市至2020年12月31日，期均销售量2 075万元，比上市前基准销售量增幅为53.4%（上市前基准销售量为2020年9月份期均销售量，1 352万元）（见图5）。

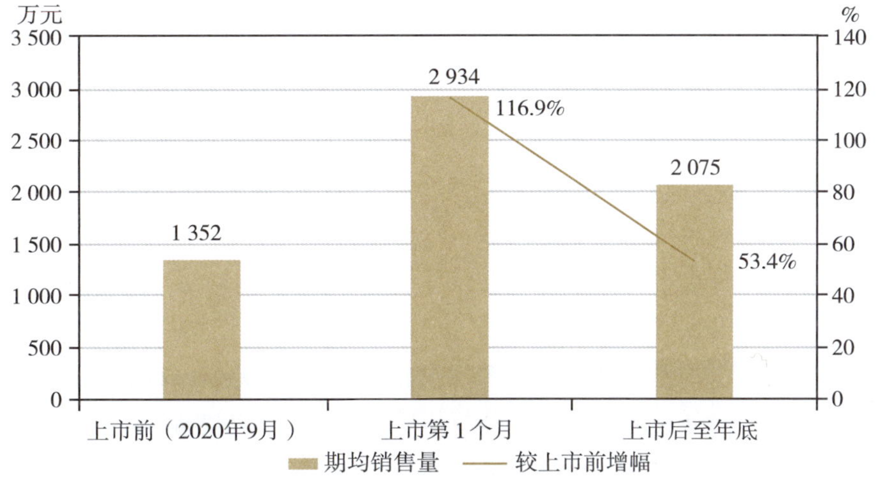

图5　7星彩新规上市前后期均销售量对比图

3.新渠道成为体彩增强发展后劲的着力点。

2020年，体彩制定了稳定传统实体渠道规模、积极拓展新型渠道的渠道销售策略，尤其是集中加快了新型便利连锁销售渠道的拓展，并启动了商业综合体销售渠道的试点。

2015—2020年，体彩兼营渠道比例从18.5%提升到31.3%，持续提升。其中全国便利连锁渠道网点规模过万个，与top50的便利店品牌合作达85%以上，规模持续扩大（见图6）。

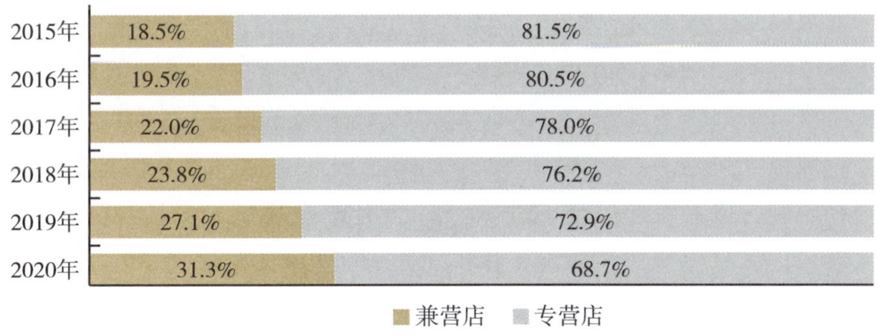

图6　2015—2020年体彩渠道结构分布情况

四、2020年体育彩票主要工作情况

（一）突出党建政治引领作用，打造过硬干部队伍

体育彩票工作坚持以政治铸魂强根基、以开拓转型谋发展，将抓落实、促发展作为做好党建工作的重点和关键，把推动事业高质量发展的各项决策部署融入党建工作的全过程。突出政治建设，牢固树立底线思维，切实强化风险意识，深度结合中心工作谋创新、育亮点，不断增强基层组织的战斗力和凝聚力。

坚持以党建带动队伍建设，加强党风廉政和反腐败警示教育，以教育引导、实践养成、制度保障为抓手，持续加强标杆塑造和典型引路。组织开展党性教育、支部活动、业务培训，做到全员参与。疫情期间，及时发出《致全国体育彩票从业者的倡议书》《致全体党员倡议书》，组织学习习近平总书记重要指示精神和国家体育总局的部署，涌现出一批挺身而出、勇挑重担、恪尽职守、甘于奉献的优秀典型。

（二）科学推进规划编制，积极建设创新文化

国家体育总局体育彩票管理中心（以下简称“体彩中心”）深入学习贯彻党的十九届五中全会精神，坚持高标准高质量开展“十四五”时期体育彩票发展规划编制。科学构建规划编制工作机制，充分吸纳各方诉求，确保顶层战略发挥全面引领作用。推动各级机构创新实践，积极营造创新文化氛围，面向全系统单位和组织开展首届体彩创新大赛，共收集276个创新项目和622个创意点子。开展全国综合性调研工作，23个调研小组近200名员工在3个月内走访了29个省（区、市），通过调研认清市场形势，坚定发展信心，提升服务市场和基层的能力。

（三）狠抓风险防控，加强防控体系建设

全国体彩系统继续以落实国家体育总局《关于加强体育彩票领域风险防控的工作意见》和驻总局纪检组《监督建议书》要求为抓手，着力防范和化解体育彩票领域重大风险。开展体彩政治风险及应对措施专题研究，以系统化思维推进体育彩票风险防控体系建设，将体彩风险防控工作扩展至全体系、全领域，聚焦政治、廉政、业务、社会四个重点风险领域。梳理形成体彩中心风险防控重点工作清单和针对性落实措施，下发省（区、市）指导落实重点领域，力求取得突破性进展。提升应急处置效率，推进全系统应急处置体系建设。加强风险防控领导小组统一领导，充分发挥统筹推进作用，稳步推动风险防控体系建设和长效工作机制形成。

（四）巩固责任意识，推进责任彩票落地

责任彩票建设紧紧围绕“巩固责任意识”“依法合规运营”“引导理性购彩”三条主线，联动省市共同发力。继2017年以来第三次发布《社会责任报告》，持续加强与外界的沟通和交流，树立体育彩票责任形象。建立责任彩票指标体系和指标评价体系，解决责任彩票落实及评估问题。强化责任管理，开展责任彩票风险评估工作，制定并下发《关于对体育彩票发行销售业务开展责任彩票评估的指导意见》，确保责任要求全面落地。开展非理性购彩预防及干预项目研究，探索非理性购彩预防及干预工作机制等。明确责任彩票“十四五”时期总体发展目标、业务重点、行动举措和实施路径，谋划体育彩票责任彩票“十四五”时期发展方向。

（五）丰富传播方式，提升品牌影响力

统筹开展以“加油中国”“健康中国”“幸福中国”为主题的系列品牌营销活动，推出广受彩民喜爱的体彩吉祥物乐小星，传播体彩为公益代言、为生活增添的乐趣。联合央视电影频道推出脱贫主题公益纪实节目《温暖有光放映队》，记录脱贫路上的真人物、真故事、真幸福，展现“支教扶贫、赛事扶贫、设施扶贫、健身扶贫”等各方面体育扶贫成果。与省市体彩机构联合发起“微光海洋”公益平台，为个人和机构提供公益实践的机会。注重营销活动融入体育核心业务，创新开展象棋民间棋王赛事。与“十四运会”筹委会签署了《公益合作伙伴协议》，策划开展全运会主题公益品牌推广活动，设计发行“十四运会”主题即开型体育彩票，在门票销售、特许商品销售和体育彩票销售等方面深度融合。

（六）强化渠道规范管理，提升服务质量

体彩中心坚持“以规范管理为前提，以提升质量为基础，以结构优化为核心”主线开展渠道工作。实施《中国体育彩票实体渠道管理暂行办法》，进一步规范代销者邀约、代销资质审核、实体店建设和经营、风险防控和安全管理等

工作。优化渠道结构布局，持续开拓以便利连锁渠道为主的新型兼营连锁渠道。逐步丰富实体渠道功能，共有25个省市中心在2.26万家实体店落地便民项目28个，在12万家实体店有公益、公信和责任彩票宣传展示。4万多家实体店增加了便民服务和增值业务。截至2020年底，全国共有18家商业综合体实体店，初步探索形成适合商业综合体渠道的体育彩票业务经营和推广模式。

（七）落实产品调整政策，着眼长远发展

体彩中心严格落实产品调整政策，完成竞彩规则调整和高频有序退市落实工作。体彩中心领导班子成员亲自带队，对10个省市竞彩规则调整、高频有序退市落实，以及风险防控工作开展实地检查。山东、海南两省电话销售体育彩票业务平稳暂停。

巩固乐透型彩票基础游戏地位，顺利实施超级大乐透新规则、特别规定以及9.9亿元派奖活动，形成了7星彩规则调整方案，完成了80球基诺游戏的规则设计，筹备申请传统型彩票游戏。把握即开票“拉新名片”战略定位，加快拉新产品研发，共完成新票方案120余款。成立即开票高效运营项目组，研究解决即开业务的痛点、难点、堵点问题。组织实施5轮全国性即开产品促销活动，对即开票游戏推广、拓展购彩人群、提升市场规模起到重要支撑作用。以安全规范运营为前提，积极、稳妥开展竞猜型彩票产品运营管理工作，积极稳妥推进竞彩篮球竞猜CBA工作，加大竞猜型新游戏储备力度。

（八）推进技术升级，建立综合运营体系

技术管理工作围绕技术管理新职责，抓重点，保基础，有效保证全年目标的达成。技术统筹管理方面，优化架构办组织结构，完善技术统筹流程，强化技术统筹能力；开展技术域业务架构梳理，加强业务技术融合力度。信息系统建设方面，在完成总体设计的基础上，双中台、云平台等全面进入建设实施阶段；网络安全水平进一步提升，演练取得了靶标及其相关系统未被攻陷的成绩，圆满达到了目标；体彩系统全年安全、稳定运行，可用性满足≥99.95%。

开展运营体系顶层设计，解决业务痛点，在综合运营、应急管理、业务架构、数据管理、统一业务监控以及客户服务（95086）等领域取得突破。出台了应急管理暂行办法、突发事件总体应急预案、突发事件等级定义管理暂行办法等制度，基本完成了全系统应急管理体系和能力建设的顶层设计。

（九）落实疫情防控要求，做好常态化防控

严格落实党中央各项部署和国家体育总局“四早”、“四看”和“十个禁令”等疫情防控要求，严密疫情防控部署。自疫情发生以来，在国家体育总局疫情防控工作领导小组的领导下，体彩中心立即行动，落实责任，强化担当，成立疫情防控工作小组，将所属公司和全国体彩系统统一防控，双线负责，协同防控，形成了“1+4+31”的联防联控工作体系，建立起应对疫情防控常态化监督工作机制，建立疫情防控监督月例会制度和周报告制度，加强疫情常态化防控管理。精细筹备恢复销售工作，疫情缓解后分游戏、分区域、分渠道安全及时复市。体彩中心总结疫情防控工作，专门研究制订了秋冬季疫情防控方案，坚持常态化防控不放松，做到“常态监测、重点防控、日常防护、落实责任”。

2020年是脱贫攻坚决胜之年，也是“十三五”规划收官之年。全国体彩人深入贯彻落实习近平新时代中国特色社会主义思想，坚持以人民为中心，积极履行社会责任，稳中求进开展发行销售工作，为体育强国建设和公益事业发展做出了应有的贡献。

（国家体育总局体育彩票管理中心供稿）

二、2020 年彩票大事记

2020 年

1 月

1日，“中国体育彩票”2020全国新年登高健身大会在浙江江山市中心主会场拉开帷幕，全国31个省（区、市）超100个举办地同步联动，辐射群众超过百万人。

7日，财政部印发《财政部关于停止销售“金豆豆”等65款即开型体育彩票游戏的审批意见》。

16日，2019—2020年中国体育彩票全情支持的全国群众冬季运动推广普及活动暨“赏冰乐雪”活动在哈尔滨防洪纪念塔江面启动。

17日，“炫青春 行大运”成都大运会主题即开型体育彩票首发仪式在四川成都双流国际机场举行。

28日，国家体育总局体育彩票管理中心（以下简称“中体彩中心”）发布《致中国体育彩票全体从业者倡议书》。

2 月

7日，中国福利彩票发行管理中心（以下简称“中福彩中心”）根据疫情防控情况印发《关于调整“勇士闯关5”等即开型彩票停止销售时间和兑奖截止时间的公告》。

12日，江苏体彩推出“江苏体彩公益行——小动作　大健康”系列健身视频，邀请奥运冠军、中国女排队员张常宁、龚翔宇设计并示范了五款健身运动。

17日，中福彩中心印发《关于印发〈中国福利彩票“走近刮刮乐”活动组织管理办法〉的通知》。

20日，湖北体彩推出以“科学防疫战疫　健康平安同行”为主题的线上答题闯关活动。

28日，财政部印发《财政部关于停止销售“年年有鱼”等168款即开型体育彩票游戏的审批意见》。

3 月

11日，即日起，随着全国疫情防控呈现持续向好态势，中国体育彩票在符合条件的区域有序恢复体育彩票的发行销售工作。

24日，财政部印发《财政部关于停止销售“连环夺宝”等7款视频型彩票游戏的审批意见》。

4 月

1日，中体彩中心发布《体育总局彩票中心关于停止销售“年年有鱼”等168款即开型体育彩票游戏的公告》和《体育总局彩票中心关于停止销售在售即开型体育彩票游戏中2015年（含）前印制的各批次彩票的公告》。

3日，中体彩中心组织全体员工开展以业务架构为专题的网上培训。

8日至5月28日，体彩吉祥物征集活动在线上开展，超30万网友共同参与，这是体彩首次以线上发布的形式举办品牌活动。

9日，除北京之外，全国其他各省（区、市）体彩均已陆续恢复开市。

26日，财政部印发《财政部关于“锦鲤”等22款即开型体育彩票游戏的审批意见》。

5月

6日，随着北京市恢复体彩销售，全国31个省（区、市）体彩均已全面复市。

7日，中体彩中心组织召开了全国责任彩票建设工作视频培训会。

16日，中国体育彩票播出以“加油中国 光芒焕新”为主题的《相约体彩》特别节目。

22日，中体彩中心责任彩票工作小组以远程视频会议的形式，组织有关省（区、市）体彩中心、社会责任专家团队，共同召开责任彩票指标体系建设项目省（区、市）体彩中心工作启动会。

6月

4日，“公益体彩 快乐操场”活动走进湖南省耒阳市南阳镇盐沙小学。

6日，“超级幸运”即开型彩票游戏派奖活动开启，这是第一次即开型彩票的派奖活动，活动有效维护福利彩票发行销售队伍，促进市场的有序恢复。

6日至8月8日，“线上+线下”全民健身活动在全国各省（区、市）开展，助力全民“动起来、秀起来”。

28日，财政部印发《财政部关于“连连好运”等22款即开型福利彩票游戏的审批意见》。

28日，由西藏自治区体育局主办、区体彩中心承办的西藏体彩“迎七一感党恩慰问最美环卫工人”活动在拉萨（主会场）市民服务中心举行。

29日，中体彩中心召开中国体育彩票2020年创新赛视频启动会。

7月

8日，中体彩中心开展“从党史中学习政治理论、努力做讲政治的表率”的专题党课，体彩系统党员干部代表共计215人通过现场和视频形式参加学习。

23日，中体彩中心面向各级体彩机构采用同步线上直播方式举办第二期体彩大讲堂。

29日，由中国体育彩票独家支持的脱贫攻坚主题公益纪实节目《温暖有光放映队》开播仪式于中国电影博物馆举行。

31日，财政部印发《财政部关于变更中国福利彩票快乐8游戏规则等有关事项的审批意见》。

31日，17：00起，中福在线“连环夺宝”等7款视频型彩票游戏停止销售。

8月

8日，由中国体育彩票主办的“燃动中国”全民健身嘉年华在陕西省西安市如期开启。

8日，中国体育彩票第五届全民健身网球分组对抗赛在北京市网球运动管理中心举行。

14日，中国体育彩票创新赛组委会组织召开2020年体彩创新赛征集阶段总结及下一步工作动员会。

20日，福利彩票即开票游戏征集活动开启，共计征集作品287件，评出各类优秀作品100件。

22日至9月1日，中国体育彩票与CCTV-2《第一时间》栏目合作，推出“健康，从公筷开始”活动。

28日，中体彩中心工会在体彩中心五层大会议室召开工会会员代表大会。

9月

1日，《中国体育彩票2019年社会责任报告》正式对外发布。

10日，针对新疆疫情，中福彩中心印发《关于延长新疆“勇士闯关5”等100款即开票游戏兑奖时间的批复》。

10日，“超给力”系列即开型彩票游戏派奖及营销活动开启，活动有效提振销售站点信心，促进即开票游戏销量提升。

10日至11日，中体彩中心工会在北京房山举办主题为“新时期如何发挥好工会职能、工会工作如何更好地服务于中心工作”的2020年工会干部培训班。

17日至18日，2020年全国体育彩票市场形势分析会议在京召开。

18日至20日，首期中国体育彩票“聚焦扶贫·徒步三峡”团员青年公益徒步活动在重庆忠县乌杨街道团结村举行。

21日，财政部印发《财政部关于变更中国体育彩票7星彩游戏规则的审批意见》。

23日，中福彩中心印发《关于组织开展2020年“走近刮刮乐”活动的通知》，标志着受疫情影响的“走近刮乐乐”活动开启。

10月

11日，体育彩票7星彩游戏新规则正式实施。

17日至31日，中国体育彩票围绕体彩吉祥物主题开展多渠道的发布活动及落地推广活动。

18日，中国体育彩票在北京举行以“见证公益的力量”为主题的发布会，中国体育彩票“微光海洋”公益平台正式上线。

23日，财政部印发《财政部关于“三月三”等9款即开型福利彩票游戏的审批意见》。

23日至11月1日，“乐小星公益大闯关”主题落地活动亮相杭州湖滨步行街。

28日，快乐8游戏在部分省份试点上市销售。

30日至11月1日，第二期中国体育彩票“聚焦扶贫·徒步三峡”团员青年公益徒步活动在重庆市开州区大进镇红旗村、关面乡举行。

11月

3日，财政部印发《财政部关于“我的幸福”等29款即开型体育彩票游戏的审批意见》。

3日，中体彩中心党委召开学习贯彻党的十九届五中全会精神大会。

8日，福利彩票双色球游戏12亿元派奖活动启动，连续开展20期。

12日，财政部印发《财政部关于同意销毁“苏州园林甲天下”等143款即开型福利彩票的通知》。

12日至13日，2020年全国体育彩票应急管理及客户服务工作培训会在厦门举办。

23日，中国体育彩票联合新华社客户端，共同发起“寻找微光公益见证官”活动。

28日，“中国体育彩票杯”环鄱阳湖自行车精英赛赣州上犹站正式开赛。

29日，中国体育彩票杯2020第十一届环海南岛国际大帆船赛开幕式暨起航仪式在三亚举行。

30日，中福彩中心开展“刮刮乐翻天”线下营销活动，活动过程通过中国福彩网、福彩刮刮乐公众号等平台进行同步直播，市场反应强烈，深受销售机构和站点欢迎。

12月

1日，东北三省体育彩票社会责任论坛在辽宁沈阳举行，辽宁、吉林、黑龙江三省体彩共同签署了责任共建合作协议，并联合发布《2019东北三省社会责任报告》。

2日，中福彩中心印发《关于印发〈中国福利彩票即开型彩票全国联销管理办法〉的通知》。

7日至10日，由中体彩中心主办的2020年体育彩票品牌营销及产品工作培训在海南海口举行。

9日至11日，中国福利彩票即开型彩票全国工作会议召开。

9日至11日，中体彩中心在海南海口召开以

“十四五”时期体育彩票发展规划为主题的战略研讨会，并征求对“十四五”时期体育彩票发展规划意见。

12日，在民政部的监督下开展的福利彩票即开票集中销毁工作开启，共计销毁即开票31 387.64万张，票面金额246 369.67万元。

22日，《中国福利彩票责任彩票手册》发布，标志着中国福利彩票系统内的责任彩票建设有了统一的标准。

三、彩票制度、政策和文献

（一）国家彩票监督管理制度、政策和文献

中华人民共和国财政部公告

（2020年1月28日　2020年第5号）

财政部关于延长2020年彩票市场春节休市时间的公告

为防控新型冠状病毒感染的肺炎疫情，有效减少人员聚集，根据《彩票管理条例实施细则》以及《国务院关于延长2020年春节假期的通知》（国办发明电〔2020〕1号）的有关规定，决定延长2020年彩票市场春节休市时间。现就有关事项公告如下：

一、原定2020年1月22日0：00至1月31日24：00的彩票市场休市安排，调整为2020年1月22日0：00至2月9日24：00。

二、休市期间，停止全国各类彩票游戏（含即开型彩票）的日常销售、开兑奖、营销、促销、宣传等活动。彩票发行、销售机构原计划在此期间开展的彩票相关活动应一并进行调整，并及时做好对外公告和解释工作。

三、休市期间，彩票发行、销售机构要继续按照《关于2020年彩票市场休市安排的公告》（财政部公告2019年第95号）的有关要求，按规定做好彩票游戏开奖、兑奖等时间调整、对外公告、具体工作安排等相关事宜，切实维护彩民合法权益。

特此公告。

中华人民共和国财政部公告

（2020 年 8 月 31 日　2020 年第 38 号）

2019年，各级财政部门认真贯彻落实党中央、国务院决策部署，与民政、体育等部门密切配合，开拓进取，推动我国彩票事业持续健康发展，彩票公益金筹集分配使用工作进展顺利。现将2019年彩票公益金筹集分配情况和中央集中彩票公益金安排使用情况公告如下：

一、2019年全国彩票公益金筹集情况

2019年，全国发行销售彩票4 220.53亿元。分机构看，福利彩票机构发行销售彩票1 912.38亿元，体育彩票机构发行销售彩票2 308.15亿元。分类型看，发行销售乐透数字型彩票2 273.37亿元，竞猜型彩票1 219.42亿元，视频型彩票440.85亿元，即开型彩票285.22亿元，基诺型彩票1.67亿元，占彩票销售总量的比重分别为53.8%、28.9%、10.4%、6.8%和0.1%。详见附件1。

根据现行彩票管理规定，彩票公益金来源于彩票发行销售收入和逾期未兑奖的奖金。彩票发行销售收入中，根据不同彩票品种，彩票公益金提取比例有所不同，主要有以下5种类型：一是以双色球、超级大乐透等为主的全国性乐透数字型彩票，彩票公益金提取比例约为36%，彩票奖金和彩票发行费提取比例约为51%和13%；以快速开奖等为主的地方性乐透数字型彩票，大部分彩票游戏的彩票公益金提取比例为29%，彩票奖金和彩票发行费提取比例为58%和13%。2019年乐透数字型彩票筹集彩票公益金743.12亿元。二是以竞彩为主的竞猜型彩票，大部分彩票游戏的彩票公益金提取比例为20%，彩票奖金和彩票发行费提取比例为71%和9%，2019年竞猜型彩票筹集彩票公益金242.93亿元。三是以中福在线为主的视频型彩票，彩票公益金提取比例为22%，彩票奖金和彩票发行费提取比例为65%和13%，2019年视频型彩票筹集彩票公益金96.99亿元。四是即开型彩票，大部分彩票游戏的彩票公益金提取比例为20%，彩票奖金和彩票发行费提取比例为65%和15%，2019年即开型彩票筹集彩票公益金57.04亿元。五是以快乐8为主的基诺型彩票，彩票公益金提取比例为37%，彩票奖金和彩票发行费提取比例为50%和13%，2019年基诺型彩票筹集彩票公益金0.62亿元。2019年逾期未兑奖奖金18.11亿元。综上，2019年共筹集彩票公益金1 158.81亿元。详见附件2。

二、2019年全国彩票公益金分配情况

根据国务院批准的彩票公益金分配政策，彩票公益金在中央和地方之间按50 ：50的比例分配，专项用于社会福利、体育等社会公益事业，按政府性基金管理办法纳入预算，实行财政收支两条线管理，专款专用，结余结转下年继续使用。地方留成彩票公益金，由省级财政部门商民政、体育等有关部门研究确定分配原则。中央集中彩票公益金在全国社会保障基金、中央专项彩票公益金、民政部和体育总局之间分别按60%、30%、5%和5%的比例分配。

2019年中央财政当年收缴入库彩票公益金

570.72亿元，加上2018年度结转收入150.69亿元，共721.41亿元。经全国人大审议批准，2019年中央财政安排彩票公益金支出717.58亿元。考虑收回结余资金等因素，收支相抵，期末余额3.99亿元。按上述分配政策，分配给全国社会保障基金理事会464.28亿元，用于补充全国社会保障基金；分配给中央专项彩票公益金175.92亿元，用于国务院批准的社会公益事业项目，经由彩票公益金的使用部门或单位向财政部提出申请，财政部审核报国务院批准后组织实施；分配给民政部38.69亿元，按照“扶老、助残、救孤、济困、赈灾”的宗旨，安排用于资助为老年人、残疾人、孤儿、有特殊困难等人群服务的社会福利设施建设等项目（见附件3）；分配给国家体育总局38.69亿元，支持群众体育和竞技体育发展项目（见附件4）。

三、2019年中央专项彩票公益金安排使用情况

2019年，中央专项彩票公益金175.92亿元的具体支出安排如下：

（一）未成年人校外教育9.2亿元。该项目由教育部组织实施，主要用于支持全国中小学生研学实践教育基地和全国中小学生研学实践教育营地等。详见附件5。

（二）乡村学校少年宫建设7.39亿元。该项目由中央文明办组织实施，主要用于支持新建乡村学校少年宫，以及已建成的乡村学校少年宫开展活动及更新设备。详见附件6。

（三）教育助学10亿元。该项目由中国教育发展基金会组织实施，主要用于奖励普通高中品学兼优的家庭经济困难学生，资助家庭经济特别困难的教师，资助家庭经济困难的大学新生入学交通费和短期生活费，并救助遭遇突发灾害的学校。详见附件7。

（四）大学生创新创业0.5亿元。该项目由教育部组织实施，主要用于支持创新创业教育优质课程建设、教师创新创业教育教学能力培训、“青年红色筑梦之旅”等活动开展。详见附件8。

（五）医疗救助18亿元。该项目由国家医疗保障局组织实施，主要用于资助困难群众参加城乡居民基本医疗保险，并对其难以负担的基本医疗自付费用给予补助。详见附件9。

（六）养老公共服务10亿元。该项目由民政部组织实施，主要用于支持地方开展居家和社区养老服务改革试点。详见附件10。

（七）扶贫事业26.4亿元。该项目由国务院扶贫办组织实施，主要用于贫困革命老区县的贫困村村内小型生产性公益设施建设支持贫困村小型生产性公益设施建设。详见附件11。

（八）文化公益事业8亿元。该项目由国家艺术基金管理中心组织实施，主要用于支持艺术创作生产、传播交流推广和人才培养等项目。

（九）残疾人事业21.99亿元。该项目由中国残疾人联合会组织实施，主要用于残疾人体育，盲人读物出版、盲人公共文化服务，以及残疾儿童康复救助、贫困智力精神和重度残疾人残疾评定补贴、助学、贫困重度残疾人家庭无障碍改造、残疾人康复和托养机构设备补贴、残疾人文化等方面支出。详见附件12。

（十）红十字事业4.37亿元。该项目由中国红十字会总会组织实施，主要用于贫困大病儿童救助、中国造血干细胞捐献者资料库、红十字会人道救助救援、红十字生命健康安全教育、失能老人养老服务、人体器官捐献等项目。

（十一）法律援助1.4亿元。该项目由中国法律援助基金会组织实施，主要用于资助开展针对困难群众的法律援助工作。详见附件13。

（十二）农村贫困母亲“两癌”救助3.02亿元。该项目由中国妇女发展基金会等组织实施，主要用于救助患有乳腺癌和宫颈癌的农村贫困妇女。详见附件14。

（十三）留守儿童快乐家园0.15亿元。该项目由中国儿童少年基金会组织实施，主要用于为

农村留守儿童校外活动场所配置设施并开展关爱服务。详见附件15。

（十四）出生缺陷干预救助1.5亿元。该项目由中国出生缺陷干预救助基金会组织实施，主要用于出生缺陷救助、出生缺陷防治宣传和健康教育等工作。

（十五）足球公益事业4亿元。该项目由体育总局委托中国足球发展基金会组织实施，主要用于支持有关青少年足球人才培养和社会足球公益活动。

（十六）支持地方社会公益事业50亿元。该项目主要由中西部等地区结合实际情况统筹使用，重点用于养老、扶贫、基本公共文化等社会公益事业发展薄弱环节和领域，改善其落后现状，以促进全国各地社会公益事业的协调发展。详见附件16。

特此公告。

附件：1. 2019年全国彩票销售情况表

2. 2019年全国彩票公益金筹集情况表

3. 2019年中央集中彩票公益金由民政部安排使用资金表

4. 2019年中央集中彩票公益金由体育总局安排使用资金表

5. 2019年中央专项彩票公益金支持未成年人校外教育项目资金分配表

6. 2019年中央专项彩票公益金支持乡村学校少年宫项目资金分配表

7. 2019年中央专项彩票公益金支持教育助学项目资金分配表

8. 2019年中央专项彩票公益金支持大学生创新创业项目资金分配表

9. 2019年中央专项彩票公益金支持医疗救助项目资金分配表

10. 2019年中央专项彩票公益金支持养老公共服务项目资金分配表

11. 2019年中央专项彩票公益金支持扶贫项目资金分配表

12. 2019年中央专项彩票公益金支持残疾人事业项目资金分配表

13. 2019年中央专项彩票公益金支持法律援助项目资金分配表

14. 2019年中央专项彩票公益金支持农村贫困母亲“两癌”救助项目资金分配表

15. 2019年中央专项彩票公益金支持留守儿童快乐家园项目资金分配表

16. 2019年中央专项彩票公益金支持地方社会公益事业资金分配表

附件 1：

2019 年全国彩票销售情况表

单位：万元

地区	全国销售量	分机构		分类型				
		福利彩票	体育彩票	乐透数字型	竞猜型	视频型	即开型	基诺型
北　京	1 125 088	393 203	731 884	733 788	279 472	0	99 398	12 429
天　津	659 200	330 403	328 796	338 231	208 941	77 590	34 438	0
河　北	1 549 800	540 261	1 009 539	960 774	348 926	134 901	105 200	0
山　西	643 115	332 313	310 802	342 415	219 298	52 445	28 958	0
内蒙古	1 014 470	421 551	592 919	549 417	300 538	89 965	74 550	0
辽　宁	1 469 729	890 582	579 147	833 633	325 863	217 189	93 044	0
吉　林	642 239	258 989	383 250	397 586	142 915	47 331	54 408	0
黑龙江	898 527	386 530	511 997	625 780	187 063	19 239	66 445	0
上　海	946 386	515 783	430 603	620 754	181 749	77 808	62 251	3 823
江　苏	3 535 779	1 262 484	2 273 295	1 735 321	1 208 680	403 956	187 822	0
浙　江	3 100 300	1 538 810	1 561 490	1 777 803	729 201	383 301	209 996	0
安　徽	1 514 780	691 826	822 954	703 440	497 775	259 855	53 711	0
福　建	1 342 829	427 445	915 384	851 544	273 759	105 474	112 053	0
江　西	1 068 159	393 630	674 530	383 443	481 069	144 782	58 865	0
山　东	3 374 740	1 359 853	2 014 887	1 578 009	1 171 937	385 214	239 581	0
河　南	2 271 208	646 884	1 624 324	931 833	955 362	240 660	143 354	0
湖　北	1 872 045	812 453	1 059 592	810 904	702 234	290 313	68 595	0
湖　南	1 375 725	754 604	621 121	568 456	488 216	249 998	69 056	0
广　东	3 956 866	1 947 741	2 009 125	2 218 964	1 100 145	259 028	378 296	433
广　西	702 863	452 345	250 518	328 342	168 441	143 922	62 157	0
海　南	163 826	88 438	75 388	83 385	24 588	47 828	8 024	0
重　庆	992 850	432 844	560 006	376 973	448 002	122 772	45 103	0
四　川	1 881 211	988 072	893 138	1 002 051	551 662	202 901	124 598	0
贵　州	711 148	242 653	468 495	442 174	197 136	36 356	35 482	0
云　南	1 647 988	775 348	872 640	1 082 227	285 174	169 775	110 812	0
西　藏	287 038	189 486	97 551	246 686	7 901	0	32 450	0
陕　西	1 485 836	952 596	533 240	939 048	331 628	115 869	99 291	0
甘　肃	681 682	339 211	342 472	416 060	140 710	77 517	47 396	0
青　海	221 146	139 904	81 242	159 784	32 305	16 286	12 772	0
宁　夏	274 365	134 072	140 294	163 012	57 329	36 218	17 806	0
新　疆	794 394	483 502	310 893	531 868	146 246	0	116 281	0
合　计	**42 205 334**	**19 123 817**	**23 081 517**	**22 733 707**	**12 194 262**	**4 408 489**	**2 852 190**	**16 686**

附件2：

2019年全国彩票公益金筹集情况表

单位：万元

地区	彩票公益金	彩票品种					弃奖奖金
		乐透数字型	竞猜型	视频型	即开型	基诺型	
北京	327 066	239 737	57 194	0	19 880	4 599	5 656
天津	175 681	107 556	42 186	17 070	6 888	0	1 981
河北	437 301	311 810	69 123	29 678	21 040	0	5 649
山西	173 528	110 566	43 298	11 538	5 792	0	2 335
内蒙古	273 345	175 777	59 396	19 792	14 910	0	3 469
辽宁	406 627	268 537	64 762	47 782	18 609	0	6 938
吉林	179 079	126 815	28 300	10 413	10 882	0	2 669
黑龙江	257 754	199 269	36 910	4 233	13 289	0	4 054
上海	279 375	206 563	36 727	17 118	12 450	1 415	5 103
江苏	946 609	565 407	239 861	88 870	37 564	0	14 905
浙江	866 246	581 758	145 092	84 326	41 999	0	13 070
安徽	405 073	233 973	98 469	57 168	10 742	0	4 722
福建	395 868	288 933	54 614	23 204	22 411	0	6 707
江西	270 476	128 795	95 435	31 852	11 773	0	2 620
山东	885 669	508 063	231 664	84 747	47 916	0	13 278
河南	591 858	314 322	188 638	52 945	28 671	0	7 281
湖北	494 245	271 751	139 605	63 869	13 719	0	5 302
湖南	361 939	191 559	97 212	55 000	13 811	0	4 357
广东	1 103 341	719 827	226 013	56 986	75 659	160	24 695
广西	195 492	113 853	33 952	31 663	12 431	0	3 593
海南	44 795	26 739	4 898	10 520	1 605	0	1 033
重庆	255 022	126 734	88 927	27 010	9 021	0	3 331
四川	523 417	334 735	109 641	44 638	24 920	0	9 484
贵州	205 794	147 336	39 097	7 998	7 096	0	4 267
云南	483 578	357 074	56 387	37 350	22 162	0	10 604
西藏	82 336	73 313	1 575	0	6 490	0	958
陕西	412 480	295 981	65 678	25 491	19 858	0	5 472
甘肃	189 421	132 711	27 908	17 054	9 479	0	2 269
青海	64 539	51 117	6 404	3 583	2 554	0	881
宁夏	77 569	53 404	11 342	7 968	3 561	0	1 295
新疆	222 556	167 170	29 022	0	23 256	0	3 108
合计	**11 588 078**	**7 431 184**	**2 429 332**	**969 865**	**570 438**	**6 174**	**181 085**

附件 3：

2019 年中央集中彩票公益金由民政部安排使用资金表

单位：万元

地　区	老年人福利	残疾人福利	儿童福利	社会公益	用于夕阳红救助服务等	“三区三州”等专项倾斜	合　计
中央本级	0	0	0	0	1 599	0	1 599
北　京	2 863	520	661	82	0	0	4 126
天　津	2 770	634	681	161	0	0	4 246
河　北	7 667	2 137	2 756	1 068	0	0	13 628
山　西	5 634	1 512	2 773	993	0	0	10 912
内蒙古	4 892	1 563	1 830	801	0	0	9 086
辽　宁	6 088	1 597	2 449	954	0	0	11 088
吉　林	6 722	1 672	1 528	745	0	0	10 667
黑龙江	5 911	1 783	1 248	884	0	0	9 826
上　海	4 608	555	415	117	0	0	5 695
江　苏	6 151	1 421	1 960	440	0	0	9 972
浙　江	4 264	1 248	1 598	219	0	0	7 329
安　徽	8 296	2 457	3 492	1 277	0	0	15 522
福　建	4 501	1 161	1 051	464	0	0	7 177
江　西	6 387	1 834	2 509	921	0	4 974	16 625
山　东	8 115	2 194	2 917	613	0	0	13 839
河　南	10 028	2 968	4 891	1 193	0	0	19 080
湖　北	9 720	2 092	2 358	1 246	0	0	15 416
湖　南	8 611	2 335	3 115	1 304	0	862	16 227
广　东	6 573	1 534	4 777	583	0	0	13 467
广　西	9 548	1 883	3 233	1 311	0	0	15 975
海　南	4 190	1 014	872	602	0	0	6 678
重　庆	5 520	1 431	1 492	727	0	0	9 170
四　川	10 108	3 136	5 407	1 601	0	6 374	26 626
贵　州	5 392	1 654	3 667	1 177	0	0	11 890
云　南	5 723	2 095	4 290	1 187	0	1 640	14 935
西　藏	4 517	1 085	2 255	844	0	5 045	13 746
陕　西	6 917	1 904	3 634	1 003	0	0	13 458
甘　肃	5 748	1 615	2 794	1 071	0	3 000	14 228
青　海	4 807	1 188	1 455	760	0	2 492	10 702
宁　夏	4 679	1 245	1 059	698	0	0	7 681
新　疆	4 606	1 340	4 493	907	0	10 613	21 959
新疆兵团	2 000	1 256	999	70	0	0	4 325
合　计	**193 556**	**52 063**	**78 659**	**26 023**	**1 599**	**35 000**	**386 900**

附件4：

2019年中央集中彩票公益金由体育总局安排使用资金表

单位：万元

地　区	群众体育	竞技体育	合　计
中央本级	47 253	72 574	119 827
北　京	13 154	0	13 154
天　津	2 366	13 800	16 166
河　北	10 055	1 800	11 855
山　西	7 039	0	7 039
内蒙古	14 590	1 000	15 590
辽　宁	8 248	1 400	9 648
吉　林	4 386	1 000	5 386
黑龙江	7 478	3 700	11 178
上　海	1 892	0	1 892
江　苏	12 642	0	12 642
浙　江	2 961	130	3 091
安　徽	4 769	700	5 469
福　建	6 293	2 200	8 493
江　西	4 473	0	4 473
山　东	10 152	500	10 652
河　南	15 847	500	16 347
湖　北	5 692	0	5 692
湖　南	6 466	1 000	7 466
广　东	6 367	500	6 867
广　西	4 633	0	4 633
海　南	5 679	1 300	6 979
重　庆	4 979	0	4 979
四　川	7 021	650	7 671
贵　州	6 721	3 000	9 721
云　南	6 183	5 050	11 233
西　藏	8 416	0	8 416
陕　西	11 475	0	11 475
甘　肃	5 159	2 000	7 159
青　海	2 990	5 300	8 290
宁　夏	4 502	0	4 502
新　疆	7 670	0	7 670
新疆兵团	1 245	0	1 245
合　计	**268 796**	**118 104**	**386 900**

附件 5：

2019 年中央专项彩票公益金支持未成年人校外教育项目资金分配表

单位：万元

地区	金额
北京	2 083
天津	545
河北	3 805
山西	3 768
内蒙古	1 748
辽宁	1 795
吉林	1 795
黑龙江	2 071
上海	4 002
江苏	3 100
浙江	2 499
安徽	2 132
福建	2 644
江西	2 375
山东	6 144
河南	5 969
湖北	6 368
湖南	3 359
广东	2 659
广西	3 309
海南	1 297
重庆	1 438
四川	3 598
贵州	2 831
云南	2 242
西藏	1 020
陕西	6 583
甘肃	3 322
青海	1 644
宁夏	981
新疆	3 782
新疆兵团	1 092
合计	**92 000**

附件6：

2019年中央专项彩票公益金支持乡村学校少年宫项目资金分配表

单位：万元

地区	金额
北京	369
天津	298
河北	3 741
山西	1 968
内蒙古	1 615
辽宁	1 576
吉林	1 328
黑龙江	1 721
上海	326
江苏	2 646
浙江	2 055
安徽	2 927
福建	1 712
江西	2 691
山东	3 467
河南	4 609
湖北	2 414
湖南	3 768
广东	2 889
广西	3 006
海南	555
重庆	2 116
四川	8 602
贵州	3 418
云南	3 178
西藏	1 150
陕西	2 964
甘肃	2 734
青海	825
宁夏	559
新疆	2 139
新疆兵团	506
合计	**73 872**

附件 7：

2019 年中央专项彩票公益金支持教育助学项目资金分配表

单位：万元

地 区	金 额
中国教育发展基金会	10 891
北 京	0
天 津	0
河 北	10 864
山 西	5 334
内蒙古	977
辽 宁	240
吉 林	249
黑龙江	335
上 海	0
江 苏	0
浙 江	0
安 徽	7 830
福 建	0
江 西	7 726
山 东	245
河 南	15 836
湖 北	6 357
湖 南	8 819
广 东	0
广 西	585
海 南	1 338
重 庆	352
四 川	2 822
贵 州	2 324
云 南	6 663
西 藏	835
陕 西	467
甘 肃	1 812
青 海	1 435
宁 夏	85
新 疆	4 804
新疆兵团	778
合 计	**100 000**

附件 8：

2019 年中央专项彩票公益金支持大学生创新创业项目资金分配表

单位：万元

地　区	金　额
北　京	230
天　津	75
河　北	232
山　西	128
内蒙古	56
辽　宁	260
吉　林	132
黑龙江	129
上　海	160
江　苏	321
浙　江	274
安　徽	180
福　建	167
江　西	157
山　东	253
河　南	205
湖　北	308
湖　南	199
广　东	282
广　西	151
海　南	56
重　庆	108
四　川	222
贵　州	95
云　南	128
西　藏	29
陕　西	217
甘　肃	97
青　海	33
宁　夏	42
新　疆	45
新疆兵团	29
合　计	**5 000**

附件9：

2019年中央专项彩票公益金支持医疗救助项目资金分配表

单位：万元

地　区	金　额
北　京	125
天　津	240
河　北	6 033
山　西	6 216
内蒙古	4 943
辽　宁	3 347
吉　林	3 828
黑龙江	5 334
上　海	175
江　苏	1 241
浙　江	769
安　徽	9 394
福　建	1 165
江　西	6 606
山　东	2 679
河　南	11 043
湖　北	7 413
湖　南	9 656
广　东	1 714
广　西	8 432
海　南	1 868
重　庆	3 187
四　川	14 865
贵　州	9 762
云　南	12 766
西　藏	4 734
陕　西	10 569
甘　肃	11 152
青　海	4 262
宁　夏	2 978
新　疆	13 504
合　计	**180 000**

附件 10：

2019 年中央专项彩票公益金支持养老公共服务项目资金分配表

单位：万元

地　区	金　额
北　京	1 632
天　津	1 269
河　北	2 161
山　西	1 726
内蒙古	1 902
辽　宁	4 232
吉　林	2 063
黑龙江	4 180
上　海	1 645
江　苏	3 548
浙　江	3 500
安　徽	5 592
福　建	5 274
江　西	5 508
山　东	3 802
河　南	3 662
湖　北	5 550
湖　南	5 764
广　东	1 691
广　西	3 765
海　南	1 571
重　庆	3 606
四　川	4 103
贵　州	3 965
云　南	1 719
西　藏	0
陕　西	5 565
甘　肃	1 891
青　海	1 708
宁　夏	1 726
新　疆	3 983
新疆兵团	1 697
合　计	**100 000**

附件 11：

2019 年中央专项彩票公益金支持扶贫项目资金分配表

单位：万元

地　区	金　额
北　京	0
天　津	0
河　北	28 000
山　西	24 000
内蒙古	6 000
辽　宁	0
吉　林	4 000
黑龙江	8 000
上　海	0
江　苏	0
浙　江	0
安　徽	10 000
福　建	10 000
江　西	16 000
山　东	8 000
河　南	20 000
湖　北	20 000
湖　南	12 000
广　东	4 000
广　西	22 000
海　南	4 000
重　庆	6 000
四　川	20 000
贵　州	8 000
云　南	2 000
西　藏	0
陕　西	22 000
甘　肃	4 000
青　海	0
宁　夏	6 000
新　疆	0
新疆兵团	0
合　计	**264 000**

附件 12：

2019 年中央专项彩票公益金支持残疾人事业项目资金分配表

单位：万元

地　区	残疾人体育	盲人读物出版项目、盲人公共文化服务	残疾人康复	贫困重度残疾人家庭无障碍改造等	合　计
中国残疾人联合会	17 500	4 000	0	0	21 500
北　京	0	0	0	51	51
天　津	0	0	947	90	1 037
河　北	0	0	8 924	1 565	10 489
山　西	0	0	4 533	1 093	5 626
内蒙古	0	0	3 162	673	3 835
辽　宁	0	0	5 475	1 123	6 598
吉　林	0	0	3 669	1 272	4 941
黑龙江	0	0	5 328	1 433	6 761
上　海	0	0	0	0	0
江　苏	0	0	6 507	757	7 264
浙　江	0	0	5 229	778	6 007
安　徽	0	0	7 847	2 856	10 703
福　建	0	0	4 045	641	4 686
江　西	0	0	5 780	1 539	7 319
山　东	0	0	11 092	1 654	12 746
河　南	0	0	12 997	3 357	16 354
湖　北	0	0	7 101	2 273	9 374
湖　南	0	0	8 785	2 485	11 270
广　东	0	0	9 930	1 121	11 051
广　西	0	0	6 337	1 567	7 904
海　南	0	0	1 122	195	1 317
重　庆	0	0	3 367	686	4 053
四　川	0	0	10 798	2 944	13 742
贵　州	0	0	4 710	1 458	6 168
云　南	0	0	6 204	1 451	7 655
西　藏	0	0	663	325	988
陕　西	0	0	4 913	1 675	6 588
甘　肃	0	0	4 128	1 253	5 381
青　海	0	0	1 042	309	1 351
宁　夏	0	0	972	421	1 393
新　疆	0	0	3 905	1 248	5 153
新疆兵团	0	0	388	207	595
合　计	**17 500**	**4 000**	**159 900**	**38 500**	**219 900**

附件 13：

2019 年中央专项彩票公益金支持法律援助项目资金分配表

单位：万元

地　区	金　额
中国法律援助基金会	280
北　京	1 075
天　津	126
河　北	757
山　西	371
内蒙古	230
辽　宁	691
吉　林	325
黑龙江	601
上　海	93
江　苏	274
浙　江	281
安　徽	728
福　建	306
江　西	643
山　东	781
河　南	691
湖　北	461
湖　南	599
广　东	139
广　西	200
海　南	89
重　庆	326
四　川	602
贵　州	490
云　南	539
西　藏	203
陕　西	522
甘　肃	275
青　海	313
宁　夏	285
新　疆	401
新疆兵团	303
合　计	**14 000**

附件 14：

2019 年中央专项彩票公益金支持农村贫困母亲“两癌”救助项目资金分配表

单位：万元

地　区	金　额
中央本级	200
北　京	23
天　津	120
河　北	1 759
山　西	685
内蒙古	1 942
辽　宁	426
吉　林	35
黑龙江	523
上　海	10
江　苏	183
浙　江	87
安　徽	1 994
福　建	163
江　西	1 322
山　东	1 237
河　南	2 104
湖　北	2 733
湖　南	2 586
广　东	134
广　西	2 156
海　南	64
重　庆	873
四　川	1 570
贵　州	1 688
云　南	980
西　藏	243
陕　西	903
甘　肃	2 145
青　海	108
宁　夏	62
新　疆	914
新疆兵团	228
合　计	**30 200**

附件 15：

2019 年中央专项彩票公益金支持留守儿童快乐家园项目资金分配表

单位：万元

地 区	金 额
中央本级	30
北 京	0
天 津	0
河 北	0
山 西	0
内蒙古	88
辽 宁	0
吉 林	0
黑龙江	98
上 海	0
江 苏	10
浙 江	0
安 徽	98
福 建	0
江 西	0
山 东	98
河 南	98
湖 北	98
湖 南	98
广 东	0
广 西	98
海 南	0
重 庆	98
四 川	0
贵 州	98
云 南	98
西 藏	0
陕 西	0
甘 肃	98
青 海	98
宁 夏	98
新 疆	98
新疆兵团	0
合 计	**1 500**

附件 16：

2019 年中央专项彩票公益金支持地方社会公益事业资金分配表

单位：万元

地　区	金　额
河　北	13 550
山　西	14 150
内蒙古	8 825
吉　林	10 475
黑龙江	8 900
安　徽	14 525
福建原中央苏区	16 500
江西原中央苏区	28 875
山东沂蒙革命老区	7 500
河　南	19 825
湖　北	11 450
湖　南	16 175
广东原中央苏区	5 775
广　西	18 025
重　庆	12 475
四　川	16 600
贵　州	50 000
云　南	13 250
西　藏	70 375
陕　西	10 450
甘　肃	13 525
青　海	33 275
宁　夏	24 250
新　疆	50 000
新疆生产建设兵团	11 250
合　计	**500 000**

中华人民共和国财政部公告

（2020 年 12 月 9 日　2020 年第 44 号）

财政部关于 2021 年彩票市场休市安排的公告

根据《彩票管理条例》及其实施细则、《国务院办公厅关于2021年部分节假日安排的通知》（国办发明电〔2020〕27号）等有关规定，现将2021年彩票市场休市安排公告如下：

一、休市时间。春节10天，休市时间为2021年2月9日0：00至2月18日24：00。国庆节4天，休市时间为2021年10月1日0：00至10月4日24：00。

二、休市期间，除即开型彩票外，停止全国其他各类彩票游戏的销售、开奖和兑奖。具体彩票游戏的开奖、兑奖等时间调整安排，由彩票发行机构、彩票销售机构提前向社会公告。

三、休市期间，即开型彩票的销售活动由彩票销售机构根据彩票发行机构的要求和本地实际情况决定。彩票销售机构要制定全面细致的销售工作方案，切实加强安全管理；要充分尊重彩票代销者的意愿，不得强行要求销售。

四、彩票发行机构、彩票销售机构要妥善保管休市前形成的销售数据，确保数据安全；要充分利用休市间隙对彩票销售系统及设备进行调整和维护，为休市结束后的彩票销售活动做好准备。

五、彩票发行机构、彩票销售机构要密切关注新冠肺炎疫情情况，严格执行当地政府及相关部门疫情防控管理规定，切实落实主体责任，健全相关管理制度，完善配套应急预案，妥善做好彩票发行销售工作。

特此公告。

财政部关于停止销售“年年有鱼”等168款即开型体育彩票游戏的审批意见

（2020年2月28日　财政部　财综〔2020〕3号）

国家体育总局体育彩票管理中心：

你中心《关于申报停止销售“年年有鱼”等168款即开型体育彩票的请示》（体彩字〔2020〕15号）收悉。根据《彩票管理条例》、《彩票管理条例实施细则》和《彩票发行销售管理办法》（财综〔2018〕67号）等有关规定，现就有关事项通知如下：

一、为进一步优化体育彩票游戏结构，促进彩票市场健康发展，同意你中心停止销售“年年有鱼”等168款即开型体育彩票游戏（见附件）。你中心应当自批准之日起2个月内向社会发布公告，公告内容包括财政部的批准文件名称及文号、停止销售日期、兑奖截止日期等。自公告之日起满60个自然日后，停止销售上述168款彩票游戏。

二、上述168款彩票游戏停止销售后，在兑奖期内，应当按照规定兑付奖金。兑奖期结束后，你中心应与彩票销售机构做好彩票资金结算工作。逾期未兑奖奖金纳入彩票公益金，奖金结余转为一般调节基金，超兑奖金在彩票发行销售风险基金中列支。兑奖期结束后，你中心和彩票销售机构应当在60个自然日内分别向同级财政部门提交书面报告，报告内容包括彩票发行销售、彩票奖金提取与兑付、奖池资金和调节基金结余与划转等情况。

三、你中心应当严格按照现行彩票管理制度规定，督促体育彩票销售机构加强销售安全管理和风险控制，切实做好公告、兑奖、结算等相关工作。要统筹考虑全国即开型彩票市场状况，合理规划即开型彩票运营节奏，有效衔接报批、印制、上市销售、停止销售等工作环节，切实节约成本、提高效率，确保即开型彩票持续健康发展。

附件：同意停止销售的“年年有鱼”等168款即开型体育彩票游戏

附件：

同意停止销售的"年年有鱼"等168款即开型体育彩票游戏

序号	彩票游戏名称	游戏面值（元）	财政部批复文号
1	年年有鱼	2	财办综〔2008〕105号
2	精彩奇妙5	5	财办综〔2010〕5号
3	碰碰和	3	财办综〔2010〕5号
4	摇钱树	5	财办综〔2010〕5号
5	情义两心知	2	财办综〔2010〕102号
6	星座奇缘	2	财办综〔2011〕51号
7	生日快乐	5	财办综〔2011〕51号
8	超级王牌	3	财办综〔2010〕5号
9	龙年吉祥	5	财办综〔2011〕139号
10	神秘礼物	2	财办综〔2011〕139号
11	金镶玉	10	财办综〔2011〕139号
12	甜蜜约会	5	财办综〔2011〕139号
13	情比金坚	10	财办综〔2010〕102号
14	三倍甜蜜	2	财办综〔2011〕139号
15	淘金乐	20	财办综〔2010〕5号
16	激情亚沙会 快乐在一起	10	财办综〔2012〕12号
17	聚宝盆	10	财办综〔2010〕102号
18	黄金瓜	2	财办综〔2011〕139号
19	感恩母亲节	5	财办综〔2010〕102号
20	总冠军榜	10	财办综〔2011〕139号
21	赛事之都	10	财办综〔2011〕139号
22	十倍奖金	5	财办综〔2008〕105号
23	幸运星	20	财办综〔2011〕139号
24	幸运彩虹	5	财办综〔2011〕51号
25	快乐赢	2	财办综〔2011〕139号
26	英雄会	10	财办综〔2011〕139号
27	开心麻将	5	财办综〔2011〕139号
28	三江源	10	财办综〔2012〕43号
29	神奇的宝葫芦	5	财办综〔2011〕51号
30	点石成金II	30	财办综〔2012〕43号
31	中国奥运军	10	财办综〔2012〕48号
32	携手奥运	5	财办综〔2012〕48号
33	草原那达慕	10	财办综〔2012〕48号
34	黄金8	2	财办综〔2011〕139号

续表

序号	彩票游戏名称	游戏面值（元）	财政部批复文号
35	可爱小樱桃	10	财办综〔2010〕102 号
36	铁人夺金 II	10	财办综〔2012〕48 号
37	快乐 J	5	财办综〔2010〕5 号
38	东海明珠	10	财办综〔2012〕48 号
39	NBA20 元	20	财办综〔2012〕43 号
40	熊猫宝宝	2	财办综〔2011〕139 号
41	金石奇缘	10	财办综〔2011〕51 号
42	吉祥金桔	5	财办综〔2010〕102 号
43	三只猴子	2	财办综〔2012〕43 号
44	跳跃音符	5	财办综〔2011〕51 号
45	浪漫水晶球	10	财办综〔2010〕102 号
46	存钱罐	3	财办综〔2011〕51 号
47	至尊钻石 7	10	财办综〔2010〕5 号
48	大富豪	20	财办综〔2012〕43 号
49	紫水晶	10	财办综〔2011〕51 号
50	小财神	5	财办综〔2011〕139 号
51	宠物乐	2	财办综〔2012〕43 号
52	童年记忆	5	财办综〔2011〕51 号
53	金蛇添财	10	财办综〔2012〕105 号
54	三国故事	5	财办综〔2011〕51 号
55	剪子 包袱 锤	10	财办综〔2012〕105 号
56	过大年 20 元	20	财办综〔2012〕105 号
57	过大年 10 元	10	财办综〔2012〕105 号
58	过大年 5 元	5	财办综〔2012〕105 号
59	富贵鱼	2	财办综〔2012〕105 号
60	砸金蛋	10	财办综〔2012〕105 号
61	开心果	10	财办综〔2011〕51 号
62	幸福 99	10	财办综〔2012〕105 号
63	棋	5	财办综〔2012〕105 号
64	采蘑菇	5	财办综〔2012〕105 号
65	魔法师	10	财办综〔2012〕105 号
66	黑旋风	20	财办综〔2012〕105 号
67	爱心永存	3	财办综〔2011〕51 号
68	打黑 8	10	财办综〔2012〕105 号
69	基乐彩	5	财办综〔2010〕102 号
70	欧洲风云	5	财办综〔2012〕43 号

续表

序号	彩票游戏名称	游戏面值（元）	财政部批复文号
71	金满堂	10	财办综〔2013〕16 号
72	金满罐	2	财办综〔2013〕16 号
73	剪子 包袱 锤	2	财办综〔2013〕16 号
74	丝绸之路－奇观	10	财办综〔2013〕16 号
75	魅力新兰州 激情马拉松	5	财办综〔2013〕16 号
76	加油	2	财办综〔2013〕16 号
77	热力 500	10	财办综〔2013〕16 号
78	热力 100	5	财办综〔2013〕16 号
79	热力 50	2	财办综〔2013〕16 号
80	剪子 包袱 锤	5	财办综〔2013〕16 号
81	魅力龙江	5	财办综〔2013〕16 号
82	大美龙江	10	财办综〔2013〕16 号
83	挖地雷	3	财办综〔2013〕16 号
84	超级赛车	10	财办综〔2011〕51 号
85	羽坛拼搏	5	财办综〔2011〕51 号
86	超级大乐透	20	财办综〔2013〕16 号
87	顶呱刮	10	财办综〔2013〕16 号
88	顶呱刮	5	财办综〔2013〕16 号
89	三江源	10	财办综〔2013〕16 号
90	灌篮土	10	财办综〔2011〕51 号
91	步步高	5	财办综〔2013〕16 号
92	勇闯金银岛	2	财办综〔2011〕51 号
93	掼蛋	10	财办综〔2013〕16 号
94	甜蜜蜜	10	财办综〔2011〕51 号
95	金铃铛	2	财办综〔2012〕105 号
96	富贵多多	30	财办综〔2012〕105 号
97	好事成双	5	财办综〔2013〕16 号
98	保龄球俱乐部	20	财办综〔2011〕51 号
99	甜蜜蜜	20	财办综〔2011〕51 号
100	盛世十二运	10	财办综〔2013〕48 号
101	NBA	10	财办综〔2012〕43 号
102	NBA	20	财办综〔2013〕48 号
103	环太湖赛	5	财办综〔2013〕48 号
104	够级	5	财办综〔2013〕48 号
105	11 选 5	10	财办综〔2013〕48 号
106	黄金万两	10	财办综〔2010〕5 号

续表

序号	彩票游戏名称	游戏面值（元）	财政部批复文号
107	钻石王朝	10	财办综〔2013〕16 号
108	美好安徽 活力体博	10	财办综〔2013〕62 号
109	中奖达人	10	财办综〔2013〕48 号
110	神秘贝壳	5	财办综〔2013〕48 号
111	金元宝	10	财办综〔2013〕48 号
112	四叶草	2	财办综〔2013〕48 号
113	宝罐	20	财办综〔2013〕48 号
114	马到成功	10	财办综〔2013〕48 号
115	竹报平安	5	财办综〔2013〕48 号
116	开门八件事	10	财办综〔2013〕48 号
117	开运罐	5	财办综〔2014〕2 号
118	真金白银	20	财办综〔2014〕2 号
119	切西瓜	2	财办综〔2014〕2 号
120	财富金字塔	20	财办综〔2014〕2 号
121	八方来财	10	财办综〔2013〕48 号
122	梦想成金	5	财办综〔2014〕2 号
123	黑旋风 2	20	财办综〔2014〕2 号
124	璀璨钻石	10	财办综〔2014〕2 号
125	A&K	5	财办综〔2014〕2 号
126	笑口常开	2	财办综〔2014〕34 号
127	巅峰之战	10	财办综〔2014〕34 号
128	星光大道	5	财办综〔2014〕34 号
129	天下大足	10	财办综〔2014〕34 号
130	欢乐扑克	20	财办综〔2014〕34 号
131	清凉水果	5	财办综〔2014〕34 号
132	魔钻	5	财办综〔2014〕34 号
133	赚翻天	10	财办综〔2014〕34 号
134	绿色生活	10	财办综〔2014〕34 号
135	喜结良缘	10	财办综〔2014〕34 号
136	强力金球	10	财办综〔2013〕16 号
137	金砖	10	财办综〔2014〕65 号
138	九宫格	5	财办综〔2014〕65 号
139	六六顺	2	财办综〔2014〕65 号
140	金玉满堂	30	财办综〔2014〕65 号
141	富贵金锁	5	财办综〔2014〕65 号
142	弹珠	5	财办综〔2014〕65 号

续表

序号	彩票游戏名称	游戏面值（元）	财政部批复文号
143	狂热中	10	财办综〔2014〕65 号
144	吉星高照	10	财办综〔2014〕65 号
145	四季来财	20	财办综〔2014〕65 号
146	大漠寻宝	10	财办综〔2014〕84 号
147	双龙戏珠	5	财办综〔2014〕84 号
148	炫动青运	10	财办综〔2014〕84 号
149	三羊开泰	10	财办综〔2014〕84 号
150	猜猜看	2	财办综〔2014〕84 号
151	招财进宝	20	财办综〔2015〕08 号
152	财富之门	10	财办综〔2015〕08 号
153	小蛋糕	2	财办综〔2015〕08 号
154	第十届少数民族运动会	5	财办综〔2015〕08 号
155	红玫瑰	10	财办综〔2015〕08 号
156	黄金世界	30	财办综〔2015〕08 号
157	拉火车	5	财办综〔2015〕08 号
158	168	5	财办综〔2015〕08 号
159	点秋香	10	财办综〔2014〕65 号
160	功夫	5	财办综〔2015〕56 号
161	夺宝	20	财办综〔2015〕56 号
162	串串赢	10	财办综〔2015〕08 号
163	甜蜜物语	10	财办综〔2015〕56 号
164	9	10	财办综〔2015〕56 号
165	绿宝石	5	财办综〔2015〕56 号
166	赤壁	10	财办综〔2015〕56 号
167	富贵 8	20	财办综〔2015〕56 号
168	金猴献宝	10	财办综〔2015〕109 号

财政部关于停止销售“连环夺宝”等7款视频型彩票游戏的审批意见

（2020年3月24日　财政部　财综〔2020〕9号）

中国福利彩票发行管理中心：

你中心报来经民政部审核同意的《关于申报停销“连环夺宝”等7款中福在线视频型彩票游戏的请示》（中彩发字〔2020〕19号），申请停止销售“连环夺宝”、“趣味高尔夫”、“三江风光”、“好运射击”、“四花选五”、“幸运五彩”、“开心一刻”等7款视频型彩票游戏。根据《彩票管理条例》、《彩票管理条例实施细则》和《彩票发行销售管理办法》等有关规定，现将有关事项通知如下：

一、同意你中心提出的停止销售“连环夺宝”、“趣味高尔夫”、“三江风光”、“好运射击”、“四花选五”、“幸运五彩”、“开心一刻”等7款视频型彩票游戏的申请。

二、你中心要统筹考虑促进彩票市场健康发展，从严控制彩票风险，维护社会和谐稳定等要求，细化完善并切实落实停销工作方案，在稳就业前提下，依法依规合理确定停销游戏的具体时间，按要求做好停销前各项准备工作，并向社会公告。

三、你中心要积极稳妥做好停销游戏及后续相关工作。依法依规妥善处理停销游戏后的兑奖、资金结算、有关从业人员稳就业等相关事宜，确保社会稳定和彩票市场平稳有序发展。

财政部关于“锦鲤”等22款即开型体育彩票游戏的审批意见

（2020年4月26日　财政部　财综〔2020〕11号）

国家体育总局体育彩票管理中心：

你中心报来《体育总局彩票中心关于发行“锦鲤”等22款即开型体育彩票的请示》（体彩字〔2020〕80号）收悉。为优化即开型彩票游戏结构，促进彩票市场健康发展，经研究，根据《彩票管理条例》、《彩票管理条例实施细则》和《彩票发行销售管理办法》等相关规定，现就有关事项通知如下：

一、同意你中心印制发行“锦鲤”等22款即开型体育彩票游戏，具体游戏规则见附件。“锦鲤”等22款即开型体育彩票游戏按其销售总额的65%、15%和20%分别计提彩票奖金、彩票发行费和彩票公益金。

二、“锦鲤”等22款即开型体育彩票游戏上市销售前，你中心应及时向社会发布公告，并在公告中注明财政部批准的文件名称、文号、上市销售日期以及《“锦鲤”等22款即开型体育彩票游戏规则》等。

三、即开型体育彩票游戏的兑奖工作应当严格按现行有关规定进行。其中，彩票中奖奖金应当以人民币现金或者现金支票形式一次性兑付，彩票中奖者应当自开奖之日起60个自然日内，持中奖彩票到指定的地点兑奖。

附件：“锦鲤”等22款即开型体育彩票游戏规则

附件：

“锦鲤”等22款即开型体育彩票游戏规则

一、三叠字

（一）面值：2元。

（二）奖组：72万张（144万元）。

（三）玩法规则：刮开覆盖膜，如果出现三个相同的金额标志，即中得该单一金额。中奖奖金兼中兼得。

（四）设奖方案：

奖级	中奖金额（元）	中奖个数	中奖小计（元）
1	30 000	1	30 000
2	1 000	4	4 000
3	100	192	19 200
4	50	1 000	50 000
5	30	2 400	72 000
6	20	6 000	120 000
7	10	7 200	72 000
8	5	40 800	204 000
9	2	182 400	364 800
合计		**239 997**	**936 000**

二、开口笑

（一）面值：2元。

（二）奖组：72万张（144万元）。

（三）玩法规则：刮开覆盖膜，如果出现金额标志，即中得该金额。中奖奖金兼中兼得。

（四）设奖方案：

奖级	中奖金额（元）	中奖个数	中奖小计（元）
1	30 000	1	30 000
2	1 000	4	4 000
3	500	8	4 000
4	100	364	36 400
5	50	5 760	288 000
6	20	2 400	48 000
7	10	7 200	72 000
8	5	16 800	84 000
9	2	184 800	369 600
合计		**217 337**	**936 000**

三、一蹴而就

（一）面值：5元。

（二）奖组：180万张（900万元）。

（三）玩法规则：刮开覆盖膜，如果出现金额标志，即中得该金额。

（四）设奖方案：

奖级	中奖金额（元）	中奖个数	中奖小计（元）
1	200 000	1	200 000
2	10 000	5	50 000
3	1 000	10	10 000
4	500	680	340 000
5	200	3 000	600 000
6	100	6 000	600 000
7	50	7 500	375 000
8	20	37 500	750 000
9	10	37 500	375 000
10	5	510 000	2 550 000
合计		**602 196**	**5 850 000**

四、锦鲤

（一）面值：5元。

（二）奖组：72万张（360万元）。

（三）玩法规则：刮开覆盖膜，如果出现锦鲤标志“”，即中得该标志下方所示的金额。中奖奖金兼中兼得。

（四）设奖方案：

奖级	中奖金额（元）	中奖个数	中奖小计（元）
1	100 000	1	100 000
2	1 000	4	4 000
3	500	80	40 000
4	100	1 260	126 000
5	50	3 000	150 000
6	30	6 000	180 000
7	20	27 000	540 000
8	10	72 000	720 000
9	5	96 000	480 000
合计		**205 345**	**2 340 000**

五、蝶

（一）面值：5元。

（二）奖组：144万张（720万元）。

（三）玩法规则：刮开覆盖膜，如果你的号码中任意一个号码与中奖号码相同，即中得该号码下方所示的金额；如果出现顶呱刮标志“”，即中得该标志下方所示金额的5倍。中奖奖金兼中兼得。

（四）设奖方案：

奖级	中奖金额（元）	中奖个数	中奖小计（元）
1	200 000	1	200 000
2	8 000	1	8 000
3	800	16	12 800
4	500	80	40 000
5	100	392	39 200
6	80	3 000	240 000
7	50	12 000	600 000
8	30	30 000	900 000
9	20	36 000	720 000
10	10	60 000	600 000
11	5	264 000	1 320 000
合计		**405 490**	**4 680 000**

六、全民运动

（一）面值：5元。

（二）奖组：72万张（360万元）。

（三）玩法规则：刮开覆盖膜，如果出现运动标志“”，即中得该标志下方所示的金额。中奖奖金兼中兼得。

（四）设奖方案：

奖级	中奖金额（元）	中奖个数	中奖小计（元）
1	50 000	2	100 000
2	1 000	20	20 000
3	500	40	20 000
4	200	200	40 000
5	100	1 200	120 000
6	50	4 800	240 000
7	20	9 000	180 000
8	15	30 000	450 000
9	10	36 000	360 000
10	5	162 000	810 000
合计		**243 262**	**2 340 000**

七、遇见

（一）面值：5元。

（二）奖组：72万张（360万元）。

（三）玩法规则：刮开覆盖膜，在任意一场游戏中，如果出现两个相同的标志，即中得该场游戏下方所示的金额；如果出现爱心标志“”，即中得该场游戏下方所示金额的两倍。中奖奖金兼中兼得。

（四）设奖方案：

奖级	中奖金额（元）	中奖个数	中奖小计（元）
1	100 000	1	100 000
2	1 000	4	4 000
3	500	40	20 000
4	200	100	20 000
5	100	660	66 000
6	50	13 200	660 000
7	20	15 000	300 000
8	10	36 000	360 000
9	5	162 000	810 000
合计		**227 005**	**2 340 000**

八、龙之九子

（一）面值：5元。

（二）奖组：72万张（360万元）。

（三）玩法规则：刮开覆盖膜，如果出现金额标志，即中得该金额。中奖奖金兼中兼得。

（四）设奖方案：

奖级	中奖金额（元）	中奖个数	中奖小计（元）
1	100 000	1	100 000
2	9 000	4	36 000
3	900	40	36 000
4	200	220	44 000
5	90	3 600	324 000
6	30	15 000	450 000
7	20	9 000	180 000
8	10	36 000	360 000
9	5	162 000	810 000
合计		**225 865**	**2 340 000**

九、包好运

（一）面值：5元。

（二）奖组：360万张（1 800万元）。

（三）玩法规则：刮开覆盖膜，如果出现好运标志“(运)”，即根据“(运)”的个数中得奖金对照表中所对应的金额。中奖奖金不可兼中兼得。

1个(运)	5元	4个(运)	50元	7个(运)	1 000元
2个(运)	10元	5个(运)	100元	8个(运)	10 000元
3个(运)	20元	6个(运)	300元	9个(运)	200 000元

（四）设奖方案：

奖级	中奖金额（元）	中奖个数	中奖小计（元）
1	200 000	2	400 000
2	10 000	10	100 000
3	1 000	50	50 000
4	300	3 000	900 000
5	100	14 000	1 400 000
6	50	30 000	1 500 000
7	20	60 000	1 200 000
8	10	180 000	1 800 000
9	5	870 000	4 350 000
合计		**1 157 062**	**11 700 000**

十、蝶

（一）面值：10元。

（二）奖组：180万张（1 800万元）。

（三）玩法规则：刮开覆盖膜，如果你的号码中任意一个号码与中奖号码相同，即中得该号码下方所示的金额；如果出现顶呱刮标志“”，即中得该标志下方所示金额的5倍。中奖奖金兼中兼得。

（四）设奖方案：

奖级	中奖金额（元）	中奖个数	中奖小计（元）
1	400 000	1	400 000
2	80 000	1	80 000
3	8 000	10	80 000
4	800	80	64 000
5	500	600	300 000
6	100	7 020	702 000
7	80	11 550	924 000
8	50	45 000	2 250 000
9	30	45 000	1 350 000
10	20	120 000	2 400 000
11	10	315 000	3 150 000
合计		**544 262**	**11 700 000**

十一、100

（一）面值：10元。

（二）奖组：90万张（900万元）。

（三）玩法规则：刮开覆盖膜，如果你的号码中任意一个号码与中奖号码之一相同，即中得该号码下方所示的金额；如果出现顶呱刮标志“”，即中得该标志下方所示金额的10倍。中奖奖金兼中兼得。

（四）设奖方案：

续表

奖级	中奖金额(元）	中奖个数	中奖小计（元）
1	250 000	1	250 000
2	1 000	5	5 000
3	500	40	20 000
4	200	500	100 000
5	100	18 000	1 800 000
6	30	22 500	675 000
7	20	60 000	1 200 000
8	10	180 000	1 800 000
合计		**281 046**	**5 850 000**

十二、蒸蒸日上

（一）面值：10元。

（二）奖组：144万张（1 440万元）。

（三）玩法规则：刮开覆盖膜，如果出现幸福标志“幸福”或美满标志“美满”，即中得该标志下方所示的金额；如果出现顶呱刮标志“”，即中得该标志下方所示金额的5倍。中奖奖金兼中兼得。

（四）设奖方案：

奖级	中奖金额（元）	中奖个数	中奖小计（元）
1	300 000	1	300 000
2	10 000	8	80 000
3	1 000	20	20 000
4	500	1 600	800 000
5	200	2 400	480 000
6	100	6 000	600 000
7	50	24 000	1 200 000
8	30	24 000	720 000
9	20	108 000	2 160 000
10	10	300 000	3 000 000
合计		**466 029**	**9 360 000**

十三、快赢

（一）面值：10元。

（二）奖组：360万张（3600万元）。

（三）玩法规则：刮开覆盖膜，如果出现金额标志，即中得该金额。中奖奖金兼中兼得。

（四）设奖方案：

奖级	中奖金额(元）	中奖个数	中奖小计（元）
1	500 000	1	500 000
2	100 000	3	300 000
3	10 000	10	100 000

续表

奖级	中奖金额（元）	中奖个数	中奖小计（元）
4	1 000	300	300 000
5	300	10 000	3 000 000
6	100	12 000	1 200 000
7	50	90 000	4 500 000
8	20	300 000	6 000 000
9	10	750 000	7 500 000
合计		**1 162 314**	**23 400 000**

十四、红包

（一）面值：10元。

（二）奖组：360万张（3 600万元）。

（三）玩法规则：主玩法：刮开覆盖膜，如果出现金额标志，即中得该金额。主玩法中奖奖金兼中兼得。

附加玩法：刮开覆盖膜，如果出现红包标志“”，即根据“”的个数中得下方奖金对照表中所对应的金额。附加玩法中奖奖金不可兼中兼得。

奖金对照表		
	一个	20元
	两个	50元
	三个	100元

总中奖金额=主玩法中奖金额+附加玩法中奖金额

（四）设奖方案：

奖级	中奖金额（元）	中奖个数	中奖小计（元）
1	880 000	1	880 000
2	88 000	5	440 000
3	8 800	100	880 000
4	880	1 000	880 000
5	600	1 000	600 000
6	100	15 100	1 510 000
7	80	12 000	960 000
8	50	30 000	1 500 000
9	30	105 000	3 150 000
10	20	300 000	6 000 000
11	10	660 000	6 600 000
合计		**1 124 206**	**23 400 000**

十五、幸运时辰

（一）面值：10元。

（二）奖组：72万张（720万元）。

（三）玩法规则：刮开覆盖膜，在任意一场游戏中，如果出现两个相同的时辰，即中得该场游戏区内所示的奖金金额。中奖奖金兼中兼得。

（四）设奖方案：

奖级	中奖金额（元）	中奖个数	中奖小计（元）
1	250 000	1	250 000
2	1 000	8	8 000
3	600	60	36 000
4	240	600	144 000
5	120	3 600	432 000
6	60	9 000	540 000
7	30	21 000	630 000
8	20	60 000	1 200 000
9	10	144 000	1 440 000
合计		**238 269**	**4 680 000**

十六、捕鱼大师

（一）面值：10元。

（二）奖组：72万张（720万元）。

（三）玩法规则：刮开覆盖膜，根据下网位置所示的字母和数字，找到捕捞区所对应的位置，如果该位置出现金额标志，即中得该金额。中奖奖金兼中兼得。

（四）设奖方案：

奖级	中奖金额（元）	中奖个数	中奖小计（元）
1	250 000	1	250 000
2	1 000	4	4 000
3	500	40	20 000
4	200	400	80 000
5	100	3 000	300 000
6	50	22 920	1 146 000
7	30	12 000	360 000
8	20	60 000	1 200 000
9	10	132 000	1 320 000
合计		**230 365**	**4 680 000**

十七、大熊猫

（一）面值：20元。

（二）奖组：900万张（1.8亿元）。

（三）玩法规则：主游戏：刮开覆盖膜，如果出现国宝标志“国宝”，即中得该标志下方所示的金额；如果出现顶呱刮标志“”，即中得该标志下方所示金额的5倍。

幸运游戏：刮开幸运游戏覆盖膜，如果出现金额标志，即中得该金额。

中奖奖金兼中兼得。

（四）设奖方案：

奖级	中奖金额（元）	中奖个数	中奖小计（元）
1	1 000 000	1	1 000 000
2	100 000	2	200 000
3	10 000	7	70 000
4	3 000	200	600 000
5	600	20 000	12 000 000
6	400	28 500	11 400 000
7	100	24 800	2 480 000
8	50	450 000	22 500 000
9	30	975 000	29 250 000
10	20	1 875 000	37 500 000
合计		**3 373 510**	**117 000 000**

十八、好运

（一）面值：20元。

（二）奖组：900万张（1.8亿元）。

（三）玩法规则：刮开覆盖膜，如果出现国宝标志“国宝”，即中得该标志下方所示的金额；如果出现顶呱刮标志“”，即中得该标志下方所示金额的5倍。中奖奖金兼中兼得。

（四）设奖方案：

奖级	中奖金额（元）	中奖个数	中奖小计（元）
1	1 000 000	1	1 000 000
2	100 000	2	200 000
3	10 000	7	70 000
4	3 000	200	600 000
5	600	15 000	9 000 000
6	400	30 000	12 000 000
7	100	48 800	4 880 000
8	50	450 000	22 500 000
9	30	975 000	29 250 000
10	20	1 875 000	37 500 000
合计		**3 394 010**	**117 000 000**

续表

十九、五虎将

（一）面值：20元。

（二）奖组：360万张（7 200万元）。

（三）玩法规则：刮开覆盖膜，如果出现5个中奖标志中的任意一个标志，即中得该标志下方所示的金额。中奖奖金兼中兼得。

中奖标志：

青龙偃月刀　丈八蛇矛　青釭剑　虎头湛金枪　铁胎弓

（四）设奖方案：

奖级	中奖金额（元）	中奖个数	中奖小计（元）
1	1 000 000	1	1 000 000
2	100 000	1	100 000
3	10 000	20	200 000
4	1 000	1 000	1 000 000
5	500	12 000	6 000 000
6	300	7 000	2 100 000
7	100	10 000	1 000 000
8	50	210 000	10 500 000
9	30	330 000	9 900 000
10	20	750 000	15 000 000
合计		**1 320 022**	**46 800 000**

二十、一蹴而就

（一）面值：20元。

（二）奖组：360万张（7 200万元）。

（三）玩法规则：刮开覆盖膜，如果出现金额标志，即中得该金额。

（四）设奖方案：

奖级	中奖金额（元）	中奖个数	中奖小计（元）
1	1 000 000	1	1 000 000
2	100 000	1	100 000
3	50 000	10	500 000
4	10 000	40	400 000
5	1 000	500	500 000
6	600	6 000	3 600 000
7	400	6 000	2 400 000
8	200	8 800	1 760 000
9	100	36 000	3 600 000
10	50	144 000	7 200 000
11	30	360 000	10 800 000
12	20	747 000	14 940 000
合计		**1 308 352**	**46 800 000**

二十一、锦鲤

（一）面值：20元。

（二）奖组：720万张（1.44亿元）。

（三）玩法规则：刮开覆盖膜，如果出现锦鲤标志“”，即中得该标志下方所示的金额；如果出现顶呱刮标志“”，即中得该标志下方所示金额的3倍；如果出现龙标志“”，即中得该标志下方所示金额的10倍。中奖奖金兼中兼得。

（四）设奖方案：

奖级	中奖金额（元）	中奖个数	中奖小计（元）
1	1 000 000	1	1 000 000
2	100 000	1	100 000
3	10 000	40	400 000
4	1 000	2 100	2 100 000

续表

奖级	中奖金额（元）	中奖个数	中奖小计（元）
5	500	24 000	12 000 000
6	200	24 000	4 800 000
7	100	24 000	2 400 000
8	50	420 000	21 000 000
9	30	780 000	23 400 000
10	20	1 320 000	26 400 000
合计		**2 594 142**	**93 600 000**

二十二、大美青海·中华水塔

（一）面值：20元。

（二）奖组：36万张（720万元）。

（三）玩法规则：游戏一：刮开覆盖膜，如果出现金额标志，即中得该金额。

游戏二：刮开覆盖膜，如果出现水塔标志“”，即中得该标志下方所示的金额。

中奖奖金兼中兼得。

（四）设奖方案：

奖级	中奖金额（元）	中奖个数	中奖小计（元）
1	250 000	1	250 000
2	10 000	20	200 000
3	1 000	100	100 000
4	500	500	250 000
5	300	500	150 000
6	100	2 500	250 000
7	50	18 000	900 000
8	30	18 000	540 000
9	20	102 000	2 040 000
合计		**141 621**	**4 680 000**

财政部关于“连连好运”等22款即开型福利彩票游戏的审批意见

（2020年6月28日　财政部　财综〔2020〕20号）

中国福利彩票发行管理中心：

你中心报来《关于发行“连连好运”等22款即开型福利彩票新游戏的请示》（中彩发字〔2020〕71号）收悉。为优化即开型彩票游戏结构，促进彩票市场健康发展，经研究，根据《彩票管理条例》、《彩票管理条例实施细则》和《彩票发行销售管理办法》（财综〔2018〕67号）等相关规定，现就有关事项通知如下：

一、同意你中心印制发行“连连好运”等22款即开型福利彩票游戏，具体游戏规则见附件。“连连好运”等22款即开型福利彩票游戏按其销售总额的65%、15%和20%分别计提彩票奖金、彩票发行费和彩票公益金。

二、“连连好运”等22款即开型福利彩票游戏上市销售前，你中心应及时向社会发布公告，并在公告中注明财政部批准的文件名称、文号、上市销售日期以及“连连好运”等22款即开型福利彩票游戏规则等。

三、即开型福利彩票游戏的兑奖工作应当严格按现行有关规定进行。其中，彩票中奖奖金应当以人民币现金或者现金支票形式一次性兑付，彩票中奖者应当自开奖之日起60个自然日内，持中奖彩票到指定的地点兑奖。

附件：“连连好运”等22款即开型福利彩票游戏规则

附件：

“连连好运”等22款即开型福利彩票游戏规则

一、连连好运

（一）面值：5元

（二）奖组：20万张

（三）玩法：刮开覆盖膜，如果刮出任何奖金金额，即可获得该奖金。中奖奖金兼中兼得。

（四）设奖方案：

续表

奖级	中奖金额（元）	中奖个数	奖金小计（元）
1	10 000	1	10 000
2	500	18	9 000
3	100	100	10 000
4	50	5 000	250 000
5	20	800	16 000
6	10	5 000	50 000
7	5	61 000	305 000
合计		**71 919**	**650 000**

二、挖金矿

（一）面值：5元

（二）奖组：100万张

（三）玩法：刮开覆盖膜，如果任意一个“我的号码”与“中奖号码”相同，即可获得该“我的号码”下方所对应的奖金；如果刮出“”图符，即可获得50元奖金。中奖奖金兼中兼得。

（四）设奖方案：

奖级	中奖金额（元）	中奖个数	奖金小计（元）
1	150 000	1	150 000
2	5 000	1	5 000
3	500	16	8 000
4	200	110	22 000
5	100	1 100	110 000
6	50	20 000	1 000 000
7	25	9 000	225 000
8	20	7 000	140 000
9	10	109 000	1 090 000
10	5	100 000	500 000
合计		**246 228**	**3 250 000**

三、哦耶

（一）面值：5元

（二）奖组：10万张

（三）玩法：刮开覆盖膜，如果刮出“”图符，即可获得该图符下方所对应的奖金。中奖奖金兼中兼得。

（四）设奖方案：

奖级	中奖金额（元）	中奖个数	奖金小计（元）
1	20 000	1	20 000
2	500	40	20 000
3	100	305	30 500
4	50	1 000	50 000
5	20	1 000	20 000
6	15	1 000	15 000
7	10	4 000	40 000
8	5	25 900	129 500
合计		**33 246**	**325 000**

四、辛丑牛5元

（一）面值：5元

（二）奖组：100万张

（三）玩法：刮开覆盖膜，如果任意一个“我的号码”与“中奖号码”相同，即可获得该“我的号码”下方所对应的奖金；如果刮出“牛”图符，即可获得该图符下方所对应奖金的两倍。中奖奖金兼中兼得。

（四）设奖方案：

奖级	中奖金额（元）	中奖个数	奖金小计（元）
1	100 000	1	100 000
2	10 000	2	20 000
3	500	500	250 000
4	100	800	80 000
5	50	16 000	800 000
6	20	10 000	200 000
7	10	100 000	1 000 000
8	5	160 000	800 000
合计		**287 303**	**3 250 000**

五、五牛图

（一）面值：5元

（二）奖组：60万张

（三）玩法：刮开覆盖膜，如果任意一个“我的生肖”与“幸运生肖”相同，即可获得该“我的生肖”下方所对应的奖金；如果刮出“”图符，即可获得该图符下方所对应奖金的两倍。中奖奖金兼中兼得。

（四）设奖方案：

奖级	中奖金额（元）	中奖个数	奖金小计（元）
1	100 000	1	100 000
2	1 888	30	56 640
3	188	120	22 560
4	88	1 500	132 000
5	50	4 500	225 000
6	20	12 000	240 000
7	10	57 380	573 800
8	5	120 000	600 000
合计		**195 531**	**1 950 000**

六、平凡英雄

（一）面值：10元

（二）奖组：60万张

（三）玩法：刮开覆盖膜，如果刮出任何奖金金额，即可获得该奖金；如果刮出“”图符，即可获得100元奖金。中奖奖金兼中兼得。

（四）设奖方案：

奖级	中奖金额（元）	中奖个数	奖金小计（元）
1	200 000	1	200 000
2	1 000	220	220 000
3	500	240	120 000
4	100	2 400	240 000
5	50	13 200	660 000
6	20	48 000	960 000
7	15	24 000	360 000
8	10	114 000	1 140 000
合计		**202 061**	**3 900 000**

七、超给力10元

（一）面值：10元

（二）奖组：100万张

（三）玩法：刮开覆盖膜，如果任意一个“我的号码”与“中奖号码”相同，即可获得该“我的号码”下方所对应的奖金，中奖奖金兼中兼得。如果刮出“”图符，即可获得玩法区内所有的奖金之和。

（四）设奖方案：

奖级	中奖金额（元）	中奖个数	奖金小计（元）
1	300 000	1	300 000
2	10 000	2	20 000
3	1 000	100	100 000
4	500	400	200 000
5	200	800	160 000
6	100	4 000	400 000
7	50	20 000	1 000 000
8	40	10 000	400 000
9	30	20 000	600 000
10	20	76 000	1 520 000
11	10	180 000	1 800 000
合计		**311 303**	**6 500 000**

八、牛气10足

（一）面值：10元

（二）奖组：100万张

（三）玩法：本彩票共有两个玩法，两个玩法区内的中奖奖金兼中兼得。

玩法一：刮开覆盖膜，如果刮出“”图符，即可获得该图符下方所对应的奖金。中奖奖金兼中兼得。

玩法二：刮开覆盖膜，如果刮出“10”图符，即可获得该图符下方所对应的奖金。中奖奖金兼中兼得。

（四）设奖方案：

奖级	中奖金额（元）	中奖个数	奖金小计（元）
1	250 000	1	250 000
2	10 000	2	20 000
3	1 000	220	220 000
4	300	1 200	360 000
5	100	10 000	1 000 000
6	50	12 000	600 000
7	30	12 000	360 000
8	20	56 000	1 120 000
9	15	26 000	390 000
10	10	218 000	2 180 000
合计		**335 423**	**6 500 000**

九、七彩叠叠乐

（一）面值：10元

（二）奖组：80万张

（三）玩法：刮开覆盖膜，在同一局游戏中，如果任意一个“我的号码”与“中奖号码”相同，即可获得该“我的号码”下方所对应的奖金。共有7局游戏，中奖奖金兼中兼得。

（四）设奖方案：

奖级	中奖金额（元）	中奖个数	奖金小计（元）
1	300 000	1	300 000
2	10 000	1	10 000
3	1 000	50	50 000
4	500	240	120 000

续表

奖级	中奖金额（元）	中奖个数	奖金小计（元）
5	200	320	64 000
6	100	3 200	320 000
7	60	1 600	96 000
8	50	3 200	160 000
9	40	24 000	960 000
10	30	24 000	720 000
11	20	32 000	640 000
12	10	176 000	1 760 000
合计		**264 612**	**5 200 000**

十、辛丑牛10元

（一）面值：10元

（二）奖组：100万张

（三）玩法：刮开覆盖膜，如果任意一个“我的号码”与“中奖号码”相同，即可获得该“我的号码”下方所对应的奖金；如果刮出“**牛**”图符，即可获得该图符下方所对应奖金的两倍。中奖奖金兼中兼得。

（四）设奖方案：

奖级	中奖金额（元）	中奖个数	奖金小计（元）
1	250 000	1	250 000
2	5 000	10	50 000
3	1 000	100	100 000
4	500	600	300 000
5	200	800	160 000
6	100	10 000	1 000 000
7	50	20 000	1 000 000
8	20	80 000	1 600 000
9	10	204 000	2 040 000
合计		**315 511**	**6 500 000**

十一、美丽画卷

（一）面值：10元

（二）奖组：50万张

（三）玩法：刮开覆盖膜，如果任意一个“我的号码”与任意一个“中奖号码”相同，即可获得该“我的号码”下方所对应的奖金；如果刮出“”图符，即可获得该图符下方所对应奖金的两倍。中奖奖金兼中兼得。

（四）设奖方案：

奖级	中奖金额（元）	中奖个数	奖金小计（元）
1	250 000	1	250 000
2	10 000	1	10 000
3	1 000	80	80 000
4	500	500	250 000
5	100	3 000	300 000
6	50	8 000	400 000
7	30	8 000	240 000
8	20	17 000	340 000
9	15	16 000	240 000
10	10	114 000	1 140 000
合计		**166 582**	**3 250 000**

十二、承德风光

（一）面值：10元

（二）奖组：20万张

（三）玩法：本彩票共有两个玩法，两个玩法区内的中奖奖金兼中兼得。

玩法一：刮开覆盖膜，如果任意一个“我的号码”与任意一个“中奖号码”相同，即可获得该“我的号码”下方所对应的奖金；如果刮出“**承**”“**德**”“**风**”“**光**”任一图符，即可获得该图符下方所对应的奖金。中奖奖金兼中兼得。

玩法二：刮开覆盖膜，如果出现3个相同的奖金金额，即可获得该单一奖金。

（四）设奖方案：

奖级	中奖金额（元）	中奖个数	奖金小计（元）
1	20 000	1	20 000
2	2 000	5	10 000
3	1 000	10	10 000
4	500	200	100 000
5	100	500	50 000
6	50	1 000	50 000
7	40	2 000	80 000
8	20	20 000	400 000
9	10	58 000	580 000
合计		**81 716**	**13 000 000**

十三、福源宝地

（一）面值：10元

（二）奖组：50万张

（三）玩法：刮开覆盖膜，如果任意一个“我的号码”与任意一个“中奖号码”相同，即可获得该“我的号码”下方所对应的奖金；如果刮出“福”图符，即可获得该图符下方所对应的奖金。中奖奖金兼中兼得。

（四）设奖方案：

奖级	中奖金额（元）	中奖个数	奖金小计（元）
1	200 000	1	200 000
2	1 000	100	100 000
3	500	200	100 000
4	100	4 000	400 000
5	50	10 000	500 000
6	30	10 000	300 000
7	20	30 000	600 000
8	10	105 000	1 050 000
合计		**159 301**	**3 250 000**

十四、大美湘中

（一）面值：10元

（二）奖组：100万张

（三）玩法：刮开覆盖膜，如果任意一个“我的号码”与任意一个“中奖号码”相同，即可获得该“我的号码”下方所对应的奖金；如果刮出“大美湘中”图符，即可获得该图符下方所对应奖金的两倍。中奖奖金兼中兼得。

（四）设奖方案：

奖级	中奖金额（元）	中奖个数	奖金小计（元）
1	400 000	1	400 000
2	5 000	10	50 000
3	1 000	50	50 000
4	500	600	300 000
5	200	835	167 000
6	100	7 000	700 000
7	60	300	18 000
8	50	20 000	1 000 000

续表

奖级	中奖金额（元）	中奖个数	奖金小计（元）
9	40	10 000	400 000
10	30	500	15 000
11	20	78 000	1 560 000
12	10	184 000	1 840 000
合计		**301 296**	**6 500 000**

十五、超给力20元

（一）面值：20元

（二）奖组：100万张

（三）玩法：刮开覆盖膜，如果任意一个“我的号码”与“中奖号码”相同，即可获得该“我的号码”下方所对应的奖金，中奖奖金兼中兼得。如果刮出“”图符，即可获得玩法区内所有的奖金之和。

（四）设奖方案：

奖级	中奖金额（元）	中奖个数	奖金小计（元）
1	800 000	1	800 000
2	10 000	5	50 000
3	5 000	14	70 000
4	1 000	400	400 000
5	500	2 000	1 000 000
6	100	12 000	1 200 000
7	60	8 000	480 000
8	50	32 000	1 600 000
9	40	52 000	2 080 000
10	30	44 000	1 320 000
11	20	200 000	4 000 000
合计		**350 420**	**13 000 000**

十六、圆满

（一）面值：20元

（二）奖组：100万张

（三）玩法：刮开覆盖膜，如果任意一个“我的号码”与任意一个“中奖号码”相同，即可获得该“我的号码”下方所对应的奖金；如果刮出“福”图符，即可获得该图符下方所对应奖金的10倍。中奖奖金兼中兼得。

（四）设奖方案：

奖级	中奖金额（元）	中奖个数	奖金小计（元）
1	1 000 000	1	1 000 000
2	10 000	2	20 000
3	1 000	200	200 000
4	300	5 000	1 500 000
5	100	1 200	120 000
6	50	56 000	2 800 000
7	30	64 000	1 920 000
8	20	272 000	5 440 000
合计		**398 403**	**13 000 000**

十七、百年辉煌

（一）面值：20元

（二）奖组：100万张

（三）玩法：刮开覆盖膜，如果任意一个“我的号码”与任意一个“中奖号码”相同，即可获得该“我的号码”下方所对应的奖金，中奖奖金兼中兼得。如果刮出“100”图符，即可获得玩法区内所有的奖金之和。

（四）设奖方案：

奖级	中奖金额（元）	中奖个数	奖金小计（元）
1	1 000 000	1	1 000 000
2	100 000	1	100 000
3	5 000	10	50 000
4	500	400	200 000
5	100	20 000	2 000 000
6	80	100	8 000
7	60	40 700	2 442 000
8	40	68 000	2 720 000
9	20	224 000	4 480 000
合计		**353 212**	**13 000 000**

十八、辛丑牛20元

（一）面值：20元

（二）奖组：100万张

（三）玩法：刮开覆盖膜，在同一局游戏中，如果刮出3个相同的图符，即可获得该局游戏右侧所对应的奖金；如果在任意一局游戏中刮出“牛”图符，即可获得该局游戏右侧所对应奖金的两倍。共有14局游戏，中奖奖金兼中兼得。

（四）设奖方案：

奖级	中奖金额（元）	中奖个数	奖金小计（元）
1	1 000 000	1	1 000 000
2	10 000	5	50 000
3	2 000	50	100 000
4	1 000	200	200 000
5	500	500	250 000
6	200	1 000	200 000
7	100	4 000	400 000
8	80	2 000	160 000
9	60	20 000	1 200 000
10	50	40 000	2 000 000
11	40	36 000	1 440 000
12	30	16 000	480 000
13	20	276 000	5 520 000
合计		**395 756**	**13 000 000**

十九、鹊桥会

（一）面值：20元

（二）奖组：30万张

（三）玩法：本彩票共有3个玩法，3个玩法区内的中奖奖金兼中兼得。

玩法一：刮开覆盖膜，如果刮出“鹊桥”图符，即可获得该图符下方所对应的奖金。

玩法二：刮开覆盖膜，在同一局游戏中，如果刮出两个相同的图符，即可获得该局游戏右侧所对应的奖金。共有3局游戏，中奖奖金兼中兼得。

玩法三：刮开覆盖膜，如果刮出“”图符，即可获得该图符下方所对应的奖金。中奖奖金兼中兼得。

（四）设奖方案：

奖级	中奖金额（元）	中奖个数	奖金小计（元）
1	500 000	1	500 000
2	10 000	10	100 000
3	1 000	50	50 000
4	200	100	20 000

续表

奖级	中奖金额（元）	中奖个数	奖金小计（元）
5	100	5 500	550 000
6	50	24 000	1 200 000
7	30	5 000	150 000
8	20	66 500	1 330 000
合计		**101 161**	**3 900 000**

二十、大运鲁风

（一）面值：20元

（二）奖组：30万张

（三）玩法：刮开覆盖膜，如果刮出“”图符，即可获得该图符下方所对应的奖金。中奖奖金兼中兼得。

（四）设奖方案：

奖级	中奖金额（元）	中奖个数	奖金小计（元）
1	300 000	1	300 000
2	10 000	10	100 000
3	1 000	100	100 000
4	200	200	40 000
5	100	12 000	1 200 000
6	50	12 000	600 000
7	30	4 800	144 000
8	20	70 800	1 416 000
合计		**99 911**	**3 900 000**

二十一、韩熙载夜宴图

（一）面值：30元

（二）奖组：60万张

（三）玩法：刮开覆盖膜，如果刮出任何奖金金额，即可获得该奖金。中奖奖金兼中兼得。

（四）设奖方案：

奖级	中奖金额（元）	中奖个数	奖金小计（元）
1	1 000 000	1	1 000 000
2	10 000	10	100 000
3	1 000	155	155 000
4	500	750	375 000
5	200	700	140 000
6	150	3 000	450 000
7	100	6 000	600 000
8	80	27 000	2 160 000
9	50	27 000	1 350 000
10	40	33 000	1 320 000
11	30	135 000	4 050 000
合计		**232 616**	**11 700 000**

二十二、超给力50元

（一）面值：50元

（二）奖组：100万张

（三）玩法：刮开覆盖膜，如果任意一个“我的号码”与“中奖号码”相同，即可获得该“我的号码”下方所对应的奖金，中奖奖金兼中兼得。如果刮出“”图符，即可获得玩法区内所有的奖金之和。

（四）设奖方案：

奖级	中奖金额（元）	中奖个数	奖金小计（元）
1	1 000 000	1	1 000 000
2	100 000	10	1 000 000
3	10 000	200	2 000 000
4	1 000	1 000	1 000 000
5	500	2 000	1 000 000
6	300	5 000	1 500 000
7	100	10 000	1 000 000
8	80	42 500	3 400 000
9	70	90 000	6 300 000
10	60	100 000	6 000 000
11	50	166 000	8 300 000
合计		**416 711**	**32 500 000**

财政部关于变更中国福利彩票快乐8游戏规则等有关事项的审批意见

（2020年7月31日　财政部　财综〔2020〕31号）

中国福利彩票发行管理中心：

你中心《关于再次申请调整中国福利彩票快乐8游戏的请示》（中彩发字〔2020〕69号）收悉。根据《彩票管理条例》、《彩票管理条例实施细则》、《彩票发行销售管理办法》、《财政部关于进一步明确基诺型彩票开奖方式等有关事宜的通知》等规定，现就有关事项通知如下：

一、为进一步优化彩票游戏结构，促进国家彩票事业持续健康发展，同意你中心变更中国福利彩票快乐8游戏规则，变更后的《中国福利彩票快乐8游戏规则》详见附件。

二、规范组织开奖活动。你中心应当严格按照《财政部关于进一步明确基诺型彩票开奖方式等有关事宜的通知》有关规定，通过专用摇奖设备确定中国福利彩票快乐8游戏开奖号码，认真做好彩票销售原始数据封存和管理工作，统一购置、直接管理开奖设备，确保开奖活动公开、公平、公正、安全。

三、认真做好公告发布。你中心应当自批准之日起4个月内完成中国福利彩票快乐8游戏规则的变更上市销售工作。变更上市销售前，应当按规定及时向社会发布公告，并注明财政部批准的文件名称和文号、上市销售日期、变更后的游戏规则等。

四、加强日常运营管理。你中心应当严格按照批准的游戏规则制定销售实施方案和风险控制方案，并在全国福利彩票（视频型彩票除外）销售场所内有序组织销售。要合理布局销售渠道，逐步扩大销售范围，密切跟踪市场情况，及时处理潜在风险。要按规定管理全国统一销售系统，确保系统安全、可靠、稳定运行。

五、稳妥推进试点销售。中国福利彩票快乐8游戏自上市销售之日起，试点期2年。你中心应结合试点期间发现的问题，开展全面分析和综合评估。如需在试点期结束后继续销售，应于试点期届满三十日前，按规定程序将延续有效期的申请报财政部；如需变更相关审批事项，请结合作出行政许可决定的法定期限，妥善安排变更申请的提交时间，确保彩票销售顺利衔接。

附件：中国福利彩票快乐8游戏规则

附件：

中国福利彩票快乐 8 游戏规则

第一章　总　则

第一条　根据《彩票管理条例》、《彩票管理条例实施细则》、《彩票发行销售管理办法》等相关规定，制定本规则。

第二条　中国福利彩票快乐8游戏（以下简称“快乐8游戏”）由中国福利彩票发行管理中心（以下简称“中福彩中心”）发行和组织销售，由各省、自治区、直辖市福利彩票销售机构（以下简称“各省福彩中心”）在所辖区域内销售。

第三条　快乐8游戏采用计算机网络系统发行，在各省福彩中心设置的福利彩票（视频型彩票除外）销售场所销售，定期开奖。

第四条　快乐8游戏实行自愿购买，凡购买者均被视为同意并遵守本规则。

第五条　不得向未成年人出售彩票或兑付奖金。

第二章　投　注

第六条　快乐8游戏是指从1至80共八十个号码中任意选择一至十个号码进行投注，每一组一个至十个号码的组合称为一注彩票，每注金额人民币2元。

第七条　购买者可在各省福彩中心设置的福利彩票（视频型彩票除外）销售场所投注。投注号码经投注机打印出对奖凭证，交购买者保存，此对奖凭证即为快乐8游戏彩票。

第八条　快乐8游戏共包括“选一”、“选二”、“选三”、“选四”、“选五”、“选六”、“选七”、“选八”、“选九”和“选十”十种玩法。

第九条　投注号码可以自选也可以机选。自选号码投注是指由购买者指定投注号码的投注；机选号码投注是指由投注机随机产生投注号码的投注。

第十条　快乐8游戏各玩法均支持单式投注。“选一”至“选十”单式投注的号码个数分别为一个至十个。投注时从八十个号码中选出对应玩法要求的号码个数作为一注彩票。

第十一条　快乐8游戏各玩法均支持复式投注和胆拖投注。

复式投注是指所选号码个数超过单式投注的号码个数，所选号码可组合为每一种单式投注方式的多注彩票的投注。

胆拖投注指先选取少于单式投注号码个数的号码作为每注都有的胆码，再选取除胆码以外的号码作为拖码，胆码与拖码个数之和必须多于单式投注号码个数，由胆码与拖码的每一种组合按单式投注方式组成多注彩票的投注。

第十二条　购买者可对其选定的投注号码进行多倍投注，投注倍数范围为2~15倍。单张彩票的投注注数不得超过10 000注。

第十三条　快乐8游戏按期销售，每天销售一期，期号以开奖日界定，销售期号按日历年度编排。

第十四条　若因销售终端故障、通讯线路故障、销售场所信用额度受限和不可抗力等原因造成投注不成功的，应退还购买者投注金额。

第三章　设　奖

第十五条　快乐8游戏按当期实际销售额的58%、30%和12%分别计提彩票奖金、彩票公益金和彩票发行费。彩票奖金分为当期奖金和调节基金，其中，57.5%为当期奖金，0.5%为调节基金。

第十六条 快乐8游戏按不同玩法设奖，“选十”玩法中“选十中十”奖等采用浮动奖金设奖，其他玩法及奖等均采用固定奖金设奖，单注奖金规定如下：

选一至选十奖金设置结构表

	玩法									
匹配开奖号码个数	选十	选九	选八	选七	选六	选五	选四	选三	选二	选一
10	浮动									
9	8 000	300 000								
8	800	2 000	50 000							
7	80	200	800	10 000						
6	5	20	88	288	3 000					
5	3	5	10	28	30	1 000				
4		3	3	4	10	21	100			
3					3	3	5	53		
2							3	3	19	
1										4.6
0	2	2	2	2						

第十七条 快乐8游戏采取全国统一奖池计奖，针对不同玩法设立两个奖池，分别为“选一”至“选九”玩法的共用奖池和“选十”玩法奖池。

第十八条 共用奖池的资金由“选一”至“选九”玩法当期计提奖金与“选一”至“选九”玩法当期实际中出奖金的差额组成。当期实际中出奖金小于当期计提奖金时，余额进入奖池；当期实际中出奖金超过当期计提奖金时，差额由奖池资金补足。当奖池资金总额不足时，由调节基金补足，调节基金不足时，用彩票兑奖周转金垫支。在出现彩票兑奖周转金垫支的情况下，当调节基金有资金滚入时优先偿还垫支的彩票兑奖周转金。当奖池资金超过3 000万元时，超出部分转入调节基金。

第十九条 “选十”玩法奖池的资金由“选十中十”奖等未中出奖金和超出单注奖金封顶限额部分的奖金组成，“选十”玩法奖池资金仅用于支付“选十中十”奖等奖金。当“选十”玩法的当期奖金和“选十”玩法奖池资金不足以兑付当期“选十”玩法中奖奖金时，由调节基金补足，调节基金不足时，用彩票兑奖周转金垫支。在出现彩票兑奖周转金垫支的情况下，当调节基金有资金滚入时优先偿还垫支的彩票兑奖周转金。

第二十条 “选十”玩法中，当期“选十中十”奖等的奖金总额为“选十”玩法销售额计提的当期奖金减去“选十”玩法当期实际中出的固定奖奖金总额后，与“选十”玩法奖池资金之和，单注奖金按注均分，并以元为单位取整计算，单注奖金最高封顶500万元。

第二十一条 快乐8游戏设置调节基金。调节基金包括按销售总额0.5%提取部分、浮动奖奖金按元取整后的余额。调节基金用于支付不可预见的奖金支出风险以及设立特别奖。

第二十二条 当期“选十中十”奖等作如下特别规定：若当期“选十中十”奖等总奖金不足50万元时，由调节基金补足至50万元，并按当期“选十中十”奖等的中奖注数均分50万元奖金。若“选十中十”奖等单注奖金低于“选十中九”奖等单注奖金的两倍时，由调节基金将“选十中十”奖等单注奖金补足为“选十中九”奖等单注奖金的两倍。调节基金不足时，用彩票兑奖周转金垫支。

第二十三条 快乐8游戏每期全部投注号码的可投注数量实行限量销售，由中福彩中心根据实际情况确定限量销售办法，并及时向社会公布。若投注号码受限，则不能投注。

第二十四条 快乐8游戏每期采取最大返奖总额限额风险控制，若当期应付奖金超过最大返奖总额，则各奖级单注奖金相应调整，具体调整办法由中福彩中心根据实际情况确定，并及时向社会公布。

第四章 开 奖

第二十五条 快乐8游戏由中福彩中心统一开奖，每天开奖一次。

第二十六条 快乐8游戏开奖采用专用摇奖设备摇奖，每期开奖时，从1至80共八十个号码中随机摇出二十个号码作为当期开奖号码。

第二十七条 每期开奖后，中福彩中心和各省福彩中心应向社会公布开奖号码、当期销售总额、各玩法奖级中奖情况及奖池资金余额等信息，并将开奖结果通知彩票销售场所。

第五章 中 奖

第二十八条 快乐8游戏根据购买者所选玩法的单式投注号码（复式和胆拖投注按其包含的每一注单式投注计）与当期开奖号码的相符情况（顺序不限），确定相应的中奖资格及中奖奖金，具体中奖规定如下：

（一）“选十”玩法。若投注号码与当期开奖号码中的任意十个号码相同，中得浮动奖；若投注号码与当期开奖号码中的任意九个号码相同，即中奖，单注中奖金额8 000元；若投注号码与当期开奖号码中的任意八个号码相同，即中奖，单注中奖金额800元；若投注号码与当期开奖号码中的任意七个号码相同，即中奖，单注中奖金额80元；若投注号码与当期开奖号码中的任意六个号码相同，即中奖，单注中奖金额5元；若投注号码与当期开奖号码中的任意五个号码相同，即中奖，单注中奖金额3元；若投注号码与当期开奖号码全部不同，即中奖，单注中奖金额2元。

（二）“选九”玩法。若投注号码与当期开奖号码中的任意九个号码相同，即中奖，单注中奖金额300 000元；若投注号码与当期开奖号码中的任意八个号码相同，即中奖，单注中奖金额2 000元；若投注号码与当期开奖号码中的任意七个号码相同，即中奖，单注中奖金额200元；若投注号码与当期开奖号码中的任意六个号码相同，即中奖，单注中奖金额20元；若投注号码与当期开奖号码中的任意五个号码相同，即中奖，单注中奖金额5元；若投注号码与当期开奖号码中的任意四个号码相同，即中奖，单注中奖金额3元；若投注号码与当期开奖号码全部不同，即中奖，单注中奖金额2元。

（三）“选八”玩法。若投注号码与当期开奖号码中的任意八个号码相同，即中奖，单注中奖金额50 000元；若投注号码与当期开奖号码中的任意七个号码相同，即中奖，单注中奖金额800元；若投注号码与当期开奖号码中的任意六个号码相同，即中奖，单注中奖金额88元；若投注号码与当期开奖号码中的任意五个号码相同，即中奖，单注中奖金额10元；若投注号码与当期开奖号码中的任意四个号码相同，即中奖，单注中奖金额3元；若投注号码与当期开奖号码全部不同，即中奖，单注中奖金额2元。

（四）“选七”玩法。若投注号码与当期开奖号码中的任意七个号码相同，即中奖，单注中奖金额10 000元；若投注号码与当期开奖号码中的任意六个号码相同，即中奖，单注中奖金额288元；若投注号码与当期开奖号码中的任意五个号码相同，即中奖，单注中奖金额28元；若投注号码与当期开奖号码中的任意四个号码相同，即中奖，单注中奖金额4元；若投注号码与当期开奖号码全部不同，即中奖，单注中奖金额2元。

（五）“选六”玩法。若投注号码与当期开奖号码中的任意六个号码相同，即中奖，单注中奖金额3 000元；若投注号码与当期开奖号码中的任意五个号码相同，即中奖，单注中奖金额30元；若投注号码与当期开奖号码中的任意四个号码相同，即中奖，单注中奖金额10元；若投注号码与当期开奖号码中的任意三个号码相同，即中奖，单注中奖金额3元。

（六）“选五”玩法。若投注号码与当期开奖号码中的任意五个号码相同，即中奖，单注中奖金额1 000元；若投注号码与当期开奖号码中的任意四个号码相同，即中奖，单注中奖金额21元；若投注号码与当期开奖号码中的任意三个号码相同，即中奖，单注中奖金额3元。

（七）“选四”玩法。若投注号码与当期开奖号码中的任意四个号码相同，即中奖，单注中奖金额100元；若投注号码与当期开奖号码中的任意三个号码相同，即中奖，单注中奖金额5元；若投注号码与当期开奖号码中的任意两个号码相同，即中奖，单注中奖金额3元。

（八）“选三”玩法。若投注号码与当期开奖号码中的任意三个号码相同，即中奖，单注中奖金额53元；若投注号码与当期开奖号码中的任意两个号码相同，即中奖，单注中奖金额3元。

（九）“选二”玩法。若投注号码与当期开奖号码中的任意两个号码相同，即中奖，单注中奖金额19元。

（十）“选一”玩法。若投注号码与当期开奖号码中的任意一个号码相同，即中奖，单注中奖金额4.6元。

第二十九条 “选十”玩法浮动奖中奖者按浮动奖中奖注数均分浮动奖奖金，并以元为单位取整计算；固定奖中奖者按各奖级的单注固定奖金获得相应奖金。

第三十条 当期每注投注号码只有一次中奖机会，不能兼中兼得。特别设奖除外。

第六章 兑 奖

第三十一条 中奖彩票是兑奖的唯一凭证，中奖彩票因玷污、损坏等原因而不能正确识别的，不能兑奖。

第三十二条 快乐8游戏兑奖当期有效。中奖者应当自开奖之日起60个自然日内，持中奖彩票到指定的地点兑奖。逾期未兑奖视为弃奖，弃奖奖金纳入彩票公益金。

第三十三条 单注中奖金额在一万元（不含）以上的中奖者须依法缴纳个人所得税，由兑奖机构依法代扣代缴。兑奖机构有权查验中奖者的中奖彩票及有效身份证件，兑奖者应予配合。

第二十四条 凡使用伪造、变造彩票兑奖者，送交司法机关追究其法律责任。

第七章 附 则

第三十五条 本规则由中福彩中心解释。

第三十六条 本规则自批准之日起执行。

财政部关于变更中国体育彩票7星彩游戏规则的审批意见

（2020年9月21日　财政部　财综〔2020〕39号）

国家体育总局体育彩票管理中心：

你中心《关于变更中国体育彩票7星彩游戏规则的请示》（体彩字〔2020〕210号）等相关材料收悉。根据《彩票管理条例》、《彩票管理条例实施细则》、《彩票发行销售管理办法》等相关规定，现就有关事项通知如下：

一、为合理规划彩票品种和游戏结构，严格控制彩票风险，促进彩票事业持续健康发展，同意你中心变更中国体育彩票7星彩游戏规则。变更后的《中国体育彩票7星彩游戏规则》见附件。

二、你中心应当自批准之日起4个月内完成中国体育彩票7星彩游戏的变更上市销售工作。变更上市销售前，应当按规定及时向社会发布公告，并在公告中注明财政部批准的文件名称和文号、上市销售日期、变更后的游戏规则等。

三、你中心应当制定严密的销售实施方案，加强对彩票销售系统的技术检测，确保系统安全稳定运行。你中心和各省、自治区、直辖市体育彩票销售机构对外发布信息、开展市场宣传时，应当遵守国家有关法律、法规和制度规定，彰显国家彩票的公益特征和社会责任。

四、你中心和各省、自治区、直辖市体育彩票销售机构应当严格遵照各项彩票管理制度规定，加强彩票发行销售的风险控制和安全管理。要密切跟踪变更上市后市场销售变化等情况，研究分析可能存在的潜在风险并及时妥善处理，维护良好的彩票发行销售秩序。

五、7星彩游戏变更上市后，《关于完善中国体育彩票7星彩调节基金使用有关事项的通知》（财办综〔2015〕49号）同时废止。

附件：中国体育彩票7星彩游戏规则

附件：

中国体育彩票7星彩游戏规则

第一章　总　则

第一条　根据《彩票管理条例》、《彩票管理条例实施细则》、《彩票发行销售管理办法》等有关规定，制定本规则。

第二条　中国体育彩票7星彩（以下简称“7星彩”）由国家体育总局体育彩票管理中心发行和组织销售。由各省、自治区、直辖市体育彩票销售机构（以下称“各省体彩机构”）在所辖区域内销售。

第三条　7星彩采用计算机网络系统发行，在各省体彩机构设置的销售实体店销售，定期开奖。

第四条　7星彩实行自愿购买，凡购票者均被视为同意并遵守本规则。

第五条　不得向未成年人出售彩票或兑付

奖金。

第二章 投 注

第六条 7星彩投注是指从000000~999999中选取1个6位数字作为前六位、从0~14中选取1个数字作为最后一位，共同组成一注号码进行的投注。每注金额人民币2元。

第七条 购买者可以进行复式投注。复式投注包括三种形式：

（一）前六位复式：前六位中1位或多位上选取2个及以上数字，最后一位选取1个数字；

（二）最后一位复式：前六位选取1个6位数字，最后一位选取2个及以上数字；

（三）全复式：前六位1位或多位上选取2个及以上数字，最后一位选取2个及以上数字。

第八条 购买者可对其选定的投注号码进行多倍投注，每张彩票中的单注号码多倍投注的倍数范围为2~99倍。单张彩票的投注金额最高不得超过20 000元。

第九条 7星彩按期销售，每周销售三期，期号以开奖日界定，按日历年度编排。

第十条 购买者可在各省体彩机构设置的销售实体店投注。投注号码经投注机打印出对奖凭证，交购买者保存，此对奖凭证即为7星彩彩票。

第十一条 购买者可选择机选号码投注、自选号码投注。机选号码投注是指由投注机随机产生投注号码进行投注，自选号码投注是指将购买者选定的号码输入投注机进行投注。

第三章 设 奖

第十二条 7星彩按当期销售总额的50%、13%、37%分别计提彩票奖金、彩票发行费和彩票公益金。彩票奖金分为当期奖金和调节基金，其中，49%为当期奖金，1%为调节基金。

第十三条 7星彩共设六个奖级，一、二等奖为浮动奖，三、四、五、六等奖为固定奖。各奖级和奖金规定如下：

一等奖：奖金总额为当期奖金额减去固定奖总额后的90%与奖池中累积的奖金之和，单注奖金按注均分，单注最高限额500万元。

二等奖：奖金总额为当期奖金额减去固定奖总额后的10%，单注奖金按注均分，单注最高限额500万元。

三等奖：单注奖金固定为3 000元。

四等奖：单注奖金固定为500元。

五等奖：单注奖金固定为30元。

六等奖：单注奖金固定为5元。

第十四条 7星彩设置调节基金。调节基金包括按销售总额1%的提取部分、浮动奖奖金按元取整后的余额、逾期未退票的票款。调节基金专项用于支付各种不可预见情况下的奖金支出风险、调节浮动奖奖金以及设立特别奖。若当期奖金额不足以支付固定奖总额时，不足部分从调节基金中支付。若调节基金不足时，用彩票兑奖周转金垫支。

第十五条 7星彩设置奖池，奖池由未中出的浮动奖奖金和超出浮动奖单注奖金封顶限额部分的奖金组成。奖池与当期奖金中用于一等奖的部分及调节基金转入部分合并支付一等奖奖金。

第十六条 当期开奖前，奖池资金累积超过3亿元（含）时，当期一等奖与二等奖奖金分配比例倒置，即一等奖分配奖金为当期奖金额减去固定奖总额后的10%，二等奖分配奖金为当期奖金额减去固定奖总额后的90%。

第十七条 一、二等奖按照该奖级实际中奖注数平均分配该奖级奖金。当上一奖级单注奖金低于下一奖级单注奖金的2倍且低于500万元时，上一奖级单注奖金补足至下一奖级单注奖金的2倍且不高于500万元。所需资金从调节基金中支付，若调节基金不足时，用彩票兑奖周转金垫支。

第十八条 7星彩设置单期最大返奖总额，若当期应付奖金超出最大返奖总额，则各奖级单注奖金（含浮动奖单注最低奖金）相应调整。

第十九条 在出现彩票兑奖周转金垫支情况下，当调节基金有资金滚入时优先偿还垫支的彩票兑奖周转金。

第四章 开 奖

第二十条 7星彩每周二、五、日开奖。每期开奖时，在公证人员封存销售数据资料之后，并在其监督下从6组0~9中按顺序摇出6位数字作为前六位、从0~14中摇出1个数字作为最后一位，共同组成7星彩开奖号码。

第二十一条 每期开奖后，体育彩票发行机构应向社会公布当期销售总额、开奖号码、各奖级中奖情况以及奖池资金余额等信息，并将开奖结果通知7星彩销售实体店。

第五章 中 奖

第二十二条 7星彩根据投注号码与开奖号码相符情况确定相应中奖资格。具体规定如下：

一等奖：投注号码的全部数字与开奖号码对应位置数字均相同，即中奖；

二等奖：投注号码的前6位数字与开奖号码对应位置数字相同，即中奖；

三等奖：投注号码前6位中的任意5个数字与开奖号码对应位置数字相同且最后一个数字与开奖号码对应位置数字相同，即中奖；

四等奖：投注号码中任意5个数字与开奖号码对应位置数字相同，即中奖；

五等奖：投注号码中任意4个数字与开奖号码对应位置数字相同，即中奖；

六等奖：投注号码中任意3个数字与开奖号码对应位置数字相同，或者投注号码前6位中的任意1个数字与开奖号码对应位置数字相同且最后一个数字与开奖号码对应位置数字相同，或者仅最后一个数字与开奖号码对应位置数字相同，即中奖。

第二十三条 当期每注投注号码只有一次中奖机会，各奖级奖金不能兼中兼得，另行设立的特别奖除外。

第六章 兑 奖

第二十四条 7星彩兑奖当期有效。中奖者应当自开奖之日起60个自然日内，持中奖彩票到指定的地点兑奖。逾期未兑奖视为弃奖，弃奖奖金纳入彩票公益金。

第二十五条 中奖彩票为兑奖唯一凭证，中奖彩票因玷污、损坏等原因不能正确识别的，不能兑奖。

第二十六条 兑奖机构有权查验中奖者的中奖彩票及有效身份证件，兑奖者应予配合。

第七章 附 则

第二十七条 本规则自批准之日起执行。

财政部关于“三月三”等9款即开型福利彩票游戏的审批意见

（2020年11月2日　财政部　财综〔2020〕44号）

中国福利彩票发行管理中心：

你中心《关于发行“三月三”等9款即开型福利彩票新游戏的请示》（中彩发字〔2020〕146号）收悉。为优化即开型彩票游戏结构，促进彩票市场健康发展，经研究，根据《彩票管理条例》、《彩票管理条例实施细则》和《彩票发行销售管理办法》（财综〔2018〕67号）等相关规定，现就有关事项通知如下：

一、同意你中心印制发行“三月三”等9款即开型福利彩票游戏，具体游戏规则见附件。“三月三”等9款即开型福利彩票游戏按其销售总额的65%、15%和20%分别计提彩票奖金、彩票发行费和彩票公益金。

二、“三月三”等9款即开型福利彩票游戏上市销售前，你中心应及时向社会发布公告，并在公告中注明财政部批准的文件名称、文号、上市销售日期以及《“三月三”等9款即开型福利彩票游戏规则》等。

三、即开型福利彩票游戏的兑奖工作应当严格按现行有关规定进行。其中，彩票中奖奖金应当以人民币现金或者现金支票形式一次性兑付，彩票中奖者应当自开奖之日起60个自然日内，持中奖彩票到指定的地点兑奖。

附件：“三月三”等9款即开型福利彩票游戏规则

附件：

“三月三”等9款即开型福利彩票游戏规则

一、三月三

（一）面值：5元

（二）奖组：12万张

（三）玩法：刮开覆盖膜，在同一局游戏中，如果刮出3个相同的图符，即可获得该局游戏右侧所对应的奖金。共有6局游戏，中奖奖金兼中兼得。

（四）设奖方案：

奖级	中奖金额（元）	中奖个数	奖金小计（元）
1	30 000	1	30 000
2	3 000	5	15 000
3	300	20	6 000
4	30	500	15 000
5	10	4 000	40 000
6	5	56 800	284 000
合计		**61 326**	**390 000**

二、瓷意安康

（一）面值：5元

（二）奖组：40万张

（三）玩法：刮开覆盖膜，在同一局游戏中，如果出现3个相同的图符，即可获得该局游戏右侧所对应的奖金。共有8局游戏，中奖奖金兼中兼得。

（四）设奖方案：

奖级	中奖金额（元）	中奖个数	奖金小计（元）
1	300 000	1	300 000
2	30 000	4	120 000
3	5 000	20	100 000
4	1 000	160	160 000
5	50	2 000	100 000
6	10	4 000	40 000
7	5	96 000	480 000
合计		**102 185**	**1 300 000**

三、深圳40周年5元

（一）面值：5元

（二）奖组：100万张

（三）玩法：刮开覆盖膜，如果任意一个“我的号码”与“中奖号码”相同，即可获得该“我的号码”下方所对应的奖金；如果刮出“**40**”图符，即可获得该图符下方所对应奖金的两倍。中奖奖金兼中兼得。

（四）设奖方案：

奖级	中奖金额（元）	中奖个数	奖金小计（元）
1	200 000	1	200 000
2	8 000	8	64 000
3	1 000	36	36 000
4	100	100	10 000
5	80	1 000	80 000
6	40	3 000	120 000
7	20	12 000	240 000
8	10	70 000	700 000
9	5	360 000	1 800 000
合计		**446 145**	**3 250 000**

四、深圳40周年10元

（一）面值：10元

（二）奖组：100万张

（三）玩法：本彩票共有两个玩法，两个玩法区内的中奖奖金兼中兼得。

玩法一：刮开覆盖膜，如果刮出“**40**”图符，即可获得该图符下方所对应的奖金；如果刮出“”图符，即可获得该图符下方所对应奖金的5倍。中奖奖金兼中兼得。

玩法二：刮开覆盖膜，如果刮出3个相同的图符，即可获得100元奖金。

（四）设奖方案：

奖级	中奖金额（元）	中奖个数	奖金小计（元）
1	400 000	1	400 000
2	10 000	6	60 000
3	1 000	30	30 000
4	400	100	40 000
5	100	500	50 000
6	60	2 000	120 000
7	40	20 000	800 000
8	20	60 000	1 200 000
9	10	380 000	3 800 000
合计		**462 637**	**6 500 000**

五、深圳40周年20元

（一）面值：20元

（二）奖组：100万张

（三）玩法：本彩票共有两个玩法，两个玩法区内的中奖奖金兼中兼得。

玩法一：刮开覆盖膜，如果任意一个“我的号码”与“中奖号码”相同，即可获得该“我的号码”下方所对应的奖金；如果刮出“**40**”图符，即可获得该图符下方所对应奖金的10倍。中奖奖金兼中兼得。

玩法二：刮开覆盖膜，如果刮出“**深圳40周年**”图符，即可获得100元奖金。

（四）设奖方案：

奖级	中奖金额（元）	中奖个数	奖金小计（元）
1	1 000 000	1	1 000 000
2	50 000	2	100 000
3	10 000	10	100 000
4	1 000	100	100 000
5	500	200	100 000
6	100	2 000	200 000
7	60	20 000	1 200 000
8	40	80 000	3 200 000
9	20	350 000	7 000 000
合计		**452 313**	**13 000 000**

六、黄金时代20元

（一）面值：20元

（二）奖组：100万张

（三）玩法：刮开覆盖膜，如果任意一个“我的号码”与任意一个“中奖号码”相同，即可获得该“我的号码”下方所对应的奖金，中奖奖金兼中兼得。如果刮出“”图符，即可获得玩法区内所有的奖金之和。

（四）设奖方案：

奖级	中奖金额（元）	中奖个数	奖金小计（元）
1	1 000 000	1	1 000 000
2	10 000	20	200 000
3	1 000	400	400 000
4	500	480	240 000
5	300	4 000	1 200 000
6	200	200	40 000
7	100	8 000	800 000
8	50	36 000	1 800 000
9	40	40 000	1 600 000
10	30	60 000	1 800 000
11	20	196 000	3 920 000
合计		**345 101**	**13 000 000**

七、六福喜事

（一）面值：20元

（二）奖组：100万张

（三）玩法：刮开覆盖膜，如果任意一个“我的号码”与“中奖号码”相同，即可获得该“我的号码”下方所对应的奖金；如果刮出“”图符，即可获得100元奖金。中奖奖金兼中兼得。

（四）设奖方案：

奖级	中奖金额（元）	中奖个数	奖金小计（元）
1	1 000 000	1	1 000 000
2	100 000	1	100 000
3	10 000	1	10 000
4	1 000	200	200 000
5	500	400	200 000
6	200	2 000	400 000
7	100	24 000	2 400 000
8	50	17 000	850 000
9	40	64 000	2 560 000
10	30	16 000	480 000
11	20	240 000	4 800 000
合计		**363 603**	**13 000 000**

八、才华盖世

（一）面值：20元

（二）奖组：100万张

（三）玩法：本彩票共有两个玩法，两个玩法区内的中奖奖金兼中兼得。

玩法一：刮开覆盖膜，如果刮出任何奖金金额，即可获得该奖金。中奖奖金兼中兼得。

玩法二：刮开覆盖膜，如果刮出“”图符，即可获得该图符下方所对应的奖金。中奖奖金兼中兼得。

（四）设奖方案：

奖级	中奖金额（元）	中奖个数	奖金小计（元）
1	1 000 000	1	1 000 000
2	100 000	1	100 000
3	10 000	5	50 000
4	1 000	150	150 000
5	500	500	250 000
6	100	10 000	1 000 000
7	60	14 000	840 000
8	50	14 000	700 000
9	40	14 000	560 000

续表

奖级	中奖金额（元）	中奖个数	奖金小计（元）
10	30	145 000	4 350 000
11	20	200 000	4 000 000
合计		**397 657**	**13 000 000**

九、富贵临门

（一）面值：20元

（二）奖组：100万张

（三）玩法：刮开覆盖膜，如果刮出“”图符，即可获得该图符下方所对应的奖金；如果刮出“福”图符，即可获得该图符下方所对应奖金的10倍。中奖奖金兼中兼得。

（四）设奖方案：

奖级	中奖金额（元）	中奖个数	奖金小计（元）
1	1 000 000	1	1 000 000
2	10 000	2	20 000
3	1 000	180	180 000
4	500	4 000	2 000 000
5	100	16 000	1 600 000
6	50	24 000	1 200 000
7	30	20 000	600 000
8	20	320 000	6 400 000
合计		**384 183**	**13 000 000**

财政部关于“我的幸福”等29款即开型体育彩票游戏的审批意见

（2020年11月3日　财政部　财综〔2020〕45号）

国家体育总局体育彩票管理中心：

你中心《关于发行“我的幸福”等29款即开型体育彩票游戏的请示》(体彩字〔2020〕260号)收悉。为优化即开型彩票游戏结构，促进彩票市场健康发展，经研究，根据《彩票管理条例》、《彩票管理条例实施细则》和《彩票发行销售管理办法》(财综〔2018〕67号)等相关规定，现就有关事项通知如下：

一、同意你中心印制发行“我的幸福”等29款即开型体育彩票游戏，具体游戏规则见附件。“我的幸福”等29款即开型体育彩票游戏按其销售总额的65%、15%和20%分别计提彩票奖金、彩票发行费和彩票公益金。

二、“我的幸福”等29款即开型体育彩票游戏上市销售前，你中心应及时向社会发布公告，并在公告中注明财政部批准的文件名称、文号、上市销售日期以及《“我的幸福”等29款即开型体育彩票游戏规则》等。

三、即开型体育彩票游戏的兑奖工作应当严格按现行有关规定进行。其中，彩票中奖奖金应当以人民币现金或者现金支票形式一次性兑付，彩票中奖者应当自开奖之日起60个自然日内，持中奖彩票到指定的地点兑奖。

附件：“我的幸福”等29款即开型体育彩票游戏规则

附件：

“我的幸福”等29款即开型体育彩票游戏规则

一、我的幸福

(一)面值：5元。

(二)奖组：180万张(900万元)。

(三)玩法规则：刮开覆盖膜，如果出现金额标志，即中得该金额。中奖奖金兼中兼得。

(四)设奖方案：

奖级	中奖金额(元)	中奖个数	中奖小计(元)
1	200 000	1	200 000
2	10 000	5	50 000
3	1 000	20	20 000
4	500	100	50 000
5	200	500	100 000
6	100	3 000	300 000
7	50	12 600	630 000
8	30	15 000	450 000
9	20	37 500	750 000
10	10	82 500	825 000

续表

奖级	中奖金额（元）	中奖个数	中奖小计（元）
11	5	495 000	2 475 000
合计		**646 226**	**5 850 000**

二、全家福

（一）面值：5元。

（二）奖组：72万张（360万元）。

（三）玩法规则：刮开覆盖膜，如果出现家标志“家”，即中得该标志下方所示的金额；如果出现团圆标志“”，即中得该标志下方所示金额的两倍。中奖奖金兼中兼得。

（四）设奖方案：

奖级	中奖金额（元）	中奖个数	中奖小计（元）
1	100 000	1	100 000
2	5 000	5	25 000
3	1 000	10	10 000
4	200	300	60 000
5	100	1 200	120 000
6	50	3 600	180 000
7	25	1 500	375 000
8	10	60 000	600 000
9	5	174 000	870 000
合计		**254 116**	**2 340 000**

三、牛

（一）面值：5元。

（二）奖组：2 880万张（1.44亿元）。

（三）玩法规则：刮开覆盖膜，如果出现金额标志，即中得该金额。中奖奖金兼中兼得。

（四）设奖方案：

奖级	中奖金额(元)	中奖个数	中奖小计（元）
1	100 000	10	1 000 000
2	50 000	20	1 000 000
3	10 000	160	1 600 000
4	1 000	800	800 000
5	500	3 200	1 600 000
6	100	48 000	4 800 000
7	50	144 000	7 200 000
8	30	360 000	10 800 000

续表

奖级	中奖金额(元)	中奖个数	中奖小计（元）
9	20	600 000	12 000 000
10	10	1 680 000	16 800 000
11	5	7 200 000	36 000 000
合计		**10 036 190**	**93 600 000**

四、妙

（一）面值：5元。

（二）奖组：36万张（180万元）。

（三）玩法规则：刮开覆盖膜，如果出现喵标志“”，即中得该标志下方所示的金额。中奖奖金兼中兼得。

（四）设奖方案：

奖级	中奖金额(元)	中奖个数	中奖小计（元）
1	50 000	1	50 000
2	1 000	4	4 000
3	500	20	10 000
4	200	100	20 000
5	100	400	40 000
6	50	1 200	60 000
7	20	2 050	41 000
8	15	15 000	225 000
9	10	30 000	300 000
10	5	84 000	420 000
合计		**132 775**	**1 170 000**

五、翻倍赢家

（一）面值：5元。

（二）奖组：180万张（900万元）。

（三）玩法规则：刮开覆盖膜，如果出现倍数标志“1倍”、“2倍”、“5倍”、“10倍”、“20倍”，即中得该标志下方所示的金额乘以该倍数；如果在通吃区出现赢标志“赢”，即中得刮开区内所示的8个金额之和。中奖奖金兼中兼得。

（四）设奖方案：

奖级	中奖金额(元)	中奖个数	中奖小计（元）
1	200 000	1	200 000

续表

奖级	中奖金额(元)	中奖个数	中奖小计（元）
2	10 000	5	50 000
3	1 000	10	10 000
4	500	100	50 000
5	200	600	120 000
6	100	15 000	1 500 000
7	50	17 650	882 500
8	20	15 000	300 000
9	10	60 000	600 000
10	5	427 500	2 137 500
合计		**535 866**	**5 850 000**

六、666

（一）面值：5元。

（二）奖组：72万张（360万元）。

（三）玩法规则：刮开覆盖膜，如果出现6标志“6”，即中得该标志下方所示的金额；如果出现66标志“66”，即中得该标志下方所示金额的两倍；如果出现666标志“666”，即中得该标志下方所示金额的3倍。中奖奖金兼中兼得。

（四）设奖方案：

奖级	中奖金额(元)	中奖个数	中奖小计（元）
1	100 000	1	100 000
2	1 000	4	4 000
3	500	100	50 000
4	100	860	86 000
5	50	3 600	180 000
6	30	18 000	540 000
7	15	18 000	270 000
8	10	63 000	630 000
9	5	96 000	480 000
合计		**199 565**	**2 340 000**

七、山水重庆　火锅

（一）面值：5元。

（二）奖组：12万张（60万元）。

（三）玩法规则：刮开覆盖膜，在任意一场游戏中，如果出现三个相同的火锅标志“”，即中得该场游戏右方所示的奖金金额。中奖奖金兼中兼得。

（四）设奖方案：

奖级	中奖金额(元)	中奖个数	中奖小计（元）
1	10 000	6	60 000
2	1 000	20	20 000
3	100	600	60 000
4	20	125	2 500
5	10	9 750	97 500
6	3	50 000	150 000
合计		**60 501**	**390 000**

八、中国砚都　运动之城

（一）面值：5元。

（二）奖组：72万张（360万元）。

（三）玩法规则：刮开覆盖膜，如果你的号码中任意一个号码与中奖号码之一相同，即中得该号码下方所示的奖金金额；如果出现肇庆标志“肇庆”，即中得该标志下方所示奖金金额的10倍。中奖奖金兼中兼得。

（四）设奖方案：

奖级	中奖金额(元)	中奖个数	中奖小计（元）
1	10 000	12	120 000
2	1 000	120	120 000
3	50	6 000	300 000
4	20	18 000	360 000
5	10	48 000	480 000
6	5	192 000	960 000
合计		**264 132**	**2 340 000**

九、爱赢爱冰雪

（一）面值：5元。

（二）奖组：144万张（720万元）。

（三）玩法规则：刮开覆盖膜，如果出现金额标志，即中得该金额。中奖奖金兼中兼得。

（四）设奖方案：

奖级	中奖金额(元)	中奖个数	中奖小计（元）
1	100 000	1	100 000
2	10 000	8	80 000

续表

奖级	中奖金额(元)	中奖个数	中奖小计(元)
3	1 000	40	40 000
4	500	120	60 000
5	200	240	48 000
6	100	1 520	152 000
7	50	6 000	300 000
8	30	12 000	360 000
9	20	42 000	840 000
10	10	96 000	960 000
11	5	348 000	1 740 000
合计		**505 929**	**4 680 000**

十、幸福中国

（一）面值：10元。

（二）奖组：180万张（1 800万元）。

（三）玩法规则：刮开覆盖膜，如果出现幸福标志“”，即中得该标志下方所示的金额乘以对应的倍数。中奖奖金兼中兼得。

（四）设奖方案：

奖级	中奖金额(元)	中奖个数	中奖小计(元)
1	500 000	1	500 000
2	10 000	10	100 000
3	1 000	100	100 000
4	500	500	250 000
5	200	2 000	400 000
6	100	10 500	1 050 000
7	50	30 000	1 500 000
8	30	30 000	900 000
9	20	120 000	2 400 000
10	10	450 000	4 500 000
合计		**643 111**	**11 700 000**

十一、四美

（一）面值：10元。

（二）奖组：72万张（720万元）。

（三）玩法规则：刮开覆盖膜，如果出现金额标志，即中得该金额。中奖奖金兼中兼得。

（四）设奖方案：

奖级	中奖金额(元)	中奖个数	中奖小计(元)
1	250 000	1	250 000
2	10 000	4	40 000
3	1 000	8	8 000
4	500	40	20 000
5	100	1 320	132 000
6	50	7 200	360 000
7	30	18 000	540 000
8	20	30 000	600 000
9	15	54 000	810 000
10	10	192 000	1 920 000
合计		**302 573**	**4 680 000**

十二、金牛贺岁

（一）面值：10元。

（二）奖组：2 880万张（2.88亿元）。

（三）玩法规则：刮开覆盖膜，在任意一场游戏中，如果出现两个相同的牛标志“”，即中得该场游戏右方所示的奖金金额；如果出现鞭炮标志“”，即中得该场游戏右方所示奖金金额的3倍。中奖奖金兼中兼得。

（四）设奖方案：

奖级	中奖金额(元)	中奖个数	中奖小计(元)
1	300 000	10	3 000 000
2	100 000	28	2 800 000
3	10 000	160	1 600 000
4	5 000	320	1 600 000
5	1 000	3 000	3 000 000
6	500	9 600	4 800 000
7	100	144 000	14 400 000
8	50	480 000	24 000 000
9	30	720 000	21 600 000
10	20	1 920 000	38 400 000
11	10	7 200 000	72 000 000
合计		**10 477 118**	**187 200 000**

十三、翻倍赢家

（一）面值：10元。

（二）奖组：180万张（1 800万元）。

（三）玩法规则：刮开覆盖膜，如果出现倍数标志“1倍”、“2倍”、“5倍”、“10倍”、“20倍”、“50倍”，即中得该标志下方所示的金额乘以该倍数；如果在通吃区出现赢标志“赢”，即中得刮开区内所示的10个金额之和。中奖奖金兼中兼得。

（四）设奖方案：

奖级	中奖金额（元）	中奖个数	中奖小计（元）
1	500 000	1	500 000
2	100 000	1	100 000
3	10 000	10	100 000
4	1 000	100	100 000
5	500	1 200	600 000
6	200	4 200	840 000
7	100	6 100	610 000
8	50	45 000	2 250 000
9	20	120 000	2 400 000
10	10	420 000	4 200 000
合计		**596 612**	**11 700 000**

十四、CBA

（一）面值：10元。

（二）奖组：90万张（900万元）。

（三）玩法规则：刮开覆盖膜，在任意一场游戏中，如果你的得分大于对手的得分，即中得该场游戏右方所示的奖金金额乘以对应的倍数。中奖奖金兼中兼得。

（四）设奖方案：

奖级	中奖金额（元）	中奖个数	中奖小计（元）
1	250 000	1	250 000
2	10 000	5	50 000
3	1 000	50	50 000
4	500	100	50 000
5	200	1 000	200 000
6	100	3 000	300 000
7	50	12 750	637 500
8	30	18 750	562 500
9	20	75 000	1 500 000
10	10	225 000	2 250 000
合计		**335 656**	**5 850 000**

十五、享全运　迎好运

（一）面值：10元。

（二）奖组：72万张（720万元）。

（三）玩法规则：刮开覆盖膜，如果出现全运标志“全运”，即中得该标志下方所示的金额；如果出现奖牌标志“”，即中得该标志下方所示金额的两倍。中奖奖金兼中兼得。

（四）设奖方案：

奖级	中奖金额（元）	中奖个数	中奖小计（元）
1	250 000	1	250 000
2	5 000	4	20 000
3	1 000	80	80 000
4	500	200	100 000
5	200	900	180 000
6	100	6 000	600 000
7	50	15 000	750 000
8	30	12 000	360 000
9	20	30 000	600 000
10	10	174 000	1 740 000
合计		**238 185**	**4 680 000**

十六、大运连连

（一）面值：10元。

（二）奖组：72万张（720万元）。

（三）玩法规则：幸运游戏：刮开幸运游戏覆盖膜，如果出现金额标志，即中得该金额。主游戏：刮开主游戏覆盖膜，如果出现大运标志“大运”，即中得该标志下方所示的金额；如果出现奖牌标志“”，即中得该标志下方所示金额的两倍。中奖奖金兼中兼得。

（四）设奖方案：

奖级	中奖金额（元）	中奖个数	中奖小计（元）
1	250 000	1	250 000
2	10 000	4	40 000
3	1 000	40	40 000
4	500	160	80 000
5	200	600	120 000
6	100	4 000	400 000

续表

奖级	中奖金额（元）	中奖个数	中奖小计（元）
7	50	12 000	600 000
8	30	15 000	450 000
9	20	45 000	900 000
10	10	180 000	1 800 000
合计		**256 805**	**4 680 000**

十七、秀甲天下　壮美广西

（一）面值：10元。

（二）奖组：72万张（720万元）。

（三）玩法规则：刮开覆盖膜，如果你的号码中任意一个号码与中奖号码相同，即中得该号码下方所示的金额；如果出现壮美标志“壮美”，即中得该标志下方所示金额的两倍。中奖奖金兼中兼得。

（四）设奖方案：

奖级	中奖金额（元）	中奖个数	中奖小计（元）
1	250 000	1	250 000
2	10 000	4	40 000
3	1 000	20	20 000
4	500	100	50 000
5	200	600	120 000
6	100	2 400	240 000
7	50	12 000	600 000
8	30	24 000	720 000
9	20	72 000	1 440 000
10	10	120 000	1 200 000
合计		**231 125**	**4 680 000**

十八、相约亚沙

（一）面值：10元。

（二）奖组：60万张（600万元）。

（三）玩法规则：幸运游戏：刮开幸运游戏覆盖膜，如果出现金额标志，即中得该金额。主游戏：刮开主游戏覆盖膜，如果出现奖牌标志“”，即中得该标志下方所示的金额。中奖奖金兼中兼得。

（四）设奖方案：

奖级	中奖金额（元）	中奖个数	中奖小计（元）
1	200 000	1	200 000
2	10 000	5	50 000
3	1 000	10	10 000
4	500	120	60 000
5	100	2 800	280 000
6	50	8 000	400 000
7	30	20 000	600 000
8	20	40 000	800 000
9	10	150 000	1 500 000
合计		**220 936**	**3 900 000**

十九、中国砚都　千年之城

（一）面值：10元。

（二）奖组：60万张（600万元）。

（三）玩法规则：刮开覆盖膜，如果你的号码中任意一个号码与中奖号码之一相同，即中得该号码下方所示的奖金金额；如果出现砚都标志“砚都”，即中得该标志下方所示奖金金额的5倍。中奖奖金兼中兼得。

（四）设奖方案：

奖级	中奖金额（元）	中奖个数	中奖小计（元）
1	250 000	1	250 000
2	5 000	2	10 000
3	1 600	20	32 000
4	800	65	52 000
5	400	70	28 000
6	100	2 955	295 500
7	50	4 650	232 500
8	30	30 000	900 000
9	20	50 000	1 000 000
10	10	110 000	1 100 000
合计		**197 763**	**3 900 000**

二十、中国砚都　山水之城

（一）面值：10元。

（二）奖组：72万张（720万元）。

（三）玩法规则：刮开覆盖膜，如果你的号码中任意一个号码与中奖号码之一相同，即中得该号码下方所示的奖金金额；如果出现砚都标志“砚都”，即中得该标志下方所示奖金金额的5倍。中奖奖金兼中兼得。

（四）设奖方案：

奖级	中奖金额（元）	中奖个数	中奖小计（元）
1	250 000	1	250 000
2	9 000	8	72 000
3	900	260	234 000
4	450	800	360 000
5	180	2 060	370 800
6	50	8 464	423 200
7	20	75 000	1 500 000
8	10	147 000	1 470 000
合计		**233 593**	**4 680 000**

二十一、爱赢爱冰雪

（一）面值：10元。

（二）奖组：144万张（1 440万元）。

（三）玩法规则：幸运游戏：刮开幸运游戏覆盖膜，如果出现金额标志，即中得该金额。主游戏：刮开主游戏覆盖膜，如果你的号码中任意一个号码与中奖号码相同，即中得该号码下方所示的金额。中奖奖金兼中兼得。

（四）设奖方案：

奖级	中奖金额（元）	中奖个数	中奖小计（元）
1	250 000	1	250 000
2	10 000	9	90 000
3	1 000	80	80 000
4	500	200	100 000
5	200	1 000	200 000
6	100	9 600	960 000
7	50	12 000	600 000
8	30	54 000	1 620 000
9	20	108 000	2 160 000
10	10	330 000	3 300 000
合计		**514 890**	**9 360 000**

二十二、牛气冲天

（一）面值：20元。

（二）奖组：2 160万张（4.32亿元）。

（三）玩法规则：刮开覆盖膜，如果出现牛标志“牛”，即中得该标志下方所示的金额；如果出现牪标志“牪”，即中得该标志下方所示金额的两倍；如果出现犇标志“犇”，即中得该标志下方所示金额的3倍。中奖奖金兼中兼得。

（四）设奖方案：

奖级	中奖金额（元）	中奖个数	中奖小计（元）
1	1 000 000	5	5 000 000
2	500 000	10	5 000 000
3	100 000	40	4 000 000
4	10 000	256	2 560 000
5	1 000	4 200	4 200 000
6	500	36 000	18 000 000
7	200	139 200	27 840 000
8	100	180 000	18 000 000
9	50	900 000	45 000 000
10	30	1 800 000	54 000 000
11	20	4 860 000	97 200 000
合计		**7 919 711**	**280 800 000**

二十三、翻倍赢家

（一）面值：20元。

（二）奖组：900万张（1.8亿元）。

（三）玩法规则：刮开覆盖膜，如果出现倍数标志“1倍”、“2倍”、“5倍”、“10倍”、“20倍”、“50倍”、“100倍”，即中得该标志下方所示的金额乘以该倍数；如果在通吃区出现赢标志“赢”，即中得刮开区内所示的20个金额之和。中奖奖金兼中兼得。

（四）设奖方案：

奖级	中奖金额（元）	中奖个数	中奖小计（元）
1	1 000 000	1	1 000 000
2	100 000	10	1 000 000
3	10 000	100	1 000 000
4	1 000	10 000	10 000 000
5	500	20 500	10 250 000
6	200	15 000	3 000 000
7	100	30 000	3 000 000
8	50	375 000	18 750 000

续表

奖级	中奖金额（元）	中奖个数	中奖小计（元）
9	30	900 000	27 000 000
10	20	2 100 000	42 000 000
合计		**3 450 611**	**117 000 000**

二十四、颁奖礼

（一）面值：20元。

（二）奖组：900万张（1.8亿元）。

（三）玩法规则：幸运游戏：刮开幸运游戏覆盖膜，如果出现金额标志，即中得该金额。主游戏：刮开覆盖膜，如果你的号码中任意一个号码与中奖号码之一相同，即中得该号码下方所示的金额；如果出现奖杯标志“”，即中得该标志下方所示金额的5倍。中奖奖金兼中兼得。

（四）设奖方案：

奖级	中奖金额（元）	中奖个数	中奖小计（元）
1	1 000 000	3	3 000 000
2	100 000	5	500 000
3	10 000	25	250 000
4	5 000	50	250 000
5	1 000	3 500	3 500 000
6	500	37 500	18 750 000
7	200	15 000	3 000 000
8	100	150 000	15 000 000
9	50	300 000	15 000 000
10	30	375 000	11 250 000
11	20	2 325 000	46 500 000
合计		**3 206 083**	**117 000 000**

二十五、大运到

（一）面值：20元。

（二）奖组：180万张（3 600万元）。

（三）玩法规则：幸运游戏：刮开幸运游戏覆盖膜，如果出现金额标志，即中得该金额。游戏一：刮开覆盖膜，如果出现大运标志“”，即中得该标志下方所示的金额。游戏二：刮开覆盖膜，如果你的号码中任意一个号码与中奖号码之一相同，即中得该号码下方所示的金额；如果出现奖牌标志“”，即中得该标志下方所示金额的两倍。中奖奖金兼中兼得。

（四）设奖方案：

奖级	中奖金额（元）	中奖个数	中奖小计（元）
1	1 000 000	1	1 000 000
2	10 000	10	100 000
3	1 000	300	300 000
4	500	1 200	600 000
5	200	12 000	2 400 000
6	100	14 500	1 450 000
7	50	90 000	4 500 000
8	30	165 000	4 950 000
9	20	405 000	8 100 000
合计		**688 011**	**23 400 000**

二十六、永子

（一）面值：20元。

（二）奖组：180万张（3 600万元）。

（三）玩法规则：游戏一：刮开覆盖膜，如果出现金额标志，即中得该金额。游戏二：刮开覆盖膜，如果你的号码中任意一个号码与中奖号码相同，即中得该号码下方所示的金额；如果出现云标志“”，即中得该标志下方所示金额的10倍。中奖奖金兼中兼得。

（四）设奖方案：

奖级	中奖金额（元）	中奖个数	中奖小计（元）
1	1 000 000	1	1 000 000
2	60 000	1	60 000
3	6 000	10	60 000
4	800	100	80 000
5	500	6 000	3 000 000
6	200	4 500	900 000
7	80	15 000	1 200 000
8	50	60 000	3 000 000
9	30	180 000	5 400 000
10	20	435 000	8 700 000
合计		**700 612**	**23 400 000**

二十七、茶马古道

（一）面值：20元。

（二）奖组：180万张（3 600万元）。

（三）玩法规则：游戏一：刮开覆盖膜，如果出现金额标志，即中得该金额。游戏二：刮开覆盖膜，如果出现水车标志“”，即中得该标志下方所示的金额；如果出现云标志“云”，即中得该标志下方所示金额的10倍。中奖奖金兼中兼得。

（四）设奖方案：

奖级	中奖金额（元）	中奖个数	中奖小计（元）
1	1 000 000	1	1 000 000
2	50 000	1	50 000
3	5 000	10	50 000
4	1 000	100	100 000
5	400	5 000	2 000 000
6	200	9 500	1 900 000
7	100	15 000	1 500 000
8	60	60 000	3 600 000
9	30	165 000	4 950 000
10	20	412 500	8 250 000
合计		**667 112**	**23 400 000**

二十八、爱赢爱冰雪

（一）面值：20元。

（二）奖组：180万张（3 600万元）。

（三）玩法规则：游戏一：刮开覆盖膜，如果出现金额标志，即中得该金额。游戏二：刮开覆盖膜，如果你的号码中任意一个号码与中奖号码之一相同，即中得该号码下方所示的金额；如果出现爱心标志“”，即中得该标志下方所示金额的两倍。中奖奖金兼中兼得。

（四）设奖方案：

奖级	中奖金额（元）	中奖个数	中奖小计（元）
1	1 000 000	1	1 000 000
2	100 000	1	100 000
3	10 000	10	100 000
4	1 000	500	500 000
5	500	2 600	1 300 000
6	200	9 000	1 800 000
7	100	6 000	600 000
8	50	90 000	4 500 000
9	30	180 000	5 400 000
10	20	405 000	8 100 000
合计		**693 112**	**23 400 000**

二十九、中国龙

（一）面值：50元。

（二）奖组：720万张（3.6亿元）。

（三）玩法规则：游戏一：刮开覆盖膜，如果出现“**¥100**”标志，即中得100元。游戏二：刮开覆盖膜，如果出现“**¥150**”标志，即中得150元。游戏三：刮开覆盖膜，如果出现“**¥600**”标志，即中得600元。游戏四：刮开覆盖膜，如果出现“**¥800**”标志，即中得800元。游戏五：刮开覆盖膜，如果你的号码中任意一个号码与中奖号码相同，即中得该号码下方所示的金额；如果你的号码中任意一个号码与翻倍号码相同，即中得该号码下方所示金额的两倍。中奖奖金兼中兼得。

（四）设奖方案：

奖级	中奖金额（元）	中奖个数	中奖小计（元）
1	1 000 000	2	2 000 000
2	100 000	10	1 000 000
3	10 000	130	1 300 000
4	1 000	7 200	7 200 000
5	800	40 000	32 000 000
6	600	25 000	15 000 000
7	150	90 000	13 500 000
8	100	720 000	72 000 000
9	50	1 800 000	90 000 000
合计		**2 682 342**	**234 000 000**

财政部关于同意销毁“苏州园林甲天下”等143款即开型福利彩票的通知

（2020年11月12日　财政部　财综〔2020〕56号）

中国福利彩票发行管理中心：

你中心《关于申请销毁“苏州园林甲天下”等143款即开型福利彩票的请示》（中彩发字〔2020〕161号）收悉。经研究，根据《彩票管理条例》、《彩票管理条例实施细则》和《彩票发行销售管理办法》（财综〔2018〕67号）等有关规定，现就有关事项通知如下：

一、同意你中心组织销毁已经停止销售的“苏州园林甲天下”等143款即开型福利彩票，共计31 387.64万张，票面总值共计246 369.67万元。具体数量和票面价值见附件。

二、请你中心按规定选择符合要求的销毁地点，并根据有关彩票管理规定和程序，在民政部的监督下，组织管理销毁工作。发现问题的，应当立即停止销毁，查明原因并处置后再行销毁。你中心应当在此文件印发之日起30个工作日内完成销毁工作，在销毁工作完成之后20个工作日内向财政部报送销毁情况报告。

三、你中心应当按程序及时销毁积压彩票，加强即开型彩票发行销售的成本核算和仓储运输管理，节约发行销售费用。督促彩票销售机构切实加强彩票数据和安全管理等工作，确保即开型彩票市场平稳健康发展。

附件：“苏州园林甲天下”等143款即开型福利彩票游戏表

附件：

“苏州园林甲天下”等143款即开型福利彩票游戏表

序号	游戏名称	面值（元）	数量（万张）	面值金额（万元）
1	勇士闯关5	2	493.360	986.72
2	游乐场3	5	288.830	1 444.15
3	指动金来	5	386.161	1 930.81
4	“节”大欢喜5	10	16.383	163.83
5	苏州园林甲天下5元	5	190.450	952.25
6	苏州园林甲天下10元	10	122.750	1 227.50
7	好运气	10	133.921	1 339.21
8	中华名人3	10	3.180	31.80

续表

序号	游戏名称	面值（元）	数量（万张）	面值金额（万元）
9	惊喜夺金	5	364.440	1 822.20
10	美好生活－永结同心 5 元	5	129.810	649.05
11	中状元	20	24.227	484.55
12	奇兵夺宝	5	134.997	674.98
13	中秋送福	10	235.192	2 351.92
14	生态鄱阳 2 元	2	305.120	610.24
15	企鹅探宝	5	96.735	483.67
16	金钥匙	20	39.335	786.70
17	江门风光	5	13.760	68.80
18	心连心	2	8.584	17.17
19	招财猫	10	891.707	8 917.07
20	美好生活 20 元	20	71.755	1 435.11
21	大赢家	5	81.438	407.19
22	夺宝嘉年华	10	164.407	1 644.07
23	倍给力	10	15.664	156.64
24	存钱罐	5	2.109	10.54
25	欢乐嘉年华 20 元	20	164.225	3 284.50
26	荷塘月色	10	107.079	1 070.79
27	蚂蚁搬家	2	40.020	80.04
28	七彩盛世	20	45.131	902.62
29	黄河魂	5	177.250	886.25
30	敦煌韵	10	201.327	2 013.27
31	花好月圆	10	61.719	617.19
32	巍巍井冈	2	653.040	1 306.08
33	跷跷板	2	33.838	67.68
34	幸运扑克	5	22.015	110.08
35	打地鼠	5	101.189	505.95
36	招财纳福	5	17.852	89.26
37	网鱼高手	10	49.324	493.24
38	圣诞快乐 2	10	70.529	705.29
39	群岛之彩	5	266.460	1 332.30
40	伏羲定姓氏	5	605.106	3 025.53
41	中国节	10	300.121	3 001.21
42	闹新春	5	201.526	1 007.63
43	跳房子	5	161.069	805.35
44	博爱中山	10	82.725	827.25
45	中华名人－孟子	10	19.809	198.09
46	昆曲	10	1 013.962	10 139.62

续表

序号	游戏名称	面值（元）	数量（万张）	面值金额（万元）
47	快乐生肖 10 元 – 祥蛇献瑞	10	47.585	475.85
48	金鹊报喜	2	5.280	10.56
49	幸运殿堂	20	8.776	175.51
50	黄山风光	5	115.204	576.02
51	巅峰对决	10	37.563	375.63
52	好彩头	2	8.985	17.97
53	小鸡快跑	5	58.934	294.67
54	花神	10	28.105	281.05
55	幸运双色球	20	519.928	10 398.55
56	幸福来电	10	72.530	725.30
57	爱我家园	10	489.031	4 890.31
58	探险家	5	354.819	1 774.09
59	柿柿如意	2	25.110	50.22
60	甜蜜连连	2	19.470	38.94
61	福运连连	5	97.741	488.70
62	金蜂巢	5	4.180	20.90
63	7 喜	5	0.030	0.15
64	欢乐马戏团	10	33.551	335.51
65	好日子	10	1.500	15.00
66	冰激凌	10	237.047	2 370.47
67	福气 8	20	18.770	375.40
68	放飞梦想 5 元	5	59.810	299.05
69	印象中国	10	60.890	608.90
70	时空瑰宝	20	133.150	2 663.00
71	沪塔	10	281.736	2 817.36
72	幸福汕头 – 宜居之城	20	107.024	2 140.48
73	幸福汕头 – 百载商埠	10	156.876	1 568.76
74	幸福汕头 – 潮人之都	5	84.279	421.40
75	幸福汕头 – 潮菜之乡	2	15.020	30.04
76	春夏秋冬	5	344.693	1 723.47
77	蝌蚪找妈妈	5	76.087	380.43
78	水果连连看	5	84.246	421.23
79	幸运抽奖	10	22.832	228.32
80	淘宝乐	10	82.495	824.95
81	大满贯 10 元	10	35.033	350.33
82	步步高	20	16.985	339.70
83	日出东方・韶山	10	80.904	809.04

续表

序号	游戏名称	面值（元）	数量（万张）	面值金额（万元）
84	俏佳人	5	306.720	1 533.60
85	马到成功 10 元	10	36.267	362.67
86	赣南苏区・荣光	5	42.380	211.90
87	圣地延安	10	74.995	749.95
88	七星瓢虫	2	15.840	31.68
89	太极	5	162.350	811.75
90	宝石奇缘	10	10.263	102.63
91	吉祥草原	10	61.770	617.70
92	熊出没	5	23.845	119.23
93	空战赢家	5	984.716	4 923.58
94	赛马	10	566.331	5 663.31
95	好运加倍	10	21.921	219.21
96	相约咖啡	5	1 256.336	6 281.68
97	加油！加油！	10	366.994	3 669.94
98	10 来运转	10	340.714	3 407.14
99	足球盛宴 5 元	5	422.046	2 110.23
100	“粽”奖	5	311.398	1 556.99
101	足球盛宴 10 元	10	516.601	5 166.01
102	魅力安徽－九华仙境	5	93.078	465.39
103	天降好礼	2	320.913	641.83
104	砸金蛋	5	6.506	32.53
105	多彩假日	10	298.409	2 984.09
106	幸运星	5	26.711	133.55
107	美丽嘉兴	10	102.689	1 026.89
108	天长地久	5	4.472	22.36
109	钻石联盟	5	1.320	6.60
110	冰 VS 火	10	11.558	115.58
111	我爱电影－一步之遥	10	287.820	2 878.20
112	雪人	10	23.824	238.24
113	陕西名胜（一）	5	0.430	2.15
114	羊票 5 元	5	134.048	670.24
115	羊票 10 元	10	124.108	1 241.08
116	羊票 20 元	20	50.170	1 003.40
117	连环夺宝	10	252.812	2 528.12
118	醉美婺源	5	49.800	249.00
119	喜气羊羊	5	323.102	1 615.51
120	财高 8 斗	20	240.060	4 801.20
121	金冠	5	179.231	896.15

续表

序号	游戏名称	面值（元）	数量（万张）	面值金额（万元）
122	龟兔赛跑	5	157.439	787.19
123	动物乐园	2	352.849	705.70
124	扑克王	5	235.507	1 177.53
125	幸运投篮机	5	500.849	2 504.25
126	幸运草	10	88.723	887.23
127	流星雨	5	396.484	1 982.42
128	和平是福	5	313.872	1 569.36
129	一刮千金	5	222.322	1 111.61
130	太极拳	10	508.970	5 089.70
131	大闹天宫	5	43.679	218.39
132	购彩乐	10	918.332	9 183.32
133	中华武圣	5	194.390	971.95
134	向阳花	2	15.570	31.14
135	点赞	10	240.286	2 402.86
136	水果联盟	5	412.846	2 064.23
137	最佳阵容	10	733.505	7 335.05
138	丝路寻梦	20	168.939	3 378.78
139	丙申猴－灵猴献彩 5 元	5	1 877.686	9 388.43
140	丙申猴－脸谱 10 元	10	95.014	950.14
141	丙申猴－金猴银猴 20 元	20	191.367	3 827.35
142	红宝石蓝宝石	10	3 035.184	30 351.84
143	魅力香吻	5	195.453	977.27
合计			**31 387.640**	**246 369.67**

财政部关于停止销售“金豆豆”等65款即开型体育彩票游戏的审批意见

（2021年1月7日　财政部　财综〔2020〕59号）

国家体育总局体育彩票管理中心：

你中心《关于停止销售“金豆豆”等65款即开型体育彩票的请示》（体彩字〔2020〕345号）收悉。根据《彩票管理条例》、《彩票管理条例实施细则》和《彩票发行销售管理办法》（财综〔2018〕67号）等有关规定，现就有关事项通知如下：

一、为进一步优化体育彩票游戏结构，促进彩票市场健康发展，同意你中心停止销售“金豆豆”等65款即开型体育彩票游戏（见附件）。你中心应当自批准之日起2个月内向社会发布公告，公告内容包括财政部的批准文件名称及文号、停止销售日期、兑奖截止日期等。自公告之日起满60个自然日后，停止销售上述65款彩票游戏。

二、上述65款彩票游戏停止销售后，在兑奖期内，应当按照规定兑付奖金。兑奖期结束后，你中心应与彩票销售机构做好彩票资金结算工作。逾期未兑奖奖金纳入彩票公益金，奖金结余转为一般调节基金，超兑奖金在彩票发行销售风险基金中列支。兑奖期结束后，你中心和彩票销售机构应当在60个自然日内分别向同级财政部门提交书面报告，报告内容包括彩票发行销售、彩票奖金提取与兑付、奖池资金和调节基金结余与划转等情况。

三、你中心应当严格按照现行彩票管理制度规定，督促体育彩票销售机构加强销售安全管理和风险控制，切实做好公告、兑奖、结算等相关工作。要合理规划即开型彩票游戏结构，统筹衔接好报批、印制、上市销售、停止销售等工作环节，切实节约成本、提高效率，确保即开型彩票持续健康发展。

附件：同意停止销售的“金豆豆”等65款即开型体育彩票游戏

附件：

同意停止销售的“金豆豆”等65款即开型体育彩票游戏

序号	彩票游戏名称	游戏面值（元）	财政部批复文号
1	好彩头	30	财办综〔2012〕43号
2	红色印迹	5	财办综〔2013〕48号
3	吉祥如意	20	财办综〔2014〕2号

续表

序号	彩票游戏名称	游戏面值（元）	财政部批复文号
4	福禄寿喜	10	财办综〔2014〕84 号
5	LOVE	5	财办综〔2015〕8 号
6	乐在 7 中	10	财办综〔2015〕56 号
7	红色印迹	2	财办综〔2015〕56 号
8	精彩冬运	10	财办综〔2015〕109 号
9	抢红包	10	财办综〔2015〕109 号
10	大红包	20	财办综〔2015〕109 号
11	小红包	5	财办综〔2015〕109 号
12	年终奖	2	财办综〔2015〕109 号
13	皇家金典	20	财办综〔2015〕109 号
14	恭喜发财	5	财办综〔2015〕109 号
15	财运到	10	财办综〔2015〕109 号
16	挖财宝	5	财办综〔2015〕109 号
17	报喜	2	财办综〔2015〕109 号
18	幸福时光	5	财办综〔2015〕109 号
19	神灯	10	财办综〔2015〕109 号
20	一路平安	10	财办综〔2015〕109 号
21	好开心	5	财办综〔2015〕109 号
22	豪门盛宴	10	财办综〔2016〕59 号
23	环青海湖	10	财办综〔2016〕59 号
24	足够精彩	10	财办综〔2015〕109 号
25	发财树	5	财办综〔2016〕59 号
26	百步穿杨	10	财办综〔2016〕59 号
27	富贵竹	20	财办综〔2016〕59 号
28	金豆豆	2	财办综〔2016〕59 号
29	吃西瓜	5	财办综〔2016〕59 号
30	7 乐无穷	10	财办综〔2016〕59 号
31	十二生肖	10	财办综〔2015〕109 号
32	冰雪极限	5	财办综〔2015〕109 号
33	至尊宝	30	财办综〔2015〕109 号
34	GO 好运	10	财办综〔2016〕59 号
35	滚雪球	10	财办综〔2015〕109 号
36	津彩全运	10	财办综〔2016〕59 号
37	大吉大利	5	财办综〔2016〕59 号
38	黄金之城	10	财办综〔2016〕59 号
39	长征	5	财办综〔2016〕124 号
40	长征	10	财办综〔2016〕124 号
41	环岛高铁	10	财办综〔2016〕124 号

续表

序号	彩票游戏名称	游戏面值（元）	财政部批复文号
42	金鸡纳福	10	财办综〔2016〕124号
43	日进斗金	20	财办综〔2016〕124号
44	开门大吉	5	财办综〔2016〕124号
45	八桂红	10	财办综〔2016〕124号
46	彩运来	10	财办综〔2016〕124号
47	有礼了	10	财办综〔2016〕124号
48	卧虎藏龙	5	财办综〔2016〕124号
49	卧虎藏龙	10	财办综〔2016〕124号
50	卧虎藏龙	20	财办综〔2016〕124号
51	丰彩	1	财办综〔2016〕124号
52	丰彩	5	财办综〔2016〕124号
53	丰彩	10	财办综〔2016〕124号
54	丰彩	20	财办综〔2016〕124号
55	步步登高	5	财综〔2017〕64号
56	棒棒糖	1	财综〔2017〕23号
57	旺旺	2	财综〔2018〕13号
58	旺旺	5	财综〔2018〕13号
59	旺旺	10	财综〔2018〕13号
60	体彩顶呱刮十周年庆	5	财综〔2018〕13号
61	体彩顶呱刮十周年庆	10	财综〔2018〕13号
62	体彩顶呱刮十周年庆	20	财综〔2018〕13号
63	金猪贺岁	5	财综〔2018〕51号
64	金猪纳财	10	财综〔2018〕51号
65	金猪贺岁	10	财综〔2018〕51号

（二）福利彩票管理制度和文献

关于印发《中国福利彩票“走近刮刮乐”活动组织管理办法》的通知

（2020年2月17日　中国福利彩票发行管理中心　中彩发字〔2020〕21号）

各省、自治区、直辖市福利彩票发行中心：

为进一步加强和规范中国福利彩票“走近刮刮乐”活动组织管理，中国福利彩票发行管理中心对《中国福利彩票“走近刮刮乐”活动组织管理办法》（中彩发字〔2015〕159号）进行了修订，现印发给你们，请认真遵照执行。

特此通知。

附件：中国福利彩票“走近刮刮乐”活动组织管理办法

附件：

中国福利彩票“走近刮刮乐”活动组织管理办法

第一条　为规范中国福利彩票“走近刮刮乐”活动（以下简称“‘走近刮刮乐’活动”）组织管理，提高“走近刮刮乐”活动执行效果，保障“走近刮刮乐”活动安全、高效、有序开展，特制定本办法。

第二条　本办法适用于由中国福利彩票发行管理中心（以下简称“中福彩中心”）和福利彩票销售机构（以下简称“销售机构”）共同组织开展的“走近刮刮乐”活动。

第三条　本办法所称“走近刮刮乐”活动，是指中福彩中心和销售机构通过邀请福利彩票从业人员、管理人员及社会公众等参观即开型彩票生产、仓储等发行重要场所，见证即开型彩票安全性、规范性和严谨性的营销宣传活动。

第四条 “走近刮刮乐”活动坚持公开、公平、公正、公信原则，传播公益、慈善、健康、快乐、创新的福利彩票文化。

第五条 中福彩中心负责全国“走近刮刮乐”活动统筹协调和管理工作，包含但不限于行程安排、组织观摩、全国营销宣传及信息发布等；销售机构负责本区域“走近刮刮乐”活动组织实施工作，包含但不限于活动申报、成员遴选、地方营销宣传及信息发布等.

第六条 中福彩中心按年度制定“走近刮刮乐”活动计划并下发通知。销售机构根据通知核算本区域“走近刮刮乐”活动批次（附1），并向中福彩中心申报（附2）。销售机构在核算批次基础上申请增加批次的，需提交书面申请。超过申报时限的，视为放弃参加当年活动。

第七条 中福彩中心根据销售机构上一年度即开型彩票销量、同比等参数，核定销售机构奖励批次。中福彩中心根据“走近刮刮乐”活动核算批次、申请增加批次、奖励批次等情况，确定全年活动安排并下发通知。

第八条 中福彩中心根据实际需要对活动安排进行调整时，应提前通知销售机构。销售机构应按照最终确定的活动安排开展“走近刮刮乐”活动。

第九条 销售机构负责制定本区域“走近刮刮乐”活动成员遴选方案，并严格按照遴选方案开展组织选拔工作。遴选方案于活动开展前报中福彩中心备案。

第十条 “走近刮刮乐”活动成员主要由购彩者、代销者或销售者、福利彩票管理人员、媒体人员、政府人员、公益人士、受资助群体、从事彩票研究及其他关心福彩的社会公众构成。每期活动成员不超40人。

第十一条 “走近刮刮乐”活动成员需身体健康、无重大疾病、年龄在18—65岁之间，具有完全民事行为能力。

第十二条 销售机构应提前七天将“走近刮刮乐”活动成员信息报中福彩中心（附3）。活动成员一经确定，不得更改。

第十三条 销售机构应加强对“走近刮刮乐”活动成员管理，明确纪律，制定完善的请假制度和离队报告制度并严格执行，确保活动成员按规定要求参与活动。

第十四条 “走近刮刮乐”活动实行领队负责制，领队应全程参与活动。领队需由销售机构中层及以上管理人员担任。

第十五条 “走近刮刮乐”活动行程为三天两晚。销售机构因路途遥远、交通不便等原因需要延长时间的，延长时间不超一天。

第十六条 “走近刮刮乐”活动经费由中福彩中心和销售机构共同承担，所需经费应分别纳入中福彩中心和销售机构年度预算。

第十七条 中福彩中心承担“走近刮刮乐”活动全国营销宣传及活动参观地的费用，具体按照财政部批复预算范围及标准执行。销售机构承担“走近刮刮乐”活动本地营销宣传及往返活动地交通等费用。

第十八条 销售机构及其活动成员有未按确定的计划组织或参与活动、擅自变更活动人员、不配合活动开展、擅自离队等行为的，中福彩中心将减少或取消销售机构下一年度“走近刮刮乐”活动批次。

第十九条 中福彩中心和销售机构相关人员在“走近刮刮乐”活动组织和执行过程中出现违规违纪、玩忽职守等行为的，依据国家有关规定追究相关人员责任；涉嫌犯罪的，依法移送有关国家机关处理。

第二十条 本办法自发布之日起施行，《中国福利彩票“走近刮刮乐”活动组织管理办法》（中彩发字〔2015〕159号）同时废止。

附 1：

销售机构“走近利刮乐”活动批次核算方法

一、选定指标及权重

（一）即开型彩票销量比重（权重50%）

（二）常驻人口比重（权重50%）

二、指标计算说明

销售机构核算批次=中福彩中心计划批次数量×销售机构得分

销售机构得分=即开型彩票销量比重×50%+常驻人口比重×50%

（一）即开型彩票销量比重：“走近刮刮乐”活动申报上一年度销售机构即开型彩票销量占全国即开型彩票总销量百分比。

（二）常驻人口比重：根据官方公布的“走近刮刮乐”活动申报上一年度各省常驻人口数占全国总人口数百分比。

三、批次核算原则

（一）销售机构核算批次数量遵循四舍五入取整原则；

（二）确保销售机构每年至少有一个批次；

（三）销售机构放弃申报的批次由中福彩中心统筹安排。

附 2：

“走近刮刮乐”活动申请表

省份		批次合计	
时间 / 地点	（参加活动的月份、观摩地点，如第 1 批，4 月，北京）		
人员数量	（每批次人员数量及合计数量）		
人员构成			
遴选标准	（若遵选方案中涉及配套营销、促销活动的，请详细在下一项表格中说明。）		
配套营销	1. 请详细说明结合“走近刮刮乐”活动开展的配套营销、促销计划方案。 2. 若本表格空间不够，建议另附详细方案。		
媒体宣传	1. 请详细说明宣传媒体的名称、宣传报道形式和宣传报道时间； 2. 如在多家媒体上宣传报道，请分别说明。		
中心领导	（签字并加盖公章）		
联系人		联系电话	
填表时间	年　月　日		

附 3：

“走近刮刮乐”活动观摩团成员信息表

序号	姓名	性别	职业 / 职务	民族	血型	工作单位或家庭住址	身份证号	手机号码	邮箱（如有）	紧急联系人及电话	备注

关于印发《关于促进中国福利彩票双色球游戏健康发展的指导意见》的通知

（2020年3月10日　中国福利彩票发行管理中心　中彩发字〔2020〕35号）

各省、自治区、直辖市福利彩票发行中心：

为积极化解新冠肺炎疫情影响，推动双色球游戏恢复销售后继续巩固其市场地位，促进双色球游戏健康发展，中国福利彩票发行管理中心研究制定了《关于促进中国福利彩票双色球游戏健康发展的指导意见》(以下简称《指导意见》)，现印发你们。

请各省（区、市）福彩中心按照《指导意见》要求，提出本行政区内的工作任务分解，并于3月31日前上报中福彩中心，相关工作任务拟纳入2020年民政重点工作综合评估，请认真贯彻执行。

附件：关于促进中国福利彩票双色球游戏健康发展的指导意见

附件：

关于促进中国福利彩票双色球游戏健康发展的指导意见

各省、自治区，直辖市福利彩票发行中心：

为积极化解疫情影响，巩固双色球游戏市场地位，促进双色球游戏健康发展，特制定如下指导意见。

一、确保销售场所保持稳定

1.实现销售场所的增减平衡。省级福彩中心应加强销售场所日常监控，及时分析、跟踪指导，维持销售场所规模稳定。2020年，各省销售场所数量应不低于2019年12月份在售销售场所数，全国双色球每日开机总数不低于16万台。

2.缓解销售场所生存压力。充分利用业务费、市场调控资金等，综合运用直补、以奖代补、以赛代补、阶梯式代销费等政策措施支持销售场所发展，2020年，各省渠道建设支持费用应不低于2019年乐透数字型彩票销量的0.5%，有条件的地区力争达到1%。

3.优化销售场所结构和布局。大力提高销售渠道覆盖水平，加大空白区域、销售薄弱区域销售场所的征召力度，审慎实施距离保护政策，探索取消兼营销售场所距离保护，适度引入竞争，形成销售场所优胜劣汰机制，提升购彩便捷性。

省级福彩中心应制定网点征召指标体系，充分利用市场调控资金和自有资金，建设一批集品牌宣传、游戏推广、娱乐体验、社会化服务等多种功能于一体的福彩示范站和综合体验中心；2020年，有条件的省市新建省级及地市级直营示范销售场所数量力争不少于10个。

二、探索发展兼营渠道

4.严格规范渠道拓展行为。省级福彩中心应严格按照《关于规范中国福利彩票渠道拓展工作的通知》(中彩发字〔2019〕138号)要求，划定渠道拓展行为边界、坚持底线思维，通过规范释放发展空间，依法依规推进兼营渠道拓展和管理工作。

5.积极探索兼营发展模式。深入研究兼营业态特点和发展规律，探索解决渠道拓展不力、人员积极性不高、考核激励措施不足等兼营渠道发展中的问题。积极发展渠道相对独立、人员相对独立、考核相对独立的兼营模式。有条件的省级福彩中心可探索公司化运营，促进兼营业态良性发展，不断满足购彩群体的便捷性需求。

6.加大跨行业合作和渠道开发工作力度。省级福彩中心应面向连锁商超、大型商贸综合体、市民休闲娱乐场所、饭店酒楼、交通枢纽等人流密集地区投放兼营设备，积极探索建设民心亭、爱心亭、公益驿站等兼营场所，兼营设备数不低于2019年销售终端数的5%，力争达到10%。

7.严格规范兼营设备配备和管理。促进兼营设备升级，为彩民提供更规范、更便捷的购彩服务。省级福彩中心要做好兼曾设备使用及管理，配备专项资金，保证兼营设备自购自有，确保兼营设备售出的彩票符合现行乐透数字基诺型彩票打印及省内通兑等要求，保障数据和资金安全，禁止远程接单出票等。

三、加强销售场所形象建设

8.持续推进销售场所规范化建设。2020年，中福彩中心推动制定民政部行业标准《中国福利彩票销售场所通用要求》，修订《中国福利彩票销售场所规范化建设手册》，制定双色球宣传设施建设标准。省级福彩中心应提高双色球在各类销售场所曝光率，创造良好的双色球购彩环境。

9.加强销售场所对双色球宣传力度。省级福彩中心应明确双色球日常宣传设施使用要求，确保双色球日常宣传设施高质量运行，提升购彩体验。做好销售场所日常巡视，保障双色球销售场所和宣传设施正常运行。主要宣传设施设备包括奖池公告牌、号码分布图、中奖及大奖宣传设备、电子化宣传设备、投注辅助设备以及其他设备，应至少每两个月更新一次双色球海报，并督促销售人员做好开奖日提示等工作。

四、扩大双色球品牌影响力

10.深度挖掘双色球品牌价值。巩国双色球第一品牌地位，围绕“爱心”与“梦想”，“大奖大、小奖多”，“福”“彩”元素，深化双色球品牌建设，提高双色球品牌识别度，巩固双色球品牌地位；省级福彩中心开展品牌宣传活动要紧扣双色球品牌和以上主题，保障双色球品牌的整体性和统一性。

11.加大双色球品牌宣传力度。一是积极拓展宣传渠道，维护良好的公共关系，中福彩中心负责中央级媒体的公共关系维护和宣传投放，省级福彩中心负责省级媒体的公共关系维护和宣传投放；二是积极创新宣传方式方法，重视发挥新媒体、融媒体的宣传作用，中福彩中心负责制定全年双色球整体宣传工作计划，省级福彩中心负责提供宣传素材。各级福彩机构、业务部室与宣传部室应密切配合，关注市场动态，及时组织力量撰写宣传稿件、制作小视频等宣传素材并完成投放，并通过开展双色球文化艺术节、双色球宣传设计大赛等形式，形成宣传双色球的浓厚氛围，建立双色球宣传内容的共享机制。

五、统筹做好双色球全国和地方营销活动

12.持续优化走近双色球活动。中福彩中心

负责活动组织、应急处理、媒体宣传等工作，不断提升活动质量，增强双色球游戏公信力和美誉度；省级福彩中心应按照《中国福利彩票“走近双色球”活动组织管理办法》相关要求，结合各地实际情况，努力扩大活动覆盖群体，尤其是提升彩民、媒体、彩票从业人员等群体的覆盖，进一步完善走近双色球活动成员选拔，丰富活动内容，利用走近双色球活动平台，面向彩民开展抽奖等营销回馈活动；面向媒体记者组织策划双色球宣传活动；面向代销者或销售员开展双色球评比奖励活动。2020年，各省级福彩中心至少组织一个包含媒体记者、人大代表，社会知名人士等为主要成员的走近双色球特色观摩团。

13.大力开展双色球营销活动。一是以增加新彩民和激活老彩民为主要目标，线上与线下相结合，统筹全国资源，全国联动开展双色球主题营销活动。中福彩中心进一步完善丰富全国整体营销平台功能，制定统一的双色球主题营销活动方案，设计宣传品，统一组织实施；省级福彩中心负责完善营销平台的站点注册、销售人员培训、配套营销和活动宣传等工作。二是省级福彩中心在做好全国统一主题营销活动的基础上，应因地制宜，利用线上平台和城市马拉松、展会、地方群众民俗活动、庆典等地推形式组织开展拉新活动不少于1次，提高双色球LOGO、品牌、玩法输出，各省用于当地双色球拉新活动的营销资金量应不低于当地上一年度双色球销量的0.3%。

14.继续做好双色球回馈活动。中福彩中心以稳市场、提销量、回馈现有彩民为目标，负责派奖方案制定、宣传品设计、媒体宣传等工作；省级福彩中心应提前制定配套宣传工作方案和销售网点培训等工作，督促销售人员熟知派奖规则，持续做好派奖活动宣传工作等。2020年，除全国派奖活动外，省级福彩中心应开展旨在提升双色球游戏销量的回馈活动不少于1次，回馈费用不低于当地双色球上一年度销量的0.7%，活动期间当地双色球销量较活动前增长不低于10%。在双色球派奖活动期间，力争实现期均销量不低于4.3亿元，最高期销量突破4.7亿元。除做好全国双色球派奖回馈活动外，省级福彩中心应积极开展其他回馈活动，活动应与全国派奖活动错峰开展。

六、加强双色球销售队伍建设

15.提升福彩从业者业务能力和水平。一是建立交流培训机制。全面提升销售场所从业人员销售能力、市场管理人员营销服务能力、机构从业人员业务管理能力。中福彩中心结合福彩内训师团队项目，面向全国选拔组建由市场管理员、销售员、省市工作人员等组成的培训师资库，以训代会组织对省级培训师（含内训师）提升培训和业务交流，提高培训师培训能力，探索在各省市间组织开展交叉培训。省级福彩中心应建立省级业务培训团队，原则上一个地市级福彩中心至少有1名省级培训师及3名地市培训师。要不断加强对市场管理员和销售人员的培训提升，明确任务指标，全年需组织优秀专营销售场所双色球专项小场培训至少2轮次。二是探索建立市场管理员激励机制。省级福彩中心要充分认识市场管理员在福利彩票事业健康发展起到的关键作用，高度重视市场管理员队伍建设，不断提升市场管理员队伍业务素养，加快建立市场管理员绩效考核激励机制。

各省、自治区、直辖市福利彩票发行中心要按照本指导意见精神，结合当地实际，制定促进双色球游戏健康发展的具体实施意见，各相关部门要根据本意见要求和职责分工，制定贯彻落实的具体措施。

关于印发《中福在线游戏停销工作指导意见》的通知

（2020年4月10日　中国福利彩票发行管理中心　中彩发字〔2020〕49号）

各省、自治区、直辖市福利彩票发行中心：

为平稳有序推进中福在线游戏停销工作，中国福利彩票发行管理中心制定了《中福在线游戏停销工作指导意见》，现印发你们，请参照执行。

附件：中福在线游戏停销工作指导意见

附件：

中福在线游戏停销工作指导意见

根据《彩票管理条例》及其实施细则等有关规定，按照《财政部关于停止销售“连环夺室”等7款视频型福利彩票游戏的审批意见》（财综〔2020〕9号）要求，为确保中福在线游戏停销工作平稳顺利实施，推动视频型福利彩票游戏转型发展，特制定本指导意见。

一、高度重视，切实加强组织领导

中福在线游戏停销是贯彻落实中福在线整改要求的重要工作，各级福彩机构务必高度重视，成立停销工作专班，严格按照中福彩中心关于停销工作的部署和安排，切实履行销售机构管理职责。在各级民政部门的领导下，积极协调宣传、公安、财政、人社、信访等部门，稳妥有序推进停销工作。

二、加强管理，全面做好停销工作

1.按时张贴公告，向购彩者做好解释说明

按照中福彩中心关于停销工作的时间安排，及时在销售厅张贴公告，并做好对购彩者的解释说明工作。

2.加强销售厅管理，确保销售平稳有序

坚决服从中央和地方政府对疫情防控工作的领导，在中福在线游戏停销前，以地级市为单位，实行差异化恢复销售措施并加强销售厅管理，严格执行销售限额等相关规定。防范非理性购彩行为，保障正常的销售秩序。

3.加强彩票资金管理，确保资金安全

做好资金归集、结算和解缴工作。要监控资金上缴情况，次日上午未上缴资金的，实行关停或勒令当日整改，确保资金安全。如有必要，可由福彩销售机构在编人员进驻销售厅管理资金归集。

4.加强网络和销售设备管理，确保技术安全

保证销售厅视频监控系统正常运行并保留好监控数据文件，严禁非法网络接入和异常投注终端机接入，保障销售厅和销售设备安全。

5.稳妥处理兑奖、退卡等后续工作，保障购彩者合法权益

中福在线游戏停销后，要合理设置后续兑

奖、退卡的地点，保证每个地市至少有一个兑奖点，负责兑奖、退卡等事宜，并统一上报中福彩中心。及时对销售厅设备，包括一体机、终端机、投注卡、视频监控等进行清点、登记造册，妥善保管，确保不丢失。

三、因地制宜，妥善处置销售厅和安置从业人员

准确掌握销售厅使用类别和用工方式，对房屋租赁成本和人员支出成本进行测算评估，依法依规妥善处置销售厅和安置从业人员。

6.根据销售机构的具体情况，分类处置销售厅

重新规划调整销售厅。要对辖区内的销售厅进行评估，从销售厅运营实际出发，原则上保留自购厅；对于需要调整的租赁厅，根据合同法规定，可援引政策变动等不可抗力条款解除合同，避免承担违约赔偿责任。

7.妥善安置从业人员，保障其合法权益

把稳就业放在重要位置，确需解除从业人员的劳动关系，按照《劳动法》有关规定保障其权益。根据劳动用工、劳务派遣用工等不同形式，可采取不同的方式：对于劳务派遣人员，要与派遣公司充分协商，妥善安置；对于劳动合同用工人员，可提供其他适当岗位或进行货币化安置。

四、密切关注，积极应对舆情

在中福在线游戏停销公告前要主动与当地宣传部门、网信办进行沟通联系，做好舆情管控。

中福在线游戏停销是中福彩中心申请，民政部、财政部批准，各级福彩机构共同参与的一项重要工作，各级福彩机构原则上不接受有关游戏停销的采访。如有必要接受涉及本区域销售厅、员工安置等具体事宜采访，要安排专人负责接待并积极稳妥应对。接受中央或国家级媒体采访前需报中福彩中心。

关于印发《中国福利彩票发行管理中心开奖管理办法（暂行）》的通知

（2020年4月16日　中国福利彩票发行管理中心　中彩发字〔2020〕50号）

各省、自治区、直辖市福利彩票发行中心：

为加强福利彩票开奖管理，中福彩中心制定了《中国福利彩票发行管理中心开奖管理办法（暂行）》，现予印发，请遵照执行。

附件：中国福利彩票发行管理中心开奖管理办法（试行）

附件：

中国福利彩票发行管理中心开奖管理办法（试行）

第一章　总　则

第一条　为加强福利彩票开奖管理，保障开奖工作合规、安全、有序进行，根据《彩票管理条例》《彩票管理条例实施细则》《彩票发行销售管理办法》等规定，制定本办法。

第二条　本办法适用于规范中国福利彩票发行管理中心（以下简称“中福彩中心”）负责组织实施开奖的乐透型、数字型、基诺型、视频型福利彩票的管理，包括数据管理、摇奖管理、开奖信息公告及应急处置等过程。

第三条　中福彩中心和省、自治区、直辖市福利彩票发行中心（以下简称“省级福彩中心”）按照有关职责分工，统一协调、密切配合，制定严谨完善的开奖工作流程及应急处置预案。

第二章　数据管理

第四条　通过专用摇奖设备确定开奖号码的乐透型和数字型彩票，中福彩中心、省级福彩中心应当在每期销售截止时封存彩票销售原始数据，并将当期彩票销售原始数据刻录在不可改写的储存介质上。

第五条　通过专用电子摇奖设备确定开奖号码的乐透型、数字型和基诺型彩票，应当在每期销售截止时刻自动封存彩票销售原始数据，并按日将彩票销售原始数据刻录在不可改写的储存介质上。

第六条　中福彩中心和省级福彩中心应当确保数据的完整、准确和安全。彩票销售原始数据封存后至开奖活动结束前，不得查阅、变更或者删除销售数据。

第七条　彩票销售原始数据保存期限，自封存之日起不得少于60个月。

第八条　中福彩中心负责委托专业检测机构对视频型彩票开奖系统进行检测并生成检测报告，检测合格后方可投入使用。

第九条 中福彩中心负责委托专业检测机构对专用电子摇奖设备进行检测并生成检测报告，检测合格后方可投入使用。电子摇奖设备投入使用后，每年应当检测一次，检测合格方可继续使用。

第十条 通过专用摇奖设备确定开奖号码的乐透型和数字型彩票，省级福彩中心应当根据摇奖结果在封存的彩票销售原始数据中和刻录的备份储存介质中同步进行中奖检索，检索结果一致后将中奖检索结果上传至中福彩中心。

第十一条 通过专用电子摇奖设备确定开奖号码的乐透型、数字型和基诺型彩票，开奖检索由彩票发行销售系统根据开奖号码或者开奖结果自动完成。

第十二条 中福彩中心根据中奖检索结果进行统计，生成全国开奖公告。

第十三条 省级福彩中心应当按照有关规定生成本行政区域开奖公告。

第三章　摇奖管理

第十四条 中福彩中心按照游戏规则、开奖操作规程等规定，制定开奖流程及应急处置预案，组织摇奖工作，保障摇奖安全。

第十五条 中福彩中心负责建设专门的彩票开奖场所，制定开奖场所突发事件应急处置预案并配备完善的开奖场所安保措施。

第十六条 中福彩中心负责统一购置、直接管理摇奖设备，加强对摇奖设备的管理，定期对摇奖设备进行检查、检修和维护，保障摇奖设备正常运行并配置备用摇奖设备；不得将摇奖设备转借、出租和出售。

第十七条 中福彩中心负责在摇奖前对摇奖设备进行检测，通过专用摇奖设备确定开奖号码的，必须对使用的摇奖号码球及摇奖器具进行检查。摇奖应当全程录像，录像保存期限不得少于36 个月。摇奖结束后，摇奖号码球应当封存保管。

第十八条 据奖活动结束后，中福彩中心负责摇奖的工作人员应当对摇奖结果进行签字确认，签字确认文件保存期限不得少于60个月。

第十九条 未按照彩票游戏规则和开奖操作规程进行的摇奖活动及摇奖结果无效。

第二十条 中福彩中心可聘请第三方监督机构、人大代表、社会知名人士或组织社会公众参与现场开奖活动。

第四章　开奖信息公告

第二十一条 中福彩中心和省级福彩中心应当向社会公告游戏的开奖方式、开奖时间和开奖地点。

第二十二条 中福彩中心应当及时、准确、完整地向社会公告游戏销售情况和开奖结果，省级福彩中心应及时、准确、完整地向社会公告本行政区域销售情况和开奖结果，公告内容应当包括：

（一）彩票游戏名称，开奖日期或者期号；

（二）当期彩票销售金额；

（三）当期彩票开奖结果；

（四）奖池资金余额；

（五）兑奖期限。

第五章　应急处置

第二十三条 因突发事件导致开奖工作不能正常进行的，中福彩中心和省级福彩中心应当启动应急处置预案，根据需要及时向社会公告有关情况。

第二十四条 因自然灾害等突发事件导致不能按期开奖的，应当及时向社会公告后延期开奖，公告发布时间应当不晚于原定摇奖时间或摇奖节目播出时间。

第二十五条 因设备、设施故障等造成摇奖中断的，已摇出的号码有效。未摇出的剩余号码，应当尽快排除故障后继续摇出；设备、设施故障等无法排除的，应当启用备用摇奖设备、设施继续摇奖。

第二十六条 突发事件包括但不限于：

（一）自然灾害；

（二）彩票销售原始数据未有效封存；

（三）彩票销售原始数据和备份存储介质的中奖检索结果不一致；

（四）通信、网络出现故障；

（五）摇奖设备设施出现故障；

（六）电力供应出现故障；

（七）摇奖节目制作系统或播出系统出现故障；

（八）公证人员未到或者因其他原因造成的无法及时弥补的事项。

第六章 附 则

第二十七条 省级福彩中心应当根据《彩票管理条例》、《彩票管理条例实施细则》、《彩票发行销售管理办法》及本办法等规定，结合本地区工作实际制定具体的开奖管理制度。

第二十八条 本办法有关条款如遇法律法规、游戏品种、游戏规则等调整，从其规定。

第二十九条 本办法最终解释权归中福彩中心所有。

第三十条 本办法自印发之日起实施。

关于印发《关于进一步加强中国福利彩票营销宣传工作的指导意见》的通知

（2020年7月1日　中国福利彩票发行管理中心　中彩发字〔2020〕100号）

各省、自治区、直辖市福利彩票发行中心：

为持续深入学习贯彻习近平总书记关于彩票工作的重要批示精神，落实财政部和民政部有关要求，中国福利彩票发行管理中心将继续坚持“立足当前，着眼长远”的基本原则，突出品牌价值、丰富宣传元素、统筹宣传资源，力争实现“擦亮公益底色、照亮‘福’‘彩’生活、点亮全国市场”的工作目标，为此，特研究制定了《关于进一步加强中国福利彩票营销宣传工作的指导意见》，现印发给你们参照执行。

附件：关于进一步加强中国福利彩票营销宣传工作的指导意见

附件：

关于进一步加强中国福利彩票营销宣传工作的指导意见

2020年是中国福利彩票推陈出新、推进高质量发展的关键一年，营销宣传工作将以习近平总书记关于彩票工作的重要批示精神为根本遵循，落实财政部和民政部有关要求，坚持“立足当前，着眼长远”的基本原则，突出品牌价值、丰富宣传元素、统筹宣传资源，实现“擦亮公益底色、照亮‘福’‘彩’生活、点亮全国市场”的工作目标。

一、擦亮底色，凸显福利彩票核心价值

（一）重塑核心价值，做好品牌管理工作

中福彩中心将牵头梳理福彩核心价值，加强福彩品牌管理；整合资源，打造品牌活动。各省福彩中心配合、落实中福彩中心要求、安排。

一是梳理福彩品牌核心价值。2020年起，中福彩中心将把“公益、阳光、责任”作为福彩核心价值，通过广泛征集、深度加工的方式确定并推广适用于形象建设、品牌传播、社会责任和市场营销等不同场景的福利彩票宣传口号；正式发布福彩吉祥物。

各省福彩中心应积极参与口号的征集、创作、推广等工作，并按照中福彩中确定的宣传语、吉祥物的标准、主体元素等自主制作宣传物料、开展宣传。

二是加强福彩品牌管理。中福彩中心将对福利彩票品牌体系及管理进行诊断、策划，在此基础上制定品牌维护、推广和升级策略。

各省福彩中心应依据中福彩中心确定的品牌管理体系、制度和机制，完善本级品牌管理制度，确保相关工作的落地，共同建设、维护好福

利彩票品牌，并应在2020年底将本行政区城的福彩品牌管理制度报中福彩中心。

三是打造福彩品牌活动。中福彩中心将打造资金使用范围符合规定、体现福彩宗旨、调动公众参与积极性、具备传播性、线上线下相结合的全国性品牌活动。各省福彩中心应结合本级工作实际，积极参与其中，并在统一品牌下开发本行政区域内的品牌活动。各省福彩中心应参加至少1次中福彩中心开展的全国范围的福彩品牌活动，应开展1次延续性品牌活动或者打造1个福彩新品牌。

（二）创新工作形式，提升品牌宣传成效

中福彩中心将通过创新工作形式，发挥福彩监督员与福彩形象展示示范基地的作用。各省福彩中心应在积极配合的同时，创新本级宣传工作。

一是发挥福彩监督员作用。中福彩中心将根据《中国福利彩票监督员聘任办法》（以下简称《办法》），配合民政部聘请一定社会影响力的社会知名人士担任福彩监督员，邀请其见证福利彩票摇奖、福彩公益金资助项目，监督福彩机构重大活动等，以此对福彩工作形成监督，并充分发挥第三方宣传主体、意见领袖的作用，提升宣传工作的说服力、可信度，吸引社会公众尤其是年轻群体和白领阶层关注福彩、认识福彩、支持福彩、参与福彩。

各省福彩中心应在《办法》正式印发后积极开展相关工作，充分发挥监督员对福彩工作的监督作用，为其开展监督工作提供便利、创造条件，并接受其提出的意见和建议，改进有关工作，同时积极加以宣传。2020年至少应对两名福彩监督员的工作进行宣传，并探索建设本行政区域内的监督员队伍。

二是用好福彩形象展示示范基地。中福彩中心已商请民政部在全国范围内建立500家福彩形象示范展示基地，并向政府工作人员、志愿者、社会工作者、媒体记者、福彩销售人员、社会爱心人士等公开，用作公益实践场所。

各省福彩中心应在民政部公布福彩形象展示示范基地名单后，充分发挥其作用，至少组织媒体记者到展示基地参观并宣传三次。

三是组建专家顾问、网络大V、媒体记者三支外部智力支持团队。

各省福彩中心至少应建立起专家顾问和媒体记者两大团队，网络大V团队要在审慎选择、确保安全、调性相符的原则下稳步建立。

（三）强化舆情管理，改进防范应对效果

中福彩中心将继续完善舆情监测和研判机制，加强舆情防范应对联动，提升工作效果。各省福彩中心一方面要不断完善本级舆情管理机制，另一方面应就舆情事件的防范与应对加强与中福彩中心的沟通。

一是各省福彩中心应完善舆情监测预警机制，充分运用多层次、全方位、全屏全网全时段全天候的舆情信息监测、采集、报告平台和机制，建立“人工+技术”的立体化监测、预警体系，建立针对重点对象的不间断重点监测制度；重大信息发布、重大活动开展前要充分考虑可能引发舆情的风险，突发事件发生后第一时间发现并预警，健全分类处置机制，根据舆情的发布载体、传播速度、网评数量、舆论反响等对舆情分级预警。

二是各省福彩中心应完善舆情应对处置机制，根据舆情的性质、类型、规模，建立职责明确、组织有力、运行灵活、统一高效的舆情处置指挥机制，协调配合，靠前指挥、果断决策、高效处置；畅通宣传渠道，打造立体化发声阵地；完善接访机制，规范接访流程；建立权威信息发布制度，把握“时、度、效”回应舆情诉求；完善评论和联动机制，争取和团结意见领袖，建立福彩营销宣传智库，视情况邀请智库成员共同参与舆情研判、舆情引导，增强舆情应对的及时性、可靠性，提高舆情应对能力；用好中福彩中心在建口径资料库。

三是应完善舆情应对处置善后机制，强化舆情应对处置总结，做好文档管理，为改进工作提供借鉴；结合舆情、热点事件等适时开展正面引导性宣传，主动宣传福彩人民性、国家性和公益性，维护福利彩票的社会声誉和品牌形象。

二、照亮生活，彰显福彩主要作用

总体目标是通过多种渠道、多种方式，讲好福彩故事，凸显福利彩票的人民性、国家性、公益性和游戏功能、娱乐体验，强调福利彩票为公众生活增“福”添“彩”。

（一）丰富宣传内容，讲好讲精福彩故事

中福彩中心将围绕重塑后的福彩核心价值打造一系列适配不同渠道、不同场景的宣传材料，尤其将用好典型人物和典型事例讲好福彩故事。

各省福彩中心应围绕一个中心、结合三个要点、遵循四个原则不断加强宣传内容建设。

一个中心，就是“公益、阳光、责任”的福彩品牌核心价值。

三个要点，就是福利彩票的人民性、国家性和公益性。

四个原则，一是要坚持责任彩票原则，将中福彩中心确认的责任彩票原则贯穿到福彩工作的各领域、各环节。2020年，各省福彩中心应至少参加一次中福彩中心组织的有关责任彩票的调研、座谈或者会议；至少应发布一份年度社会责任报告；二是要坚持差异化原则，包括打造系列化、矩阵化、多品类宣传内容，因场景、渠道的不同而灵活选用、搭配，不应不加选择地作全渠道推广。2020年，各省福彩中心至少应开展一次能体现渠道组合使用的宣传活动。三是要坚持新颖化原则，审时度势采用短视频、网络名片等新表现形式，虚拟现实、增强现实技术等新技术，将其应用到福彩宣传工作中。2020年，各省福彩中心应开通至少一个短视频宣传平台或者可以使用短视频开展宣传的平台。四是要坚持丰富化原则，福利彩票的宣传内容中不但要有翔实、扎实、可信的数据，包括销售数据、公益金管理使用数据等，还要有生动、可感的个案故事；既要讲透道理，也要讲好故事。2020年，各省福彩中心至少每季度应开展一次以典型个案为主要形式的主题宣传活动，主题应围绕福彩核心价值或福彩的文化娱乐功能进行。

（二）突出社会责任，加强责任彩票建设

2020年，中福彩中心将基于世界彩票协会《责任彩票框架》，确定责任彩票（暂定名）内涵与外延，以此统领责任彩票建设工作；以《责任彩票框架》为指引，结合海外彩票行业的先进实践及世界彩票协会等国际组织对责任彩票的要求，制定福利彩票责任彩票建设的框架、要求和举措，编制《中国福利彩票责任彩票建设指南》《福利彩票社会责任报告标准》《福利彩票责任营销指导意见》等指导性文件。

各省福彩中心应遵循中福彩中心发布的《中国福利彩票责任彩票建设指南》《福利彩票社会责任报告标准》等的要求，开展责任彩票建设。2020年，应确定本极机构年度责任彩票建设工作计划，明确职责部门和人员、工作内容、工作目标、保障措施；应强化责任彩票信息发布工作，尤其要做好年度报告编制和发布工作，至少发布一份年度责任彩票报告；应结合本级机构工作实际加强责任彩票研究。

（三）推动多元参与，提升福彩故事说服力

中福彩中心将不断丰富宣传主体，提升宣传工作效果。各省福彩中心应加强对福利彩票宣传工作规律的研究，不断推动宣传主体多元化，吸引、鼓励以下几类单位、机构或个人参与宣传工作：

一是吸引民政部门、财政部门及其他能对福利彩票产生政策性影响的政府机构加入。2020年，各省福彩中心应与主管部门、监管部门和其他市场管理部门建立经常性的沟通机制，逐步建立联合宣传机制，尤其是在重大宣传工作中，应事先征求相关部门意见，并争取联合宣传。

二是吸引福利彩票产业链上下游企业以及彩票公益金使用单位加入。2020年，各省福彩中心至少应将主要技术供应商吸纳进专家顾问团队，为开展宣传、应对舆情提供技术和信息支撑。

三、点亮市场，统筹福彩营销宣传

总体目标是加强基础工作为抓手，统筹营销宣传资源，构建不同机构、机构内不同部门、不同地域之间的联动、互动，使福利彩票品牌获得整体性提升。

（一）重视基础工作，加强营销宣传整合

各省福彩中心应重视基础性工作，主要包括以下几方面：一是重视受众调研。各省福彩中心应周期性地对受众与彩票有关的心理特点、行为特点进行调研，每年至少开展一次受众基本情况调研，掌握受众对福利彩票的认知、评价、参与欲望、触媒习惯等，在此基础上对受众进行合理划分，并结合不同宣传渠道、宣传方式、宣传内容开展工作。二是应重视规划、计划。各省福彩中心应在编制下年度预算之前制定下一年宣传工作计划和今后三年宣传工作规划；做好重大宣传活动的策划，主动设置议题，确保宣传工作主动活跃、层次丰富。三是应重视效果评估。各省福彩中心每年应开展一次覆盖本行政区域的宣传效果评估，并对宣传效果及其影响因素进行判断、排序，力所能及地加以改进。

（二）强化“四统一整”，提升营销宣传体验

2020年，中福彩中心将以双色球、即开票、新基诺游戏等为重点，推进四统筹、一整合，提升营销宣传工作带给受众的体验，即利用“福彩圆梦”（现名“圆梦双色球”）全国统一营销平台，统筹中福彩中心与各省福彩中心营销资源和项目，打造全国范围的营销活动，中福彩中心原则上每年7月和11月召开营销宣传会，7月会议主要通报预算编制情况、工作重点并征求各省福彩中心意见，11月会主要通报中福彩中心预算“一下”情况及次年营销宣传工作计划；统筹线上、线下资源，发挥中福彩中心营销平台作用，实现上下联动、多措并举；统筹公益品牌和游戏品牌建设，在市场营销中贯穿“公益、阳光、责任”的福彩核心价值；统筹巩固老彩民，兼顾发展新彩民，力争实现新老彩民共同受益；整合各机构、各渠道、各环节资源，突出福利彩票的人民性、国家性、公益性，探索开展针对彩民的体验式营销、调动销售人员积极性的“以赛促销”等活动，重新定义、设计营销工作，以新“体验”吸引新购彩群体、巩固既有购彩群体。

各省福彩中心应积极参与中福彩中心开展的营销活动，尤其是通过全国统一营销平台开展的营销活动，2020年参加全国性营销活动不少于一次。

（三）强化渠道建设，扩大营销宣传覆盖范围

中福彩中心将继续巩固既有渠道、扩大新渠道，不断提升渠道的覆盖面、立体度，强化宣传效果。

各省福彩中心要全面梳理现有宣传渠道情况，在此基础上结合本地工作实际确定好发展方向。在这方面要坚持几个主要方向：

一是应保持全面覆盖，建立起覆盖电视、电台、报纸、期刊、网络、户外等的宣传渠道，通过全渠道宣传，让福利彩票宣传内容触达不同群体。2020年，各省福彩中心至少应与前四类媒体保持经常性的联系或合作。

二是应突出建设重点，应重点向本行政区域内覆盖面广、精准性强、千人广告成本低的媒体倾斜，尤其是户外媒体、移动互联网媒体等。

三是应创新与渠道的合作方式，除了短期合作，名省福彩中心还应探索有选择地建立长期稳定合作关系；除了投放广告，还应探索深度合作（如开设栏目、共同开展宣传推广活动等）和全面合作（如借助媒体在策划、咨询等方面的资源开展合作等）。

四是要畅通反馈渠道，各省福彩中心应为受众对福彩工作尤其是福彩宣传工作的反馈提供

畅通的渠道，如开通微信、网站留言、热线电话等，并以恰当的方式对公众合理诉求加以回应。2020年，至少应开通一种公众反馈渠道。

四、工作要求

（一）要积极参加中福彩中心主导的营销宣传工作

各省福彩中心应积极参加中福彩中心主导的全国性营销宣传活动，有条件的，应安排配套资金；没有条件的，应充分利用现有渠道加入相关宣传内容。2020年，除了双色球派奖，各省福彩中心应至少参加一次全国性营销宣传活动。

（二）要不断强化职能部门建设

各省福彩中心要有专职部门负责福利彩票宣传工作，职能健全，职责清晰，岗位明确。宣传部门负责人，要具备较高的政策水平，有创新精神和专业素质，有亲和力和包容性，有原则性和敏感性。机构主要负责人要定期研究宣传工作，并跟踪检查落实。

（三）要继续提升福彩宣传队伍素质

各省福彩中心应强化本行政区域内的宣传队伍建设，要配备至少一名责任心强、文字基础好、善于思考、乐于奉献的同志作为通讯员，负责与中福彩中心的沟通、联络；完善培训教育制度，每年至少举行一次宣传培训或参加一次由中福彩中心组织的宣传培训或研讨、座谈。

（四）要有力保障工作资金投入

各省福彩中心应保障用于宣传（含责任彩票建设）的资金投入，落实2016年《关于加强福利彩票宣传工作的指导意见》“每年在编制预算时，应确保用于宣传工作的投入不少于本级机构年度业务费的10%”的要求；要充分发挥市场调控资金的作用，按照财政部和中福彩中心有关市场调控资金使用的要求，做好此类项目的论证、申报和执行工作。

（五）要持续抓好各项工作落实

各省福彩中心应加强对各项工作的贯彻落实，年初应制定监督检查计划，并按照计划对各项工作进行监督，确保取得实效。

各省、自治区、直辖市福彩中心应按照本指导意见精神，结合本行政区域福彩宣传工作实际，制定具体实施和方案，确保各项工作落地。

附：

2020年6~12月营销宣传活动计划

月份	主题	主要内容
6月	“超级幸运”派奖	针对高面值即开票游戏——“超级幸运”游戏开展派奖，主要目的为提高销量、增加福彩抖音号粉丝量。
	福彩文创活动	包括面向福彩机构开展优秀地推案例分享大赛、面向代销者开展“寻找最牛福彩站”活动。
7月	福彩嘉年华主题营销活动	双色球主题营销活动。主要目的为提升销量、强化认知、提升品牌传播。
8月~12月	基诺游戏（“快乐8”）上市宣传	上市宣传。主要目的是通过培训，让销售人员熟悉基诺游戏，为之后的大派奖、促销活动做好准备。
9月	超给力整体营销活动	多票种整体营销活动，包括促销与派奖。主要目的为提升销量、强化认知、传播品牌。
10月	双色球年度大派奖	双色球派奖。主要目的为维护既有购彩群体、发展新购彩群体。
11月	视频票新游戏上市宣传	视频票新游戏上市宣传。主要目的为维护既有购彩群体、提升游戏美誉度。
	基诺游戏派奖	派奖。主要目的为发展新购彩群体、提高销量。
12月	牛年生肖主题即开票营销	生肖主题即开票派奖。主要目的为提高销量、提升品牌影响力。

关于印发《中国福利彩票基诺型彩票资金管理暂行办法》的通知

（2020年10月15日　中国福利彩票发行管理中心　中彩发字〔2020〕167号）

各省、自治区、直辖市福利彩票发行中心：

为加强中国福利彩票基诺型彩票资金管理，中福彩中心制定了《中国福利彩票基诺型彩票资金管理暂行办法》，现印发给你们，请遵照执行。

附件：中国福利彩票基诺型彩票资金管理暂行办法

附件：

中国福利彩票基诺型彩票资金管理暂行办法

第一章　总　则

第一条　为加强中国福利彩票基诺型彩票资金管理，规范基诺型彩票资金结算流程，根据《彩票管理条例》《彩票管理条例实施细则》《彩票发行销售管理办法》以及《彩票机构财务管理办法》等相关规定，制定本办法。

第二条　中国福利彩票发行管理中心（以下简称“中福彩中心”）负责基诺型彩票资金归集结算的组织管理，主要包括：制定基诺型彩票资金管理办法，统一管理基诺型彩票各游戏调节基金和奖池资金，指导监督全国的基诺型彩票资金管理等。

第三条　各省、自治区、直辖市福利彩票发行中心（以下简称“省级福彩中心”）负责本行政区域基诺型彩票资金的归集、分配、结算、解缴和兑奖管理，指导监督本行政区域基诺型彩票资金管理等。

第四条　本办法所称“资金结算”，主要用于规范中福彩中心与省级福彩中心之间的结算流程，省级福彩中心及以下机构的资金结算由省级福彩中心集中管理。

第五条　基诺型彩票游戏实行全国统一计奖，奖池资金在全国范围内统筹调配。

第二章　资金管理

第六条　基诺型彩票资金包括彩票奖金、彩票发行费和彩票公益金，具体提取比例按照各游戏规则的有关规定执行。

第七条　彩票奖金是指中福彩中心按照游戏规则确定的比例从基诺型彩票销售额中提取，用于支付彩票中奖者的资金。

第八条　中福彩中心按照基诺型彩票游戏规

则设置调节基金和奖池。计提奖金与实际中出奖金的资金余额形成奖池。调节基金和奖池资金按照基诺型彩票游戏规则的规定分别核算和使用。

第九条 彩票发行费是按规定比例计提，专项用于彩票发行机构、彩票销售机构的业务费支出以及彩票代销者的销售费用支出。

彩票发行机构、彩票销售机构的业务费按规定比例计提后，由省级福彩中心分别上缴中央财政和省级财政。

彩票代销者的销售费用，由彩票机构与代销者按彩票代销合同的约定进行结算，可以按彩票销售额的一定比例，从彩票代销者缴纳的彩票销售资金中直接抵扣。

第十条 彩票公益金按规定比例计提后，由省级福彩中心分别上缴中央财政和省级财政。

第十一条 省级福彩中心可以设置彩票兑奖周转金，用于垫支本行政区域基诺型彩票奖金兑付不足部分。

第三章 资金结算

第十二条 中福彩中心开设基诺型彩票资金归集结算专户（以下简称专户），用于基诺型彩票各游戏调节基金和奖池资金的归集和调配，省级福彩中心应当在中福彩中心指定银行开立专户，并与开户银行签订《资金自动扣划协议书》。

第十三条 省级福彩中心开立专户后，应及时将开户名称、账号和开户行名称报中福彩中心备案。如有变更，应至少提前10天报备。

第十四条 中福彩中心与各省级福彩中心之间按周进行资金结算，如遇节假日则顺延至下一工作日。每周销售实现后，基诺型彩票发行销售系统分区域、分游戏生成《资金分配表》（见附表1）、《资金结算表》（见附表2）、《弃奖统计表》（见附表3）等报表，经技术管理部门盖章或其负责人签字确认后，财务部门据此进行资金结算。

第十五条 每周二，中福彩中心根据《资金结算表》中的“应收（缴）金额”，向开户行下达指令，在中福彩中心和各省级福彩中心专户之间划转相应金额。计算公式为：应收（缴）金额=（返奖奖金－实际中奖）+调节基金。

第十六条 “应收（缴）金额”为正数时，中福彩中心从省级福彩中心专户内扣划资金；“应收（缴）金额”为负数时，中福彩中心向省级福彩中心专户拨付资金。

第十七条 省级福彩中心在规定的扣划时间内应当确保专户保留足够资金余额，因余额不足造成的损失，由专户所在机构承担。

第四章 奖金兑付

第十八条 中奖彩票是兑奖的唯一凭证。中奖者须持中奖彩票，经基诺型彩票发行销售系统校验并标注后，方可办理奖金兑付。

第十九条 单注彩票中奖金额1万元以上（不含）的，中奖者须持兑奖凭证和本人有效身份证件，到指定兑奖地点，填写《中奖登记表》，按规定程序办理兑奖手续，并由兑奖机构代扣代缴偶然所得税。

第二十条 基诺型彩票兑奖有效期为开奖之日起60个自然日。最后一天为《全国年节及纪念日放假办法》规定的全体公民放假的节日或者彩票市场休市的，顺延至全体公民放假的节日后或者彩票市场休市结束后的第一个工作日。逾期未兑奖视为弃奖，弃奖奖金纳入彩票公益金。

第五章 附 则

第二十一条 本办法由中福彩中心负责解释。

第二十二条 本办法自发布之日起实施。

附表 1：

资金分配表

游戏编码： 销售期号： 销售时间： 单位：元

序号	省市	销量	奖金			发行费				公益金
			当期返奖奖金	调节基金	小计	发行机构	省级及以下	代销费	小计	
合计										

注：销量 = 奖金 + 发行费 + 公益金。

附表 2：

资金结算表

游戏编码： 单位：元

序号	省市	销量	返奖奖金	调节基金	中奖奖金	调配奖金	应收（缴）金额
合计							

注：①调配奖金 = 返奖奖金 − 中奖奖金。
②应收（缴）金额 = 调配奖金 + 调节基金。

技术管理部门签字（或盖章）：

附表 3：

弃奖统计表

游戏编码： 弃奖期号： 单位：元

序号	省市	周弃奖	年度累计弃奖
合计			

关于印发《中国福利彩票发行管理中心摇奖设备管理办法》的通知

（2020年12月1日　中国福利彩票发行管理中心　中彩发字〔2020〕187号）

各部（室）、直属单位：

《中国福利彩票发行管理中心摇奖设备管理办法》已经11月26日中心主任办公会议研究通过，现印发给你们，请遵照执行。

附件：中国福利彩票发行管理中心摇奖设备管理办法

附件：

中国福利彩票发行管理中心摇奖设备管理办法

第一条　为规范中国福利彩票发行管理中心（以下简称“中福彩中心”）摇奖设备管理，保障开奖工作安全有序进行，根据《彩票管理条例》《彩票管理条例实施细则》《彩票发行销售管理办法》《福利彩票开奖监督办法（试行）》《中国福利彩票发行管理中心开奖管理办法（暂行）》等规定，结合中福彩中心工作实际，制定本办法。

第二条　本办法所称“摇奖设备”，是指中福彩中心用于开奖的专用摇奖设备，包括摇奖机、摇奖球及相关配套设备。

第三条　摇奖设备管理主要包括摇奖设备的购置、存放、使用、维护和退役等工作，应当遵循合规、安全的原则。

第四条　摇奖设备购置应当遵照中福彩中心采购有关规定执行，根据不同游戏种类配置相应的主用、备用摇奖设备。

摇奖机配置应当满足“在用一套、备用一套、库存一套”的标准，摇奖球应当配置主用、备用和测试摇奖球。

第五条　新购摇奖设备应当根据采购文件确定的品种、规格、数量、质量等要求组织验收，验收合格后应当及时办理入库手续，进行设备编号、张贴游戏标识。

第六条　新购摇奖设备投入开奖使用前，应当按照批准的游戏规则进行试运行测试，试运行时间根据设备实际测试情况确定。

第七条　新购摇奖设备准备正式投入开奖使用的，摇奖设备管理部门应当登记设备型号、启用时间等信息。

第八条　摇奖设备应当存放在符合相关标准的专门场所，确保摇奖设备保管安全和使用正常。

第九条　摇奖结束后，摇奖球应当按照规定流程进行封存保管。

第十条 摇奖设备存放场所非工作时间应当完全锁闭，实行全天24小时不间断视频监控，监控视频资料保存期限应当不少于3个月。

第十一条 摇奖设备管理部门应当组织人员定期对摇奖设备存放场所进行安全巡查，及时发现并消除安全隐患。

第十二条 摇奖设备应当由经过培训考核合格的专业人员按照设备的使用说明或厂商建议进行操作。

第十三条 摇奖机的摇奖程序应当按照游戏规则进行设定，摇奖设备正式投入开奖使用后，除开奖应急处置操作外，摇奖程序不得更改。

第十四条 开始摇奖前，应当对摇奖设备进行检测，主用摇奖设备出现故障的，应当使用备用摇奖设备摇奖。

第十五条 摇奖过程中，应当使用与摇奖机配套的摇奖球进行操作。

第十六条 摇奖过程中，摇奖设备进入正式摇奖程序后，不得无故暂停或者停止运行。

第十七条 在用、备用和库存摇奖机应当根据游戏开奖频率、设备使用情况实行定期轮期轮换，不同游戏的摇奖设备不得混用。

第十八条 摇奖设备应当根据设备的使用说明、厂商建议和使用频率等情况定期进行维护，维护内容应当包括清洁清洗、运行状态检测、技术指标校验等。

第十九条 摇奖设备因故障、维护、检测等原因需要更换调整的，应当按照规定程序进行审批。

第二十条 摇奖设备发生故障需要维修的，应当按照设备的使用说明或者厂商建议，按照规定流程，使用指定配件，在摇奖设备管理部门的监督下进行操作。

第二十一条 摇奖设备维护、维修应当由摇奖设备制造厂商或者厂商授权具有相关资质的单位进行，维护、维修应当保存相关记录。

第二十二条 摇奖设备退役应当根据设备的使用说明、厂商建议、使用频率、运行情况等因素综合确定。

第二十三条 设备制造厂商有明确规定使用期限的，摇奖设备应当严格按照使用期限退役。

第二十四条 设备制造厂商无明确规定使用期限的，摇奖设备出现部件破损、严重老化、运行不稳等情况，经维修后仍不能达到安全开奖要求的应当进行退役。

第二十五条 摇奖设备退役的，摇奖设备管理部门应当登记设备型号、退役时间等信息。

第二十六条 退役的摇奖设备可以用于公开展示，宣传福利彩票开奖“公开、公平、公正”的理念。

第二十七条 未经专业培训，任何人不得操作、移动摇奖设备。

第二十八条 未经规定程序批准，任何人不得对摇奖设备进行改造、改装，禁止暴力操作、疲劳测试等违反设备操作规定的行为。

第二十九条 摇奖设备管理人员工作中滥用职权、徇私舞弊、玩忽职守的，视其情节轻重给予批评教育或者行政处分；构成犯罪的，依法追究其刑事责任。

第三十条 本办法有关条款如遇法律法规、游戏品种、游戏规则等调整，从其规定。

第三十一条 本办法自印发之日起施行。

关于印发《中国福利彩票即开型彩票全国联销管理办法》的通知

（2020 年 12 月 2 日　中国福利彩票发行管理中心　中彩发字〔2020〕188 号）

各省、自治区、直辖市福利彩票发行中心：

《中国福利彩票即开型彩票全国联销管理办法》经中国福利彩票发行管理中心主任办公会审议通过。现印发给你们，请遵照执行。

附件：中国福利彩票即开型彩票全国联销管理办法

附件：

中国福利彩票即开型彩票全国联销管理办法

第一条　为促进中国福利彩票即开型彩票（以下简称“即开票”）市场有序健康发展，规范即开票全国联销游戏的征订申领、资金结算等业务流程，根据《彩票管理条例》《彩票发行销售管理办法》《彩票机构财务管理办法》《中国福利彩票即开型彩票发行销售管理办法》等制度，制定本办法。

第二条　本办法适用于中国福利彩票发行管理中心（以下简称“中福彩中心”）、各省、市、自治区福利彩票销售机构及深圳市福利彩票发行中心（以下简称“销售机构”）。

第三条　即开票全国联销是指由中福彩中心统一组织和管理，多个销售机构共同申领同一奖组，跨省级行政区域（以下简称“跨省”）销售并开展跨省资金结算的即开票发行销售活动。

第四条　中福彩中心负责全国联销游戏征订、基本申领单位的制定、发行和全国联销游戏奖金调配等工作；销售机构负责全国联销游戏的申领、销售、销售数据上报和游戏奖金调配自查等工作。

第五条　中福彩中心根据即开票游戏奖组规模确定全国联销游戏范围，被列入全国联销范围的游戏，其所有批次均采用全国联销方式发行和销售。

第六条　中福彩中心通过即开票订票系统公布即开票游戏方案、设置全国联销游戏的基本申领单位、审核销售机构的订票信息。销售机构通过即开票订票系统查看游戏方案、填报游戏需求、申领游戏。

第七条　基本申领单位是指全国联销游戏申领的最小数量单元，单位为万张。

第八条　中福彩中心综合考虑物流配送起送重量、各地销售能力、游戏奖级分布等因素，合理设置全国联销游戏的基本申领单位。销售机构申领全国联销游戏的数量为基本申领单位的整数倍。

第九条 全国联销游戏以月为结算周期。每月销售实现后，中福彩中心和销售机构分别对每款全国联销游戏进行资金归集、结算和核算。

第十条 中福彩中心负责开设全国联销游戏奖金调配账户，在全国范围内采取“自动扣划”模式进行奖金调配。销售机构负责开设本区域的全国联销游戏资金归集结算账户，其中，与中福彩中心结算的开户银行应保持一致，并与开户银行签订自动扣划协议。

第十一条 每月10日前，根据销售机构上报的全国联销游戏的上月销售数据，中福彩中心编制《中国福利彩票即开型彩票全国联销游戏奖金调配表》(附1)，据此与销售机构进行奖金调配。计算方法如下：奖金调配额=上月销量×65%-上月实际兑奖金额。奖金调配额为正时，销售机构向中福彩中心上缴款项；奖金调配额为负时，中福彩中心向销售机构下拨款项。

第十二条 《中国福利彩票即开型彩票全国联销——游戏奖金调配表》在当月《网点即开票月报》中发布。

第十三条 每月15日前，销售机构应当及时足额向财政部门上缴上月的业务费和公益金。代销费按照代销合同的约定进行结算。

第十四条 全国联销游戏停止销售后，中福彩中心和销售机构应逐一对全国联销游戏的发行量、销售量、实际兑奖金额、库存量等数据进行核准工作。全国联销游戏停止销售且数据核准后，中福彩中心编制《中国福利彩票即开型彩票全国联销游戏弃奖奖金调配表》(附2)，逾期未兑奖奖金根据销售比例进行分配，纳入公益金由销售机构上缴财政部门；奖金结余转为中福彩中心一般调节基金；超兑奖金在彩票发行销售风险基金中列支。

第十五条 中福彩中心监督销售机构按时完成全国联销游戏的奖金调配。销售机构根据本区域实际情况，每年至少进行一次全国联销游戏奖金调配自查工作，自查时间开始不得晚于每年11月（含）。发现奖金调配有误时，应当及时向中福彩中心报告并配合中福彩中心完成资金调整工作。

第十六条 销售机构若出现2个月（含2个月）以上销售数据异常，导致划拨资金与账目不符的，应当向中福彩中心提交书面说明并及时整改问题；情节严重的，中福彩中心将予以通报。

第十七条 本办法由中福彩中心负责解释。

第十八条 本办法自发布之日起施行。

附1：

中国福利彩票即开型彩票全国联销——游戏奖金调配表

统计日期：　年　月　　　　　　　　　　单位：元

序号	统计单位	销售金额	计提返奖奖金（65%）	实际兑付金额	实际上缴金额	实际下拨金额
①	②	③	④	⑤	⑥	⑦

参数解释：
①：排列序号，序号从1开始编排；
②：省份名称；
③：参与全国联销的该款游戏所有批次销售金额；
④：④=③×65%；
⑤：该款游戏实际兑奖金额；
⑥：⑥=④-⑤（④-⑤差额为正时，显示）；
⑦：⑦=⑤-④（④-⑤差额为负时，显示）。
注：⑥和⑦不同时显示。
本表是某款全国联销游戏奖金调配表，是财务部门划拨全国联销游戏资金的依据，本表由中国福利彩票发行管理中心编制。

附 2：

中国福利彩票即开型彩票全国联销游戏弃奖奖金调配表

统计日期：　年　月　　　　　　　　　　　　　　　　单位：万元

序号	统计单位	* 游戏销量	* 游戏全国总销量	销量占比（%）	* 游戏全国总弃奖金	实际下拨金额
①	②	③	④	⑤	⑥	⑦
1	A	20	100	20%	10	2

参数解释：

①：排列序号，序号从 1 开始编排：

②：省份名称；

③：该款游戏在该省份销售金额：

④：该款全国联销游戏的全国总销售金额：

⑤：⑤ = ③ / ④ × 100%；

⑥：该款游戏全国弃奖奖金总金额：

⑦：⑦ = ⑤ × ⑥。

以某款全国联销游戏为例，该款游戏全国总销量 100 万元，全国总弃奖奖金额为 10 万元；A 省某款游戏销量为 20 万元，即 A 省销量占全国总销量为 20/100 × 100%=20%； 即下拨弃奖奖金 20% × 10=2 万元。本表由中国福利彩票发行管理中心编制。

（三）体育彩票管理制度和文献

狠抓风险防控　夯实长期基础
持续推动体育彩票健康发展

——在2020年全国体育彩票工作视频会议上的讲话

国家体育总局体彩中心主任　张弛

（2020年9月17日）

在国家体育总局党组的坚强领导和财政部的大力支持下，在这个不平凡的2020年，全国体彩系统积极响应国家号召和总局部署，统筹推进疫情防控和事业发展，紧盯风险防控，狠抓责任彩票工作，推进以公益公信为核心的品牌建设，发行销售各项工作进展顺利。

一、2019年、2020年整体工作情况

近年来，体育彩票工作坚持以习近平新时代中国特色社会主义思想为指导，深入开展“不忘初心，牢记使命”主题教育，围绕建设“负责任、可信赖、健康持续发展的国家公益彩票”总体目标，坚持正确的发展观和政绩观，摒弃惯性思维，打破路径依赖，勇于担当责任，努力完成国家赋予的光荣使命。体育彩票公益金筹集连续三年保持市场基础和发展态势稳定，对国家公益事业和体育事业发展作出了新的贡献。

（一）加强党建引领和能力建设，强化责任担当和战略定力，有力保障事业持续健康发展

坚持以政治铸魂强根基、以开拓转型谋发展的工作思路，将抓落实、促发展作为做好党建工作的重点和衡量标准，以党建促进落实，推动事业高质量发展的各项决策部署。突出政治建设，牢固树立底线思维，切实强化风险意识，深度结合体彩中心工作谋创新、育亮点，不断增强基层组织的战斗力和凝聚力。从讲政治高度坚决整治形式主义、官僚主义，持续向下传导压力，建立岗位、部门整治工作清单，一个一个解决问题，巩固拓展作风建设成效，为圆满完成各项目标任务强化思想动力和组织保证。

坚持以党建带动队伍能力建设，加强党风廉政和反腐败警示教育，以教育引导、实践养成、制度保障为抓手，持续开展标杆塑造和典型引路。通过“体育彩票远程培训平台”、腾讯会议、微信群、直播等方式，组织开展党性教育、支部活动、业务培训，做到全员参加。疫情期间，体彩系统一直保持正常运转，因时因势、精准施策，上下协同、群策群力，统筹推进体育彩票疫情防控和复工复产有序开展。及时发出《致全国体育彩票从业者的倡议书》《致全体党员倡议书》、“一封家书”等，通过微信群、发短信、打电话、“支部书记一句话”等方式，组织学习总书记重要指示精神，落实总局各项部署，涌现出一批挺身而出、勇挑重担、恪尽职守、甘于奉献的优秀典型。

（二）不断提高风险防控意识、责任彩票意识，着手构建全系统防控体系，确保稳中求进

1.落实风险防控责任，明确重点工作清单。按照《体育总局关于加强体育彩票领域风险防控工作的意见》和驻总局纪检监察组《监督建议书》的要求，着力防范和化解体育彩票领域面临的突出问题和重大风险，持续开展风险节点梳理和安全合规管理工作，不断健全管理制度，提升安全管理水平，提高应急处置和舆情应对能力。通过对政治风险、廉政风险、业务风险、社会风险的全面梳理，制定了“风险防控重点工作清单”，确保29项工作重点突破，快速见效。全国体彩系统着手建立体系化的防控机制，统筹推进风险防控工作，建立检查督导机制、工作交流机制、风险事件处理问责机制，紧盯重点保障落实。

2.完善红线基线要求，推进责任彩票落地。构建全国统一的责任彩票管理体系，将责任管理融入体彩全链条、全业务，把责任建设压实到基层组织，整体谋划层层递进。组织开展面向全员的线下线上培训，自2017年以来连续3年发布中国体育彩票社会责任报告和省市社会责任报告，多渠道传播理性购彩理念。对12个省34款地方游戏进行了风险测评。坚决落实财政部《强化彩票监管 开展专项整治工作方案》，重点围绕彩票游戏结构优化、营销活动规范管理、渠道合规管理及结构优化、彩票防沉迷监管措施落实、打击擅自利用互联网售彩及加强社会监督等方面，整治十类违规行为，严厉打击非法彩票，遏制市场乱象。

加强实体渠道合规管理和监控。对疫情期间出现的“排列3”异常现象，雷厉风行进行整顿，坚决遏制部分销售机构和代销者诱导非理性购彩的行为，对部分网点违规行为进行清理，对个别工作成效较缓的地区约谈督促，防止风险蔓延发酵。及时对地摊、夜市销售提出风险预警，明确管理要点。组织完成全国15.5万个实体店合规经营情况自查自纠，完成率达96%。持续保持对违法违规销售彩票严抓、严控、严惩的合规管理态势。

（三）统筹品牌、产品、渠道工作，全链条协同推进，转变发展方式取得新成效

1.贯彻政策调整落实到位。2019年以来，各省市中心从大局出发，坚决贯彻落实三部委《关于调整高频快开彩票游戏和竞猜彩票游戏规则 加强彩票市场监管的通知》等系列文件要求，领会政策精神，积极做好舆论引导，配合做好政策解读和网点帮扶，保证各项工作执行到位。

2.统筹优化运营管理。按照“全渠道、全产品、全价值链”的管理思维，总局体彩中心加快构建业务统筹管理体系，通过处室调整、业务团队聚合，形成了统一的运营团队和指挥体系，初步解决产品管理割裂、业务单线条等管理瓶颈；业务架构建设取得阶段性进展，发布了体彩业务架构总图；按照国家“一案三制”应急管理工作要求，初步建立了体育彩票的应急管理体系和相关制度并开始试运转；体育彩票运营管理体系初步成型，运营工作质量与效率不断提升，经受了疫情特殊时刻的考验。

3.发挥品牌先导效应，统筹营销活动，丰富传播方式。2019年全国统一组织各级机构开展了40多场统一主题的全国性品牌推广落地活动和70多场地方自主活动，实现品牌曝光100多亿次，累计覆盖人数8亿多人次。通过这一系列活动，第三方机构品牌健康度调研数据显示，体彩品牌认知层面的三个指标3年来均有显著上升，特别是在18~35岁潜在人群、潜在高购买力人群的品牌认知方面，平均增幅分别为10和17.6个百分点。

4.加强网点规范管理，持续推进渠道结构优化。2020年3月1日起实施的《中国体育彩票实体渠道管理暂行办法》，进一步规范了代销者邀约、代销资质审核、实体店建设和经营、风险防控和安全管理等工作，代销者证件信息实名认证完成率达100%。疫情期间，采取多项措施，缓解实体店经营困难，合计代销费调增和现金补贴4.19亿元。

在25个省市拓展便利连锁渠道，全国在售便利店数超过10 000家，合作品牌已达98个，包含国内绝大部分知名品牌。加快落地实体店形象提档升级，体彩销售进驻大型商业综合体，在成都、杭州、北京扩大试点，综合效益明显。

（四）着力创新驱动，优化产品、丰富渠道、提升技术，增强体育彩票发展后劲

积极推进体彩系统创新探索和实践。以创新大赛为切入点，在全系统营造创新氛围，鼓励创新作为。努力打造定位清晰、结构合理、协同发展的产品体系。顺利实施超级大乐透规则调整、特别规定以及9.9亿元派奖活动，持续巩固超级大乐透基础游戏地位。申报7星彩规则调整，完成了80球基诺游戏和传统型彩票游戏的规则设计。确定了纸质即开型彩票中长期发展策略，着力挖掘即开票综合价值，加强即开票营销管理，筹备建设全国统一物流体系，提升管理效能。创新即开票营销方式，“锦鲤”系列即开票进行了新的探索，仅半个月就销售6亿元，市场反响热烈，为近5年新高。竞猜型彩票努力改善客户结构，通过基础理论研究、优化运营流程、量化风险防控等方式进一步理清竞猜游戏发展思路。

加强技术管理统筹，提升技术支撑能效。按计划推进第三代体育彩票全业务统一运营支撑平台项目。启动网络安全规划建设项目，整合资源做好应对网络安全的挑战。积极研究实体店运用新技术“无接触”或“少接触”式销售。坚持“以客户为中心”，系统研究客服运营模式，促进建立管理体系化、运营数据化、服务多元化、团队专业化的客服体系。

二、2020年及下一阶段主要任务部署

自2020年3月11日开售后市场稳步恢复，但疫情影响、行业变化仍有不确定性，面对当前的政策调整和市场挑战，下一阶段，体育彩票工作要切实贯彻落实“牢记国家公益彩票定位，强化责任担当，全面防范风险，促进转型发展，努力开创体育彩票工作新局面，在危机中育新机，于变局中开新局。”这一主题要求。体育彩票工作要深化“全产品、全渠道、全价值链”的管理思维，坚持“防风险、转方式、增后劲、促发展”的工作思路，着重突出一个支撑点，把握两个关键点，抓实三个切入点，夯实体育彩票长远发展基础。

（一）突出党建基石这个事业发展支撑点

坚持“以人民为中心”的发展理念，强化党建和政治引领，推动党建工作从有形覆盖向有效覆盖转变，正风肃纪，营造良好的行业生态，为全面完成体育彩票各项工作任务提供政治引领和坚强保障。旗帜鲜明坚持责任为先，围绕购彩者的权益保障和优质服务，积极构建“多人少买”的市场形态。坚决整治形式主义、官僚主义，大力提升执行力。深入开展党风廉政建设，杜绝搞摊派、靠彩吃彩、吃拿卡要等微腐败情况和踩红线、越底线行为。杜绝漠视群众利益的行为，积极回应社会关切，充分考虑代销者和购彩者切身利益。

（二）把握风险防控和责任彩票两个关键点

1.着眼体育事业发展全局，风险意识警钟长鸣，建立体彩系统风险防控体系，全面提升风险管控能力。把主动防范化解彩票风险放在更重要的位置，平衡好稳增长和防风险的关系，坚决防止业务风险转化为政治风险和社会风险，全面提高科学管理水平和依法治彩水平。继续将《体育总局关于加强体育彩票领域风险防控工作的意见》、驻总局纪检监察组《监督建议书》和总局、财政部各项要求落到实处。对标行业安全标准要求，开展世界彩票协会安全标准体系建设，整合多维度风险管理措施，逐步构建整体风险管理体系。各省市以风险防控工作指引清单为基础，结合本地实际本年度内形成工作细化清单，为防控体系建设奠定基础，必须保持全国各省市步调一致，节奏合拍。

2.充分认识责任彩票管理对业务风险防控的基础作用，立足自身，争取各方参与者支持，深入开展责任彩票体系建设。不断巩固队伍责任意识，全面推进责任彩票各方面工作落实，防范发行销售及业务运营过程中的社会责任风险。建立并持续完善责任彩票建设指标体系，激发各级机构和部门自主能动性，进一步提高责任彩票建设工作推进力度和落实质量。健全责任管理体系，完善销售行为负面清单，督导各级机构和部门建立责任彩票长效机制，打造良好行业生态。

（三）深化“三全”管理，抓实业务水平提升的三个切入点

1.提高品牌营销统筹水平，发挥品牌在营销体系的先导作用。持续塑造以责任为先、公益公信为核心的品牌形象，积极在对内、对外两个方向传播体彩责任、公益、公信的价值观和体彩文化，并将其内化于心。品牌和营销互为表里，进一步推进品牌建设和产品营销联动，充分发挥品牌营销统筹的集约化效应，围绕潜在客户实现购彩人群的转化。下半年，结合体彩吉祥物征集活动、点亮健康中国、万人证言等系列活动，进一步加强社会公众对体彩品牌形象的具象化感知和认同。筹备和搭建中国体育彩票“微公益”平台，传递公益价值、公益理念，携手志同道合的合作伙伴和社会大众开展公益活动，确立和巩固中国体育彩票作为国家公益彩票的公众设定。在疫情后时代，紧扣新时代党中央各项部署，围绕体育主战场，呼应人民群众强身健体需求，丰富营销活动，争取更广泛人群对体育彩票的价值认可、认同。

2.提升渠道与产品“两翼均衡”的体育彩票双轮驱动力。进一步强化“三全”管理思维，更加注重资源整合与协同均衡发展。以客群细分、渠道细分先导，带动不同产品配置和结构优化，匹配差异化营销策略，形成“多人少买”的基础布局。研究新零售、新场景，主动出击，进一步拓展和优化销售渠道，有效触达潜在客群。改革完善渠道管理制度，应用信息技术、大数据管理，提高精细化管理水平。推进多类型新渠道拓展的试点，探索管理创新和业务增值模式，提升渠道活力。传统渠道疫情防控常态化坚决不放松，积极研究创新无接触、信息化销售渠道。

精耕细作做好即开票、大乐透等基础性游戏，夯实厚植竞猜游戏合规根基。集中资源做好7星彩规则调整上市工作。尽快落实高频替代游戏落地，同步推进尤其是游戏的储备工作，丰富游戏产品、品种类型、奖品布局。

3.建设安全、高效的运营和技术支撑体系，强化战略管理和队伍建设，提升体育彩票核心竞争力。建立高效协同、精细集约、安全可控的运营管理体系，实现向“专业运营+综合运营+客户运营”的发展转型。下一步的发展方向，要围绕着客户运营来逐步建立，还需要进行大量的探索摸索。以客户为中心，加强客户运营规划与落地，合理调配资源，高效处置运营风险，提升运营质量。以技术蓝图和规划目标为导向，以体彩业务架构建设和第三代全业务统一运营支撑平台项目建设为抓手，促进业务与技术融合，强化统

一管理的技术统筹机制，形成全系统、全领域的技术合力，为体育彩票数字化转型提供持续技术支撑服务。加强网络安全体系的规划和建设，周密高效应对网络安全挑战。

着眼长远谋划好“十四五”体育彩票发展规划。在“十三五”规划全面复盘、总结经验教训的基础上，以体彩总体目标和体彩精神为原点，提高分析研究水平，突出问题导向、结果导向，聚焦重点，梳理清楚关乎全局发展的思路、线索，并研究制定清晰的实施路径，构建“十四五”期间规划与实施并重的完整战略管理体系。

与时俱进提升体彩队伍能力和素养，加强队伍作风建设，打造一支战斗力强的队伍。进一步完善业务聚合后的统筹协调机制，提升管理效率和管理能力；建立全系统培训体系，加强人才培养；推进基层管理服务队伍建设，建立规范的基层组织管理体系和业务管理体系，充分发挥全国体彩一盘棋的合力与优势；以整治形式主义、官僚主义为契机，全面提高执行力。

同志们，积极、主动地统筹做好常态化疫情防控和体育彩票持续健康发展，对我们是一场重大考验。我们要以更高的政治站位、更强的使命担当、更深的忧患意识、更多的改革创新，坚持一张蓝图绘到底，为全面完成2020年的各项既定目标任务和“十三五”圆满收官创造条件，在“建设负责任、可信赖、健康持续发展的国家公益彩票”的道路上砥砺前行。

中国体育彩票7星彩游戏规则

（2020年9月17日　国家体育总局体育彩票管理中心　体彩字〔2020〕268号）

第一章　总　则

第一条　根据《彩票管理条例》、《彩票管理条例实施细则》、《彩票发行销售管理办法》等有关规定，制定本规则。

第二条　中国体育彩票7星彩（以下简称“7星彩”）由国家体育总局体育彩票管理中心发行和组织销售。由各省、自治区、直辖市体育彩票销售机构（以下称“各省体彩机构”）在所辖区域内销售。

第三条　7星彩采用计算机网络系统发行，在各省体彩机构设置的销售实体店销售，定期开奖。

第四条　7星彩实行自愿购买，凡购票者均被视为同意并遵守本规则。

第五条　不得向未成年人出售彩票或兑付奖金。

第二章　投　注

第六条　7星彩投注是指从000000~999999中选取1个6位数字作为前六位、从0~14中选取1个数字作为最后一位，共同组成一注号码进行的投注。每注金额人民币2元。

第七条　购买者可以进行复式投注。复式投注包括三种形式：

（一）前六位复式：前六位中1位或多位上选取2个及以上数字，最后一位选取1个数字；

（二）最后一位复式：前六位选取1个6位数字，最后一位选取2个及以上数字；

（三）全复式：前六位1位或多位上选取2个及以上数字，最后一位选取2个及以上数字。

第八条　购买者可对其选定的投注号码进行多倍投注，每张彩票中的单注号码多倍投注的倍数范围为2~99倍。单张彩票的投注金额最高不得超过20 000元。

第九条　7星彩按期销售，每周销售三期，期号以开奖日界定，按日历年度编排。

第十条　购买者可在各省体彩机构设置的销售实体店投注。投注号码经投注机打印出兑奖凭证，交购买者保存，此兑奖凭证即为7星彩彩票。

第十一条　购买者可选择机选号码投注、自选号码投注。机选号码投注是指由投注机随机产生投注号码进行投注，自选号码投注是指将购买者选定的号码输入投注机进行投注。

第三章　设　奖

第十二条　7星彩按当期销售总额的50%、13%、37%分别计提彩票奖金、彩票发行费和彩票公益金。彩票奖金分为当期奖金和调节基金，其中，49%为当期奖金，1%为调节基金。

第十三条　7星彩共设六个奖级，一、二等奖为浮动奖，三、四、五、六等奖为固定奖。各奖级和奖金规定如下：

一等奖：奖金总额为当期奖金额减去固定奖总额后的90%与奖池中累积的奖金之和，单注奖金按注均分，单注最高限额500万元。

二等奖：奖金总额为当期奖金额减去固定奖总额后的10%，单注奖金按注均分，单注最高限额500万元。

三等奖：单注奖金固定为3 000元。

四等奖：单注奖金固定为500元。

五等奖：单注奖金固定为30元。

六等奖：单注奖金固定为5元。

第十四条 7星彩设置调节基金。调节基金包括按销售总额1%的提取部分、浮动奖奖金按元取整后的余额、逾期未退票的票款。调节基金专项用于支付各种不可预见情况下的奖金支出风险、调节浮动奖奖金以及设立特别奖。若当期奖金额不足以支付固定奖总额时，不足部分从调节基金中支付。若调节基金不足时，用彩票兑奖周转金垫支。

第十五条 7星彩设置奖池，奖池由未中出的浮动奖奖金和超出浮动奖单注奖金封顶限额部分的奖金组成。奖池与当期奖金中用于一等奖的部分及调节基金转入部分合并支付一等奖奖金。

第十六条 当期开奖前，奖池资金累积超过3亿元（含）时，当期一等奖与二等奖奖金分配比例倒置，即一等奖分配奖金为当期奖金额减去固定奖总额后的10%，二等奖分配奖金为当期奖金额减去固定奖总额后的90%。

第十七条 一、二等奖按照该奖级实际中奖注数平均分配该奖级奖金。当上一奖级单注奖金低于下一奖级单注奖金的2倍且低于500万元时，上一奖级单注奖金补足至下一奖级单注奖金的2倍且不高于500万元。所需资金从调节基金中支付，若调节基金不足时，用彩票兑奖周转金垫支。

第十八条 7星彩设置单期最大返奖总额，若当期应付奖金超出最大返奖总额，则各奖级单注奖金（含浮动奖单注最低奖金）相应调整。详情请见《中国体育彩票7星彩游戏风险控制办法》

第十九条 在出现彩票兑奖周转金垫支情况下，当调节基金有资金滚入时优先偿还垫支的彩票兑奖周转金。

第四章　开　奖

第二十条 7星彩每周二、五、日开奖。每期开奖时，在公证人员封存销售数据资料之后，并在其监督下从6组0~9中按顺序摇出6位数字作为前六位、从0~14中摇出1个数字作为最后一位，共同组成7星彩开奖号码。

第二十一条 每期开奖后，体育彩票发行机构应向社会公布当期销售总额、开奖号码、各奖级中奖情况以及奖池资金余额等信息，并将开奖结果通知7星彩销售实体店。

第五章　中　奖

第二十二条 7星彩根据投注号码与开奖号码相符情况确定相应中奖资格。具体规定如下：

一等奖：投注号码的全部数字与开奖号码对应位置数字均相同，即中奖；

二等奖：投注号码的前6位数字与开奖号码对应位置数字相同，即中奖；

三等奖：投注号码前6位中的任意5个数字与开奖号码对应位置数字相同且最后一个数字与开奖号码对应位置数字相同，即中奖；

四等奖：投注号码中任意5个数字与开奖号码对应位置数字相同，即中奖；

五等奖：投注号码中任意4个数字与开奖号码对应位置数字相同，即中奖；

六等奖：投注号码中任意3个数字与开奖号码对应位置数字相同，或者投注号码前6位中的任意1个数字与开奖号码对应位置数字相同且最后一个数字与开奖号码对应位置数字相同，或者仅最后一个数字与开奖号码对应位置数字相同，即中奖。

第二十三条 当期每注投注号码只有一次中奖机会，各奖级奖金不能兼中兼得，另行设立的特别奖除外。

第六章　兑　奖

第二十四条 7星彩兑奖当期有效。中奖者应当自开奖之日起60个自然日内，持中奖彩票到指定的地点兑奖。逾期未兑奖视为弃奖，弃奖奖金纳入彩票公益金。

第二十五条 中奖彩票为兑奖唯一凭证，中奖彩票因玷污、损坏等原因不能正确识别的，不能兑奖。

第二十六条 兑奖机构有权查验中奖者的中奖彩票及有效身份证件，兑奖者应予配合。

第七章 附 则

第二十七条 本规则自批准之日起执行。

中国体育彩票应急管理办法（暂行）

（2020年10月26日　国家体育总局体育彩票管理中心　体彩字〔2020〕296号）

第一章　总　则

第一条　为规范和加强中国体育彩票（以下简称“体育彩票”）应急管理工作，提高体育彩票各级机构应对突发事件的能力，促进各类突发事件科学、高效、快速处置，减少对体育彩票发行销售工作的危害，最大限度地预防和减少突发事件及其造成的损失和影响，保障体育彩票业务连续性，维护体育彩票责任为先、公益公信的品牌形象，特制定本办法。

第二条　本办法所指“应急管理工作”，是指为促进体育彩票应急管理体系的建设与完善，突发事件的预防与应急准备、监控与预警、响应与处置、事后恢复与复盘等方面的工作。

第三条　本办法所称“突发事件”，是指体育彩票发行销售过程中，突然发生的，造成或者可能造成严重社会危害，影响体育彩票正常发行销售秩序和安全，需要及时采取应急处置措施予以应对的突发业务事件和突发公共事件。

突发业务事件，是指与体育彩票发行、销售等与业务直接相关的，可能或已经对体育彩票业务连续性、公信力及客户体验等造成影响或者危害，需要采取应急处置措施予以应对的事件，包括技术类、运营类、开奖类和舆情类突发事件等。

突发公共事件，是指对体育彩票发行、销售等正常生产运营活动产生直接或间接影响或者危害的，需要采取应急处置措施予以应对的非业务类事件，包括自然灾害、事故灾难、公共卫生事件和社会安全事件。

第四条　按照突发事件的性质、危害程度、影响范围、可控程度等因素，体育彩票突发事件分为特别重大、重大、较大和一般四级。分级标准按照国家体育总局体育彩票管理中心（以下简称“总局中心”）确定的《中国体育彩票突发事件等级定义管理办法（暂行）》有关规定执行。

第五条　体育彩票突发事件在遵循国家应急管理原则基础上，按照国家相关法律法规规定，结合体育彩票实际情况开展应急处置。应急工作原则如下：

责任为先，预防为主。坚持安全第一，预防为主，预防与应急相结合。增强责任意识、风险意识，防患于未然，做好应对突发事件的准备工作。

聚焦业务，统筹兼顾。深耕体育彩票突发业务事件的应急处置与高效应对，确保体育彩票业务运营连续性，坚持统筹兼顾突发公共事件的应急处置，全面体现体育彩票公信公益的品牌价值。

统一指挥，分级负责。落实各级财政、体育部门的应急工作要求，在各级党委的统一领导和指挥下，按照综合协调、分类分级、属地管理的要求，开展突发事件的预防和处置工作。

快速反应，协同应对。建立健全科学高效、上下联动的快速响应机制，加强沟通协作，促进资源整合，协同配合开展突发事件的处置工作。

依靠科技，提升能力。加强突发事件预防、处置科技研发，采用技术手段，运用技术平台，充分发挥应急专业化队伍的作用，提升突发事件应急处置能力。

第六条 本办法适用于总局中心、各省（区、市）体育彩票管理中心（以下简称省（区、市）中心）以及体育彩票运营、技术支撑等单位（以下简称“相关单位”）的应急管理工作。

第七条 体育彩票应急管理组织机构采用“两级管理、三层处置”的体系架构，按照应急管理体系一体化的建设要求，总局中心和各省（区、市）中心分别负责体育彩票发行和销售的突发事件应急管理工作。

第八条 总局中心负责体育彩票突发事件应急管理体系的总体规划、设计和建设，落实财政部、国家体育总局有关体育彩票突发事件应急管理工作的要求。主要职责为：

（一）负责体育彩票突发事件应急管理体系规划设计和建设，开展应急管理工作研究；

（二）负责制定体育彩票突发事件应急管理制度，健全完善应急管理制度体系；

（三）负责建立体育彩票突发事件应急管理组织机构，健全完善应急管理工作机制；

（四）负责制定体育彩票突发事件应急预案，健全完善应急预案体系；

（五）负责总局中心突发事件应急管理工作的组织实施；

（六）负责体育彩票突发事件应急管理工作的宣贯、培训和演练；

（七）指导监督省（区、市）中心及相关单位突发事件应急管理工作的开展，对省（区、市）中心及相关单位应急管理工作进行考核评估。

第九条 省（区、市）中心负责本行政区域内体育彩票突发事件应急管理工作，落实总局中心、本行政区域内政府、财政、体育部门有关体育彩票突发事件应急管理工作的要求。主要职责为：

（一）负责制定本行政区域内体育彩票突发事件应急管理制度，健全和完善应急管理制度体系；

（二）负责建立本行政区域内体育彩票突发事件应急管理组织机构，健全完善体育彩票突发事件应急管理工作机制；

（三）负责制定本行政区域内体育彩票突发事件应急预案，健全完善体育彩票应急预案体系；

（四）负责本行政区域内体育彩票突发事件应急管理工作的组织实施，接受总局中心突发事件应急管理工作的指导监督和考核评估；

（五）负责本行政区域内体育彩票突发事件应急管理工作的宣贯、培训和应急演练。

第十条 总局中心、省（区、市）中心根据实际情况确定应急管理工作的具体归口部门，负责体育彩票突发事件应急体系建设、统筹管理等常态化应急管理工作。主要职责为：

（一）贯彻落实体育彩票应急管理工作有关决定事项，负责管理范围内的应急体系建设与完善、相关突发事件预警与应对处置的组织指挥、与政府专业部门的沟通协调等工作；

（二）负责制定体育彩票业务突发事件应急管理制度，制定体育彩票业务突发事件总体应急预案，编制体育彩票突发事件等级定义等；

（三）负责体育彩票应急日常管理，包括：体育彩票日常应急值班、排班管理；突发事件应急档案管理；组织实施应急管理宣贯、培训和演练等；

（四）协调人力资源、财务等职能部门配合开展突发事件应急管理工作，提供突发事件应急管理工作保障；

（五）负责与体育彩票应急管理相关的其他工作。

第十一条 总局中心、省（区、市）中心应按照“统一指挥、架构合理、运转高效、反应灵敏”的突发事件处置要求，根据实际情况分别设立应急决策层、应急管理层和专业处置层，具体承担各类突发事件的应急处置工作。

（一）设立应急决策层。成立应急领导小组，负责突发事件应急处置的最高决策与指导。分别由总局中心、省（区、市）中心领导班子成员组成，中心主要负责人任组长。

（二）设立应急管理层。设置应急管理岗，负责突发事件应急处置的综合协调和统筹指挥。总局中心、省（区、市）中心可视情况另行设立应急辅助岗，协助应急管理岗开展工作。

（三）设立专业处置层。由游戏、责任彩票（监察）、公共关系（宣传）、渠道（市场）、技术、客服、保障等相关职能部门应急小组或应急人员组成。专业处置层按照“谁主管谁负责”原则，负责对体育彩票突发事件进行专业应急处置。

第十二条 总局中心、省（区、市）中心及相关单位应建立健全应急工作责任制，主要负责人是本单位应急工作第一责任人，对应急工作全面负责；其他分管领导协助开展工作，是分管范围内应急工作的第一责任人，对分管范围内应急工作负领导责任，向主要负责人负责。

第二章 应急体系建设

第十三条 持续建设完善体育彩票应急管理体系，形成快速响应机制，提升综合应急能力。具体建设内容包括：建设完善体育彩票的应急组织体系、应急预案体系、应急制度体系及应急培训演练体系；不断提高体育彩票的应急处置能力、舆情应对能力；研发部署监控预警平台、应急管理与指挥信息平台。

第十四条 应急预案体系由总体应急预案、专项应急预案及现场处置方案构成，应满足“覆盖全面、架构合理、内外衔接、科学适用”的要求。总局中心、各省（区、市）中心及相关单位应编制总体应急预案、专项应急预案和现场处置方案，明确关键岗位应对特定突发事件的处置内容。

第十五条 应急制度体系是组织应急工作过程和进行应急工作管理的规则与制度的总和，是体育彩票规章制度的重要组成部分，包括应急的管理办法、规定、工作指南、操作手册等规范性文件。

第十六条 应急培训演练体系包括应急培训演练场地及设施、系统环境、师资队伍、培训大纲及教材、应急演练方式方法，以及应急培训演练机制等。

第十七条 舆情应对能力是指按照体育彩票品牌建设规划和国家应急信息披露的要求，规范信息发布工作，建立舆情监测、分析、应对、引导常态机制，主动宣传和维护体育彩票责任为先、公益公信品牌形象的能力。

第十八条 监控预警平台是指利用并整合体育彩票业务与公共风险监控技术手段，通过各种在线监控设备，对体育彩票全产品、全渠道、全流程的业务实现全面监控覆盖，提升体育彩票风险管控能力和各类突发事件预警能力。

第十九条 应急管理与指挥信息平台是指运用先进的计算机、网络信息技术，建设高效实用的体育彩票应急管理平台，提升应急工作常态化管理水平与突发事件应急辅助决策能力，实现预警、应急值班，信息报送、统计分析，辅助决策、应急指挥等功能，为体育彩票应急管理和辅助决策提供有力的技术支撑。

第二十条 总局中心、省（区、市）中心及相关单位应在体育彩票总体发展规划要求下，组织开展应急管理体系建设规划编制工作；应加强应急工作计划管理，编制年度应急工作计划，认真组织实施，严格督查考核落实。

第三章 预防与应急准备

第二十一条 总局中心、省（区、市）中心及相关单位应建立健全以突发业务事件为主的风险评估常态机制，掌握各类风险隐患情况，落实防范和处置措施，减少突发事件发生，减轻或消除危害和影响。

第二十二条 总局中心、省（区、市）中心及相关单位应定期开展以突发业务事件为主的应急能力评估工作，客观、科学的评估各层级技术、运营综合应急能力的现状及存在问题，有针对性地进行改进提升。

第二十三条 总局中心、省（区、市）中心及相关单位应加强以技术、运营、开奖及舆情为主的专业化应急技术队伍的建设与管理，配备必要的应急资源，定期组织培训演练，提高突发事件应急处置与恢复能力。

第二十四条 总局中心、省（区、市）中心及相关单位应加大应急培训和科普宣教力度，针对应急决策层、应急管理层开展应急管理理论等方面的培训，针对专业处置层定期开展体育彩票业务知识、专业技能等方面的培训。

第二十五条 总局中心、省（区、市）中心及相关单位应按应急预案要求定期组织开展应急演练。各类突发业务事件应急演练每年不少于两次，突发公共事件应急演练按照国家有关要求确定频次。

第二十六条 总局中心、省（区、市）中心及相关单位应开展重大舆情预警研判工作，完善舆情监测与危机处置联动机制，加强信息披露、新闻报道的组织协调，积极开展与主流媒体的交流合作，为体育彩票营造良好舆论环境。

第二十七条 总局中心、省（区、市）中心及相关单位应严格执行政府主管部门及国家体育总局关于突发事件信息报告的有关规定，落实责任，完善流程，确保突发事件信息报告及时、准确、规范。

第四章　监控与预警

第二十八条 总局中心、省（区、市）中心及相关单位应及时汇总分析各类突发事件风险，对发生突发事件的可能性及其可能造成的影响进行分析、评估，并不断完善突发事件监测网络，依托应急值班机制和应急处置机构，及时获取和快速报送相关信息。

第二十九条 总局中心、省（区、市）中心及相关单位应不断完善应急值班制度，按照职责分工，针对国家、社会重大活动、体育彩票重要活动等建立应急保障机制，充实应急值班力量。

第三十条 总局中心、省（区、市）中心及相关单位应不断健全完善突发事件信息报告机制，信息报告时限执行政府主管部门及国家体育总局相关规定。突发事件信息报告包括即时报告、后续报告，报告方式包括但不限于公文、电子邮件、电话、传真、短信等。

第三十一条 总局中心、省（区、市）中心及相关单位应建立健全突发事件预警制度，依据突发事件的紧急程度、发展态势和可能造成的危害，及时发布预警信息。

体育彩票突发事件预警分为一、二、三、四级，分别用红色、橙色、黄色和蓝色标示，一级为最高级别。各类突发事件预警级别的划分，在相应专项应急预案中予以确定。

第三十二条 总局中心、省（区、市）中心及相关单位通过预测分析，若研判发生突发事件概率较高，应当及时报告应急指挥机构，并提出预警建议。高等级（一、二级）预警信息需经应急领导小组批准后发布。

第三十三条 总局中心、省（区、市）中心及相关单位根据事态的发展，应适时调整预警级别并重新发布。有事实证明突发事件不可能发生、或者危险已经解除，应立即发布预警解除信息，终止已采取的有关措施。各类突发事件预警所采取的措施，在相应专项应急预案中予以明确。

第五章　应急响应与处置

第三十四条 发生突发事件，事件处置主责机构或相关单位首先要做好先期处置，立即启动相关应急预案，采取下列一项或多项应急措施，并根据相关规定，及时向本级或上级有关部门报告。

（一）迅速控制风险源，采取必要的应对措施防止事件危害和影响扩大，防止次生、衍生事件发生；

（二）及时通知可能受到影响的机构、部门、单位和人员；

（三）涉及游戏、责任彩票（监察）、公共关系（宣传）、渠道（市场）、技术、客服、保障等业务的，按照对应专项预案处置要求，迅速采取相关应急处置措施；

（四）维护现场秩序，保护现场和相关证据；

（五）法律法规、国家有关制度标准、相关预案及规章制度规定的其他应急救援措施。

第三十五条 根据突发事件性质、级别，按照“分级响应”要求，总局中心、省（区、市）中心及相关单位分别启动相应级别应急响应措施，组织开展突发事件应急处置。

第三十六条 积极主动开展突发事件舆情分析和应对，加强舆论引导工作，建立健全突发事件信息披露机制。按照有关要求，及时披露应急处置相关信息，回应重大社会关切，维护体育彩票责任为先、公益公信的品牌形象。

第三十七条 根据事态发展变化，应及时调整突发事件响应级别。突发事件得到有效控制，危害消除后，应解除应急指令，宣布结束应急状态。

第六章 恢复与复盘

第三十八条 突发事件应急处置工作结束后，总局中心、省（区、市）中心及相关单位要积极组织恢复与复盘工作。针对突发业务事件建立复盘机制，事件处置主责机构或相关单位具体负责突发事件的复盘与评估，在处置结束后及时召开复盘会并完成复盘报告；针对突发公共事件，对重点部位和特殊区域开展恢复重建分析研究，提出解决建议和意见，按有关规定报批实施。

第三十九条 对突发事件的起因、性质、影响、经验教训和恢复等问题应进行调查评估。必要时及时收集各类数据，按照国家有关规定成立调查组开展调查评估。

第四十条 事后恢复与复盘工作结束后，必要时事件处置主责机构或相关单位应当及时做好设备、资金的划拨和结算工作。

第七章 监督检查与评估

第四十一条 总局中心、省（区、市）中心及相关单位应建立健全应急管理监督检查机制，总局中心可根据需要对省（区、市）中心及相关单位应急工作开展情况进行监督检查。

第四十二条 总局中心、省（区、市）中心及相关单位应组织开展日常检查、专题检查和综合检查等活动，监督指导应急体系建设、日常应急管理工作的开展，以及突发事件处置等情况，并形成检查记录。

第四十三条 总局中心、省（区、市）中心及相关单位应对应急工作表现突出的单位和个人予以表彰奖励，对未按要求开展或开展不到位的相关应急工作的部门、单位和个人进行责任追究。

第四十四条 总局中心、省（区、市）中心及相关单位从业人员应严格执行保密纪律，敏感信息不得外传。未经许可不得向无关人员泄露突发事件相关信息，包括但不限于突发事件类型、等级、处置流程、影响范围及后果、处置方案等。

第八章 附 则

第四十五条 省（区、市）中心及相关单位应依据本办法制定本行政区域及各单位的应急管理制度或实施细则。

第四十六条 本办法由国家体育总局体育彩票管理中心负责解释。

第四十七条 本办法自发布之日起实施。

四、彩票统计资料

（一）历年综合统计资料

Statistical Data of Past Years

1987—2020 年全国彩票销售统计表（分系统）

Statistical Table of Lottery Sales in Different Organizations in China from 1987 to 2020

单位：万元

Unit：Ten Thousand Yuan

年　份 Year	福利彩票 Welfare Lottery	体育彩票 Sports Lottery	合计 Total	增长率（%） Rate of Increment
1987	1 739.50	—	1 739.50	—
1988	37 627.76	—	37 627.76	2 063.14
1989	38 315.65	—	38 315.65	1.83
1990	64 731.22	—	64 731.22	68.94
1991	77 388.04	—	77 388.04	19.55
1992	137 550.03	—	137 550.03	77.74
1993	184 288.52	—	184 288.52	33.98
1994	179 823.77	—	179 823.77	（2.42）
1995	573 023.46	100 000.00	673 023.46	274.27
1996	647 521.50	120 000.00	767 521.50	14.04
1997	363 751.40	150 000.00	513 751.40	（33.06）
1998	631 990.40	250 000.00	881 990.40	71.68
1999	1 044 448.50	403 551.00	1 447 999.50	64.17
2000	898 847.26	911 400.40	1 810 247.66	25.02
2001	1 395 735.16	1 492 928.39	2 888 663.55	59.57
2002	1 679 925.25	2 177 313.99	3 857 239.24	33.53
2003	2 000 569.58	2 013 453.28	4 014 022.86	4.06
2004	2 263 753.30	1 541 963.48	3 805 716.78	（5.19）
2005	4 112 077.66	3 026 557.94	7 138 635.60	87.58
2006	4 956 759.24	3 236 292.90	8 193 052.14	14.77
2007	6 315 902.51	3 851 370.97	10 167 273.49	24.10
2008	6 039 795.23	4 561 530.35	10 601 325.58	4.27
2009	7 560 580.05	5 687 306.97	13 247 887.02	24.96
2010	9 680 238.56	6 944 604.20	16 624 842.76	25.49
2011	12 779 719.93	9 378 464.56	22 158 184.49	33.28
2012	15 103 223.19	11 049 195.92	26 152 419.11	18.03
2013	17 652 846.37	13 279 658.55	30 932 504.92	18.28
2014	20 596 815.22	17 640 993.36	38 237 808.57	23.62
2015	20 151 098.97	16 637 325.74	36 788 424.71	（3.79）
2016	20 649 163.80	18 814 963.71	39 464 127.51	7.27
2017	21 697 679.20	20 969 229.54	42 666 908.74	8.12
2018	22 455 611.76	28 691 560.83	51 147 172.59	19.88
2019	19 123 816.68	23 081 517.43	42 205 334.12	（17.48）
2020	14 448 778.51	18 946 280.35	33 395 058.86	（20.87）
合 计 Total	**235 545 137.19**	**214 957 463.86**	**450 502 601.05**	—

1987—2020 年全国彩票销售统计表（分类型）

Statistical Table of Lottery Sales in Different Lottery Games in China from 1987 to 2020

单位：万元

Unit：Ten Thousand Yuan

年 份 Year	传统型 Traditional Games	即开型 Instant Games	乐透数字型 Lotto Games	竞猜型 Sports Betting	视频型 Online Instant Win	基诺型 Keno	合 计 Total
1987	1 739.50	—	—	—	—	—	1 739.50
1988	14 446.35	23 181.41	—	—	—	—	37 627.76
1989	4 265.32	34 050.33	—	—	—	—	38 315.65
1990	4 333.22	60 398.00	—	—	—	—	64 731.22
1991	5 697.45	71 690.59	—	—	—	—	77 388.04
1992	6 196.90	131 353.13	—	—	—	—	137 550.03
1993	3 831.52	180 457.00	—	—	—	—	184 288.52
1994	2 843.45	176 980.32	—	—	—	—	179 823.77
1995	1 487.00	646 150.53	25 385.93	—	—	—	673 023.46
1996	—	696 208.80	71 312.70	—	—	—	767 521.50
1997	—	401 779.40	111 972.00	—	—	—	513 751.40
1998	—	682 207.00	199 783.40	—	—	—	881 990.40
1999	—	1 042 575.00	405 424.50	—	—	—	1 447 999.50
2000	—	568 023.49	1 242 224.17	—	—	—	1 810 247.66
2001	—	289 993.93	2 465 206.91	133 462.71	—	—	2 888 663.55
2002	—	308 266.49	2 842 639.72	706 333.03	—	—	3 857 239.24
2003	—	404 405.42	2 818 291.62	791 112.78	213.04	—	4 014 022.86
2004	—	122 576.45	3 198 995.66	483 891.25	253.42	—	3 805 716.78
2005	—	26 447.48	6 653 117.10	391 897.83	67 173.19	—	7 138 635.60
2006	—	125 359.91	7 050 408.47	560 723.13	456 560.63	—	8 193 052.14
2007	—	366 038.84	7 901 932.76	579 335.85	1 319 966.04	—	10 167 273.49
2008	—	1 798 686.42	8 057 835.60	538 722.52	206 081.04	—	10 601 325.58
2009	—	2 447 161.08	10 024 861.15	659 663.40	116 201.39	—	13 247 887.02
2010	—	3 089 504.13	11 129 658.88	1 473 623.11	932 056.64	—	16 624 842.76
2011	—	4 000 574.46	14 275 680.65	2 180 541.40	1 701 387.99	—	22 158 184.49
2012	—	3 822 368.16	17 404 801.51	2 682 919.12	2 242 330.32	—	26 152 419.11
2013	—	3 519 179.54	21 135 200.81	3 384 239.04	2 893 885.10	—	30 932 504.92
2014	—	3 434 286.79	24 880 896.59	6 148 008.51	3 774 636.67	—	38 237 808.57
2015	—	3 025 199.88	23 580 003.97	5 892 454.97	4 247 309.48	43 456.41	36 788 424.71
2016	—	2 847 706.58	24 486 440.33	7 649 011.66	4 454 349.01	26 619.94	39 464 127.51
2017	—	2 460 565.91	26 281 446.41	9 285 217.94	4 621 435.78	18 242.69	42 666 908.73
2018	—	2 252 624.14	27 586 925.99	16 550 468.80	4 744 179.83	12 973.83	51 147 172.59
2019	—	2 852 189.71	22 733 706.99	12 194 262.34	4 408 489.32	16 685.76	42 205 334.12
2020	—	2 942 003.32	22 190 789.43	7 491 715.51	679 457.44	91 093.16	33 395 058.86
合 计 Total	**44 840.71**	**44 850 193.64**	**288 754 943.25**	**79 777 604.88**	**36 865 966.32**	**209 071.80**	**450 502 601.05**

注：自 2015 年起基诺型彩票销量单独统计。

1987—2020 年全国彩票销量折线图

Statistical Line Chart of Lottery Sales in China from 1987 to 2020

单位：亿元

Unit：one hundred million yuan

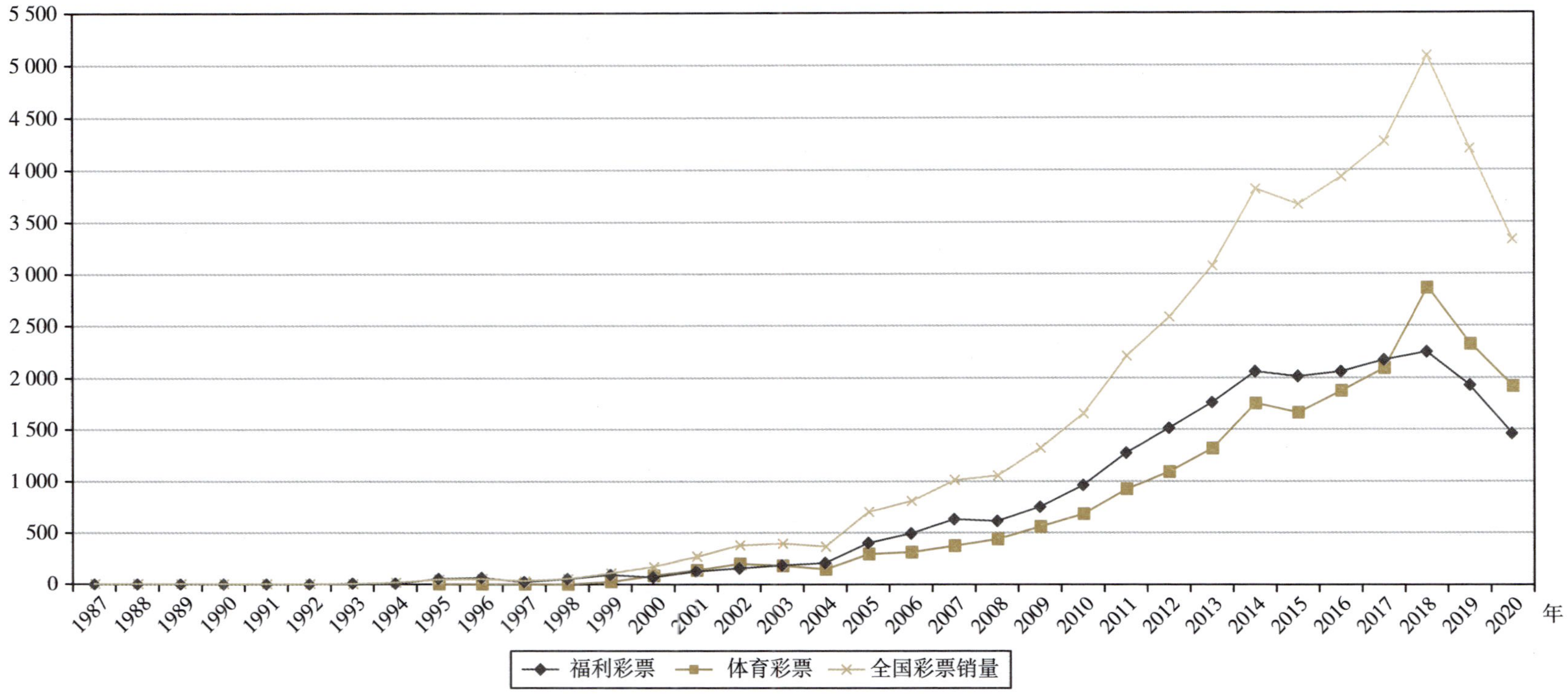

1987—2020 年全国彩票

Statistical Table of Lottery Sales in Different Organizations

年 份 Year	福利彩票 Welfare Lottery					
	传统型 Traditional Games	即开型 Instant Games	乐透数字型 Lotto Games	视频型 Online Instant Win	基诺型 Keno	小计 Subtotal
1987	1 739.50	—	—	—	—	1 739.50
1988	14 446.35	23 181.41	—	—	—	37 627.76
1989	4 265.32	34 050.33	—	—	—	38 315.65
1990	4 333.22	60 398.00	—	—	—	64 731.22
1991	5 697.45	71 690.59	—	—	—	77 388.04
1992	6 196.90	131 353.13	—	—	—	137 550.03
1993	3 831.52	180 457.00	—	—	—	184 288.52
1994	2 843.45	176 980.32	—	—	—	179 823.77
1995	1 487.00	546 150.53	25 385.93	—	—	573 023.46
1996	—	576 208.80	71 312.70	—	—	647 521.50
1997	—	276 969.40	86 782.00	—	—	363 751.40
1998	—	492 640.00	139 350.40	—	—	631 990.40
1999	—	829 178.00	215 270.50	—	—	1 044 448.50
2000	—	393 001.91	505 845.35	—	—	898 847.26
2001	—	196 467.99	1 199 267.17	—	—	1 395 735.16
2002	—	201 349.59	1 478 575.66	—	—	1 679 925.25
2003	—	335 654.76	1 664 701.78	213.04	—	2 000 569.58
2004	—	79 068.61	2 184 431.27	253.42	—	2 263 753.30
2005	—	22 567.47	4 022 337.00	67 173.19	—	4 112 077.66
2006	—	129 359.91	4 370 838.70	456 560.63	—	4 956 759.24
2007	—	350 803.03	4 645 133.44	1 319 966.04	—	6 315 902.51
2008	—	770 040.30	5 063 673.89	206 081.04	—	6 039 795.23
2009	—	927 657.45	6 516 721.21	116 201.39	—	7 560 580.05
2010	—	1 445 717.55	7 302 464.37	932 056.64	—	9 680 238.56
2011	—	2 004 425.65	9 073 906.29	1 701 387.99	—	12 779 719.93
2012	—	2 020 302.00	10 840 590.87	2 242 330.32	—	15 103 223.19
2013	—	1 855 828.18	12 903 133.09	2 893 885.10	—	17 652 846.37
2014	—	1 858 958.92	14 963 219.63	3 774 636.67	—	20 596 815.22
2015	—	1 628 034.12	14 232 867.01	4 246 741.43	43 456.41	20 151 098.97
2016	—	1 491 247.58	14 677 736.45	4 453 559.83	26 619.94	20 649 163.80
2017	—	1 263 402.00	15 795 389.47	4 620 645.04	18 242.69	21 697 679.20
2018	—	1 142 669.18	16 556 516.16	4 743 452.59	12 973.83	22 455 611.76
2019	—	1 496 351.61	13 202 528.71	4 408 250.60	16 685.76	19 123 816.68
2020	—	1 464 256.06	12 214 118.16	679 311.13	91 093.16	14 448 778.51
合 计 Total	**44 840.71**	**24 476 421.38**	**173 952 097.21**	**36 862 706.10**	**209 071.79**	**235 545 137.19**

注：自 2015 年起福彩基诺型彩票销量单独统计，体彩视频型彩票单独统计。

销售统计表（分系统分类型）

and Different Lottery Games in China from 1987 to 2020

单位：万元

Unit：Ten Thousand Yuan

体育彩票 Sports Lottery					
即开型 Instant Games	乐透数字型 Lotto Games	竞猜型 Sports Betting	视频型 Online Instant Win	小计 Subtotal	合 计 Total
—	—	—	—	—	1 739.50
—	—	—	—	—	37 627.76
—	—	—	—	—	38 315.65
—	—	—	—	—	64 731.22
—	—	—	—	—	77 388.04
—	—	—	—	—	137 550.03
—	—	—	—	—	184 288.52
—	—	—	—	—	179 823.77
100 000.00	—	—	—	100 000.00	673 023.46
120 000.00	—	—	—	120 000.00	767 521.50
124 810.00	25 190.00	—	—	150 000.00	513 751.40
189 567.00	60 433.00	—	—	250 000.00	881 990.40
213 397.00	190 154.00	—	—	403 551.00	1 447 999.50
175 021.58	736 378.82	—	—	911 400.40	1 810 247.66
93 525.94	1 265 939.74	133 462.71	—	1 492 928.39	2 888 663.55
106 916.90	1 364 064.06	706 333.03	—	2 177 313.99	3 857 239.24
68 750.66	1 153 589.84	791 112.78	—	2 013 453.28	4 014 022.86
43 507.84	1 014 564.39	483 891.25	—	1 541 963.48	3 805 716.78
3 880.01	2 630 780.10	391 897.83	—	3 026 557.94	7 138 635.60
—	2 675 569.77	560 723.13	—	3 236 292.90	8 193 052.14
15 236.17	3 256 798.96	579 335.85	—	3 851 370.97	10 167 273.49
1 028 646.12	2 994 161.71	538 722.52	—	4 561 530.35	10 601 325.58
1 519 503.63	3 508 139.94	659 663.40	—	5 687 306.97	13 247 887.02
1 643 786.58	3 827 194.51	1 473 623.11	—	6 944 604.20	16 624 842.76
1 996 148.81	5 201 774.36	2 180 541.40	—	9 378 464.56	22 158 184.49
1 802 066.16	6 564 210.65	2 682 919.12	—	11 049 195.92	26 152 419.11
1 663 351.36	8 232 068.14	3 384 239.04	—	13 279 658.55	30 932 504.92
1 575 327.81	9 917 676.88	6 147 988.66	—	17 640 993.36	38 237 808.57
1 397 163.72	9 347 136.60	5 892 454.97	570.46	16 637 325.74	36 788 424.71
1 356 459.00	9 808 703.87	7 649 011.66	789.17	18 814 963.71	39 464 127.51
1 197 163.92	10 486 056.94	9 285 217.94	790.74	20 969 229.54	42 666 908.74
1 109 954.96	11 030 409.83	16 550 468.80	727.24	28 691 560.83	51 147 172.59
1 355 838.10	9 531 178.28	12 194 262.34	238.71	23 081 517.43	42 205 334.12
1 477 747.26	9 976 671.27	7 491 715.51	146.31	18 946 280.35	33 395 058.86
20 377 770.52	**114 798 845.66**	**79 777 585.04**	**3 262.63**	**214 957 463.86**	**450 502 601.05**

1987—2020 年全国各

Statistical Table of Lottery Sales in Different

地 区 Region	1987	1988	1989	1990	1991	1992	1993	1994	1995
北 京	—	1 136.68	940.07	2 077.00	2 765.00	3 220.00	5 404.00	6 395.71	13 485.78
天 津	396.60	328.48	1 166.29	1 995.38	1 209.00	769.62	2 474.35	1 799.00	14 313.00
河 北	100.00	1 505.00	1 295.00	2 082.00	2 579.00	3 204.66	3 010.00	11 255.82	28 411.00
山 西	—	1 211.74	826.17	1 136.16	1 516.00	4 175.00	3 300.00	5 010.00	13 801.43
内蒙古	—	14.00	484.68	924.90	549.56	1 766.58	1 293.00	3 838.71	18 800.00
辽 宁	—	3 073.04	2 397.14	6 587.00	3 530.41	3 598.52	4 825.17	14 719.11	27 107.97
吉 林	—	997.98	1 577.14	4 617.10	1 683.33	2 388.21	4 262.68	5 499.95	15 885.96
黑龙江	—	1 550.48	1 463.44	2 214.32	1 417.00	1 650.38	3 185.00	7 313.00	16 879.00
上 海	373.71	701.80	833.99	2 371.89	2 724.00	2 841.00	1 496.60	1 523.00	15 992.00
江 苏	100.00	2 659.00	3 304.65	3 110.30	2 299.87	4 607.66	17 173.00	11 860.76	33 711.20
浙 江	193.90	2 757.89	2 615.25	2 431.00	3 921.82	19 642.22	16 724.97	5 445.48	14 629.72
安 徽	—	1 123.99	1 068.75	1 693.08	2 251.00	2 711.00	8 214.07	12 155.09	22 188.18
福 建	242.84	1 269.65	1 537.63	1 060.00	4 527.96	7 038.50	4 512.05	4 245.70	16 785.62
江 西	—	195.00	300.00	890.21	1 827.72	4 287.92	9 145.99	4 687.03	17 297.56
山 东	—	1 259.19	1 393.80	1 908.46	3 598.37	6 596.13	11 061.04	9 075.51	40 488.45
河 南	198.64	1 130.00	2 041.38	2 540.00	3 230.00	4 220.00	8 000.00	7 040.00	40 850.00
湖 北	133.81	867.40	650.41	787.09	1 107.17	7 962.42	10 882.76	12 679.81	34 767.00
湖 南	—	855.52	950.00	2 010.00	5 625.00	9 117.43	5 009.00	6 454.50	27 172.70
广 东	—	7 396.80	8 271.03	11 278.52	14 275.24	15 554.45	23 138.20	10 582.25	72 291.31
广 西	—	68.88	467.16	4 536.77	6 203.60	7 255.33	12 493.11	8 631.07	26 174.75
海 南	—	512.75	34.87	2 514.53	405.57	227.96	26.21	—	—
重 庆	—	816.18	339.61	1 140.00	733.00	1 463.00	3 444.00	1 051.26	11 727.14
四 川	—	1 795.63	912.58	1 405.59	2 356.00	5 907.00	4 857.81	3 978.24	33 252.38
贵 州	—	290.00	547.87	803.18	527.55	3 117.00	6 394.87	2 115.00	15 096.05
云 南	—	1 910.33	1 329.93	612.46	1 270.00	5 781.07	6 958.58	2 875.51	10 825.06
西 藏	—	—	—	—	—	—	60.00	—	100.00
陕 西	—	1 296.68	990.05	1 071.72	2 778.89	1 931.26	871.06	4 507.64	41 419.93
甘 肃	—	636.26	406.40	654.59	1 003.00	2 591.75	2 365.60	3 006.80	13 986.53
青 海	—	60.00	30.36	100.00	110.00	74.00	96.00	108.00	3 232.34
宁 夏	—	207.41	140.00	177.97	171.99	467.37	629.40	304.00	3 851.00
新 疆	—	—	—	—	1 190.99	3 382.59	2 980.00	11 665.82	28 500.40
中彩中心	—	—	—	—	—	—	—	—	—
合 计 Total	**1 739.50**	**37 627.76**	**38 315.65**	**64 731.22**	**77 388.04**	**137 550.03**	**184 288.52**	**179 823.77**	**673 023.46**

地区彩票销售统计表

Regions in China from 1987 to 2020

单位：万元

Unit：Ten Thousand Yuan

1996	1997	1998	1999	2000	2001	2002	2003	2004
5 452.40	10 003.40	12 722.30	43 131.50	63 118.20	183 426.03	186 984.23	212 481.94	231 696.76
7 259.90	5 843.00	9 717.30	11 712.30	55 439.48	62 878.15	72 439.67	74 972.27	69 962.76
16 559.40	13 528.40	12 499.50	26 277.40	35 183.56	78 277.90	123 133.92	126 060.59	129 222.49
30 227.10	12 877.40	17 973.10	15 337.30	7 556.82	59 527.70	43 995.89	43 391.10	52 268.78
26 400.00	12 846.20	4 318.50	14 977.00	6 523.15	6 461.29	17 007.15	29 466.86	36 534.14
27 892.50	13 833.00	11 716.10	39 806.60	46 842.62	111 621.48	206 723.54	203 604.56	206 744.28
24 455.60	8 507.40	5 647.70	16 878.70	8 027.99	48 248.19	58 025.93	90 297.35	81 510.56
22 697.80	12 155.70	9 568.90	21 969.70	42 058.77	85 260.30	117 798.85	139 917.21	145 173.76
22 770.00	24 833.70	40 900.90	131 004.10	177 625.55	157 562.63	182 801.32	178 651.20	151 761.70
33 926.80	34 324.60	76 061.60	177 922.00	251 908.42	248 549.71	255 104.13	228 805.79	209 357.33
11 622.80	10 609.40	81 921.20	151 933.90	121 948.65	137 212.28	196 464.30	252 183.56	229 524.97
20 129.00	14 650.20	18 902.20	31 695.40	24 559.70	59 261.08	57 630.47	72 671.55	76 483.46
22 663.90	24 925.00	47 528.80	108 638.40	100 047.75	262 631.42	385 834.77	249 397.58	193 359.61
16 776.80	16 508.20	16 970.00	26 132.80	11 690.15	49 749.19	47 804.77	64 517.88	55 083.25
28 738.00	17 257.30	35 253.20	45 327.30	88 189.99	227 938.13	333 516.51	330 205.30	318 519.65
24 649.70	13 207.30	17 302.20	22 013.30	23 157.14	154 390.98	176 796.70	159 270.29	161 142.88
42 408.40	29 090.00	26 587.60	29 308.80	74 845.08	100 171.69	141 856.34	192 607.05	215 459.97
47 291.40	18 565.10	15 684.70	35 218.90	36 432.86	37 239.45	62 677.66	78 911.74	80 893.66
139 585.20	118 132.00	264 180.10	293 098.20	224 923.94	315 492.94	628 070.76	612 706.20	496 055.70
39 601.50	19 799.60	34 670.30	33 950.20	54 054.78	72 449.87	107 097.48	136 795.58	126 466.13
5 420.00	2 680.00	8 644.00	11 536.80	4 855.42	8 374.90	9 509.17	12 092.93	17 888.68
8 648.00	6 857.30	17 589.00	15 456.40	51 301.08	41 999.61	40 775.48	50 373.34	51 979.64
53 626.70	21 683.90	30 833.10	67 514.10	222 815.23	144 497.28	116 733.32	122 764.54	107 251.73
16 560.50	11 769.60	11 216.10	16 439.20	22 314.81	33 481.67	18 622.06	33 560.19	33 953.12
13 228.90	12 084.40	19 255.10	23 888.00	13 832.37	87 714.63	87 157.57	98 595.84	111 534.98
800.00	400.00	820.00	1 147.00	1 930.54	717.70	1 234.39	2 583.28	4 579.57
18 630.40	10 472.70	8 803.10	9 221.60	15 296.50	64 606.28	69 762.04	67 625.38	64 902.44
18 866.60	8 057.90	7 201.20	5 181.90	4 646.90	24 580.28	42 040.26	43 143.79	35 752.11
3 766.20	406.00	630.70	689.10	1 190.38	2 036.49	4 663.22	9 295.74	11 987.66
5 586.60	1 764.00	2 566.00	3 254.40	1 210.01	4 395.50	18 189.21	20 095.16	17 591.70
11 279.40	6 078.70	14 305.90	17 337.20	16 719.82	17 908.80	46 471.02	76 977.07	81 073.31
—	—	—	—	—	—	317.11	—	—
767 521.50	**513 751.40**	**881 990.40**	**1 447 999.50**	**1 810 247.66**	**2 888 663.55**	**3 857 239.24**	**4 014 022.86**	**3 805 716.78**

续表

地　区 Region	2005	2006	2007	2008	2009	2010	2011	2012
北　京	296 639.31	348 667.43	364 205.94	418 725.52	482 920.73	689 761.37	889 971.87	890 313.24
天　津	119 600.62	132 753.21	154 765.02	156 352.53	195 867.86	286 469.37	418 625.19	529 342.17
河　北	316 761.76	366 048.84	444 533.31	422 358.46	445 502.21	539 471.42	717 542.81	852 389.50
山　西	122 840.62	187 467.71	208 250.04	218 230.57	229 328.74	241 974.19	309 903.51	356 372.51
内蒙古	93 438.86	134 849.96	184 002.56	269 102.99	319 953.66	316 556.99	404 819.59	443 079.49
辽　宁	400 758.06	573 853.54	693 544.08	591 826.33	669 570.30	777 782.54	986 035.55	1 320 996.78
吉　林	168 178.60	246 662.33	335 385.86	272 217.64	282 356.77	310 482.61	369 346.58	490 751.36
黑龙江	544 557.78	332 262.63	349 002.33	334 752.57	380 371.88	399 893.63	555 524.82	741 169.01
上　海	177 276.14	240 564.33	306 813.42	292 498.07	412 311.40	450 127.54	590 816.19	646 935.65
江　苏	332 088.42	536 258.76	754 634.01	835 014.45	1 162 346.09	1 656 617.14	2 596 181.24	2 958 408.79
浙　江	396 910.77	569 548.38	806 654.80	809 606.24	946 078.70	1 261 175.46	1 533 861.39	1 757 255.10
安　徽	196 571.39	202 123.17	303 947.95	264 403.83	342 026.91	421 931.18	585 611.50	672 592.45
福　建	244 091.53	310 985.40	384 498.77	429 791.83	508 755.03	619 002.03	805 928.17	893 882.57
江　西	133 705.01	118 903.07	153 782.75	174 729.67	234 050.56	368 174.85	523 225.50	713 257.43
山　东	738 111.38	624 819.75	784 817.95	746 670.95	1 144 753.59	1 436 484.52	2 049 366.12	2 283 427.69
河　南	329 627.50	338 440.79	361 520.90	429 574.90	505 308.29	607 782.42	841 837.09	1 085 215.79
湖　北	517 317.41	421 096.47	491 046.51	442 788.63	482 768.24	602 493.22	711 836.86	870 990.19
湖　南	222 888.69	236 245.07	291 164.37	237 953.54	319 854.46	428 111.17	645 303.73	849 948.13
广　东	601 556.63	729 761.78	865 872.21	1 026 148.02	1 377 659.96	1 886 537.75	2 354 381.63	2 723 203.86
广　西	155 693.50	157 681.10	178 265.19	161 348.57	187 847.42	263 226.87	354 741.63	461 099.04
海　南	18 420.22	19 030.45	34 514.72	57 590.20	49 504.07	99 040.75	145 996.78	190 335.91
重　庆	85 626.17	116 315.65	164 078.78	162 061.62	204 168.77	320 375.10	491 887.88	531 924.09
四　川	202 844.03	312 249.70	353 850.78	416 268.59	561 413.98	660 079.25	819 856.12	974 965.46
贵　州	55 320.95	92 637.38	126 307.91	172 817.77	227 136.03	259 770.61	277 968.68	315 059.71
云　南	184 731.70	263 843.48	312 308.21	435 224.78	597 272.40	614 818.06	738 866.59	865 044.73
西　藏	5 693.45	9 709.00	13 525.92	33 477.56	47 719.77	39 099.13	57 271.24	57 340.02
陕　西	169 249.10	175 146.14	274 124.27	277 894.21	322 963.02	390 700.63	561 822.71	684 210.58
甘　肃	68 986.63	105 921.73	154 676.04	175 918.73	192 774.96	211 623.10	260 378.55	343 119.30
青　海	22 784.49	30 760.42	38 665.04	53 448.93	61 622.99	69 425.66	90 663.43	108 675.63
宁　夏	34 472.85	54 559.75	67 651.55	74 704.95	84 137.64	101 578.48	122 954.85	132 749.93
新　疆	181 892.02	203 884.71	210 862.32	207 822.93	269 540.60	294 275.71	345 656.70	408 363.01
中彩中心	—	—	—	—	—	—	—	—
合　计 Total	**7 138 635.61**	**8 193 052.14**	**10 167 273.49**	**10 601 325.58**	**13 247 887.03**	**16 624 842.76**	**22 158 184.49**	**26 152 419.11**

2013	2014	2015	2016	2017	2018	2019	2020	1987—2020
1 048 245.07	1 157 819.29	1 006 505.47	1 074 595.33	1 076 170.71	1 255 505.62	1 125 087.69	789 817.54	13 899 393.14
652 865.30	1 038 002.08	742 322.79	682 635.41	718 054.14	875 574.35	659 199.58	532 600.07	8 289 706.26
1 268 715.78	1 667 174.67	1 652 129.38	1 698 237.66	1 569 358.27	1 929 245.33	1 549 799.89	1 330 646.45	17 384 101.38
449 367.91	598 187.78	632 183.47	669 292.53	788 893.95	835 516.27	643 115.31	531 163.98	7 336 220.78
614 430.65	789 785.68	918 710.05	1 030 633.83	1 100 924.15	1 341 222.44	1 014 469.90	744 934.34	9 903 120.85
1 426 089.70	1 565 837.71	1 599 075.05	1 647 960.37	1 558 993.78	1 804 188.42	1 469 728.69	1 016 884.39	19 037 748.34
747 339.35	828 214.44	732 169.49	739 604.32	699 732.25	847 921.70	642 239.44	575 387.51	8 666 502.03
867 065.92	1 220 489.07	1 087 229.71	1 043 580.67	1 041 472.80	1 089 788.59	898 526.88	666 046.83	12 184 008.73
833 034.07	1 344 496.41	811 001.32	755 117.34	807 246.70	972 639.24	946 386.47	846 383.43	11 530 416.80
2 842 859.90	3 180 151.94	3 143 051.27	3 274 919.87	3 550 762.28	4 450 369.72	3 535 778.72	2 846 999.97	39 251 229.40
2 107 540.33	2 449 383.64	2 557 022.48	2 756 723.28	2 934 787.15	3 740 284.85	3 100 300.46	2 497 918.32	31 486 834.67
954 914.87	1 154 388.99	1 163 405.73	1 202 620.57	1 344 264.80	1 731 265.18	1 514 780.41	1 092 994.59	13 575 231.74
1 078 215.00	1 147 591.91	1 279 358.74	1 307 488.36	1 571 150.81	1 711 135.89	1 342 829.02	1 174 103.14	16 245 055.38
993 725.35	1 292 660.52	779 278.00	610 496.50	894 776.71	1 340 634.72	1 068 159.11	770 626.14	10 514 050.36
2 568 489.21	3 066 707.88	3 023 723.77	3 192 410.81	3 334 931.81	4 053 647.64	3 374 740.35	2 408 248.89	36 331 678.65
1 234 812.98	1 478 137.76	1 647 280.89	1 861 462.30	2 025 556.12	2 529 219.60	2 271 208.37	1 713 048.19	20 081 214.37
1 092 247.60	1 301 352.28	1 306 217.45	1 683 396.63	1 957 635.62	2 352 371.01	1 872 044.97	1 352 197.74	18 379 973.64
971 903.23	1 328 346.85	1 183 756.01	1 454 473.38	1 709 615.65	1 943 241.86	1 375 725.25	874 830.71	14 543 471.74
3 078 771.53	3 680 111.56	3 574 918.75	3 963 268.77	4 227 822.15	4 898 898.82	3 956 865.90	3 257 271.63	45 458 083.78
564 752.43	829 315.78	699 110.45	757 706.58	871 456.83	952 406.74	702 863.10	505 367.77	8 493 599.11
211 361.98	252 261.57	304 558.86	311 900.93	274 369.12	309 659.99	163 825.78	95 028.42	2 622 123.54
626 087.19	902 158.31	762 274.13	800 329.25	1 029 954.62	1 179 384.30	992 850.36	718 467.87	9 393 638.12
1 039 204.03	1 183 931.31	1 288 934.03	1 325 651.05	1 363 838.95	1 772 136.55	1 881 210.74	1 531 776.91	16 630 396.62
382 704.18	438 063.31	508 144.07	591 941.38	629 946.61	851 425.21	711 148.08	637 778.10	6 504 978.77
980 746.14	1 155 058.06	1 271 658.65	1 478 980.25	1 517 916.13	1 834 358.68	1 647 987.98	1 463 186.03	15 860 856.62
72 233.10	111 395.53	158 819.29	228 934.00	356 964.84	341 724.21	287 037.83	305 226.49	2 140 543.86
855 169.33	1 167 960.90	1 260 782.22	1 416 528.29	1 573 987.94	1 819 197.47	1 485 836.14	1 296 639.31	14 116 399.94
549 525.28	739 278.86	676 931.22	712 480.46	801 755.67	866 793.17	681 682.25	585 968.28	7 341 936.10
158 741.01	217 361.27	171 495.44	217 531.55	249 555.62	267 758.95	221 146.05	222 848.05	2 240 960.73
170 921.74	297 360.82	240 101.75	272 324.64	293 548.03	350 783.72	274 365.11	248 008.07	2 900 825.59
490 424.77	654 822.39	606 274.75	700 901.17	791 464.50	898 872.37	794 394.29	762 659.66	8 157 982.91
—	—	—	—	—	—	—	—	317.11
30 932 504.92	**38 237 808.57**	**36 788 424.69**	**39 464 127.51**	**42 666 908.74**	**51 147 172.59**	**42 205 334.12**	**33 395 058.86**	**450 502 601.05**

1987—2020 年全国彩票

Statistical Table of Lottery Sales in Different Regions and

地 区 Region	1987 福利彩票 Welfare Lottery	1988 福利彩票 Welfare Lottery	1989 福利彩票 Welfare Lottery	1990 福利彩票 Welfare Lottery	1991 福利彩票 Welfare Lottery	1992 福利彩票 Welfare Lottery	1993 福利彩票 Welfare Lottery	1994 福利彩票 Welfare Lottery
北 京	—	1 136.68	940.07	2 077.00	2 765.00	3 220.00	5 404.00	6 395.71
天 津	396.60	328.48	1 166.29	1 995.38	1 209.00	769.62	2 474.35	1 799.00
河 北	100.00	1 505.00	1 295.00	2 082.00	2 579.00	3 204.66	3 010.00	11 255.82
山 西	—	1 211.74	826.17	1 136.16	1 516.00	4 175.00	3 300.00	5 010.00
内蒙古	—	14.00	484.68	924.90	549.56	1 766.58	1 293.00	3 838.71
辽 宁	—	3 073.04	2 397.14	6 587.00	3 530.41	3 598.52	4 825.17	14 719.11
吉 林	—	997.98	1 577.14	4 617.10	1 683.33	2 388.21	4 262.68	5 499.95
黑龙江	—	1 550.48	1 463.44	2 214.32	1 417.00	1 650.38	3 185.00	7 313.00
上 海	373.71	701.80	833.99	2 371.89	2 724.00	2 841.00	1 496.60	1 523.00
江 苏	100.00	2 659.00	3 304.65	3 110.30	2 299.87	4 607.66	17 173.00	11 860.76
浙 江	193.90	2 757.89	2 615.25	2 431.00	3 921.82	19 642.22	16 724.97	5 445.48
安 徽	—	1 123.99	1 068.75	1 693.08	2 251.00	2 711.00	8 214.07	12 155.09
福 建	242.84	1 269.65	1 537.63	1 060.00	4 527.96	7 038.50	4 512.05	4 245.70
江 西	—	195.00	300.00	890.21	1 827.72	4 287.92	9 145.99	4 687.03
山 东	—	1 259.19	1 393.80	1 908.46	3 598.37	6 596.13	11 061.04	9 075.51
河 南	198.64	1 130.00	2 041.38	2 540.00	3 230.00	4 220.00	8 000.00	7 040.00
湖 北	133.81	867.40	650.41	787.09	1 107.17	7 962.42	10 882.76	12 679.81
湖 南	—	855.52	950.00	2 010.00	5 625.00	9 117.43	5 009.00	6 454.50
广 东	—	7 396.80	8 271.03	11 278.52	14 275.24	15 554.45	23 138.20	10 582.25
广 西	—	68.88	467.16	4 536.77	6 203.60	7 255.33	12 493.11	8 631.07
海 南	—	512.75	34.87	2 514.53	405.57	227.96	26.21	—
重 庆	—	816.18	339.61	1 140.00	733.00	1 463.00	3 444.00	1 051.26
四 川	—	1 795.63	912.58	1 405.59	2 356.00	5 907.00	4 857.81	3 978.24
贵 州	—	290.00	547.87	803.18	527.55	3 117.00	6 394.87	2 115.00
云 南	—	1 910.33	1 329.93	612.46	1 270.00	5 781.07	6 958.58	2 875.51
西 藏	—	—	—	—	—	—	60.00	—
陕 西	—	1 296.68	990.05	1 071.72	2 778.89	1 931.26	871.06	4 507.64
甘 肃	—	636.26	406.40	654.59	1 003.00	2 591.75	2 365.60	3 006.80
青 海	—	60.00	30.36	100.00	110.00	74.00	96.00	108.00
宁 夏	—	207.41	140.00	177.97	171.99	467.37	629.40	304.00
新 疆	—	—	—	—	1 190.99	3 382.59	2 980.00	11 665.82
中彩中心	—	—	—	—	—	—	—	—
合 计 Total	**1 739.50**	**37 627.76**	**38 315.65**	**64 731.22**	**77 388.04**	**137 550.03**	**184 288.52**	**179 823.77**

销售统计表（分地区分系统）

Different Organizations in China from 1987 to 2020

单位：万元

Unit：Ten Thousand Yuan

1995			1996			1997		
福利彩票 Welfare Lottery	体育彩票 Sports Lottery	小计 Subtotal	福利彩票 Welfare Lottery	体育彩票 Sports Lottery	小计 Subtotal	福利彩票 Welfare Lottery	体育彩票 Sports Lottery	小计 Subtotal
11 485.78	2 000.00	13 485.78	5 452.40	—	5 452.40	8 003.40	2 000.00	10 003.40
6 113.00	8 200.00	14 313.00	4 159.90	3 100.00	7 259.90	4 043.00	1 800.00	5 843.00
20 611.00	7 800.00	28 411.00	11 559.40	5 000.00	16 559.40	7 928.40	5 600.00	13 528.40
13 001.43	800.00	13 801.43	28 227.10	2 000.00	30 227.10	10 877.40	2 000.00	12 877.40
18 400.00	400.00	18 800.00	24 200.00	2 200.00	26 400.00	8 446.20	4 400.00	12 846.20
23 007.97	4 100.00	27 107.97	21 992.50	5 900.00	27 892.50	11 033.00	2 800.00	13 833.00
14 005.96	1 880.00	15 885.96	19 355.60	5 100.00	24 455.60	5 507.40	3 000.00	8 507.40
9 565.00	7 314.00	16 879.00	18 797.80	3 900.00	22 697.80	7 155.70	5 000.00	12 155.70
9 492.00	6 500.00	15 992.00	11 770.00	11 000.00	22 770.00	5 833.70	19 000.00	24 833.70
21 711.20	12 000.00	33 711.20	29 126.80	4 800.00	33 926.80	27 524.60	6 800.00	34 324.60
12 209.72	2 420.00	14 629.72	8 102.80	3 520.00	11 622.80	4 609.40	6 000.00	10 609.40
19 088.18	3 100.00	22 188.18	15 729.00	4 400.00	20 129.00	10 050.20	4 600.00	14 650.20
14 985.62	1 800.00	16 785.62	18 663.90	4 000.00	22 663.90	10 925.00	14 000.00	24 925.00
15 797.56	1 500.00	17 297.56	13 376.80	3 400.00	16 776.80	12 508.20	4 000.00	16 508.20
39 488.45	1 000.00	40 488.45	23 718.00	5 020.00	28 738.00	12 257.30	5 000.00	17 257.30
39 550.00	1 300.00	40 850.00	21 849.70	2 800.00	24 649.70	10 207.30	3 000.00	13 207.30
30 067.00	4 700.00	34 767.00	36 888.40	5 520.00	42 408.40	23 730.00	5 360.00	29 090.00
22 672.70	4 500.00	27 172.70	42 271.40	5 020.00	47 291.40	13 565.10	5 000.00	18 565.10
61 005.31	11 286.00	72 291.31	130 585.20	9 000.00	139 585.20	105 132.00	13 000.00	118 132.00
23 774.75	2 400.00	26 174.75	34 601.50	5 000.00	39 601.50	13 799.60	6 000.00	19 799.60
—	—	—	2 920.00	2 500.00	5 420.00	680.00	2 000.00	2 680.00
11 727.14	—	11 727.14	8 648.00	—	8 648.00	4 857.30	2 000.00	6 857.30
29 952.38	3 300.00	33 252.38	47 906.70	5 720.00	53 626.70	15 683.90	6 000.00	21 683.90
14 096.05	1 000.00	15 096.05	12 760.50	3 800.00	16 560.50	7 769.60	4 000.00	11 769.60
7 825.06	3 000.00	10 825.06	10 828.90	2 400.00	13 228.90	8 084.40	4 000.00	12 084.40
—	100.00	100.00	—	800.00	800.00	—	400.00	400.00
38 099.93	3 320.00	41 419.93	14 530.40	4 100.00	18 630.40	5 472.70	5 000.00	10 472.70
13 006.53	980.00	13 986.53	15 866.60	3 000.00	18 866.60	5 057.90	3 000.00	8 057.90
3 232.34	—	3 232.34	1 766.20	2 000.00	3 766.20	166.00	240.00	406.00
3 551.00	300.00	3 851.00	3 586.60	2 000.00	5 586.60	764.00	1 000.00	1 764.00
25 500.40	3 000.00	28 500.40	8 279.40	3 000.00	11 279.40	2 078.70	4 000.00	6 078.70
—	—	—	—	—	—	—	—	—
573 023.46	**100 000.00**	**673 023.46**	**647 521.50**	**120 000.00**	**767 521.50**	**363 751.40**	**150 000.00**	**513 751.40**

续表

地 区 Region	1998 福利彩票 Welfare Lottery	1998 体育彩票 Sports Lottery	1998 小计 Subtotal	1999 福利彩票 Welfare Lottery	1999 体育彩票 Sports Lottery	1999 小计 Subtotal	2000 福利彩票 Welfare Lottery	2000 体育彩票 Sports Lottery	2000 小计 Subtotal
北 京	9 442.30	3 280.00	12 722.30	37 931.50	5 200.00	43 131.50	14 439.53	48 678.67	63 118.20
天 津	4 717.30	5 000.00	9 717.30	4 302.30	7 410.00	11 712.30	7 329.81	48 109.67	55 439.48
河 北	6 559.50	5 940.00	12 499.50	23 306.40	2 971.00	26 277.40	9 915.50	25 268.06	35 183.56
山 西	11 973.10	6 000.00	17 973.10	15 137.30	200.00	15 337.30	5 663.91	1 892.91	7 556.82
内蒙古	3 388.50	930.00	4 318.50	12 203.00	2 774.00	14 977.00	4 410.29	2 112.86	6 523.15
辽 宁	7 716.10	4 000.00	11 716.10	38 092.60	1 714.00	39 806.60	40 451.11	6 391.51	46 842.62
吉 林	3 647.70	2 000.00	5 647.70	15 166.70	1 712.00	16 878.70	7 027.99	1 000.00	8 027.99
黑龙江	5 568.90	4 000.00	9 568.90	15 389.70	6 580.00	21 969.70	14 793.15	27 265.62	42 058.77
上 海	30 900.90	10 000.00	40 900.90	87 778.10	43 226.00	131 004.10	127 451.61	50 173.94	177 625.55
江 苏	59 061.60	17 000.00	76 061.60	111 465.00	66 457.00	177 922.00	69 646.57	182 261.85	251 908.42
浙 江	57 921.20	24 000.00	81 921.20	106 897.90	45 036.00	151 933.90	60 531.70	61 416.95	121 948.65
安 徽	13 862.20	5 040.00	18 902.20	25 035.40	6 660.00	31 695.40	16 397.84	8 161.86	24 559.70
福 建	17 528.80	30 000.00	47 528.80	65 630.40	43 008.00	108 638.40	28 880.51	71 167.24	100 047.75
江 西	12 770.00	4 200.00	16 970.00	20 766.80	5 366.00	26 132.80	8 441.16	3 248.99	11 690.15
山 东	29 253.20	6 000.00	35 253.20	36 476.30	8 851.00	45 327.30	75 387.02	12 802.97	88 189.99
河 南	13 302.20	4 000.00	17 302.20	19 731.30	2 282.00	22 013.30	17 382.00	5 775.14	23 157.14
湖 北	17 227.60	9 360.00	26 587.60	23 651.80	5 657.00	29 308.80	31 098.02	43 747.06	74 845.08
湖 南	10 684.70	5 000.00	15 684.70	28 507.90	6 711.00	35 218.90	21 268.46	15 164.40	36 432.86
广 东	215 180.10	49 000.00	264 180.10	211 035.20	82 063.00	293 098.20	133 754.80	91 169.14	224 923.94
广 西	22 670.30	12 000.00	34 670.30	30 539.20	3 411.00	33 950.20	51 230.75	2 824.03	54 054.78
海 南	2 644.00	6 000.00	8 644.00	8 002.80	3 534.00	11 536.80	1 300.67	3 554.75	4 855.42
重 庆	14 589.00	3 000.00	17 589.00	13 131.40	2 325.00	15 456.40	45 989.14	5 311.94	51 301.08
四 川	17 793.10	13 040.00	30 833.10	31 239.10	36 275.00	67 514.10	55 473.45	167 341.78	222 815.23
贵 州	6 796.10	4 420.00	11 216.10	12 335.20	4 104.00	16 439.20	8 437.27	13 877.54	22 314.81
云 南	14 255.10	5 000.00	19 255.10	20 115.00	3 773.00	23 888.00	12 244.00	1 588.37	13 832.37
西 藏	—	820.00	820.00	—	1 147.00	1 147.00	1 186.54	744.00	1 930.54
陕 西	5 803.10	3 000.00	8 803.10	8 740.60	481.00	9 221.60	10 232.62	5 063.88	15 296.50
甘 肃	4 201.20	3 000.00	7 201.20	4 081.90	1 100.00	5 181.90	3 657.95	988.95	4 646.90
青 海	260.70	370.00	630.70	689.10	—	689.10	1 030.38	160.00	1 190.38
宁 夏	2 166.00	400.00	2 566.00	2 754.40	500.00	3 254.40	627.74	582.27	1 210.01
新 疆	10 105.90	4 200.00	14 305.90	14 314.20	3 023.00	17 337.20	13 165.77	3 554.05	16 719.82
中彩中心	—	—	—	—	—	—	—	—	—
合 计 Total	**631 990.40**	**250 000.00**	**881 990.40**	**1 044 448.50**	**403 551.00**	**1 447 999.50**	**898 847.26**	**911 400.40**	**1 810 247.66**

2001			2002			2003		
福利彩票 Welfare Lottery	体育彩票 Sports Lottery	小计 Subtotal	福利彩票 Welfare Lottery	体育彩票 Sports Lottery	小计 Subtotal	福利彩票 Welfare Lottery	体育彩票 Sports Lottery	小计 Subtotal
33 179.03	150 247.00	183 426.03	56 126.23	130 858.00	186 984.23	100 520.93	111 961.01	212 481.94
12 100.15	50 778.00	62 878.15	8 159.23	64 280.44	72 439.67	10 763.39	64 208.88	74 972.27
25 530.36	52 747.54	78 277.90	48 987.11	74 146.81	123 133.92	58 907.49	67 153.10	126 060.59
53 207.86	6 319.84	59 527.70	34 870.99	9 124.90	43 995.89	27 644.61	15 746.49	43 391.10
5 473.39	987.90	6 461.29	10 824.25	6 182.90	17 007.15	16 957.45	12 509.41	29 466.86
75 896.56	35 724.92	111 621.48	105 933.26	100 790.28	206 723.54	126 814.59	76 789.97	203 604.56
33 078.01	15 170.18	48 248.19	25 229.36	32 796.57	58 025.93	46 783.59	43 513.76	90 297.35
41 780.52	43 479.78	85 260.30	67 728.98	50 069.87	117 798.85	84 072.82	55 844.39	139 917.21
100 356.05	57 206.58	157 562.63	80 032.30	102 769.02	182 801.32	102 551.43	76 099.77	178 651.20
71 973.80	176 575.91	248 549.71	72 515.36	182 588.77	255 104.13	68 803.36	160 002.43	228 805.79
54 559.50	82 652.78	137 212.28	53 042.52	143 421.78	196 464.30	84 922.35	167 261.21	252 183.56
35 054.75	24 206.33	59 261.08	23 206.75	34 423.72	57 630.47	27 413.74	45 257.81	72 671.55
81 017.90	181 613.52	262 631.42	67 481.65	318 353.12	385 834.77	29 091.19	220 306.39	249 397.58
39 602.89	10 146.30	49 749.19	30 992.83	16 811.94	47 804.77	34 426.37	30 091.51	64 517.88
185 322.67	42 615.46	227 938.13	265 900.88	67 615.63	333 516.51	288 136.42	42 068.88	330 205.30
71 436.07	82 954.91	154 390.98	68 094.52	108 702.18	176 796.70	73 635.77	85 634.52	159 270.29
32 817.84	67 353.85	100 171.69	40 236.65	101 619.69	141 856.34	78 832.09	113 774.96	192 607.05
24 411.12	12 828.33	37 239.45	42 815.92	19 861.74	62 677.66	55 828.97	23 082.77	78 911.74
172 421.81	143 071.13	315 492.94	287 606.13	340 464.63	628 070.76	314 331.30	298 374.90	612 706.20
58 162.23	14 287.64	72 449.87	84 519.87	22 577.61	107 097.48	111 382.99	25 412.59	136 795.58
3 575.51	4 799.39	8 374.90	3 296.49	6 212.68	9 509.17	2 068.59	10 024.34	12 092.93
29 524.27	12 475.34	41 999.61	22 350.63	18 424.85	40 775.48	31 040.63	19 332.71	50 373.34
19 000.56	125 496.72	144 497.28	13 806.77	102 926.55	116 733.32	28 635.87	94 128.67	122 764.54
12 220.15	21 261.52	33 481.67	6 032.89	12 589.17	18 622.06	18 790.79	14 769.40	33 560.19
25 311.57	62 403.06	87 714.63	24 168.39	62 989.18	87 157.57	27 504.37	71 091.47	98 595.84
550.70	167.00	717.70	572.85	661.54	1 234.39	628.59	1 954.69	2 583.28
52 690.49	11 915.79	64 606.28	42 608.99	27 153.05	69 762.04	37 829.76	29 795.62	67 625.38
23 019.63	1 560.65	24 580.28	32 861.07	9 179.19	42 040.26	30 073.74	13 070.05	43 143.79
1 717.27	319.22	2 036.49	3 545.14	1 118.08	4 663.22	6 992.77	2 302.97	9 295.74
4 395.50	—	4 395.50	15 110.71	3 078.50	18 189.21	13 723.54	6 371.62	20 095.16
16 347.00	1 561.80	17 908.80	41 266.53	5 204.49	46 471.02	61 460.08	15 516.99	76 977.07
—	—	—	—	317.11	317.11	—	—	—
1 395 735.16	**1 492 928.39**	**2 888 663.55**	**1 679 925.25**	**2 177 313.99**	**3 857 239.24**	**2 000 569.58**	**2 013 453.28**	**4 014 022.86**

续表

地　区 Region	2004 福利彩票 Welfare Lottery	2004 体育彩票 Sports Lottery	2004 小计 Subtotal	2005 福利彩票 Welfare Lottery	2005 体育彩票 Sports Lottery	2005 小计 Subtotal	2006 福利彩票 Welfare Lottery	2006 体育彩票 Sports Lottery	2006 小计 Subtotal
北　京	157 995.61	73 701.15	231 696.76	207 187.56	89 451.75	296 639.31	229 001.22	119 666.21	348 667.43
天　津	19 589.60	50 373.16	69 962.76	40 174.97	79 425.65	119 600.62	54 531.44	78 221.77	132 753.21
河　北	80 013.37	49 209.12	129 222.49	176 551.16	140 210.60	316 761.76	233 993.59	132 055.25	366 048.84
山　西	37 431.99	14 836.79	52 268.78	83 938.78	38 901.84	122 840.62	131 537.22	55 930.49	187 467.71
内蒙古	23 363.02	13 171.12	36 534.14	55 135.96	38 302.91	93 438.86	80 375.24	54 474.73	134 849.96
辽　宁	152 600.09	54 144.19	206 744.28	266 384.46	134 373.60	400 758.06	399 046.63	174 806.91	573 853.54
吉　林	49 510.98	31 999.58	81 510.56	96 075.33	72 103.27	168 178.60	132 208.30	114 454.03	246 662.33
黑龙江	95 629.70	49 544.06	145 173.76	302 950.17	241 607.61	544 557.78	235 808.29	96 454.34	332 262.63
上　海	100 273.42	51 488.28	151 761.70	123 528.65	53 747.48	177 276.14	167 850.45	72 713.88	240 564.33
江　苏	75 014.61	134 342.72	209 357.33	136 391.95	195 696.48	332 088.42	210 184.33	326 074.44	536 258.76
浙　江	82 221.07	147 303.90	229 524.97	160 436.76	236 474.01	396 910.77	244 239.10	325 309.28	569 548.38
安　徽	41 476.63	35 006.83	76 483.46	100 089.03	96 482.37	196 571.39	128 081.78	74 041.39	202 123.17
福　建	21 336.50	172 023.11	193 359.61	45 162.07	198 929.46	244 091.53	100 104.26	210 881.14	310 985.40
江　西	30 510.91	24 572.34	55 083.25	51 637.78	82 067.23	133 705.01	52 859.06	66 044.01	118 903.07
山　东	284 915.79	33 603.86	318 519.65	539 046.67	199 064.71	738 111.38	468 047.68	156 772.06	624 819.75
河　南	91 656.07	69 486.81	161 142.88	157 659.30	171 968.20	329 627.50	177 670.69	160 770.10	338 440.79
湖　北	123 910.17	91 549.80	215 459.97	278 119.79	239 197.62	517 317.41	265 749.02	155 347.45	421 096.47
湖　南	60 041.08	20 852.58	80 893.66	118 344.02	104 544.68	222 888.69	147 414.49	88 830.59	236 245.07
广　东	306 563.04	189 492.66	496 055.70	391 173.93	210 382.70	601 556.63	487 050.04	242 711.74	729 761.78
广　西	111 488.44	14 977.69	126 466.13	136 391.95	19 301.55	155 693.50	136 514.05	21 167.05	157 681.10
海　南	12 918.82	4 969.86	17 888.68	13 857.37	4 562.85	18 420.22	13 112.29	5 918.16	19 030.45
重　庆	37 457.36	14 522.28	51 979.64	62 666.48	22 959.69	85 626.17	90 646.02	25 669.64	116 315.65
四　川	45 672.66	61 579.07	107 251.73	106 713.86	96 130.18	202 844.03	173 020.19	139 229.52	312 249.70
贵　州	23 482.24	10 470.88	33 953.12	39 630.18	15 690.77	55 320.95	61 166.11	31 471.27	92 637.38
云　南	52 379.05	59 155.93	111 534.98	105 475.42	79 256.28	184 731.70	149 057.25	114 786.23	263 843.48
西　藏	3 651.32	928.25	4 579.57	4 334.58	1 358.87	5 693.45	7 691.78	2 017.22	9 709.00
陕　西	35 969.80	28 932.64	64 902.44	106 804.71	62 444.39	169 249.10	116 610.58	58 535.56	175 146.14
甘　肃	22 782.61	12 969.50	35 752.11	43 373.18	25 613.45	68 986.63	67 309.07	38 612.66	105 921.73
青　海	8 826.95	3 160.71	11 987.66	16 054.81	6 729.68	22 784.49	22 232.30	8 528.13	30 760.42
宁　夏	10 684.80	6 906.90	17 591.70	18 688.45	15 784.40	34 472.85	31 646.79	22 912.96	54 559.75
新　疆	64 385.60	16 687.71	81 073.31	128 098.35	53 793.67	181 892.02	142 000.00	61 884.71	203 884.71
中彩中心	—	—	—	—	—	—	—	—	—
合 计 Total	**2 263 753.30**	**1 541 963.48**	**3 805 716.78**	**4 112 077.66**	**3 026 557.94**	**7 138 635.60**	**4 956 759.24**	**3 236 292.90**	**8 193 052.14**

2007			2008			2009		
福利彩票 Welfare Lottery	体育彩票 Sports Lottery	小计 Subtotal	福利彩票 Welfare Lottery	体育彩票 Sports Lottery	小计 Subtotal	福利彩票 Welfare Lottery	体育彩票 Sports Lottery	小计 Subtotal
238 198.87	126 007.06	364 205.94	264 760.76	153 964.77	418 725.52	311 890.56	171 030.17	482 920.73
72 412.81	82 352.20	154 765.02	64 095.76	92 256.78	156 352.53	83 173.48	112 694.38	195 867.86
272 316.12	172 217.19	444 533.31	260 128.67	162 229.79	422 358.46	279 639.11	165 863.10	445 502.21
157 469.17	50 780.87	208 250.04	125 853.49	92 377.08	218 230.57	148 620.24	80 708.50	229 328.74
110 442.21	73 560.35	184 002.56	165 259.42	103 843.57	269 102.99	193 675.40	126 278.26	319 953.66
493 266.48	200 277.60	693 544.08	400 885.63	190 940.70	591 826.33	474 376.30	195 194.00	669 570.30
214 700.40	120 685.46	335 385.86	159 023.07	113 194.58	272 217.64	156 052.32	126 304.45	282 356.77
224 301.91	124 700.41	349 002.33	212 956.64	121 795.93	334 752.57	233 872.57	146 499.31	380 371.88
221 109.64	85 703.78	306 813.42	195 329.31	97 168.76	292 498.07	291 953.43	120 357.96	412 311.39
320 308.22	434 325.79	754 634.01	334 282.22	500 732.23	835 014.45	478 358.21	683 987.88	1 162 346.09
444 633.66	362 021.14	806 654.80	407 120.26	402 485.98	809 606.24	493 209.76	452 868.94	946 078.70
188 383.13	115 564.82	303 947.95	157 284.48	107 119.35	264 403.83	201 035.41	140 991.50	342 026.91
146 417.77	238 081.00	384 498.77	125 404.77	304 387.06	429 791.83	160 594.20	348 160.83	508 755.03
65 072.47	88 710.28	153 782.75	81 403.05	93 326.62	174 729.67	107 444.82	126 605.74	234 050.56
592 654.30	192 163.66	784 817.95	510 118.51	236 552.44	746 670.95	690 475.14	454 278.45	1 144 753.59
207 361.08	154 159.82	361 520.90	191 362.83	238 212.07	429 574.90	227 658.45	277 649.84	505 308.29
305 241.68	185 804.83	491 046.51	280 791.48	161 997.15	442 788.63	318 822.18	163 946.06	482 768.24
191 915.75	99 248.63	291 164.37	151 375.73	86 577.80	237 953.54	203 959.50	115 894.96	319 854.46
565 821.16	300 051.05	865 872.21	633 992.91	392 155.11	1 026 148.02	833 977.73	543 682.23	1 377 659.96
155 515.47	22 749.72	178 265.19	136 672.69	24 675.88	161 348.57	159 526.95	28 320.47	187 847.42
25 544.39	8 970.32	34 514.72	47 368.49	10 221.71	57 590.20	38 184.09	11 319.98	49 504.07
127 322.18	36 756.60	164 078.78	111 486.31	50 575.31	162 061.62	140 283.50	63 885.27	204 168.77
196 865.49	156 985.30	353 850.78	244 593.94	171 674.65	416 268.59	311 716.13	249 697.85	561 413.98
78 969.03	47 338.89	126 307.91	103 451.21	69 366.56	172 817.77	135 172.12	91 963.91	227 136.03
188 850.64	123 457.57	312 308.21	202 386.33	232 838.45	435 224.78	286 596.57	310 675.83	597 272.40
11 116.17	2 409.76	13 525.92	17 889.68	15 587.88	33 477.56	27 808.32	19 911.45	47 719.77
186 680.07	87 444.20	274 124.27	159 361.70	118 532.51	277 894.21	203 278.41	119 684.61	322 963.02
107 355.26	47 320.78	154 676.04	100 122.40	75 796.32	175 918.73	129 457.73	63 317.23	192 774.96
28 816.76	9 848.28	38 665.04	30 548.01	22 900.92	53 448.93	37 355.34	24 267.65	61 622.99
42 365.13	25 286.42	67 651.55	35 768.60	38 936.36	74 704.95	44 247.36	39 890.28	84 137.64
134 475.11	76 387.21	210 862.32	128 716.89	79 106.04	207 822.93	158 164.72	111 375.88	269 540.60
—	—	—	—	—	—	—	—	—
6 315 902.51	**3 851 370.97**	**10 167 273.49**	**6 039 795.23**	**4 561 530.35**	**10 601 325.58**	**7 560 580.05**	**5 687 306.97**	**13 247 887.02**

续表

地　区 Region	2010 福利彩票 Welfare Lottery	2010 体育彩票 Sports Lottery	2010 小计 Subtotal	2011 福利彩票 Welfare Lottery	2011 体育彩票 Sports Lottery	2011 小计 Subtotal	2012 福利彩票 Welfare Lottery	2012 体育彩票 Sports Lottery	2012 小计 Subtotal
北　京	382 292.54	307 468.83	689 761.37	503 554.26	386 417.61	889 971.87	507 317.39	382 995.85	890 313.24
天　津	123 844.76	162 624.61	286 469.37	160 714.27	257 910.92	418 625.19	228 000.86	301 341.31	529 342.17
河　北	347 006.56	192 464.86	539 471.42	471 188.65	246 354.16	717 542.81	546 386.83	306 002.67	852 389.50
山　西	159 719.43	82 254.76	241 974.19	213 702.01	96 201.50	309 903.51	254 806.03	101 566.48	356 372.51
内蒙古	200 553.74	116 003.25	316 556.99	258 553.80	146 265.79	404 819.59	281 124.50	161 954.99	443 079.49
辽　宁	543 791.57	233 990.98	777 782.54	627 739.73	358 295.82	986 035.55	798 047.23	522 949.55	1 320 996.78
吉　林	176 023.10	134 459.51	310 482.61	208 013.56	161 333.02	369 346.58	256 357.13	234 394.23	490 751.36
黑龙江	243 383.48	156 510.15	399 893.63	285 501.27	270 023.55	555 524.82	358 206.36	382 962.65	741 169.01
上　海	295 040.81	155 086.73	450 127.54	383 409.73	207 406.46	590 816.19	384 025.82	262 909.83	646 935.65
江　苏	723 258.10	933 359.04	1 656 617.14	1 178 830.30	1 417 350.94	2 596 181.24	1 340 066.74	1 618 342.05	2 958 408.79
浙　江	733 942.15	527 233.31	1 261 175.46	927 216.13	606 645.26	1 533 861.39	1 023 967.93	733 287.17	1 757 255.10
安　徽	251 627.30	170 303.88	421 931.18	355 627.04	229 984.46	585 611.50	436 558.35	236 034.10	672 592.45
福　建	241 186.14	377 815.89	619 002.03	329 024.52	476 903.65	805 928.17	371 984.26	521 898.31	893 882.57
江　西	144 329.17	223 845.68	368 174.85	231 094.96	292 130.54	523 225.50	352 383.78	360 873.65	713 257.43
山　东	898 454.89	538 029.63	1 436 484.52	1 097 297.13	952 068.99	2 049 366.12	1 223 637.80	1 059 789.89	2 283 427.69
河　南	321 660.36	286 122.06	607 782.42	452 936.10	388 900.99	841 837.09	568 890.93	516 324.86	1 085 215.79
湖　北	407 074.95	195 418.27	602 493.22	510 549.41	201 287.45	711 836.86	607 789.85	263 200.34	870 990.19
湖　南	263 449.03	164 662.14	428 111.17	409 434.94	235 868.79	645 303.73	529 189.21	320 758.92	849 948.13
广　东	1 135 538.64	750 999.12	1 886 537.75	1 407 034.45	947 347.17	2 354 381.63	1 695 551.18	1 027 652.68	2 723 203.86
广　西	209 737.98	53 488.89	263 226.87	282 296.16	72 445.47	354 741.63	384 769.57	76 329.47	461 099.04
海　南	84 036.38	15 004.37	99 040.75	118 814.54	27 182.24	145 996.78	143 251.44	47 084.47	190 335.91
重　庆	218 964.71	101 410.39	320 375.10	345 860.20	146 027.68	491 887.88	381 540.93	150 383.16	531 924.09
四　川	367 863.16	292 216.09	660 079.25	486 887.44	332 968.68	819 856.12	595 148.22	379 817.24	974 965.46
贵　州	144 454.78	115 315.83	259 770.61	160 217.70	117 750.99	277 968.68	181 386.47	133 673.24	315 059.71
云　南	330 270.78	284 547.28	614 818.06	396 464.71	342 401.88	738 866.59	448 759.71	416 285.02	865 044.73
西　藏	25 139.88	13 959.25	39 099.13	33 106.41	24 164.83	57 271.24	30 752.25	26 587.77	57 340.02
陕　西	257 242.51	133 458.12	390 700.63	401 325.86	160 496.85	561 822.71	502 854.75	181 355.83	684 210.58
甘　肃	147 863.66	63 759.44	211 623.10	182 711.20	77 667.35	260 378.55	228 036.40	115 082.90	343 119.30
青　海	45 868.17	23 557.49	69 425.66	58 201.79	32 461.64	90 663.43	74 962.26	33 713.37	108 675.63
宁　夏	63 665.31	37 913.17	101 578.48	77 054.53	45 900.32	122 954.85	90 801.09	41 948.84	132 749.93
新　疆	192 954.54	101 321.17	294 275.71	225 357.13	120 299.56	345 656.70	276 667.92	131 695.09	408 363.01
中彩中心	—	—	—	—	—	—	—	—	—
合计 Total	**9 680 238.56**	**6 944 604.20**	**16 624 842.76**	**12 779 719.93**	**9 378 464.56**	**22 158 184.49**	**15 103 223.19**	**11 049 195.92**	**26 152 419.11**

2013			2014			2015		
福利彩票 Welfare Lottery	体育彩票 Sports Lottery	小计 Subtotal	福利彩票 Welfare Lottery	体育彩票 Sports Lottery	小计 Subtotal	福利彩票 Welfare Lottery	体育彩票 Sports Lottery	小计 Subtotal
509 368.74	538 876.33	1 048 245.07	533 561.05	624 258.25	1 157 819.29	503 524.50	502 980.97	1 006 505.47
300 405.71	352 459.59	652 865.30	426 338.61	611 663.47	1 038 002.08	378 401.65	363 921.14	742 322.79
703 776.51	564 939.27	1 268 715.78	800 886.64	866 288.03	1 667 174.67	763 716.70	888 412.68	1 652 129.38
293 196.41	156 171.50	449 367.91	408 477.29	189 710.49	598 187.78	423 735.15	208 448.33	632 183.48
395 704.85	218 725.80	614 430.65	496 141.50	293 644.19	789 785.68	535 893.87	382 816.18	918 710.05
929 441.33	496 648.37	1 426 089.70	1 065 603.03	500 234.68	1 565 837.71	1 095 785.72	503 289.33	1 599 075.05
416 052.71	331 286.64	747 339.35	462 690.96	365 523.48	828 214.44	349 870.46	382 299.03	732 169.49
440 035.04	427 030.88	867 065.92	517 108.71	703 380.36	1 220 489.07	500 557.37	586 672.34	1 087 229.71
375 293.73	457 740.34	833 034.07	482 149.32	862 347.09	1 344 496.41	428 851.76	382 149.56	811 001.32
1 285 029.01	1 557 830.89	2 842 859.90	1 390 860.66	1 789 291.28	3 180 151.94	1 444 830.57	1 698 220.70	3 143 051.27
1 244 851.59	862 688.74	2 107 540.33	1 377 688.33	1 071 695.30	2 449 383.64	1 468 661.70	1 088 360.78	2 557 022.48
590 768.95	364 145.92	954 914.87	693 312.85	461 076.14	1 154 388.99	656 254.60	507 151.13	1 163 405.73
479 583.00	598 632.00	1 078 215.00	500 083.70	647 508.21	1 147 591.91	508 783.03	770 575.71	1 279 358.74
487 034.84	506 690.51	993 725.35	614 656.18	678 004.34	1 292 660.52	323 469.70	455 808.30	779 278.00
1 344 280.28	1 224 208.93	2 568 489.21	1 478 072.70	1 588 635.18	3 066 707.88	1 448 689.14	1 575 034.63	3 023 723.77
617 988.22	616 824.76	1 234 812.98	651 909.83	826 227.93	1 478 137.76	626 568.06	1 020 712.83	1 647 280.89
738 288.79	353 958.81	1 092 247.60	892 645.33	408 706.95	1 301 352.28	939 140.52	367 076.93	1 306 217.45
603 054.26	368 848.97	971 903.23	729 030.42	599 316.43	1 328 346.85	777 265.40	406 490.61	1 183 756.01
1 899 419.72	1 179 351.81	3 078 771.53	2 068 064.18	1 612 047.38	3 680 111.56	2 050 534.55	1 524 384.20	3 574 918.75
477 437.00	87 315.43	564 752.43	708 822.47	120 493.31	829 315.78	507 303.86	191 806.59	699 110.45
160 175.92	51 186.06	211 361.98	165 704.59	86 556.98	252 261.57	174 374.73	130 184.13	304 558.86
435 129.47	190 957.72	626 087.19	619 904.19	282 254.12	902 158.31	456 499.56	305 774.57	762 274.13
678 348.28	360 855.75	1 039 204.03	781 527.11	402 404.19	1 183 931.31	834 518.02	454 416.01	1 288 934.03
202 467.37	180 236.81	382 704.18	215 145.52	222 917.79	438 063.31	249 779.74	258 364.33	508 144.07
499 102.20	481 643.94	980 746.14	583 215.48	571 842.58	1 155 058.06	648 740.69	622 917.96	1 271 658.65
42 693.91	29 539.19	72 233.10	72 678.17	38 717.36	111 395.53	106 564.02	52 255.27	158 819.29
631 348.13	223 821.20	855 169.33	757 205.80	410 755.10	1 167 960.90	827 307.58	433 474.64	1 260 782.22
330 035.41	219 489.87	549 525.28	465 377.65	273 901.21	739 278.86	453 227.88	223 703.34	676 931.22
95 625.92	63 115.09	158 741.01	113 710.75	103 650.52	217 361.27	116 817.19	54 678.25	171 495.44
107 387.08	63 534.66	170 921.74	154 022.67	143 338.15	297 360.82	153 316.56	86 785.19	240 101.75
339 521.99	150 902.78	490 424.77	370 219.54	284 602.85	654 822.39	398 114.69	208 160.06	606 274.75
—	—	—	—	—	—	—	—	—
17 652 846.37	**13 279 658.55**	**30 932 504.92**	**20 596 815.22**	**17 640 993.36**	**38 237 808.57**	**20 151 098.97**	**16 637 325.74**	**36 788 424.71**

续表

地区 Region	2016			2017			2018		
	福利彩票 Welfare Lottery	体育彩票 Sports Lottery	小计 Subtotal	福利彩票 Welfare Lottery	体育彩票 Sports Lottery	小计 Subtotal	福利彩票 Welfare Lottery	体育彩票 Sports Lottery	小计 Subtotal
北　京	470 842.43	603 752.90	1 074 595.33	467 009.68	609 161.03	1 076 170.71	473 305.37	782 200.25	1 255 505.62
天　津	380 821.94	301 813.47	682 635.41	381 685.18	336 368.96	718 054.14	385 149.71	490 424.64	875 574.35
河　北	626 591.67	1 071 645.99	1 698 237.66	559 091.98	1 010 266.29	1 569 358.27	588 779.94	1 340 465.39	1 929 245.33
山　西	436 420.83	232 871.70	669 292.53	439 633.53	349 260.42	788 893.95	407 158.01	428 358.26	835 516.27
内蒙古	579 730.12	450 903.71	1 030 633.83	626 545.94	474 378.21	1 100 924.15	640 786.70	700 435.74	1 341 222.44
辽　宁	1 095 417.28	552 543.09	1 647 960.37	1 052 981.89	506 011.89	1 558 993.78	1 050 755.74	753 432.68	1 804 188.42
吉　林	356 845.77	382 758.55	739 604.32	346 250.70	353 481.55	699 732.25	396 421.24	451 500.46	847 921.70
黑龙江	505 207.23	538 373.44	1 043 580.67	476 565.58	564 907.22	1 041 472.80	460 193.02	629 595.57	1 089 788.59
上　海	449 770.02	305 347.32	755 117.34	485 804.71	321 441.99	807 246.70	512 340.77	460 298.47	972 639.24
江　苏	1 487 625.99	1 787 293.88	3 274 919.87	1 537 754.40	2 013 007.88	3 550 762.28	1 597 979.69	2 852 390.03	4 450 369.72
浙　江	1 513 054.59	1 243 668.69	2 756 723.28	1 564 390.98	1 370 396.17	2 934 787.15	1 677 928.21	2 062 356.64	3 740 284.85
安　徽	681 577.19	521 043.38	1 202 620.57	740 565.50	603 699.30	1 344 264.80	758 482.94	972 782.24	1 731 265.18
福　建	501 645.17	805 843.19	1 307 488.36	506 547.96	1 064 602.85	1 571 150.81	501 364.28	1 209 771.61	1 711 135.89
江　西	296 444.47	314 052.03	610 496.50	424 359.99	470 416.72	894 776.71	512 209.88	828 424.84	1 340 634.72
山　东	1 468 684.45	1 723 726.36	3 192 410.81	1 515 056.82	1 819 874.99	3 334 931.81	1 529 581.40	2 524 066.24	4 053 647.64
河　南	661 935.53	1 199 526.77	1 861 462.30	689 017.68	1 336 538.44	2 025 556.12	701 216.97	1 828 002.63	2 529 219.60
湖　北	1 013 843.03	669 553.60	1 683 396.63	1 027 641.37	929 994.25	1 957 635.62	1 045 917.96	1 306 453.05	2 352 371.01
湖　南	854 052.11	600 421.27	1 454 473.38	890 348.20	819 267.45	1 709 615.65	916 609.37	1 026 632.49	1 943 241.86
广　东	2 112 967.72	1 850 301.05	3 963 268.77	2 288 433.10	1 939 389.05	4 227 822.15	2 427 035.30	2 471 863.52	4 898 898.82
广　西	476 749.03	280 957.55	757 706.58	551 518.54	319 938.29	871 456.83	551 999.00	400 407.74	952 406.74
海　南	167 183.56	144 717.37	311 900.93	153 623.54	120 745.58	274 369.12	141 796.82	167 863.17	309 659.99
重　庆	449 407.98	350 921.27	800 329.25	555 295.93	474 658.69	1 029 954.62	582 714.75	596 669.55	1 179 384.30
四　川	849 549.42	476 101.63	1 325 651.05	892 199.95	471 639.00	1 363 838.95	923 632.21	848 504.34	1 772 136.55
贵　州	269 068.03	322 873.35	591 941.38	282 275.35	347 671.26	629 946.61	283 381.19	568 044.02	851 425.21
云　南	728 835.04	750 145.21	1 478 980.25	758 035.67	759 880.46	1 517 916.13	813 535.10	1 020 823.58	1 834 358.68
西　藏	157 978.07	70 955.93	228 934.00	268 131.94	88 832.90	356 964.84	239 728.16	101 996.05	341 724.21
陕　西	862 320.26	554 208.03	1 416 528.29	915 712.41	658 275.53	1 573 987.94	988 513.80	830 683.67	1 819 197.47
甘　肃	450 303.85	262 176.61	712 480.46	494 605.55	307 150.12	801 755.67	476 699.66	390 093.51	866 793.17
青　海	153 535.26	63 996.29	217 531.55	167 879.87	81 675.75	249 555.62	162 031.97	105 726.98	267 758.95
宁　夏	171 165.15	101 159.49	272 324.64	177 453.93	116 094.10	293 548.03	186 155.27	164 628.45	350 783.72
新　疆	419 590.61	281 310.56	700 901.17	461 261.32	330 203.18	791 464.50	522 207.32	376 665.05	898 872.37
中彩中心	—	—	—	—	—	—	—	—	—
合计 Total	**20 649 163.80**	**18 814 963.71**	**39 464 127.51**	**21 697 679.20**	**20 969 229.54**	**42 666 908.74**	**22 455 611.76**	**28 691 560.83**	**51 147 172.59**

2019			2020			1987—2020		
福利彩票 Welfare Lottery	体育彩票 Sports Lottery	小计 Subtotal	福利彩票 Welfare Lottery	体育彩票 Sports Lottery	小计 Subtotal	福利彩票 Welfare Lottery	体育彩票 Sports Lottery	小计 Subtotal
393 203.34	731 884.35	1 125 087.69	253 356.15	536 461.39	789 817.54	6 704 889.59	7 194 503.54	13 899 393.14
330 403.22	328 796.36	659 199.58	245 066.53	287 533.54	532 600.07	3 746 637.30	4 543 068.96	8 289 706.26
540 260.88	1 009 539.01	1 549 799.89	381 326.92	949 319.53	1 330 646.45	7 869 991.93	9 514 109.45	17 384 101.38
332 313.09	310 802.22	643 115.31	287 096.15	244 067.83	531 163.98	4 558 887.59	2 777 333.20	7 336 220.79
421 550.58	592 919.32	1 014 469.90	291 073.78	453 860.56	744 934.34	5 469 085.13	4 434 035.73	9 903 120.86
890 581.64	579 147.06	1 469 728.69	624 958.44	391 925.95	1 016 884.39	12 451 331.27	6 586 417.07	19 037 748.34
258 989.06	383 250.38	642 239.44	214 488.18	360 899.34	575 387.51	4 440 401.97	4 226 100.05	8 666 502.02
386 529.86	511 997.02	898 526.88	290 288.45	375 758.38	666 046.83	6 052 741.84	6 131 266.88	12 184 008.72
515 783.21	430 603.26	946 386.47	464 545.95	381 837.48	846 383.43	6 446 092.82	5 084 323.98	11 530 416.80
1 262 483.73	2 273 294.99	3 535 778.72	891 881.62	1 955 118.36	2 846 999.97	16 272 083.86	22 979 145.53	39 251 229.39
1 538 810.43	1 561 490.03	3 100 300.46	1 176 311.48	1 321 606.84	2 497 918.32	16 575 213.76	14 911 620.90	31 486 834.66
691 826.15	822 954.26	1 514 780.41	437 733.23	655 261.36	1 092 994.59	7 325 739.58	6 249 492.15	13 575 231.74
427 444.85	915 384.18	1 342 829.02	306 127.55	867 975.59	1 174 103.14	5 631 433.33	10 613 622.04	16 245 055.38
393 629.56	674 529.55	1 068 159.11	253 448.10	517 178.04	770 626.14	4 632 005.19	5 882 045.17	10 514 050.36
1 359 853.07	2 014 887.28	3 374 740.35	919 042.15	1 489 206.73	2 408 248.89	18 358 740.66	17 972 937.98	36 331 678.64
646 884.50	1 624 323.87	2 271 208.37	405 817.35	1 307 230.84	1 713 048.19	7 761 782.82	12 319 431.57	20 081 214.38
812 453.36	1 059 591.61	1 872 044.97	525 038.71	827 159.03	1 352 197.74	10 442 637.87	7 937 335.77	18 379 973.64
754 604.46	621 120.79	1 375 725.25	508 575.98	366 254.73	874 830.71	8 400 711.67	6 142 760.07	14 543 471.74
1 947 740.69	2 009 125.21	3 956 865.90	1 621 417.04	1 635 854.59	3 257 271.63	25 593 863.72	19 864 220.06	45 458 083.78
452 344.85	250 518.25	702 863.10	315 563.45	189 804.32	505 367.77	6 224 988.56	2 268 610.55	8 493 599.11
88 437.77	75 388.00	163 825.78	38 226.68	56 801.74	95 028.42	1 614 821.38	1 007 302.15	2 622 123.54
432 843.97	560 006.38	992 850.36	310 711.34	407 756.53	718 467.87	5 549 579.45	3 844 058.67	9 393 638.12
988 072.32	893 138.42	1 881 210.74	794 184.04	737 592.87	1 531 776.91	9 551 217.11	7 079 179.51	16 630 396.62
242 653.31	468 494.77	711 148.08	195 199.05	442 579.05	637 778.10	2 980 933.41	3 524 045.36	6 504 978.77
775 348.34	872 639.65	1 647 987.98	639 783.82	823 402.21	1 463 186.03	7 777 911.46	8 082 945.15	15 860 856.61
189 486.36	97 551.48	287 037.83	176 480.00	128 746.49	305 226.49	1 418 229.70	722 314.16	2 140 543.86
952 596.17	533 239.97	1 485 836.14	837 471.03	459 168.28	1 296 639.31	8 972 059.46	5 144 340.48	14 116 399.94
339 210.52	342 471.73	681 682.25	269 992.68	315 975.60	585 968.28	4 450 955.64	2 890 980.46	7 341 936.10
139 904.30	81 241.75	221 146.05	146 459.03	76 389.02	222 848.05	1 438 808.93	802 151.80	2 240 960.72
134 071.58	140 293.53	274 365.11	115 081.58	132 926.48	248 008.07	1 662 353.50	1 238 472.10	2 900 825.59
483 501.52	310 892.77	794 394.29	512 032.05	250 627.62	762 659.66	5 169 006.68	2 988 976.24	8 157 982.91
—	—	—	—	—	—	—	317.11	317.11
19 123 816.68	**23 081 517.43**	**42 205 334.12**	**14 448 778.51**	**18 946 280.35**	**33 395 058.86**	**235 545 137.19**	**214 957 463.86**	**450 502 601.05**

1987—2020 年全国福利

Statistical Table of Public Welfare Funds of Welfare

地 区 Region	1987—1988	1989	1990	1991	1992	1993	1994	1995	1996
北 京	331.66	279.23	549.80	606.20	770.60	1 332.50	1 550.40	2 780.40	1 265.60
天 津	242.28	322.41	392.60	302.70	191.70	567.60	460.00	1 528.30	1 033.10
河 北	516.60	390.40	578.80	708.90	767.30	753.00	2 810.00	5 152.70	3 154.40
山 西	485.32	248.28	320.40	380.70	1 001.40	641.40	1 168.00	3 187.20	6 756.40
内蒙古	—	134.66	312.00	146.00	439.30	323.20	959.60	4 600.00	5 747.50
辽 宁	1 065.78	676.35	1 510.80	878.10	870.70	1 191.20	3 642.50	5 681.10	5 636.30
吉 林	407.55	616.26	1 114.60	429.60	647.90	1 037.10	1 372.00	3 504.80	4 996.00
黑龙江	239.73	443.32	567.00	375.31	412.20	800.40	1 829.00	2 392.70	4 772.90
上 海	170.24	249.69	615.63	680.90	710.20	374.10	386.80	2 373.00	2 970.00
江 苏	395.41	919.78	662.49	1 007.02	1 382.20	4 524.80	2 925.60	5 454.00	6 853.50
浙 江	443.59	762.12	777.98	1 218.64	5 062.80	4 069.60	1 358.00	2 926.00	1 942.70
安 徽	256.00	238.60	478.10	605.30	675.50	1 912.80	2 849.70	4 723.70	3 962.30
福 建	282.01	447.74	264.70	1 078.12	1 759.60	1 124.80	1 061.70	3 731.10	4 642.30
江 西	58.72	98.40	236.00	475.96	1 014.40	2 252.00	1 171.50	3 912.80	3 537.40
山 东	391.67	381.34	466.20	798.00	1 657.90	2 672.10	2 206.00	9 733.70	5 916.30
河 南	643.20	640.00	842.56	966.70	1 055.00	2 000.00	1 760.00	9 850.80	5 516.40
湖 北	346.47	193.35	281.18	267.40	2 046.10	2 745.70	3 100.70	7 443.20	8 980.10
湖 南	206.80	232.66	691.30	1 127.93	2 027.60	1 252.30	1 613.60	5 716.50	10 615.70
广 东	1 325.72	1 339.04	2 064.60	4 467.14	3 463.00	5 248.80	2 035.70	14 882.40	31 719.80
广 西	—	135.72	1 217.97	1 542.70	1 825.50	3 131.40	2 157.80	5 943.70	8 248.60
海 南	154.94	9.27	668.80	100.20	35.40	5.00	—	—	730.00
重 庆	269.64	88.77	278.20	173.25	359.60	861.00	237.80	2 931.80	2 121.90
四 川	816.55	277.96	165.22	586.45	1 476.70	1 214.50	990.60	7 436.20	11 919.10
贵 州	185.03	149.30	230.50	129.20	779.30	1 598.70	528.70	3 524.00	3 190.10
云 南	543.58	422.43	194.50	314.90	1 432.80	1 740.60	654.60	1 898.90	2 582.80
西 藏	—	—	—	—	—	—	—	—	—
陕 西	479.89	279.00	293.17	701.65	480.60	206.50	913.20	8 819.40	3 530.30
甘 肃	206.15	145.03	196.00	252.00	637.00	591.40	751.70	3 251.60	3 948.10
青 海	37.92	8.46	43.00	41.00	117.00	155.60	76.00	887.70	437.10
宁 夏	24.00	49.44	18.80	27.40	18.50	24.00	27.00	808.10	902.30
新 疆	—	—	—	256.00	963.60	732.00	1 576.80	6 445.10	2 090.50
小计 Subtotal	10 526.45	10 179.01	16 032.90	20 645.37	34 081.40	45 084.10	42 175.00	141 520.90	159 719.50
中央集中 Central Government	2 754.52	2 445.82	3 994.94	4 326.92	6 517.90	9 459.20	11 266.60	27 828.40	31 348.90
合 计 Total	**13 280.97**	**12 624.83**	**20 027.84**	**24 972.29**	**40 599.30**	**54 543.30**	**53 441.60**	**169 349.30**	**191 068.40**

注：本统计表为按福利彩票销量计算的福利彩票公益金筹集数，未包括弃奖奖金。

彩票公益金统计表

Lottery in China from 1987 to 2020

单位：万元

Unit：Ten Thousand Yuan

1997	1998	1999	2000	2001	2002	2003	2004
1 813.00	2 300.20	9 662.40	1 219.80	5 480.47	8 418.93	15 125.01	23 846.42
1 012.90	1 180.70	1 252.20	1 849.00	2 056.17	1 223.88	1 689.67	3 009.68
1 729.90	1 764.00	6 128.60	2 005.40	4 316.92	7 348.07	9 191.86	12 043.49
2 779.40	2 551.60	3 292.70	1 146.80	8 653.94	5 230.65	4 547.58	6 106.91
1 408.30	1 017.60	1 545.00	988.40	977.31	1 623.64	2 674.52	3 571.25
2 502.90	1 862.00	9 795.50	10 562.40	12 543.96	15 889.99	19 197.34	23 047.29
1 184.50	930.60	1 813.50	1 553.00	5 508.87	3 784.41	7 151.71	7 496.73
1 920.40	1 309.50	3 492.60	3 371.60	6 866.66	10 159.34	12 812.95	14 380.24
1 605.60	7 627.00	21 922.30	26 506.90	16 712.70	12 004.84	16 603.34	15 227.70
6 684.90	14 827.50	27 539.70	14 346.80	11 888.38	10 877.31	11 653.50	11 674.64
917.60	14 481.70	25 784.90	11 646.40	9 926.85	7 956.38	15 355.76	12 562.01
2 457.40	3 321.60	6 251.10	4 472.20	5 785.92	3 481.01	4 390.16	6 235.43
2 645.50	4 541.10	16 505.70	5 334.20	13 992.24	10 122.25	4 776.13	3 200.48
3 315.30	3 108.90	5 131.00	1 723.00	6 568.38	4 648.93	5 653.09	4 585.05
2 762.50	7 847.90	7 190.30	16 878.10	30 797.28	39 885.13	44 120.98	43 466.53
2 551.80	3 414.70	4 451.70	4 717.80	11 673.44	10 214.18	11 363.33	13 848.48
5 629.40	4 277.00	5 950.60	6 613.50	5 402.41	6 035.50	12 575.80	18 586.53
3 404.00	2 278.20	5 811.10	4 217.30	4 027.84	6 422.39	8 699.57	9 112.68
25 403.70	53 784.00	52 758.70	28 912.90	27 862.23	43 140.93	51 235.63	46 643.02
3 446.90	5 659.60	8 536.80	9 231.50	10 190.26	12 677.98	17 259.95	16 850.17
170.00	661.00	2 000.70	291.40	1 072.64	494.47	322.07	1 938.82
1 214.30	3 684.00	3 219.10	10 030.60	4 872.59	3 352.59	4 906.19	5 622.92
3 777.40	4 384.90	7 809.80	16 300.60	3 148.34	2 071.02	4 896.20	6 899.19
1 262.70	1 826.50	3 083.80	1 637.00	2 004.59	904.93	3 194.07	3 522.34
1 888.10	3 568.20	4 990.60	2 657.50	4 496.99	3 625.26	4 301.16	7 882.40
—	—	—	—	212.74	85.93	101.79	568.87
1 186.50	1 480.30	2 041.10	2 109.10	8 860.98	6 391.35	5 876.35	5 421.98
1 212.20	1 062.40	945.60	792.30	3 796.64	4 929.16	4 533.76	3 446.34
191.00	55.00	160.00	130.40	303.49	531.77	1 055.36	1 331.57
41.50	541.50	691.20	205.30	725.26	2 266.61	2 144.76	1 656.92
487.20	2 445.80	3 244.80	2 071.40	2 201.74	6 189.98	9 469.27	9 743.03
86 606.80	157 795.00	253 003.10	193 522.60	232 928.23	251 988.78	316 878.83	343 529.11
14 519.90	38 101.20	51 493.80	48 749.90	186 276.48	335 985.06	383 320.53	448 784.56
101 126.70	**195 896.20**	**304 496.90**	**242 272.50**	**419 204.71**	**587 973.84**	**700 199.35**	**792 313.67**

续表

地 区 Region	2005	2006	2007	2008	2009	2010	2011	2012
北 京	36 257.82	40 075.21	41 684.80	46 169.80	53 321.25	62 758.89	80 253.82	81 297.16
天 津	7 030.62	9 530.61	12 672.20	10 466.53	13 339.66	18 893.37	23 951.07	33 190.78
河 北	30 895.16	40 948.88	46 849.16	42 529.15	46 337.35	54 763.92	71 949.28	83 086.61
山 西	14 689.29	23 019.02	27 454.42	21 464.47	25 224.57	26 077.44	33 203.91	38 897.58
内蒙古	9 648.79	14 059.47	19 253.18	25 479.13	32 288.45	31 711.11	40 233.26	43 175.30
辽 宁	46 306.91	68 123.77	82 550.02	66 626.69	77 452.55	84 539.25	95 591.86	118 755.49
吉 林	16 813.18	23 136.45	35 488.97	26 445.23	26 343.85	28 063.93	31 657.88	37 707.30
黑龙江	53 016.28	40 720.57	38 311.01	35 766.60	39 301.21	40 499.32	45 939.11	55 810.22
上 海	21 572.47	28 580.21	37 737.18	33 097.73	49 539.94	48 478.65	62 206.07	60 725.59
江 苏	23 702.90	36 407.25	54 908.28	54 825.79	77 178.98	107 255.56	168 363.91	190 044.87
浙 江	28 076.43	42 236.66	75 587.26	66 877.86	80 029.63	108 563.76	134 755.72	147 740.95
安 徽	17 485.58	21 841.56	31 613.33	26 337.35	33 310.21	39 377.60	52 544.92	63 259.94
福 建	7 903.36	17 480.75	25 451.51	20 239.45	25 331.11	35 272.14	47 376.55	53 585.90
江 西	9 036.61	9 065.37	11 282.90	13 862.57	17 582.82	23 351.29	36 170.17	55 368.17
山 东	94 333.17	81 397.99	101 406.39	81 333.60	105 963.96	127 961.10	153 636.15	170 438.23
河 南	27 590.38	31 092.37	36 456.85	32 170.44	37 351.38	49 766.78	67 552.55	83 251.53
湖 北	48 390.26	45 870.45	52 531.85	47 452.26	52 720.12	62 857.32	76 430.12	89 384.31
湖 南	20 524.15	25 292.25	32 645.77	25 449.41	34 272.85	42 127.11	60 554.61	75 987.30
广 东	68 426.12	83 241.16	95 294.74	101 914.62	132 438.73	169 057.84	207 638.59	246 642.15
广 西	23 791.02	23 274.97	25 867.56	22 768.27	26 308.23	32 681.03	41 820.99	57 214.67
海 南	2 410.12	2 270.38	4 057.07	5 965.34	5 320.61	10 254.99	14 466.55	17 252.67
重 庆	10 966.63	15 724.25	21 401.43	18 566.09	23 472.16	33 928.07	51 113.44	55 260.24
四 川	18 674.93	30 278.53	34 405.76	38 986.96	50 645.27	58 732.50	75 192.53	89 834.05
贵 州	6 864.54	10 514.34	13 316.06	16 919.49	22 544.53	24 108.00	26 524.26	29 818.35
云 南	18 458.20	26 055.58	32 667.88	34 615.37	46 884.01	54 415.67	63 720.46	71 337.39
西 藏	758.55	1 346.07	1 945.33	3 089.56	4 339.29	4 084.50	5 172.87	4 826.50
陕 西	18 690.82	20 296.65	31 075.13	25 641.13	32 901.19	39 994.23	61 028.64	77 350.03
甘 肃	7 590.31	11 747.58	18 783.42	16 880.79	21 426.09	23 156.97	27 561.77	33 544.44
青 海	2 809.59	3 869.52	4 997.42	5 101.56	6 357.28	7 403.66	8 994.68	11 505.57
宁 夏	3 270.48	5 538.19	7 358.48	6 026.10	7 260.51	9 759.27	11 614.77	13 662.63
新 疆	22 417.21	24 711.22	23 485.57	22 007.45	24 656.34	28 281.25	32 979.64	40 305.87
小 计 Subtotal	718 401.90	857 747.28	1 078 540.93	995 076.79	1 231 444.12	1 488 176.51	1 910 200.15	2 230 261.73
中央集中 Central Government	718 401.90	857 747.28	1 078 540.93	995 076.79	1 231 444.12	1 488 176.51	1 910 200.15	2 230 261.73
合 计 Total	**1 436 803.80**	**1 715 494.56**	**2 157 081.86**	**1 990 153.58**	**2 462 888.24**	**2 976 353.01**	**3 820 400.30**	**4 460 523.45**

2013	2014	2015	2016	2017	2018	2019	2020	1987—2020
81 416.45	86 111.02	77 736.83	74 234.02	73 065.71	74 071.32	63 551.67	41 644.81	1 090 983.20
43 486.63	62 799.49	52 955.04	53 505.62	53 563.10	53 908.67	46 530.59	36 188.80	550 327.64
102 570.29	113 751.22	107 803.82	91 346.86	82 504.91	86 782.14	81 270.25	61 187.45	1 203 936.78
43 990.72	58 449.16	59 938.58	62 864.59	63 300.37	58 901.55	49 381.96	44 230.84	699 587.14
60 012.01	73 728.94	75 913.92	82 983.88	89 674.24	91 703.63	61 396.79	44 813.58	822 543.96
134 779.26	150 949.37	153 218.81	155 766.58	150 210.11	150 316.76	128 793.18	95 250.90	1 875 785.73
58 895.90	64 575.16	48 999.23	51 313.22	49 767.63	59 002.79	37 950.21	32 754.09	672 464.13
66 865.14	77 410.43	73 776.22	75 284.23	71 022.48	68 724.67	59 135.48	45 188.16	952 916.98
58 939.14	75 354.15	64 579.78	68 990.45	75 159.79	78 020.53	79 069.51	73 117.00	1 041 909.11
178 760.89	191 168.67	197 823.40	209 275.12	214 633.68	222 116.93	178 069.19	134 765.98	2 372 918.91
173 237.40	187 865.41	200 575.91	213 077.06	221 206.75	238 149.36	221 664.43	180 390.60	2 437 228.23
82 572.69	95 681.16	88 740.48	94 930.76	102 966.07	105 725.67	98 299.93	68 659.91	1 075 443.98
67 832.48	69 125.35	70 894.67	72 571.57	73 652.22	73 208.48	63 938.25	49 715.34	849 088.80
75 014.99	92 831.96	45 867.71	42 393.67	61 427.58	74 396.94	55 276.55	39 755.76	710 175.87
185 807.34	201 912.06	196 831.82	205 107.74	211 126.84	214 008.30	194 102.12	140 902.48	2 683 441.22
88 223.30	92 048.36	88 139.81	95 818.83	99 784.57	100 728.65	93 500.59	64 912.85	1 173 899.34
105 108.65	124 678.43	129 441.02	141 974.48	144 289.43	147 293.08	116 282.39	81 526.82	1 556 705.90
84 539.85	98 790.24	103 922.81	117 888.57	122 772.13	126 816.06	107 331.63	78 524.15	1 224 896.37
272 618.59	292 414.25	288 671.58	302 521.93	322 137.70	340 371.12	285 568.73	244 735.42	3 849 980.56
71 180.02	101 056.51	72 221.94	71 186.92	83 442.22	82 963.03	65 744.89	49 524.09	959 102.91
18 951.12	19 289.95	20 148.01	19 933.40	18 439.71	17 075.66	11 655.53	5 994.61	202 140.42
65 103.46	92 709.74	63 146.03	64 443.89	82 695.49	85 858.90	62 438.63	47 637.49	838 690.19
98 866.84	110 715.75	117 033.00	122 693.95	128 913.51	135 095.58	144 422.77	121 889.39	1 450 552.05
32 527.45	33 811.87	37 690.87	41 450.76	43 186.18	43 605.94	38 598.07	32 452.96	481 684.43
77 679.09	87 426.99	93 898.72	107 959.69	112 237.45	120 716.03	117 667.38	102 402.23	1 211 337.44
6 411.05	10 422.58	15 013.05	22 281.50	37 653.11	33 717.97	27 265.29	25 172.38	204 468.92
91 867.19	107 217.37	116 101.64	123 386.54	131 141.97	141 378.54	138 373.24	124 929.84	1 330 445.51
47 042.22	64 624.23	62 275.25	63 813.61	69 893.66	67 347.11	49 021.67	40 639.42	656 045.93
14 252.51	16 488.21	16 814.89	22 264.25	24 323.18	23 613.36	21 026.05	22 266.35	217 650.43
16 085.11	22 202.09	21 470.61	24 471.94	25 244.04	26 601.58	19 558.61	17 608.97	247 905.97
48 712.85	52 895.87	57 071.84	61 528.56	67 063.23	75 725.86	70 690.34	73 976.65	774 426.95
2 553 350.65	2 928 506.00	2 818 717.22	2 957 264.14	3 106 499.06	3 217 946.21	2 787 575.92	2 222 759.32	35 418 685.00
2 553 350.65	2 928 506.00	2 818 717.22	2 957 264.14	3 106 499.06	3 217 946.21	2 787 575.92	2 222 759.32	34 709 642.54
5 106 701.31	**5 857 012.01**	**5 637 434.44**	**5 914 528.27**	**6 212 998.12**	**6 435 892.42**	**5 575 151.84**	**4 445 518.63**	**70 128 327.54**

1994—2020 年全国体育

Statistical Table of Public Welfare Funds of Sports

地 区 Region	1994—1995	1996	1997	1998	1999	2000
北 京	—	—	477.20	887.00	1 279.00	10 305.00
天 津	4 000.00	431.35	748.50	1 320.00	2 256.00	10 268.60
河 北	1 510.30	1 280.60	1 057.48	1 545.60	810.00	5 567.90
山 西	117.00	313.80	676.40	1 560.00	54.00	530.00
内蒙古	51.00	370.00	1 019.00	251.10	724.00	622.30
辽 宁	785.00	1 518.60	745.20	1 080.00	189.00	1 705.80
吉 林	223.00	661.00	869.00	540.00	459.00	280.00
黑龙江	—	—	1 169.70	1 130.00	1 734.20	5 694.20
上 海	1 725.00	3 300.00	5 700.00	2 465.00	10 497.80	11 006.20
江 苏	1 131.20	917.90	1 314.00	4 234.30	16 270.00	38 174.10
浙 江	653.40	909.60	1 539.20	5 868.60	11 967.20	13 524.50
安 徽	465.00	800.10	1 256.40	1 329.60	1 728.00	2 056.20
福 建	230.00	1 050.00	2 970.00	7 320.00	10 452.00	15 276.30
江 西	300.00	530.40	995.76	1 156.00	1 419.00	607.90
山 东	200.00	1 069.56	1 063.80	1 560.00	2 229.00	1 931.00
河 南	—	575.40	975.50	1 096.10	634.70	1 432.70
湖 北	1 131.20	917.90	1 314.00	2 328.30	1 469.00	9 386.00
湖 南	1 263.60	1 213.40	1 134.00	1 320.00	1 736.10	3 922.00
广 东	3 385.80	2 160.00	2 940.00	12 352.30	18 534.00	22 323.00
广 西	240.00	1 085.70	1 808.40	2 959.00	918.00	660.30
海 南	—	577.00	985.00	1 560.00	945.00	872.10
重 庆	—	—	—	820.00	621.30	1 358.40
四 川	990.00	1 373.00	1 533.00	3 169.60	8 740.00	34 145.30
贵 州	153.70	987.30	1 039.70	1 230.10	1 109.30	3 374.70
云 南	—	—	928.00	1 284.30	1 042.00	466.00
西 藏	—	302.00	—	239.00	297.00	208.30
陕 西	996.53	763.82	777.94	850.20	136.70	1 417.00
甘 肃	192.00	636.00	630.00	810.00	297.00	277.00
青 海	—	—	—	108.00	147.00	123.70
宁 夏	—	360.00	310.00	78.20	—	61.60
新 疆	743.00	661.00	869.00	1 128.00	868.30	1 093.20
小计 Subtotal	20 486.73	24 765.43	36 846.18	63 580.30	99 563.60	198 671.30
中央集中 Central Gov.	2 055.60	3 981.63	5 872.61	12 371.40	21 549.00	75 920.50
合 计 Total	**22 542.33**	**28 747.06**	**42 718.79**	**75 951.70**	**121 112.60**	**274 591.80**

注：本统计表为按体育彩票销量计算的体育彩票公益金筹集数，未包括弃奖奖金。

彩票公益金统计表

Lottery in China from 1994 to 2020

单位：万元

Unit：Ten Thousand Yuan

2001	2002	2003	2004	2005	2006	2007
22 044.00	19 270.95	16 807.15	12 540.46	14 577.38	17 311.61	18 450.80
7 525.00	9 525.58	9 659.63	8 563.44	13 613.06	12 826.11	13 150.80
8 315.00	10 969.88	10 114.67	8 417.15	24 355.88	22 527.80	28 792.20
1 079.00	1 470.20	2 381.54	2 524.74	6 680.63	9 408.59	8 555.43
281.00	1 025.40	1 930.55	2 245.48	6 616.53	9 224.03	12 527.34
5 183.00	15 155.98	11 568.50	9 278.84	22 749.68	28 415.28	33 175.01
2 202.00	5 055.05	6 633.41	5 452.18	12 412.01	19 392.87	20 527.82
6 596.00	7 866.24	8 492.94	8 427.07	42 084.64	16 324.82	21 293.00
8 863.00	16 481.75	11 574.66	8 799.54	8 728.42	10 632.21	12 891.50
26 428.00	29 672.42	24 440.00	23 096.14	33 755.13	55 477.24	74 404.85
13 833.00	24 042.50	26 083.72	25 347.46	40 776.75	54 980.98	61 427.92
3 918.00	5 499.60	6 863.52	5 997.67	16 764.94	12 381.02	19 106.43
26 981.00	46 316.72	33 045.96	29 243.93	34 518.53	35 920.23	40 689.22
1 716.00	2 858.00	4 728.78	4 177.30	14 047.15	9 999.38	13 139.03
6 563.00	10 204.15	6 367.65	5 830.56	34 378.90	26 095.62	32 176.29
12 529.00	16 254.46	12 854.47	11 812.88	29 879.91	27 494.57	26 367.60
9 819.00	15 104.85	17 131.32	15 567.66	41 347.27	25 586.21	30 827.41
3 010.00	3 619.95	3 542.53	3 566.01	17 931.89	14 390.18	16 564.89
22 703.00	52 852.91	44 904.98	32 347.58	34 114.82	34 609.00	43 875.47
2 206.00	3 447.13	3 869.12	2 588.57	3 121.31	2 935.62	3 244.76
789.00	943.11	1 503.65	847.46	746.67	856.91	1 278.15
1 891.00	3 210.49	2 980.90	2 479.69	3 795.62	3 789.04	5 673.11
18 896.00	15 954.31	14 394.61	10 487.21	16 362.51	23 108.33	26 249.51
3 346.00	1 996.61	2 269.82	1 809.64	2 591.75	5 032.65	7 839.09
9 253.00	9 483.14	10 708.42	10 075.02	13 633.75	19 308.22	20 886.48
55.00	118.22	293.20	157.80	227.36	328.17	400.72
2 201.00	4 052.82	4 575.59	4 992.91	10 745.31	9 704.32	14 795.20
265.00	1 507.97	1 995.76	2 220.99	4 400.91	6 516.10	8 059.23
76.00	193.45	348.28	538.41	1 159.60	1 447.21	1 676.43
15.00	468.39	982.79	1 179.71	2 722.53	3 877.04	4 307.16
1 040.00	874.23	2 407.43	2 882.95	9 242.92	10 389.26	12 951.04
229 621.00	335 496.46	305 455.53	263 496.45	518 083.71	530 290.62	635 303.89
218 342.59	426 563.44	399 253.12	276 291.20	518 083.71	530 290.62	635 303.89
447 963.59	**762 059.90**	**704 708.65**	**539 787.65**	**1 036 167.42**	**1 060 581.24**	**1 270 607.78**

续表

地　区 Region	2008	2009	2010	2011	2012	2013
北　京	20 868.27	22 266.67	37 550.11	47 230.81	46 349.01	65 211.99
天　津	13 923.17	16 972.12	22 771.77	31 113.56	36 407.29	42 590.95
河　北	25 421.02	25 865.80	28 343.35	35 176.53	42 697.10	78 396.51
山　西	12 170.10	12 546.46	11 607.32	12 700.79	13 282.21	21 298.16
内蒙古	15 320.74	18 872.89	16 275.81	19 965.56	21 505.33	29 877.51
辽　宁	29 286.82	28 252.15	30 800.57	47 598.49	69 732.04	66 164.09
吉　林	17 636.05	19 471.22	20 052.83	23 377.10	32 395.76	45 169.47
黑龙江	18 611.17	21 659.29	22 057.55	37 156.82	52 396.60	58 300.00
上　海	14 091.26	16 770.38	20 293.35	26 857.63	32 079.73	51 912.26
江　苏	79 483.70	101 430.89	127 297.04	191 956.12	217 581.40	208 559.09
浙　江	63 575.33	68 961.92	77 052.09	87 763.25	104 476.35	122 111.66
安　徽	16 443.49	20 940.92	24 459.98	30 449.02	31 083.51	46 948.81
福　建	48 447.34	53 412.05	55 701.97	69 267.89	74 349.86	85 121.94
江　西	13 314.38	17 331.11	29 624.22	37 891.18	43 630.07	61 849.71
山　东	34 318.00	62 658.98	72 239.77	123 049.18	137 002.36	158 411.60
河　南	35 993.55	43 809.38	43 057.32	54 963.41	72 464.59	85 893.28
湖　北	25 757.44	25 993.78	29 978.24	30 156.80	37 883.80	48 623.14
湖　南	13 870.02	17 255.75	22 535.57	31 923.77	41 695.31	46 764.63
广　东	54 103.19	71 246.81	96 927.51	120 285.13	129 005.08	149 395.62
广　西	3 458.48	3 857.35	6 367.41	8 944.47	8 953.75	10 377.34
海　南	1 498.71	1 689.86	2 149.31	3 728.83	5 615.39	6 203.66
重　庆	7 122.22	8 847.75	12 830.96	18 863.42	18 653.05	23 539.55
四　川	26 804.51	36 335.70	41 798.61	47 534.61	53 096.75	51 147.39
贵　州	10 643.93	13 653.59	17 208.63	16 994.01	19 006.63	25 234.79
云　南	32 691.46	42 471.83	39 387.38	47 521.83	57 120.77	66 770.81
西　藏	1 794.99	2 210.75	1 661.67	2 962.93	3 220.74	3 608.05
陕　西	17 381.61	16 910.87	18 459.20	21 728.31	24 846.20	30 420.44
甘　肃	10 514.67	9 522.04	9 214.04	10 931.32	15 001.18	29 397.20
青　海	3 013.88	3 213.24	3 158.42	4 064.31	4 422.71	7 262.73
宁　夏	5 934.47	6 172.89	5 528.88	6 885.16	6 356.97	8 731.40
新　疆	11 595.10	15 438.45	13 323.40	15 088.27	16 509.24	18 882.26
小计 Subtotal	685 089.07	826 042.87	959 714.29	1 264 130.52	1 468 820.80	1 754 176.05
中央集中 Central Gov.	685 089.07	826 042.87	959 714.29	1 264 130.52	1 468 820.80	1 754 176.05
合　计 Total	**1 370 178.14**	**1 652 085.75**	**1 919 428.58**	**2 528 261.03**	**2 937 641.59**	**3 508 352.10**

2014	2015	2016	2017	2018	2019	2020	1994—2020
76 808.55	66 601.97	79 480.75	81 106.27	99 048.94	97 153.05	72 686.62	946 313.54
70 452.18	40 412.73	34 971.62	39 894.10	54 290.32	40 319.30	37 340.37	575 347.56
112 158.34	116 222.98	135 478.09	130 874.55	165 057.79	134 555.69	132 212.91	1 287 725.12
25 734.64	27 176.43	28 724.30	39 617.55	46 344.98	36 214.67	31 021.62	353 790.55
40 477.88	52 172.50	60 656.43	62 939.36	82 212.56	73 541.07	60 629.76	591 335.12
65 301.73	62 953.55	67 280.73	62 411.77	85 524.69	71 051.25	51 688.31	869 596.08
49 812.83	51 234.00	51 883.05	48 397.76	56 560.97	50 254.51	48 797.06	589 749.96
89 296.55	76 137.85	73 687.76	76 404.58	79 862.33	67 714.91	51 687.52	845 785.74
92 973.64	45 139.06	39 826.77	42 324.09	57 175.46	58 066.69	53 783.86	663 959.26
227 609.30	217 249.30	234 817.94	255 797.43	332 485.01	287 782.57	257 638.01	3 069 003.06
140 552.25	139 908.95	160 476.78	176 218.54	243 357.37	204 923.22	182 853.73	2 053 186.25
55 529.85	57 256.30	63 080.08	72 293.71	107 453.50	101 875.77	87 735.38	793 716.82
92 023.21	104 522.85	111 903.51	136 497.51	150 888.26	130 642.41	128 158.87	1 524 951.56
84 829.05	51 821.50	38 874.64	56 465.51	91 201.99	78 651.35	65 428.00	726 587.40
204 698.91	184 189.98	210 593.29	220 652.83	284 313.26	242 093.01	192 112.35	2 256 003.06
114 739.06	127 670.50	152 038.87	167 714.77	212 745.49	198 787.55	173 822.60	1 625 607.66
52 211.53	48 835.28	79 786.05	110 482.53	146 139.31	128 189.01	104 775.95	1 040 743.01
70 437.76	45 794.66	66 068.31	89 602.01	109 252.04	71 459.27	46 956.07	746 829.71
203 742.25	180 214.00	224 298.33	236 851.49	290 725.65	253 754.44	217 160.28	2 554 812.62
14 014.70	20 367.68	30 487.84	35 696.99	45 134.79	30 204.70	24 815.77	271 765.19
10 240.53	14 124.10	16 207.58	14 104.67	18 465.81	10 225.50	8 360.46	124 518.45
32 871.39	31 256.41	37 437.73	50 057.36	61 892.34	63 406.94	49 434.48	442 833.14
57 996.15	62 306.00	66 148.73	65 235.06	100 683.04	112 543.89	98 362.88	995 396.72
31 438.29	35 752.19	44 337.97	48 219.90	70 010.97	62 165.85	61 984.88	489 431.99
79 131.42	82 751.94	98 468.18	101 540.74	127 983.56	118 819.71	116 381.00	1 108 108.95
4 915.01	6 839.36	9 579.62	12 135.36	13 673.70	13 423.59	17 833.93	96 486.47
49 404.45	51 095.19	65 014.64	74 486.37	89 155.70	65 130.97	60 279.49	640 322.77
36 376.98	30 698.14	35 060.02	40 703.54	48 649.12	44 554.30	43 569.89	392 000.38
11 115.44	6 991.69	8 576.67	10 588.43	13 435.71	10 803.05	10 644.36	103 108.70
16 544.43	11 723.00	14 102.44	16 188.03	20 895.09	18 578.55	18 689.29	170 693.01
31 870.68	25 699.69	36 109.80	42 715.26	45 544.91	39 033.72	33 070.44	390 031.55
2 245 308.99	2 075 119.72	2 375 458.53	2 618 218.06	3 350 164.66	2 915 920.50	2 539 916.13	28 339 741.37
2 245 308.99	2 075 119.72	2 375 458.53	2 618 218.06	3 350 164.66	2 915 920.50	2 539 916.13	28 203 959.49
4 490 617.98	**4 150 239.43**	**4 750 917.07**	**5 236 436.12**	**6 700 329.32**	**5 831 840.99**	**5 079 832.25**	**56 543 700.86**

1987—2020 年全国彩票公益金统计表

Statistical Table of Public Welfare Funds of Lottery in China from 1987 to 2020

单位：万元

Unit：Ten Thousand Yuan

年　份 Year	福利彩票 Welfare Lottery	体育彩票 Sports Lottery	合　计 Total
1987	855.00	—	855.00
1988	12 425.97	—	12 425.97
1989	12 624.83	—	12 624.83
1990	20 027.84	—	20 027.84
1991	24 972.29	—	24 972.29
1992	40 599.30	—	40 599.30
1993	54 543.30	—	54 543.30
1994	53 441.60	—	53 441.60
1995	169 349.30	22 542.33	191 891.63
1996	191 068.40	28 747.06	219 815.46
1997	101 126.70	42 718.79	143 845.49
1998	195 896.20	75 951.70	271 847.90
1999	304 496.90	121 112.60	425 609.50
2000	242 272.50	274 591.80	516 864.30
2001	419 204.71	447 963.59	867 168.30
2002	587 973.84	762 059.90	1 350 033.74
2003	700 199.35	704 708.65	1 404 908.00
2004	792 313.67	539 787.65	1 332 101.32
2005	1 436 803.80	1 036 167.42	2 472 971.22
2006	1 715 494.56	1 060 581.24	2 776 075.80
2007	2 157 081.86	1 270 607.78	3 427 689.64
2008	1 990 153.58	1 370 178.14	3 360 331.72
2009	2 462 888.24	1 652 085.75	4 114 973.99
2010	2 976 353.01	1 919 428.58	4 895 781.59
2011	3 820 400.30	2 528 261.03	6 348 661.33
2012	4 460 523.45	2 937 641.59	7 398 165.04
2013	5 106 701.31	3 508 352.10	8 615 053.41
2014	5 857 012.01	4 490 617.98	10 347 629.99
2015	5 637 434.44	4 150 239.43	9 787 673.87
2016	5 914 528.27	4 750 917.07	10 665 445.34
2017	6 212 998.12	5 236 436.12	11 449 434.24
2018	6 435 892.42	6 700 329.32	13 136 221.74
2019	5 575 151.84	5 831 840.99	11 406 992.83
2020	4 445 518.64	5 079 832.25	9 525 350.90
合 计 Total	**70 128 327.54**	**56 543 700.86**	**126 672 028.40**

注：本统计表为按彩票销量计算的彩票公益金筹集数，未包括弃奖奖金。

1987—2020 年全国彩票公益金中央与地方分配表

Statistical Table of the Allocation of Public Welfare Funds of Lottery between Central and Local Goverments from 1987 to 2020

单位：万元

Unit：Ten Thousand Yuan

年 份 Year	合 计 Total	中央集中 Central Government	地方留成 Local Government	分成比例（%） Percentage	
				中央 Central	地方 Local
1987—1988	13 280.97	2 754.52	10 526.45	20.70	79.30
1989	12 624.83	2 445.82	10 179.01	19.40	80.60
1990	20 027.84	3 994.94	16 032.90	19.90	80.10
1991	24 972.29	4 326.92	20 645.37	17.30	82.70
1992	40 599.30	6 517.90	34 081.40	16.10	83.90
1993	54 543.30	9 459.20	45 084.10	17.30	82.70
1994	53 441.60	11 266.60	42 175.00	21.10	78.90
1995	191 891.63	29 884.00	162 007.63	15.60	88.40
1996	219 815.46	35 330.53	184 484.93	16.10	83.90
1997	143 845.49	20 392.51	123 452.98	14.10	85.90
1998	271 847.90	50 472.60	221 375.30	18.60	81.40
1999	425 609.50	73 042.80	352 566.70	17.20	82.80
2000	516 864.30	124 670.40	392 193.90	24.10	75.90
2001	867 168.30	404 619.07	462 549.23	46.70	53.30
2002	1 350 033.74	762 548.50	587 485.24	56.50	43.50
2003	1 404 908.00	782 573.65	622 334.35	55.70	44.30
2004	1 332 101.32	725 075.76	607 025.56	54.40	45.60
2005	2 472 971.22	1 236 485.61	1 236 485.61	50.00	50.00
2006	2 776 075.80	1 388 037.90	1 388 037.90	50.00	50.00
2007	3 427 689.64	1 713 844.82	1 713 844.82	50.00	50.00
2008	3 360 331.72	1 680 165.86	1 680 165.86	50.00	50.00
2009	4 114 973.99	2 057 486.99	2 057 486.99	50.00	50.00
2010	4 895 781.59	2 447 890.80	2 447 890.80	50.00	50.00
2011	6 348 661.33	3 174 330.66	3 174 330.66	50.00	50.00
2012	7 398 165.04	3 699 082.52	3 699 082.52	50.00	50.00
2013	8 615 053.41	4 307 526.70	4 307 526.70	50.00	50.00
2014	10 347 629.99	5 173 814.99	5 173 814.99	50.00	50.00
2015	9 787 673.87	4 893 836.94	4 893 836.94	50.00	50.00
2016	10 665 445.34	5 332 722.67	5 332 722.67	50.00	50.00
2017	11 449 434.24	5 724 717.12	5 724 717.12	50.00	50.00
2018	13 136 221.74	6 568 110.87	6 568 110.87	50.00	50.00
2019	11 406 992.83	5 703 496.42	5 703 496.42	50.00	50.00
2020	9 525 350.90	4 762 675.45	4 762 675.45	50.00	50.00
合计 Total	**126 672 028.42**	**62 913 602.04**	**63 758 426.37**	**49.67**	**50.33**

注：本统计表为按彩票销量计算的彩票公益金筹集数，未包括弃奖奖金。

（二）2020年综合统计资料

Statistical Data of 2020

2020年全国彩票

Statistical Table of Lottery

月份 Month	福利彩票 Welfare Lottery				
	乐透数字型 Lotto Games	即开型 Instant Games	视频型 Online Instant Win	基诺型 Keno	小计 Subtotal
1月	86.24	16.07	26.50	0.10	128.90
2月	—	—	—	—	—
3月	47.12	4.63	—	0.02	51.77
4月	107.69	11.40	—	0.03	119.11
5月	121.44	9.42	9.16	0.11	140.12
6月	122.40	15.47	14.98	0.13	152.98
7月	124.08	12.85	17.29	0.13	154.36
8月	119.50	12.87	—	0.13	132.50
9月	121.40	17.95	—	0.14	139.49
10月	106.75	15.42	—	0.60	122.77
11月	131.00	15.73	—	3.45	150.17
12月	133.80	14.62	—	4.28	152.69
合计 Total	**1 221.41**	**146.43**	**67.93**	**9.11**	**1 444.88**

销售情况表

Sales in China in 2020

单位：亿元

Unit：One Hundred Million Yuan

体育彩票 Sports Lottery					
乐透数字型 Lotto Games	竞猜型 Sports Betting	视频型 Online Instant Win	即开型 Instant Games	小计 Subtotal	合　计 Total
63.45	68.04	—	11.71	143.20	272.10
—	—	—	0.01	0.01	0.01
39.99	7.68	—	5.66	53.33	105.09
98.45	4.32	—	11.98	114.76	233.88
110.71	27.16	—	14.21	152.09	292.22
104.75	63.61	0.01	14.37	182.73	335.70
100.14	93.10	—	13.89	207.13	361.49
99.86	102.40	—	13.02	215.29	347.79
96.40	105.79	—	16.85	219.04	358.54
86.81	83.99	—	13.58	184.38	307.15
97.86	96.38	—	16.01	210.25	360.42
99.25	96.69	—	16.48	212.42	365.12
997.67	**749.17**	**0.01**	**147.77**	**1 894.63**	**3 339.51**

2020 年全国彩票销售情况图

Diagram of Lottery Sales in China in 2020

单位：亿元

Unit：One Hundred Million Yuan

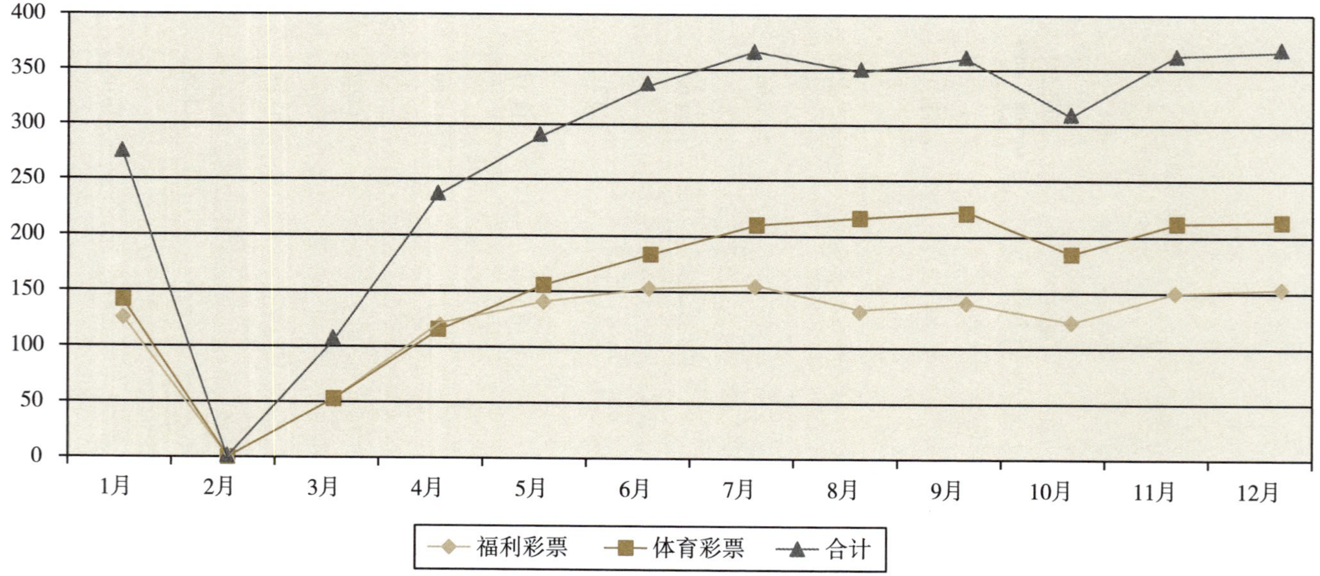

2020年全国各地区彩票销售量排名表

Ranking of Lottery Sales in Different Regions in China in 2020

单位：万元

Unit：Ten Thousand Yuan

名 次 Ranking	地 区 Region	销售额 Sales Volume
1	广东	3 257 271.63
2	江苏	2 846 999.97
3	浙江	2 497 918.32
4	山东	2 408 248.89
5	河南	1 713 048.19
6	四川	1 531 776.91
7	云南	1 463 186.03
8	湖北	1 352 197.74
9	河北	1 330 646.45
10	陕西	1 296 639.31
11	福建	1 174 103.14
12	安徽	1 092 994.59
13	辽宁	1 016 884.39
14	湖南	874 830.71
15	上海	846 383.43
16	北京	789 817.54
17	江西	770 626.14
18	新疆	762 659.66
19	内蒙古	744 934.34
20	重庆	718 467.87
21	黑龙江	666 046.83
22	贵州	637 778.10
23	甘肃	585 968.28
24	吉林	575 387.51
25	天津	532 600.07
26	山西	531 163.98
27	广西	505 367.77
28	西藏	305 226.49
29	宁夏	248 008.07
30	青海	222 848.05
31	海南	95 028.42
合 计 Total		**33 395 058.86**

2020 年全国各地区彩票

Statistical Table of Lottery Monthly Sales in

地 区 Region	1 月 Jan.	2 月 Feb.	3 月 Mar.	4 月 Apr.	5 月 May	6 月 June
北 京	68 243.31	—	522.83	6.66	56 552.88	86 840.10
天 津	40 735.88	—	13 555.08	36 722.96	44 138.29	54 280.54
河 北	107 681.19	—	36 541.49	101 457.81	122 720.41	132 274.33
山 西	39 269.63	—	16 000.27	36 954.71	44 748.05	50 927.67
内蒙古	59 766.52	—	23 325.45	58 085.95	68 359.94	78 562.00
辽 宁	92 393.89	—	27 925.99	75 200.74	96 548.41	105 344.92
吉 林	43 610.76	—	22 122.39	42 157.66	51 547.19	54 122.56
黑龙江	62 221.03	—	6 028.11	49 715.18	58 345.31	65 503.48
上 海	60 257.60	—	33 733.88	66 426.41	77 627.99	83 389.07
江 苏	210 265.01	—	118 348.38	223 921.38	277 141.43	301 534.97
浙 江	195 319.70	2.63	88 830.06	179 746.47	218 067.10	248 585.96
安 徽	93 791.33	—	37 813.69	76 482.72	97 821.04	110 850.02
福 建	88 020.05	—	50 627.15	92 102.97	110 820.41	116 628.58
江 西	69 245.83	8.11	25 978.67	42 685.95	60 710.27	76 971.14
山 东	218 545.42	—	90 990.88	185 331.75	207 002.84	235 252.31
河 南	139 225.30	—	58 278.88	129 453.26	141 773.56	162 641.93
湖 北	126 025.37	—	2 459.25	71 993.26	111 548.12	137 769.38
湖 南	82 312.34	—	34 040.26	56 727.73	72 982.30	88 063.89
广 东	249 716.86	—	58 242.10	206 427.36	264 789.85	327 013.30
广 西	53 125.49	—	18 658.66	33 703.75	43 121.28	50 734.55
海 南	9 785.41	29.69	3 655.22	5 782.99	7 981.06	9 818.24
重 庆	61 800.64	82.05	23 148.99	38 087.68	51 950.31	70 350.52
四 川	134 460.59	—	67 855.77	112 487.00	127 271.58	145 799.38
贵 州	44 972.55	—	18 058.91	43 619.07	54 456.71	63 407.24
云 南	107 102.52	—	61 699.67	106 734.67	130 482.50	142 740.78
西 藏	20 040.35	—	3 017.56	24 406.14	32 431.33	36 301.63
陕 西	103 439.57	9.96	44 416.54	94 282.95	114 432.37	130 098.15
甘 肃	44 037.93	—	21 954.60	45 199.49	51 535.88	58 667.05
青 海	13 851.41	—	9 109.51	17 875.15	20 477.24	22 817.85
宁 夏	18 239.95	—	5 995.68	17 596.02	23 315.67	26 467.48
新 疆	63 499.17	—	27 977.47	67 392.33	81 451.02	83 284.60
合 计 Total	**2 721 002.59**	**132.44**	**1 050 913.39**	**2 338 768.18**	**2 922 152.32**	**3 357 043.62**

销售情况表（分地区按月统计）

Different Regions in China in 2020

单位：万元

Unit：Ten Thousand Yuan

7月 July	8月 Aug.	9月 Sept.	10月 Oct.	11月 Nov.	12月 Dec.	合计 Total
98 393.27	97 720.14	99 469.82	84 780.55	98 165.16	99 122.81	789 817.54
62 043.29	57 844.82	57 539.36	48 602.35	57 840.06	59 297.44	532 600.07
141 645.53	135 756.08	140 277.56	120 768.14	143 271.40	148 252.52	1 330 646.45
57 996.24	56 885.18	59 089.98	48 917.57	57 521.10	62 853.59	531 163.98
83 656.22	76 365.87	76 868.71	62 680.71	76 680.92	80 582.05	744 934.34
115 691.58	93 043.28	101 718.93	87 660.00	108 941.12	112 415.52	1 016 884.39
62 403.57	61 030.71	62 544.79	50 428.93	59 045.98	66 372.98	575 387.51
66 280.24	69 384.08	72 329.30	59 589.83	75 329.16	81 321.10	666 046.83
91 719.98	84 811.82	87 276.91	76 858.10	90 973.06	93 308.63	846 383.43
321 171.77	298 681.78	302 190.74	261 437.27	267 776.65	264 530.60	2 846 999.97
252 177.21	258 435.60	264 708.37	236 172.78	282 067.21	273 805.24	2 497 918.32
120 317.54	112 715.48	117 041.19	99 458.30	114 959.41	111 743.87	1 092 994.59
118 359.61	123 459.34	123 318.51	104 140.00	123 899.61	122 726.92	1 174 103.14
85 165.05	84 689.40	84 013.48	73 364.34	83 816.31	83 977.60	770 626.14
254 730.62	250 572.39	256 936.70	214 243.10	248 002.12	246 640.75	2 408 248.89
186 737.53	181 797.04	187 434.68	154 909.41	184 990.06	185 806.54	1 713 048.19
158 777.47	149 902.90	151 958.49	128 384.52	158 763.07	154 615.90	1 352 197.74
95 995.38	88 161.97	92 062.05	81 121.05	93 154.91	90 208.84	874 830.71
353 434.65	356 063.50	362 670.38	320 014.89	375 853.54	383 045.19	3 257 271.63
56 941.30	49 458.91	50 875.04	43 436.86	51 509.70	53 802.22	505 367.77
11 428.80	8 635.17	8 365.36	7 762.88	9 919.01	11 864.60	95 028.42
81 162.69	80 878.01	80 110.74	63 468.98	77 757.78	89 669.48	718 467.87
154 824.52	157 554.30	167 383.52	138 943.23	165 051.15	160 145.87	1 531 776.91
67 988.00	69 567.74	71 843.67	60 297.18	72 089.36	71 477.67	637 778.10
157 687.13	154 468.85	153 580.74	132 591.16	155 373.34	160 724.66	1 463 186.03
35 629.80	32 858.54	30 583.77	25 960.60	30 429.44	33 567.34	305 226.49
137 376.33	132 204.40	138 705.11	120 663.25	141 362.12	139 648.54	1 296 639.31
60 995.32	59 818.18	58 783.05	51 345.16	64 428.47	69 203.16	585 968.28
22 945.53	22 536.54	24 208.06	20 525.12	24 514.93	23 986.71	222 848.05
28 251.76	24 310.95	25 504.60	22 299.78	26 928.12	29 098.06	248 008.07
72 958.73	48 270.31	75 961.02	70 700.67	83 821.26	87 343.08	762 659.66
3 614 886.65	**3 477 883.29**	**3 585 354.64**	**3 071 526.72**	**3 604 235.55**	**3 651 159.47**	**33 395 058.86**

2020 年全国各地区彩票销售额比重图

Diagram of Lottery Sales Proportion in Different Regions in China in 2020

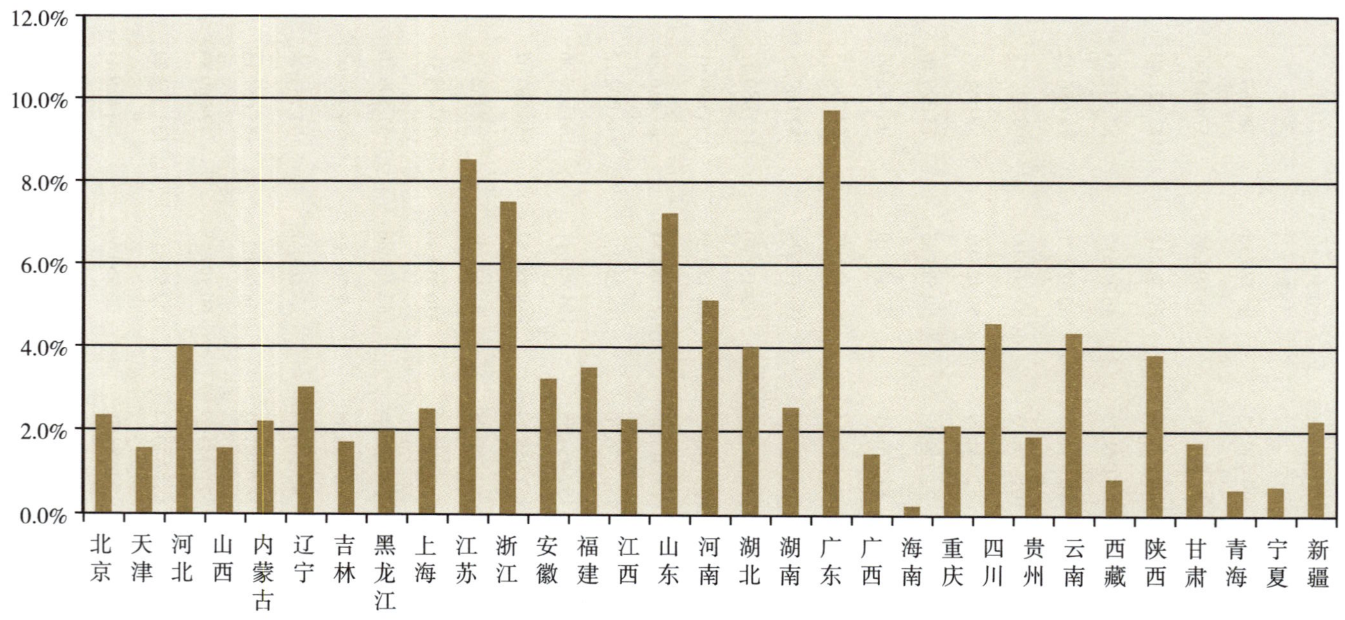

2020 年全国彩票分类型销售情况图

Diagram of Lottery Sales in Different Lottery Games in China in 2020

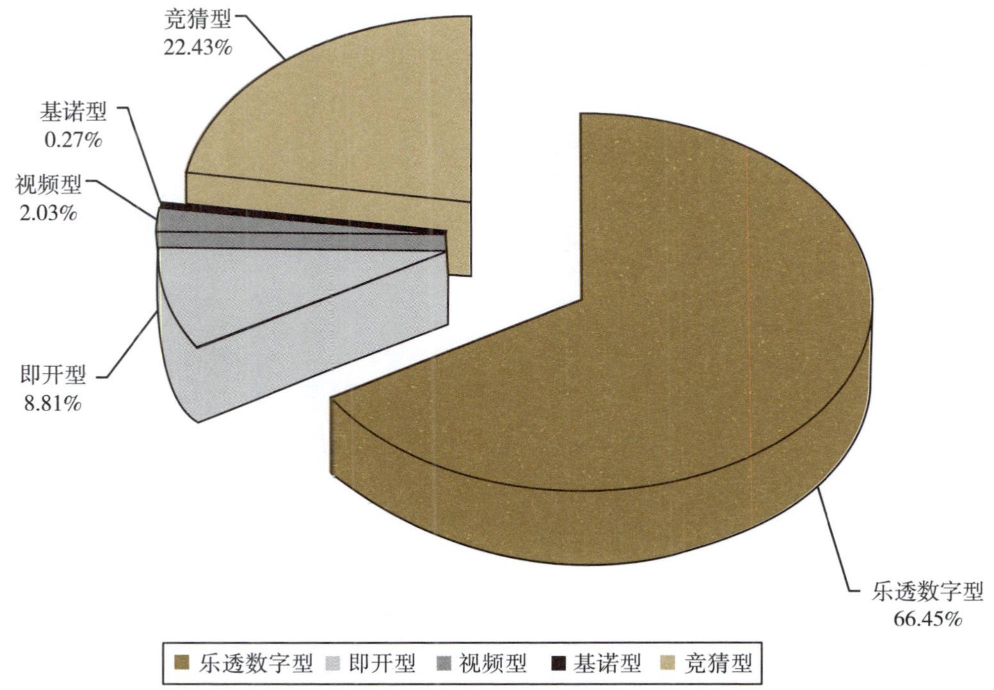

2020 年全国彩票销售

Statistical Table of Lottery Sales in Different

地区 Region	福利彩票 Welfare Lottery 乐透数字型 Lotto Games	即开型 Instant Games	视频型 Online Instant Win	基诺型 Keno	小计 Subtotal	体育 Sports 乐透数字型 Lotto Games	即开型 Instant Games
北　京	229 400.29	18 255.61	—	5 700.25	253 356.15	316 728.83	56 109.72
天　津	211 627.05	19 733.70	13 584.96	120.82	245 066.53	117 841.86	17 233.61
河　北	324 901.77	32 305.41	22 351.64	1 768.11	381 326.92	649 450.88	71 769.74
山　西	259 636.67	19 197.71	8 261.77	—	287 096.15	96 281.84	12 285.85
内蒙古	245 011.03	34 285.86	11 776.90	—	291 073.78	261 920.25	39 145.58
辽　宁	542 240.66	46 151.13	36 566.65	—	624 958.44	188 262.68	45 802.50
吉　林	183 067.56	23 682.92	7 737.69	—	214 488.18	217 344.46	37 655.07
黑龙江	266 227.45	21 812.78	1 307.23	940.99	290 288.45	235 015.41	34 218.54
上　海	412 085.05	43 749.26	4 934.41	3 777.23	464 545.95	239 930.95	29 212.25
江　苏	722 646.13	95 553.38	66 665.78	7 016.33	891 881.62	986 647.59	120 791.61
浙　江	996 547.22	138 675.38	25 997.10	15 091.78	1 176 311.48	777 373.07	103 572.94
安　徽	363 344.77	29 586.93	40 800.19	4 001.35	437 733.23	343 664.65	31 441.60
福　建	259 639.36	28 459.73	18 028.46	—	306 127.55	602 802.47	77 610.18
江　西	189 668.09	24 825.44	33 267.04	5 687.53	253 448.10	205 198.81	19 302.27
山　东	759 144.03	103 339.67	48 328.71	8 229.74	919 042.15	718 589.25	125 983.16
河　南	323 227.83	35 347.50	47 242.02	—	405 817.35	657 877.24	105 731.88
湖　北	417 083.36	35 097.73	69 762.41	3 095.21	525 038.71	320 786.32	21 136.94
湖　南	408 789.62	53 850.93	38 268.84	7 666.59	508 575.98	128 870.95	8 130.93
广　东	1 361 420.98	219 734.10	30 390.58	9 871.37	1 621 417.04	766 634.25	162 466.31
广　西	245 679.05	42 082.77	27 801.63	—	315 563.45	76 364.83	6 203.39
海　南	29 183.22	1 526.71	7 516.75	—	38 226.68	40 861.86	5 967.25
重　庆	247 439.96	32 254.47	26 867.74	4 149.18	310 711.34	105 137.81	11 575.05
四　川	672 571.81	89 528.35	21 698.96	10 384.93	794 184.04	316 833.84	55 368.54
贵　州	179 772.78	12 188.13	3 238.14	—	195 199.05	288 351.72	34 197.77
云　南	592 470.78	19 406.73	27 906.31	—	639 783.82	537 916.04	103 815.78
西　藏	155 076.53	21 403.47	—	—	176 480.00	98 835.86	23 679.27
陕　西	744 872.88	76 567.37	12 751.70	3 279.09	837 471.03	212 655.78	34 547.51
甘　肃	226 755.70	30 253.85	12 826.78	156.35	269 992.68	204 396.85	30 724.49
青　海	134 247.05	10 319.15	1 892.83	—	146 459.03	49 642.06	7 248.14
宁　夏	92 112.12	11 275.22	11 537.90	156.34	115 081.58	87 811.73	12 158.02
新　疆	418 227.36	93 804.69	—	—	512 032.05	126 641.15	32 661.37
合　计 Total	**12 214 118.16**	**1 464 256.06**	**679 311.13**	**91 093.16**	**14 448 778.51**	**9 976 671.27**	**1 477 747.26**

情况表（分地区分系统）

Regions and Different Organizations in China in 2020

单位：万元

Unit：Ten Thousand Yuan

彩票 Lottery			销售合计 Sales Total					
视频型 Online Instant Win	竞猜型 Sports Betting	小计 Subtotal	乐透数字型 Lotto Games	即开型 Instant Games	视频型 Online Instant Win	基诺型 Keno	竞猜型 Sports Betting	小计 Subtotal
—	163 622.84	536 461.39	546 129.12	74 365.33	—	5 700.25	163 622.84	789 817.54
—	152 458.07	287 533.54	329 468.91	36 967.31	13 584.96	120.82	152 458.07	532 600.07
—	228 098.92	949 319.53	974 352.64	104 075.15	22 351.64	1 768.11	228 098.92	1 330 646.45
—	135 500.14	244 067.83	355 918.51	31 483.56	8 261.77	—	135 500.14	531 163.98
—	152 794.73	453 860.56	506 931.28	73 431.44	11 776.90	—	152 794.73	744 934.34
—	157 860.77	391 925.95	730 503.34	91 953.63	36 566.65	—	157 860.77	1 016 884.39
—	105 899.81	360 899.34	400 412.02	61 337.99	7 737.69	—	105 899.81	575 387.51
—	106 524.43	375 758.38	501 242.87	56 031.32	1 307.23	940.99	106 524.43	666 046.83
—	112 694.28	381 837.48	652 016.00	72 961.51	4 934.41	3 777.23	112 694.28	846 383.43
—	847 679.16	1 955 118.36	1 709 293.72	216 344.99	66 665.78	7 016.33	847 679.16	2 846 999.97
—	440 660.84	1 321 606.84	1 773 920.29	242 248.32	25 997.10	15 091.78	440 660.84	2 497 918.32
—	280 155.11	655 261.36	707 009.41	61 028.53	40 800.19	4 001.35	280 155.11	1 092 994.59
—	187 562.94	867 975.59	862 441.82	106 069.91	18 028.46	—	187 562.94	1 174 103.14
—	292 676.96	517 178.04	394 866.90	44 127.71	33 267.04	5 687.53	292 676.96	770 626.14
—	644 634.32	1 489 206.73	1 477 733.28	229 322.83	48 328.71	8 229.74	644 634.32	2 408 248.89
—	543 621.72	1 307 230.84	981 105.07	141 079.38	47 242.02	—	543 621.72	1 713 048.19
—	485 235.78	827 159.03	737 869.68	56 234.67	69 762.41	3 095.21	485 235.78	1 352 197.74
—	229 252.85	366 254.73	537 660.58	61 981.86	38 268.84	7 666.59	229 252.85	874 830.71
—	706 754.03	1 635 854.59	2 128 055.23	382 200.41	30 390.58	9 871.37	706 754.03	3 257 271.63
—	107 236.10	189 804.32	322 043.88	48 286.16	27 801.63	—	107 236.10	505 367.77
146.31	9 826.32	56 801.74	70 045.09	7 493.96	7 663.05	—	9 826.32	95 028.42
—	291 043.67	407 756.53	352 577.76	43 829.52	26 867.74	4 149.18	291 043.67	718 467.87
—	365 390.48	737 592.87	989 405.65	144 896.89	21 698.96	10 384.93	365 390.48	1 531 776.91
—	120 029.57	442 579.05	468 124.49	46 385.90	3 238.14	—	120 029.57	637 778.10
—	181 670.39	823 402.21	1 130 386.82	123 222.51	27 906.31	—	181 670.39	1 463 186.03
—	6 231.37	128 746.49	253 912.39	45 082.74	—	—	6 231.37	305 226.49
—	211 964.99	459 168.28	957 528.65	111 114.88	12 751.70	3 279.09	211 964.99	1 296 639.31
—	80 854.26	315 975.60	431 152.55	60 978.34	12 826.78	156.35	80 854.26	585 968.28
—	19 498.82	76 389.02	183 889.12	17 567.29	1 892.83	—	19 498.82	222 848.05
—	32 956.74	132 926.48	179 923.85	23 433.24	11 537.90	156.34	32 956.74	248 008.07
—	91 325.09	250 627.62	544 868.51	126 466.06	—	—	91 325.09	762 659.66
146.31	**7 491 715.51**	**18 946 280.35**	**22 190 789.43**	**2 942 003.32**	**679 457.44**	**91 093.16**	**7 491 715.51**	**33 395 058.86**

2020 年全国彩票

Statistical Table of the Public Welfare Funds Raised

地 区 Region	福利彩票 Welfare Lottery 小计 Subtotal	中央集中 Central Gov.	地方留成 Local Gov.
北 京	83 289.62	41 644.81	41 644.81
天 津	72 377.60	36 188.80	36 188.80
河 北	122 374.90	61 187.45	61 187.45
山 西	88 461.68	44 230.84	44 230.84
内蒙古	89 627.16	44 813.58	44 813.58
辽 宁	190 501.80	95 250.90	95 250.90
吉 林	65 508.18	32 754.09	32 754.09
黑龙江	90 376.32	45 188.16	45 188.16
上 海	146 234.00	73 117.00	73 117.00
江 苏	269 531.96	134 765.98	134 765.98
浙 江	360 781.20	180 390.60	180 390.60
安 徽	137 319.82	68 659.91	68 659.91
福 建	99 430.68	49 715.34	49 715.34
江 西	79 511.52	39 755.76	39 755.76
山 东	281 804.96	140 902.48	140 902.48
河 南	129 825.70	64 912.85	64 912.85
湖 北	163 053.64	81 526.82	81 526.82
湖 南	157 048.30	78 524.15	78 524.15
广 东	489 470.84	244 735.42	244 735.42
广 西	99 048.18	49 524.09	49 524.09
海 南	11 989.22	5 994.61	5 994.61
重 庆	95 274.98	47 637.49	47 637.49
四 川	243 778.78	121 889.39	121 889.39
贵 州	64 905.92	32 452.96	32 452.96
云 南	204 804.46	102 402.23	102 402.23
西 藏	50 344.76	25 172.38	25 172.38
陕 西	249 859.68	124 929.84	124 929.84
甘 肃	81 278.84	40 639.42	40 639.42
青 海	44 532.70	22 266.35	22 266.35
宁 夏	35 217.94	17 608.97	17 608.97
新 疆	147 953.30	73 976.65	73 976.65
合 计 Total	**4 445 518.64**	**2 222 759.32**	**2 222 759.32**

注：本统计表为按彩票销量计算的彩票公益金筹集数，未包括弃奖奖金。

公益金筹集情况表

from Lottery Sales in China in 2020

单位：万元

Unit：Ten Thousand Yuan

体育彩票 Sports Lottery			两种彩票汇总 Total		
小计 Subtotal	中央集中 Central Gov.	地方留成 Local Gov.	合计 Total	中央集中 Central Gov.	地方留成 Local Gov.
145 373.23	72 686.62	72 686.62	228 662.85	114 331.43	114 331.43
74 680.73	37 340.37	37 340.37	147 058.33	73 529.17	73 529.17
264 425.83	132 212.91	132 212.91	386 800.73	193 400.36	193 400.36
62 043.23	31 021.62	31 021.62	150 504.91	75 252.46	75 252.46
121 259.52	60 629.76	60 629.76	210 886.68	105 443.34	105 443.34
103 376.61	51 688.31	51 688.31	293 878.41	146 939.21	146 939.21
97 594.11	48 797.06	48 797.06	163 102.28	81 551.14	81 551.14
103 375.04	51 687.52	51 687.52	193 751.36	96 875.68	96 875.68
107 567.71	53 783.86	53 783.86	253 801.71	126 900.86	126 900.86
515 276.01	257 638.01	257 638.01	784 807.97	392 403.99	392 403.99
365 707.45	182 853.73	182 853.73	726 488.65	363 244.33	363 244.33
175 470.77	87 735.38	87 735.38	312 790.59	156 395.29	156 395.29
256 317.74	128 158.87	128 158.87	355 748.42	177 874.21	177 874.21
130 856.01	65 428.00	65 428.00	210 367.53	105 183.76	105 183.76
384 224.70	192 112.35	192 112.35	666 029.66	333 014.83	333 014.83
347 645.19	173 822.60	173 822.60	477 470.89	238 735.45	238 735.45
209 551.91	104 775.95	104 775.95	372 605.55	186 302.78	186 302.78
93 912.14	46 956.07	46 956.07	250 960.44	125 480.22	125 480.22
434 320.57	217 160.28	217 160.28	923 791.41	461 895.70	461 895.70
49 631.54	24 815.77	24 815.77	148 679.72	74 339.86	74 339.86
16 720.92	8 360.46	8 360.46	28 710.14	14 355.07	14 355.07
98 868.95	49 434.48	49 434.48	194 143.93	97 071.97	97 071.97
196 725.76	98 362.88	98 362.88	440 504.54	220 252.27	220 252.27
123 969.76	61 984.88	61 984.88	188 875.68	94 437.84	94 437.84
232 762.00	116 381.00	116 381.00	437 566.46	218 783.23	218 783.23
35 667.86	17 833.93	17 833.93	86 012.62	43 006.31	43 006.31
120 558.98	60 279.49	60 279.49	370 418.66	185 209.33	185 209.33
87 139.78	43 569.89	43 569.89	168 418.62	84 209.31	84 209.31
21 288.72	10 644.36	10 644.36	65 821.42	32 910.71	32 910.71
37 378.59	18 689.29	18 689.29	72 596.53	36 298.26	36 298.26
66 140.88	33 070.44	33 070.44	214 094.18	107 047.09	107 047.09
5 079 832.25	**2 539 916.13**	**2 539 916.13**	**9 525 350.90**	**4 762 675.45**	**4 762 675.45**

2020 年全国福利彩票销售情况图

Diagram of Sales of Welfare Lottery in China in 2020

单位：万元

Unit：Ten Thousand Yuan

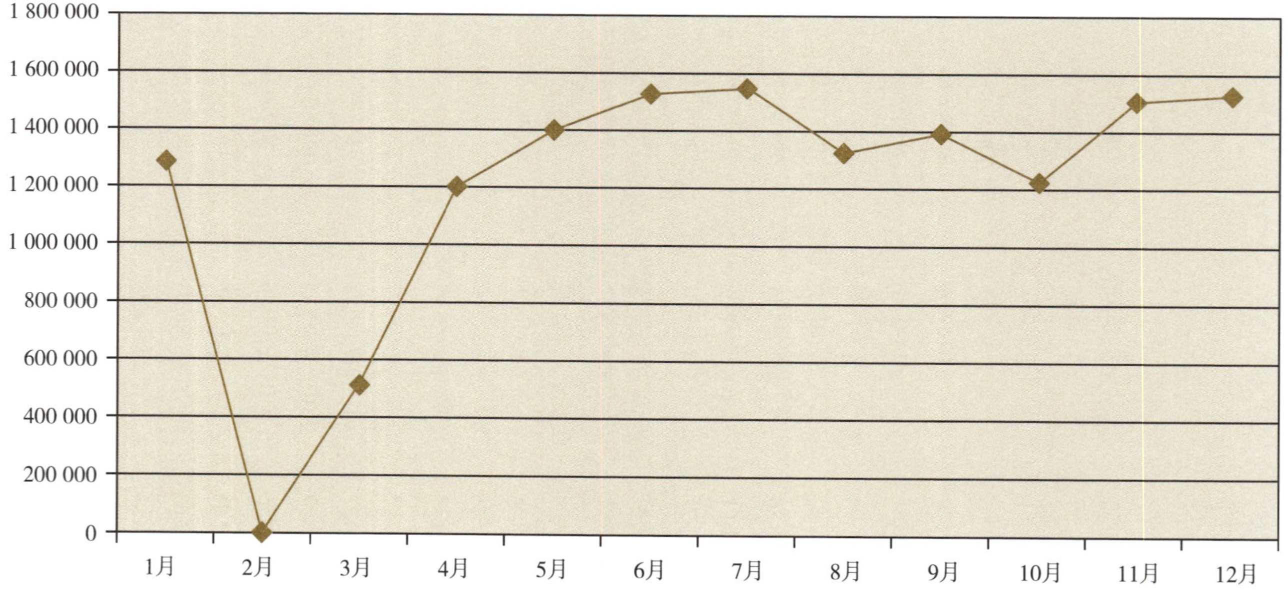

（中国福利彩票发行管理中心供稿）

2020 年全国福利彩票各地区销售量排名表

Ranking of Sales of Welfare Lottery in Different Regions in China in 2020

单位：万元

Unit：Ten Thousand Yuan

名次 Ranking	地 区 Region	销售量 Sales Amounts
1	广东	1 621 417.04
2	浙江	1 176 311.48
3	山东	919 042.15
4	江苏	891 881.62
5	陕西	837 471.03
6	四川	794 184.04
7	云南	639 783.82
8	辽宁	624 958.44
9	湖北	525 038.71
10	新疆	512 032.05
11	湖南	508 575.98
12	上海	464 545.95
13	安徽	437 733.23
14	河南	405 817.35
15	河北	381 326.92
16	广西	315 563.45
17	重庆	310 711.34
18	福建	306 127.55
19	内蒙古	291 073.78
20	黑龙江	290 288.45
21	山西	287 096.15
22	甘肃	269 992.68
23	江西	253 448.10
24	北京	253 356.15
25	天津	245 066.53
26	吉林	214 488.18
27	贵州	195 199.05
28	西藏	176 480.00
29	青海	146 459.03
30	宁夏	115 081.58
31	海南	38 226.68
合 计 Total		**14 448 778.51**

（中国福利彩票发行管理中心供稿）

2020 年全国福利彩票各地区销售额比重图

Diagram of Sales Proprotion of Welfare Lottery in Different Regions in China in 2020

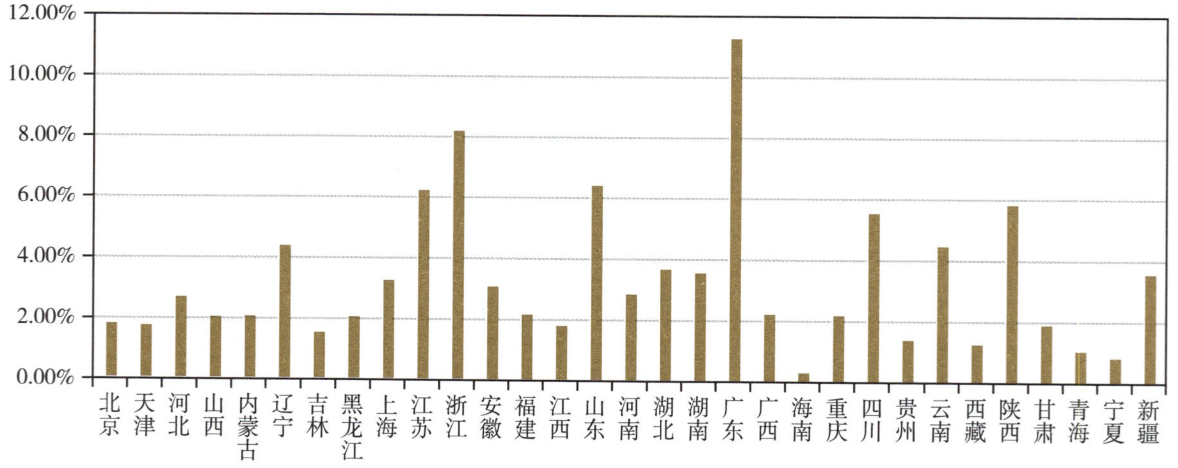

（中国福利彩票发行管理中心供稿）

2020 年全国福利彩票分类型销售情况图

Diagram of Welfare Lottery Sales in Different Lottery Games in China in 2020

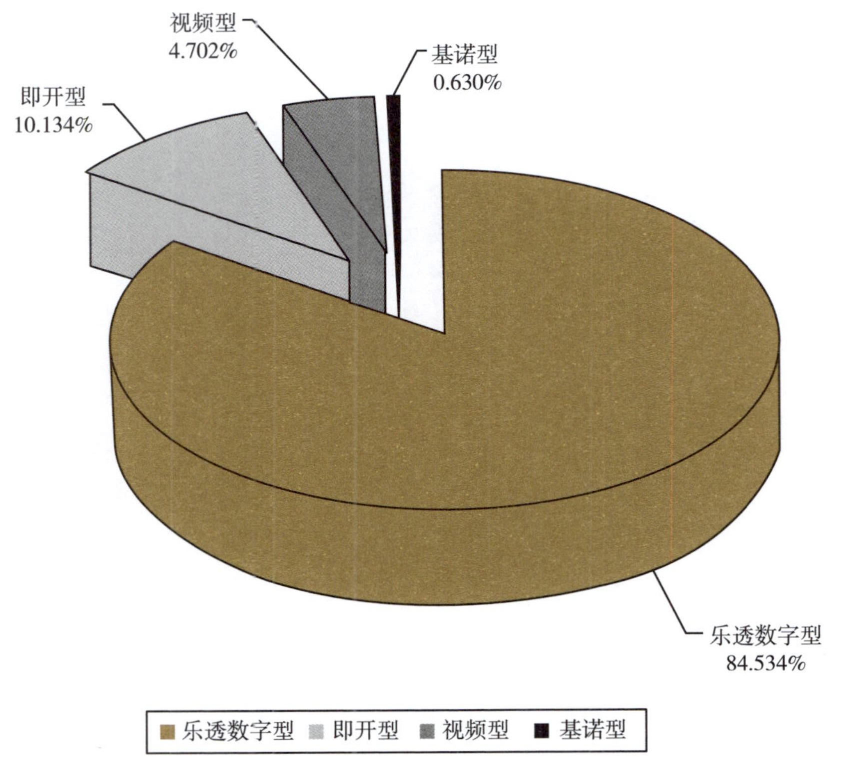

（中国福利彩票发行管理中心供稿）

2020 年全国福利彩票（分

Statistical Table of Welfare Lottery Sales in Different Regions

地 区 Region	1月 Jan. 乐透数字型 Lotto Games	即开型 Instant Games	视频型 Online Instant Win	基诺型 Keno	小计 Subtotal
北 京	20 127.41	3 090.32	—	732.08	23 949.81
天 津	14 057.32	1 766.60	3 985.86	—	19 809.78
河 北	23 758.13	2 775.39	8 359.64	—	34 893.15
山 西	17 637.75	1 565.63	2 872.87	—	22 076.25
内蒙古	17 381.48	2 186.83	5 552.14	—	25 120.44
辽 宁	41 975.65	5 107.71	13 391.58	—	60 474.94
吉 林	12 523.09	1 782.03	3 001.43	—	17 306.54
黑龙江	23 843.65	1 942.02	1 017.26	—	26 802.93
上 海	25 724.54	2 975.17	4 930.92	225.99	33 856.61
江 苏	45 327.34	6 600.38	20 634.46	—	72 562.19
浙 江	67 490.85	10 670.81	25 951.83	—	104 113.49
安 徽	25 110.97	2 963.63	14 917.16	—	42 991.75
福 建	17 712.40	2 397.94	6 376.17	—	26 486.51
江 西	14 750.56	3 543.00	9 013.32	—	27 306.89
山 东	54 411.96	16 225.52	23 130.80	—	93 768.28
河 南	22 688.89	2 674.58	12 146.14	—	37 509.60
湖 北	31 574.41	6 538.24	23 228.08	—	61 340.72
湖 南	28 401.98	6 054.76	12 804.86	—	47 261.60
广 东	96 946.34	18 354.44	12 211.99	19.45	127 532.23
广 西	17 617.45	12 159.47	9 281.72	—	39 058.65
海 南	2 218.90	138.22	3 204.01	—	5 561.14
重 庆	17 269.74	6 571.12	8 518.12	—	32 358.98
四 川	46 933.84	15 418.24	13 647.51	—	75 999.59
贵 州	12 209.60	726.70	1 922.17	—	14 858.47
云 南	39 034.22	1 588.07	11 132.14	—	51 754.43
西 藏	12 867.97	571.96	—	—	13 439.93
陕 西	53 079.15	8 218.43	6 671.20	—	67 968.78
甘 肃	15 154.21	1 675.98	4 349.53	—	21 179.72
青 海	8 029.68	396.46	573.67	—	8 999.80
宁 夏	6 099.36	379.34	2 145.09	—	8 623.79
新 疆	30 463.39	13 602.06	—	—	44 065.45
合 计 Total	**862 422.24**	**160 661.03**	**264 971.66**	**977.53**	**1 289 032.46**

地区分类型）销售情况表

and Different Lottery Games in China in 2020

单位：万元

Unit：Ten Thousand Yuan

2 月 Feb.				
乐透数字型 Lotto Games	即开型 Instant Games	视频型 Online Instant Win	基诺型 Keno	小计 Subtotal
—	—	—	—	—
—	—	—	—	—
—	—	—	—	—
—	—	—	—	—
—	—	—	—	—
—	—	—	—	—
—	—	—	—	—
—	—	—	—	—
—	—	—	—	—
—	—	—	—	—
—	—	—	—	—
—	—	—	—	—
—	—	—	—	—
—	—	—	—	—
—	—	—	—	—
—	—	—	—	—
—	—	—	—	—
—	—	—	—	—
—	—	—	—	—
—	—	—	—	—
—	—	—	—	—
—	—	—	—	—
—	—	—	—	—
—	—	—	—	—
—	—	—	—	—
—	—	—	—	—
—	—	—	—	—
—	—	—	—	—
—	—	—	—	—
—	—	—	—	—
—	—	—	—	—
—	—	—	—	—

续表

地 区 Region	3月 Mar. 乐透数字型 Lotto Games	即开型 Instant Games	视频型 Online Instant Win	基诺型 Keno	小计 Subtotal
北 京	9.38	—	—	—	9.38
天 津	7 074.01	425.90	—	—	7 499.91
河 北	9 842.84	634.64	—	—	10 477.48
山 西	10 185.25	981.83	—	—	11 167.08
内蒙古	10 249.05	1 806.67	—	—	12 055.71
辽 宁	18 817.71	857.53	—	—	19 675.24
吉 林	8 594.39	472.32	—	—	9 066.71
黑龙江	2 857.15	83.59	—	—	2 940.74
上 海	19 853.33	1 429.02	—	162.48	21 444.83
江 苏	34 134.03	3 051.73	—	—	37 185.76
浙 江	42 898.84	4 755.55	—	—	47 654.39
安 徽	19 363.81	1 176.67	—	—	20 540.47
福 建	14 235.37	1 132.50	—	—	15 367.87
江 西	10 998.58	420.88	—	—	11 419.46
山 东	37 598.84	3 632.60	—	—	41 231.45
河 南	17 472.39	1 037.45	—	—	18 509.84
湖 北	837.74	1.48	—	—	839.22
湖 南	21 846.31	2 055.75	—	—	23 902.06
广 东	23 121.55	4 078.07	—	—	27 199.62
广 西	12 601.12	1 035.20	—	—	13 636.32
海 南	1 485.69	26.54	—	—	1 512.23
重 庆	13 513.52	873.87	—	—	14 387.39
四 川	35 957.50	7 598.94	—	—	43 556.44
贵 州	6 323.23	318.09	—	—	6 641.32
云 南	28 882.34	1 032.26	—	—	29 914.60
西 藏	1 533.23	253.65	—	—	1 786.88
陕 西	27 066.03	2 846.82	—	—	29 912.85
甘 肃	7 273.45	888.66	—	—	8 162.11
青 海	6 104.89	388.43	—	—	6 493.32
宁 夏	2 683.79	162.74	—	—	2 846.53
新 疆	17 769.61	2 852.07	—	—	20 621.68
合 计 Total	**471 184.98**	**46 311.43**	—	**162.48**	**517 658.88**

4月 Apr.				
乐透数字型 Lotto Games	即开型 Instant Games	视频型 Online Instant Win	基诺型 Keno	小计 Subtotal
—	—	—	—	—
19 044.92	1 669.72	—	—	20 714.64
29 999.92	2 121.71	—	—	32 121.63
23 780.09	1 610.37	—	—	25 390.46
25 647.13	3 275.15	—	—	28 922.28
50 347.93	2 915.25	—	—	53 263.18
16 541.71	1 005.30	—	—	17 547.00
23 244.56	1 428.15	—	—	24 672.70
38 318.65	2 829.23	—	268.37	41 416.25
66 656.27	9 371.24	—	—	76 027.50
87 042.05	9 668.66	—	—	96 710.71
34 474.14	2 074.06	—	—	36 548.20
23 579.56	2 314.07	—	—	25 893.63
18 203.85	910.41	—	—	19 114.26
72 366.32	13 292.47	—	—	85 658.79
31 002.19	2 302.61	—	—	33 304.80
31 878.42	1 591.97	—	—	33 470.39
37 774.41	5 294.93	—	—	43 069.34
109 586.55	15 888.91	—	—	125 477.43
23 338.00	2 379.11	—	—	25 717.11
2 350.00	107.99	—	—	2 458.00
23 777.44	1 751.40	—	—	25 528.84
63 569.93	8 450.04	—	—	72 019.97
16 157.48	556.78	—	—	16 714.26
51 166.35	1 731.23	—	—	52 897.58
12 582.38	1 796.00	—	—	14 378.38
63 489.35	5 291.50	—	—	68 780.85
19 281.89	2 505.61	—	—	21 787.50
12 103.58	685.31	—	—	12 788.89
7 749.39	890.50	—	—	8 639.89
41 817.97	8 276.31	—	—	50 094.28
1 076 872.44	**113 985.96**	—	**270.33**	**1 191 128.73**

续表

地 区 Region	5 月 May 乐透数字型 Lotto Games	即开型 Instant Games	视频型 Online Instant Win	基诺型 Keno	小计 Subtotal
北 京	17 958.60	1 302.24	—	734.62	19 995.46
天 津	21 138.88	946.24	2 176.40	—	24 261.52
河 北	35 117.11	1 902.00	3 040.18	—	40 059.29
山 西	25 673.52	1 165.57	1 148.76	—	27 987.85
内蒙古	27 087.88	3 283.29	1 348.62	—	31 719.78
辽 宁	57 450.43	2 462.60	4 691.89	—	64 604.91
吉 林	17 856.93	859.26	960.00	—	19 676.19
黑龙江	26 228.80	753.71	108.71	—	27 091.22
上 海	42 557.59	2 985.98	2.91	344.97	45 891.44
江 苏	73 906.77	5 481.17	9 472.29	—	88 860.23
浙 江	97 905.01	8 439.80	31.71	—	106 376.52
安 徽	34 604.57	2 076.45	6 281.08	—	42 962.10
福 建	24 801.33	2 010.12	2 575.80	—	29 387.25
江 西	18 791.52	511.13	5 528.85	—	24 831.49
山 东	80 030.18	4 431.17	5 737.05	—	90 198.40
河 南	31 463.43	2 438.50	6 904.02	—	40 805.96
湖 北	41 099.33	1 690.93	10 053.39	—	52 843.64
湖 南	40 783.25	3 669.89	5 193.08	—	49 646.22
广 东	128 469.43	13 274.31	3 972.41	30.22	145 746.37
广 西	24 634.00	1 875.74	4 033.13	—	30 542.87
海 南	2 461.69	44.18	669.72	—	3 175.59
重 庆	23 634.41	2 729.25	4 303.05	—	30 666.72
四 川	66 732.10	5 148.24	3 403.07	—	75 283.40
贵 州	17 359.78	260.56	279.86	—	17 900.21
云 南	56 669.88	1 365.64	4 184.13	—	62 219.64
西 藏	17 876.67	1 480.38	—	—	19 357.05
陕 西	74 126.25	5 440.91	1 421.87	—	80 989.02
甘 肃	21 087.90	1 606.78	1 976.22	—	24 670.90
青 海	12 893.38	659.86	311.94	—	13 865.18
宁 夏	8 753.41	1 017.25	1 777.93	—	11 548.59
新 疆	45 232.38	12 839.00	—	—	58 071.38
合 计 Total	**1 214 386.39**	**94 152.15**	**91 588.05**	**1 109.80**	**1 401 236.39**

6月 June				
乐透数字型 Lotto Games	即开型 Instant Games	视频型 Online Instant Win	基诺型 Keno	小计 Subtotal
26 684.51	1 664.36	—	891.03	29 239.90
20 882.76	1 664.37	3 384.07	—	25 931.21
31 553.47	5 157.69	4 594.18	—	41 305.34
25 488.04	1 800.75	1 847.39	—	29 136.18
26 336.61	4 462.30	2 202.28	—	33 001.18
54 248.58	4 041.32	8 183.35	—	66 473.25
17 299.86	2 020.52	1 704.76	—	21 025.14
25 802.51	2 203.65	160.35	—	28 166.51
41 309.78	4 433.78	0.35	329.88	46 073.78
71 812.96	8 483.70	16 731.13	—	97 027.79
98 704.31	19 497.25	11.32	—	118 212.88
33 635.49	2 726.31	9 368.99	—	45 730.79
24 493.16	2 813.46	4 097.37	—	31 403.98
20 140.29	923.60	9 237.65	—	30 301.53
75 793.07	9 261.44	8 988.28	—	94 042.78
31 038.84	3 023.16	12 740.66	—	46 802.66
45 488.81	3 082.23	17 270.43	—	65 841.48
40 014.31	4 652.78	10 265.72	—	54 932.81
134 719.10	24 489.49	6 542.96	38.07	165 789.62
24 113.35	3 005.98	6 612.69	—	33 732.02
2 725.20	92.83	1 615.69	—	4 433.72
24 385.08	2 772.86	7 044.83	—	34 202.76
65 891.00	10 521.24	2 106.46	—	78 518.69
17 977.24	1 333.94	492.09	—	19 803.27
57 405.41	2 095.06	5 763.79	—	65 264.26
19 486.68	2 825.61	—	—	22 312.29
78 260.38	7 965.03	2 035.45	—	88 260.86
22 154.69	3 004.50	2 884.57	—	28 043.76
13 173.64	1 288.02	452.00	—	14 913.66
8 823.74	1 457.39	3 496.53	—	13 777.65
44 117.57	11 937.13	—	—	56 054.70
1 223 960.42	**154 701.71**	**149 835.34**	**1 258.98**	**1 529 756.45**

续表

地　区 Region	7月 July				
	乐透数字型 Lotto Games	即开型 Instant Games	视频型 Online Instant Win	基诺型 Keno	小计 Subtotal
北　京	29 478.04	1 344.35	—	944.24	31 766.64
天　津	21 346.00	3 230.91	4 038.63	—	28 615.54
河　北	32 205.51	3 366.91	6 357.65	—	41 930.06
山　西	26 744.03	1 511.57	2 392.76	—	30 648.35
内蒙古	23 952.13	2 688.16	2 673.86	—	29 314.15
辽　宁	51 917.51	7 848.04	10 299.83	—	70 065.38
吉　林	19 043.82	3 705.28	2 071.50	—	24 820.60
黑龙江	26 205.59	1 883.81	20.90	—	28 110.30
上　海	46 122.26	3 796.53	0.16	363.24	50 282.19
江　苏	72 232.44	9 229.69	19 827.90	—	101 290.03
浙　江	100 476.28	11 113.03	2.24	—	111 591.55
安　徽	34 387.57	2 075.51	10 232.97	—	46 696.04
福　建	24 439.63	2 057.19	4 979.14	—	31 475.95
江　西	17 014.26	720.49	9 487.22	—	27 221.98
山　东	74 723.33	7 170.07	10 472.59	—	92 365.99
河　南	31 200.74	2 793.30	15 451.21	—	49 445.25
湖　北	46 311.14	3 190.17	19 210.51	—	68 711.81
湖　南	40 652.83	4 406.51	10 005.18	—	55 064.51
广　东	143 491.56	21 602.38	7 663.23	40.44	172 797.61
广　西	25 023.99	3 066.22	7 874.07	—	35 964.28
海　南	3 125.88	97.31	2 027.33	—	5 250.52
重　庆	23 912.57	2 642.27	7 001.73	—	33 556.58
四　川	66 181.55	5 840.67	2 541.92	—	74 564.13
贵　州	18 208.69	1 553.10	544.02	—	20 305.81
云　南	61 207.59	1 368.91	6 826.25	—	69 402.75
西　藏	19 310.71	2 014.64	—	—	21 325.35
陕　西	78 828.14	7 372.64	2 623.19	—	88 823.96
甘　肃	21 988.20	2 258.62	3 616.46	—	27 863.28
青　海	13 040.81	1 148.10	555.21	—	14 744.12
宁　夏	8 848.18	1 015.84	4 118.35	—	13 982.36
新　疆	39 179.49	6 431.49	—	—	45 610.98
合　计 Total	**1 240 800.45**	**128 543.68**	**172 916.00**	**1 347.92**	**1 543 608.05**

8月 Aug.				
乐透数字型 Lotto Games	即开型 Instant Games	视频型 Online Instant Win	基诺型 Keno	小计 Subtotal
28 072.46	2 149.94	—	925.28	31 147.69
21 863.42	2 433.22	—	—	24 296.64
30 581.01	2 020.82	—	—	32 601.82
26 029.85	2 276.02	—	—	28 305.86
22 778.49	2 965.23	—	—	25 743.72
48 243.42	5 616.91	—	—	53 860.32
18 315.69	2 736.64	—	—	21 052.32
25 928.20	1 498.09	—	—	27 426.29
39 702.72	3 687.90	0.07	327.48	43 718.17
65 126.27	8 346.49	—	—	73 472.75
99 944.69	14 427.45	—	—	114 372.14
35 839.25	2 959.11	—	—	38 798.36
24 004.98	3 672.67	—	—	27 677.64
17 460.51	1 101.08	—	—	18 561.59
72 532.48	9 506.68	—	—	82 039.16
30 443.37	3 805.78	—	—	34 249.15
42 949.14	4 347.68	—	—	47 296.82
40 027.00	3 543.20	—	—	43 570.20
146 987.05	22 594.00	—	41.51	169 622.56
24 768.66	3 148.39	—	—	27 917.05
2 755.29	57.04	—	—	2 812.33
24 218.18	2 835.75	—	—	27 053.93
66 190.09	5 289.73	—	—	71 479.82
17 776.29	1 041.87	—	—	18 818.16
59 679.14	1 866.18	—	—	61 545.32
16 826.94	2 298.59	—	—	19 125.53
74 981.35	6 275.72	—	—	81 257.07
22 174.29	3 976.03	—	—	26 150.32
13 030.98	956.14	—	—	13 987.12
8 504.68	1 111.00	—	—	9 615.68
27 275.48	175.08	—	—	27 450.56
1 195 011.35	**128 720.41**	**0.07**	**1 294.27**	**1 325 026.10**

续表

地 区 Region	9月 Sept. 乐透数字型 Lotto Games	即开型 Instant Games	视频型 Online Instant Win	基诺型 Keno	小计 Subtotal
北 京	26 925.83	3 436.26	—	1 031.66	31 393.74
天 津	21 331.29	2 430.94	—	—	23 762.23
河 北	31 195.25	4 899.07	—	—	36 094.31
山 西	26 293.43	2 934.08	—	—	29 227.52
内蒙古	21 695.48	4 434.90	—	—	26 130.38
辽 宁	52 271.32	5 026.48	—	—	57 297.80
吉 林	18 479.15	3 549.90	—	—	22 029.05
黑龙江	25 968.66	3 054.14	—	—	29 022.80
上 海	39 016.89	6 080.10	—	363.82	45 460.81
江 苏	71 783.82	10 844.35	—	—	82 628.17
浙 江	100 944.16	15 125.93	—	—	116 070.09
安 徽	36 655.29	3 432.18	—	—	40 087.47
福 建	24 317.76	3 300.06	—	—	27 617.82
江 西	17 728.53	1 946.60	—	—	19 675.13
山 东	72 542.73	15 584.73	—	—	88 127.46
河 南	33 513.75	4 972.80	—	—	38 486.55
湖 北	44 329.22	3 191.89	—	—	47 521.11
湖 南	39 534.94	7 490.83	—	—	47 025.76
广 东	143 319.60	25 609.81	—	37.03	168 966.44
广 西	24 249.16	3 576.81	—	—	27 825.97
海 南	2 641.28	94.32	—	—	2 735.61
重 庆	25 268.78	3 216.40	—	—	28 485.18
四 川	67 549.79	11 322.15	—	—	78 871.94
贵 州	17 876.65	2 563.43	—	—	20 440.09
云 南	58 652.76	2 288.51	—	—	60 941.27
西 藏	13 314.63	3 174.28	—	—	16 488.91
陕 西	74 432.64	7 663.18	—	—	82 095.82
甘 肃	21 745.59	2 978.26	—	—	24 723.85
青 海	13 962.94	1 488.48	—	—	15 451.42
宁 夏	8 939.00	1 904.62	—	—	10 843.62
新 疆	37 502.32	11 906.98	—	—	49 409.30
合 计 Total	**1 213 982.62**	**179 522.47**	—	**1 432.50**	**1 394 937.60**

10月 Oct.				
乐透数字型 Lotto Games	即开型 Instant Games	视频型 Online Instant Win	基诺型 Keno	小计 Subtotal
23 588.77	2 033.66	—	441.33	26 063.77
19 108.12	1 646.86	—	—	20 754.98
27 474.42	4 488.05	—	108.77	32 071.24
22 299.90	2 084.91	—	—	24 384.81
19 351.83	2 922.10	—	—	22 273.92
46 369.26	3 698.63	—	—	50 067.90
15 371.72	1 999.02	—	—	17 370.74
23 262.76	2 694.01	—	—	25 956.77
33 728.37	5 160.52	—	181.72	39 070.61
61 565.24	10 556.79	—	401.07	72 523.10
89 493.90	15 357.83	—	803.13	105 654.86
31 711.45	3 595.52	—	122.68	35 429.65
21 785.17	2 974.92	—	—	24 760.09
17 787.77	4 655.24	—	330.52	22 773.53
65 015.49	8 753.55	—	488.00	74 257.04
26 521.86	4 882.72	—	—	31 404.58
38 360.70	3 691.88	—	261.85	42 314.43
34 329.13	8 149.01	—	483.58	42 961.71
126 629.67	23 010.61	—	459.86	150 100.14
20 797.25	3 355.35	—	—	24 152.60
2 217.41	228.10	—	—	2 445.50
21 098.02	3 679.76	—	517.23	25 295.01
57 063.54	7 600.65	—	1 209.20	65 873.39
15 454.21	1 664.99	—	—	17 119.19
51 523.02	1 935.62	—	—	53 458.64
11 664.10	2 058.35	—	—	13 722.45
63 668.66	8 708.34	—	209.40	72 586.39
19 931.33	2 476.65	—	—	22 407.98
12 522.66	1 016.38	—	—	13 539.04
8 303.95	1 626.07	—	—	9 930.02
39 536.38	7 448.99	—	—	46 985.37
1 067 536.06	**154 155.06**	—	**6 018.34**	**1 227 709.46**

续表

地　区 Region	11月 Nov.						
	乐透数字型 Lotto Games	即开型 Instant Games	视频型 Online Instant Win	基诺型 Keno	小计 Subtotal	乐透数字型 Lotto Games	即开型 Instant Games
北　京	27 756.85	2 176.06	—	—	29 932.91	28 798.44	1 058.42
天　津	22 195.03	1 749.08	—	—	23 944.11	23 585.31	1 769.86
河　北	35 801.07	2 380.31	—	906.62	39 088.01	37 373.05	2 558.82
山　西	26 486.41	1 591.21	—	—	28 077.62	29 018.40	1 675.76
内蒙古	24 703.23	3 209.52	—	—	27 912.75	25 827.73	3 051.74
辽　宁	59 082.97	3 362.18	—	—	62 445.15	61 515.88	5 214.50
吉　林	17 838.44	2 637.18	—	—	20 475.61	21 202.78	2 915.50
黑龙江	30 313.27	3 621.99	—	—	33 935.26	32 572.30	2 649.64
上　海	41 660.56	5 318.17	—	606.62	47 585.36	44 090.36	5 052.86
江　苏	80 933.63	12 211.56	—	2 692.88	95 838.06	79 167.36	11 376.31
浙　江	107 822.48	14 811.84	—	6 539.54	129 173.85	103 824.66	14 807.23
安　徽	39 713.05	3 467.48	—	1 166.07	44 346.61	37 849.17	3 040.02
福　建	30 438.81	3 117.51	—	—	33 556.31	29 831.19	2 669.32
江　西	18 305.49	5 821.64	—	2 060.34	26 187.46	18 486.75	4 271.37
山　东	77 024.23	7 749.25	—	2 648.48	87 421.96	77 105.41	7 732.18
河　南	33 147.63	4 596.38	—	—	37 744.01	34 734.74	2 820.21
湖　北	47 888.03	4 915.06	—	1 357.85	54 160.94	46 366.43	2 856.21
湖　南	42 468.53	5 149.26	—	3 691.57	51 309.36	42 956.94	3 384.04
广　东	153 351.82	24 953.58	—	4 167.44	182 472.84	154 798.31	25 878.49
广　西	24 005.57	4 133.42	—	—	28 139.00	24 530.51	4 347.08
海　南	3 288.21	194.67	—	—	3 482.88	3 913.66	445.51
重　庆	24 537.40	2 599.79	—	2 090.67	29 227.85	25 824.82	2 582.00
四　川	68 187.41	6 704.31	—	5 060.56	79 952.27	68 315.07	5 634.14
贵　州	20 266.90	1 233.91	—	—	21 500.82	20 162.70	934.77
云　南	62 651.14	2 165.42	—	—	64 816.56	65 598.96	1 969.83
西　藏	13 944.75	2 186.23	—	—	16 130.98	15 668.45	2 743.78
陕　西	78 130.08	8 162.10	—	1 480.70	87 772.88	78 810.84	8 622.70
甘　肃	26 400.82	4 261.66	—	—	30 662.48	29 563.32	4 621.10
青　海	15 222.04	1 111.77	—	—	16 333.81	14 162.45	1 180.21
宁　夏	11 161.88	931.73	—	—	12 093.61	12 244.75	778.74
新　疆	45 258.06	10 765.36	—	—	56 023.42	50 074.71	7 570.22
合　计 Total	**1 309 985.79**	**157 289.62**	—	**34 469.34**	**1 501 744.75**	**1 337 975.43**	**146 212.53**

12月 Dec.			合计 Total				
视频型 Online Instant Win	基诺型 Keno	小计 Subtotal	乐透数字型 Lotto Games	即开型 Instant Games	视频型 Online Instant Win	基诺型 Keno	小计 Subtotal
—	—	29 856.86	229 400.29	18 255.61	—	5 700.25	253 356.15
—	120.82	25 475.99	211 627.05	19 733.70	13 584.96	120.82	245 066.53
—	752.72	40 684.59	324 901.77	32 305.41	22 351.64	1 768.11	381 326.92
—	—	30 694.16	259 636.67	19 197.71	8 261.77	—	287 096.15
—	—	28 879.47	245 011.03	34 285.86	11 776.90	—	291 073.78
—	—	66 730.38	542 240.66	46 151.13	36 566.65	—	624 958.44
—	—	24 118.27	183 067.56	23 682.92	7 737.69	—	214 488.18
—	940.99	36 162.93	266 227.45	21 812.78	1 307.23	940.99	290 288.45
—	602.67	49 745.89	412 085.05	43 749.26	4 934.41	3 777.23	464 545.95
—	3 922.38	94 466.05	722 646.13	95 553.38	66 665.78	7 016.33	891 881.62
—	7 749.11	126 381.00	996 547.22	138 675.38	25 997.10	15 091.78	1 176 311.48
—	2 712.59	43 601.78	363 344.77	29 586.93	40 800.19	4 001.35	437 733.23
—	—	32 500.51	259 639.36	28 459.73	18 028.46	—	306 127.55
—	3 296.67	26 054.78	189 668.09	24 825.44	33 267.04	5 687.53	253 448.10
—	5 093.26	89 930.86	759 144.03	103 339.67	48 328.71	8 229.74	919 042.15
—	—	37 554.95	323 227.83	35 347.50	47 242.02	—	405 817.35
—	1 475.51	50 698.15	417 083.36	35 097.73	69 762.41	3 095.21	525 038.71
—	3 491.44	49 832.41	408 789.62	53 850.93	38 268.84	7 666.59	508 575.98
—	5 035.38	185 712.19	1 361 420.98	219 734.10	30 390.58	9 871.37	1 621 417.04
—	—	28 877.59	245 679.05	42 082.77	27 801.63	—	315 563.45
—	—	4 359.16	29 183.22	1 526.71	7 516.75	—	38 226.68
—	1 541.28	29 948.09	247 439.96	32 254.47	26 867.74	4 149.18	310 711.34
—	4 115.18	78 064.39	672 571.81	89 528.35	21 698.96	10 384.93	794 184.04
—	—	21 097.46	179 772.78	12 188.13	3 238.14	—	195 199.05
—	—	67 568.79	592 470.78	19 406.73	27 906.31	—	639 783.82
—	—	18 412.23	155 076.53	21 403.47	—	—	176 480.00
—	1 588.99	89 022.53	744 872.88	76 567.37	12 751.70	3 279.09	837 471.03
—	156.35	31 340.77	226 755.70	30 253.85	12 826.78	156.35	269 992.68
—	—	15 342.66	134 247.05	10 319.15	1 892.83	—	146 459.03
—	156.34	13 179.83	92 112.12	11 275.22	11 537.90	156.34	115 081.58
—	—	57 644.93	418 227.36	93 804.69	—	—	512 032.05
—	**42 751.67**	**1 526 939.63**	**12 214 118.16**	**1 464 256.06**	**679 311.13**	**91 093.16**	**14 448 778.51**

（中国福利彩票发行管理中心供稿）

2020 年全国体育彩票销售情况图

Diagram of Sales of Sports Lottery in China in 2020

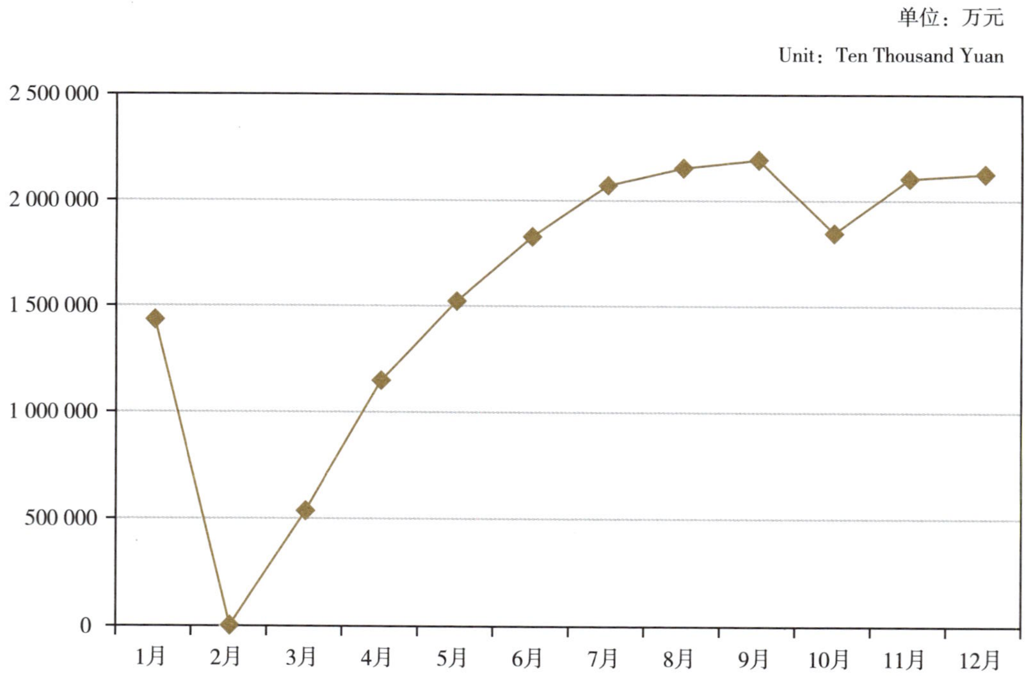

（国家体育总局体育彩票管理中心供稿）

2020 年全国体育彩票各地区销售量排名表

Ranking of Sales of Sports Lottery in Different Regions in China in 2020

单位：万元

Unit：Ten Thousand Yuan

名次 Ranking	地区 Region	销售量（万元） Sales Amounts
1	江苏	1 955 118.36
2	广东	1 635 854.59
3	山东	1 489 206.73
4	浙江	1 321 606.84
5	河南	1 307 230.84
6	河北	949 319.53
7	福建	867 975.59
8	湖北	827 159.03
9	云南	823 402.21
10	四川	737 592.87
11	安徽	655 261.36
12	北京	536 461.39
13	江西	517 178.04
14	陕西	459 168.28
15	内蒙	453 860.56
16	贵州	442 579.05
17	重庆	407 756.53
18	辽宁	391 925.95
19	上海	381 837.48
20	黑龙江	375 758.38
21	湖南	366 254.73
22	吉林	360 899.34
23	甘肃	315 975.60
24	天津	287 533.54
25	新疆	250 627.62
26	山西	244 067.83
27	广西	189 804.32
28	宁夏	132 926.48
29	西藏	128 746.49
30	青海	76 389.02
31	海南	56 801.74
合计 Total		**18 946 280.35**

（国家体育总局体育彩票管理中心供稿）

2020 年全国体育彩票各地区销售额比重图

Diagram of Sports Lottery Sales Proportion in Different Regions of China in 2020

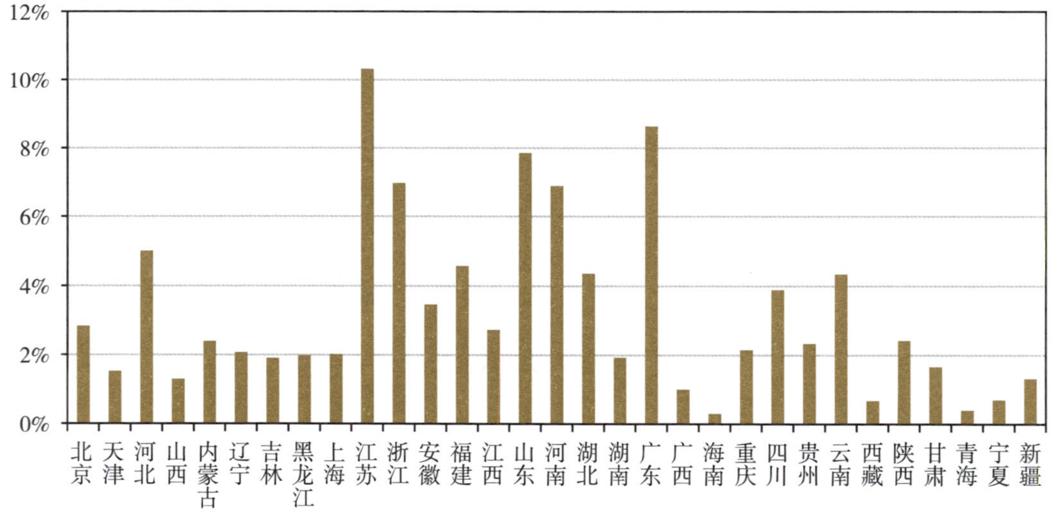

（国家体育总局体育彩票管理中心供稿）

2020 年全国体育彩票分类型销售情况图

Diagram of Sports Lottery Sales in Different Lottery Games in China in 2020

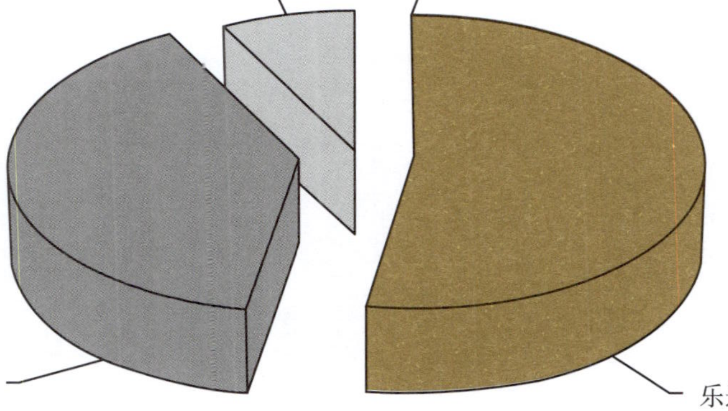

（国家体育总局体育彩票管理中心供稿）

2020 年全国体育彩票（分地区分类型）销售情况表

Statistical Table of Sports Lottery Sales in Different Regions and Different Lottery Games in China in 2020

单位：万元

Unit：Ten Thousand Yuan

地 区 Region	1 月 Jan. 乐透数字型 Lotto Games	竞猜型 Sports Betting	视频型 Online Instant Win	即开型 Instant Games	小计 Subtotal
北 京	24 982.97	15 160.06	—	4 150.47	44 293.50
天 津	6 648.41	13 038.26	—	1 239.42	20 926.10
河 北	44 566.79	21 141.28	—	7 079.97	72 788.03
山 西	5 006.50	11 660.61	—	526.28	17 193.38
内蒙古	17 373.93	14 823.88	—	2 448.26	34 646.07
辽 宁	13 378.08	15 706.98	—	2 833.89	31 918.95
吉 林	14 060.74	9 235.10	—	3 008.37	26 304.21
黑龙江	19 541.33	11 074.41	—	4 802.36	35 418.10
上 海	15 088.08	9 389.62	—	1 923.29	26 400.99
江 苏	61 333.88	68 133.07	—	8 235.87	137 702.82
浙 江	47 116.18	38 822.69	—	5 267.34	91 206.21
安 徽	21 825.31	26 838.23	—	2 136.04	50 799.58
福 建	38 511.90	16 147.70	—	6 873.95	61 533.54
江 西	13 248.35	27 769.95	—	920.65	41 938.95
山 东	45 174.80	67 184.13	—	12 418.21	124 777.14
河 南	37 145.51	56 429.35	—	8 140.83	101 715.70
湖 北	21 267.18	41 177.68	—	2 239.79	64 684.65
湖 南	7 841.11	26 721.26	—	488.37	35 050.74
广 东	50 340.35	59 497.52	—	12 346.76	122 184.63
广 西	4 611.70	9 043.80	—	411.34	14 066.84
海 南	2 936.33	1 091.01	13.56	183.37	4 224.27
重 庆	6 166.57	22 081.44	—	1 193.64	29 441.65
四 川	19 594.64	30 457.32	—	8 409.03	58 461.00
贵 州	17 147.07	10 343.42	—	2 623.59	30 114.08
云 南	32 403.73	15 301.40	—	7 642.97	55 348.10
西 藏	5 300.00	398.34	—	902.07	6 600.41
陕 西	11 990.37	20 962.07	—	2 518.35	35 470.79
甘 肃	12 635.36	7 874.04	—	2 348.81	22 858.21
青 海	2 739.55	1 733.92	—	378.14	4 851.60
宁 夏	5 712.03	2 918.53	—	985.60	9 616.16
新 疆	8 767.62	8 257.72	—	2 408.38	19 433.72
总 计 Total	**634 456.38**	**680 414.78**	**13.56**	**117 085.41**	**1 431 970.12**

续表

地 区 Region	2月 Feb. 乐透数字型 Lotto Games	竞猜型 Sports Betting	视频型 Online Instant Win	即开型 Instant Games	小计 Subtotal
北 京	—	—	—	—	—
天 津	—	—	—	—	—
河 北	—	—	—	—	—
山 西	—	—	—	—	—
内蒙古	—	—	—	—	—
辽 宁	—	—	—	—	—
吉 林	—	—	—	—	—
黑龙江	—	—	—	—	—
上 海	—	—	—	—	—
江 苏	—	—	—	—	—
浙 江	—	—	—	2.63	2.63
安 徽	—	—	—	—	—
福 建	—	—	—	—	—
江 西	—	—	—	8.11	8.11
山 东	—	—	—	—	—
河 南	—	—	—	—	—
湖 北	—	—	—	—	—
湖 南	—	—	—	—	—
广 东	—	—	—	—	—
广 西	—	—	—	—	—
海 南	—	—	—	29.69	29.69
重 庆	—	—	—	82.05	82.05
四 川	—	—	—	—	—
贵 州	—	—	—	—	—
云 南	—	—	—	—	—
西 藏	—	—	—	—	—
陕 西	—	—	—	9.96	9.96
甘 肃	—	—	—	—	—
青 海	—	—	—	—	—
宁 夏	—	—	—	—	—
新 疆	—	—	—	—	—
总 计 Total	—	—	—	**132.44**	**132.44**

续表

地区 Region	3月 Mar. 乐透数字型 Lotto Games	竞猜型 Sports Betting	视频型 Online Instant Win	即开型 Instant Games	小计 Subtotal
北京	191.90	321.31	—	0.24	513.45
天津	4 767.53	791.98	—	495.67	6 055.17
河北	23 430.05	1 213.51	—	1 420.45	26 064.01
山西	3 677.73	748.75	—	406.70	4 833.18
内蒙古	9 050.12	1 028.77	—	1 190.84	11 269.73
辽宁	6 089.16	853.59	—	1 308.01	8 250.76
吉林	10 861.94	955.79	—	1 237.95	13 055.68
黑龙江	2 475.81	373.20	—	238.36	3 087.37
上海	10 363.36	883.18	—	1 042.51	12 289.05
江苏	49 003.90	26 668.97	—	5 489.76	81 162.62
浙江	32 944.87	4 182.78	—	4 048.02	41 175.67
安徽	14 124.37	1 746.36	—	1 402.48	17 273.21
福建	29 966.46	1 648.93	—	3 643.90	35 259.28
江西	10 635.10	3 338.07	—	586.04	14 559.21
山东	36 813.67	5 988.49	—	6 957.28	49 759.43
河南	29 580.79	5 527.98	—	4 660.28	39 769.05
湖北	561.64	999.63	—	58.77	1 620.04
湖南	6 647.26	3 226.83	—	264.11	10 138.20
广东	24 616.06	2 498.93	—	3 927.49	31 042.48
广西	3 786.74	990.22	—	245.38	5 022.33
海南	1 801.20	85.36	—	256.43	2 142.99
重庆	5 348.91	2 195.95	—	1 216.74	8 761.60
四川	17 252.80	3 740.74	—	3 305.79	24 299.33
贵州	9 413.32	1 019.78	—	984.50	11 417.59
云南	23 832.95	1 727.20	—	6 224.92	31 785.08
西藏	902.05	4.03	—	324.60	1 230.68
陕西	10 298.66	2 346.14	—	1 858.89	14 503.69
甘肃	11 230.09	777.00	—	1 785.40	13 792.49
青海	2 111.60	197.70	—	306.89	2 616.19
宁夏	2 634.25	186.05	—	328.85	3 149.15
新疆	5 466.68	552.75	—	1 336.36	7 355.79
总计 Total	**399 880.95**	**76 819.95**	—	**56 553.61**	**533 254.51**

续表

地　区 Region	4 月 Apr. 乐透数字型 Lotto Games	竞猜型 Sports Betting	视频型 Online Instant Win	即开型 Instant Games	小计 Subtotal
北　京	6.66	—	—	—	6.66
天　津	14 296.45	—	—	1 711.88	16 008.33
河　北	64 687.70	—	—	4 648.49	69 336.19
山　西	10 777.70	—	—	786.55	11 564.25
内蒙古	25 296.35	—	—	3 867.33	29 163.68
辽　宁	18 874.53	—	—	3 063.04	21 937.57
吉　林	20 910.54	—	—	3 700.12	24 610.66
黑龙江	21 319.28	—	—	3 723.19	25 042.47
上　海	22 464.47	—	—	2 545.69	25 010.16
江　苏	95 493.41	43 248.25	—	9 152.22	147 893.88
浙　江	73 992.01	—	—	9 043.75	83 035.76
安　徽	35 845.74	—	—	4 088.78	39 934.52
福　建	60 988.41	—	—	5 220.93	66 209.34
江　西	22 294.34	—	—	1 277.35	23 571.69
山　东	84 537.10	—	—	15 135.87	99 672.97
河　南	86 539.40	—	—	9 609.05	96 148.45
湖　北	37 228.54	—	—	1 294.33	38 522.87
湖　南	13 291.43	—	—	366.96	13 658.39
广　东	71 845.75	—	—	9 104.18	80 949.93
广　西	7 684.44	—	—	302.20	7 986.64
海　南	3 077.86	—	2.64	244.49	3 324.99
重　庆	11 780.19	—	—	778.65	12 558.84
四　川	35 334.73	—	—	5 132.30	40 467.03
贵　州	23 855.64	—	—	3 049.17	26 904.81
云　南	45 966.62	—	—	7 870.48	53 837.10
西　藏	7 478.38	—	—	2 549.37	10 027.75
陕　西	21 920.77	—	—	3 581.33	25 502.10
甘　肃	20 477.78	—	—	2 934.21	23 411.99
青　海	4 586.70	—	—	499.56	5 086.26
宁　夏	7 560.57	—	—	1 395.56	8 956.13
新　疆	14 135.64	—	—	3 162.41	17 298.05
总　计 Total	**984 549.12**	**43 248.25**	**2.64**	**119 839.43**	**1 147 639.44**

续表

地区 Region	5月 May 乐透数字型 Lotto Games	竞猜型 Sports Betting	视频型 Online Instant Win	即开型 Instant Games	小计 Subtotal
北京	26 188.33	5 264.75	—	5 104.35	36 557.43
天津	14 009.26	4 246.87	—	1 620.64	19 876.77
河北	69 795.90	6 734.41	—	6 130.80	82 661.12
山西	11 911.27	3 617.95	—	1 230.98	16 760.20
内蒙古	28 292.37	5 501.71	—	2 846.08	36 640.16
辽宁	21 817.51	5 640.33	—	4 485.66	31 943.50
吉林	23 986.78	3 546.43	—	4 337.79	31 871.00
黑龙江	25 022.75	3 484.02	—	2 747.32	31 254.09
上海	25 847.01	3 446.92	—	2 442.62	31 736.55
江苏	108 828.77	66 909.93	—	12 542.51	188 281.21
浙江	86 245.29	14 276.56	—	11 168.73	111 690.58
安徽	42 113.48	9 700.49	—	3 044.97	54 858.94
福建	66 608.26	5 666.29	—	9 158.61	81 433.16
江西	23 237.78	10 518.04	—	2 122.95	35 878.77
山东	82 964.72	21 413.67	—	12 426.06	116 804.44
河南	74 878.04	15 289.44	—	10 800.12	100 967.60
湖北	44 899.59	11 634.23	—	2 170.66	58 704.48
湖南	14 991.45	7 585.11	—	759.52	23 336.07
广东	83 731.49	20 032.67	—	15 279.32	119 043.48
广西	8 775.73	3 362.05	—	440.63	12 578.41
海南	4 083.49	304.55	19.74	397.68	4 805.46
重庆	13 170.72	7 218.48	—	894.39	21 283.60
四川	35 526.67	12 506.10	—	3 955.41	51 988.18
贵州	28 873.52	4 100.10	—	3 582.89	36 556.51
云南	54 225.73	5 748.71	—	8 288.42	68 262.85
西藏	10 734.72	151.24	—	2 188.32	13 074.28
陕西	24 038.92	6 768.30	—	2 636.12	33 443.35
甘肃	21 427.85	2 445.14	—	2 991.99	26 864.98
青海	5 279.99	645.46	—	686.61	6 612.06
宁夏	9 520.48	956.45	—	1 290.15	11 767.07
新疆	16 085.67	2 929.48	—	4 364.49	23 379.65
总计 Total	**1 107 113.54**	**271 645.86**	**19.74**	**142 136.78**	**1 520 915.93**

续表

地　区 Region	6月 June 乐透数字型 Lotto Games	竞猜型 Sports Betting	视频型 Online Instant Win	即开型 Instant Games	小计 Subtotal
北　京	37 052.54	15 274.23	—	5 273.43	57 600.20
天　津	12 595.36	14 169.02	—	1 584.95	28 349.34
河　北	66 121.35	16 852.64	—	7 995.00	90 968.99
山　西	10 830.98	9 830.14	—	1 130.36	21 791.49
内蒙古	26 878.10	14 906.53	—	3 776.18	45 560.81
辽　宁	20 092.76	14 918.58	—	3 860.33	38 871.67
吉　林	21 056.94	8 495.23	—	3 545.26	33 097.43
黑龙江	24 697.64	9 096.79	—	3 542.54	37 336.97
上　海	25 339.46	9 464.92	—	2 510.90	37 315.29
江　苏	104 082.74	87 680.06	—	12 744.38	204 507.18
浙　江	81 664.82	36 215.23	—	12 493.04	130 373.08
安　徽	37 505.64	24 781.84	—	2 831.75	65 119.23
福　建	64 066.52	15 183.98	—	5 974.10	85 224.60
江　西	20 611.77	24 330.42	—	1 727.42	46 669.61
山　东	73 749.23	55 030.96	—	12 429.35	141 209.54
河　南	65 756.92	39 618.23	—	10 464.12	115 839.27
湖　北	37 014.46	32 424.71	—	2 488.72	71 927.90
湖　南	14 364.74	18 117.06	—	649.28	33 131.08
广　东	79 657.91	67 692.73	—	13 873.05	161 223.68
广　西	7 997.78	8 620.89	—	383.86	17 002.53
海　南	4 152.88	831.26	50.40	349.98	5 384.52
重　庆	11 025.73	23 223.96	—	1 898.08	36 147.76
四　川	32 807.78	30 471.96	—	4 000.95	67 280.69
贵　州	29 888.12	10 076.89	—	3 638.95	43 603.97
云　南	54 297.53	13 814.38	—	9 364.61	77 476.52
西　藏	11 227.08	409.78	—	2 352.48	13 989.35
陕　西	22 402.69	16 473.64	—	2 960.96	41 837.29
甘　肃	21 189.97	6 430.70	—	3 002.61	30 623.29
青　海	5 554.46	1 595.00	—	754.74	7 904.19
宁　夏	8 979.26	2 534.84	—	1 175.73	12 689.82
新　疆	14 797.24	7 516.77	—	4 915.89	27 229.90
总　计 Total	**1 047 460.41**	**636 083.37**	**50.40**	**143 693.00**	**1 827 287.17**

续表

地 区 Region	7月 July 乐透数字型 Lotto Games	竞猜型 Sports Betting	视频型 Online Instant Win	即开型 Instant Games	小计 Subtotal
北 京	38 916.95	21 605.89	—	6 103.79	66 626.64
天 津	11 382.62	19 903.54	—	2 141.59	33 427.75
河 北	66 953.69	26 959.45	—	5 802.33	99 715.47
山 西	9 906.79	16 155.96	—	1 285.14	27 347.89
内蒙古	25 872.72	20 905.10	—	7 564.26	54 342.08
辽 宁	18 742.40	21 695.27	—	5 188.53	45 626.20
吉 林	20 467.43	13 438.43	—	3 677.10	37 582.97
黑龙江	23 626.77	12 524.15	—	2 019.02	38 169.95
上 海	24 163.50	14 747.10	—	2 527.18	41 437.78
江 苏	99 403.97	110 015.58	—	10 462.20	219 881.74
浙 江	76 229.93	54 568.91	—	9 786.82	140 585.66
安 徽	34 234.90	36 671.51	—	2 715.09	73 621.49
福 建	57 784.53	22 233.08	—	6 866.05	86 883.67
江 西	18 973.74	36 879.77	—	2 089.56	57 943.07
山 东	70 575.27	79 928.81	—	11 860.56	162 364.63
河 南	63 875.38	62 330.00	—	11 086.90	137 292.28
湖 北	32 012.33	56 498.24	—	1 555.08	90 065.65
湖 南	12 680.71	27 573.53	—	676.62	40 930.87
广 东	76 960.20	90 719.69	—	12 957.15	180 637.04
广 西	7 425.48	13 167.30	—	384.24	20 977.02
海 南	4 266.29	1 482.36	11.19	418.44	6 178.27
重 庆	11 139.75	35 920.36	—	546.00	47 606.11
四 川	30 503.29	45 944.13	—	3 812.97	80 260.39
贵 州	29 659.55	15 000.69	—	3 021.96	47 682.20
云 南	56 248.40	22 135.55	—	9 900.43	88 284.38
西 藏	11 158.94	509.22	—	2 636.29	14 304.45
陕 西	21 086.95	24 776.18	—	2 689.25	48 552.37
甘 肃	20 590.93	9 709.69	—	2 831.42	33 132.04
青 海	5 108.66	2 235.56	—	857.18	8 201.40
宁 夏	9 050.94	3 952.93	—	1 265.53	14 269.40
新 疆	12 356.57	10 827.72	—	4 163.46	27 347.75
总 计 Total	**1 001 359.57**	**931 015.70**	**11.19**	**138 892.14**	**2 071 278.59**

续表

地 区 Region	8月 Aug. 乐透数字型 Lotto Games	竞猜型 Sports Betting	视频型 Online Instant Win	即开型 Instant Games	小计 Subtotal
北 京	38 912.56	21 494.38	—	6 165.52	66 572.46
天 津	11 239.55	21 028.79	—	1 279.84	33 548.18
河 北	65 565.68	30 942.59	—	6 645.99	103 154.26
山 西	9 184.93	18 107.14	—	1 287.24	28 579.31
内蒙古	24 791.09	23 627.46	—	2 203.61	50 622.15
辽 宁	15 972.53	19 292.05	—	3 918.38	39 182.96
吉 林	20 915.91	15 224.43	—	3 838.05	39 978.38
黑龙江	23 521.99	13 916.26	—	4 519.54	41 957.79
上 海	23 767.12	14 923.50	—	2 403.02	41 093.64
江 苏	96 803.92	116 316.07	—	12 089.04	225 209.03
浙 江	77 445.15	58 874.27	—	7 744.04	144 063.46
安 徽	32 423.06	39 179.71	—	2 314.35	73 917.12
福 建	59 293.78	29 039.67	—	7 448.24	95 781.69
江 西	22 246.53	42 178.57	—	1 702.71	66 127.81
山 东	71 582.32	87 162.39	—	9 788.52	168 533.24
河 南	62 861.21	74 147.08	—	10 539.60	147 547.88
湖 北	33 773.63	67 129.10	—	1 703.36	102 606.09
湖 南	12 812.86	31 077.77	—	701.14	44 591.77
广 东	80 108.27	91 154.68	—	15 177.99	186 440.94
广 西	7 660.77	13 433.06	—	448.04	21 541.87
海 南	4 066.82	1 217.85	5.84	532.32	5 822.84
重 庆	9 748.89	43 574.36	—	500.84	53 824.08
四 川	32 890.43	49 126.89	—	4 057.17	86 074.49
贵 州	31 282.98	16 754.99	—	2 711.62	50 749.58
云 南	56 908.86	26 133.05	—	9 881.62	92 923.53
西 藏	10 298.74	713.47	—	2 720.79	13 733.00
陕 西	20 719.63	27 533.49	—	2 694.21	50 947.32
甘 肃	20 254.31	10 307.46	—	3 106.09	33 667.86
青 海	5 056.17	2 687.68	—	805.57	8 549.42
宁 夏	8 879.51	4 652.31	—	1 163.45	14 695.27
新 疆	7 643.68	13 062.88	—	113.19	20 819.75
总 计 Total	**998 632.87**	**1 024 013.39**	**5.84**	**130 205.09**	**2 152 857.19**

续表

地　区 Region	9月 Sept. 乐透数字型 Lotto Games	竞猜型 Sports Betting	视频型 Online Instant Win	即开型 Instant Games	小计 Subtotal
北　京	38 508.63	22 305.59	—	7 261.86	68 076.07
天　津	10 975.62	20 524.17	—	2 277.34	33 777.14
河　北	60 942.79	33 896.09	—	9 344.36	104 183.25
山　西	9 059.68	19 066.82	—	1 735.96	29 862.46
内蒙古	25 633.54	21 389.12	—	3 715.67	50 738.33
辽　宁	18 255.58	21 521.84	—	4 643.71	44 421.13
吉　林	21 063.84	16 333.37	—	3 118.53	40 515.74
黑龙江	23 039.82	14 679.00	—	5 587.69	43 306.51
上　海	22 676.21	15 897.45	—	3 242.44	41 816.10
江　苏	91 629.87	113 660.16	—	14 272.54	219 562.57
浙　江	73 561.20	62 902.15	—	12 174.93	148 638.28
安　徽	31 255.77	40 977.54	—	4 720.41	76 953.72
福　建	59 482.57	27 653.66	—	8 564.46	95 700.69
江　西	19 103.40	42 972.15	—	2 262.80	64 338.35
山　东	66 915.13	89 904.51	—	11 989.61	168 809.24
河　南	60 419.76	76 784.31	—	11 744.06	148 948.13
湖　北	29 372.04	72 780.75	—	2 284.60	104 437.38
湖　南	12 788.29	31 176.75	—	1 071.25	45 036.29
广　东	77 888.88	96 867.90	—	18 947.16	193 703.94
广　西	6 989.60	14 933.93	—	1 125.54	23 049.07
海　南	3 894.12	1 093.35	7.28	635.00	5 629.75
重　庆	9 202.11	41 394.25	—	1 029.19	51 625.56
四　川	29 252.86	52 032.69	—	7 226.03	88 511.58
贵　州	30 295.31	17 299.08	—	3 809.19	51 403.58
云　南	55 193.65	27 111.24	—	10 334.58	92 639.47
西　藏	10 748.72	801.09	—	2 545.04	14 094.85
陕　西	21 413.43	30 324.13	—	4 871.74	56 609.30
甘　肃	19 912.39	11 152.64	—	2 994.17	34 059.20
青　海	5 027.68	2 839.23	—	889.73	8 756.64
宁　夏	8 654.33	4 657.07	—	1 349.58	14 660.98
新　疆	10 844.06	12 963.58	—	2 744.09	26 551.73
总　计 Total	**964 000.89**	**1 057 895.61**	**7.28**	**168 513.26**	**2 190 417.04**

续表

地 区 Region	10月 Oct. 乐透数字型 Lotto Games	竞猜型 Sports Betting	视频型 Online Instant Win	即开型 Instant Games	小计 Subtotal
北 京	34 412.47	17 930.57	—	6 373.75	58 716.79
天 津	10 286.55	16 041.46	—	1 519.36	27 847.37
河 北	56 001.34	26 598.70	—	6 096.86	88 696.90
山 西	8 204.57	15 062.35	—	1 265.85	24 532.76
内蒙古	22 599.02	14 401.89	—	3 405.89	40 406.79
辽 宁	17 082.41	16 834.07	—	3 675.63	37 592.11
吉 林	18 423.75	11 343.48	—	3 290.96	33 058.19
黑龙江	20 981.12	11 359.19	—	1 292.75	33 633.06
上 海	21 373.53	13 198.66	—	3 215.30	37 787.49
江 苏	84 177.40	93 685.00	—	11 051.77	188 914.17
浙 江	68 141.78	52 401.56	—	9 974.58	130 517.92
安 徽	29 600.19	31 342.06	—	3 086.40	64 028.65
福 建	50 814.31	21 516.91	—	7 048.68	79 379.91
江 西	17 049.04	31 739.72	—	1 802.05	50 590.81
山 东	60 644.64	70 507.44	—	8 833.97	139 986.05
河 南	53 746.84	60 152.03	—	9 605.96	123 504.83
湖 北	25 378.43	57 649.93	—	3 041.73	86 070.09
湖 南	11 187.97	26 154.07	—	817.31	38 159.34
广 东	67 582.11	84 986.69	—	17 345.96	169 914.75
广 西	6 759.33	11 974.09	—	550.85	19 284.26
海 南	3 687.50	1 013.26	5.48	611.14	5 317.38
重 庆	8 837.60	28 538.04	—	798.33	38 173.97
四 川	26 662.79	40 818.15	—	5 588.89	73 069.84
贵 州	27 318.52	13 025.11	—	2 834.35	43 177.98
云 南	48 585.87	21 323.93	—	9 222.73	79 132.53
西 藏	9 273.45	646.62	—	2 318.07	12 238.14
陕 西	19 166.57	25 285.72	—	3 624.57	48 076.86
甘 肃	17 313.48	8 963.09	—	2 660.61	28 937.18
青 海	4 285.11	2 063.60	—	637.36	6 986.08
宁 夏	7 748.02	3 565.43	—	1 056.30	12 369.75
新 疆	10 821.46	9 745.48	—	3 148.35	23 715.29
总 计 Total	**868 147.14**	**839 868.33**	**5.48**	**135 796.31**	**1 843 817.26**

续表

地　区 Region	11 月 Nov. 乐透数字型 Lotto Games	竞猜型 Sports Betting	视频型 Online Instant Win	即开型 Instant Games	小计 Subtotal
北　京	38 126.18	22 216.81	—	7 889.26	68 232.25
天　津	10 976.55	21 174.24	—	1 745.17	33 895.96
河　北	64 342.74	32 546.61	—	7 294.05	104 183.40
山　西	8 825.19	19 262.85	—	1 355.43	29 443.47
内蒙古	26 990.37	17 722.54	—	4 055.26	48 768.17
辽　宁	18 926.74	20 846.73	—	6 722.50	46 495.97
吉　林	21 676.39	13 304.47	—	3 589.51	38 570.37
黑龙江	24 248.47	14 491.02	—	2 654.42	41 393.91
上　海	24 512.99	15 221.28	—	3 653.43	43 387.70
江　苏	98 328.52	60 771.12	—	12 838.95	171 938.59
浙　江	80 408.16	61 032.30	—	11 452.90	152 893.36
安　徽	32 592.77	35 223.40	—	2 796.63	70 612.80
福　建	57 074.53	24 416.00	—	8 852.77	90 343.30
江　西	18 068.62	36 761.80	—	2 798.43	57 628.85
山　东	63 086.02	83 758.93	—	13 735.21	160 580.17
河　南	62 620.87	74 329.19	—	10 295.98	147 246.05
湖　北	28 744.45	73 918.93	—	1 938.75	104 602.13
湖　南	11 174.65	29 220.62	—	1 450.28	41 845.55
广　东	76 395.73	99 979.21	—	17 005.76	193 380.70
广　西	7 501.76	15 176.55	—	692.40	23 370.70
海　南	4 374.60	1 277.87	16.49	767.17	6 436.13
重　庆	9 433.94	37 871.86	—	1 224.13	48 529.93
四　川	29 014.58	50 496.57	—	5 587.73	85 098.87
贵　州	30 676.29	16 207.29	—	3 704.97	50 588.54
云　南	53 995.51	24 565.86	—	11 995.41	90 556.78
西　藏	10 571.08	1 162.89	—	2 564.50	14 298.46
陕　西	20 299.82	29 705.00	—	3 584.42	53 589.24
甘　肃	19 353.17	11 479.10	—	2 933.72	33 765.99
青　海	4 779.58	2 681.27	—	720.28	8 181.12
宁　夏	9 087.23	4 536.49	—	1 210.79	14 834.51
新　疆	12 395.34	12 409.87	—	2 992.63	27 797.84
总　计 Total	**978 602.83**	**963 768.65**	**16.49**	**160 102.84**	**2 102 490.80**

续表

地 区 Region	12 月 Dec.				
	乐透数字型 Lotto Games	竞猜型 Sports Betting	视频型 Online Instant Win	即开型 Instant Games	小计 Subtotal
北 京	39 429.64	22 049.26	—	7 787.05	69 265.95
天 津	10 663.98	21 539.73	—	1 617.75	33 821.46
河 北	67 042.86	31 213.63	—	9 311.44	107 567.93
山 西	8 896.50	21 987.58	—	1 275.36	32 159.43
内蒙古	29 142.64	18 487.74	—	4 072.20	51 702.58
辽 宁	19 030.99	20 551.33	—	6 102.82	45 685.14
吉 林	23 920.19	14 023.09	—	4 311.43	42 254.71
黑龙江	26 540.43	15 526.39	—	3 091.35	45 158.17
上 海	24 335.22	15 521.65	—	3 705.87	43 562.74
江 苏	97 561.21	60 590.96	—	11 912.37	170 064.55
浙 江	79 623.69	57 384.39	—	10 416.16	147 424.24
安 徽	32 143.41	33 693.97	—	2 304.70	68 142.09
福 建	58 211.21	24 056.71	—	7 958.49	90 226.41
江 西	19 730.16	36 188.45	—	2 004.20	57 922.81
山 东	62 546.35	83 755.00	—	10 408.54	156 709.89
河 南	60 452.51	79 014.10	—	8 784.98	148 251.59
湖 北	30 534.03	71 022.57	—	2 361.15	103 917.76
湖 南	11 090.48	28 399.87	—	886.09	40 376.43
广 东	77 507.50	93 324.02	—	26 501.49	197 333.01
广 西	7 171.51	16 534.21	—	1 218.91	24 924.63
海 南	4 520.76	1 429.44	13.69	1 541.54	7 505.43
重 庆	9 283.40	49 024.97	—	1 413.01	59 721.38
四 川	27 993.27	49 795.94	—	4 292.27	82 081.48
贵 州	29 941.40	16 202.23	—	4 236.58	50 380.21
云 南	56 257.18	23 809.08	—	13 089.61	93 155.88
西 藏	11 142.69	1 434.68	—	2 577.74	15 155.11
陕 西	19 317.97	27 790.33	—	3 517.71	50 626.01
甘 肃	20 011.53	11 715.39	—	3 135.46	34 862.39
青 海	5 112.57	2 819.40	—	712.08	8 644.05
宁 夏	9 985.11	4 996.64	—	936.48	15 918.23
新 疆	13 327.18	13 058.85	—	3 312.12	29 698.16
总 计 Total	**992 467.58**	**966 941.63**	**13.69**	**164 796.95**	**2 124 219.85**

续表

地区 Region	合计 Total 乐透数字型 Lotto Games	竞猜型 Sports Betting	视频型 Online Instant Win	即开型 Instant Games	小计 Subtotal
北京	316 728.83	163 622.84	—	56 109.72	536 461.39
天津	117 841.86	152 458.07	—	17 233.61	287 533.54
河北	649 450.88	228 098.92	—	71 769.74	949 319.53
山西	96 281.84	135 500.14	—	12 285.85	244 067.83
内蒙古	261 920.25	152 794.73	—	39 145.58	453 860.56
辽宁	188 262.68	157 860.77	—	45 802.50	391 925.95
吉林	217 344.46	105 899.81	—	37 655.07	360 899.34
黑龙江	235 015.41	106 524.43	—	34 218.54	375 758.38
上海	239 930.95	112 694.28	—	29 212.25	381 837.48
江苏	986 647.59	847 679.16	—	120 791.61	1 955 118.36
浙江	777 373.07	440 660.84	—	103 572.94	1 321 606.84
安徽	343 664.65	280 155.11	—	31 441.60	655 261.36
福建	602 802.47	187 562.94	—	77 610.18	867 975.59
江西	205 198.81	292 676.96	—	19 302.27	517 178.04
山东	718 589.25	644 634.32	—	125 983.16	1 489 206.73
河南	657 877.24	543 621.72	—	105 731.88	1 307 230.84
湖北	320 786.32	485 235.78	—	21 136.94	827 159.03
湖南	128 870.95	229 252.85	—	8 130.93	366 254.73
广东	766 634.25	706 754.03	—	162 466.31	1 635 854.59
广西	76 364.83	107 236.10	—	6 203.39	189 804.32
海南	40 861.86	9 826.32	146.31	5 967.25	56 801.74
重庆	105 137.81	291 043.67	—	11 575.05	407 756.53
四川	316 833.84	365 390.48	—	55 368.54	737 592.87
贵州	288 351.72	120 029.57	—	34 197.77	442 579.05
云南	537 916.04	181 670.39	—	103 815.78	823 402.21
西藏	98 835.86	6 231.37	—	23 679.27	128 746.49
陕西	212 655.78	211 964.99	—	34 547.51	459 168.28
甘肃	204 396.85	80 854.26	—	30 724.49	315 975.60
青海	49 642.06	19 498.82	—	7 248.14	76 389.02
宁夏	87 811.73	32 956.74	—	12 158.02	132 926.48
新疆	126 641.15	91 325.09	—	32 661.37	250 627.62
总计 Total	**9 976 671.27**	**7 491 715.51**	**146.31**	**1 477 747.26**	**18 946 280.35**

（国家体育总局体育彩票管理中心供稿）

（三）历年彩票销售统计资料

Sales Statistics of Different Lottery Games in Past Years

2011—2020 年中国福利彩票全国联网游戏销售统计

Sales Statistics of National Games of China Welfare Lottery from 2011 to 2020

双 色 球

单位：万元

Unit：Ten Thousand Yuan

地 区 Region	游戏类型 Game Type	2011	2012	2013	2014	2015	2016	2017	2018	2019	2020	合 计 Total
北 京	乐透组合	230 925.86	238 395.99	237 406.52	262 458.65	187 337.75	182 144.69	169 291.03	170 197.65	180 269.62	126 844.89	1 985 272.68
天 津		59 399.76	70 071.30	77 893.73	143 334.58	79 195.45	62 614.97	64 439.81	57 860.00	55 248.23	47 188.33	717 246.15
河 北		168 394.71	195 276.81	182 447.25	178 571.18	180 201.05	183 119.22	189 015.35	192 294.60	214 245.67	189 123.42	1 872 689.25
山 西		85 420.43	99 458.58	98 957.24	92 833.87	87 249.08	84 653.57	85 140.98	85 901.40	88 083.13	84 508.11	892 206.40
内蒙古		97 907.70	103 460.99	135 945.07	181 132.94	104 015.16	92 153.30	92 295.73	95 194.43	96 081.15	87 901.27	1 086 087.74
辽 宁		197 180.75	218 378.50	211 457.08	203 203.98	195 462.76	188 132.28	184 233.24	186 830.44	184 422.44	155 134.91	1 924 436.38
吉 林		70 706.95	77 273.73	74 966.47	73 205.06	71 903.60	74 949.11	77 293.96	97 808.13	66 806.05	61 834.93	746 747.99
黑龙江		127 721.11	144 972.14	144 879.09	161 038.84	129 308.46	120 361.38	114 282.76	112 683.50	112 902.19	90 223.50	1 258 372.98
上 海		241 310.52	233 197.98	218 818.35	281 866.52	219 068.93	206 553.86	215 767.99	202 659.74	204 300.47	185 325.34	2 208 869.70
江 苏		340 082.64	351 933.00	317 509.11	304 314.23	301 615.11	306 815.10	296 129.52	296 560.03	321 496.47	287 355.98	3 123 811.19
浙 江		375 033.35	412 498.37	363 720.60	356 724.46	377 925.63	394 420.76	406 643.92	418 221.67	433 751.81	400 574.78	3 939 515.34
安 徽		163 358.00	193 282.55	187 267.00	199 809.57	174 316.68	175 299.71	177 239.86	181 225.84	197 077.98	183 310.10	1 832 187.29
福 建		145 015.80	172 277.03	163 427.18	162 554.45	164 525.36	169 100.32	168 541.80	172 060.53	185 657.71	178 632.44	1 681 792.62
江 西		137 545.35	190 187.28	219 449.72	239 477.97	117 467.42	108 412.71	139 087.86	155 286.55	122 618.22	118 518.53	1 548 051.61
山 东		262 365.35	305 181.48	304 495.64	298 940.88	293 389.44	302 780.37	309 520.32	317 929.21	337 593.22	298 815.39	3 031 011.29
河 南		181 662.29	204 973.61	213 547.92	215 518.04	214 773.43	221 794.57	228 921.02	225 358.04	234 242.73	212 539.55	2 153 331.20
湖 北		200 032.90	217 305.29	189 729.99	210 993.24	208 606.19	205 160.09	202 894.49	198 828.36	212 907.02	181 338.43	2 027 795.99
湖 南		166 256.30	182 660.22	183 450.01	186 376.27	187 406.95	196 703.60	192 805.53	203 249.11	206 931.96	182 732.91	1 888 572.85
广 东		621 004.43	678 920.66	696 569.12	674 812.59	621 536.53	598 483.42	599 663.79	619 917.93	662 988.01	576 537.30	6 350 433.76
广 西		104 264.50	159 605.65	195 205.93	154 533.68	143 101.65	151 343.29	211 340.28	189 259.97	145 180.15	132 728.77	1 586 563.86
海 南		33 091.62	37 542.26	37 602.07	34 628.84	34 284.69	33 258.46	31 772.01	29 203.75	27 915.20	25 079.92	324 378.81
重 庆		130 859.92	131 434.60	170 041.16	253 706.52	126 938.92	125 101.77	180 059.83	183 860.94	125 536.23	110 664.41	1 538 204.28
四 川		197 137.45	235 593.15	223 847.84	224 604.45	231 376.83	239 947.42	244 989.13	257 919.69	275 342.70	251 762.43	2 382 521.10
贵 州		79 511.53	93 051.89	91 846.02	94 089.63	95 075.96	101 203.18	102 343.65	103 109.05	111 888.63	103 394.29	975 513.83
云 南		156 448.85	179 021.02	178 597.60	171 578.06	168 792.57	182 561.75	181 060.14	181 250.80	202 833.88	188 711.32	1 790 855.98
西 藏		8 825.15	9 638.93	9 190.98	9 216.46	9 878.00	10 705.43	10 771.80	10 965.61	12 205.58	11 755.22	103 153.16
陕 西		127 637.94	149 198.61	150 812.66	147 986.45	146 268.33	146 850.86	145 125.40	156 729.43	168 452.00	156 426.02	1 495 487.70
甘 肃		59 127.88	68 552.56	71 202.28	69 680.73	72 437.14	76 286.95	73 772.64	72 799.84	75 930.89	67 265.14	707 056.05
青 海		20 755.18	27 455.78	27 591.21	24 625.08	24 571.55	25 963.89	25 763.38	25 813.70	27 511.52	25 049.82	255 101.13
宁 夏		29 574.41	37 821.20	39 742.79	44 446.60	34 864.18	34 172.45	34 419.91	37 505.35	37 662.24	38 506.36	368 715.50
新 疆		55 996.12	69 063.66	72 239.84	75 784.20	80 517.25	88 537.52	86 956.40	87 222.37	90 576.67	80 446.23	787 340.26
合 计 Total		**4 874 554.74**	**5 487 684.78**	**5 489 857.47**	**5 732 048.01**	**5 083 412.04**	**5 089 586.03**	**5 241 583.53**	**5 325 707.65**	**5 418 659.77**	**4 840 230.04**	**52 583 324.07**

3D

单位：万元

Unit：Ten Thousand Yuan

地区 Region	游戏类型 Game Type	2011	2012	2013	2014	2015	2016	2017	2018	2019	2020	合计 Total
北京	乐透排列	73 366.04	79 817.34	84 192.20	85 845.31	62 597.75	58 882.13	57 801.94	57 327.71	60 473.53	40 387.65	660 691.60
天津		23 943.26	23 428.81	24 100.57	27 537.38	18 243.80	16 811.90	15 479.80	18 422.31	13 858.16	12 203.14	194 029.14
河北		118 440.89	125 711.11	79 484.22	63 017.53	54 113.76	52 002.40	48 445.50	52 485.32	57 127.19	48 733.82	699 561.73
山西		64 809.07	71 940.27	67 611.23	48 039.65	36 913.50	32 178.17	29 399.61	30 520.71	32 565.58	29 921.51	443 899.30
内蒙古		66 299.21	68 224.92	68 737.13	60 635.56	53 693.50	56 907.56	50 624.73	52 238.37	50 562.99	45 380.79	573 304.75
辽宁		206 665.91	167 495.66	142 218.06	128 636.60	119 135.97	115 911.85	110 153.27	115 577.31	119 053.94	96 997.50	1 321 846.06
吉林		62 204.88	59 640.23	41 022.57	36 668.28	33 179.72	33 356.26	31 193.73	35 098.24	27 415.64	28 505.39	388 284.94
黑龙江		77 759.57	64 180.59	57 848.81	54 700.02	47 239.07	46 192.18	41 732.28	40 304.94	42 208.90	33 926.17	506 092.53
上海		44 302.89	30 524.48	32 610.83	44 000.39	29 390.97	27 050.55	34 969.85	28 442.38	24 669.46	23 134.33	319 096.11
江苏		122 016.45	75 125.92	61 594.33	54 102.77	54 730.46	56 316.07	53 735.54	58 804.78	64 728.39	59 138.10	660 292.81
浙江		147 070.83	150 172.30	104 786.26	91 371.38	96 137.68	93 797.47	96 812.03	101 366.87	108 877.85	99 876.90	1 090 269.57
安徽		45 416.95	50 505.45	42 045.73	36 489.94	37 281.42	37 247.63	38 900.54	45 797.19	50 502.39	47 162.57	431 349.79
福建		14 202.02	15 021.35	13 446.61	12 584.58	15 263.00	13 456.79	13 685.64	15 275.23	21 002.40	20 112.93	154 050.57
江西		14 423.04	35 814.51	50 979.30	71 958.63	25 077.54	15 518.93	30 212.05	37 062.61	31 140.71	38 662.08	350 849.39
山东		119 249.08	115 197.71	104 325.82	90 376.86	85 305.28	84 438.39	86 220.36	94 584.49	107 999.02	102 030.55	989 727.57
河南		81 885.75	71 101.52	61 029.13	57 366.00	49 095.97	50 439.96	50 618.77	49 952.07	55 629.79	52 308.29	579 427.25
湖北		119 620.47	115 633.97	87 000.04	83 071.26	76 229.94	78 235.89	76 210.57	81 924.45	90 408.88	99 263.44	907 598.90
湖南		79 799.44	73 093.51	70 957.51	68 034.58	67 426.73	72 053.29	76 923.54	81 326.28	84 832.53	80 370.20	754 817.60
广东		67 844.54	67 040.34	70 215.61	66 684.41	67 797.07	67 664.10	67 519.02	72 600.61	77 866.30	67 980.46	693 212.46
广西		14 476.50	23 599.60	24 171.79	16 499.60	17 538.98	22 009.89	29 278.27	35 113.06	23 939.61	23 044.56	229 671.87
海南		1 159.33	1 260.13	1 306.15	1 437.94	1 707.25	1 530.65	1 428.92	1 273.34	1 206.43	1 081.26	13 391.41
重庆		17 632.30	23 019.03	28 187.57	28 784.06	22 831.50	27 239.98	31 375.15	33 437.01	36 924.50	36 598.80	286 029.89
四川		105 227.98	103 434.38	93 153.96	84 703.03	91 468.41	96 755.91	96 440.20	107 722.40	109 967.17	103 255.97	992 129.41
贵州		53 388.61	54 969.99	43 498.61	40 216.22	41 043.94	44 566.50	42 796.36	46 588.10	50 172.71	46 699.58	463 940.62
云南		152 492.30	157 386.73	151 479.12	146 459.19	142 927.67	157 391.73	165 206.31	180 358.12	195 685.16	191 808.58	1 641 194.90
西藏		13 119.29	11 897.53	10 181.88	7 819.11	7 328.74	7 399.25	6 834.70	6 226.72	6 293.28	5 067.81	82 168.30
陕西		116 946.95	119 227.47	100 173.66	88 177.66	78 376.03	77 461.95	74 561.66	78 201.93	84 516.01	72 871.95	890 515.27
甘肃		60 888.95	68 976.83	65 340.26	42 589.62	42 522.75	42 360.86	41 326.09	37 945.06	40 363.48	36 500.77	478 814.68
青海		19 082.98	23 051.53	23 436.09	20 653.15	19 554.10	20 443.38	20 740.98	22 450.36	27 203.56	26 741.33	223 357.44
宁夏		20 584.83	22 202.96	25 770.24	21 237.17	18 986.47	19 125.46	16 618.69	17 624.62	17 973.23	18 702.01	198 825.68
新疆		27 772.93	27 445.40	26 176.38	25 654.33	26 276.63	28 059.83	26 115.94	27 664.66	35 279.52	39 161.81	289 607.42
合计 Total		**2 152 093.26**	**2 096 141.53**	**1 857 081.67**	**1 705 352.19**	**1 539 415.58**	**1 552 806.90**	**1 563 362.02**	**1 663 717.24**	**1 750 448.33**	**1 627 630.26**	**17 508 048.99**

七乐彩

单位：万元

Unit：Ten Thousand Yuan

地区 Region	游戏类型 Game Type	2011	2012	2013	2014	2015	2016	2017	2018	2019	2020	合计 Total
北京	乐透组合	2 633.29	2 860.00	2 754.66	2 370.65	2 384.55	2 435.75	2 262.27	2 101.02	1 911.21	1 188.03	22 901.43
天津		1 453.03	1 933.53	2 045.59	2 844.95	1 408.01	1 459.63	1 207.38	943.38	646.30	545.00	14 486.81
河北		6 609.88	7 232.28	6 018.38	5 385.88	5 694.21	5 422.70	4 622.75	4 572.11	4 232.24	3 383.55	53 173.99
山西		2 412.91	2 492.58	2 235.86	1 888.59	1 711.49	1 673.75	1 524.51	1 423.75	1 335.88	1 228.44	17 927.74
内蒙古		3 163.43	3 036.58	3 977.80	4 853.68	2 625.78	2 304.81	1 914.69	2 027.46	1 697.82	1 428.30	27 030.34
辽宁		6 745.75	6 461.57	5 486.83	5 071.01	5 013.36	4 855.64	4 110.67	3 998.49	3 733.64	3 121.97	48 598.94
吉林		2 121.05	2 185.37	1 763.28	1 680.48	1 757.32	1 835.16	1 682.64	2 698.21	1 344.83	1 216.08	18 284.42
黑龙江		3 319.26	2 918.83	2 578.66	2 426.67	1 965.11	1 781.25	1 516.10	1 427.06	1 273.49	966.55	20 172.97
上海		6 831.20	4 940.63	4 209.70	4 213.73	3 667.52	3 842.91	3 376.42	3 136.76	2 984.92	2 667.03	39 870.84
江苏		7 942.04	7 240.98	5 970.43	5 498.77	5 733.91	5 777.07	4 981.44	5 093.88	4 693.65	4 050.62	56 982.78
浙江		10 233.02	10 636.78	8 118.16	6 608.44	7 558.97	8 039.22	6 876.43	7 133.28	6 554.09	5 561.11	77 319.50
安徽		4 603.43	4 769.62	4 322.74	4 206.79	4 405.52	4 680.77	4 212.58	4 222.57	3 991.79	3 402.33	42 818.16
福建		8 702.84	11 274.51	9 259.04	8 489.33	9 225.50	9 591.58	7 736.56	8 132.20	8 430.26	7 794.85	88 636.66
江西		3 374.67	6 860.28	8 603.40	11 355.65	4 597.23	2 853.23	3 027.48	3 001.36	2 187.04	1 952.39	47 812.73
山东		46 848.29	46 944.93	40 084.33	35 977.62	33 611.82	33 691.96	30 016.04	28 961.73	27 767.56	23 317.55	347 221.83
河南		4 618.29	4 768.94	4 390.95	3 979.13	3 747.30	3 811.95	3 520.15	3 285.91	2 946.73	2 501.55	37 570.90
湖北		3 691.44	4 209.59	3 173.90	3 524.70	3 118.58	3 135.33	2 569.95	2 486.12	2 354.55	2 040.15	30 304.32
湖南		3 580.87	3 811.86	3 346.49	3 169.35	3 193.65	3 492.73	2 821.19	2 781.68	2 805.57	2 502.42	31 505.80
广东		1 676.70	1 823.84	1 669.94	1 330.08	1 283.32	1 257.29	1 163.13	1 161.49	1 143.13	929.43	13 438.35
广西		6 458.83	8 232.64	8 891.54	6 291.06	6 212.26	6 765.16	6 535.50	5 685.14	5 071.49	4 448.89	64 592.50
海南		217.00	231.27	205.45	226.91	262.39	274.39	239.89	204.91	181.80	167.94	2 211.96
重庆		1 944.86	1 647.89	2 079.23	1 422.43	1 121.78	1 494.33	1 627.78	1 084.84	1 001.30	903.33	14 327.78
四川		2 649.96	2 911.80	2 664.89	2 485.52	2 516.32	2 732.81	2 274.66	2 181.82	2 119.74	1 898.30	24 435.81
贵州		879.60	988.63	874.74	750.81	779.49	815.98	727.90	750.27	791.30	615.13	7 973.86
云南		3 228.50	3 615.41	4 133.89	3 221.16	2 729.68	2 892.45	2 336.88	2 292.83	2 272.54	2 046.73	28 770.07
西藏		181.73	166.57	139.43	119.25	118.43	114.44	99.08	91.13	88.86	83.97	1 202.89
陕西		3 526.64	3 894.29	3 639.87	3 283.24	3 014.67	2 789.32	2 348.93	2 372.60	2 228.03	1 881.82	28 979.41
甘肃		1 569.82	1 667.87	1 618.37	1 351.92	1 309.87	1 365.62	1 114.51	1 017.88	975.35	831.53	12 822.72
青海		351.40	653.67	468.80	384.27	392.10	416.46	351.96	343.78	391.96	378.18	4 132.58
宁夏		773.79	874.69	920.69	748.32	602.25	603.07	517.30	519.88	476.34	432.44	6 468.75
新疆		2 375.20	2 636.91	2 146.50	1 931.74	2 065.26	2 550.86	1 659.01	1 547.37	1 610.49	1 318.82	19 842.14
合计 Total		**154 718.74**	**163 924.35**	**147 793.54**	**137 092.11**	**123 827.65**	**124 757.63**	**108 975.78**	**106 680.89**	**99 243.90**	**84 804.40**	**1 251 818.98**

快 乐 8

单位：万元

Unit：Ten Thousand Yuan

地 区 Region	游戏类型 Game Type	2011	2012	2013	2014	2015	2016	2017	2018	2019	2020	合 计 Total
北 京	乐透排列	—	—	—	—	—	—	—	—	—	—	—
天 津		—	—	—	—	—	—	—	—	—	120.82	120.82
河 北		—	—	—	—	—	—	—	—	—	1 768.11	1 768.11
山 西		—	—	—	—	—	—	—	—	—	—	—
内蒙古		—	—	—	—	—	—	—	—	—	—	—
辽 宁		—	—	—	—	—	—	—	—	—	—	—
吉 林		—	—	—	—	—	—	—	—	—	—	—
黑龙江		—	—	—	—	—	—	—	—	—	940.99	940.99
上 海		—	—	—	—	—	—	—	—	—	1 295.89	1 295.89
江 苏		—	—	—	—	—	—	—	—	—	7 016.33	7 016.33
浙 江		—	—	—	—	—	—	—	—	—	15 091.78	15 091.78
安 徽		—	—	—	—	—	—	—	—	—	4 001.35	4 001.35
福 建		—	—	—	—	—	—	—	—	—	—	—
江 西		—	—	—	—	—	—	—	—	—	5 687.53	5 687.53
山 东		—	—	—	—	—	—	—	—	—	8 229.74	8 229.74
河 南		—	—	—	—	—	—	—	—	—	—	—
湖 北		—	—	—	—	—	—	—	—	—	3 095.21	3 095.21
湖 南		—	—	—	—	—	—	—	—	—	7 666.59	7 666.59
广 东		—	—	—	—	—	—	—	—	—	9 567.15	9 567.15
广 西		—	—	—	—	—	—	—	—	—	—	—
海 南		—	—	—	—	—	—	—	—	—	—	—
重 庆		—	—	—	—	—	—	—	—	—	4 149.18	4 149.18
四 川		—	—	—	—	—	—	—	—	—	10 384.93	10 384.93
贵 州		—	—	—	—	—	—	—	—	—	—	—
云 南		—	—	—	—	—	—	—	—	—	—	—
西 藏		—	—	—	—	—	—	—	—	—	—	—
陕 西		—	—	—	—	—	—	—	—	—	3 279.09	3 279.09
甘 肃		—	—	—	—	—	—	—	—	—	156.35	156.35
青 海		—	—	—	—	—	—	—	—	—	—	—
宁 夏		—	—	—	—	—	—	—	—	—	156.34	156.34
新 疆		—	—	—	—	—	—	—	—	—	—	—
合 计 Total		—	—	—	—	—	—	—	—	—	**82 607.36**	**82 607.36**

开 乐 彩

单位：万元

Unit：Ten Thousand Yuan

地 区 Region	游戏类型 Game Type	2011	2012	2013	2014	2015	2016	2017	2018	2019	2020	合 计 Total
天 津	乐透组合	—	3.50	—	—	—	—	—	—	—	—	3.50
河 北		—	25 168.17	7 045.93	2 794.59	960.63	343.02	123.48	—	—	—	36 435.82
山 西		—	1 860.68	972.94	313.05	82.39	12.13	1.31	—	—	—	3 242.50
内蒙古		—	—	—	—	—	—	—	—	—	—	—
辽 宁		—	7 182.33	1 539.71	573.24	171.15	81.65	15.47	—	—	—	9 563.55
吉 林		2 357.74	1 966.15	474.44	143.77	59.44	16.01	0.69	—	—	—	5 018.24
安 徽		—	—	—	—	—	—	—	—	—	—	—
福 建		—	—	—	—	—	—	—	—	—	—	—
山 东		—	1 029.85	277.18	122.65	88.34	99.88	38.85	—	—	—	1 656.75
河 南		—	0.43	—	—	—	—	—	—	—	—	0.43
湖 北		—	—	—	—	—	—	—	—	—	—	—
湖 南		—	448.21	89.99	55.16	—	—	—	—	—	—	593.36
广 东		—	4.52	0.83	0.64	—	—	—	—	—	—	5.99
四 川		—	348.82	37.86	9.27	—	—	—	—	—	—	395.95
云 南		—	—	—	—	—	—	—	—	—	—	—
陕 西		—	215.79	56.90	17.74	0.65	—	—	—	—	—	291.08
甘 肃		—	4 013.41	4 486.00	3 968.98	971.07	116.27	34.66	—	—	—	13 590.38
宁 夏		—	—	—	—	—	—	—	—	—	—	—
合 计 Total		**2 357.74**	**42 241.87**	**14 981.77**	**7 999.06**	**2 333.68**	**668.96**	**214.46**	—	—	—	**70 797.54**

2011—2020 年中国福利彩票区域联网游戏销售统计

Sales Statistics of Inter-Regional Games of China Welfare Lottery from 2011 to 2020

15 选 5

单位：万元

Unit：Ten Thousand Yuan

地 区 Region	游戏类型 Game Type	2011	2012	2013	2014	2015	2016	2017	2018	2019	2020	合 计 Total
上 海	乐透组合	4 848.79	3 810.64	4 294.76	6 069.99	3 403.39	2 439.91	2 385.95	3 526.13	3 554.60	2 963.24	37 297.40
江 苏		19 335.61	9 531.71	8 942.62	8 292.09	7 192.68	6 337.28	6 390.03	8 752.01	6 801.52	6 548.83	88 124.37
浙 江		19 045.94	14 615.74	8 634.76	6 245.00	4 578.22	3 837.12	3 685.12	5 401.78	3 986.06	4 348.92	74 378.67
安 徽		6 591.48	8 966.47	10 910.74	11 859.21	5 580.02	3 664.66	3 520.61	4 495.24	4 153.14	4 037.74	63 779.32
福 建		5 846.83	4 674.47	4 858.22	3 812.12	2 944.91	2 500.73	2 322.48	4 037.61	2 682.18	3 316.63	36 996.18
江 西		1 649.01	1 708.42	3 020.05	1 969.05	1 438.84	1 239.81	1 242.13	1 460.18	1 500.89	1 519.47	16 747.85
合 计 Total		**57 317.66**	**43 307.44**	**40 661.15**	**38 247.46**	**25 138.07**	**20 019.51**	**19 546.33**	**27 672.94**	**22 678.41**	**22 734.83**	**317 323.79**

22 选 5

单位：万元

Unit：Ten Thousand Yuan

地 区 Region	游戏类型 Game Type	2011	2012	2013	2014	2015	2016	2017	2018	2019	2020	合 计 Total
四 川	乐透组合	739.03	620.50	523.01	491.85	195.65	—	—	—	—	—	2 570.05
贵 州		673.33	562.16	403.80	308.05	105.58	—	—	—	—	—	2 052.92
云 南		3 312.18	2 664.96	2 054.93	1 631.38	532.19	—	—	—	—	—	10 195.65
合 计 Total		**4 724.54**	**3 847.62**	**2 981.74**	**2 431.29**	**833.42**	**—**	**—**	**—**	**—**	**—**	**14 818.62**

东 方 6+1

单位：万元

Unit：Ten Thousand Yuan

地 区 Region	游戏类型 Game Type	2011	2012	2013	2014	2015	2016	2017	2018	2019	2020	合 计 Total
辽 宁	乐透排列	770.88	613.07	507.36	447.60	373.57	329.53	302.72	288.35	258.15	225.43	4 116.66
上 海		2 974.22	2 119.44	2 010.29	1 881.44	1 527.03	1 450.30	1 392.85	1 364.47	1 328.40	1 206.13	17 254.58
江 苏		4 847.66	3 944.65	4 091.24	3 767.99	3 249.04	2 879.57	2 608.42	2 522.36	2 372.24	2 034.45	32 317.61
浙 江		9 071.56	6 736.76	5 860.07	5 639.92	5 058.06	4 580.32	4 186.69	4 013.04	3 853.59	3 169.04	52 169.06
安 徽		1 666.74	1 319.66	1 398.62	1 321.91	1 113.24	1 063.67	1 020.66	1 022.22	1 007.09	887.17	11 820.98
福 建		1 608.66	1 370.32	1 347.43	1 261.68	1 118.74	1 067.90	1 051.36	1 455.45	1 079.56	977.69	12 338.79
江 西		232.20	229.02	364.65	463.21	203.76	157.47	163.86	165.65	163.02	131.51	2 274.35
合 计 Total		**21 171.92**	**16 332.90**	**15 579.66**	**14 783.74**	**12 643.44**	**11 528.77**	**10 726.56**	**10 831.53**	**10 062.06**	**8 631.43**	**132 292.03**

2011—2020 年中国福利彩票地方游戏销售情况表

Sales Statistics of Regional Games of China Welfare Lottery from 2011 to 2020

单位：万元

Unit：Ten Thousand Yuan

地区 Region	游戏类型 Game Type	游戏名称 Game Name	2011	2012	2013	2014	2015	2016	2017	2018	2019	2020	合计 Total
北京	乐透组合	北京快 3	—	—	—	7 066.49	141 054.66	150 326.77	177 824.35	198 840.29	98 232.51	60 871.25	834 216.33
		北京快乐 8	81 016.53	75 802.35	71 896.71	73 637.15	38 326.34	24 469.86	16 348.63	10 995.75	12 429.32	5 700.25	410 622.88
		北京两步彩	1 244.78	426.88	75.50	—	—	—	—	—	—	—	1 747.16
	乐透排列	北京 PK 拾	9 458.80	10 236.33	10 068.72	11 122.10	3 408.81	1 838.20	943.96	522.82	191.37	108.47	47 899.59
天津	乐透组合	天津 15 选 5	2 029.82	675.35	—	—	—	—	—	—	—	—	2 705.18
		天津 15 选 5 好运 2	18.76	6.04	—	—	—	—	—	—	—	—	24.81
		天津 15 选 5 好运 3	419.61	131.18	—	—	—	—	—	—	—	—	550.79
		天津 15 选 5 好运 4	350.25	119.88	—	—	—	—	—	—	—	—	470.13
		天津快乐十分	14 286.01	75 069.75	139 553.40	179 315.54	194 627.49	210 387.80	207 090.40	214 935.30	159 992.37	150 833.53	1 546 091.59
	乐透排列	天津时时彩	9 780.32	2 218.24	1 157.27	180.76	93.95	75.86	85.82	53.25	2 081.27	857.04	16 583.78
河北	乐透组合	河北 20 选 5	10 792.28	9 860.42	6 331.00	5 455.10	4 421.14	4 476.10	3 797.42	4 557.29	4 305.19	3 015.25	57 011.19
		河北 20 选 5 好运 2	129.93	107.25	49.05	28.40	34.59	24.80	21.61	22.95	26.38	—	444.96
		河北 20 选 5 好运 3	343.34	327.69	247.03	188.01	98.16	101.92	85.14	76.81	92.49	—	1 560.60
		河北快 3	—	26 234.26	274 326.79	363 081.53	330 378.43	203 361.69	148 991.43	164 429.50	89 519.50	79 929.71	1 680 252.84
	乐透排列	河北数字 5	301.96	302.92	189.79	174.65	136.28	142.00	113.09	127.57	92.14	84.89	1 665.29
		河北数字 7	1 454.58	1 327.47	1 114.88	991.47	841.19	742.85	688.38	639.92	666.58	631.13	9 098.45
山西	乐透组合	山西 21 选 5	1 294.99	1 078.41	951.93	—	—	—	—	—	—	—	3 325.33
		山西 21 选 5 好运 2	81.99	74.48	56.66	—	—	—	—	—	—	—	213.13
		山西 21 选 5 好运 3	424.37	371.54	290.72	—	—	—	—	—	—	—	1 086.63
		山西 21 选 5 好运 4	136.74	117.51	93.68	—	—	—	—	—	—	—	347.93
		山西快乐十分	—	—	19 512.71	166 605.69	207 179.62	235 739.27	243 366.79	212 294.91	139 593.71	143 978.61	1 368 271.31
	乐透排列	山西时时彩	1 263.95	1 498.95	14 037.34	3 800.64	183.36	—	—	—	—	—	20 784.24
内蒙古	乐透组合	内蒙古快 3	—	—	76 243.07	109 026.04	242 642.33	294 444.55	359 140.72	364 869.25	142 524.85	102 932.12	1 691 822.93
	乐透排列	内蒙古时时彩	24 333.26	26 115.70	23 230.63	18 188.98	11 496.21	9 953.28	8 484.87	8 461.04	9 035.71	7 368.55	146 668.23

续表

地区 Region	游戏类型 Game Type	游戏名称 Game Name	2011	2012	2013	2014	2015	2016	2017	2018	2019	2020	合计 Total
辽宁	乐透组合	辽宁 35 选 7	3 668.89	2 608.17	2 130.71	1 695.08	1 358.15	1 101.43	934.12	838.09	744.33	—	15 078.98
		辽宁 35 选 7 好运 1	49.93	28.69	22.28	14.07	10.82	8.98	7.70	7.78	6.82	—	157.06
		辽宁 35 选 7 好运 2	119.68	74.46	63.39	53.95	41.24	36.16	31.98	33.66	29.48	—	484.00
		辽宁 35 选 7 好运 3	429.83	286.34	240.86	202.84	161.87	141.98	117.73	108.03	100.20	—	1 789.67
		辽宁 35 选 7 好运 4	1 382.72	832.28	637.84	497.14	376.47	303.18	267.98	217.67	191.58	—	4 706.87
		辽宁快乐十二	—	216 342.34	362 808.11	476 946.68	501 950.09	507 146.44	496 626.16	490 626.70	317 492.30	286 760.84	3 656 699.67
吉林	乐透组合	吉林快 3	—	30 185.18	209 673.23	249 048.28	153 288.69	161 917.46	163 245.61	192 711.34	92 397.52	90 081.15	1 342 548.47
	乐透排列	吉林时时彩	7 362.97	3 790.22	489.30	387.02	376.53	228.77	1 206.82	8 083.89	1 244.71	1 430.01	24 600.25
黑龙江	乐透组合	黑龙江 22 选 5	2 738.49	2 164.59	1 741.12	1 701.93	—	—	993.25	830.10	733.03	469.15	11 371.66
		黑龙江 36 选 7	1 926.18	1 418.16	1 064.75	662.83	548.10	430.58	315.76	237.83	212.31	144.26	6 960.75
		黑龙江快乐十分	14 264.63	85 746.70	168 761.70	223 956.50	255 386.19	277 737.39	264 633.17	258 061.49	179 789.27	139 282.66	1 867 619.70
	乐透排列	黑龙江数字 6	5 232.80	4 357.44	5 616.03	2 963.47	2 475.66	3 141.09	2 822.22	1 195.86	1 058.80	979.70	29 843.06
		黑龙江时时彩	5 547.82	784.49	1 087.17	1 020.86	167.04	17.24	14.74	8.03	1 010.82	235.46	9 893.66
上海	乐透组合	上海基诺（KENO）	2 947.09	4 850.55	3 335.34	3 113.72	732.51	2.26	1 368.07	1 499.36	3 823.34	2 481.34	24 153.58
		上海快 3	—	4 617.10	19 112.27	24 057.32	46 014.95	82 044.71	112 100.66	148 468.19	148 439.30	186 000.92	770 855.42
	乐透排列	上海4位数(天天彩4)	7 967.52	5 751.36	5 525.34	5 696.37	5 636.83	5 900.60	6 214.61	6 396.32	6 427.53	6 027.98	61 544.46
		上海天天彩选 3（时时乐）	6 695.19	9 910.11	4 465.72	3 219.75	3 235.01	3 778.59	4 181.28	4 926.29	6 024.26	4 760.09	51 196.28
		上海时时彩	323.92	72.44	—	—	—	—	—	—	—	—	396.36
江苏	乐透组合	江苏快 3	335 351.32	561 374.33	509 997.83	599 497.06	641 861.62	680 416.29	706 097.09	716 070.96	371 196.12	363 518.15	5 485 380.78
浙江	乐透组合	浙江快乐十二	—	18 616.42	297 956.50	381 608.72	433 646.62	443 962.04	493 514.61	601 327.00	459 720.08	479 518.02	3 609 870.01
		浙江快 2	—	—	—	—	6 741.30	21 083.60	21 161.48	23 952.23	5 707.61	3 498.45	82 144.67
安徽	乐透组合	安徽 25 选 5	1 020.51	879.74	783.92	896.31	857.49	829.32	—	—	—	—	5 267.28
		安徽快 3	—	—	124 778.48	183 016.35	163 341.18	165 187.58	209 222.21	211 175.95	145 993.08	124 544.86	1 327 259.69
	乐透排列	安徽时时彩	3 772.52	1 664.55	—	—	—	—	—	—	—	—	5 437.06
福建	乐透组合	福建快 3	—	—	128 415.57	124 670.92	140 258.35	139 141.11	159 497.47	145 836.20	62 699.26	48 804.81	949 323.70
	乐透排列	福建时时彩	33 022.16	26 028.60	7 804.37	—	—	—	—	—	—	—	66 855.13
江西	乐透组合	江西快 3	—	—	—	—	—	36 271.30	105 080.22	161 727.71	49 420.32	28 884.11	381 383.65
	乐透排列	江西时时彩	31 721.26	62 995.59	128 255.51	177 666.68	62 167.46	4 695.20	—	—	—	—	467 501.69
山东	乐透组合	山东 23 选 5	12 427.16	9 707.91	7 533.14	5 718.33	—	—	—	—	—	—	35 386.53
		山东群英会	266 804.15	305 495.14	428 140.07	548 123.11	536 494.79	530 970.53	547 519.46	553 471.17	391 512.79	334 980.54	4 443 511.75

续表

地区 Region	游戏类型 Game Type	游戏名称 Game Name	2011	2012	2013	2014	2015	2016	2017	2018	2019	2020	合计 Total
河南	乐透组合	河南22选5	18 811.12	15 995.42	14 066.80	12 242.68	9 834.59	9 540.24	9 296.61	8 500.65	8 610.55	11 669.70	118 568.36
		河南22选5好运2	611.32	697.04	792.51	689.60	500.26	570.48	540.61	493.99	433.71	—	5 329.52
		河南22选5好运3	5 375.34	4 772.03	4 405 72	4 234.26	3 317.83	3 440.91	3 166.09	2 916.10	2 792.61	—	34 420.90
		河南22选5好运4	2 483.74	2 274.90	2 498.63	2 594.79	2 336.02	2 363.71	2 455.33	2 531.84	2 160.26	—	21 699.21
		河南快3	—	—	—	25 062.94	50 232.63	75 137.37	95 676.84	102 316.61	39 351.05	31 344.38	419 121.82
	乐透排列	河南幸运彩	—	—	96 740.22	92 625.85	61 134.91	45 192.58	37 267.92	28 571.12	13 543.37	12 864.36	387 940.31
		河南幸运武林	2 294.42	87 966.17	—	—	—	—	—	—	—	—	90 260.59
湖北	乐透组合	湖北22选5	9 021.02	7 255.35	5 672.21	4 158.84	3 634.16	1 902.26	—	—	—	—	31 643.83
		湖北22选5好运1	36.97	26.02	15.37	14.33	11.97	5.59	—	—	—	—	110.76
		湖北22选5好运2	194.33	159.59	114.07	103.00	94.55	41.94	—	—	—	—	707.48
		湖北22选5好运3	2 644.72	2 293.44	1 575.60	1 415.35	1 257.60	615.07	—	—	—	—	9 801.78
		湖北22选5好运4	1 503.45	1 409.49	1 061.89	985.37	882.11	463.22	—	—	—	—	6 305.53
		湖北30选5	—	—	—	—	—	2 377.09	1 927.08	1 159.63	834.07	454.24	6 752.10
		湖北快3	—	59 639.26	238 582.87	312 778.32	339 977.83	370 168.64	410 476.53	441 388.43	155 826.12	123 462.47	2 452 300.48
	乐透排列	湖北时时彩	1 590.36	1 303.91	1 475.86	3 072.82	3 595.86	3 654.05	3 181.19	2 350.26	18 257.39	10 524.63	49 006.33
湖南	乐透组合	湖南快乐十分	17 880.40	89 183.62	122 403.19	167 092.79	179 501.28	211 350.00	239 279.23	243 258.66	150 097.34	143 184.10	1 563 230.59
	乐透排列	湖南时时彩	972.51	—	—	—	—	—	—	—	—	—	972.51
广东	乐透组合	广东26选5	2 085.97	1 526.80	1 522.15	1 511.83	1 317.18	1 083.23	1 052.70	736.60	—	—	10 836.47
		广东26选5好彩2	213.19	194.38	176.63	163.88	152.21	145.24	128.43	86.04	—	—	1 260.00
		广东26选5好彩3	1 622.14	1 560.69	1 428.99	1 330.35	1 277.63	1 163.77	1 088.06	754.93	—	—	10 226.56
		广东36选7	32 600.39	25 519.26	29 404.37	28 663.42	24 016.26	21 166.36	17 249.48	17 831.79	14 545.66	12 993.35	223 990.35
		广东36选7好彩1	35 935.17	28 955.02	38 209.26	49 555.59	21 339.62	15 709.75	16 368.55	15 426.07	15 403.32	14 795.76	251 698.11
		广东36选7好彩2	1 558.71	1 477.26	1 417.33	1 327.91	1 252.11	1 123.37	1 124.35	1 131.73	1 180.34	1 043.66	12 636.77
		广东36选7好彩3	22 735.67	21 301.13	21 087.46	20 331.02	19 158.73	17 859.60	17 233.09	17 124.05	17 177.81	14 982.44	188 991.01
		广东快乐彩	—	—	—	—	—	—	1 063.29	480.19	12.29	—	1 555.77
		广东快乐十分	247 387.38	410 750.19	503 038.86	630 406.75	704 534.05	780 844.54	843 369.91	906 235.42	594 021.85	620 447.66	6 241 036.62
深圳	乐透组合	深圳35选7	2 004.43	1 623.51	1 493.97	1 276.43	972.13	765.17	709.52	618.66	550.34	395.86	10 410.03
		深圳快乐彩	14.77	252.86	705.16	1 861.29	2 565.69	32 078.60	204 183.72	275 460.43	82 071.16	51 315.06	650 508.75
		深圳快乐8	2 375.84	3 772.40	3 563.81	2 635.04	2 066.30	1 478.85	311.53	478.72	433.10	304.21	17 419.78

续表

地区 Region	游戏类型 Game Type	游戏名称 Game Name	2011	2012	2013	2014	2015	2016	2017	2018	2019	2020	合计 Total
广西	乐透组合	广西快乐十分	51 234.68	52 480.81	41 816.13	43 692.87	44 038.12	47 349.35	39 378.24	42 187.94	29 568.69	23 768.44	415 515.27
		广西快3	—	—	69 985.67	332 615.59	135 675.50	91 660.40	93 128.51	106 948.54	52 227.51	57 562.95	939 804.66
		广西快乐双彩	4 783.79	4 391.20	4 928.08	4 292.73	4 444.69	4 658.79	4 164.41	4 362.00	4 598.35	4 125.44	44 749.48
		广西跑跑彩	—	1 526.24	145.06	—	—	—	—	—	—	—	1 671.29
海南	乐透组合	海南快乐三宝	—	—	—	188.13	402.82	1 130.39	455.64	266.20	437.44	83.11	2 963.73
		海南快2	76 207.17	88 652.79	99 042.04	100 700.17	98 640.95	87 929.36	76 913.91	64 134.42	9 085.00	2 770.99	704 076.81
重庆	乐透组合	重庆快乐十分	56 883.03	81 736.62	103 161.81	155 649.26	141 037.68	156 421.30	178 285.73	203 266.22	107 820.28	96 360.91	1 280 622.84
	乐透排列	重庆时时彩	39 590.94	28 387.57	32 545.94	43 368.12	8 690.80	2 288.41	25 688.33	13 464.35	5 001.32	2 912.51	201 938.28
四川	乐透组合	四川快乐十二	67 463.77	115 027.06	175 373.77	232 310.80	240 543.53	244 594.11	283 209.49	314 632.57	309 708.48	315 655.11	2 298 518.70
贵州	乐透组合	贵州十二生肖	5 580.08	2 042.72	205.42	132.16	58.08	—	—	—	—	—	8 018.47
		贵州快3	—	7 713.80	50 643.99	55 151.65	65 937.63	71 147.53	81 414.62	81 862.97	32 802.72	29 063.78	475 738.71
云南	乐透组合	云南快乐十分	4 978.28	18 598.16	63 196.70	128 563.82	152 682.91	186 432.72	210 653.15	257 411.31	187 538.85	209 868.19	1 419 924.07
	乐透排列	云南时时彩	2 846.24	211.63	281.10	206.59	110.68	76.26	63.60	66.40	43.74	35.96	3 942.21
西藏	乐透组合	西藏生肖时时彩	2 703.56	1 647.27	835.19	111.34	59.39	26.53	24.94	327.31	295.95	98.88	6 130.34
		西藏快3	—	—	15 389.97	46 843.61	77 236.11	127 433.12	237 229.99	209 911.55	155 049.78	138 070.65	1 007 164.77
陕西		陕西快乐十分	30 202.32	99 819.78	240 778.55	342 203.53	417 182.42	463 085.80	533 725.84	575 188.62	504 685.66	513 693.09	3 720 565.62
甘肃	乐透组合	甘肃快3	—	—	83 504.03	231 678.55	209 300.25	216 185.63	264 821.67	254 649.58	121 234.20	122 158.25	1 503 532.17
青海	乐透组合	青海快3	—	—	18 464.90	43 206.28	47 297.22	79 374.12	95 187.23	88 943.89	61 707.86	82 077.72	516 259.23
	乐透排列	青海时时彩	2 137.19	2 296.95	1 188.21	—	—	—	—	—	—	—	5 622.35
宁夏	乐透组合	宁夏快3	—	—	9 005.73	46 344.26	53 748.02	71 747.09	78 339.07	82 388.96	33 663.98	34 471.32	409 708.43
	乐透排列	宁夏时时彩	1 191.20	201.39	91.28	—	—	—	—	—	—	—	1 483.86
新疆	乐透组合	新疆18选7	357.51	318.72	266.11	297.52	248.92	244.83	179.58	182.20	148.38	94.17	2 337.93
		新疆25选7	1 412.66	2 448.30	1 058.76	1 178.63	2 530.05	1 273.64	655.41	744.65	322.52	171.63	11 796.24
		新疆35选7	8 092.51	7 292.09	7 273.76	6 835.43	5 819.54	5 378.72	4 288.86	3 612.37	3 455.41	2 240.77	54 289.45
		新疆35选7偶数彩中彩	126.77	73.45	—	—	—	—	—	—	—	—	200.22
		新疆喜乐彩	—	1 635.45	738.25	419.42	367.04	331.20	253.98	159.93	124.53	123.06	4 152.85
	乐透排列	新疆时时彩	80 847.45	108 013.20	162 954.73	187 841.89	213 872.63	242 276.72	288 859.36	351 493.75	274 747.62	294 670.87	2 205 578.22
合计 Total			**1 752 531.55**	**2 987 110.38**	**5 334 196.02**	**7 325 264.66**	**7 486 939.98**	**7 903 866.41**	**8 868 228.65**	**9 434 696.16**	**5 916 328.86**	**5 638 573.01**	**62 647 735.67**

（中国福利彩票发行管理中心供稿）

2011—2020 年中国福利彩票视频型彩票销售情况表（分游戏）

Sales Statistics of Video Terminal-Sale of China Welfare Lottery from 2011 to 2020

单位：万元

Unit：Ten Thousand Yuan

序号	游戏品种	2011	2012	2013	2014	2015	2016	2017	2018	2019	2020	合计 Total
1	四花选五	646.99	527.07	633.29	795.25	686.37	489.37	401.29	334.18	308.22	31.87	4 853.88
2	小猫钓鱼	—	—	—	—	—	—	—	—	—	—	—
3	洞穴寻宝	—	—	—	—	—	—	—	—	—	—	—
4	幸运七彩	—	—	—	—	—	—	—	—	—	—	—
5	开心一刻	78.68	60.22	58.23	64.66	62.60	50.92	39.81	31.09	30.50	3.63	480.34
6	幸运五彩	815.34	809.16	921.76	990.36	957.26	685.71	1 041.90	979.31	711.29	61.98	7 974.08
7	幸运扑克	—	—	—	—	—	—	—	—	—	—	—
8	西游夺彩	—	—	—	—	—	—	—	—	—	—	—
9	多级扑克	—	—	—	—	—	—	—	—	—	—	—
10	三江风光	1 556.68	1 194.77	1 078.01	954.68	720.48	505.39	477.90	351.05	383.49	38.51	7 260.95
11	连环夺宝	1 694 888.30	2 235 373.54	2 884 955.30	3 762 037.82	4 234 298.77	4 443 250.99	4 610 283.25	4 733 475.22	4 400 434.80	678 461.25	33 677 459.22
12	趣味高尔夫	3 155.41	4 120.94	5 965.59	9 420.77	9 667.70	8 294.64	8 166.55	8 081.06	6 228.14	698.12	63 798.91
13	好运射击	246.60	244.63	272.92	373.13	345.85	282.85	234.34	200.69	154.16	15.77	2 370.95
合计 Total		**1 701 388.01**	**2 242 330.32**	**2 893 885.09**	**3 774 636.67**	**4 246 739.03**	**4 453 559.86**	**4 620 645.04**	**4 743 452.59**	**4 408 250.60**	**679 311.13**	**33 764 198.34**

（中国福利彩票发行管理中心供稿）

2011—2020 年中国福利彩票即开型彩票销售情况表（分游戏）

Sales Statistics of Terminal-Sale Instant Win Tickets of China Welfare Lottery in Different Lottery Games from 2011 to 2020

单位：万元

Unit：Ten Thousand Yuan

序号	游戏品种	2011	2012	2013	2014	2015	2016	2017	2018	2019	2020	合计 Total
1	人工销售统计游戏	289.90	—	—	—	—	—	37.35	—	—	—	327.25
2	勇士闯关 4	24.07	1.94	0.64	34.03	—	—	—	—	—	—	60.69
3	开心宾果	7.19	0.73	2.35	0.42	—	—	—	—	—	—	10.69
4	百变扑克	5.42	0.38	—	—	—	—	—	—	—	—	5.80
5	点石成金	122.01	2.79	—	—	—	—	—	—	—	—	124.80
6	喜庆吉祥	14.19	3.75	—	—	—	—	—	—	—	—	17.94
7	趣味麻将	16.00	—	—	—	—	—	—	—	—	—	16.00
8	F1 赛车	47.05	0.60	—	—	—	—	—	—	—	—	47.65
9	即开 3D	269.65	4.85	0.24	-3.08	—	—	—	—	—	—	271.65
10	棒球小子	15.14	0.01	—	0.02	—	—	—	—	—	—	15.17
11	趣味麻将一	837.40	310.00	101.16	24.95	—	0.01	—	—	—	—	1 273.52
12	喜庆吉祥 2	410.33	21.28	11.84	-2.29	—	0.11	—	—	—	—	441.27
13	比大小	645.43	83.14	17.73	5.82	—	—	—	—	—	—	752.12
14	66 顺	20.05	1.39	0.12	0.21	—	—	—	—	—	—	21.78
15	幸运宝贝	8.87	0.30	0.02	6.00	—	—	—	—	—	—	15.19
16	吉星高照	284.35	29.22	-5.07	-0.75	—	0.02	—	—	0.06	—	307.83
17	鉴宝	70.20	10.08	-1.11	0.04	—	—	—	—	—	—	79.22
18	清一色	357.86	19.59	5.42	1.15	—	0.03	—	—	—	—	384.04
19	游乐场	64.02	7.83	3.10	0.32	—	—	—	—	—	—	75.26
20	棒球小子 2	0.64	—	—	—	—	—	—	—	—	—	0.64
21	快乐生肖	1.90	0.07	0.06	1.17	—	—	—	—	—	—	3.20
22	和气生财	-191.37	1.76	0.38	0.24	—	—	—	—	—	—	-188.99
23	大富翁	4.26	0.11	—	—	—	—	—	—	—	—	4.36
24	发奖金	57 471.74	60 457.29	48 162.31	46 173.91	40 658.19	33 948.44	24 700.72	19 780.00	19 881.81	15 202.61	366 437.03
25	生肖	2.96	2.27	0.08	—	—	—	—	—	—	—	5.30
26	硕果累累	15.27	1.34	2.42	1.21	—	0.01	—	—	—	—	20.25
27	多彩扑克	43.01	1.74	0.25	-1.68	—	0.02	—	—	—	—	43.34
28	幸运宝藏	2 034.29	104.25	40.10	10.11	—	0.20	—	—	—	—	2 188.95
29	富贵有余	28.64	5.84	—	—	—	—	—	—	—	—	34.48
30	勇士闯关 5	99 814.22	53 100.04	24 562.27	12 159.79	1 759.98	294.74	57.44	11.69	0.74	26.76	191 787.67
31	大富翁 2	750.42	220.73	108.64	-5.49	—	0.02	—	—	—	—	1 074.34
32	幸运宝贝 2	53.01	0.02	0.01	0.05	—	—	—	—	—	—	53.09
33	和气生财 2	591.17	76.03	98.00	-2.59	—	—	—	—	—	—	762.62
34	四季发	757.09	57.37	13.21	-1.93	—	0.06	—	—	—	—	825.81
35	农家乐	37.89	14.05	0.15	0.19	—	0.22	—	—	—	—	52.50
36	富贵有余 2	41 800.13	39 736.37	27 902.56	25 461.38	18 984.01	17 163.12	11 556.65	7 731.73	8 353.47	5 935.28	204 624.71
37	吉林硕果	37.76	4.79	—	—	—	—	—	—	—	—	42.55
38	对对和	1 518.59	12.71	10.07	0.06	—	—	—	—	—	—	1 541.42
39	金花	1 815.64	180.01	41.19	10.24	—	—	—	—	—	—	2 047.08
40	扑克比大小	182.20	28.29	13.55	0.04	—	—	—	—	—	—	224.07

续表

序号	游戏品种	2011	2012	2013	2014	2015	2016	2017	2018	2019	2020	合计 Total
41	对对碰	86.64	14.21	0.05	—	—	—	—	—	—	—	100.90
42	见缝插金	627.61	45.62	11.07	3.14	—	—	—	—	—	—	687.44
43	双喜临门	0.12	—	—	—	—	—	—	—	—	—	0.12
44	66 顺 2	1 943.25	112.09	25.15	5.47	—	0.11	—	—	—	—	2 086.07
45	翱翔海航	7.64	1.75	—	—	—	—	—	—	—	—	9.39
46	双喜临门 2	0.01	—	—	—	—	—	—	—	—	—	0.01
47	幸运宝贝 3	299.24	29.90	6.48	−2.98	—	0.05	—	—	—	—	332.70
48	数字魔方	394.45	56.36	11.42	0.40	—	—	—	—	—	—	462.64
49	海底寻宝	2 493.12	81.29	−1.28	−6.19	—	0.19	—	—	—	—	2 567.12
50	红楼十二钗	1 413.73	661.63	9.81	7.00	—	—	—	—	—	0.25	2 092.42
51	点石成金 2	6.67	—	—	—	—	0.13	—	—	—	—	6.80
52	幸运宝藏 2	253.92	80.45	40.03	4.79	—	—	—	—	—	—	379.19
53	主场 5 元	77.36	—	—	—	—	—	—	—	—	—	77.36
54	赛车	787.55	48.10	11.70	1.35	—	—	—	—	—	—	848.70
55	宁夏票 5 元	—	—	0.80	5.00	—	—	—	—	—	—	5.80
56	宁夏票 2 元	85.24	15.04	52.21	8.00	—	—	—	—	—	—	160.49
57	齐鲁古车	0.01	—	—	—	—	—	—	—	—	—	0.01
58	西游探宝	2 635.35	180.22	—	−0.20	—	2.79	—	—	—	—	2 818.15
59	游乐场	827.78	15.78	0.09	—	—	0.02	—	—	—	—	843.66
60	节大欢喜	1 064.45	37.65	60.10	−74.48	—	5.08	—	—	—	—	1 092.80
61	硕果累累 2	42.64	2.96	10.02	—	—	—	—	—	—	—	55.62
62	金花 2	122.62	5.97	2.04	0.08	—	—	—	—	—	—	130.70
63	重建家园	953.03	32.01	15.13	0.15	—	—	—	—	—	—	1 000.32
64	同舟共济	959.34	59.28	10.70	−37.82	—	0.10	—	—	—	—	991.60
65	众志成城	243.35	54.25	6.52	0.65	—	—	—		—	—	304.77
66	扶危济困	772.76	66.48	35.21	−7.19	—	—	—	—	—	—	867.26
67	阖家欢乐	425.01	67.87	20.85	−7.89	—	—	—	—	—	—	505.85
68	万众一心	128.09	—	—	—	—	—	—	—	—	—	128.09
69	福牛乐乐	214.03	35.16	3.58	1.30	—	—	—	—	—	—	254.07
70	超越自我	109.98	27.17	0.30	—	—	—	—	—	—	—	137.45
71	欢聚北京	155.95	37.81	3.29	0.15	—	—	—	—	—	—	197.20
72	节大欢喜 2	2 172.74	112.59	52.62	8.38	—	0.05	—	—	—	—	2 346.38
73	牛年 2 元	291.55	2.02	0.38	—	—	0.01	—	—	—	—	293.96
74	牛年 5 元	716.34	63.34	63.95	12.15	—	—	—	—	—	—	855.77
75	喜庆吉祥 3	2 927.10	234.72	34.07	34.54	—	—	—	—	—	—	3 230.44
76	阖家欢乐 3	1 661.93	7.89	5.68	2.09	—	—	—	—	—	—	1 677.59
77	阖家欢乐 2	1 245.39	165.99	16.83	18.09	—	0.03	—	—	—	—	1 446.33
78	富贵有余 3	0.15	1.00	—	—	—	—	—	—	—	—	1.15
79	富贵有余 4	15.90	2.13	—	—	—	—	—	—	—	—	18.03
80	富贵有余 5	206.75	43.55	21.65	—	—	—	—	—	—	—	271.95
81	争分夺秒	153 721.60	129 226.87	88 898.94	70 582.57	52 260.78	37 605.47	22 983.00	15 546.92	15 984.98	8 982.09	595 793.24
82	星座	1 936.04	222.94	16.78	0.82	—	0.01	—	—	—	—	2 176.58
83	放飞梦想	3 035.86	—	—	—	—	—	—	—	—	—	3 035.86
84	万事如意	2 184.97	17.81	5.37	1.42	—	—	—	—	—	—	2 209.57
85	美丽辽宁	0.91	0.08	0.94	0.60	—	—	—	—	—	—	2.52
86	和谐辽宁	112.89	24.46	28.80	0.65	—	—	—	—	—	—	166.80

续表

序号	游戏品种	2011	2012	2013	2014	2015	2016	2017	2018	2019	2020	合 计 Total
87	好运辽宁	453.90	214.18	113.22	30.30	—	—	—	—	—	—	811.60
88	欢乐碰碰碰	328.23	32.24	-0.30	0.07	—	—	—	—	—	—	360.24
89	开心时刻	979.42	75.55	9.19	-1.40	—	—	—	—	—	—	1 062.76
90	淘宝商城	6 924.97	347.23	62.29	8.20	—	—	—	—	—	—	7 342.70
91	节大欢喜 3	774.91	2 755.81	1 045.97	25.05	—	—	—	—	—	—	4 601.74
92	主场 2	21.00	—	—	—	—	—	—	—	—	—	21.00
93	万众一心 2	255.40	—	—	—	—	—	—	—	—	—	255.40
94	爱满人间	65.30	0.45	—	—	—	—	—	—	—	—	65.75
95	美梦成真	86 799.16	76 104.77	50 448.75	43 857.36	34 164.38	22 300.31	12 588.13	8 077.13	7 635.20	4 376.63	346 351.82
96	水浒 108 将	2 211.37	254.01	81.50	5.32	—	—	—	—	—	—	2 552.20
97	一刮一乐	865.16	108.77	55.55	-1.28	—	—	—	—	—	—	1 028.19
98	财源滚滚	278.16	61.73	22.06	1.02	—	0.01	—	—	—	—	362.98
99	齐鲁古车 2	0.01	—	—	—	—	—	—	—	—	—	0.01
100	梁祝	3 602.12	267.68	16.28	9.71	—	—	—	—	—	—	3 895.79
101	节大欢喜 4	23 306.48	12 937.51	18 800.90	20 727.29	13 405.18	8 712.76	4 163.25	3 292.75	3 590.58	2 171.41	111 108.10
102	五福临门	33 040.92	29 166.32	23 126.18	16 348.01	5 783.99	8 101.24	7 650.58	5 320.72	2 666.88	533.92	131 738.75
103	游乐场 2	632.48	152.94	17.35	—	—	—	—	—	—	—	802.77
104	祝福	434.65	117.95	32.85	4.60	—	—	—	—	—	—	590.04
105	锦绣中华	2 712.16	662.14	80.04	17.30	—	—	—	—	—	—	3 471.64
106	缤纷世博	599.11	-228.66	5.30	0.30	—	—	—	—	—	—	376.05
107	奇妙世博	228.84	16.47	0.40	0.23	—	—	—	—	—	—	245.93
108	海宝风情	253.82	19.48	1.59	—	—	—	—	—	—	—	274.90
109	吉祥海宝	2 250.75	367.10	211.12	8.56	—	—	—	—	—	—	2 837.53
110	美丽辽宁 2	4 877.38	650.39	0.25	0.56	—	—	—	—	—	—	5 528.58
111	和谐辽宁 2	1 168.02	4.29	0.25	0.40	—	—	—	—	—	—	1 172.96
112	水浒 108 将 2	817.55	25.90	1.75	—	—	—	—	—	—	—	845.20
113	放飞梦想 2	145.56	—	—	—	—	—	—	—	—	—	145.56
114	圣诞快乐	14 108.30	3 315.61	322.96	191.93	53.26	—	—	0.10	—	—	17 992.15
115	爱情密码	1 572.64	72.88	0.07	1.45	—	—	—	—	—	—	1 647.04
116	奇妙世博 2	623.67	15.11	11.45	—	—	—	—	—	—	—	650.23
117	游乐场 3	5 331.15	2 394.05	966.50	1 990.05	115.20	55.00	78.85	—	—	—	10 930.80
118	彩运天天有	876.02	81.25	15.51	10.42	0.10	0.06	—	—	—	—	983.36
119	指动金来	66 552.73	61 119.78	9 968.43	235.19	1 163.49	2 399.29	622.50	119.39	26.93	-6.66	142 201.08
120	欢天喜地	2 808.04	91.31	3.14	1.02	0.10	—	—	—	—	—	2 903.62
121	阖家欢乐 4	1 868.37	55.87	4.45	1.32	—	—	—	—	—	—	1 930.01
122	中华名人	166.05	95.50	1.25	5.00	—	—	—	—	—	—	267.80
123	中华泰山	136.40	31.00	71.40	4.30	—	—	—	—	—	—	243.10
124	楚天 2 元	635.14	92.10	6.46	2.16	—	—	—	—	—	—	735.86
125	楚天 5 元	346.35	33.40	3.75	1.80	—	—	—	—	—	—	385.30
126	节大欢喜 5	61 005.37	25 270.88	11 532.29	8 285.01	3 977.40	2 463.83	1 057.90	406.15	29.15	2.58	114 030.57
127	畅游天下	295.00	297.30	125.20	5.00	—	—	—	—	—	—	722.50
128	苏州园林 5 元	484.35	132.30	236.35	65.20	11.95	8.65	1.85	—	—	—	940.65
129	苏州园林 10 元	526.25	200.15	206.75	93.15	4.45	0.30	2.65	—	—	—	1 033.70
130	寻宝乐	246.43	6.90	1.25	2.00	—	—	—	—	—	—	256.58
131	海宝赛车	488.55	3.45	0.04	—	0.05	—	—	—	—	—	492.09
132	海宝魔术师	866.71	253.42	80.95	2.95	—	—	—	—	—	—	1 204.03

续表

序号	游戏品种	2011	2012	2013	2014	2015	2016	2017	2018	2019	2020	合 计 Total
133	海底大寻宝	1 934.67	557.84	204.47	27.57	22.02	—	—	—	—	—	2 746.57
134	红楼探秘	5 885.01	131.28	24.78	1.42	0.10	—	—	—	—	—	6 042.58
135	虎门销烟	11 667.47	5 760.50	5 667.64	6 225.09	4 475.61	3 362.69	2 349.19	2 175.68	2 821.80	2 110.34	46 616.00
136	羊城八景	283.85	559.74	15.85	6.20	—	—	—	—	—	—	865.64
137	桂林山水	214.11	78.93	27.88	32.53	6.64	—	—	—	—	—	360.09
138	岩洞寻宝	115.61	547.09	9.31	23.50	1.89	—	—	—	—	—	697.40
139	长春雕塑	433.12	187.56	83.13	10.74	5.85	0.78	—	—	—	—	721.19
140	秀美吉林	164.36	54.25	10.65	2.20	16.85	1.01	—	—	—	—	249.32
141	足球之源	1 964.28	128.72	29.48	10.90	0.10	0.01	—	0.05	—	—	2 133.53
142	星耀世博	99.16	12.04	3.09	0.05	—	—	—	—	—	—	114.34
143	金山银山	126.13	2.67	—	—	—	0.05	—	—	—	—	128.85
144	欢乐彩	2 744.39	695.56	494.47	214.77	28.55	0.18	-0.02	0.05	—	—	4 177.96
145	羊城新八景	26.75	207.65	65.55	—	—	—	—	—	—	—	299.95
146	吉星高照 2	13 168.39	4 490.68	31.13	0.35	—	—	9.46	—	0.08	0.19	17 700.28
147	开奖啦	511.51	151.90	24.12	0.08	—	—	—	—	—	—	687.61
148	福寿有余	24 873.07	9 716.63	1 324.42	62.22	8.42	0.16	—	—	—	—	35 984.92
149	乐翻天	777.27	10 623.36	903.85	181.76	111.75	0.05	—	—	—	—	12 598.05
150	中华名人 2	2 512.02	187.10	7.29	5.86	—	—	—	—	—	—	2 712.27
151	淘金者	9 033.33	2 343.55	1 059.10	220.30	154.58	—	—	—	—	—	12 810.85
152	畅游天下 2	922.35	194.10	24.55	33.60	1.60	—	—	—	—	—	1 176.20
153	我爱电影－唐山大地震	736.53	95.00	0.05	—	—	0.05	—	—	—	—	831.63
154	大熊猫 2 元	2 580.76	21.23	0.01	—	—	—	—	—	—	—	2 602.00
155	大熊猫 5 元	1 479.09	20.85	—	—	0.06	—	—	—	—	—	1 500.00
156	大熊猫 10 元	393.90	—	—	—	—	—	—	—	—	—	393.90
157	大熊猫 20 元	4 185.10	34.77	1.30	—	—	—	—	—	—	—	4 221.18
158	缘定金生	11 779.34	417.40	17.89	5.04	0.02	—	—	—	—	—	12 219.70
159	王牌高手	16 704.46	1 563.46	82.00	22.57	4.60	0.03	—	0.05	—	—	18 377.16
160	好运气	642.57	2.50	757.50	1 389.20	512.50	35.00	—	—	—	-24.68	3 314.59
161	世博熊猫	2 225.87	199.39	104.00	8.10	—	—	—	—	—	—	2 537.36
162	百发百中	145 338.16	181 815.25	176 320.60	156 850.85	132 454.90	126 511.79	102 518.98	91 773.32	101 118.21	89 180.49	1 303 882.55
163	魅力新疆	2 618.71	0.10	—	—	—	—	—	—	—	—	2 618.81
164	和谐中华	4 498.68	1 423.29	86.40	11.05	0.05	—	—	—	—	—	6 019.48
165	高山流水	506.74	92.50	49.90	9.00	6.20	0.01	—	—	—	—	664.35
166	荷包满满	1 261.54	22.02	0.70	2.35	—	—	—	—	—	—	1 286.62
167	紫荆花开	1 581.12	111.33	25.35	3.55	—	—	—	—	—	—	1 721.35
168	宝岛风情	1 539.51	186.82	23.73	8.55	—	—	—	—	—	—	1 758.62
169	畅游天下 3	655.15	164.80	15.00	30.00	—	—	—	—	—	—	864.95
170	东方之冠 1	1 265.42	74.45	39.65	5.69	—	—	—	—	—	—	1 385.20
171	东方之冠 2	2 272.47	623.04	145.85	5.30	0.06	—	—	—	—	—	3 046.72
172	漫游世博	2 494.28	80.57	28.45	0.75	—	—	—	—	—	—	2 604.05
173	中华名人 3	29 876.20	25 270.95	8 112.34	3 273.32	288.42	53.54	17.90	2.60	1.81	3.61	66 900.70
174	锦绣中华 2	3 059.98	—	0.60	—	—	—	—	—	—	—	3 060.58
175	红楼探秘 2	80 000.29	39 813.13	42 360.76	39 103.32	32 283.00	18 702.36	13 023.07	10 186.37	17 020.33	16 240.70	308 733.32
176	筑美世博	1 024.14	53.30	0.15	0.05	—	—	—	—	—	—	1 077.64
177	筑美（套票）	214.78	27.46	3.48	0.69	—	—	—	—	—	—	246.41
178	水浒 108 将 3	8 307.87	157.85	10.46	0.49	—	—	—	—	—	—	8 476.66

续表

序号	游戏品种	2011	2012	2013	2014	2015	2016	2017	2018	2019	2020	合 计 Total
179	灌篮高手	10 617.45	483.45	32.45	1.99	—	—	—	—	—	—	11 135.34
180	超越梦想	978.55	49.03	2.95	0.55	—	—	—	—	—	—	1 031.08
181	上海风采兔	916.00	—	—	—	—	—	—	—	—	—	916.00
182	京彩京韵 2 元	1 103.74	—	—	—	—	—	—	—	—	—	1 103.74
183	京彩京韵 5 元	3 600.00	600.35	—	—	—	—	—	—	—	—	4 200.35
184	关爱家庭，祝您好“孕”	300.00	—	—	—	—	—	—	—	—	—	300.00
185	惊喜夺金	12 881.95	13 014.20	6 000.71	1 203.41	1 049.47	146.30	28.73	0.01	0.50	0.48	34 325.75
186	领奖台	28 517.89	2 497.90	458.36	47.93	79.71	—	—	0.50	—	—	31 602.30
187	大满贯	11 927.53	69.62	2.50	—	—	0.30	—	—	—	—	11 999.95
188	欢乐嘉年华 10 元	88 231.88	81 334.84	20 027.40	265.30	45.23	0.66	—	0.40	—	—	189 905.71
189	上海风采－过年啦	460.60	139.40	—	—	—	—	—	—	—	—	600.00
190	上海风采－闹新春	600.00	—	—	—	—	—	—	—	—	—	600.00
191	上海风采－童子乐	350.00	150.00	—	—	—	—	—	—	—	—	500.00
192	恭贺新春	22 889.47	91.17	8.49	0.76	—	—	—	—	—	—	22 989.89
193	玉兔迎春	96 330.32	1 109.92	34.53	2.26	—	—	—	—	—	—	97 477.03
194	爱情密码 2	17 450.02	141.39	8.24	0.35	—	—	—	—	—	—	17 600.00
195	淘金者 2	15 344.50	6 795.40	4 607.90	2 758.10	339.00	19.30	15.50	—	—	—	29 879.70
196	吉祥如意	9 496.64	466.05	13.53	7.72	—	—	—	—	—	—	9 983.94
197	发奖金 5 元	47 405.97	37 470.49	32 708.00	29 040.17	19 687.24	15 687.39	12 548.77	9 719.42	15 672.25	12 515.58	232 455.27
198	年年有余	46 400.93	2 570.85	971.57	26.70	8.95	0.90	4.00	—	—	—	49 983.90
199	欢乐园	33 443.08	540.68	5.51	7.45	—	—	—	—	—	—	33 996.72
200	中华故事 2 元－老子	1 385.18	14.82	—	—	—	—	—	—	—	—	1 400.00
201	中华故事 5 元－上善若水	1 494.15	1 813.60	154.55	16.40	—	—	0.05	—	—	—	3 478.75
202	中华故事 5 元－2－老子说	474.65	13.30	1.70	1.75	—	—	—	—	—	—	491.40
203	中华故事 10 元－老子经典	1 992.50	1 684.45	296.40	6.40	1.50	—	0.20	—	—	—	3 981.45
204	环游世界	45 384.83	6 727.50	1 526.07	156.10	29.74	13.85	5.71	0.10	—	0.05	53 843.95
205	连连看	13 733.22	242.33	12.39	2.68	—	—	—	—	—	—	13 990.62
206	神笔马良	18 576.93	1 332.68	66.11	4.61	—	—	—	—	—	—	19 980.33
207	上海风采－外滩	1 950.00	1 927.50	805.00	102.50	—	—	—	—	—	—	4 785.00
208	富贵有余 6	791.81	721.97	219.14	30.24	8.36	1.00	2.15	-1.15	—	—	1 773.52
209	富贵有余 7	987.50	11.25	—	—	—	—	—	—	—	—	998.75
210	富贵有余 8	1 981.15	1 188.25	255.70	50.46	—	—	—	—	—	—	3 475.56
211	畅游天下 4－文明深圳	997.50	2.50	—	—	—	—	—	—	—	—	1 000.00
212	和谐中华 2	7 986.05	13.95	—	—	—	—	—	—	—	—	8 000.00
213	好运十倍	23 076.90	205 463.28	257 183.78	287 395.74	255 372.83	236 192.66	190 956.73	180 277.21	221 177.58	202 263.07	2 059 359.77
214	普天同庆	1 808.60	179.95	11.35	—	—	0.10	—	—	—	—	2 000.00
215	金色土地	40 333.59	9 936.94	418.63	98.51	66.16	6.90	9.96	0.15	—	—	50 870.83
216	美好生活－永结同心	35 561.21	15 551.97	5 349.90	2 527.64	2 007.91	474.05	160.58	83.56	26.90	2.64	61 746.36

续表

序号	游戏品种	2011	2012	2013	2014	2015	2016	2017	2018	2019	2020	合 计 Total
217	财富之旅	39 077.72	14 943.58	4 717.89	919.91	91.62	81.15	5.60	0.21	—	0.15	59 837.82
218	中状元	51 578.64	20 764.30	1 944.18	703.07	312.66	125.42	66.65	1.01	5.02	6.01	75 506.97
219	中华故事5元－天津风采	1 000.00	—	—	—	—	—	—	—	—	—	1 000.00
220	中华瑰宝10元－天津风采	600.00	—	—	—	—	—	—	—	—	—	600.00
221	数字达人2元	12 837.21	2 974.29	141.17	8.83	8.05	11.02	3.70	0.06	—	—	15 984.32
222	奇兵夺宝	499.90	20 434.02	–229.01	–5.26	—	—	—	—	—	—	20 699.66
223	中秋送福	22 460.42	7 488.77	2 097.73	707.82	523.16	228.07	122.76	0.30	0.25	0.64	33 629.92
224	九九重阳	21 965.11	4 158.24	174.90	53.35	0.70	0.20	0.55	—	—	—	26 353.05
225	灌篮高手20元	13 593.16	23 036.72	6 346.74	1 661.86	328.38	12.10	2.28	—	—	—	44 981.25
226	中华故事10元	1 637.25	1 342.40	20.35	—	—	—	—	—	—	—	3 000.00
227	富贵有余20元	1 570.70	2 339.50	87.30	—	—	2.50	—	—	—	—	4 000.00
228	国泰民安	25 651.00	67 148.22	32 909.99	33 941.34	31 792.78	19 331.69	13 984.88	13 571.16	22 535.09	22 928.10	283 794.25
229	马到功成	12 015.41	8 818.87	1 785.34	687.66	232.75	52.40	17.35	0.20	—	—	23 609.97
230	对对碰5元	8 942.64	17 798.41	3 213.75	29.40	5.15	1.40	3.40	—	—	—	29 994.15
231	我爱电影－龙门飞甲10元	1 270.65	717.30	4.80	7.25	—	—	—	—	—	—	2 000.00
232	上海风采5元－龙	704.00	496.00	—	—	—	—	—	—	—	—	1 200.00
233	生态鄱阳2元	116.92	1 039.18	139.66	25.38	39.88	15.16	6.83	0.30	0.40	6.06	1 389.76
234	大吉大利	273.65	79 689.68	37 457.84	25 110.01	16 019.29	4 494.37	3 018.56	3 525.81	4 943.78	3 441.88	177 974.86
235	企鹅探宝	2 342.75	62 748.93	21 575.70	12 362.00	2 238.68	215.50	25.78	–3.89	2.51	2.95	101 510.92
236	金龙贺岁	3 222.70	63 231.19	3 148.63	213.55	55.97	15.15	10.66	—	—	0.05	69 897.90
237	三国争雄	—	4 496.10	–147.84	–100.55	—	—	—	—	—	—	4 247.72
238	金钥匙	—	55 863.47	10 118.95	1 904.91	256.04	28.70	38.31	0.80	—		68 211.18
239	2012龙	—	23 515.35	992.20	248.50	32.40	41.20	24.61	–5.95	—	—	24 848.31
240	江门风光	—	6 477.80	5 100.71	4 638.17	3 077.68	1 465.23	1 195.92	161.01	14.08	0.60	22 131.20
241	2012龙	—	3 095.61	1 091.60	274.66	48.89	40.40	6.91	—	—	—	4 558.06
242	2012龙四联张	—	10 595.70	2 138.14	576.06	300.40	108.90	45.28	0.70	—	—	13 765.18
243	2012龙小本票	—	7 154.98	1 315.17	736.53	134.34	83.50	38.33	–3.70	—	0.05	9 459.20
244	魅力丹霞	—	1 785.75	189.24	12.07	2.60	0.40	0.10	—	—	—	1 990.15
245	张家界风光5元	—	1 192.01	5.69	1.20	1.00	—	—	—	—	—	1 199.90
246	张家界风光10元	—	1 461.05	79.68	16.51	40.32	—	—	—	—	—	1 597.57
247	心连心	—	28 588.53	10 735.24	592.19	47.77	6.04	3.91	0.48	0.72	1.38	39 976.28
248	招财猫	—	35 417.75	9 270.05	3 859.12	1 471.91	719.24	367.86	0.25	-31.27	0.52	51 075.44
249	美好生活20元	—	37 157.34	11 076.36	3 330.86	613.39	188.83	185.70	2.80	0.90	0.30	52 556.48
250	大赢家	—	13 080.05	11 793.14	3 143.06	1 088.31	436.82	51.89	–2.91	0.45	0.45	29 591.26
251	夺宝嘉年华	—	26 433.15	7 927.37	2 299.16	963.23	554.12	167.72	0.10	—	—	38 344.85
252	倍给力	—	35 159.72	16 842.99	1 596.50	197.78	33.05	11.26	0.10	—	—	53 841.40
253	存钱罐	—	9 297.40	22 255.33	4 390.50	419.60	12.24	2.15	1.62	0.89	0.10	36 379.83
254	欢乐嘉年华20元	—	14 242.51	11 970.45	4 019.72	1 725.57	525.77	224.78	–0.05	0.15	—	32 708.90
255	荷塘月色	—	4 571.45	34 740.10	3 653.17	749.65	154.25	50.11	0.30	0.70	0.70	43 920.43
256	蚂蚁搬家	—	3 418.06	10 682.90	5 626.57	966.32	99.48	20.65	1.32	1.02	0.08	20 816.39
257	七彩盛世	—	950.95	869.80	668.70	581.62	25.55	0.76	—	—	—	3 097.38
258	黄河魂	—	6 575.45	2 818.79	546.55	106.20	40.35	23.65	—	—	—	10 110.98

续表

序号	游戏品种	2011	2012	2013	2014	2015	2016	2017	2018	2019	2020	合 计 Total
259	敦煌韵	—	5 897.35	2 803.95	531.10	376.30	312.12	65.87	−0.06	—	—	9 986.63
260	花好月圆	—	29 946.33	8 425.28	754.00	172.14	50.10	28.71	0.20	0.10	—	39 376.86
261	巍巍井冈	—	3 342.92	8 738.32	8 884.30	717.50	2.80	0.44	1.94	1.60	4.10	21 693.92
262	跷跷板	—	10 937.78	11 768.71	1 079.37	126.32	11.66	4.80	0.22	0.20	0.14	23 929.21
263	幸运扑克	—	14 336.80	9 894.63	1 254.31	248.77	114.55	37.92	—	0.15	—	25 887.14
264	喜从天降	—	7 947.89	24 980.58	16 610.13	9 958.80	6 156.66	5 382.08	5 784.09	7 865.68	6 621.65	91 307.57
265	龙腾盛世	—	5 281.84	32 910.79	20 340.95	18 972.83	9 774.31	4 656.49	3 768.63	8 361.62	3 630.83	107 698.28
266	打地鼠	—	—	26 693.15	4 170.01	3 084.21	1 308.74	194.33	38.91	0.70	0.01	35 490.05
267	招财纳福	—	8 821.10	35 989.57	17 121.81	7 316.08	1 520.14	107.06	26.27	4.35	0.39	70 906.78
268	网鱼高手	—	7 657.90	54 763.85	29 609.58	6 466.59	688.78	232.71	73.19	3.18	1.61	99 497.41
269	圣诞快乐 2	—	7 156.14	6 325.72	1 229.11	301.88	273.45	8.36	−0.05	—	—	15 294.61
270	生肖－蛇	—	884.00	316.00	—	—	—	—	—	—	—	1 200.00
271	群岛之彩	—	—	1 471.75	187.10	6.35	—	—	—	—	—	1 665.20
272	伏羲定姓氏	—	1 064.70	615.75	37.75	43.00	11.15	1.05	−0.08	—	—	1 773.32
273	中国节	—	—	29 416.83	5 347.32	2 121.39	842.49	235.17	34.18	0.33	0.64	37 998.34
274	闹新春	—	—	21 375.72	1 777.17	472.68	309.95	53.98	0.04	0.60	0.58	23 990.72
275	跳房子	—	—	7 991.59	5 787.86	986.18	351.53	75.15	0.10	1.20	0.10	15 193.70
276	博爱中山	—	—	3 587.93	442.22	78.45	30.86	23.54	9.75	—	—	4 172.75
277	中华名人－孟子	—	—	14 171.40	4 752.45	2 350.60	1 193.78	244.22	84.82	−0.17	−0.10	22 797.01
278	昆曲	—	—	9 499.56	4 476.21	1 117.57	1 181.60	463.73	98.42	1.99	—	16 839.08
279	民俗文化	—	—	2 143.90	1 174.75	681.30	—	—	0.05	—	—	4 000.00
280	快乐生肖 10 元－祥蛇献瑞	—	—	34 755.03	4 122.35	500.42	103.56	29.38	9.93	−0.35	—	39 520.32
281	金鹊报喜	—	—	15 009.34	2 833.16	132.01	9.52	2.94	2.18	0.06	0.10	17 989.30
282	幸运殿堂	—	—	24 928.96	12 340.70	1 264.49	172.69	83.30	29.95	0.05	—	38 820.13
283	黄山风光	—	—	5 482.43	713.36	154.24	38.62	17.26	16.78	1.04	—	6 423.72
284	巅峰对决	—	—	22 105.65	5 259.17	1 528.82	532.08	111.57	76.00	0.60	0.40	29 614.29
285	7 乐无穷	—	—	54 555.28	59 307.27	43 153.47	36 958.15	26 681.69	24 729.39	30 531.59	25 215.10	301 131.94
286	好彩头	—	—	7 371.42	1 951.28	184.29	31.18	25.70	6.98	0.11	0.02	9 570.99
287	小鸡快跑	—	—	20 569.78	3 600.84	496.66	31.98	5.90	−0.27	−0.37	—	24 704.51
288	花神	—	—	23 257.16	13 119.78	1 939.41	245.39	134.23	21.23	0.03	0.05	38 717.27
289	幸运双色球	—	—	24 165.33	10 600.73	4 176.50	1 493.90	735.26	429.93	−0.25	—	41 601.40
290	幸福来电	—	—	26 703.47	18 408.61	3 571.56	493.46	81.01	10.21	1.68	0.68	49 270.68
291	爱我家园	—	—	8 919.65	7 412.10	1 847.67	594.93	264.74	70.13	0.10	0.05	19 109.37
292	探险家	—	—	15 364.92	6 235.03	995.92	395.95	144.51	85.95	1.83	0.08	23 224.19
293	柿柿如意	—	—	4 962.54	4 727.52	167.82	27.56	39.80	22.26	0.28	0.26	9 948.05
294	甜蜜连连	—	—	3 438.07	6 084.66	338.14	56.90	24.90	18.26	0.02	0.02	9 960.97
295	福运连连	—	—	7 283.13	14 427.90	2 139.87	405.40	158.27	96.45	0.55	−2.64	24 508.92
296	金蜂巢	—	—	12 051.76	12 351.92	489.61	43.15	28.79	8.60	1.50	1.37	24 976.71
297	7 喜	—	—	4 430.08	3 466.73	97.09	5.45	0.50	—	—	—	7 999.85
298	欢乐马戏团	—	—	10 704.15	34 447.37	3 701.53	507.37	183.71	114.51	3.00	1.55	49 663.19
299	好日子	—	—	7 338.40	6 971.05	640.70	19.50	12.75	2.60	—	—	14 985.00
300	冰激凌	—	—	3 900.58	12 278.10	2 929.87	1 386.46	963.71	171.04	−0.58	—	21 629.18
301	福气 8	—	—	8 453.62	22 655.84	3 988.95	377.00	101.31	42.99	0.50	—	35 620.20
302	百万财富	—	—	6 902.80	4 931.85	3 061.55	57.35	921.10	1 120.25	992.45	12.55	17 999.90
303	放飞梦想 5 元	—	—	2 087.40	908.50	639.63	694.19	293.46	77.77	—	—	4 700.95
304	财神到	—	—	1 376.74	1 619.80	3.42	—	—	0.04	—	—	3 000.00

续表

序号	游戏品种	2011	2012	2013	2014	2015	2016	2017	2018	2019	2020	合 计 Total
305	欢乐购	—	—	1 321.15	453.95	22.50	2.30	—	0.10	—	—	1 800.00
306	印象中国	—	—	744.45	491.10	97.05	23.85	15.30	19.35	—	—	1 391.10
307	时空瑰宝	—	—	983.80	805.35	419.60	72.75	34.00	21.50	—	—	2 337.00
308	沪塔	—	—	4.00		-4.00	184.00	-2.16	0.80	—	—	182.64
309	幸福汕头 - 宜居之城	—	—	615.16	885.47	228.68	81.51	33.62	15.08	—	—	1 859.52
310	幸福汕头 - 百载商埠	—	—	785.12	533.25	70.34	19.98	16.25	6.30	—	—	1 431.24
311	幸福汕头 - 潮人之都	—	—	511.92	474.56	66.79	14.82	7.40	3.12	—	—	1 078.61
312	幸福汕头 - 潮菜之乡	—	—	356.03	1 340.90	226.48	39.01	6.28	1.25	—	—	1 969.96
313	春夏秋冬	—	—	2 049.00	15 797.02	3 808.91	1 235.41	573.91	217.94	90.96	2.14	23 775.28
314	蝌蚪找妈妈	—	—	1 972.35	8 533.39	1 383.42	157.83	50.76	18.41	1.55	1.25	12 118.97
315	水果连连看	—	—	872.25	530.85	99.35	55.05	14.20	6.77	0.30	—	1 578.77
316	幸运抽奖	—	—	2 020.15	23 439.26	7 119.21	1 237.28	520.37	189.93	227.85	13.18	34 767.23
317	淘宝乐	—	—	681.95	888.40	649.10	437.50	269.45	245.55	3.10	—	3 175.05
318	生日快乐	—	—	1 676.10	2 267.45	54.75	1.20	0.05	0.45	—	—	4 000.00
319	大满贯 10 元	—	—	1 658.50	2 059.87	521.20	267.10	99.75	43.35	-0.25	—	4 649.52
320	步步高	—	—	3 790.16	11 386.53	3 903.61	445.15	105.20	28.55	—	—	19 659.20
321	日出东方韶山	—	—	357.40	3 060.86	343.75	265.10	126.40	37.45	—	—	4 190.96
322	5 倍惊喜	—	—	—	66 159.73	64 413.51	57 158.68	48 659.92	42 980.93	53 318.74	45 024.01	377 715.51
323	俏佳人	—	—	—	17 518.47	4 057.97	1 336.45	349.34	120.44	82.90	0.49	23 466.05
324	马到成功 10 元	—	—	—	20 404.78	2 262.49	615.12	110.68	44.99	197.25	0.99	23 636.29
325	成语故事	—	—	—	385.80	626.20	187.90	—	—	0.10		1 200.00
326	赣南苏区 - 荣光	—	—	—	3 539.79	1 656.27	443.75	136.65	1.44	1.30	8.65	5 787.85
327	挖金豆	—	—	—	2 750.10	249.05	0.60	0.25	—	—	—	3 000.00
328	圣地延安	—	—	—	3 656.01	1 326.59	791.25	519.50	396.80	59.90	—	6 750.05
329	七星瓢虫	—	—	—	12 567.12	3 020.99	323.61	45.11	10.00	0.76	0.60	15 968.18
330	太极	—	—	—	4 291.40	2 885.32	1 557.19	259.15	137.90	57.10	0.20	9 188.25
331	宝石奇缘	—	—	—	33 515.29	6 092.37	249.96	25.42	7.80	-0.15	0.45	39 891.13
332	神秘好礼	—	—	—	18 537.39	10 452.56	4 810.70	1 677.13	1 288.37	737.90	-43.16	37 460.89
333	吉祥草原	—	—	—	923.80	167.25	114.75	106.25	54.30	14.00	—	1 380.35
334	牛 7 冲天	—	—	—	10 882.65	5 431.60	2 599.51	2 839.69	242.65	3.90	—	22 000.00
335	熊出没	—	—	—	16 250.54	3 048.68	333.62	148.27	70.99	24.15	-0.20	19 876.04
336	空战赢家	—	—	—	14 493.90	6 524.06	2 357.74	938.70	415.80	323.26	6.86	25 060.32
337	赛马	—	—	—	14 630.79	6 104.37	1 982.54	874.66	444.45	297.40	0.60	24 334.79
338	好运加倍	—	—	—	13 093.05	5 680.25	694.86	138.23	126.90	48.60	-1.13	19 780.74
339	相约咖啡	—	—	—	12 071.42	8 123.90	2 418.71	639.70	390.50	72.90	0.83	23 717.97
340	加油加油	—	—	—	15 130.75	13 062.22	4 652.57	1 508.59	693.57	280.65	-0.89	35 327.46
341	10 来运转	—	—	—	26 075.58	20 525.66	6 127.91	1 483.66	290.50	91.77	-3.91	54 591.16
342	足球盛宴 5 元	—	—	—	20 349.20	8 344.69	3 035.67	681.98	378.00	99.49	-1.31	32 887.72
343	黄金盛典	—	—	—	80 088.91	26 565.27	6 398.75	2 882.48	946.53	728.63	-69.69	117 540.89
344	“粽”奖	—	—	—	11 474.31	2 333.49	716.31	243.10	93.26	82.70	-1.05	14 942.11

续表

序号	游戏品种	2011	2012	2013	2014	2015	2016	2017	2018	2019	2020	合 计 Total
345	足球盛宴10元	—	—	—	15 660.76	5 295.35	1 567.14	613.85	376.88	314.71	4.74	23 833.44
346	魅力安徽－九华仙境	—	—	—	252.00	102.07	135.06	32.60	8.06	5.14	−0.32	534.61
347	天降好礼	—	—	—	4 528.12	3 885.41	680.81	180.56	66.40	15.84	0.73	9 357.87
348	砸金蛋	—	—	—	11 375.15	8 160.10	376.57	35.58	17.22	1.98	−0.88	19 965.72
349	多彩假日	—	—	—	9 201.54	5 833.72	1 196.19	425.92	206.99	152.31	−1.47	17 015.21
350	幸运星	—	—	—	5 215.57	4 004.88	536.80	75.50	28.70	5.20	−0.20	9 866.45
351	好运百万	—	—	—	11 237.03	26 429.18	27 257.67	25 641.99	28 359.25	37 968.00	32 139.01	189 032.12
352	莲乡意蕴	—	—	—	3 021.95	19 761.65	70 919.25	57 006.40	62 480.95	86 144.70	25 244.85	324 579.75
353	美丽嘉兴	—	—	—	—	1 774.30	163.30	30.65	2.85	3.00	−0.99	1 973.11
354	天长地久	—	—	—	2 962.75	9 334.18	1 126.35	46.82	3.20	1.80	−0.01	13 475.09
355	钻石联盟	—	—	—	3 320.37	7 707.33	1 956.46	490.52	14.64	4.05	0.04	13 493.40
356	冰VS火	—	—	—	4 062.76	14 676.74	951.35	89.90	58.85	44.70	0.03	19 884.33
357	我爱电影－一步之遥	—	—	—	2 765.31	7 109.45	1 672.61	247.18	272.82	53.64	0.78	12 121.80
358	雪人	—	—	—	893.35	8 950.60	751.90	91.26	50.75	22.05	1.85	10 761.76
359	陕西名胜(一)	—	—	—	—	1 816.00	649.10	106.85	241.00	182.30	—	2 995.25
360	羊票5元	—	—	—	—	21 277.98	575.75	138.57	85.81	41.20	1.20	22 120.51
361	羊票10元	—	—	—	—	25 122.32	1 571.59	435.80	172.60	255.09	1.07	27 558.47
362	羊票20元	—	—	—	—	6 988.20	806.35	144.65	13.20	44.20	—	7 996.60
363	连环夺宝	—	—	—	—	26 347.10	4 602.79	1 001.88	290.92	223.67	4.93	32 471.28
364	博饼嘉年华	—	—	—	—	1 512.20	729.00	88.80	36.95	396.20	319.75	3 082.90
365	天下名楼岳阳楼	—	—	—	—	1 982.20	294.90	128.05	54.65	46.85	—	2 506.65
366	醉美婺源	—	—	—	—	1 732.50	0.75	680.40	13.75	—	3.75	2 431.15
367	喜气羊羊	—	—	—	—	20 940.53	3 361.45	1 621.25	153.14	48.10	−1.68	26 122.79
368	蘑菇大战	—	—	—	—	28 331.26	6 643.51	912.05	1 298.53	872.80	307.35	38 365.51
369	财高8斗	—	—	—	—	19 568.09	6 076.11	1 898.26	1 281.40	357.83	13.55	29 195.25
370	金冠	—	—	—	—	13 990.46	4 153.21	674.53	233.61	52.81	−1.33	19 103.30
371	喜上加喜	—	—	—	—	23 845.72	23 139.93	10 132.05	3 337.71	3 840.01	2 683.90	66 979.32
372	彩运亨通	—	—	—	—	91 009.82	28 370.27	8 619.78	3 464.49	3 981.77	3 963.99	139 410.11
373	龟兔赛跑	—	—	—	—	15 766.05	6 319.14	1 668.88	329.11	116.82	8.95	24 208.96
374	动物乐园	—	—	—	—	8 827.76	7 202.25	885.47	233.86	134.13	6.58	17 290.06
375	扑克王	—	—	—	—	6 066.79	2 295.45	306.61	121.73	30.28	1.62	8 822.47
376	幸运投篮机	—	—	—	—	7 217.87	6 362.64	1 377.02	466.48	71.21	−3.81	15 491.41
377	幸运草	—	—	—	—	15 727.93	8 220.45	2 549.06	497.72	109.99	6.47	27 111.62
378	幸福温州	—	—	—	—	8 595.00	3 434.00	3 316.00	5 571.75	5 826.40	0.95	26 744.10
379	流星雨	—	—	—	—	12 335.27	9 784.73	1 081.63	248.95	72.80	−8.79	23 514.57
380	和平是福	—	—	—	—	14 825.65	3 157.90	452.46	249.14	244.52	−5.19	18 924.49
381	幸福宝藏	—	—	—	—	8 863.88	13 401.25	5 808.36	2 322.02	1 534.62	261.30	32 191.43
382	满堂彩	—	—	—	—	49 018.62	28 763.46	11 581.92	5 286.23	4 692.58	771.50	100 114.30
383	招财进宝	—	—	—	—	8 129.09	22 670.65	5 033.70	2 046.19	1 260.65	298.76	39 439.04
384	一刮千金5元	—	—	—	—	3 273.00	5 972.53	1 194.29	484.33	348.34	15.36	11 287.84
385	太极拳	—	—	—	—	2 218.20	493.70	150.60	1.00	47.10	−0.30	2 910.30
386	大闹天宫	—	—	—	—	8 136.73	17 203.10	1 426.39	367.40	144.23	3.36	27 281.21
387	购彩乐	—	—	—	—	4 990.05	12 891.07	1 157.61	529.90	305.16	−58.63	19 815.17
388	中华武圣	—	—	—	—	167.60	1 213.58	184.03	−561.01	23.79	0.05	1 028.05

续表

序号	游戏品种	2011	2012	2013	2014	2015	2016	2017	2018	2019	2020	合 计 Total
389	向阳花	—	—	—	—	302.78	8 585.16	824.58	221.35	33.53	1.07	9 968.46
390	点赞	—	—	—	—	2 892.05	15 065.75	2 062.29	963.94	587.92	24.89	21 596.84
391	水果联盟	—	—	—	—	1 585.95	8 512.92	653.92	170.08	20.10	-8.30	10 934.67
392	魔幻 21	—	—	—	—	—	14 204.46	3 169.09	1 056.51	841.13	102.25	19 373.44
393	最佳阵容	—	—	—	—	—	10 756.16	2 010.38	621.20	258.32	18.24	13 664.31
394	丝路寻梦	—	—	—	—	—	11 473.42	2 397.86	595.49	193.53	−43.08	14 617.22
395	丙申猴 - 灵猴献彩 5 元	—	—	—	—	—	22 532.46	2 058.39	649.35	338.51	31.51	25 610.22
396	丙申猴 - 脸谱 10 元	—	—	—	—	—	33 515.17	1 734.01	515.75	280.62	3.13	36 048.68
397	丙申猴 - 金猴银猴 20 元	—	—	—	—	—	29 562.48	3 008.04	1 157.67	431.63	11.78	34 171.60
398	中国结	—	—	—	—	—	14 884.33	5 204.80	1 215.44	841.51	55.50	22 201.57
399	开门红	—	—	—	—	—	25 676.36	6 896.63	2 282.48	1 648.94	451.31	36 955.72
400	欢乐钓鱼	—	—	—	—	—	15 987.62	3 760.68	2 012.32	838.88	651.40	23 250.90
401	吉庆有余	—	—	—	—	—	13 013.45	6 153.44	2 091.40	1 743.97	531.73	23 533.99
402	天下凤凰	—	—	—	—	—	4 031.75	315.50	140.00	135.65	125.15	4 748.05
403	红宝石蓝宝石	—	—	—	—	—	54 572.66	7 750.79	1 200.18	314.91	−194.19	63 644.35
404	旺旺彩	—	—	—	—	—	10 927.44	3 600.92	1 447.11	654.13	252.79	16 882.39
405	桃花源寻宝	—	—	—	—	—	9 000.32	5 977.85	1 651.78	853.89	637.67	18 121.52
406	黑桃 KING	—	—	—	—	—	4 830.79	1 700.56	401.11	175.79	29.92	7 138.16
407	孔雀美	—	—	—	—	—	8 509.61	3 900.41	996.15	944.04	235.24	14 585.45
408	好运 9	—	—	—	—	—	18 446.88	15 480.58	2 357.73	1 253.35	348.69	37 887.23
409	快乐高尔夫	—	—	—	—	—	4 850.81	7 725.74	2 508.18	2 432.32	735.82	18 252.87
410	魅力香吻	—	—	—	—	—	7 303.74	3 395.34	564.40	102.17	−342.91	11 022.73
411	一刮千金 10 元	—	—	—	—	—	60 289.94	13 861.89	7 080.18	6 073.08	2 427.53	89 732.63
412	金钥匙 5 元	—	—	—	—	—	3 665.17	9 206.83	1 999.93	556.25	64.40	15 492.59
413	天下为公	—	—	—	—	—	291.37	434.70	64.48	3.00	0.65	794.20
414	美丽衢州	—	—	—	—	—	—	179.30	404.30	18.80	0.05	602.45
415	幸运双星	—	—	—	—	—	1 122.07	7 675.70	2 439.49	1 180.13	451.86	12 869.25
416	森林探宝	—	—	—	—	—	—	13 637.48	4 793.70	1 768.40	580.38	20 779.96
417	码上有奖	—	—	—	—	—	—	23 115.35	6 130.83	3 299.71	1 622.54	34 168.43
418	以茶会友	—	—	—	—	—	1 318.78	4 900.51	955.35	640.92	329.45	8 145.00
419	青花瓷	—	—	—	—	—	286.95	924.20	513.10	178.05	3.10	1 905.40
420	闪耀钻石 5 元	—	—	—	—	—	—	15 691.33	987.28	425.65	186.13	17 290.40
421	闪耀钻石 10 元	—	—	—	—	—	—	26 538.42	2 774.45	2 018.02	514.91	31 845.79
422	闪耀钻石 20 元	—	—	—	—	—	—	24 922.96	3 469.96	1 962.02	1 004.29	31 359.23
423	丁酉鸡 - 金鸡银鸡 5 元	—	—	—	—	—	692.65	16 465.88	1 293.40	464.67	186.54	19 103.14
424	丁酉鸡 - 鸡鸣富贵 10 元	—	—	—	—	—	1 422.80	32 585.58	1 490.56	476.52	133.61	36 109.07
425	丁酉鸡 - 吉祥如意 20 元	—	—	—	—	—	573.85	19 887.67	2 322.87	1 505.30	425.38	24 715.07
426	福星	—	—	—	—	—	—	4 723.76	2 067.56	1 094.25	456.23	8 341.81
427	好运 123	—	—	—	—	—	—	17 266.54	5 000.80	2 512.90	278.49	25 058.73
428	福运红包	—	—	—	—	—	—	16 408.36	18 611.86	15 946.14	6 391.52	57 357.87
429	福	—	—	—	—	—	—	14 943.34	4 428.69	1 892.56	665.43	21 930.02
430	吉祥金蛋	—	—	—	—	—	—	7 851.00	2 706.00	1 147.95	346.99	12 051.94

续表

序号	游戏品种	2011	2012	2013	2014	2015	2016	2017	2018	2019	2020	合 计 Total
431	幸运星座	—	—	—	—	—	—	6 237.68	3 932.47	1 467.04	491.34	12 128.53
432	扑克风云	—	—	—	—	—	—	29 550.04	10 011.33	4 468.09	811.18	44 840.64
433	5 要赢	—	—	—	—	—	—	2 324.75	125.40	33.05	7.70	2 490.90
434	六六顺	—	—	—	—	—	—	3 751.65	863.48	3 494.60	3 565.40	11 675.12
435	金玉满堂	—	—	—	—	—	—	10 939.92	5 503.23	5 879.79	3 642.30	25 965.24
436	国色天香	—	—	—	—	—	—	20 954.15	5 121.76	3 938.96	1 286.73	31 301.60
437	一鸣惊人	—	—	—	—	—	—	4 891.24	4 400.81	1 861.97	293.89	11 447.92
438	Quick3	—	—	—	—	—	—	3 238.62	1 975.75	1 150.56	296.56	6 661.49
439	欢乐彩蛋	—	—	—	—	—	—	14 850.42	4 684.95	3 818.42	1 325.40	24 679.20
440	福彩三十周年纪念	—	—	—	—	—	—	16 952.03	13 092.65	10 707.30	4 810.50	45 562.47
441	十全十美	—	—	—	—	—	—	56 850.14	10 794.84	5 818.91	3 186.69	76 650.58
442	十二生肖	—	—	—	—	—	—	1 740.40	1 929.07	664.70	191.50	4 525.67
443	蓝玫瑰	—	—	—	—	—	—	4 580.60	12 013.68	13 055.57	5 839.39	35 489.23
444	擂台赛	—	—	—	—	—	—	1 256.43	2 010.24	904.40	288.78	4 459.85
445	喜加福	—	—	—	—	—	—	5 981.27	5 990.37	1 895.79	1 086.36	14 953.79
446	临川四梦	—	—	—	—	—	—	518.50	681.75	1 321.55	266.65	2 788.45
447	黄金时代 10 元	—	—	—	—	—	—	10 323.68	19 126.58	3 553.62	1 147.44	34 151.31
448	摇钱树	—	—	—	—	—	—	7 721.17	24 327.50	15 682.81	5 220.69	52 952.17
449	双赢	—	—	—	—	—	—	480.35	9 948.27	4 843.29	1 770.65	17 042.56
450	5 动奇迹	—	—	—	—	—	—	3 981.29	6 129.66	1 556.51	257.70	11 925.16
451	步步惊喜	—	—	—	—	—	—	2 237.94	8 829.39	2 823.07	749.65	14 640.05
452	蒸蒸日上	—	—	—	—	—	—	2 137.80	21 139.29	8 791.87	3 107.80	35 176.76
453	玫瑰之约	—	—	—	—	—	—	2 996.16	13 445.38	12 122.22	18 287.95	46 851.71
454	北京印象	—	—	—	—	—	—	516.65	3 184.15	1 619.45	510.10	5 830.35
455	幸运宝 10	—	—	—	—	—	—	578.55	13 225.01	4 155.84	5 723.35	23 682.74
456	趣味台球	—	—	—	—	—	—	1 051.65	7 298.97	2 746.94	506.57	11 604.13
457	射门	—	—	—	—	—	—	109.28	1 962.25	806.97	310.66	3 189.16
458	戊戌狗－金狗银狗 5 元	—	—	—	—	—	—	—	17 588.28	765.33	103.11	18 456.71
459	戊戌狗－旺旺年 10 元	—	—	—	—	—	—	—	20 391.27	1 091.60	267.72	21 750.59
460	戊戌狗－福禄寿喜 20 元	—	—	—	—	—	—	—	31 651.23	5 848.49	1 267.60	38 767.32
461	冰雪良缘	—	—	—	—	—	—	—	3 942.45	1 425.72	526.57	5 894.73
462	风花雪月	—	—	—	—	—	—	—	2 310.95	680.30	8.75	3 000.00
463	天生一对	—	—	—	—	—	—	—	10 676.51	4 429.80	2 373.90	17 480.21
464	赢在 2018	—	—	—	—	—	—	—	1 891.34	878.18	110.60	2 880.12
465	小黄人 5 元	—	—	—	—	—	—	—	2 895.42	1 716.56	451.46	5 063.44
466	福满人间	—	—	—	—	—	—	—	750.27	512.63	179.65	1 442.55
467	非常惊喜	—	—	—	—	—	—	—	5 587.92	3 786.05	428.33	9 802.30
468	怀袖清风	—	—	—	—	—	—	—	1 821.71	677.98	137.81	2 637.50
469	金光闪耀	—	—	—	—	—	—	—	11 177.66	2 203.76	10 593.32	23 974.73
470	冠军荣耀	—	—	—	—	—	—	—	28 807.89	4 900.86	1 854.14	35 562.89
471	财源广进	—	—	—	—	—	—	—	2 268.96	877.84	48.20	3 195.00
472	魅力宁波	—	—	—	—	—	—	—	3 167.15	1 280.00	394.69	4 841.84

续表

序号	游戏品种	2011	2012	2013	2014	2015	2016	2017	2018	2019	2020	合 计 Total
473	群英会	—	—	—	—	—	—	—	1 453.24	391.88	49.39	1 894.51
474	沙漠寻宝	—	—	—	—	—	—	—	1 900.22	3 743.14	598.14	6 241.50
475	7 开得胜	—	—	—	—	—	—	—	7 241.90	5 431.33	933.78	13 607.01
476	一路福星	—	—	—	—	—	—	—	1 597.10	8 986.50	1 589.90	12 173.50
477	壕 7	—	—	—	—	—	—	—	58 430.98	16 655.38	4 703.35	79 789.72
478	祝你快乐	—	—	—	—	—	—	—	1 097.15	2 707.70	113.90	3 918.75
479	八仙过海	—	—	—	—	—	—	—	5 527.22	3 817.20	557.66	9 902.07
480	金沙滩	—	—	—	—	—	—	—	192.46	2 054.64	726.50	2 973.60
481	福袋	—	—	—	—	—	—	—	504.65	9 224.45	2 151.60	11 880.70
482	24K 金	—	—	—	—	—	—	—	2 581.30	10 213.54	1 905.89	14 700.73
483	美丽三沙	—	—	—	—	—	—	—	51.57	22.58	0.95	75.10
484	青蛙过河	—	—	—	—	—	—	—	201.65	2 179.15	870.60	3 251.40
485	橙意满满	—	—	—	—	—	—	—	4 967.08	20 184.98	5 440.44	30 592.50
486	聚宝盆	—	—	—	—	—	—	—	300.40	15 529.80	9 032.05	24 862.25
487	积金至斗	—	—	—	—	—	—	—	2 781.00	14 125.05	5 234.22	22 140.27
488	开心夹夹乐	—	—	—	—	—	—	—	857.65	5 678.37	1 099.89	7 635.90
489	66 顺 88 发	—	—	—	—	—	—	—	3 891.10	34 433.59	25 036.76	63 361.44
490	苍狼啸月	—	—	—	—	—	—	—	308.60	7 478.46	1 036.08	8 823.15
491	丹桂飘香－金桂银桂	—	—	—	—	—	—	—	4 457.00	7 285.17	804.86	12 547.03
492	女书	—	—	—	—	—	—	—	1 679.90	273.25	46.85	2 000.00
493	越剧	—	—	—	—	—	—	—	2 290.64	1 239.98	50.04	3 580.65
494	369-20 元	—	—	—	—	—	—	—	6 153.16	33 744.38	17 777.71	57 675.25
495	圣诞快乐 10 元	—	—	—	—	—	—	—	3 518.71	4 131.19	629.36	8 279.26
496	己亥猪－金猪银猪 5 元	—	—	—	—	—	—	—	—	21 923.65	524.97	22 448.62
497	己亥猪－福猪拱门 10 元	—	—	—	—	—	—	—	—	45 527.64	719.67	46 247.30
498	己亥猪－喜事连连 20 元	—	—	—	—	—	—	—	—	28 203.87	2 114.33	30 318.20
499	8 炫彩	—	—	—	—	—	—	—	—	1 575.94	1 303.10	2 879.04
500	梦圆桃花源	—	—	—	—	—	—	—	—	4 740.25	285.15	5 025.40
501	富贵满堂	—	—	—	—	—	—	—	—	13 065.59	4 225.89	17 291.48
502	同喜同囍	—	—	—	—	—	—	—	—	12 048.31	6 916.59	18 964.90
503	新芽	—	—	—	—	—	—	—	—	19 551.94	8 211.24	27 763.18
504	魅力 4 射	—	—	—	—	—	—	—	—	14 221.54	6 571.96	20 793.50
505	超级钱袋子	—	—	—	—	—	—	—	—	8 874.62	5 684.96	14 559.58
506	中国龙 5 元	—	—	—	—	—	—	—	—	26 858.53	3 001.23	29 859.77
507	中国龙 10 元	—	—	—	—	—	—	—	—	55 331.41	8 327.04	63 658.45
508	中国龙 20 元	—	—	—	—	—	—	—	—	37 228.89	14 819.42	52 048.31
509	嗨啤	—	—	—	—	—	—	—	—	15 174.93	5 931.06	21 105.99
510	天仙配	—	—	—	—	—	—	—	—	4 818.87	2 863.13	7 682.00
511	福延吉至	—	—	—	—	—	—	—	—	143.65	34.95	178.60
512	繁荣昌盛	—	—	—	—	—	—	—	—	56.00	1 803.80	1 859.80
513	锦绣江山	—	—	—	—	—	—	—	—	0.05	324.40	324.45
514	财富传奇	—	—	—	—	—	—	—	—	13 972.38	15 801.23	29 773.61

续表

序号	游戏品种	2011	2012	2013	2014	2015	2016	2017	2018	2019	2020	合计 Total
515	666-5元	—	—	—	—	—	—	—	—	7 189.73	6 555.21	13 744.95
516	3分制胜	—	—	—	—	—	—	—	—	12 789.21	5 174.94	17 964.14
517	黄金传奇	—	—	—	—	—	—	—	—	7 309.97	7 020.70	14 330.66
518	钻石风暴	—	—	—	—	—	—	—	—	3 019.01	2 587.16	5 606.18
519	小黄人－财神10元	—	—	—	—	—	—	—	—	1 175.79	775.25	1 951.03
520	龙凤呈祥	—	—	—	—	—	—	—	—	1 631.40	3 306.64	4 938.04
521	超级幸运	—	—	—	—	—	—	—	—	5 532.03	78 255.96	83 787.99
522	好运锦鲤	—	—	—	—	—	—	—	—	1 712.61	681.50	2 394.12
523	鸿运当头	—	—	—	—	—	—	—	—	380.10	589.55	969.65
524	龙腾虎跃	—	—	—	—	—	—	—	—	878.88	1 010.78	1 889.65
525	至尊黄金	—	—	—	—	—	—	—	—	4 404.49	20 412.82	24 817.31
526	好礼多多	—	—	—	—	—	—	—	—	661.23	1 659.81	2 321.04
527	淘金王	—	—	—	—	—	—	—	—	3 298.30	4 874.69	8 172.99
528	甜如蜜	—	—	—	—	—	—	—	—	2 560.45	8 750.07	11 310.52
529	金福星	—	—	—	—	—	—	—	—	1 237.15	8 390.83	9 627.98
530	唱响幸运	—	—	—	—	—	—	—	—	1 128.20	3 108.45	4 236.65
531	蓝色奇迹	—	—	—	—	—	—	—	—	393.05	2 912.45	3 305.50
532	喜事成双	—	—	—	—	—	—	—	—	570.90	2 321.55	2 892.45
533	庚子鼠5元	—	—	—	—	—	—	—	—	131.96	24 540.29	24 672.25
534	庚子鼠10元	—	—	—	—	—	—	—	—	188.20	66 526.37	66 714.58
535	庚子鼠20元	—	—	—	—	—	—	—	—	159.31	40 723.77	40 883.08
536	鼠兆丰年5元	—	—	—	—	—	—	—	—	653.70	9 130.98	9 784.68
537	好运来	—	—	—	—	—	—	—	—	—	4 821.34	4 821.34
538	新春大吉	—	—	—	—	—	—	—	—	—	4 443.77	4 443.77
539	南岳衡山	—	—	—	—	—	—	—	—	—	3 000.00	3 000.00
540	金山·银山	—	—	—	—	—	—	—	—	—	3 681.58	3 681.58
541	开宝箱	—	—	—	—	—	—	—	—	—	929.59	929.59
542	笑口常开	—	—	—	—	—	—	—	—	—	3 071.02	3 071.02
543	心相连	—	—	—	—	—	—	—	—	—	2 200.76	2 200.76
544	幸运时刻	—	—	—	—	—	—	—	—	—	8 762.59	8 762.59
545	欢乐 Party	—	—	—	—	—	—	—	—	—	2 280.91	2 280.91
546	莲花绽放	—	—	—	—	—	—	—	—	—	139.55	139.55
547	荣耀夺金	—	—	—	—	—	—	—	—	—	5 870.08	5 870.08
548	金砖	—	—	—	—	—	—	—	—	—	1 037.70	1 037.70
549	十里桃花	—	—	—	—	—	—	—	—	—	11 592.39	11 592.39
550	福彩	—	—	—	—	—	—	—	—	—	6 663.32	6 663.32
551	一触即发	—	—	—	—	—	—	—	—	—	11 354.37	11 354.37
552	福在眼前	—	—	—	—	—	—	—	—	—	4 732.60	4 732.60
553	扶贫帮困	—	—	—	—	—	—	—	—	—	3 109.28	3 109.28
554	福	—	—	—	—	—	—	—	—	—	4 441.24	4 441.24
555	九天揽月	—	—	—	—	—	—	—	—	—	3 054.78	3 054.78
556	丽美千秋	—	—	—	—	—	—	—	—	—	1 612.60	1 612.60
557	超给力10元	—	—	—	—	—	—	—	—	—	76 693.45	76 693.45
558	超给力20元	—	—	—	—	—	—	—	—	—	61 239.56	61 239.56

续表

序号	游戏品种	2011	2012	2013	2014	2015	2016	2017	2018	2019	2020	合计 Total
559	超给力 50 元	—	—	—	—	—	—	—	—	—	56 677.85	56 677.85
560	平凡英雄	—	—	—	—	—	—	—	—	—	16 834.75	16 834.75
561	鹊桥会	—	—	—	—	—	—	—	—	—	5 229.43	5 229.43
562	连连好运	—	—	—	—	—	—	—	—	—	2 353.05	2 353.05
563	圆满	—	—	—	—	—	—	—	—	—	11 430.44	11 430.44
564	牛气 10 足	—	—	—	—	—	—	—	—	—	12 160.51	12 160.51
565	韩熙载夜宴图	—	—	—	—	—	—	—	—	—	5 055.05	5 055.05
566	承德风光	—	—	—	—	—	—	—	—	—	580.50	580.50
567	福源宝地	—	—	—	—	—	—	—	—	—	2 990.80	2 990.80
568	大美湘中	—	—	—	—	—	—	—	—	—	2 257.00	2 257.00
569	挖金矿	—	—	—	—	—	—	—	—	—	614.65	614.65
570	哦耶	—	—	—	—	—	—	—	—	—	434.55	434.55
571	七彩叠叠乐	—	—	—	—	—	—	—	—	—	1 968.05	1 968.05
572	百年辉煌	—	—	—	—	—	—	—	—	—	743.85	743.85
573	大运鲁风	—	—	—	—	—	—	—	—	—	1 163.47	1 163.47
574	五牛图	—	—	—	—	—	—	—	—	—	3 337.69	3 337.69
575	辛丑牛 5 元	—	—	—	—	—	—	—	—	—	98.75	98.75
576	辛丑牛 10 元	—	—	—	—	—	—	—	—	—	256.14	256.14
577	辛丑牛 20 元	—	—	—	—	—	—	—	—	—	187.54	187.54
578	黄金时代 20 元	—	—	—	—	—	—	—	—	—	10 209.29	10 209.29
	合计 Total	**2 004 425.62**	**2 020 302.00**	**1 855 448.62**	**1 858 958.92**	**1 628 034.12**	**1 491 247.57**	**1 263 402.02**	**1 142 669.16**	**1 496 351.61**	**1 464 256.06**	**16 225 095.69**

（中国福利彩票发行管理中心供稿）

2011—2020 年中国体育彩票全国联网游戏销售统计

Sales Statistics of National Games of China Sports Lottery from 2011 to 2020

胜平负任选 9 场

单位：万元

Unit：Ten Thousand Yuan

地 区 Region	游戏类型 Game Type	2011	2012	2013	2014	2015	2016	2017	2018	2019	2020	合 计 Total
北 京	竞猜	16 555.33	17 511.38	27 390.66	25 602.76	17 509.34	15 395.35	15 647.11	17 025.31	16 100.92	6 881.48	175 619.63
天 津		16 228.52	17 462.76	16 156.36	14 360.38	8 734.05	5 745.69	5 965.41	6 922.55	6 156.49	3 192.39	100 924.60
河 北		4 674.19	4 766.65	4 466.20	8 094.69	8 003.81	20 411.05	23 880.49	20 061.94	8 029.24	5 594.02	107 982.29
山 西		2 389.25	3 206.72	2 441.41	2 414.58	2 829.74	2 737.37	6 036.68	3 731.68	2 860.45	1 528.95	30 176.83
内蒙古		2 033.68	2 275.94	2 347.75	3 011.16	3 833.05	2 937.62	2 997.90	3 818.07	3 620.93	1 701.38	28 577.47
辽 宁		11 447.85	11 635.61	11 465.65	11 878.91	12 604.16	12 453.34	13 117.08	13 820.52	13 241.26	6 272.04	117 936.41
吉 林		3 263.66	3 481.19	3 089.91	3 189.53	3 358.43	3 212.59	3 536.42	3 612.98	3 385.16	1 850.13	31 980.01
黑龙江		2 722.30	3 180.06	3 421.09	3 769.23	3 508.30	3 420.57	3 249.47	3 338.66	3 004.39	1 437.87	31 051.94
上 海		12 067.58	14 496.04	19 135.38	39 135.91	16 721.78	14 341.37	15 353.39	15 506.50	15 746.47	7 815.75	170 320.18
江 苏		11 246.57	11 479.84	14 320.24	22304.1354	14 239.27	14 616.36	17 251.03	19 654.81	18 690.49	9 173.41	152 976.14
浙 江		12 861.38	13 895.31	13 303.85	14875.587	19 643.54	20 293.16	21 593.03	25 813.45	26 125.36	13 142.69	181 547.35
安 徽		11 757.70	8 698.96	12 067.93	9 255.18	6 287.68	5 570.36	6 603.05	7 867.50	8 095.14	4 055.94	80 259.45
福 建		5 554.93	6 442.17	6 224.20	6 266.35	8 291.78	8 671.25	10 576.28	11 393.74	11 198.10	5 526.50	80 145.30
江 西		23 665.09	22 802.95	30 976.66	37 418.59	13 748.59	7 822.75	9 342.42	11 480.71	9 666.99	5 156.53	172 081.27
山 东		9 487.21	9 890.81	10 995.72	8 791.64	11 783.72	12 669.08	13 976.07	14 973.71	14 488.36	6 539.49	113 595.81
河 南		3 845.13	4 157.62	4 203.63	4 292.99	4 952.34	5 014.56	5 582.95	6 260.68	6 344.56	3 256.22	47 910.68
湖 北		10 407.10	11 382.36	10 913.54	12 457.38	14 840.61	15 406.32	18 080.36	18 877.39	18 628.44	9 243.87	140 237.38
湖 南		9 982.26	14 266.40	19 135.54	28 928.24	14 447.00	12 157.31	26 697.23	20 043.65	12 189.84	6 393.15	164 240.62
广 东		38 657.11	41 512.36	41 523.25	43 226.42	49 614.25	53 170.77	60 997.22	67 814.06	65 825.67	31 453.72	493 794.84
广 西		6 949.88	7 987.01	8 546.76	9 426.42	10 602.20	10 730.65	14 180.67	17 055.74	14 407.78	7 022.48	106 909.58
海 南		808.58	917.11	911.33	843.96	1 091.07	1 260.18	1 343.72	1 527.26	1 333.41	549.88	10 586.49
重 庆		4 994.37	8 691.50	10 126.34	11 814.24	6 756.59	6 233.84	7 995.88	9 858.98	10 705.22	5 370.96	82 547.91
四 川		9 773.75	11 080.76	11 633.56	11 053.15	12 705.91	12 706.03	15 366.08	17 623.39	17 467.44	9 341.61	128 751.67
贵 州		3 203.19	3 248.55	3 132.00	3 256.23	4 002.79	3 902.06	4 265.55	4 497.85	4 676.52	2 304.31	36 489.05
云 南		4 488.97	4 904.37	4 522.01	4 776.71	5 185.82	5 661.97	5 251.46	5 978.43	5 765.02	2 877.19	49 411.95
西 藏		139.00	160.93	177.00	149.58	214.62	150.55	123.16	118.69	170.78	124.07	1 528.36
陕 西		3 604.39	4 017.32	3 969.32	5 529.16	6 975.96	8 041.16	14 048.03	8 879.07	7 151.39	3 263.51	65 479.31
甘 肃		1 365.63	1 721.89	1 387.86	1 516.23	1 757.02	1 773.41	2 112.52	2 268.19	2 414.75	1 226.11	17 543.64
青 海		276.78	308.57	295.21	507.44	617.27	808.95	962.92	686.40	436.94	254.34	5 154.84
宁 夏		568.45	574.97	578.54	1 019.91	760.50	732.17	934.04	1 205.41	1 088.57	535.83	7 998.39
新 疆		4 020.13	3 404.09	4 211.72	8 499.47	5 336.90	4 510.73	5 505.43	5 173.09	4 679.85	2 182.31	47 523.74
合 计 Total		**249 039.95**	**269 562.21**	**303 070.62**	**357 666.15**	**290 958.09**	**292 558.55**	**352 573.05**	**366 890.44**	**333 695.95**	**165 268.14**	**2 981 283.14**

足球 4 场进球

单位：万元

Unit：Ten Thousand Yuan

地 区 Region	游戏类型 Game Type	2011	2012	2013	2014	2015	2016	2017	2018	2019	2020	合 计 Total
北 京	竞猜	1 379.78	1 314.74	959.88	1 459.45	848.78	749.06	496.95	672.73	731.22	297.63	8 910.23
天 津		1 158.64	1 376.56	962.49	1 079.52	333.66	215.87	160.47	283.90	210.94	107.66	5 889.71
河 北		373.09	306.78	277.25	590.98	504.77	607.16	738.45	879.24	810.85	455.37	5 543.93
山 西		161.23	239.80	129.23	158.16	199.93	102.75	130.52	139.57	115.78	48.45	1 425.42
内蒙古		239.14	170.33	115.54	207.92	152.56	130.58	186.43	193.73	128.73	78.64	1 603.61
辽 宁		686.85	717.88	386.14	458.94	381.67	321.58	315.13	417.68	404.25	142.07	4 232.20
吉 林		184.06	154.57	134.09	205.95	151.99	97.62	93.04	207.95	233.22	86.01	1 548.49
黑龙江		292.21	262.93	295.72	443.53	232.26	195.00	170.19	167.34	137.14	76.94	2 273.28
上 海		937.10	927.42	914.81	2 862.87	781.76	540.34	700.82	755.91	623.79	325.46	9 370.27
江 苏		590.29	574.54	726.44	1 614.39	579.95	551.53	595.51	846.44	852.71	379.77	7 311.58
浙 江		1 264.22	986.13	659.44	1 049.75	929.27	721.99	591.93	847.82	1 150.37	477.31	8 678.23
安 徽		1 014.78	520.00	663.75	546.33	417.81	423.20	322.51	283.64	253.25	160.41	4 605.67
福 建		416.83	516.96	283.36	422.89	492.48	539.85	390.71	650.90	504.61	274.43	4 493.01
江 西		2 706.85	2 018.69	2 076.06	2 948.53	758.26	370.69	345.72	396.13	588.13	249.95	12 459.03
山 东		668.88	650.17	659.81	792.16	785.28	812.94	761.06	985.78	910.28	346.31	7 372.67
河 南		366.51	281.14	249.49	315.88	392.18	246.27	265.13	368.96	400.49	237.73	3 123.79
湖 北		709.91	842.96	520.35	967.60	801.21	584.61	632.57	780.01	1 434.18	441.12	7 714.53
湖 南		1 382.93	1 783.74	2 147.32	2 844.30	659.09	462.35	696.45	810.27	747.70	292.81	11 826.95
广 东		3 136.30	2 816.81	2 197.98	2 618.00	2 050.90	1 823.95	1 944.71	2 667.23	3 015.54	1 487.82	23 759.24
广 西		536.95	573.96	494.77	731.26	624.09	477.96	570.08	762.42	814.86	323.02	5 909.37
海 南		72.47	55.35	52.86	74.55	133.86	78.39	63.80	105.11	129.44	38.92	804.73
重 庆		537.89	1 170.41	1 010.49	1 301.83	413.73	445.98	331.46	364.14	788.21	623.47	6 987.60
四 川		827.13	735.60	540.58	699.48	519.96	403.09	323.83	728.19	718.19	327.60	5 823.66
贵 州		241.01	206.76	170.16	204.19	215.02	199.11	178.33	296.18	253.05	84.31	2 048.11
云 南		327.89	349.69	256.39	322.69	359.85	416.62	268.89	378.04	366.64	178.79	3 225.49
西 藏		25.39	9.31	5.25	14.97	13.36	6.04	4.11	8.06	8.47	8.49	103.44
陕 西		442.06	414.81	247.31	380.63	298.53	257.19	503.03	369.67	253.11	131.04	3 297.37
甘 肃		165.33	169.01	104.88	113.45	80.01	113.61	101.39	122.52	117.79	69.08	1 157.08
青 海		14.68	14.25	11.10	52.58	24.88	94.80	82.13	68.01	169.92	18.54	550.89
宁 夏		45.38	75.74	22.48	78.53	33.00	29.34	12.29	16.68	29.58	20.53	363.56
新 疆		204.88	229.12	174.91	531.90	270.88	271.81	137.82	168.78	172.27	71.65	2 234.03
合 计 Total		**21 110.65**	**20 466.17**	**17 450.35**	**26 093.22**	**14 440.99**	**12 291.28**	**12 115.46**	**15 742.99**	**17 074.73**	**7 861.32**	**164 647.15**

足球6场半全场胜平负

单位：万元

Unit：Ten Thousand Yuan

地　区 Region	游戏类型 Game Type	2011	2012	2013	2014	2015	2016	2017	2018	2019	2020	合　计 Total
北　京	竞猜	262.71	257.62	197.14	241.19	117.71	49.01	41.30	46.34	87.86	70.29	1 371.16
天　津		402.43	436.46	220.50	197.89	96.62	26.62	35.49	45.14	39.65	25.74	1 526.54
河　北		134.01	121.17	75.70	87.42	60.30	59.86	118.46	147.21	143.84	124.92	1 072.88
山　西		38.50	64.57	25.85	27.00	22.70	11.72	35.84	10.40	14.92	13.79	265.29
内蒙古		69.78	47.51	26.90	41.31	26.06	19.07	16.79	18.07	26.16	19.79	311.44
辽　宁		188.52	204.64	110.64	92.63	100.73	49.46	65.58	43.72	77.71	49.10	982.74
吉　林		68.50	54.80	24.24	22.56	17.61	10.83	10.52	11.50	13.14	10.75	244.45
黑龙江		86.17	82.12	50.36	82.26	62.88	15.38	18.32	17.25	25.39	20.87	461.00
上　海		274.29	248.36	257.27	720.77	184.05	81.01	114.46	69.99	110.81	109.17	2 170.17
江　苏		174.33	217.74	196.62	282.21	103.69	61.94	73.75	104.44	182.87	115.40	1 512.98
浙　江		319.81	294.20	156.35	185.61	166.87	90.46	104.93	77.61	208.05	252.61	1 856.49
安　徽		308.50	141.61	202.55	149.85	154.03	52.79	42.52	43.48	72.84	80.25	1 248.41
福　建		131.90	186.51	134.56	100.81	108.67	75.72	97.53	66.65	142.40	127.72	1 172.47
江　西		896.41	867.62	675.26	771.64	260.09	34.51	51.32	38.02	104.94	86.75	3 786.56
山　东		163.22	185.41	157.35	95.29	129.91	75.74	80.52	81.52	152.41	85.01	1 206.38
河　南		93.78	71.37	56.13	53.08	61.40	39.56	60.22	42.20	67.78	54.87	600.39
湖　北		182.10	167.10	88.48	100.06	178.47	144.32	170.57	63.55	238.78	132.79	1 466.22
湖　南		347.84	754.21	749.35	543.61	224.81	63.30	124.16	105.94	78.11	72.44	3 063.77
广　东		1 109.65	882.23	630.58	574.38	470.82	258.66	305.99	342.90	550.86	433.45	5 559.51
广　西		143.55	146.87	118.62	112.70	112.10	56.26	78.74	74.41	109.19	88.61	1 041.05
海　南		28.68	26.82	28.06	23.29	33.04	21.56	26.31	15.99	45.83	25.42	275.00
重　庆		84.44	194.37	192.84	228.04	117.83	22.29	27.49	28.24	144.14	254.17	1 293.85
四　川		151.23	192.50	133.88	121.37	77.48	48.71	51.71	53.85	111.50	87.95	1 030.18
贵　州		68.31	65.74	35.98	35.71	33.34	16.96	21.37	24.90	51.80	34.04	388.14
云　南		85.57	96.02	81.80	77.20	53.19	30.97	29.09	24.39	60.51	41.48	580.22
西　藏		2.37	1.75	1.01	8.04	2.72	1.13	0.77	0.83	1.34	1.53	21.50
陕　西		123.98	108.41	45.35	43.29	76.61	25.34	121.27	72.34	97.63	61.33	775.55
甘　肃		31.65	41.89	28.71	14.81	15.90	12.85	20.73	16.64	23.67	21.65	228.50
青　海		5.55	7.30	2.29	6.99	8.41	5.58	21.11	19.77	4.65	4.15	85.80
宁　夏		10.07	12.17	8.81	24.92	6.93	2.24	3.91	2.72	8.12	7.51	87.40
新　疆		54.26	61.26	48.19	131.57	77.69	38.95	33.89	15.13	30.80	19.68	511.41
合　计 Total		**6 042.13**	**6 240.35**	**4 761.35**	**5 197.47**	**3 162.68**	**1 502.78**	**2 004.66**	**1 725.13**	**3 027.69**	**2 533.22**	**36 197.45**

足球胜平负

单位：万元

Unit：Ten Thousand Yuan

地 区 Region	游戏类型 Game Type	2011	2012	2013	2014	2015	2016	2017	2018	2019	2020	合 计 Total
北 京	竞猜	22 342.93	25 364.66	47 737.22	31 887.00	20 150.00	18 619.13	22 125.08	24 364.12	25 473.17	11 120.74	249 184.03
天 津		25 766.13	22 630.13	16 816.20	15 294.77	8 659.87	6 069.40	7 442.85	9 383.24	8 764.94	4 137.12	124 964.64
河 北		6 029.60	6 198.13	5 922.14	8 602.03	8 495.85	23 779.24	26 746.27	24 379.20	12 619.15	12 530.05	135 301.66
山 西		3 493.80	4 926.18	2 977.24	3 070.18	3 943.13	3 054.86	8 172.57	4 499.36	3 884.50	1 877.69	39 899.50
内蒙古		3 438.70	3 628.28	3 748.95	3 313.52	5 137.07	4 528.60	5 179.72	7 250.34	5 837.70	2 578.98	44 641.87
辽 宁		17 494.63	14 813.40	13 746.55	14 349.18	14 086.53	14 253.19	16 848.58	17 128.44	17 645.80	8 477.18	148 843.48
吉 林		4 525.06	4 857.17	3 951.23	3 528.18	3 712.14	3 300.38	4 093.16	4 932.83	4 696.75	2 719.75	40 316.66
黑龙江		3 978.09	3 926.16	4 573.93	5 124.31	5 301.28	4 983.79	4 457.12	4 906.23	4 626.67	2 173.01	44 050.60
上 海		15 125.24	15 024.07	32 318.98	46 393.85	19 571.16	15 897.69	19 749.54	23 446.90	24 785.85	11 821.03	224 134.32
江 苏		15 006.10	14 410.67	19 822.41	29 174.40	16 866.60	16 832.63	22 759.51	29 303.06	31 595.24	15 318.97	211 089.60
浙 江		19 823.84	20 337.84	18 961.48	19 570.36	26 183.32	24 974.31	32 170.32	40 476.79	46 533.89	24 546.94	273 579.10
安 徽		22 137.01	10 820.18	15 741.71	10 854.12	6 956.55	5 911.18	8 383.53	9 409.23	11 396.67	5 338.23	106 948.41
福 建		8 817.69	9 338.96	9 736.71	9 098.52	11 288.40	12 400.23	16 267.59	19 390.84	20 689.60	10 320.00	127 348.53
江 西		48 869.46	40 462.13	42 518.17	53 150.81	17 911.21	8 844.20	11 082.57	13 665.70	15 235.07	7 811.28	259 550.59
山 东		12 236.90	12 699.13	14 953.58	11 681.03	15 676.90	18 812.96	19 167.54	22 437.76	22 207.01	9 806.76	159 679.57
河 南		7 659.98	6 289.54	6 159.46	6 671.45	6 881.83	7 128.95	8 390.88	9 153.57	9 399.45	5 002.48	72 737.60
湖 北		11 335.69	11 306.80	11 670.46	12 536.96	14 760.99	14 962.91	19 022.87	22 812.91	27 764.05	14 468.27	160 641.90
湖 南		21 718.67	26 972.44	27 455.23	48 521.01	26 076.24	19 921.46	32 418.73	28 626.79	20 670.93	10 112.67	262 494.17
广 东		56 238.15	48 657.11	52 023.44	53 605.65	60 520.12	63 563.91	80 316.63	93 108.04	104 885.72	49 199.52	662 118.30
广 西		8 123.96	8 922.36	9 985.73	10 135.35	11 294.02	10 606.41	16 377.07	19 279.26	18 475.87	8 594.96	121 794.98
海 南		1 100.41	1 090.74	1 256.01	1 188.73	1 568.76	1 669.45	2 412.33	1 900.01	1 817.14	741.48	14 745.07
重 庆		5 283.20	8 010.70	10 986.04	11 772.46	7 140.02	7 665.26	10 611.91	13 851.97	19 272.48	9 585.23	104 179.26
四 川		12 145.65	13 395.35	14 281.95	13 199.94	14 109.02	13 556.06	18 361.83	22 332.87	23 795.36	12 208.54	157 386.58
贵 州		4 022.89	4 046.64	4 455.43	4 327.97	4 784.08	4 580.47	5 980.65	6 858.43	7 619.85	3 453.90	50 130.30
云 南		6 338.70	6 219.51	7 119.16	7 335.18	7 903.86	7 948.94	8 762.13	10 587.47	9 602.52	4 881.20	76 698.66
西 藏		192.97	202.34	254.86	275.35	410.39	269.50	180.22	220.89	257.29	176.81	2 440.63
陕 西		7 596.90	7 662.41	7 022.20	8 435.09	10 472.20	9 897.62	17 592.25	12 971.20	11 091.67	4 807.72	97 549.26
甘 肃		1 609.78	2 021.83	2 258.76	1 863.83	1 913.98	2 065.32	2 985.19	3 161.34	3 758.84	2 021.13	23 659.99
青 海		457.37	718.04	494.78	523.03	802.33	1 031.39	1 289.29	1 629.88	996.86	531.75	8 474.71
宁 夏		979.94	903.10	1 223.74	1 804.36	1 235.25	1 590.29	1 944.59	2 254.36	1 987.81	1 064.01	14 987.44
新 疆		4 862.04	3 726.14	4 745.96	8 228.53	6 366.37	5 396.39	6 656.91	6 563.39	6 431.43	2 854.29	55 831.43
合 计 Total		**378 751.47**	**359 582.10**	**414 919.71**	**455 517.14**	**360 179.47**	**354 116.11**	**457 949.41**	**510 286.42**	**523 819.27**	**260 281.71**	**4 075 402.81**

竞彩玩法

单位：万元

Unit：Ten Thousand Yuan

地区 Region	游戏类型 Game Type	2011	2012	2013	2014	2015	2016	2017	2018	2019	2020	合计 Total
北京	竞猜	0.20	9 627.25	85 154.41	55 115.37	44 165.09	81 999.26	86 203.32	237 100.88	182 923.86	108 525.89	890 815.53
天津		91 622.31	82 597.16	130 952.30	241 155.13	175 677.78	172 186.34	125 661.96	258 422.50	160 712.11	96 216.70	1 535 204.27
河北		10 248.86	16 400.46	21 452.45	176 474.28	155 056.97	334 184.40	266 836.56	518 960.97	327 322.51	209 394.55	2 036 332.01
山西		20 000.65	21 167.75	11 344.40	18 295.80	44 010.39	97 912.11	208 316.79	299 974.22	212 422.20	132 031.27	1 065 475.59
内蒙古		2 965.22	7 779.79	7 754.74	9 150.49	28 791.97	67 163.46	98 802.23	349 706.16	290 924.18	148 415.94	1 011 454.16
辽宁		54 434.33	62 591.83	52 104.57	87 099.61	133 618.39	226 956.27	194 161.99	430 604.05	294 493.65	142 920.38	1 678 985.07
吉林		14 374.57	26 578.36	20 767.57	24 034.12	42 816.54	55 369.50	49 842.40	162 997.93	134 586.73	101 233.17	632 600.89
黑龙江		27 002.62	21 765.19	28 222.10	195 242.29	119 601.61	72 732.97	104 092.48	214 655.35	179 269.12	102 815.74	1 065 399.47
上海		39 389.89	99 412.91	238 408.27	545 425.71	170 140.82	110 309.13	103 201.00	197 556.56	140 482.43	92 622.87	1 736 949.59
江苏		244 760.64	301 023.51	304 647.44	497 742.32	444 033.03	431 892.83	599 261.85	1 410 014.38	819 119.57	453 611.08	5 506 106.66
浙江		71 343.87	89 621.04	73 746.11	274 172.51	296 079.89	429 360.24	489 117.81	1 078 206.77	655 183.21	402 241.28	3 859 072.74
安徽		46 540.84	64 599.41	105 028.84	199 551.33	275 997.40	267 673.89	324 287.17	663 421.43	477 957.15	270 520.28	2 695 577.74
福建		17 572.83	35 441.21	31 198.60	51 189.80	137 877.31	180 722.55	423 596.81	547 278.77	241 224.34	171 314.29	1 837 416.50
江西		48 588.78	132 996.44	180 798.99	243 599.50	226 024.95	138 429.43	236 340.92	548 170.22	455 473.64	279 372.46	2 489 795.32
山东		163 459.05	151 848.62	200 492.52	316 877.07	599 185.59	655 504.42	734 103.11	1 444 500.06	1 134 178.47	627 856.76	6 028 005.67
河南		39 199.23	34 604.28	65 913.73	103 218.98	336 809.28	452 120.10	534 219.18	1 015 483.34	939 149.72	535 070.42	4 055 788.25
湖北		27 092.52	39 232.00	81 204.09	151 111.02	99 938.16	369 758.97	511 982.53	841 430.40	654 168.35	460 949.72	3 236 867.76
湖南		38 270.03	75 304.69	121 282.89	153 640.57	219 635.44	419 237.56	582 804.44	786 059.65	454 528.93	212 381.78	3 063 145.98
广东		108 613.65	188 228.16	186 470.11	204 545.31	526 358.53	728 996.58	721 193.36	1 122 067.49	676 157.49	372 105.73	4 834 736.39
广西		23 078.17	30 860.07	32 473.59	52 758.16	110 345.26	187 673.50	200 303.16	243 221.76	134 633.47	91 207.03	1 106 554.17
海南		2 414.64	6 585.13	5 927.10	2 103.17	38 176.43	59 445.78	42 829.69	88 545.73	21 262.25	8 470.63	275 760.54
重庆		32 209.38	42 832.04	77 788.72	152 347.45	210 616.69	264 271.44	367 184.02	472 412.48	417 091.56	275 209.84	2 311 963.61
四川		26 233.10	40 891.72	32 280.24	44 669.12	101 082.90	139 762.22	148 213.70	504 924.21	509 569.23	343 424.78	1 891 051.22
贵州		9 285.48	18 913.08	19 574.03	25 385.73	37 114.79	69 413.41	64 951.06	250 606.55	184 535.28	114 153.01	793 932.42
云南		30 370.30	42 732.76	37 214.99	60 711.00	122 941.42	229 448.21	205 312.75	424 525.06	269 379.47	173 691.74	1 596 327.70
西藏		689.80	1 254.77	1 020.52	1 221.67	2 175.93	2 232.04	1 637.45	10 263.81	7 463.47	5 920.47	33 879.94
陕西		12 452.02	20 294.26	16 293.38	166 594.62	177 405.77	291 861.62	394 722.74	592 545.43	313 034.42	203 701.39	2 188 905.64
甘肃		6 811.61	27 846.71	40 382.58	55 020.54	18 730.70	52 144.30	75 715.49	145 530.55	134 394.72	77 516.28	634 093.47
青海		7 477.53	7 811.01	33 169.32	68 642.44	15 240.21	15 238.86	25 593.49	37 781.97	30 696.28	18 690.04	260 341.15
宁夏		938.69	1 985.73	12 071.44	76 121.51	11 887.12	14 844.09	17 922.87	63 519.86	54 215.30	31 328.86	284 835.48
新疆		24 794.92	28 763.10	32 825.61	151 102.32	61 018.81	81 435.77	92 793.29	166 866.50	134 931.68	86 197.16	860 729.14
合计 Total		1 242 235.71	1 731 590.45	2 287 965.67	4 404 318.94	4 982 555.14	6 700 281.27	8 031 205.61	15 127 355.01	10 641 484.79	6 349 111.52	61 498 104.11

排 列 3

单位：万元

Unit：Ten Thousand Yuan

地 区 Region	游戏类型 Game Type	2011	2012	2013	2014	2015	2016	2017	2018	2019	2020	合 计 Total
北 京	乐透排列	28 861.90	29 927.98	34 343.96	28 097.75	20 312.72	19 168.85	18 861.90	18 970.19	19 679.42	14 887.49	233 112.16
天 津		17 776.55	17 936.51	21 006.01	20 957.42	14 406.01	12 890.14	12 971.67	12 699.90	12 938.90	19 251.05	162 834.16
河 北		44 315.26	45 473.11	30 005.89	24 904.60	21 320.25	19 650.04	23 607.04	20 748.48	23 671.47	29 230.80	282 926.95
山 西		10 051.95	9 660.32	7 543.86	6 161.14	5 782.17	5 515.05	6 545.40	5 761.21	6 017.36	13 114.34	76 152.81
内蒙古		28 858.51	28 360.81	25 734.56	22 166.01	19 385.25	16 026.62	18 229.85	17 480.71	18 035.82	19 033.15	213 311.28
辽 宁		38 926.55	27 157.74	26 067.11	24 060.29	22 617.68	19 556.20	22 154.72	22 807.63	22 564.18	21 972.01	247 884.12
吉 林		21 462.24	18 405.58	14 422.82	13 040.63	11 924.86	10 610.46	11 722.91	11 657.46	11 144.83	15 117.51	139 509.29
黑龙江		17 920.01	14 669.19	14 687.82	14 049.93	12 468.04	12 182.44	12 135.08	12 761.65	13 495.21	11 945.62	136 315.00
上 海		14 066.54	13 027.44	12 514.00	19 218.14	12 649.55	11 460.63	11 268.81	11 054.76	11 074.07	11 448.92	127 782.85
江 苏		134 656.18	84 667.31	68 395.69	60 985.28	61 628.75	58 142.94	60 599.31	62 585.28	64 394.21	68 842.18	724 897.15
浙 江		93 862.49	84 787.67	54 631.99	48 189.76	50 525.81	45 120.11	46 892.93	46 713.79	48 321.82	53 100.55	572 146.91
安 徽		19 998.70	19 213.51	16 667.07	14 502.31	13 926.63	13 310.45	14 369.08	14 879.34	15 699.97	20 924.95	163 492.01
福 建		10 541.54	8 421.99	7 771.61	6 971.65	7 221.52	7 184.57	7 448.81	8 175.46	8 296.34	11 004.31	83 037.79
江 西		12 322.66	11 179.95	12 504.29	13 694.72	8 693.77	7 436.02	8 426.33	9 314.36	11 201.61	17 539.05	112 312.76
山 东		26 771.98	17 110.35	16 352.58	15 964.86	14 087.50	16 299.29	15 434.48	17 375.69	22 578.94	35 688.14	197 663.80
河 南		45 970.56	36 642.85	36 996.19	34 313.33	34 288.57	31 093.15	32 619.60	33 269.34	36 842.89	78 516.26	400 552.74
湖 北		40 916.83	38 435.03	32 271.79	27 151.60	27 863.13	27 274.41	31 568.44	32 657.78	42 616.59	44 468.26	345 223.87
湖 南		28 836.65	21 667.16	21 291.74	20 515.78	18 125.49	17 358.86	21 377.40	21 260.68	16 974.78	26 310.07	213 718.61
广 东		20 935.61	19 048.09	18 453.78	17 790.18	18 515.65	20 239.40	21 955.30	22 812.77	26 610.70	32 782.03	219 143.51
广 西		2 749.75	2 309.89	2 291.31	2 391.06	2 447.09	2 274.33	3 738.29	5 241.95	3 534.26	4 746.59	31 724.52
海 南		393.74	400.34	343.71	317.87	477.88	612.59	683.34	644.65	544.76	703.41	5 122.28
重 庆		3 946.44	4 336.80	6 927.38	7 961.08	4 000.94	3 632.02	6 287.09	6 357.94	11 088.93	18 190.82	72 729.44
四 川		46 395.28	39 826.00	37 456.23	35 100.37	33 627.68	30 854.39	31 398.85	33 688.64	43 208.31	54 843.10	386 398.85
贵 州		14 392.34	15 007.63	11 793.69	10 871.44	10 754.70	11 004.18	10 781.31	11 370.66	12 175.21	13 098.59	121 249.76
云 南		42 046.72	38 970.41	35 482.91	33 829.90	31 150.91	30 813.90	31 776.97	33 180.61	34 330.19	38 271.20	349 853.70
西 藏		1 159.02	1 237.98	1 265.46	1 485.60	959.68	995.07	859.68	803.21	837.76	935.15	10 538.61
陕 西		23 122.28	19 728.31	14 507.15	12 231.05	11 533.67	11 118.82	10 564.86	10 684.31	12 121.80	20 861.53	146 473.79
甘 肃		17 108.86	17 573.11	15 403.48	11 299.48	10 266.25	9 471.83	9 071.52	9 137.56	9 386.75	17 228.93	125 947.77
青 海		3 021.63	2 844.96	2 707.43	2 293.42	2 347.52	2 283.87	2 488.74	2 565.57	2 950.54	3 119.60	26 623.27
宁 夏		8 351.50	9 255.44	9 865.67	8 038.55	7 068.73	7 184.20	7 773.64	8 018.06	7 806.35	8 269.15	81 631.30
新 疆		10 043.75	10 350.99	10 132.63	9 733.65	10 411.22	9 900.67	10 597.11	10 356.09	11 037.19	11 120.24	103 683.55
合 计 Total		**829 784.00**	**707 634.45**	**619 839.81**	**568 288.82**	**520 789.62**	**490 665.50**	**524 210.49**	**535 035.72**	**581 181.17**	**736 564.99**	**6 113 994.57**

排 列 5

单位：万元

Unit：Ten Thousand Yuan

地 区 Region	游戏类型 Game Type	2011	2012	2013	2014	2015	2016	2017	2018	2019	2020	合 计 Total
北 京	乐透排列	8 554.08	9 021.63	11 097.37	10 132.77	8 774.74	8 901.11	9 500.31	10 356.77	10 923.74	7 611.60	94 874.12
天 津		5 853.91	6 383.69	9 697.67	10 551.00	5 813.91	4 747.69	4 990.91	4 986.12	5 106.35	5 567.77	63 699.02
河 北		13 552.68	14 359.45	11 982.56	12 399.10	12 680.84	13 293.55	13 829.78	14 426.05	15 052.89	15 006.09	136 582.98
山 西		4 117.84	4 068.35	3 903.59	3 820.72	3 977.05	3 653.13	4 859.57	4 467.58	4 101.93	4 319.66	41 289.42
内蒙古		9 698.99	10 718.91	12 009.52	11 780.35	11 421.54	11 013.60	12 020.79	12 589.81	12 680.49	11 363.84	115 297.85
辽 宁		14 315.66	11 857.94	11 714.44	11 193.46	11 234.14	11 068.90	11 429.86	12 490.21	12 614.09	11 265.24	119 183.93
吉 林		7 784.58	7 024.29	6 656.02	7 030.01	7 106.59	7 032.51	7 072.43	7 090.56	7 105.15	6 574.98	70 477.11
黑龙江		7 028.79	6 471.92	6 894.35	7 747.42	6 568.18	6 276.92	6 231.19	6 490.38	6 561.56	5 967.10	66 237.81
上 海		4 823.89	4 827.54	5 385.74	9 132.74	5 440.19	5 070.12	5 475.84	5 821.78	6 106.22	6 099.33	58 183.39
江 苏		35 562.41	28 424.55	27 800.52	27 098.40	27 675.99	26 881.88	28 726.47	30 902.66	32 254.38	30 503.41	295 830.67
浙 江		30 133.66	29 473.83	24 377.64	22 803.06	23 323.12	23 681.19	25 241.43	27 060.98	29 111.91	28 542.35	263 749.17
安 徽		9 779.56	10 320.04	10 204.98	9 605.93	9 798.34	9 925.24	10 911.03	12 623.40	13 905.47	13 070.64	110 144.62
福 建		4 093.93	3 831.13	4 030.19	3 876.45	4 290.49	4 281.23	4 688.44	5 300.08	5 810.49	5 950.08	46 152.50
江 西		3 862.49	4 094.47	4 951.82	5 129.42	3 672.63	3 258.90	4 459.86	5 707.59	4 561.63	5 714.59	45 413.40
山 东		9 592.59	7 520.59	8 583.26	7 595.80	7 906.34	9 495.50	9 504.35	10 032.56	10 988.19	10 976.05	92 195.22
河 南		21 733.22	19 928.90	21 526.35	23 154.23	24 786.62	23 092.17	24 221.79	25 275.03	26 289.66	27 291.00	237 298.96
湖 北		20 528.57	20 373.75	21 013.68	21 259.69	20 766.96	20 768.77	24 520.66	25 312.47	24 274.32	20 732.06	219 550.93
湖 南		10 703.71	10 558.13	11 493.85	11 408.25	10 021.12	10 515.88	12 762.53	13 516.31	11 545.07	11 579.63	114 104.47
广 东		13 103.65	12 595.10	13 548.15	13 248.93	14 490.39	15 877.43	17 135.60	19 727.47	22 358.82	22 432.35	164 517.89
广 西		1 310.44	1 391.06	1 895.11	2 050.01	1 551.94	1 643.29	2 576.90	4 201.80	2 331.91	2 715.74	21 668.19
海 南		449.73	481.80	530.00	495.41	624.39	829.46	1 534.87	2 839.25	4 308.75	5 265.72	17 359.38
重 庆		1 644.15	1 943.63	3 370.33	3 556.52	2 180.71	2 118.45	3 498.81	3 378.01	3 490.64	4 461.24	29 642.49
四 川		19 363.82	19 563.10	19 872.54	20 045.74	20 962.09	20 031.36	20 594.02	22 195.15	23 875.24	24 192.79	210 695.86
贵 州		9 672.87	10 311.49	10 031.90	10 268.58	10 512.88	10 600.46	11 003.07	12 240.06	13 136.63	12 549.67	110 327.61
云 南		23 520.67	24 244.39	28 356.95	30 086.01	30 826.40	29 494.00	33 593.07	37 477.22	37 775.01	37 521.67	312 895.38
西 藏		1 106.37	1 132.02	1 178.79	1 286.10	1 423.98	1 544.34	1 495.01	1 372.00	1 477.90	1 473.48	13 489.98
陕 西		8 054.14	7 814.02	7 057.33	7 016.54	7 580.47	7 789.97	7 991.70	8 673.33	10 107.66	9 665.15	81 750.30
甘 肃		6 337.56	7 752.02	8 677.33	8 141.40	7 944.05	8 344.95	8 369.02	8 589.87	8 854.89	8 976.50	81 987.58
青 海		1 715.23	2 054.11	2 101.45	1 912.85	2 264.48	2 556.40	2 616.88	2 925.86	2 950.06	2 642.41	23 739.74
宁 夏		3 368.78	3 807.58	4 376.29	4 329.11	4 447.48	4 622.67	4 969.44	5 440.41	5 470.14	5 307.32	46 139.23
新 疆		4 090.50	4 236.38	4 624.95	4 800.74	5 097.76	5 278.17	5 802.43	5 785.17	5 756.38	4 809.59	50 282.06
合 计 Total		**315 458.46**	**306 585.81**	**318 944.65**	**322 956.74**	**315 165.79**	**313 689.22**	**341 628.02**	**369 295.95**	**380 887.58**	**370 149.04**	**3 354 761.27**

七 星 彩

单位：万元

Unit：Ten Thousand Yuan

地 区 Region	游戏类型 Game Type	2011	2012	2013	2014	2015	2016	2017	2018	2019	2020	合 计 Total
北 京	乐透排列	7 250.17	6 124.20	10 473.67	10 914.48	5 469.43	4 837.03	4 265.52	4 151.00	4 697.50	3 412.19	61 595.19
天 津		11 369.00	11 014.43	12 775.81	12 828.89	8 496.93	7 190.66	6 329.31	5 931.14	6 026.00	5 136.39	87 098.56
河 北		19 252.54	18 324.62	18 307.98	18 062.71	16 083.35	15 178.90	13 342.06	12 320.08	13 104.33	12 761.49	156 738.06
山 西		1 988.13	1 865.16	1 837.93	1 727.30	1 526.67	1 353.40	1 456.48	1 200.86	1 292.56	1 606.40	15 854.89
内蒙古		2 401.11	2 394.74	2 653.98	2 587.03	2 290.51	2 273.36	2 151.77	1 956.60	2 031.74	2 216.68	22 957.53
辽 宁		4 075.30	3 501.88	3 536.65	3 273.85	2 989.65	2 749.41	2 469.18	2 388.21	2 508.85	2 696.36	30 189.34
吉 林		9 291.99	8 803.65	8 608.94	7 944.23	7 263.29	6 637.23	5 699.83	5 231.79	5 305.66	4 892.07	69 678.68
黑龙江		6 205.70	5 796.39	6 214.93	6 851.34	5 072.98	4 427.79	3 879.29	3 735.78	3 863.01	3 300.93	49 348.15
上 海		5 910.51	5 368.69	6 008.06	8 194.20	4 886.57	4 360.09	4 008.21	3 955.66	4 367.11	3 976.00	51 035.10
江 苏		—	—	—	—	—	—	—	—	—	—	—
浙 江		—	—	—	—	—	—	—	—	—	3 962.01	3 962.01
安 徽		13 025.23	11 453.31	11 523.73	10 435.41	9 290.49	8 757.19	7 947.63	7 592.76	8 347.41	8 136.35	96 509.51
福 建		6 077.68	5 233.19	5 754.82	5 438.80	4 985.41	4 627.40	4 396.89	4 629.72	5 133.56	6 103.78	52 381.25
江 西		4 218.54	4 322.92	5 870.55	8 114.68	3 303.65	2 255.51	2 515.25	2 301.85	2 252.17	2 964.08	38 119.21
山 东		12 741.96	7 915.57	9 343.54	7 959.57	7 056.64	7 523.93	6 657.12	6 290.29	7 160.58	9 600.52	82 249.72
河 南		36 104.90	33 702.21	36 276.35	35 079.49	32 022.07	29 588.29	26 425.19	24 697.92	26 098.90	24 274.37	304 269.69
湖 北		21 288.00	19 303.49	19 925.53	19 315.26	17 340.57	16 354.98	18 270.00	15 011.57	15 431.79	12 596.88	174 838.08
湖 南		4 892.96	4 652.02	5 047.80	5 466.63	3 690.54	3 547.19	4 420.40	5 558.66	3 191.21	3 406.99	43 874.40
广 东		26 444.23	23 483.97	25 145.45	22 953.82	21 076.73	20 304.49	19 087.84	18 350.41	20 063.77	18 313.29	215 224.01
广 西		1 561.89	1 466.82	1 684.67	1 669.20	1 505.23	1 472.12	1 689.56	1 774.94	1 577.07	1 714.25	16 115.74
海 南		5 498.51	6 027.51	7 064.10	7 435.52	8 490.99	8 800.24	8 870.19	8 112.65	7 912.82	7 097.13	75 309.67
重 庆		2 012.30	2 269.74	3 502.01	3 647.53	1 752.21	1 557.46	1 752.53	1 539.37	1 738.34	2 482.05	22 253.55
四 川		41 950.59	37 741.93	37 632.60	35 200.73	31 298.42	27 902.77	23 793.07	21 903.63	25 010.92	22 898.45	305 333.11
贵 州		4 915.22	4 590.50	4 812.37	4 825.59	4 405.13	4 313.39	3 872.59	3 757.11	4 076.59	5 195.95	44 764.46
云 南		24 334.15	21 550.88	22 971.89	22 559.88	20 506.55	19 910.89	17 689.45	16 561.00	18 428.31	16 746.84	201 259.86
西 藏		452.45	452.18	480.73	481.32	471.28	445.91	429.17	369.92	442.04	590.27	4 615.27
陕 西		2 678.03	2 459.46	2 787.41	2 770.87	2 491.59	2 674.90	2 705.86	1 971.87	2 201.50	2 328.27	25 069.76
甘 肃		1 602.21	1 841.06	2 756.89	2 724.52	1 445.76	1 422.61	1 368.49	1 207.94	1 276.68	2 070.61	17 716.77
青 海		757.39	973.14	909.57	779.68	722.17	712.94	679.31	604.11	641.43	720.25	7 499.98
宁 夏		926.96	838.58	910.58	937.88	851.05	902.30	847.03	809.74	819.58	971.44	8 815.13
新 疆		3 849.64	3 520.00	3 843.95	3 733.38	3 655.46	3 279.38	3 118.30	2 675.52	2 785.24	2 437.17	32 898.02
合 计 Total		**283 077.30**	**256 992.24**	**278 662.51**	**273 913.79**	**230 441.31**	**215 361.77**	**200 137.51**	**186 592.12**	**197 786.65**	**194 609.46**	**2 317 574.66**

22 选 5

单位：万元

Unit：Ten Thousand Yuan

地　区 Region	游戏类型 Game Type	2011	2012	2013	2014	2015	2016	2017	2018	2019	2020	合　计 Total
天　津	乐透组合	1 604.34	1 591.49	938.19	—	—	—	—	—	—	—	4 134.02
河　北		6 113.31	5 906.18	2 085.37	—	—	—	—	—	—	—	14 104.86
山　西		1 206.59	1 035.79	471.94	—	—	—	—	—	—	—	2 714.32
内蒙古		2 898.85	2 809.35	1 330.02	—	—	—	—	—	—	—	7 038.23
辽　宁		2 312.87	1 702.01	784.29	—	—	—	—	—	—	—	4 799.17
吉　林		3 291.36	2 881.40	1 121.30	—	—	—	—	—	—	—	7 294.06
黑龙江		2 645.96	2 160.43	960.65	—	—	—	—	—	—	—	5 767.03
上　海		3 404.98	3 048.80	1 375.08	—	—	—	—	—	—	—	7 828.86
江　苏		13 065.04	8 881.90	3 963.98	—	—	—	—	—	—	—	25 910.92
安　徽		5 208.99	5 068.64	2 256.93	—	—	—	—	—	—	—	12 534.57
江　西		4 635.17	4 036.52	1 941.91	—	—	—	—	—	—	—	10 613.60
山　东		2 796.49	2 334.27	1 112.98	—	—	—	—	—	—	—	6 243.73
湖　北		1 506.03	1 405.58	540.89	—	—	—	—	—	—	—	3 452.50
湖　南		2 733.86	2 563.07	1 061.79	—	—	—	—	—	—	—	6 358.72
广　东		8 243.39	7 278.53	3 197.15	—	—	—	—	—	—	—	18 719.07
广　西		874.25	811.43	416.56	—	—	—	—	—	—	—	2 102.24
海　南		147.89	126.49	54.88	—	—	—	—	—	—	—	329.26
重　庆		711.46	736.99	534.84	—	—	—	—	—	—	—	1 983.29
四　川		1 450.81	1 262.57	554.76	—	—	—	—	—	—	—	3 268.14
西　藏		80.76	57.06	26.97	—	—	—	—	—	—	—	164.79
陕　西		2 967.89	2 400.20	973.92	—	—	—	—	—	—	—	6 342.00
甘　肃		1 461.84	1 588.42	725.00	—	—	—	—	—	—	—	3 775.26
青　海		670.92	572.46	253.59	—	—	—	—	—	—	—	1 496.97
宁　夏		1 368.57	1 123.95	529.68	—	—	—	—	—	—	—	3 022.20
新　疆		987.86	974.85	454.42	—	—	—	—	—	—	—	2 417.13
合　计 Total		**72 389.46**	**62 358.49**	**27 667.08**	—	—	—	—	—	—	—	**162 415.03**

超级大乐透

单位：万元

Unit：Ten Thousand Yuan

地 区 Region	游戏类型 Game Type	2011	2012	2013	2014	2015	2016	2017	2018	2019	2020	合 计 Total
北 京	乐透组合	39 467.80	36 947.78	70 687.06	94 075.23	83 559.83	95 333.84	97 240.82	109 107.96	133 339.66	94 081.73	853 841.71
天 津		26 863.60	31 775.07	49 624.95	72 419.87	42 746.43	34 727.84	37 302.34	37 603.70	48 741.55	48 188.35	429 993.69
河 北		39 315.34	42 364.17	45 975.41	77 112.20	98 582.62	114 430.34	121 111.44	129 826.26	168 635.94	164 155.16	1 001 508.90
山 西		12 422.70	12 580.58	13 824.88	23 924.82	32 749.81	31 389.72	35 564.25	36 790.63	40 853.55	42 383.09	282 484.03
内蒙古		16 941.91	19 558.39	24 137.00	41 158.72	48 550.50	52 786.87	53 934.97	56 325.83	69 769.13	63 484.77	446 648.09
辽 宁		32 876.04	31 816.74	33 935.54	52 148.05	64 923.89	70 829.73	67 896.83	73 978.43	82 771.16	73 964.44	585 140.86
吉 林		26 330.99	27 971.17	29 993.36	43 624.54	50 625.44	55 183.52	51 331.39	53 132.42	57 274.17	54 757.04	450 224.03
黑龙江		32 010.74	33 355.52	42 032.44	73 068.66	74 604.67	79 586.79	86 645.05	83 399.06	91 597.95	76 028.16	672 329.04
上 海		41 696.95	44 477.67	50 907.26	70 974.47	87 297.49	86 884.15	86 619.60	95 171.26	118 205.53	108 537.48	790 771.84
江 苏		215 374.28	184 445.06	181 875.77	242 653.95	274 021.00	294 453.34	294 869.54	312 681.12	381 331.88	349 809.40	2 731 515.34
浙 江		120 469.16	118 680.10	118 842.08	185 171.09	219 139.24	239 547.48	269 823.59	288 990.69	367 464.60	350 901.69	2 279 029.74
安 徽		41 615.16	41 087.95	48 917.19	68 549.26	75 983.69	83 466.32	92 123.29	102 665.38	153 728.25	141 463.63	849 600.12
福 建		83 785.16	82 988.92	91 364.59	131 561.76	164 858.92	185 591.08	195 793.98	208 934.07	285 279.27	287 688.33	1 717 846.08
江 西		37 356.94	40 289.46	51 483.85	140 211.78	72 534.84	56 384.14	72 392.66	80 751.69	89 729.58	91 915.56	733 050.50
山 东		80 478.23	65 649.36	78 122.33	127 524.58	139 036.11	168 377.12	181 192.31	197 166.12	254 002.65	233 342.91	1 524 891.70
河 南		72 962.41	72 516.40	86 227.42	135 332.88	154 362.78	174 127.59	192 051.30	203 140.21	256 702.99	246 399.88	1 593 823.86
湖 北		36 870.49	37 284.64	44 526.00	64 281 94	76 987.65	89 100.38	119 194.74	118 631.76	148 842.58	121 690.88	857 411.05
湖 南		34 756.96	34 205.00	51 338.13	230 613.83	72 902.78	80 131.60	114 936.18	128 110.05	85 334.76	81 444.35	913 773.64
广 东		129 215.92	121 343.82	143 436.34	199 256.59	229 569.89	268 474.63	290 664.50	322 693.05	396 399.68	366 264.40	2 467 318.82
广 西		10 946.34	11 360.46	13 738.35	22 984.61	29 379.60	34 697.35	46 458.27	57 570.66	49 653.86	51 867.66	328 657.14
海 南		5 914.47	5 475.08	6 778.11	11 971.60	14 703.19	17 646.06	18 273.40	19 161.70	20 076.68	19 208.69	139 208.98
重 庆		29 640.21	30 184.60	41 242.59	55 987.45	46 599.67	49 417.21	60 527.73	66 413.83	78 151.44	75 227.32	533 392.05
四 川		61 735.50	64 814.79	69 402.37	111 621.08	131 976.83	143 299.32	145 569.60	160 505.47	195 316.28	183 228.48	1 267 469.73
贵 州		29 446.00	29 085.24	32 377.92	52 467.39	58 756.66	68 116.55	72 238.56	77 141.88	99 473.68	100 129.22	619 233.11
云 南		56 610.42	56 687.49	64 178.01	93 636.96	108 849.87	132 733.94	141 791.50	151 983.94	191 104.29	182 852.19	1 180 428.60
西 藏		1 344.98	1 734.93	1 814.84	3 209.65	4 980.96	5 810.46	6 133.45	6 505.08	9 353.37	11 153.68	52 041.39
陕 西		28 881.18	28 045.11	31 626.76	52 547.55	65 989.22	72 712.13	76 702.82	76 816.97	94 805.88	98 215.34	626 342.96
甘 肃		11 360.78	14 923.73	29 477.53	33 823.14	26 935.91	32 509.22	44 951.19	38 898.58	53 197.28	50 147.04	336 224.40
青 海		4 054.68	6 699.91	7 159.72	8 187.72	9 565.19	10 974.34	12 516.22	14 933.68	16 312.22	15 000.85	105 404.52
宁 夏		7 799.46	8 235.70	8 948.18	13 310.96	15 383.37	17 572.39	20 408.70	23 337.74	25 559.76	26 478.19	167 034.46
新 疆		16 289.63	16 570.57	18 674.13	28 619.52	35 732.53	43 355.39	47 543.07	46 600.23	52 088.38	44 945.56	350 419.01
合 计 Total		**1 384 834.40**	**1 353 155.41**	**1 582 670.12**	**2 562 031.84**	**2 611 890.60**	**2 889 650.84**	**3 153 803.26**	**3 378 969.46**	**4 115 098.01**	**3 854 955.45**	**26 887 059.39**

大乐透·幸运彩

单位：万元

Unit：Ten Thousand Yuan

地　区 Region	游戏类型 Game Type	2011	2012	2013	2014	2015	2016	2017	2018	2019	2020	合　计 Total
北　京	乐透组合	559.23	719.56	333.86	—	—	—	—	—	—	—	1 612.66
天　津		333.61	422.56	196.47	—	—	—	—	—	—	—	952.64
河　北		701.77	1 124.50	243.11	—	—	—	—	—	—	—	2 069.38
山　西		166.76	204.10	63.92	—	—	—	—	—	—	—	434.78
内蒙古		202.87	210.41	81.72	—	—	—	—	—	—	—	495.01
辽　宁		542.41	408.51	144.46	—	—	—	—	—	—	—	1 095.38
吉　林		362.48	404.97	129.00	—	—	—	—	—	—	—	896.45
黑龙江		411.71	389.13	171.20	—	—	—	—	—	—	—	972.04
上　海		898.51	1 082.33	368.41	—	—	—	—	—	—	—	2 349.25
江　苏		2 767.29	1 572.25	446.55	—	—	—	—	—	—	—	4 786.09
浙　江		1 577.99	1 521.99	408.82	—	—	—	—	—	—	—	3 508.80
安　徽		509.34	464.15	156.54	—	—	—	—	—	—	—	1 130.03
福　建		2 311.13	2 194.81	646.17	—	—	—	—	—	—	—	5 152.11
江　西		1 261.68	897.90	360.18	—	—	—	—	—	—	—	2 519.75
山　东		1 205.84	938.58	324.87	—	—	—	—	—	—	—	2 469.29
河　南		1 064.43	1 003.69	335.23	—	—	—	—	—	—	—	2 403.35
湖　北		366.12	376.64	103.33	—	—	—	—	—	—	—	846.09
湖　南		881.65	771.59	179.68	—	—	—	—	—	—	—	1 832.92
广　东		1 686.45	1 649.91	531.98	—	—	—	—	—	—	—	3 868.34
广　西		214.02	237.74	87.97	—	—	—	—	—	—	—	539.73
海　南		20.65	29.27	10.42	—	—	—	—	—	—	—	60.34
重　庆		256.75	304.42	142.52	—	—	—	—	—	—	—	703.69
四　川		561.77	480.62	154.12	—	—	—	—	—	—	—	1 196.51
贵　州		359.67	295.31	94.51	—	—	—	—	—	—	—	749.49
云　南		730.93	861.94	263.86	—	—	—	—	—	—	—	1 856.73
西　藏		7.34	6.68	2.83	—	—	—	—	—	—	—	16.86
陕　西		361.52	364.70	141.37	—	—	—	—	—	—	—	867.58
甘　肃		150.35	278.52	82.87	—	—	—	—	—	—	—	511.73
青　海		55.00	56.60	13.98	—	—	—	—	—	—	—	125.58
宁　夏		136.60	137.78	43.81	—	—	—	—	—	—	—	318.19
新　疆		117.65	147.08	76.84	—	—	—	—	—	—	—	341.57
合　计 Total		**20 783.53**	**19 558.38**	**6 340.59**	—	—	—	—	—	—	—	**46 682.51**

2011—2020 年中国体育彩票区域联网游戏销售统计

Sales Statistics of Inter-Regional Games of China Sports Lottery from 2011 to 2020

31 选 7

单位：万元

Unit：Ten Thousand Yuan

地 区 Region	游戏类型 Game Type	2011	2012	2013	2014	2015	2016	2017	2018	2019	2020	合 计 Total
河 北	乐透组合	992.74	1 148.43	—	—	—	—	—	—	—	—	2 141.17
山 西		129.29	127.39	—	—	—	—	—	—	—	—	256.68
辽 宁		526.49	620.97	—	—	—	—	—	—	—	—	1 147.46
内蒙古		358.39	428.80	—	—	—	—	—	—	—	—	787.19
吉 林		417.82	496.33	—	—	—	—	—	—	—	—	914.15
黑龙江		369.00	424.38	—	—	—	—	—	—	—	—	793.38
安 徽		600.98	555.16	—	—	—	—	—	—	—	—	1 156.14
江 西		297.90	329.65	—	—	—	—	—	—	—	—	627.55
山 东		906.50	950.86	—	—	—	—	—	—	—	—	1 857.36
湖 南		183.87	230.79	—	—	—	—	—	—	—	—	414.66
广 西		219.77	288.88	—	—	—	—	—	—	—	—	508.65
重 庆		69.37	83.07	—	—	—	—	—	—	—	—	152.44
陕 西		398.96	321.56	—	—	—	—	—	—	—	—	720.52
甘 肃		193.98	124.46	—	—	—	—	—	—	—	—	318.44
宁 夏		93.75	92.17	—	—	—	—	—	—	—	—	185.92
青 海		27.78	19.67	—	—	—	—	—	—	—	—	47.45
新 疆		296.01	315.09	—	—	—	—	—	—	—	—	611.10
合 计 Total		**6 082.60**	**6 557.68**	—	—	—	—	—	—	—	—	**12 640.28**

36 选 7

单位：万元

Unit：Ten Thousand Yuan

地 区 Region	游戏类型 Game Type	2011	2012	2013	2014	2015	2016	2017	2018	2019	2020	合 计 Total
黑龙江	乐透组合	349.45	—	—	—	—	—	—	—	—	—	349.45
上 海		1 264.59	—	—	—	—	—	—	—	—	—	1 264.59
江 西		271.34	—	—	—	—	—	—	—	—	—	271.34
湖 北		—	—	—	—	—	—	—	—	—	—	—
湖 南		162.89	—	—	—	—	—	—	—	—	—	162.89
广 东		4 686.39	—	—	—	—	—	—	—	—	—	4 686.39
广 西		233.32	—	—	—	—	—	—	—	—	—	233.32
海 南		—	—	—	—	—	—	—	—	—	—	—
重 庆		36.91	—	—	—	—	—	—	—	—	—	36.91
四 川		96.45	—	—	—	—	—	—	—	—	—	96.45
贵 州		54.89	—	—	—	—	—	—	—	—	—	54.89
云 南		—	—	—	—	—	—	—	—	—	—	—
西 藏		8.11	—	—	—	—	—	—	—	—	—	8.11
合 计 Total		**7 164.34**	—	—	—	—	—	—	—	—	—	**7 164.34**

传统单场

单位：万元

Unit：Ten Thousand Yuan

地区 Region	游戏类型 Game Type	2011	2012	2013	2014	2015	2016	2017	2018	2019	2020	合计 Total
北京	竞猜	169 203.40	138 301.07	175 528.88	268 613.91	73 466.81	108 938.28	69 663.00	38 638.46	54 155.20	36 726.81	1 133 235.82
天津		26 272.44	72 882.09	64 430.81	177 256.65	43 723.80	2 666.51	78 384.39	93 927.29	33 056.63	48 778.46	641 379.06
广东		90 541.08	84 294.68	111 733.07	360 031.20	66 018.91	66 832.52	89 664.80	148 810.66	249 709.28	252 073.79	1 519 709.99
合计 Total		**286 016.91**	**295 477.84**	**351 692.77**	**805 901.77**	**183 209.52**	**178 437.30**	**237 712.19**	**281 376.41**	**336 921.11**	**337 579.07**	**3 294 324.87**

快中彩

单位：万元

Unit：Ten Thousand Yuan

地区 Region	游戏类型 Game Type	2011	2012	2013	2014	2015	2016	2017	2018	2019	2020	合计 Total
北京	乐透组合	294.13	227.05	487.88	357.99	62.16	27.93	8.79	17.77	4.81	0.21	1 488.72
天津		193.65	110.39	90.87	43.57	19.66	14.80	5.40	12.52	10.74	2.31	503.91
广东		368.21	234.72	310.22	272.27	211.79	251.27	76.48	64.24	48.13	20.49	1 857.82
合计 Total		**855.98**	**572.16**	**888.98**	**673.82**	**293.62**	**294.00**	**90.67**	**94.52**	**63.68**	**23.02**	**3 850.45**

2011—2020 年中国体育彩票各地方彩票销售情况表

Sales Statistics of Regional Games of Sports Lottery in China from 2011 to 2020

单位：万元

Unit：Ten Thousand Yuan

地　区 Region	游戏类型 Game Type	游戏名称 Game Name	2011	2012	2013	2014	2015	2016	2017	2018	2019	2020	合计 Total
北　京	乐透组合	北京 11 选 5	—	—	—	23 478.00	182 609.74	208 732.53	242 550.67	277 530.90	223 980.97	196 735.61	1 355 618.43
		北京 33 选 7	1 567.51	1 274.44	1 346.38	679.51	—	—	—	—	—	—	4 867.84
天　津	乐透组合	天津 11 选 5	658.89	260.57	269.13	29 062.10	40 737.44	41 708.45	43 476.46	47 503.40	33 561.73	39 696.00	276 934.18
		天津泳坛夺金	12 614.07	18 478.66	14 342.95	2 708.99	—	—	—	—	—	—	48 144.67
河　北	乐透组合	河北 11 选 5	—	32 695.32	—	443 855.49	481 026.27	455 915.89	458 292.00	540 434.15	369 905.54	428 283.59	3 210 408.25
		河北快乐扑克	6 818.40	5 664.07	345 490.08	479.85	370.96	235.78	220.61	198.82	32.27	13.76	359 524.60
		河北运动生肖	10 348.32	11 305.21	600.90	—	—	—	—	—	—	—	22 254.43
山　西	乐透组合	山西 11 选 5	5 851.23	6 634.48	82 358.83	103 824.61	95 271.54	75 013.63	69 385.82	64 569.75	28 497.11	34 856.97	566 263.97
		山西泳坛夺金	7 104.89	7 322.77	4 101.52	1 517.47	762.94	398.27	180.05	164.04	32.82	1.37	21 586.13
内蒙古	乐透组合	内蒙古 11 选 5	4 257.98	5 109.21	70 711.36	131 721.89	207 205.00	241 014.67	238 960.74	213 947.00	146 904.46	165 813.95	1 425 646.26
		内蒙古泳坛夺金	5 474.01	4 241.26	2 434.93	1 324.41	801.27	549.95	608.99	343.59	67.09	7.86	15 853.34
辽　宁	乐透组合	辽宁 11 选 5	106 205.09	301 219.47	276 209.94	234 538.74	187 638.84	145 277.00	132 018.69	134 761.62	87 088.95	78 358.60	1 683 316.94
		辽宁快乐扑克	5 861.22	95.30	14.94	17.49	5.16	50.10	47.05	40.29	8.14	6.04	6 145.73
吉　林	乐透组合	吉林 11 选 5	28 627.83	81 805.89	190 165.73	203 069.49	201 965.65	194 383.34	186 448.43	170 980.89	127 525.62	136 002.86	1 520 975.73
		吉林快乐扑克	272.09	45.25	—	—	—	—	—	—	—	—	317.34
黑龙江	乐透组合	黑龙江 11 选 5	90 072.14	231 428.25	256 674.97	336 293.20	307 193.02	305 459.24	302 817.58	260 726.40	170 018.52	137 130.06	2 397 813.39
		黑龙江快乐扑克	10 698.72	794.95	308.07	218.36	133.27	77.63	51.68	32.03	31.90	2.66	12 349.27
	乐透排列	黑龙江 6 位数	3 762.25	2 847.02	2 446.80	2 171.65	1 769.16	1 612.00	1 391.56	1 162.17	997.48	640.90	18 800.98
上　海	乐透组合	上海 11 选 5	10 327.53	18 800.59	56 353.86	93 135.97	43 676.10	38 299.54	58 204.84	87 619.14	83 207.90	109 869.23	599 494.69
		上海 36 选 7	663.82	424.71	—	—	—	—	—	—	—	—	1 088.53

续表

地 区 Region	游戏类型 Game Type	游戏名称 Game Name	2011	2012	2013	2014	2015	2016	2017	2018	2019	2020	合计 Total
江 苏	乐透组合	江苏体彩 11 选 5	378 128.74	715 652.02	662 801.69	595 589.10	590 759.55	565 123.70	579 810.66	589 103.86	417 786.34	479 620.24	5 574 375.90
	乐透排列	江苏体彩 7 位数	94 838.43	90 202.53	104 231.84	86 801.05	75 168.56	80 760.26	77 424.67	70 142.99	68 140.71	57 872.36	805 583.39
浙 江	乐透组合	浙江 11 选 5	—	159 377.06	383 200.98	314 985.79	274 348.59	296 624.25	334 482.09	394 951.99	246 817.97	286 389.95	2 691 178.67
		浙江 20 选 5	18 907.76	16 611.74	10 166.86	8 214.89	8 358.82	7 230.87	6 271.73	5 777.70	5 273.05	4 600.71	91 414.13
		浙江飞鱼	—	—	—	42 544.10	49 526.39	36 705.00	51 701.16	66 115.70	28 670.58	26 789.93	302 052.87
		浙江泳坛夺金	8 636.39	7 229.57	305.23	215.32	139.29	46 951.44	68.67	14.39	4.58	3.16	63 568.04
	乐透排列	浙江 6+1	92 632.97	79 210.10	70 219.29	50 404.01	42 566.05	95.10	30 510.15	26 491.87	29 561.36	23 082.70	444 773.61
安 徽	乐透组合	安徽 11 选 5	10 688.51	24 817.41	114 206.68	114 596.54	95 443.53	108 396.53	125 861.27	141 507.34	108 991.33	160 069.07	1 004 578.22
福 建	乐透组合	福建 11 选 5	149 861.63	187 243.17	252 021.38	256 970.18	276 427.41	259 871.71	254 061.84	264 700.52	179 341.21	206 099.26	2 286 598.30
		福建 22 选 5	9 070.39	7 989.25	7 203.60	6 325.25	7 660.42	5 306.31	4 564.79	4 390.33	4 301.82	5 564.24	62 376.40
		福建 31 选 7	46 867.82	45 336.18	44 074.54	42 675.61	32 475.60	38 424.69	60 520.05	57 387.25	47 230.32	44 076.25	459 068.31
		福建 31 选 7 附加	—	—	—	—	—	10 099.08	14 862.41	16 354.98	17 834.64	22 435.57	81 586.68
		福建 36 选 7	45 378.65	42 136.09	43 502.27	37 193.39	31 841.30	25 928.78	20 632.55	17 320.57	16 633.39	13 880.66	294 447.65
江西	乐透组合	江西多乐彩	90 646.64	83 739.13	161 068.52	159 881.68	96 560.53	79 575.88	115 122.21	144 811.57	68 642.86	87 065.52	1 087 114.54
山东	乐透组合	山东快乐扑克	94.21	33.63	16.30	1.61	—	—	—	—	—	—	145.75
		山东快乐扑克 3	—	—	—	94 142.31	74 942.20	108 910.46	107 951.81	112 710.90	66 581.73	46 331.93	611 571.34
		山东十一运夺金	480 579.65	617 373.05	729 719.58	851 224.58	571 318.07	600 945.11	609 972.84	577 034.53	351 692.58	382 649.69	5 772 509.69
河南	乐透组合	河南 11 选 5	6 444.70	772.53	880.12	1 079.52	1 303.01	1 230.31	1 359.18	931.92	349.15	255.22	14 605.67
		河南泳坛夺金	55 018.27	218 191.35	277 378.31	402 009.72	346 918.22	394 849.00	429 803.17	425 870.49	225 703.05	281 140.51	3 056 882.10
湖 北	乐透组合	湖北 11 选 5	12 799.92	66 247.33	123 219.53	86 600.67	80 961.55	100 613.45	171 032.37	206 971.07	99 091.86	121 298.25	1 068 836.00
		湖北四花选四	18.91	2.97	—	—	—	—	—	—	—	—	21.88
湖南	乐透组合	湖南幸运赛车	50 743.63	108 700.79	95 411.34	85 096.07	33 983.32	26 787.49	18 801.94	14 877.43	669.92	6 129.90	441 201.83
		湖南即乐彩	1 925.40	71.84	3.43	1.22	0.37	0.09	0.04	0.05	0.21	—	2 002.65
广 东	乐透组合	广东 11 选 5	229 211.44	300 400.39	397 433.14	533 034.35	382 968.66	467 753.56	497 917.48	524 453.26	286 225.30	326 821.69	3 946 219.26
		广东 36 选 7	7 565.25	5 358.54	—	—	—	—	—	—	—	—	12 923.79

续表

地 区 Region	游戏类型 Game Type	游戏名称 Game Name	2011	2012	2013	2014	2015	2016	2017	2018	2019	2020	合计 Total
广 西	乐透组合	广西 11 选 5	5 978.62	1 797.28	6 360.86	8 474.08	14 089.74	21 257.73	26 328.35	41 847.48	10 617.86	15 320.59	152 072.59
海 南	乐透组合	海南环岛赛	—	—	524.14	4 761.54	15 976.82	14 577.71	13 403.60	15 580.28	2 799.08	1 171.07	68 794.23
	乐透排列	海南飞鱼	5 148.05	20 731.38	21 239.70	49 745.28	39 440.96	28 100.32	22 036.73	21 344.40	7 686.85	5 573.06	221 046.72
		海南 4+1	1 103.24	1 135.59	1 324.63	1 291.51	1 763.30	2 296.72	2 185.84	1 685.30	1 219.65	1 842.78	15 848.56
重 庆	乐透组合	重庆 11 选 5	40 171.80	21 979.12	20 488.44	23 432.00	4 760.53	—	—	—	—	—	110 831.89
		重庆百变王牌	—	—	—	—	12 164.18	8 114.39	8 624.68	13 308.45	6 184.88	4 776.37	53 172.95
四 川	乐透组合	四川 11 选 5	27 814.76	74 830.66	68 456.86	74 106.87	61 000.82	16 910.19	—	—	—	—	323 120.16
		四川金 7 乐	—	—	—	—	—	32 362.25	39 896.88	38 185.70	17 447.00	31 671.02	159 562.86
贵 州	乐透组合	贵州 11 选 5	11 030.51	24 195.19	72 390.93	87 179.64	107 231.82	129 262.29	154 990.47	181 719.99	117 635.45	157 378.29	1 043 014.58
云 南	乐透组合	云南 11 选 5	50 302.59	126 728.74	186 965.25	226 478.76	214 324.66	215 436.84	238 174.08	272 349.01	212 139.01	262 498.10	2 005 397.04
		云南快乐 123	2 188.16	814.81	481.86	351.47	222.38	176.20	106.11	96.54	41.95	26.04	4 505.52
西藏	乐透组合	西藏 11 选 5	2 669.71	2 989.28	6 395.07	14 265.07	26 701.11	44 960.31	63 773.92	71 213.87	60 640.89	84 683.28	378 292.50
陕 西	乐透组合	陕西 11 选 5	—	37 656.02	—	113 954.80	114 902.64	120 970.24	112 412.56	99 770.97	59 877.49	81 576.32	741 121.03
		陕西即乐彩	5 987.58	1 666.53	94 702.09	—	—	—	—	—	—	—	102 356.20
		陕西泳坛夺金	3 749.13	976.13	243.82	148.59	127.31	77.95	21.60	10.91	8.50	9.16	5 373.11
甘 肃	乐透组合	甘肃 11 选 5	4 354.26	5 328.96	85 496.94	132 669.85	129 892.41	130 073.95	140 036.99	160 565.70	104 677.55	125 870.46	1 018 967.08
		甘肃泳坛夺金	300.85	471.66	566.08	406.31	346.85	319.81	390.72	381.50	149.66	103.31	3 436.73
青 海	乐透组合	青海 11 选 5	1 393.44	1 700.82	6 865.42	14 174.24	17 721.14	24 854.71	29 935.14	38 559.48	20 110.69	28 158.96	183 474.03
		青海快乐扑克	137.73	17.98	3.51	2.74	3.50	1.43	1.69	0.93	0.04	—	169.55
宁 夏	乐透组合	宁夏 11 选 5	8 434.73	5 482.15	13 830.69	27 089.86	35 089.08	43 327.05	51 441.18	51 827.51	33 567.71	46 785.64	316 875.60
		宁夏快乐扑克	126.02	2.52	—	—	—	—	—	—	—	—	128.54
新 疆	乐透组合	新疆 11 选 5	13 964.26	21 704.18	29 822.68	33 595.11	47 958.61	95 051.37	129 900.61	106 394.10	53 923.21	63 328.59	595 642.73
合计 Total			**2 286 100.74**	**3 857 353.09**	**5 397 053.98**	**6 189 811.87**	**5 668 555.66**	**5 899 042.55**	**6 281 049.40**	**6 576 777.03**	**4 250 131.92**	**4 820 369.30**	**51 226 245.54**

（国家体育总局体育彩票管理中心供稿）

2011—2020年中国体育彩票竞猜型彩票销售情况表（分地区）

Sales Statistics of Toto of Sports Lottery in Different Regions in China from 2011 to 2020

单位：万元

Unit：Ten Thousand Yuan

序号	地区	2011	2012	2013	2014	2015	2016	2017	2018	2019	2020	合计 Total
1	北京	209 744.34	192 376.71	336 968.20	382 919.68	156 257.73	225 750.09	194 176.75	317 847.82	279 472.23	163 622.84	2 459 136.39
2	天津	161 436.17	197 385.15	229 538.66	449 344.35	237 225.78	186 910.43	217 650.57	368 984.61	208 940.75	152 458.07	2 409 874.55
3	河北	21 442.34	27 793.19	32 193.74	193 849.40	172 121.70	379 041.70	318 320.23	564 428.55	348 925.60	228 098.92	2 286 215.36
4	山西	25 927.09	29 605.03	16 918.13	23 965.71	51 005.89	103 818.81	222 692.41	308 355.23	219 297.85	135 500.14	1 137 086.30
5	内蒙古	8 741.49	13 901.85	13 993.87	15 724.40	37 940.71	74 779.33	107 183.07	360 986.37	300 537.69	152 794.73	1 086 583.52
6	辽宁	84 161.78	89 963.36	77 813.56	113 879.26	160 791.47	254 033.85	224 508.35	462 014.42	325 862.67	157 860.77	1 950 889.48
7	吉林	22 379.48	35 126.09	27 967.04	30 980.34	50 056.72	61 990.92	57 575.54	171 763.19	142 914.99	105 899.81	706 654.12
8	黑龙江	33 983.62	29 216.46	36 563.20	204 661.63	128 706.34	81 347.71	111 987.58	223 084.83	187 062.72	106 524.43	1 143 138.52
9	上海	67 608.33	130 108.81	291 034.72	634 539.10	207 399.57	141 169.54	139 119.22	237 335.86	181 749.35	112 694.28	2 142 758.77
10	江苏	271 586.91	327 706.30	344 092.15	644 411.43	533 771.61	573 779.65	831 599.21	1 707 015.55	1 208 679.70	847 679.16	7 290 321.66
11	浙江	105 531.16	125 134.52	106 827.23	309 853.81	343 002.89	475 440.16	543 578.02	1 145 422.44	729 200.87	440 660.84	4 324 651.94
12	安徽	81 569.58	84 780.16	133 704.79	220 356.81	289 813.46	279 631.41	339 638.78	681 025.28	497 775.05	280 155.11	2 888 450.43
13	福建	32 484.14	51 925.81	47 577.43	67 078.37	158 058.64	202 409.60	450 928.93	578 780.90	273 759.04	187 562.94	2 050 565.78
14	江西	124 480.48	199 147.83	257 045.15	337 889.08	258 703.09	155 501.57	257 162.95	573 750.77	481 068.78	292 676.96	2 937 426.66
15	山东	185 812.15	175 274.14	227 258.98	338 237.20	627 561.40	687 875.13	768 088.31	1 482 978.84	1 171 936.52	644 634.32	6 309 656.99
16	河南	51 141.36	45 403.96	76 582.44	114 552.37	349 097.04	464 549.45	548 518.35	1 031 308.74	955 362.01	543 621.72	4 180 137.45
17	湖北	49 675.53	62 931.21	104 396.92	177 173.02	130 519.43	400 857.14	549 888.90	883 964.27	702 233.80	485 235.78	3 546 875.99
18	湖南	71 633.10	119 081.47	170 770.33	234 477.73	261 042.58	451 841.98	642 741.01	835 646.29	488 215.51	229 252.85	3 504 702.86
19	广东	297 889.26	366 391.35	394 578.43	664 600.96	705 033.53	914 646.38	954 422.71	1 434 810.39	1 100 144.55	706 754.03	7 539 271.60
20	广西	38 781.02	48 490.26	51 619.47	73 163.89	132 977.66	209 544.78	231 509.72	280 393.59	168 441.17	107 236.10	1 342 157.66
21	海南	4 421.61	8 675.15	8 175.36	4 233.69	41 003.16	62 475.36	46 675.84	92 094.09	24 588.07	9 826.32	302 168.66
22	重庆	43 006.88	60 899.01	100 104.44	177 464.01	225 044.86	278 638.81	386 150.75	496 515.81	448 001.62	291 043.67	2 506 869.84
23	四川	49 123.83	66 295.93	58 870.20	69 743.05	128 495.28	166 476.11	182 317.15	545 662.50	551 661.74	365 390.48	2 184 036.28
24	贵州	16 804.77	26 480.77	27 367.60	33 209.82	46 150.02	78 112.00	75 396.96	262 283.92	197 136.49	120 029.57	882 971.91
25	云南	41 550.93	54 302.35	49 194.36	73 222.78	136 444.14	243 506.71	219 624.33	441 493.38	285 174.15	181 670.39	1 726 183.52
26	西藏	1 047.69	1 629.10	1 458.64	1 669.60	2 817.02	2 659.26	1 945.71	10 612.29	7 901.36	6 231.37	37 972.02
27	陕西	24 184.84	32 497.21	27 577.56	180 982.80	195 229.07	310 082.92	426 987.32	614 837.70	331 628.22	211 964.99	2 355 972.63
28	甘肃	9 961.51	31 801.34	44 162.78	58 528.86	22 497.61	56 109.49	80 935.32	151 099.25	140 709.77	80 854.26	676 660.19
29	青海	8 239.10	8 859.18	33 972.69	69 732.48	16 693.10	17 179.58	27 948.95	40 186.02	32 304.66	19 498.82	274 614.59
30	宁夏	2 539.67	3 551.72	13 905.01	79 049.23	13 922.81	17 198.13	20 817.69	66 999.03	57 329.39	32 956.74	308 269.42
31	新疆	33 651.26	36 183.70	42 006.40	168 493.79	73 070.64	91 653.66	105 127.34	178 786.89	146 246.03	91 325.09	966 544.79
合计 Total		**2 180 541.40**	**2 682 919.12**	**3 384 239.47**	**6 147 988.66**	**5 892 454.97**	**7 649 011.66**	**9 285 217.94**	**16 550 468.80**	**12 194 262.34**	**7 491 715.51**	**73 458 819.86**

（国家体育总局体育彩票管理中心供稿）

2011—2020 年中国体育彩票网点即开型彩票销售情况表（分地区）

Sales Statistics of Terminal-Sales Instant Win Tickets of Sports Lottery in Different Regions in China from 2011 to 2020

单位：万元

Unit：Ten Thousand Yuan

序号	地区	2011	2012	2013	2014	2015	2016	2017	2018	2019	2020	合计 Total
1	北　京	90 118.46	106 376.49	73 137.96	73 602.84	45 934.64	41 001.51	42 556.26	44 217.83	59 786.01	56 109.72	632 841.71
2	天　津	19 198.92	15 982.80	13 978.89	13 747.29	14 474.97	13 623.48	13 642.29	12 703.25	13 470.34	17 233.61	148 055.84
3	河　北	84 494.21	100 992.81	78 054.23	95 624.68	86 226.68	73 899.78	61 543.13	58 083.00	70 210.96	71 769.74	780 899.21
4	山　西	27 364.32	28 589.85	25 146.90	24 768.72	17 372.28	11 729.70	8 576.45	7 048.95	10 709.03	12 285.85	173 592.05
5	内蒙古	66 714.00	74 650.02	65 638.83	67 181.37	55 221.39	52 459.32	41 288.04	36 805.84	42 892.90	39 145.58	541 997.29
6	辽　宁	64 382.69	55 226.57	66 127.44	61 123.53	53 088.51	48 977.90	45 487.20	44 951.87	45 729.01	45 802.50	530 897.21
7	吉　林	41 529.98	51 925.92	52 222.44	59 834.24	53 356.49	46 920.58	33 631.01	31 644.15	31 979.98	37 655.07	440 699.84
8	黑龙江	63 437.57	55 833.36	60 076.46	58 318.17	50 156.67	47 402.90	39 768.23	38 203.26	38 368.67	34 218.54	485 783.82
9	上　海	56 498.36	41 743.22	33 609.12	27 152.46	20 800.10	18 103.27	16 745.48	19 340.02	25 893.09	29 212.25	289 097.35
10	江　苏	270 683.30	176 790.09	164 222.69	131 752.07	111 178.62	87 241.77	85 983.37	79 958.58	100 707.76	120 791.61	1 329 309.84
11	浙　江	134 865.47	111 260.55	93 708.62	89 313.48	77 430.57	72 273.09	61 826.40	60 817.08	77 063.29	103 572.94	882 131.48
12	安　徽	47 589.39	38 828.90	26 508.02	23 029.88	12 894.99	17 556.25	12 848.22	12 488.74	24 506.78	31 441.60	247 692.76
13	福　建	86 431.59	84 597.74	94 685.40	89 416.77	82 756.01	62 118.75	61 566.57	60 152.70	71 764.10	77 610.18	771 099.80
14	江　西	13 345.95	13 165.58	11 463.89	13 082.99	12 339.79	9 640.00	10 337.46	11 787.01	17 072.93	19 302.27	131 537.85
15	山　东	151 995.90	165 640.32	153 374.52	143 335.49	128 633.81	114 224.95	113 103.78	111 479.57	118 150.40	118 432.53	1 330 166.94
16	河　南	98 461.14	88 162.94	80 622.35	80 706.39	77 934.51	80 996.81	81 539.86	83 508.97	96 975.21	105 731.88	874 640.05
17	湖　北	17 317.05	16 839.66	7 961.15	12 924.77	12 637.64	14 584.46	15 519.14	23 904.12	27 100.68	21 136.94	169 925.60
18	湖　南	28 760.87	18 487.82	12 250.88	11 736.93	6 724.41	10 238.19	4 227.96	7 663.03	9 160.04	8 130.93	117 381.04
19	广　东	212 683.77	169 868.31	182 717.16	160 890.29	152 517.56	142 753.89	138 129.14	128 951.93	157 274.26	162 466.31	1 608 252.61
20	广　西	10 029.15	8 464.49	9 221.13	9 760.47	9 855.35	10 067.95	7 637.21	9 377.32	14 362.12	6 203.39	94 978.57
21	海　南	4 084.35	4 001.82	5 141.01	6 298.83	7 029.84	8 006.61	5 778.63	5 260.07	5 444.42	5 500.45	57 114.25
22	重　庆	24 637.70	27 728.82	14 645.18	10 205.52	9 271.47	7 442.92	7 817.11	9 156.13	11 350.54	11 575.05	133 830.43
23	四　川	85 081.38	75 001.61	68 456.06	56 586.35	47 054.90	38 265.24	28 069.43	26 363.24	36 618.93	55 368.54	516 865.66
24	贵　州	31 129.61	23 707.07	21 367.91	24 095.33	20 553.12	21 464.47	19 388.30	19 530.40	24 860.72	34 197.77	240 294.68
25	云　南	101 117.31	92 123.97	93 748.85	91 676.84	80 593.07	78 072.75	77 124.96	67 681.88	93 646.72	103 815.78	879 602.11
26	西　藏	15 789.57	17 348.49	16 915.86	16 320.03	14 901.24	14 540.58	14 195.97	11 119.68	16 898.16	23 679.27	161 708.85
27	陕　西	60 510.27	47 748.09	44 203.80	41 102.91	35 620.68	28 781.10	20 888.81	17 917.60	22 488.92	34 547.51	353 809.69
28	甘　肃	25 029.14	33 524.04	32 140.97	26 307.65	24 374.51	23 924.77	22 026.87	20 213.11	24 219.16	30 724.49	262 484.69
29	青　海	12 416.51	9 934.17	9 127.74	6 567.41	5 361.15	5 433.01	5 488.82	5 951.34	5 972.11	7 248.14	73 500.39
30	宁　夏	12 848.03	9 513.39	11 124.74	10 582.56	10 022.66	10 352.75	9 836.44	8 195.95	9 740.60	12 158.02	104 375.13
31	新　疆	37 305.02	38 007.30	41 266.79	35 626.68	32 233.83	32 791.92	28 114.32	26 067.06	39 056.35	32 661.37	343 130.63
合计 Total		**1 995 850.91**	**1 802 066.16**	**1 662 866.91**	**1 572 672.88**	**1 368 551.40**	**1 244 890.64**	**1 134 686.86**	**1 100 543.68**	**1 343 474.19**	**1 469 729.83**	**14 707 697.36**

注：本统计表只统计网点销售即开票的销量，不包含手机即开票销量。

（国家体育总局体育彩票管理中心供稿）

（四）2020年彩票销售统计资料
Sales Statistics of Different Lottery Games in 2020

2020年中国福利彩票全国联网游戏

Monthly Sales Statistics of National Games

双 色 球

地 区 Region	游戏类型 Game Type	1月 Jan.	2月 Feb.	3月 Mar.	4月 Apr.	5月 May	6月 June
北 京	乐透组合	11 686.96	—	0.02	—	10 568.85	13 921.14
天 津		3 401.97	—	1 800.65	4 568.91	4 461.11	4 422.90
河 北		13 897.92	—	6 065.61	17 215.07	21 308.34	17 866.86
山 西		5 615.84	—	3 494.08	7 526.18	7 900.23	8 021.11
内蒙古		6 376.56	—	3 829.47	8 210.09	8 561.02	8 325.14
辽 宁		11 940.19	—	6 018.84	14 339.32	14 795.01	14 662.35
吉 林		4 162.68	—	3 360.00	5 461.08	5 590.41	5 635.55
黑龙江		7 646.35	—	1 136.52	8 129.05	8 697.63	8 741.80
上 海		12 602.20	—	9 633.58	16 818.91	17 540.81	17 665.89
江 苏		19 794.57	—	14 868.77	25 747.88	28 334.71	26 983.40
浙 江		26 997.98	—	20 878.14	35 263.83	36 977.66	37 709.31
安 徽		12 697.56	—	9 865.12	16 627.88	18 274.00	18 109.57
福 建		12 588.57	—	9 697.00	15 954.87	16 324.95	16 255.68
江 西		8 263.35	—	6 884.28	11 088.30	10 811.79	10 567.72
山 东		21 611.21	—	14 942.66	27 217.16	27 918.68	27 616.98
河 南		14 999.93	—	11 319.10	18 697.23	19 487.72	20 155.34
湖 北		13 440.02	—	585.52	13 961.49	18 379.04	18 850.67
湖 南		12 770.17	—	10 203.25	16 390.80	17 377.66	17 530.23
广 东		41 602.89	—	15 333.93	49 957.80	53 868.86	56 311.18
广 西		9 355.81	—	6 995.40	11 822.68	12 358.53	12 544.08
海 南		1 829.49	—	1 387.27	2 231.26	2 224.30	2 405.52
重 庆		8 323.30	—	6 346.03	11 197.08	10 388.83	10 611.85
四 川		18 190.92	—	14 127.06	23 034.03	23 523.27	23 991.07
贵 州		7 088.62	—	3 873.70	9 129.19	9 932.31	10 359.16
云 南		12 819.91	—	10 006.38	16 579.02	17 575.99	18 301.66
西 藏		603.20	—	148.77	1 010.89	1 192.41	1 274.65
陕 西		11 055.80	—	7 965.95	13 877.03	14 344.85	14 708.94
甘 肃		4 795.19	—	2 587.82	5 947.85	6 264.36	6 519.73
青 海		1 618.61	—	1 285.46	2 222.03	2 313.72	2 353.40
宁 夏		2 432.98	—	1 319.87	3 007.10	3 242.70	3 305.08
新 疆		5 793.37	—	3 455.16	7 350.04	7 877.03	8 242.91
合计 Total		**346 004.11**	—	**209 415.42**	**420 584.04**	**458 416.78**	**463 970.88**

品种销售统计（分地区按月统计）

of Welfare Lottery in Different Regions in China in 2020

单位：万元

Unit: Ten Thousand Yuan

7月 July	8月 Aug.	9月 Sept.	10月 Oct.	11月 Nov.	12月 Dec.	合计 Total
14 498.98	14 537.89	14 586.95	12 344.13	16 685.04	18 014.93	126 844.89
4 498.85	4 541.35	4 599.12	3 955.75	5 344.02	5 593.69	47 188.33
18 092.76	17 697.59	17 929.61	15 413.57	21 431.64	22 204.46	189 123.42
8 262.80	8 244.07	8 889.14	7 059.41	9 362.94	10 132.32	84 508.11
8 331.78	8 127.81	8 033.96	6 962.13	10 327.63	10 815.70	87 901.27
14 694.79	13 431.43	14 836.27	12 741.12	19 058.92	18 616.67	155 134.91
5 759.80	6 447.28	6 131.70	4 722.93	6 807.36	7 756.15	61 834.93
8 708.96	8 794.43	8 780.17	7 541.98	10 816.30	11 230.31	90 223.50
17 879.41	17 542.49	17 697.68	15 336.23	20 833.41	21 774.74	185 325.34
27 497.74	27 115.11	27 408.69	23 967.67	32 688.11	32 949.33	287 355.98
38 314.47	37 771.17	41 044.53	35 213.45	44 915.75	45 488.49	400 574.78
17 711.32	17 058.80	17 182.75	14 804.82	20 381.27	20 597.02	183 310.10
16 573.09	16 417.88	16 679.78	14 561.99	21 568.35	22 010.26	178 632.44
10 693.57	11 864.33	12 233.19	9 215.95	13 110.08	13 785.96	118 518.53
28 462.37	28 648.33	30 124.52	25 188.65	33 227.02	33 857.80	298 815.39
20 039.31	19 503.67	22 787.28	17 400.39	23 706.83	24 442.75	212 539.55
19 886.03	18 013.82	17 694.15	15 608.32	23 205.27	21 714.10	181 338.43
17 862.53	17 548.70	17 636.63	14 970.19	20 344.56	20 098.19	182 732.91
59 450.01	57 653.68	56 580.71	50 158.86	67 477.39	68 141.97	576 537.30
12 863.63	12 851.19	12 982.93	10 842.63	14 936.08	15 175.80	132 728.77
2 720.08	2 391.51	2 339.37	1 919.09	2 660.73	2 971.28	25 079.92
10 631.04	10 174.80	10 290.48	8 710.04	11 725.60	12 265.35	110 664.41
24 207.51	23 546.62	24 087.42	20 493.47	28 208.21	28 352.86	251 762.43
10 162.84	9 914.86	9 973.77	8 392.32	12 320.53	12 246.99	103 394.29
18 269.34	17 672.21	17 731.69	14 931.99	21 998.95	22 824.17	188 711.32
1 242.82	1 204.19	1 223.52	1 007.92	1 384.49	1 462.37	11 755.22
15 407.39	15 108.22	15 233.92	12 658.46	17 488.08	18 577.39	156 426.02
6 497.52	6 429.71	6 486.69	5 490.27	7 873.52	8 372.48	67 265.14
2 331.46	2 330.23	2 399.33	1 996.75	3 083.74	3 115.08	25 049.82
3 545.22	3 617.33	3 742.11	3 285.75	5 028.48	5 979.74	38 506.36
6 982.14	4 174.09	7 901.83	8 870.62	9 502.40	10 296.62	80 446.23
472 079.57	**460 374.79**	**475 249.90**	**405 766.87**	**557 502.72**	**570 864.98**	**4 840 230.04**

3D

地　区 Region	游戏类型 Game Type	1月 Jan.	2月 Feb.	3月 Mar.	4月 Apr.	5月 May	6月 June
北　京	乐透排列	3 846.52	—	7.41	—	3 019.65	4 233.37
天　津		895.16	—	449.87	1 296.04	1 225.62	1 105.32
河　北		3 896.31	—	1 490.05	4 726.78	4 908.73	4 702.78
山　西		2 127.48	—	1 143.43	2 829.40	3 039.66	3 006.93
内蒙古		3 517.99	—	1 824.54	4 410.99	4 646.16	4 422.68
辽　宁		8 084.30	—	3 375.13	9 359.24	10 111.68	9 590.83
吉　林		1 987.52	—	1 440.48	2 816.14	3 137.52	2 854.53
黑龙江		2 996.40	—	315.31	2 929.56	3 326.71	3 355.94
上　海		1 635.25	—	1 249.62	2 244.34	2 305.65	2 229.20
江　苏		4 146.72	—	3 105.20	5 554.03	5 836.00	5 580.64
浙　江		7 233.37	—	5 518.11	9 212.69	9 801.96	9 686.18
安　徽		3 455.48	—	2 727.28	4 399.23	4 548.17	4 238.21
福　建		1 313.79	—	1 088.29	1 785.70	2 264.99	2 556.46
江　西		3 670.16	—	1 834.21	2 954.99	3 636.38	6 142.75
山　东		6 947.36	—	4 601.03	9 334.12	10 199.74	9 413.47
河　南		3 652.67	—	3 170.68	5 196.95	5 306.62	4 788.16
湖　北		7 003.28	—	115.90	8 117.95	8 627.16	11 539.70
湖　南		5 339.32	—	4 280.83	7 482.42	7 959.51	7 642.15
广　东		5 029.64	—	1 872.83	6 134.02	6 722.87	6 645.13
广　西		1 599.73	—	1 166.45	2 214.10	2 251.27	2 163.05
海　南		82.35	—	85.60	104.23	88.68	83.38
重　庆		2 192.64	—	1 919.13	3 251.00	3 331.74	4 065.11
四　川		7 272.95	—	5 675.48	9 940.06	10 349.28	9 890.87
贵　州		3 235.83	—	1 689.37	4 328.74	4 531.92	4 516.73
云　南		13 137.71	—	9 350.02	16 565.12	17 631.52	17 642.24
西　藏		325.45	—	59.97	472.23	540.83	535.25
陕　西		5 476.20	—	3 794.45	6 867.80	7 019.15	6 796.74
甘　肃		2 746.69	—	1 242.29	3 304.46	3 731.61	3 503.43
青　海		1 874.01	—	1 257.40	2 391.36	2 596.00	2 495.11
宁　夏		1 308.77	—	555.30	1 784.26	2 165.61	1 793.13
新　疆		2 581.33	—	1 332.25	3 109.05	3 239.06	3 890.09
合计 Total		**118 612.37**	—	**67 737.90**	**145 116.99**	**158 101.42**	**161 109.55**

单位：万元

Unit：Ten Thousand Yuan

7月 July	8月 Aug.	9月 Sept.	10月 Oct.	11月 Nov.	12月 Dec.	合计 Total
4 685.12	4 899.66	4 777.78	4 725.33	4 770.06	5 422.73	40 387.65
1 205.30	1 268.00	1 164.57	1 041.51	1 224.11	1 327.66	12 203.14
4 952.77	4 775.23	4 607.06	4 210.18	4 829.35	5 634.58	48 733.82
3 001.16	2 996.65	2 867.50	2 591.63	2 918.78	3 398.90	29 921.51
4 386.97	4 283.73	4 211.64	3 876.79	4 535.69	5 263.60	45 380.79
9 387.07	8 763.85	9 381.97	8 415.31	9 533.38	10 994.75	96 997.50
3 072.67	2 772.78	2 614.99	2 235.04	2 536.04	3 037.68	28 505.39
3 440.87	3 579.60	3 491.41	3 074.22	3 480.73	3 935.45	33 926.17
2 312.57	2 230.06	2 164.56	2 019.68	2 246.61	2 496.81	23 134.33
5 841.74	5 783.52	5 731.50	5 303.07	5 833.48	6 422.21	59 138.10
9 748.92	9 846.14	9 577.19	8 698.87	9 709.30	10 844.18	99 876.90
4 546.28	5 071.37	4 783.95	4 013.14	4 490.92	4 888.56	47 162.57
2 021.28	1 879.42	1 804.66	1 666.60	1 775.02	1 956.73	20 112.93
3 287.60	2 777.55	2 717.18	6 303.29	2 680.25	2 657.73	38 662.08
10 730.27	10 475.70	9 862.28	9 126.59	10 363.53	10 976.47	102 030.55
5 116.37	5 259.29	4 913.34	4 439.16	4 897.70	5 567.36	52 308.29
10 142.60	9 299.01	10 956.30	9 914.52	11 374.39	12 172.63	99 263.44
7 806.55	7 653.93	7 240.96	6 532.90	8 040.08	10 391.54	80 370.20
7 012.31	7 143.99	6 727.84	6 130.11	6 969.11	7 592.61	67 980.46
2 257.71	2 276.13	2 153.23	1 994.82	2 339.55	2 628.52	23 044.56
84.43	84.70	80.97	79.77	127.70	179.44	1 081.26
3 548.19	3 527.10	4 493.27	3 326.11	3 346.26	3 598.25	36 598.80
10 225.27	10 411.51	10 190.56	8 959.96	9 666.22	10 673.81	103 255.97
4 893.76	4 758.63	4 660.96	4 191.30	4 749.76	5 142.56	46 699.58
19 308.85	19 413.55	19 247.20	17 447.64	19 660.79	22 403.94	191 808.58
532.37	506.10	504.64	454.18	528.79	608.01	5 067.81
7 432.48	7 137.91	6 878.27	6 228.13	7 164.93	8 075.89	72 871.95
3 618.69	3 560.06	3 460.29	3 197.05	3 776.35	4 359.84	36 500.77
2 553.21	2 546.04	2 633.34	2 446.22	2 799.67	3 148.95	26 741.33
1 800.37	1 773.17	1 769.03	1 632.11	1 878.97	2 241.30	18 702.01
3 951.14	3 307.04	3 233.61	4 128.22	5 243.03	5 146.99	39 161.81
162 904.89	**160 061.43**	**158 902.05**	**148 403.43**	**163 490.56**	**183 189.66**	**1 627 630.26**

七 乐 彩

地 区 Region	游戏类型 Game Type	1月 Jan.	2月 Feb.	3月 Mar.	4月 Apr.	5月 May	6月 June
北 京	乐透组合	112.51	—	1.94	—	101.25	146.25
天 津		40.66	—	20.15	52.93	51.60	50.24
河 北		270.73	—	120.71	312.46	342.40	334.56
山 西		83.78	—	52.11	108.26	119.00	121.69
内蒙古		107.01	—	64.70	123.89	136.90	135.78
辽 宁		242.08	—	131.23	294.38	321.44	313.54
吉 林		82.59	—	75.64	111.25	120.50	116.58
黑龙江		78.78	—	10.35	82.41	93.05	96.70
上 海		182.66	—	166.46	251.51	262.88	265.28
江 苏		291.59	—	235.51	364.17	377.89	401.21
浙 江		394.85	—	357.43	509.40	553.86	550.06
安 徽		243.63	—	235.10	312.06	346.93	335.06
福 建		544.75	—	511.95	649.31	743.02	700.24
江 西		134.19	—	140.67	214.52	211.94	187.87
山 东		1 690.58	—	1 322.35	2 154.43	2 215.12	2 231.28
河 南		190.57	—	153.73	230.03	237.71	231.98
湖 北		143.55	—	1.77	135.69	186.85	217.20
湖 南		175.41	—	182.59	231.78	247.40	255.63
广 东		68.98	—	5.09	75.90	86.93	91.32
广 西		311.32	—	243.86	384.44	422.83	444.58
海 南		12.34	—	12.82	14.51	15.32	15.72
重 庆		64.54	—	60.50	79.75	89.26	89.15
四 川		135.16	—	118.08	178.53	189.52	192.60
贵 州		45.47	—	28.88	57.54	63.64	63.75
云 南		136.94	—	129.58	182.08	200.89	210.68
西 藏		5.53	—	0.81	7.01	8.13	9.47
陕 西		139.23	—	108.07	177.08	184.88	183.22
甘 肃		62.32	—	33.60	71.81	75.49	77.84
青 海		26.28	—	21.35	36.68	37.72	38.55
宁 夏		28.85	—	15.81	38.91	40.79	40.93
新 疆		93.46	—	65.19	120.44	122.26	127.72
合计 Total		**6 140.34**	—	**4 628.01**	**7 563.13**	**8 207.41**	**8 276.68**

单位：万元
Unit：Ten Thousand Yuan

7月 July	8月 Aug.	9月 Sept.	10月 Oct.	11月 Nov.	12月 Dec.	合计 Total
152.65	131.02	145.68	127.07	129.25	140.40	1 188.03
58.09	51.61	56.33	52.43	54.79	56.17	545.00
371.28	305.78	366.27	317.77	315.94	325.66	3 383.55
129.93	115.51	129.62	116.29	123.93	128.33	1 228.44
152.41	134.91	148.55	134.52	143.38	146.28	1 428.30
328.24	268.59	328.50	295.97	293.49	304.51	3 121.97
127.50	105.83	126.13	108.83	117.18	124.06	1 216.08
107.78	87.55	107.16	104.85	98.54	99.38	966.55
273.54	233.74	280.80	244.90	247.45	257.82	2 667.03
422.11	367.16	439.81	403.78	373.02	374.35	4 050.62
612.66	495.62	619.87	557.21	466.27	443.85	5 561.11
371.62	295.38	361.08	320.78	297.12	283.57	3 402.33
812.70	577.04	953.85	849.90	708.75	743.34	7 794.85
201.06	160.76	207.35	177.83	155.17	161.02	1 952.39
2 417.95	2 159.34	2 416.93	2 252.77	2 243.76	2 213.05	23 317.55
258.76	232.58	246.14	237.12	231.06	251.87	2 501.55
257.22	200.46	248.56	221.93	206.66	220.27	2 040.15
277.88	230.51	273.97	241.66	198.59	187.01	2 502.42
118.69	93.47	99.11	92.39	95.21	102.33	929.43
470.44	389.20	494.02	433.15	421.89	433.16	4 448.89
17.87	15.32	15.88	13.72	15.84	18.61	167.94
101.79	86.04	98.32	85.50	73.55	74.93	903.33
207.12	179.92	202.88	179.76	157.49	157.24	1 898.30
69.52	58.70	62.76	54.53	55.48	54.84	615.13
226.69	176.82	209.30	193.05	184.07	196.63	2 046.73
9.47	8.60	8.77	8.25	9.39	8.55	83.97
202.98	174.30	192.22	173.32	171.16	175.36	1 881.82
87.54	81.57	86.39	83.85	90.12	81.01	831.53
41.14	34.69	36.26	32.57	35.82	37.12	378.18
45.95	41.23	45.71	40.53	44.36	49.36	432.44
121.81	94.00	148.87	130.17	137.40	157.50	1 318.82
9 054.37	**7 587.24**	**9 157.10**	**8 286.41**	**7 896.17**	**8 007.54**	**84 804.40**

快　乐　8

地　区 Region	游戏类型 Game Type	1月 Jan.	2月 Feb.	3月 Mar.	4月 Apr.	5月 May	6月 June
北　京	基诺	—	—	—	—	—	—
天　津		—	—	—	—	—	—
河　北		—	—	—	—	—	—
山　西		—	—	—	—	—	—
内蒙古		—	—	—	—	—	—
辽　宁		—	—	—	—	—	—
吉　林		—	—	—	—	—	—
黑龙江		—	—	—	—	—	—
上　海		—	—	—	—	—	—
江　苏		—	—	—	—	—	—
浙　江		—	—	—	—	—	—
安　徽		—	—	—	—	—	—
福　建		—	—	—	—	—	—
江　西		—	—	—	—	—	—
山　东		—	—	—	—	—	—
河　南		—	—	—	—	—	—
湖　北		—	—	—	—	—	—
湖　南		—	—	—	—	—	—
广　东		—	—	—	—	—	—
广　西		—	—	—	—	—	—
海　南		—	—	—	—	—	—
重　庆		—	—	—	—	—	—
四　川		—	—	—	—	—	—
贵　州		—	—	—	—	—	—
云　南		—	—	—	—	—	—
西　藏		—	—	—	—	—	—
陕　西		—	—	—	—	—	—
甘　肃		—	—	—	—	—	—
青　海		—	—	—	—	—	—
宁　夏		—	—	—	—	—	—
新　疆		—	—	—	—	—	—
合计 Total		—	—	—	—	—	—

单位：万元

Unit：Ten Thousand Yuan

7月 July	8月 Aug.	9月 Sept.	10月 Oct.	11月 Nov.	12月 Dec.	合计 Total
—	—	—	—	—	—	—
—	—	—	—	—	120.82	120.82
—	—	—	108.77	906.62	752.72	1 768.11
—	—	—	—	—	—	—
—	—	—	—	—	—	—
—	—	—	—	—	—	—
—	—	—	—	—	—	—
—	—	—	—	—	940.99	940.99
—	—	—	86.60	606.62	602.67	1 295.89
—	—	—	401.07	2 692.88	3 922.38	7 016.33
—	—	—	803.13	6 539.54	7 749.11	15 091.78
—	—	—	122.68	1 166.07	2 712.59	4 001.35
—	—	—	—	—	—	—
—	—	—	330.52	2 060.34	3 296.67	5 687.53
—	—	—	488.00	2 648.48	5 093.26	8 229.74
—	—	—	—	—	—	—
—	—	—	261.85	1 357.85	1 475.51	3 095.21
—	—	—	483.58	3 691.57	3 491.44	7 666.59
—	—	—	432.13	4 129.15	5 005.87	9 567.15
—	—	—	—	—	—	—
—	—	—	—	—	—	—
—	—	—	517.23	2 090.67	1 541.28	4 149.18
—	—	—	1 209.20	5 060.56	4 115.18	10 384.93
—	—	—	—	—	—	—
—	—	—	—	—	—	—
—	—	—	—	—	—	—
—	—	—	209.40	1 480.70	1 588.99	3 279.09
—	—	—	—	—	156.35	156.35
—	—	—	—	—	—	—
—	—	—	—	—	156.34	156.34
—	—	—	—	—	—	—
—	—	—	**5 454.15**	**34 431.05**	**42 722.16**	**82 607.36**

2020 年中国福利彩票区域联网游戏销售统计（分地区按月统计）

Monthly Sales Statistics of Inter-Regional Games of Welfare Lottery in Different Regions in China in 2020

15 选 5

单位：万元
Unit：Ten Thousand Yuan

地 区 Region	游戏类型 Game Type	1月 Jan.	2月 Feb.	3月 Mar.	4月 Apr.	5月 May	6月 June	7月 July	8月 Aug.	9月 Sept.	10月 Oct.	11月 Nov.	12月 Dec.	合计 Total
上海	乐透组合	273.86	—	235.84	407.45	433.86	228.60	248.53	245.91	199.75	180.45	218.63	290.35	2 963.24
江苏		510.81	—	388.57	761.84	863.35	564.52	602.69	599.25	555.74	490.42	572.26	639.39	6 548.83
浙江		357.78	—	319.32	601.09	696.53	335.69	355.80	414.89	322.43	255.79	306.74	382.87	4 348.92
安徽		314.66	—	257.59	475.52	533.78	357.17	376.24	366.89	334.36	295.95	338.33	387.25	4 037.74
福建		255.87	—	241.13	532.87	639.11	264.29	261.20	250.47	218.07	177.96	211.61	264.06	3 316.63
江西		117.32	—	101.81	200.01	255.01	127.56	144.47	132.46	111.23	96.93	105.38	127.28	1 519.47
合计 Total		**1 830.29**	—	**1 544.26**	**2 978.78**	**3 421.64**	**1 877.82**	**1 988.93**	**2 009.87**	**1 741.58**	**1 497.50**	**1 752.96**	**2 091.20**	**22 734.83**

东 方 6+1

单位：万元
Unit：Ten Thousand Yuan

地 区 Region	游戏类型 Game Type	1月 Jan.	2月 Feb.	3月 Mar.	4月 Apr.	5月 May	6月 June	7月 July	8月 Aug.	9月 Sept.	10月 Oct.	11月 Nov.	12月 Dec.	合计 Total
辽宁	乐透排列	17.48	—	10.00	22.84	22.35	22.16	21.81	20.99	22.15	20.48	22.57	22.61	225.43
上海		81.92	—	72.86	113.14	115.34	118.14	119.25	124.01	117.38	108.27	118.20	117.61	1 206.13
江苏		149.57	—	124.73	200.65	195.65	195.62	196.28	207.80	195.50	183.64	194.83	190.18	2 034.45
浙江		234.90	—	204.49	307.50	308.47	306.23	307.95	327.69	308.26	282.62	296.44	284.49	3 169.04
安徽		66.17	—	62.85	88.79	90.41	86.24	80.63	87.23	81.54	75.88	85.00	82.44	887.17
福建		69.78	—	58.65	95.08	91.77	91.67	97.93	105.99	96.66	86.22	92.70	91.24	977.69
江西		9.08	—	8.28	12.19	12.65	12.66	12.77	13.02	13.80	12.07	12.75	12.25	131.51
合计 Total		**628.91**	—	**541.87**	**840.18**	**836.65**	**832.71**	**836.61**	**886.72**	**835.29**	**769.18**	**822.49**	**800.82**	**8 631.43**

2020 年中国福利彩票地方游戏销售情况表（分地区按月统计）

Monthly Sales Statistics of Regional Games of China Welfare Lottery in 2020

单位：万元

Unit: Ten Thousand Yuan

地区 Region	游戏类型 Game Type	游戏名称 Game Name	1月 Jan.	2月 Feb.	3月 Mar.	4月 Apr.	5月 May	6月 June	7月 July	8月 Aug.	9月 Sept.	10月 Oct.	11月 Nov.	12月 Dec.	合计 Total
北京	乐透组合	北京快乐 8	732.08	—	—	—	734.62	891.03	944.24	925.28	1 031.66	441.33	—	—	5 700.25
		北京快 3	4 472.92	—	—	—	4 261.93	8 358.86	10 101.89	8 489.85	7 408.96	6 383.97	6 172.50	5 220.38	60 871.25
	乐透排列	北京 PK 拾	8.49	—	—	—	6.92	24.89	39.40	14.03	6.45	8.28	—	—	108.47
天津	乐透组合	天津快乐十分	9 635.66	—	4 765.29	13 022.48	15 285.02	15 194.15	15 472.03	15 898.46	15 413.72	13 966.83	15 572.11	16 607.78	150 833.53
	乐透排列	天津时时彩	83.88	—	38.05	104.56	115.52	110.15	111.73	104.01	97.55	91.60	—	—	857.04
河北	乐透组合	河北 20 选 5	253.54	—	100.47	289.69	309.43	298.45	302.66	300.93	293.28	267.16	299.53	300.12	3 015.25
		河北快 3	5 388.52	—	2 042.11	7 392.65	8 178.63	8 280.80	8 402.71	7 426.17	7 927.03	7 202.28	8 854.34	8 834.47	79 929.71
	乐透排列	河北数字 5	5.26	—	2.37	6.63	8.28	7.93	11.67	10.63	7.61	6.78	8.34	9.40	84.89
		河北数字 7	45.86	—	21.52	56.64	61.30	62.11	71.66	64.68	64.39	56.70	61.93	64.36	631.13
山西	乐透组合	山西快乐十分	9 810.65	—	5 495.64	13 316.25	14 614.64	14 338.31	15 350.14	14 673.62	14 407.17	12 532.57	14 080.76	15 358.85	143 978.61
内蒙古	乐透组合	内蒙古快 3	6 635.17	—	4 191.67	12 002.41	12 728.55	12 517.16	10 132.48	9 358.00	8 424.83	7 643.16	9 696.54	9 602.15	102 932.12
	乐透排列	内蒙古时时彩	744.75	—	338.67	899.76	1 015.26	935.85	948.49	874.03	876.51	735.22	—	—	7 368.55
辽宁	乐透组合	辽宁快乐十二	21 691.61	—	9 282.51	26 332.15	32 199.95	29 659.70	27 485.61	25 758.56	27 702.42	24 896.39	30 174.61	31 577.34	286 760.84
吉林	乐透组合	吉林快 3	5 901.74	—	3 571.34	7 958.81	8 862.21	8 570.17	9 961.04	8 878.07	9 501.60	8 213.42	8 377.86	10 284.90	90 081.15
	乐透排列	吉林时时彩	388.56	—	146.94	194.43	146.30	123.02	122.81	111.72	104.72	91.50	—	—	1 430.01
黑龙江	乐透组合	黑龙江 22 选 5	41.08	—	6.58	36.92	45.70	55.14	51.84	44.49	67.42	32.44	39.52	48.03	469.15
		黑龙江 36 选 7	12.77	—	2.55	13.80	14.17	13.78	13.76	15.79	14.67	13.81	14.72	14.44	144.26
		黑龙江快乐十分	12 951.79	—	1 374.18	11 949.04	13 932.93	13 408.68	13 725.41	13 198.23	13 371.33	12 420.63	15 793.20	17 157.24	139 282.66
	乐透排列	黑龙江数字 6	61.66	—	8.10	74.83	91.47	105.70	135.60	176.59	114.33	53.72	70.26	87.45	979.70
		黑龙江时时彩	54.84	—	3.56	28.96	27.15	24.78	21.39	31.52	22.16	21.11	—	—	235.46

续表

地　区 Region	游戏类型 Game Type	游戏名称 Game Name	1月 Jan.	2月 Feb.	3月 Mar.	4月 Apr.	5月 May	6月 June	7月 July	8月 Aug.	9月 Sept.	10月 Oct.	11月 Nov.	12月 Dec.	合计 Total
上海	乐透组合	上海基诺	225.99	—	162.48	268.37	344.97	329.88	363.24	327.48	363.82	95.12	—	—	2 481.34
		上海快 3	10 078.58	—	7 863.27	17 319.25	20 609.19	19 629.18	24 047.66	18 201.59	17 473.92	14 828.29	17 410.14	18 539.85	186 000.92
	乐透排列	上海选 4	450.20	—	315.52	562.04	607.86	559.51	655.26	580.83	576.56	520.90	586.11	613.19	6 027.98
		上海时时乐	419.88	—	316.19	602.01	682.01	613.98	586.04	544.09	506.24	489.65	—	—	4 760.09
江苏	乐透组合	江苏快 3	20 434.08	—	15 411.24	34 027.70	38 299.16	38 087.58	37 671.88	31 053.43	37 452.58	31 216.66	41 271.93	38 591.90	363 518.15
浙江	乐透组合	浙江快乐十二	32 029.98	—	15 470.09	40 660.55	49 171.53	49 772.88	50 756.93	50 764.45	48 778.96	44 228.17	51 879.20	46 005.28	479 518.02
		浙江快 2	241.99	—	151.26	487.00	395.00	343.96	379.55	324.72	292.91	257.79	248.78	375.50	3 498.45
安徽	乐透组合	安徽快 3	8 333.47	—	6 215.88	12 570.67	10 811.29	10 509.24	11 301.49	12 959.58	13 911.60	12 200.89	14 120.41	11 610.35	124 544.86
福建	乐透组合	福建快 3	2 939.63	—	2 638.34	4 561.72	4 737.49	4 624.83	4 673.42	4 774.18	4 564.75	4 442.51	6 082.37	4 765.56	48 804.81
江西	乐透组合	江西快 3	2 556.45	—	2 029.33	3 733.84	3 863.75	3 101.72	2 674.80	2 512.39	2 445.78	1 981.70	2 241.85	1 742.51	28 884.11
山东	乐透组合	山东群英会	24 162.81	—	16 732.81	33 660.62	39 696.63	36 531.33	33 112.74	31 249.11	30 138.99	28 447.48	31 189.92	30 058.10	334 980.54
河南	乐透组合	河南 22 选 5	882.16	—	608.32	1 076.53	1 117.56	1 113.70	1 148.08	1 166.31	1 149.85	988.71	1 136.15	1 282.32	11 669.70
		河南快 3	1 981.80	—	1 506.36	3 083.73	3 321.07	3 279.20	3 237.68	2 956.84	3 171.09	2 440.29	3 175.89	3 190.44	31 344.38
	乐透排列	河南幸运彩	981.76	—	714.21	2 717.73	1 992.75	1 470.47	1 400.53	1 324.68	1 246.04	1 016.20	—	—	12 864.36
湖北	乐透组合	湖北 30 选 5	30.62	—	0.64	41.38	40.10	45.30	65.56	40.60	38.25	36.37	44.12	71.30	454.24
		湖北快 3	9 663.59	—	118.44	8 510.84	12 335.71	13 333.99	14 503.04	14 090.05	14 140.62	11 520.50	13 057.58	12 188.12	123 462.47
	乐透排列	湖北时时彩	1 293.36	—	15.47	1 111.08	1 530.47	1 501.95	1 456.70	1 305.20	1 251.34	1 059.05	—	—	10 524.63
湖南	乐透组合	湖南快乐十分	10 117.08	—	7 179.64	13 669.41	15 198.68	14 586.30	14 705.86	14 593.85	14 383.38	12 584.39	13 885.30	12 280.20	143 184.10
广东	乐透组合	广东 36 选 7	822.74	—	389.94	1 206.14	1 054.27	993.31	1 094.89	1 477.73	1 619.70	1 370.00	1 387.50	1 577.12	12 993.35
		广东 36 选 7 好彩 1	852.08	—	381.77	1 375.15	1 447.30	1 356.15	1 656.26	1 841.99	1 604.21	1 380.72	1 484.66	1 415.47	14 795.76
		广东 36 选 7 好彩 2	70.50	—	34.15	98.68	107.96	105.87	108.42	114.44	109.38	94.59	98.91	100.76	1 043.66
		广东 36 选 7 好彩 3	1 070.15	—	525.31	1 422.29	1 541.76	1 458.50	1 499.09	1 575.00	1 578.26	1 378.00	1 442.10	1 491.98	14 982.44
		广东快乐十分	42 925.90	—	4 575.53	49 147.90	59 507.14	62 410.45	66 664.14	70 476.49	68 904.11	60 332.02	67 885.71	67 618.29	620 447.66
		快乐彩	—	—	—	—	—	—	—	—	—	—	—	—	—
广西	乐透组合	广西快乐十分	2 174.79	—	1 424.43	2 664.82	2 997.62	2 937.65	2 968.29	2 972.89	2 990.40	2 637.54	—	—	23 768.44
		广西快乐双彩	233.92	—	156.73	341.92	318.81	344.67	721.79	517.06	289.15	389.79	408.99	402.61	4 125.44
		广西快 3	3 941.89	—	2 614.25	5 910.05	6 284.93	5 679.33	5 742.12	5 762.17	5 339.43	4 499.32	5 899.05	5 890.42	57 562.95

续表

地　区 Region	游戏类型 Game Type	游戏名称 Game Name	1月 Jan.	2月 Feb.	3月 Mar.	4月 Apr.	5月 May	6月 June	7月 July	8月 Aug.	9月 Sept.	10月 Oct.	11月 Nov.	12月 Dec.	合计 Total
海南	乐透组合	海南快2	276.60	—	—	—	107.62	213.11	288.90	260.11	193.44	202.94	483.94	744.33	2 770.99
		海南快乐三宝	18.13	—	—	—	25.78	7.47	14.60	3.65	11.62	1.88	—	—	83.11
重庆	乐透组合	重庆快乐十分	6 457.81	—	5 022.29	8 931.80	9 479.24	9 228.51	9 291.69	10 054.20	10 020.23	8 596.86	9 391.98	9 886.28	96 360.91
	乐透排列	重庆时时彩	231.46	—	165.56	317.81	345.33	390.45	339.85	376.04	366.48	379.51	—	—	2 912.51
四川	乐透组合	四川快乐十二	21 334.81	—	16 036.88	30 417.31	32 670.03	31 816.45	31 541.65	32 052.05	33 068.93	27 430.35	30 155.49	29 131.15	315 655.11
贵州	乐透组合	贵州快3	1 839.68	—	731.28	2 642.01	2 831.91	3 037.60	3 082.57	3 044.09	3 179.16	2 816.05	3 141.13	2 718.31	29 063.78
云南	乐透组合	云南快乐十分	12 935.79	—	9 394.52	17 836.75	21 256.98	21 246.73	23 397.79	22 411.65	21 460.16	18 946.29	20 807.33	20 174.22	209 868.19
	乐透排列	云南时时彩	3.88	—	1.83	3.38	4.48	4.10	4.92	4.91	4.41	4.05	—	—	35.96
西藏	乐透组合	西藏生肖时时彩	10.07	—	2.30	12.51	17.33	15.29	13.24	10.82	8.62	8.70	—	—	98.88
		西藏快3	11 923.72	—	1 321.39	11 079.74	16 117.99	17 652.01	17 512.82	15 097.24	11 569.08	10 185.05	12 022.08	13 589.52	138 070.65
陕西	乐透组合	陕西快乐十分	36 407.93	—	15 197.56	42 567.45	52 577.36	56 571.48	55 785.28	52 560.93	52 128.24	44 608.74	53 305.92	51 982.20	513 693.09
甘肃	乐透组合	甘肃快3	7 550.02	—	3 409.75	9 957.77	11 016.44	12 053.68	11 784.45	12 102.94	11 712.23	11 160.16	14 660.82	16 749.99	122 158.25
青海	乐透组合	青海快3	4 510.77	—	3 540.68	7 453.51	7 945.93	8 286.57	8 115.00	8 120.03	8 894.01	8 047.12	9 302.80	7 861.31	82 077.72
宁夏	乐透组合	宁夏快3	2 328.76	—	792.81	2 919.12	3 304.30	3 684.61	3 456.64	3 072.94	3 382.16	3 345.56	4 210.07	3 974.35	34 471.32
新疆	乐透组合	新疆18选7	9.27	—	10.92	9.95	9.02	11.39	5.42	—	5.28	7.79	7.35	17.78	94.17
		新疆25选7	12.54	—	8.31	18.02	19.62	23.17	10.81	—	17.36	21.21	22.30	18.29	171.63
		新疆35选7	218.36	—	152.75	266.45	297.84	290.64	128.51	—	170.29	217.60	253.21	245.11	2 240.77
		新疆喜乐彩	11.70	—	6.04	19.87	19.45	25.96	10.61	3.37	9.76	16.30	—	—	123.06
	乐透排列	新疆时时彩	21 743.36	—	12 738.98	30 924.15	33 648.10	31 505.70	27 969.05	19 696.98	26 015.33	26 144.46	30 092.37	34 192.41	294 670.87
深圳	乐透组合	深圳35选7	32.83	—	3.00	32.33	41.07	41.31	46.16	41.71	41.03	37.78	37.31	41.35	395.86
		深圳快乐8	19.45	—	—	1.96	30.22	38.07	40.44	41.51	37.03	27.73	38.29	29.51	304.21
		深圳快乐彩	4 470.62	—	—	135.33	4 091.28	5 305.89	5 841.60	6 568.55	6 055.24	5 655.20	6 473.91	6 716.45	51 315.06
合计 Total			**390 183.75**	—	**187 480.00**	**500 059.65**	**586 512.30**	**589 151.76**	**595 284.00**	**565 385.56**	**569 529.21**	**503 376.86**	**578 559.18**	**573 050.74**	**5 638 573.01**

（中国福利彩票发行管理中心供稿）

2020年中国福利彩票即开

Sale Instant Win Tickets of Welfare Lottery

序号	地区	发奖金	勇士闯关5	富贵有余2	红楼十二钗	争分夺秒	美梦成真	节大欢喜4	五福临门
1	北 京	—	—	—	—	178.92	—	6.50	—
2	天 津	479.56	—	—	—	282.54	—	425.60	—
3	河 北	1 186.04	—	—	—	529.92	—	-6.59	—
4	山 西	—	—	339.40	—	318.60	—	—	—
5	内蒙古	326.36	—	901.68	—	160.64	155.30	203.25	91.80
6	辽 宁	4 165.76	0.17	890.02	—	385.76	179.40	—	1.00
7	吉 林	340.74	0.30	166.90	—	272.12	153.38	0.13	1.76
8	黑龙江	761.68	—	386.86	—	361.14	215.04	167.55	1.15
9	上 海	268.54	—	—	—	118.06	46.64	—	—
10	江 苏	887.60	—	—	—	141.82	54.60	228.25	—
11	浙 江	155.48	—	—	—	248.47	198.79	—	63.72
12	安 徽	2.80	—	56.12	—	41.84	0.16	—	—
13	福 建	—	—	—	—	112.38	140.76	93.05	—
14	江 西	0.56	1.14	0.09	0.25	67.68	45.36	—	0.15
15	山 东	4 606.40	—	10.19	—	1 481.54	21.68	0.25	317.38
16	河 南	—	—	197.92	—	256.72	193.44	7.20	29.65
17	湖 北	—	—	106.34	—	85.82	73.15	272.16	17.82
18	湖 南	—	—	213.98	—	239.72	156.48	—	—
19	广 东	—	—	—	—	1 363.23	1 703.58	—	7.63
	深 圳	—	—	—	—	—	400.00	—	—
20	广 西	—	—	16.22	—	280.66	355.06	—	—
21	海 南	34.36	—	—	—	—	—	—	—
22	重 庆	—	—	281.56	—	165.38	163.06	—	—
23	四 川	—	—	—	—	1 769.86	—	27.10	1.85
24	贵 州	31.46	25.15	26.94	—	46.21	48.14	33.20	—
25	云 南	0.02	—	586.30	—	13.80	—	—	—
26	西 藏	—	—	—	—	—	—	130.55	—
27	陕 西	1 955.24	—	1 090.04	—	2.78	19.02	559.05	—
28	甘 肃	—	—	0.04	—	—	—	0.05	—
29	青 海	—	—	76.12	—	0.04	—	—	—
30	宁 夏	—	—	—	—	55.08	53.60	—	—
31	新 疆	—	—	588.56	—	1.36	—	24.10	—
合计 Total		**15 202.61**	**26.76**	**5 935.28**	**0.25**	**8 982.09**	**4 376.63**	**2 171.41**	**533.92**

型彩票销售情况表（分地区分品种）

in Different Regions and in Different Games in China in 2020

单位：万元

Unit：Ten Thousand Yuan

指动金来	节大欢喜 5	虎门销烟	吉星高照 2	好运气	百发百中	中华名人 3	红楼探秘 2
—	—	—	—	—	—	—	—
—	—	—	—	—	892.00	—	343.30
—	—	—	—	—	2 579.78	—	—
—	—	—	—	—	1 715.15	—	—
—	—	—	—	—	914.45	—	636.50
—	0.05	—	—	—	2 021.20	—	—
—	1.42	—	0.07	—	307.70	—	—
—	—	—	—	—	708.00	—	—
—	—	—	—	—	1 481.50	—	—
0.40	—	—	—	—	4 329.20	—	1 481.50
—	1.12	—	—	–24.68	7 434.31	—	3 569.92
—	—	—	—	—	2 034.73	—	—
—	—	—	—	—	1 751.30	—	—
0.04	—	—	—	—	586.22	3.61	0.22
—	—	—	—	—	5 173.11	—	22.66
—	—	—	—	—	3 833.90	—	—
—	—	—	—	—	2 758.02	—	—
—	—	—	—	—	4 737.25	—	—
–8.62	—	2 110.34	—	—	9 079.56	—	—
—	—	—	—	—	2 726.40	—	—
—	—	—	—	—	2 499.37	—	—
—	—	—	—	—	122.07	—	—
—	—	—	—	—	3 581.65	—	1 519.20
—	—	—	—	—	7 296.05	—	3 987.60
1.52	—	—	—	—	1 327.90	—	—
—	—	—	0.12	—	1 332.95	—	—
—	—	—	—	—	5 875.00	—	2 619.70
—	—	—	—	—	5 053.05	—	1 372.50
—	—	—	—	—	1 330.35	—	258.50
—	—	—	—	—	724.95	—	429.10
—	—	—	—	—	741.78	—	—
—	—	—	—	—	4 231.60	—	—
–6.66	**2.58**	**2 110.34**	**0.19**	**–24.68**	**89 180.49**	**3.61**	**16 240.70**

续表

序号	地区	惊喜夺金	发奖金5元	环游世界	好运十倍	美好生活－永结同心	财富之旅	中状元	中秋送福
1	北京	—	1.20	—	3 635.80	—	—	—	—
2	天津	—	—	—	1 827.45	—	—	—	—
3	河北	—	—	—	3 219.86	—	—	—	—
4	山西	—	—	—	2 604.56	—	—	—	—
5	内蒙古	—	331.00	—	2 082.65	—	—	—	—
6	辽宁	—	—	—	5 246.45	—	—	—	—
7	吉林	—	528.80	0.05	1 754.25	—	0.15	—	—
8	黑龙江	—	—	—	1 665.00	—	—	—	—
9	上海	—	1 262.40	—	8 358.30	—	—	—	—
10	江苏	—	1 115.00	—	17 092.80	—	—	—	—
11	浙江	—	—	—	25 392.92	—	—	—	—
12	安徽	—	—	—	2 906.41	—	—	—	—
13	福建	—	—	—	5 762.75	—	—	—	—
14	江西	0.48	42.05	—	1 644.77	0.05	—	6.01	0.40
15	山东	—	3 224.86	—	8 299.08	—	—	—	—
16	河南	—	299.55	—	3 683.05	—	—	—	—
17	湖北	—	587.21	—	4 742.10	—	—	—	—
18	湖南	—	—	—	6 735.05	—	—	—	—
19	广东	—	—	—	27 456.94	2.19	—	—	—
	深圳	—	477.65	—	11 907.35	—	—	—	—
20	广西	—	278.15	—	7 667.67	—	—	—	—
21	海南	—	97.94	—	306.67	—	—	—	—
22	重庆	—	—	—	4 870.85	—	—	—	—
23	四川	—	1 728.25	—	12 965.90	—	—	—	—
24	贵州	—	171.12	—	1 074.28	0.40	—	—	0.24
25	云南	—	—	—	2 614.65	—	—	—	—
26	西藏	—	—	—	3 100.10	—	—	—	—
27	陕西	—	2 304.60	—	8 741.50	—	—	—	—
28	甘肃	—	—	—	2 501.45	—	—	—	—
29	青海	—	—	—	0.50	—	—	—	—
30	宁夏	—	—	—	948.16	—	—	—	—
31	新疆	—	65.80	—	11 453.80	—	—	—	—
合计 Total		**0.48**	**12 515.58**	**0.05**	**202 263.07**	**2.64**	**0.15**	**6.01**	**0.64**

国泰民安	生态鄱阳 2元	大吉大利	企鹅探宝	金龙贺岁	江门风光	2012龙小本票	心连心	招财猫	美好生活 20元
—	—	0.75	—	—	—	—	—	—	—
—	—	—	—	—	—	—	—	—	—
—	—	—	—	—	—	—	—	—	—
—	—	—	—	—	—	—	—	—	—
19.05	—	—	—	—	—	—	—	0.25	—
10.75	—	—	—	—	—	—	—	—	—
0.30	—	0.09	—	0.05	—	0.05	0.02	0.05	—
—	—	—	—	—	—	—	—	—	—
—	—	—	—	—	—	—	—	—	—
918.70	—	764.35	—	—	—	—	—	—	—
5 444.54	—	1 544.96	—	—	—	—	—	—	—
—	—	—	—	—	—	—	—	—	—
452.15	—	—	—	—	—	—	—	—	—
0.13	6.06	—	2.95	—	—	—	1.36	0.12	0.30
0.25	—	—	—	—	—	—	—	—	—
0.10	—	8.50	—	—	—	—	—	—	—
820.45	—	—	—	—	—	—	—	—	—
853.05	—	—	—	—	—	—	—	—	—
5 039.14	—	0.12	—	—	0.60	—	—	—	—
2 437.50	—	—	—	—	—	—	—	—	—
517.40	—	—	—	—	—	—	—	—	—
—	—	—	—	—	—	—	—	—	—
—	—	—	—	—	—	—	—	—	—
3 928.15	—	1 001.25	—	—	—	—	—	—	—
—	—	87.71	—	—	—	—	—	0.10	—
1 624.00	—	—	—	—	—	—	—	—	—
—	—	—	—	—	—	—	—	—	—
—	—	2.45	—	—	—	—	—	—	—
—	—	31.70	—	—	—	—	—	—	—
—	—	—	—	—	—	—	—	—	—
—	—	—	—	—	—	—	—	—	—
862.45	—	—	—	—	—	—	—	—	—
22 928.10	**6.06**	**3 441.88**	**2.95**	**0.05**	**0.60**	**0.05**	**1.38**	**0.52**	**0.30**

续表

序号	地区	大赢家	存钱罐	荷塘月色	蚂蚁搬家	巍巍井冈	跷跷板	喜从天降	龙腾盛世
1	北　京	—	—	—	—	—	—	128.00	—
2	天　津	—	—	—	—	—	—	—	387.10
3	河　北	—	—	—	—	—	—	—	—
4	山　西	—	—	—	—	—	—	—	—
5	内蒙古	—	—	—	—	—	—	—	73.00
6	辽　宁	—	—	—	—	—	—	—	0.05
7	吉　林	—	—	—	0.04	—	0.06	—	—
8	黑龙江	—	—	—	—	—	—	—	429.05
9	上　海	—	—	—	—	—	—	—	—
10	江　苏	—	—	—	—	—	—	—	—
11	浙　江	—	—	—	—	—	—	—	556.86
12	安　徽	—	—	—	—	—	—	—	—
13	福　建	—	—	—	—	—	—	—	—
14	江　西	0.45	0.10	0.70	0.02	4.10	0.08	—	—
15	山　东	—	—	—	—	—	—	—	0.90
16	河　南	—	—	—	—	—	—	—	—
17	湖　北	—	—	—	—	—	—	—	–0.11
18	湖　南	—	—	—	—	—	—	—	1 527.60
19	广　东	—	—	—	—	—	—	6 493.65	—
	深　圳	—	—	—	—	—	—	—	—
20	广　西	—	—	—	—	—	—	—	—
21	海　南	—	—	—	—	—	—	—	—
22	重　庆	—	—	—	—	—	—	—	—
23	四　川	—	—	—	—	—	—	—	—
24	贵　州	—	—	—	—	—	—	—	—
25	云　南	—	—	—	0.02	—	—	—	1.20
26	西　藏	—	—	—	—	—	—	—	357.35
27	陕　西	—	—	—	—	—	—	—	—
28	甘　肃	—	—	—	—	—	—	—	297.70
29	青　海	—	—	—	—	—	—	—	—
30	宁　夏	—	—	—	—	—	—	—	0.13
31	新　疆	—	—	—	—	—	—	—	—
合计 Total		**0.45**	**0.10**	**0.70**	**0.08**	**4.10**	**0.14**	**6 621.65**	**3 630.83**

打地鼠	招财纳福	网鱼高手	中国节	闹新春	跳房子	中华名人-孟子	金鹊报喜	巅峰对决	7乐无穷
—	—	—	—	—	—	—	—	—	1 237.55
—	—	—	—	—	—	—	—	—	959.20
—	—	—	—	—	—	—	—	—	—
—	—	—	—	—	—	—	—	—	0.05
—	—	—	—	—	—	—	—	—	156.25
—	0.02	—	0.60	—	0.05	—	—	—	2 530.29
—	—	1.03	—	0.05	—	—	0.10	0.05	123.05
—	—	—	—	—	—	—	—	—	1 360.10
—	—	—	—	—	—	—	—	—	1 225.95
—	—	—	—	—	—	—	—	—	1 382.20
—	—	—	—	—	—	−0.10	—	—	4 369.26
—	—	—	—	—	—	—	—	—	164.28
—	—	—	—	—	—	—	—	—	318.55
0.05	0.05	0.47	—	0.53	0.05	—	—	0.35	−0.04
—	—	—	—	—	—	—	—	—	3 305.65
—	—	—	—	—	—	—	—	—	2.50
—	—	—	—	—	—	—	—	—	−0.40
—	—	—	—	—	—	—	—	—	—
—	0.15	—	—	—	—	—	—	—	801.44
—	—	—	—	—	—	—	—	—	1 134.50
—	—	0.05	—	—	—	—	—	—	239.60
—	—	—	—	—	—	—	—	—	—
—	—	—	—	—	—	—	—	—	—
—	—	—	—	—	—	—	—	—	3 513.20
−0.04	0.17	−0.04	0.04	—	—	—	—	—	0.02
—	—	0.10	—	—	—	—	—	—	921.70
—	—	—	—	—	—	—	—	—	733.05
—	—	—	—	—	—	—	—	—	2.45
—	—	—	—	—	—	—	—	—	734.55
—	—	—	—	—	—	—	—	—	0.15
—	—	—	—	—	—	—	—	—	—
—	—	—	—	—	—	—	—	—	—
0.01	**0.39**	**1.61**	**0.64**	**0.58**	**0.10**	**−0.10**	**0.10**	**0.40**	**25 215.10**

续表

序号	地区	好彩头	花神	幸福来电	爱我家园	探险家	柿柿如意	甜蜜连连	福运连连
1	北　京	—	—	—	—	—	—	—	—
2	天　津	—	—	—	—	—	—	—	—
3	河　北	—	—	—	—	—	—	—	—
4	山　西	—	—	—	—	—	—	—	—
5	内蒙古	—	—	—	—	—	—	—	—
6	辽　宁	—	—	—	—	—	—	—	—
7	吉　林	0.02	—	0.20	—	—	0.10	0.02	—
8	黑龙江	—	—	—	—	—	—	—	—
9	上　海	—	—	—	—	—	—	—	—
10	江　苏	—	—	—	—	—	—	—	—
11	浙　江	—	—	—	—	—	—	—	–2.65
12	安　徽	—	—	—	—	—	—	—	—
13	福　建	—	—	—	—	—	—	—	—
14	江　西	—	—	0.35	—	0.05	0.16	—	0.20
15	山　东	—	—	—	—	—	—	—	—
16	河　南	—	—	—	—	—	—	—	—
17	湖　北	—	—	—	—	—	—	—	—
18	湖　南	—	—	—	—	—	—	—	—
19	广　东	—	—	—	—	—	—	—	—
	深　圳	—	—	—	—	—	—	—	—
20	广　西	—	—	—	—	—	—	—	—
21	海　南	—	—	—	—	—	—	—	—
22	重　庆	—	—	—	—	—	—	—	—
23	四　川	—	—	—	—	—	—	—	—
24	贵　州	—	—	0.03	—	–0.03	—	—	–0.19
25	云　南	—	0.05	0.10	0.05	0.05	—	—	—
26	西　藏	—	—	—	—	—	—	—	—
27	陕　西	—	—	—	—	—	—	—	—
28	甘　肃	—	—	—	—	—	—	—	—
29	青　海	—	—	—	—	—	—	—	—
30	宁　夏	—	—	—	—	—	—	—	—
31	新　疆	—	—	—	—	—	—	—	—
合计 Total		**0.02**	**0.05**	**0.68**	**0.05**	**0.08**	**0.26**	**0.02**	**–2.64**

金蜂巢	欢乐马戏团	百万财富	春夏秋冬	蝌蚪找妈妈	幸运抽奖	5 倍惊喜	俏佳人	马到成功 10 元	赣南苏区－荣光
—	—	12.55	—	—	—	1 460.75	—	—	—
—	—	—	—	—	—	1 014.45	—	—	—
—	—	—	—	—	—	—	—	—	—
—	—	—	—	—	—	—	—	—	—
—	—	—	2.30	—	—	643.35	—	—	—
—	—	—	—	—	0.15	3 744.20	—	—	—
0.42	0.98	—	0.05	—	—	1 208.17	0.11	—	—
—	—	—	—	—	—	1 499.75	—	—	—
—	—	—	—	—	—	1 852.55	—	—	—
—	—	—	—	—	—	1 467.55	0.15	—	—
—	—	—	—	—	—	4 091.42	—	—	—
—	—	—	–0.15	—	—	491.15	–0.20	—	—
—	—	—	—	—	—	1 781.15	—	—	—
0.95	0.50	—	—	1.15	0.30	598.55	—	0.85	8.65
—	—	—	—	—	—	—	—	—	—
—	—	—	—	—	—	—	—	—	—
—	–0.08	—	—	—	—	699.76	—	—	—
—	—	—	—	—	—	1 868.95	—	—	—
—	—	—	0.19	—	0.28	10 161.08	0.34	0.04	—
—	—	—	—	—	—	2 182.40	—	—	—
—	—	—	—	—	12.31	2 263.02	0.09	—	—
—	—	—	—	—	—	—	—	—	—
—	—	—	—	—	—	1 840.55	—	—	—
—	—	—	—	—	—	4 181.30	—	—	—
—	—	—	–0.31	—	—	–0.30	—	—	—
—	0.15	—	—	0.10	0.15	460.35	—	0.10	—
—	—	—	—	—	—	—	—	—	—
—	—	—	—	—	—	1 287.30	—	—	—
—	—	—	0.05	—	—	—	—	—	—
—	—	—	—	—	—	98.75	—	—	—
—	—	—	—	—	—	126.55	—	—	—
—	—	—	—	—	—	1.25	—	—	—
1.37	**1.55**	**12.55**	**2.14**	**1.25**	**13.18**	**45 024.01**	**0.49**	**0.99**	**8.65**

续表

序号	地区	七星瓢虫	太极	宝石奇缘	神秘好礼	熊出没	空战赢家	赛马	好运加倍
1	北　京	—	—	—	—	—	—	—	—
2	天　津	—	—	—	—	—	—	—	—
3	河　北	—	—	—	−58.25	—	—	—	—
4	山　西	—	—	—	−8.30	—	—	—	—
5	内蒙古	—	0.05	—	0.15	—	—	—	—
6	辽　宁	—	0.05	—	—	0.05	0.10	—	0.40
7	吉　林	0.08	—	0.45	—	—	0.10	—	—
8	黑龙江	—	—	—	—	—	—	—	—
9	上　海	—	—	—	—	—	—	—	—
10	江　苏	—	0.05	—	0.10	0.35	2.70	0.40	—
11	浙　江	—	—	—	—	—	—	−0.22	—
12	安　徽	—	—	—	—	−0.15	−0.25	−0.25	—
13	福　建	—	—	—	5.60	—	0.40	—	—
14	江　西	0.50	—	—	—	—	0.35	—	—
15	山　东		—	—	0.90	—	—	—	—
16	河　南	—	—	—	0.50	—	—	—	—
17	湖　北	—	—	—	—	—	−0.04	—	—
18	湖　南	—	—	—	—	—	—	—	—
19	广　东	—	—	—	3.64	—	−0.03	0.57	—
	深　圳	—	—	—	—	—	—	—	—
20	广　西	—	—	—	—	−0.02	−0.45	—	−0.47
21	海　南	—	—	—	—	—	—	—	—
22	重　庆	—	—	—	—	—	—	—	—
23	四　川	—	—	—	0.65	—	0.25	—	—
24	贵　州	0.02	—	—	—	−0.53	−0.08	—	−1.07
25	云　南	—	—	—	—	—	0.10	—	—
26	西　藏	—	—	—	—	—	—	—	—
27	陕　西	—	—	—	—	—	—	—	—
28	甘　肃	—	—	—	11.60	—	0.20	0.10	—
29	青　海	—	0.05	—	0.25	0.05	—	—	—
30	宁　夏	—	—	—	—	—	1.65	—	—
31	新　疆	—	—	—	—	0.05	1.85	—	—
合计 Total		**0.60**	**0.20**	**0.45**	**−43.16**	**−0.20**	**6.86**	**0.60**	**−1.13**

相约咖啡	加油加油	10来运转	足球盛宴5元	黄金盛典	“粽”奖	足球盛宴10元	魅力安徽－九华仙境	天降好礼	砸金蛋
—	—	—	—	—	—	—	—	—	—
—	—	—	—	—	—	—	—	—	—
—	—	—	–0.05	–99.05	—	–0.01	—	—	—
—	—	—	—	0.05	—	0.05	—	—	—
—	—	0.05	—	—	—	—	—	—	—
—	—	0.20	0.05	—	—	—	—	0.02	—
—	0.25	0.25	—	—	—	—	—	—	—
—	0.05	—	—	—	—	—	—	—	—
—	—	—	—	—	—	—	—	—	—
0.10	—	0.20	0.05	4.60	0.20	0.20	—	0.02	—
—	—	—	—	—	–1.03	—	—	—	—
—	–0.30	–0.45	–0.05	–3.20	–0.35	—	–0.32	–0.02	–0.05
—	–0.10	—	—	—	0.25	1.40	—	—	—
—	—	—	—	10.45	—	—	—	—	—
—	—	—	—	—	—	0.30	—	—	—
—	—	–0.69	0.10	0.40	—	—	—	—	—
—	–0.44	—	–0.92	2.75	–0.57	—	—	0.22	–1.06
—	—	—	—	—	—	—	—	—	—
0.35	–0.23	–0.02	0.23	–0.01	0.55	0.42	—	—	—
—	—	—	—	—	—	—	—	—	—
0.33	0.35	–3.21	0.26	—	—	0.28	—	0.16	0.19
—	—	—	—	7.26	—	—	—	—	—
—	—	—	—	—	—	—	—	—	—
—	—	0.50	0.05	—	—	0.15	—	—	—
—	–0.47	–0.85	–1.03	–2.65	–0.15	—	—	0.33	—
—	—	—	—	0.15	0.05	0.05	—	—	0.04
—	—	—	—	—	—	—	—	—	—
—	—	—	—	3.10	—	—	—	—	—
—	—	—	—	5.90	—	—	—	—	—
—	—	0.10	—	0.55	—	—	—	—	—
—	—	—	—	—	—	1.90	—	—	—
0.05	—	—	—	—	—	—	—	—	—
0.83	**–0.89**	**–3.91**	**–1.31**	**–69.69**	**–1.05**	**4.74**	**–0.32**	**0.73**	**–0.88**

续表

序号	地区	多彩假日	幸运星	好运百万	莲乡意蕴	美丽嘉兴	天长地久	钻石联盟	冰 VS 火
1	北　京	—	—	—	—	—	—	—	—
2	天　津	—	—	—	—	—	—	—	—
3	河　北	—	—	—	—	—	—	—	-0.03
4	山　西	—	—	—	29.00	—	—	—	—
5	内蒙古	—	—	—	0.85	—	—	—	—
6	辽　宁	—	0.05	—	—	—	—	0.10	—
7	吉　林	—	—	—	—	—	—	—	—
8	黑龙江	—	—	—	—	—	—	—	—
9	上　海	-0.30	—	—	—	—	—	—	—
10	江　苏	—	—	—	—	—	—	—	—
11	浙　江	—	—	—	—	-0.99	—	0.04	—
12	安　徽	-0.25	-0.35	—	—	—	—	-0.10	-0.15
13	福　建	—	—	—	—	—	—	—	—
14	江　西	—	—	—	8 915.50	—	—	—	—
15	山　东	—	—	—	—	—	—	—	—
16	河　南	—	0.05	—	1 695.20	—	—	—	—
17	湖　北	-0.13	—	—	3 368.95	—	—	—	—
18	湖　南	—	—	—	—	—	—	—	—
19	广　东	-0.20	—	32 139.01	9.60	—	—	—	—
	深　圳	—	—	—	—	—	—	—	—
20	广　西	0.10	0.05	—	8 890.75	—	—	—	0.15
21	海　南	—	—	—	—	—	—	—	—
22	重　庆	—	—	—	—	—	—	—	—
23	四　川	—	—	—	—	—	—	—	—
24	贵　州	-0.69	—	—	—	—	-0.01	—	—
25	云　南	—	—	—	—	—	—	—	—
26	西　藏	—	—	—	—	—	—	—	—
27	陕　西	—	—	—	966.05	—	—	—	—
28	甘　肃	—	—	—	1 368.95	—	—	—	—
29	青　海	—	—	—	—	—	—	—	0.05
30	宁　夏	—	—	—	—	—	—	—	—
31	新　疆	—	—	—	—	—	—	—	—
合计 Total		**-1.47**	**-0.20**	**32 139.01**	**25 244.85**	**-0.99**	**-0.01**	**0.04**	**0.03**

我爱电影－一步之遥	雪人	羊票5元	羊票10元	连环夺宝	博饼嘉年华	醉美婺源	喜气羊羊	蘑菇大战	财高8斗
—	—	—	—	—	—	—	—	—	—
—	—	—	—	—	—	—	—	—	—
—	—	—	—	-0.10	—	—	-0.05	-0.15	—
—	—	—	—	—	—	—	—	—	—
—	—	—	—	0.55	—	—	—	19.70	0.05
—	—	0.10	0.20	0.05	—	—	0.20	13.40	—
—	—	—	—	—	—	—	—	0.20	—
—	—	—	—	0.10	—	—	—	—	—
—	—	—	—	—	—	—	—	91.30	—
—	—	—	0.05	0.85	—	—	0.50	2.85	4.90
0.10	—	—	-0.03	—	—	—	—	—	—
—	—	-0.10	—	-0.15	—	—	-0.35	132.00	0.50
—	—	—	—	0.15	319.75	—	-0.15	—	—
—	—	1.00	1.30	—	—	3.75	—	—	—
—	—	—	—	—	—	—	0.10	3.45	—
—	—	—	—	—	—	—	—	8.90	—
—	—	-0.05	-0.33	—	—	—	—	-0.39	—
—	—	—	—	—	—	—	—	—	—
0.68	—	0.19	-0.18	0.19	—	—	-2.55	1.99	-0.91
—	—	—	—	—	—	—	—	—	—
—	—	0.10	—	1.93	—	—	-0.37	0.36	5.71
—	—	—	—	-0.13	—	—	—	—	—
—	—	—	—	1.50	—	—	—	—	—
—	1.65	—	—	—	—	—	-0.87	0.65	-1.96
—	—	-0.09	—	—	—	—	—	—	—
—	0.20	0.05	—	—	—	—	0.15	0.10	0.25
—	—	—	—	—	—	—	—	—	—
—	—	—	—	—	—	—	—	0.90	—
—	—	—	—	—	—	—	—	31.40	1.80
—	—	—	0.05	—	—	—	0.80	0.65	3.15
—	—	—	—	—	—	—	—	0.05	0.05
—	—	—	—	—	—	—	0.90	—	—
0.78	**1.85**	**1.20**	**1.07**	**4.93**	**319.75**	**3.75**	**-1.68**	**307.35**	**13.55**

续表

序号	地区	金冠	喜上加喜	彩运亨通	龟兔赛跑	动物乐园	扑克王	幸运投篮机	幸运草
1	北　京	—	—	—	—	—	—	—	—
2	天　津	—	—	—	—	—	—	—	—
3	河　北	—	−10.00	—	−0.10	—	—	—	−0.15
4	山　西	—	—	—	—	—	—	—	—
5	内蒙古	—	20.33	—	—	—	—	—	—
6	辽　宁	0.05	422.35	0.10	0.05	0.06	—	—	0.55
7	吉　林	—	142.18	0.65	—	0.22	—	0.55	0.45
8	黑龙江	—	25.85	—	0.05	0.12	—	—	0.05
9	上　海	—	—	3 957.80	—	—	—	—	—
10	江　苏	0.10	69.30	0.40	1.65	3.22	0.10	—	3.20
11	浙　江	0.18	0.28	—	—	—	—	—	0.05
12	安　徽	—	136.38	−0.05	—	—	−0.05	—	−0.40
13	福　建	—	11.53	—	—	—	—	−0.05	—
14	江　西	—	—	0.30	—	0.48	—	—	—
15	山　东	0.22	7.11	—	—	0.27	—	0.05	—
16	河　南	—	—	2.20	—	0.06	—	—	—
17	湖　北	—	245.95	−0.08	—	—	—	−3.64	−0.01
18	湖　南	—	383.60	—	—	—	—	—	—
19	广　东	−1.71	1 063.44	−0.22	0.22	0.75	0.39	−1.82	1.40
	深　圳	—	—	—	—	—	—	—	—
20	广　西	−0.23	94.85	1.91	1.57	0.17	—	−0.20	0.98
21	海　南	—	—	—	—	—	—	—	—
22	重　庆	—	—	—	—	—	—	—	—
23	四　川	—	—	—	—	—	—	−1.71	—
24	贵　州	—	68.30	−4.41	−1.04	−0.09	−0.43	—	—
25	云　南	—	—	1.35	—	—	—	0.30	0.20
26	西　藏	—	—	—	—	—	—	—	—
27	陕　西	—	1.23	4.05	—	—	—	—	—
28	甘　肃	—	1.05	—	—	—	—	0.10	0.05
29	青　海	0.05	0.20	—	0.15	0.02	1.60	0.10	0.10
30	宁　夏	—	—	—	—	—	—	0.45	—
31	新　疆	—	—	—	6.40	1.30	—	2.05	—
合计 Total		**−1.33**	**2 683.90**	**3 963.99**	**8.95**	**6.58**	**1.62**	**−3.81**	**6.47**

幸福温州	流星雨	和平是福	幸福宝藏	满堂彩	招财进宝	一刮千金5元	太极拳	大闹天宫	购彩乐
—	—	—	—	2.50	—	—	—	—	—
—	—	—	—	—	—	—	—	—	—
—	—	–0.10	—	–43.65	—	–0.20	–0.30	—	–93.45
—	—	—	—	—	0.15	—	—	—	—
—	—	—	9.90	—	19.15	—	—	0.10	0.15
—	0.20	—	—	—	—	—	—	—	0.30
—	0.45	0.08	—	169.15	—	—	—	0.35	0.80
—	0.10	—	—	2.50	0.80	0.05	—	—	—
—	—	—	—	—	—	—	—	—	—
—	0.05	1.65	32.15	52.50	0.80	—	—	0.95	0.30
0.95	–0.52	—	—	183.69	0.10	—	—	—	—
—	–0.25	–0.05	82.70	5.40	105.14	–0.70	—	–0.15	—
—	—	—	—	—	—	—	—	—	—
—	–0.64	—	—	1.40	1.50	—	—	0.20	—
—	0.14	0.18	14.13	0.05	1.50	2.39	—	0.17	0.20
—	–0.70	—	5.25	1.75	—	—	—	—	–1.35
—	–1.54	–0.02	—	—	7.08	–0.24	—	–0.06	–2.20
—	—	—	—	—	—	—	—	—	—
—	–3.30	0.51	3.83	335.69	3.84	—	—	0.59	–3.12
—	—	—	—	—	—	—	—	—	—
—	–0.41	–9.33	—	2.87	134.85	—	—	—	–1.70
—	—	—	—	—	—	—	—	—	—
—	—	—	5.50	—	—	0.85	—	—	—
—	–1.42	0.45	12.60	53.15	15.60	—	—	—	–1.60
—	–0.95	—	33.29	–0.33	—	–0.79	—	—	—
—	—	—	19.55	1.53	0.80	—	—	1.20	0.15
—	—	—	—	1.80	—	—	—	—	—
—	—	—	2.25	0.05	2.80	—	—	—	—
—	—	0.80	4.20	1.15	0.90	0.10	—	—	1.80
—	—	0.10	0.10	0.20	3.75	—	—	—	—
—	—	0.55	32.40	0.10	—	—	—	—	0.05
—	—	—	3.45	—	—	13.90	—	—	41.05
0.95	**–8.79**	**–5.19**	**261.30**	**771.50**	**298.76**	**15.36**	**–0.30**	**3.36**	**–58.63**

续表

序号	地区	中华武圣	向阳花	点赞	水果联盟	魔幻 21	最佳阵容	丝路寻梦	丙申猴－灵猴献彩 5 元
1	北　京	—	—	—	—	—	—	—	—
2	天　津	—	—	—	—	—	—	—	—
3	河　北	—	−0.02	—	—	−54.55	−1.12	−49.77	−0.25
4	山　西	0.05	—	—	—	—	—	—	—
5	内蒙古	—	—	—	—	—	—	—	—
6	辽　宁	—	0.04	—	—	11.50	—	—	—
7	吉　林	—	—	—	—	0.15	—	—	0.35
8	黑龙江	—	—	—	—	—	0.30	—	—
9	上　海	—	—	−0.05	—	81.50	—	—	—
10	江　苏	—	0.46	0.70	0.05	8.65	0.05	0.35	0.70
11	浙　江	—	—	—	—	—	—	—	—
12	安　徽	—	−0.08	−0.30	—	12.90	—	—	−0.55
13	福　建	—	—	—	−0.15	—	−0.05	—	0.55
14	江　西	—	—	—	—	—	—	—	1.25
15	山　东	—	0.02	0.43	—	—	0.40	0.71	0.19
16	河　南	—	—	0.05	−2.18	0.60	−3.56	—	—
17	湖　北	—	—	−0.59	−1.07	—	—	—	—
18	湖　南	—	—	—	—	—	—	—	—
19	广　东	—	—	—	−2.48	1.57	−3.65	−0.87	1.29
	深　圳	—	—	—	—	—	—	—	—
20	广　西	—	0.62	2.69	−0.61	3.75	0.09	—	−0.27
21	海　南	—	—	—	—	—	—	—	—
22	重　庆	—	—	—	—	5.10	—	—	—
23	四　川	—	—	0.35	−2.05	23.85	−1.64	6.00	0.35
24	贵　州	—	—	—	—	—	—	—	—
25	云　南	—	0.03	1.10	0.20	0.43	0.55	—	0.10
26	西　藏	—	—	—	—	—	—	—	—
27	陕　西	—	—	—	—	—	—	—	—
28	甘　肃	—	—	0.30	—	3.00	0.25	—	—
29	青　海	—	—	—	—	0.60	—	—	—
30	宁　夏	—	—	—	—	—	—	0.50	—
31	新　疆	—	—	20.20	—	3.20	26.60	—	27.80
合计 Total		**0.05**	**1.07**	**24.89**	**−8.30**	**102.25**	**18.24**	**−43.08**	**31.51**

丙申猴－脸谱 10 元	丙申猴－金猴银猴 20 元	中国结	开门红	欢乐钓鱼	吉庆有余	天下凤凰	红宝石蓝宝石	旺旺彩	桃花源寻宝
—	—	144.50	—	—	—	—	—	—	—
—	—	—	—	—	—	—	—	—	0.15
-3.20	-0.73	-137.23	8.10	-0.45	—	—	-163.85	—	-1.90
—	—	—	—	—	—	—	0.10	—	—
—	—	—	—	7.15	—	—	—	—	0.05
—	0.05	—	53.40	22.95	6.85	—	-0.79	13.80	—
—	—	—	—	—	—	—	0.50	—	—
—	—	—	6.60	6.40	—	—	0.40	12.70	—
—	—	—	—	—	—	—	—	—	—
2.25	0.30	0.15	188.15	18.85	16.65	—	0.80	11.80	70.55
—	-0.02	0.05	—	4.70	5.17	—	-3.66	1.95	13.28
-0.30	—	—	—	315.71	—	—	-5.42	0.05	441.66
—	—	—	1.70	6.30	—	—	—	49.85	-0.70
1.20	—	—	—	—	—	—	-2.26	108.25	—
—	0.18	—	3.18	59.14	208.98	—	0.92	—	—
—	—	—	—	—	15.90	—	-1.48	5.05	8.95
—	—	-2.22	0.39	0.60	235.28	—	-6.59	6.69	32.23
—	—	—	—	—	—	125.15	—	—	—
-1.00	-1.78	0.56	134.14	4.56	—	—	-7.73	—	—
—	—	—	—	—	—	—	—	—	—
-1.22	-3.17	-0.21	1.50	0.84	—	—	-0.36	—	—
—	—	—	—	—	—	—	—	—	—
—	—	—	3.60	10.85	—	—	—	—	0.80
—	0.10	0.55	8.45	8.80	35.25	—	-13.70	—	62.55
—	—	—	—	—	—	—	-0.13	30.00	—
0.05	1.45	—	0.05	0.15	—	—	—	0.80	—
—	—	—	—	16.15	—	—	—	—	1.10
—	—	—	—	152.55	—	—	—	—	—
0.10	1.20	1.55	0.05	5.25	7.65	—	0.05	4.10	8.80
0.10	—	—	—	3.05	—	—	—	7.75	0.15
—	—	—	—	0.15	—	—	—	—	—
5.15	14.20	47.80	42.00	7.70	—	—	9.00	—	—
3.13	**11.78**	**55.50**	**451.31**	**651.40**	**531.73**	**125.15**	**-194.19**	**252.79**	**637.67**

续表

序号	地区	黑桃 KING	孔雀美	好运 9	快乐高尔夫	魅力香吻	一刮千金 10 元	金钥匙 5 元	天下为公
1	北　京	—	—	—	—	—	—	—	—
2	天　津	—	—	—	—	—	—	—	—
3	河　北	−7.07	−58.10	−0.15	310.69	−340.14	64.10	−0.10	—
4	山　西	8.80	—	—	—	—	274.90	—	—
5	内蒙古	—	—	—	—	—	135.65	2.25	—
6	辽　宁	14.70	3.90	—	42.85	—	90.50	—	—
7	吉　林	—	—	166.55	164.20	0.15	8.15	1.60	—
8	黑龙江	3.22	9.45	3.30	—	—	163.10	11.90	—
9	上　海	1.92	—	—	—	—	541.50	—	—
10	江　苏	2.36	33.40	1.10	14.95	—	10.70	—	—
11	浙　江	0.08	—	5.37	—	−0.23	20.38	—	—
12	安　徽	—	—	0.05	—	−1.23	99.64	—	—
13	福　建	—	—	—	—	−0.40	—	—	—
14	江　西	—	—	3.80	—	—	3.15	—	—
15	山　东	3.65	74.32	5.36	153.48	0.75	125.72	1.64	—
16	河　南	3.75	12.65	9.05	17.25	−1.93	21.75	—	—
17	湖　北	−1.31	—	—	—	—	130.49	—	—
18	湖　南	—	—	—	—	—	—	—	—
19	广　东	—	—	5.31	—	—	85.48	17.92	0.65
	深　圳	—	—	—	—	—	—	—	—
20	广　西	−0.19	47.50	15.25	—	—	154.35	—	—
21	海　南	—	—	—	—	—	23.10	—	—
22	重　庆	—	—	—	—	—	2.85	—	—
23	四　川	—	87.95	57.55	—	−4.32	41.45	14.10	—
24	贵　州	−0.18	16.90	73.15	—	—	64.90	—	—
25	云　南	0.08	1.07	0.45	—	1.29	0.22	—	—
26	西　藏	—	—	—	—	—	62.90	—	—
27	陕　西	—	—	0.70	—	—	0.60	—	—
28	甘　肃	—	6.05	—	19.75	0.10	0.20	9.25	—
29	青　海	0.12	—	—	0.35	1.45	202.35	5.85	—
30	宁　夏	—	0.15	—	—	1.60	93.75	—	—
31	新　疆	—	—	1.85	12.30	—	5.65	—	—
合计 Total		**29.92**	**235.24**	**348.69**	**735.82**	**−342.91**	**2 427.53**	**64.40**	**0.65**

美丽衢州	幸运双星	森林探宝	码上有奖	以茶会友	青花瓷	闪耀钻石 5元	闪耀钻石 10元	闪耀钻石 20元	丁酉鸡 – 金鸡银鸡 5元
—	—	—	—	0.20	—	—	—	0.25	—
—	—	—	—	24.10	—	—	—	0.15	37.85
—	—	5.05	1.81	14.85	—	—	—	–0.05	–0.63
—	1.40	—	—	31.10	—	3.95	35.60	—	2.75
—	11.38	40.75	22.55	—	—	3.35	15.95	21.00	18.45
—	1.86	4.65	1.65	—	—	23.00	10.90	3.70	27.80
—	0.26	0.25	–9.30	—	—	0.45	0.45	0.90	—
—	12.86	—	—	—	—	8.10	25.90	33.80	7.15
—	—	—	—	—	—	—	—	—	17.95
—	36.80	31.95	4.30	17.60	—	1.10	14.15	6.15	7.90
0.05	—	155.11	13.71	—	—	1.89	28.96	8.63	0.44
—	31.94	—	316.00	2.15	—	0.15	0.20	0.85	–0.10
—	—	0.10	—	—	—	5.00	6.30	—	0.05
—	10.70	—	—	—	4.90	23.00	140.25	345.90	—
—	184.84	226.63	34.68	34.86	—	—	19.68	145.08	3.34
—	11.50	16.75	28.10	1.35	—	15.75	38.80	59.00	0.40
—	—	63.91	214.29	—	—	2.40	25.19	17.72	–4.98
—	—	—	—	—	—	—	—	—	—
—	21.85	17.33	972.69	112.90	—	10.60	38.47	171.21	2.09
—	—	—	—	—	—	—	—	—	—
—	23.66	—	0.14	3.25	—	2.35	18.15	12.80	–1.34
—	—	—	—	—	–1.80	—	—	—	—
—	—	—	—	—	—	—	51.80	28.90	—
—	—	—	5.00	0.30	—	—	0.60	—	5.05
—	14.80	—	—	—	—	28.25	—	—	–0.64
—	—	—	—	0.20	—	—	—	0.05	0.35
—	—	8.15	—	3.30	—	46.80	—	3.20	—
—	—	—	—	—	—	—	—	—	—
—	6.12	9.30	15.10	7.45	—	6.30	24.35	40.75	4.35
—	30.66	0.25	0.90	30.65	—	3.70	4.40	1.05	27.30
—	26.68	0.20	0.27	45.19	—	—	0.35	103.25	29.70
—	24.54	—	0.65	—	—	—	14.45	—	1.30
0.05	**451.86**	**580.38**	**1 622.54**	**329.45**	**3.10**	**186.13**	**514.91**	**1 004.29**	**186.54**

续表

序号	地区	丁酉鸡－鸡鸣富贵 10 元	丁酉鸡－吉祥如意 20 元	福星	好运 123	福运红包	福	吉祥金蛋	幸运星座
1	北　京	—	3.55	—	—	—	—	—	—
2	天　津	—	—	—	—	—	—	—	0.85
3	河　北	—	0.50	18.74	0.12	632.90	300.30	—	1.20
4	山　西	—	—	0.45	15.90	481.57	—	—	—
5	内蒙古	17.15	32.10	1.20	1.65	32.55	7.90	—	—
6	辽　宁	20.80	16.80	14.76	—	35.90	6.40	—	42.35
7	吉　林	—	—	—	—	241.85	69.05	17.50	—
8	黑龙江	—	—	35.78	2.40	267.05	3.90	—	—
9	上　海	—	—	—	111.65	—	—	—	131.70
10	江　苏	5.00	26.60	44.76	8.70	20.50	48.15	21.55	45.50
11	浙　江	0.50	20.60	—	2.60	—	—	—	186.30
12	安　徽	0.15	—	28.52	13.48	209.23	—	127.95	53.54
13	福　建	—	—	29.88	0.05	27.55	2.80	—	7.05
14	江　西	—	—	20.58	-1.02	0.10	—	142.00	—
15	山　东	1.60	10.20	160.25	11.58	1 299.99	—	—	—
16	河　南	—	10.83	5.40	12.40	258.85	24.10	14.35	12.00
17	湖　北	0.44	70.07	—	—	285.47	135.09	10.99	—
18	湖　南	—	—	24.16	—	360.55	—	—	—
19	广　东	4.17	7.89	—	—	812.68	11.49	—	—
	深　圳	—	—	—	—	—	—	—	—
20	广　西	0.65	—	—	-0.44	4.45	22.60	—	—
21	海　南	—	—	7.50	—	—	—	—	—
22	重　庆	—	—	—	—	688.80	—	—	—
23	四　川	2.45	11.60	2.46	2.35	—	22.80	—	—
24	贵　州	19.70	—	—	73.20	87.50	—	—	—
25	云　南	—	—	—	—	—	0.05	—	0.05
26	西　藏	5.55	11.95	—	—	—	—	—	—
27	陕　西	—	—	—	18.85	414.75	0.10	0.15	—
28	甘　肃	4.65	25.65	35.42	4.75	216.10	7.05	12.50	10.80
29	青　海	1.35	75.55	—	—	—	—	—	—
30	宁　夏	49.45	78.75	26.37	—	0.53	—	—	—
31	新　疆	—	22.75	—	0.25	12.65	3.65	—	—
合计 Total		**133.61**	**425.38**	**456.23**	**278.49**	**6 391.52**	**665.43**	**346.99**	**491.34**

扑克风云	5要赢	六六顺	金玉满堂	国色天香	一鸣惊人	Quick3	欢乐彩蛋	福彩三十周年纪念	十全十美
—	—	—	—	—	—	—	—	0.50	—
—	—	—	—	—	—	—	—	—	—
67.40	—	—	—	188.25	51.35	—	745.35	45.45	130.60
73.35	—	0.05	—	—	20.50	6.78	—	—	36.16
—	1.55	3.45	—	3.55	45.25	10.32	—	57.75	21.45
4.40	0.25	—	—	5.55	5.90	90.04	—	184.55	144.95
113.80	—	—	—	—	0.20	15.78	174.75	86.65	85.65
10.05	—	—	—	33.95	—	17.88	—	209.70	73.50
—	—	—	—	—	—	—	—	89.45	285.30
43.70	—	47.20	50.45	84.40	25.85	8.94	115.45	324.75	20.40
4.36	—	3 514.45	1 111.37	425.19	—	—	—	105.99	50.19
—	—	—	—	0.10	120.70	13.42	—	—	195.95
—	—	—	—	—	—	–0.26	6.30	—	4.05
–62.49	—	—	—	—	—	—	—	389.80	1.90
72.53	—	—	109.30	129.87	15.24	—	8.98	612.18	656.27
21.05	—	—	76.45	52.45	—	0.96	—	2.20	67.65
1.97	—	—	—	62.31	—	—	258.02	118.23	144.40
10.85	—	—	—	173.20	—	7.74	—	69.65	—
2.99	—	—	—	10.62	—	—	—	536.90	543.69
—	—	—	—	—	—	—	—	—	—
17.77	—	—	—	—	—	–0.05	—	170.30	278.20
—	—	—	—	—	—	—	—	—	—
—	—	—	144.00	—	—	—	—	101.65	9.90
398.55	—	—	0.10	27.90	—	1.06	—	1 189.50	15.80
11.20	—	—	621.75	—	—	7.48	—	—	121.15
—	—	0.25	—	—	—	—	—	271.50	—
—	—	—	2.65	4.70	—	—	6.45	18.50	13.65
0.10	—	—	1 513.35	—	—	—	—	14.70	0.40
1.55	5.90	—	9.35	0.25	—	7.36	9.10	68.35	7.05
0.90	—	—	2.95	—	—	27.54	1.00	66.25	271.80
0.80	—	—	0.58	0.04	—	33.44	—	65.89	0.05
16.35	—	—	—	84.40	8.90	48.14	—	10.10	6.60
811.18	**7.70**	**3 565.40**	**3 642.30**	**1 286.73**	**293.89**	**296.56**	**1 325.40**	**4 810.50**	**3 186.69**

续表

序号	地区	十二生肖	蓝玫瑰	擂台赛	喜加福	临川四梦	黄金时代10元	摇钱树	双赢
1	北　京	—	—	—	—	—	—	42.75	—
2	天　津	—	4.25	—	—	—	—	—	7.35
3	河　北	—	39.10	—	—	—	—	523.45	2.55
4	山　西	—	122.70	—	98.90	—	—	—	18.90
5	内蒙古	59.20	—	—	—	—	124.25	—	38.90
6	辽　宁	33.80	—	37.50	12.35	—	0.45	—	34.85
7	吉　林	—	173.70	—	27.55	—	73.40	—	205.20
8	黑龙江	—	163.55	—	13.20	—	—	—	13.80
9	上　海	—	526.80	—	0.15	—	—	966.30	1.45
10	江　苏	15.05	342.20	7.50	60.20	—	9.90	115.70	5.80
11	浙　江	—	158.11	—	—	—	89.84	602.96	7.69
12	安　徽	—	333.24	24.90	33.90	—	—	98.20	—
13	福　建	10.90	5.60	—	6.35	—	0.15	—	25.20
14	江　西	—	726.60	—	312.50	266.65	282.65	—	—
15	山　东	—	12.70	140.84	120.41	—	1.28	385.14	—
16	河　南	—	—	3.68	39.30	—	0.30	19.35	22.70
17	湖　北	—	64.00	—	—	—	—	110.29	126.47
18	湖　南	—	175.95	—	—	—	—	—	—
19	广　东	—	1 102.39	—	—	—	—	852.02	—
	深　圳	—	334.80	—	—	—	—	—	—
20	广　西	20.35	18.45	—	25.70	—	251.67	566.29	71.55
21	海　南	—	9.80	—	—	—	—	—	—
22	重　庆	—	—	—	0.35	—	—	58.25	—
23	四　川	—	993.30	3.30	104.50	—	30.40	289.05	32.15
24	贵　州	—	71.60	11.58	17.25	—	—	248.30	29.20
25	云　南	—	—	—	—	—	—	—	358.25
26	西　藏	—	297.55	—	—	—	—	—	—
27	陕　西	—	105.00	—	—	—	—	0.45	451.20
28	甘　肃	10.85	53.45	42.36	153.00	—	283.15	342.15	28.80
29	青　海	41.35	4.00	17.02	60.75	—	—	0.05	216.50
30	宁　夏	—	—	0.10	—	—	—	—	—
31	新　疆	—	0.55	—	—	—	—	—	72.15
合计 Total		**191.50**	**5 839.39**	**288.78**	**1 086.36**	**266.65**	**1 147.44**	**5 220.69**	**1 770.65**

5动奇迹	步步惊喜	蒸蒸日上	玫瑰之约	北京印象	幸运宝10	趣味台球	射门	戊戌狗－金狗银狗5元	戊戌狗－旺旺年10元
—	—	—	—	—	—	—	—	—	—
0.45	—	—	2.90	67.45	—	—	—	—	—
—	—	343.80	527.19	100.30	148.20	292.35	—	1.15	—
19.45	89.05	65.30	—	—	—	—	0.40	25.60	12.61
—	14.25	38.25	393.35	—	158.25	—	2.14	16.20	2.40
1.45	1.60	10.70	—	100.80		—	7.36	2.70	15.20
—	14.95	—	—	—	106.70	—	5.54	—	—
6.60	—	143.35	—	—	—	—	—	—	17.90
—	—	488.20	—	25.95	—	—	—	—	—
20.20	27.80	63.60	1 304.85	27.60	18.85	46.50	9.88	7.00	6.40
10.48	309.97	84.66	4 514.57	—	—	74.22	—	—	—
6.70	73.30	117.15	—	13.65	—	—	—	—	—
—	56.80	88.95	—	—	8.70	0.45	—	—	2.40
—	—	—	—	—	—	—	—	—	—
29.17	78.33	19.80	—	—	—	—	—	0.58	81.17
29.75	—	2.75	—	2.10	14.95	—	7.68	0.60	1.75
—	—	—	—	—	80.09	—	—	—	—
—	—	55.25	—	—	0.90	—	—	—	—
—	—	51.09	—	—	28.11	—	33.30	10.63	52.83
—	—	—	—	—	—	—	194.76	—	—
—	—	132.80	—	17.60	—	—	14.04	5.65	11.45
—	—	—	—	—	—	—	—	—	—
—	—	84.10	—	—	—	15.75	—	—	42.40
5.00	—	875.20	—	—	78.25	12.85	—	—	1.35
24.25	—	—	116.75	—	66.15	—	14.40	—	—
—	—	295.45	—	—	—	—	—	—	—
—	—	56.65	2.25	—	—	—	—	—	—
—	—	0.80	1 235.20	—	4 940.00	—	—	—	—
23.55	20.75	18.10	6.30	—	28.60	18.65	—	—	—
—	9.65	17.50	13.85	2.20	—	—	21.16	—	—
53.10	—	54.35	170.75	—	—	—	—	—	—
27.55	53.20	—	10 000.00	152.45	45.60	45.80	—	33.00	19.85
257.70	**749.65**	**3 107.80**	**18 287.95**	**510.10**	**5 723.35**	**506.57**	**310.66**	**103.11**	**267.72**

续表

序号	地区	戊戌狗－福禄寿喜 20 元	冰雪良缘	风花雪月	天生一对	赢在 2018	小黄人 5 元	福满人间	非常惊喜
1	北　京	423.15	—	—	—	—	—	—	—
2	天　津	—	—	—	—	—	—	—	—
3	河　北	53.75	63.05	—	—	—	—	—	—
4	山　西	—	—	—	—	—	—	—	—
5	内蒙古	13.50	74.40	—	115.75	13.04	—	—	49.85
6	辽　宁	2.85	154.95	—	223.80	42.78	89.05	—	—
7	吉　林	—	—	—	—	0.06	—	—	—
8	黑龙江	—	—	—	—	—	—	—	—
9	上　海	—	—	—	—	—	—	—	—
10	江　苏	34.90	100.55	—	8.05	10.40	11.95	—	197.70
11	浙　江	48.23	—	—	29.06	—	—	—	—
12	安　徽	—	—	—	49.89	0.66	35.40	—	—
13	福　建	0.15	—	—	—	—	35.35	—	86.80
14	江　西	62.25	—	—	—	—	14.10	—	—
15	山　东	9.39	—	—	304.71	—	33.21	—	—
16	河　南	120.40	34.25	—	3.15	18.70	—	—	—
17	湖　北	—	—	—	—	—	—	—	—
18	湖　南	—	—	—	—	—	—	—	—
19	广　东	33.98	58.67	—	152.10	—	—	—	—
	深　圳	—	—	—	—	—	—	—	—
20	广　西	68.90	—	—	—	—	—	—	—
21	海　南	—	—	—	—	—	—	—	—
22	重　庆	—	—	—	468.85	—	—	179.65	—
23	四　川	49.05	—	—	—	—	—	—	—
24	贵　州	—	—	—	41.20	—	—	—	—
25	云　南	—	—	8.75	—	—	—	—	—
26	西　藏	56.30	—	—	—	—	—	—	70.20
27	陕　西	168.10	—	—	650.00	—	—	—	—
28	甘　肃	67.05	—	—	326.90	—	15.05	—	3.55
29	青　海	5.60	—	—	—	—	—	—	0.85
30	宁　夏	0.30	—	—	0.45	—	—	—	0.18
31	新　疆	49.75	40.70	—	—	24.96	217.35	—	19.20
合计 Total		**1 267.60**	**526.57**	**8.75**	**2 373.90**	**110.60**	**451.46**	**179.65**	**428.33**

怀袖清风	金光闪耀	冠军荣耀	财源广进	魅力宁波	群英会	沙漠寻宝	7开得胜	一路福星	壕7
—	—	—	—	—	—	—	0.75	311.55	0.25
—	—	59.20	—	—	—	—	—	0.05	2.90
—	—	31.25	—	—	—	—	9.50	—	—
—	—	180.90	—	—	—	—	33.25	—	341.05
31.65	0.10	67.75	—	—	—	188.85	3.85	309.10	—
—	—	4.55	—	—	—	—	20.50	—	1.90
26.25	—	35.45	44.60	—	—	—	99.30	54.10	567.30
—	—	54.45	—	—	—	—	30.95	—	141.05
—	—	141.15	—	—	—	—	499.65	—	—
10.85	46.05	50.50	—	—	—	97.40	14.55	59.35	230.80
—	—	52.79	3.60	394.69	—	—	—	—	8.24
—	—	29.65	—	—	—	—	111.55	—	6.65
—	—	151.70	—	—	—	—	10.40	253.60	0.15
—	—	159.15	—	—	—	—	—	—	0.45
51.16	54.47	231.48	—	—	49.39	152.02	—	—	5.30
—	—	8.30	—	—	—	—	—	—	45.05
—	—	13.94	—	—	—	—	—	—	257.85
—	—	67.35	—	—	—	—	—	—	307.75
—	—	76.58	—	—	—	—	94.08	—	1 046.84
—	—	—	—	—	—	—	—	—	—
—	—	24.45	—	—	—	—	—	—	129.75
—	—	1.00	—	—	—	—	—	14.20	62.02
—	—	40.75	—	—	—	—	—	—	499.55
—	—	66.45	—	—	—	—	—	—	69.75
—	—	37.70	—	—	—	—	—	88.70	179.85
—	—	—	—	—	—	—	—	—	645.80
—	5.60	49.55	—	—	—	—	—	239.05	38.50
—	1 445.40	0.05	—	—	—	—	—	—	112.90
17.90	15.10	8.55	—	—	—	97.70	—	—	1.00
—	0.50	137.85	—	—	—	—	—	124.90	0.30
—	—	48.30	—	—	—	—	—	126.90	0.40
—	9 026.10	23.35	—	—	—	62.17	5.45	8.40	—
137.81	**10 593.32**	**1 854.14**	**48.20**	**394.69**	**49.39**	**598.14**	**933.78**	**1 589.90**	**4 703.35**

续表

序号	地区	祝你快乐	八仙过海	金沙滩	福袋	24K 金	美丽三沙	青蛙过河	橙意满满
1	北 京	—	—	—	—	—	—	—	—
2	天 津	—	—	—	2.60	—	—	299.15	—
3	河 北	—	8.00	—	163.50	674.75	—	—	23.20
4	山 西	—	—	20.76	31.20	—	—	12.15	90.40
5	内蒙古	3.25	11.50	15.32	21.05	262.65	—	229.25	—
6	辽 宁	—	—	143.16	—	—	—	—	—
7	吉 林	31.60	10.25	115.52	51.40	—	—	186.25	564.45
8	黑龙江	—	36.40	—	15.35	—	—	—	372.45
9	上 海	33.95	—	—	—	—	—	—	530.05
10	江 苏	—	312.20	69.04	164.70	—	—	27.15	231.70
11	浙 江	—	—	—	—	—	—	—	—
12	安 徽	—	—	—	53.70	—	—	—	167.64
13	福 建	—	—	—	9.25	—	—	—	—
14	江 西	—	—	—	—	—	—	—	68.45
15	山 东	—	105.11	—	701.41	9.38	—	—	894.27
16	河 南	22.05	37.75	—	—	—	—	15.40	95.05
17	湖 北	—	—	—	—	—	—	—	11.02
18	湖 南	—	—	—	—	—	—	—	—
19	广 东	—	—	—	415.95	558.70	—	—	448.81
	深 圳	—	—	—	—	—	—	—	—
20	广 西	—	—	—	—	—	—	—	47.35
21	海 南	—	—	—	—	77.51	0.95	—	0.20
22	重 庆	—	—	—	—	—	—	—	136.90
23	四 川	—	—	—	—	192.95	—	—	—
24	贵 州	23.05	—	—	46.20	—	—	32.40	45.35
25	云 南	—	—	—	—	—	—	—	—
26	西 藏	—	—	—	—	1.05	—	—	143.10
27	陕 西	—	—	321.86	330.80	—	—	—	1 209.35
28	甘 肃	—	—	—	—	—	—	17.40	24.15
29	青 海	—	—	—	—	—	—	—	165.90
30	宁 夏	—	—	—	—	128.90	—	—	—
31	新 疆	—	36.45	40.84	144.50	—	—	51.45	170.65
合计 Total		**113.90**	**557.66**	**726.50**	**2 151.60**	**1 905.89**	**0.95**	**870.60**	**5 440.44**

聚宝盆	积金至斗	开心夹夹乐	66 顺 88 发	苍狼啸月	丹桂飘香－金桂银桂	女书	越剧	369–20 元	圣诞快乐 10 元
—	—	—	58.20	—	—	—	—	—	0.35
—	—	0.75	759.90	—	114.30	—	—	401.60	—
—	284.20	271.85	306.95	269.60	123.15	—	—	518.55	67.25
—	—	—	—	—	—	—	—	—	—
—	180.70	6.60	888.35	—	42.70	—	—	1 056.95	—
—	13.05	—	149.65	34.25	—	—	—	—	—
387.50	—	—	548.05	—	27.20	—	—	430.65	—
54.55	—	—	586.30	—	—	—	—	—	45.85
—	793.50	—	—	—	—	—	—	—	—
83.75	577.00	89.95	1 066.65	8.65	58.30	—	—	2 023.50	135.75
—	797.00	—	—	—	193.06	—	50.04	4 520.67	76.94
—	108.32	—	208.32	—	—	—	—	1 116.13	—
—	5.30	183.80	60.80	—	91.20	—	—	—	—
5 252.90	—	—	663.50	—	—	—	—	—	—
—	—	—	4 086.33	664.88	—	—	—	18.04	162.37
255.00	36.40	—	909.20	—	34.20	—	—	20.75	11.70
197.50	—	—	885.55	—	—	—	—	700.98	—
2 660.00	142.20	—	3 398.45	—	0.10	46.85	—	—	—
—	—	180.44	—	—	—	—	—	3 645.50	—
—	—	—	—	—	—	—	—	—	—
—	—	—	1 446.66	—	10.95	—	—	1 011.60	—
—	—	14.75	16.50	53.40	—	—	—	68.40	—
34.75	140.40	—	56.75	—	—	—	—	65.45	—
106.10	492.05	—	—	—	—	—	—	507.75	—
—	48.90	—	467.00	—	—	—	—	—	—
—	—	199.40	325.20	—	—	—	—	—	—
—	6.55	29.80	500.00	—	48.75	—	—	464.70	—
—	1 105.10	—	5 973.20	—	27.50	—	—	648.85	84.05
—	375.15	19.15	—	4.05	—	—	—	348.20	—
—	—	—	1 075.50	—	—	—	—	9.50	—
—	111.90	103.40	599.75	—	—	—	—	199.95	—
—	16.50	—	—	1.25	33.45	—	—	—	45.10
9 032.05	**5 234.22**	**1 099.89**	**25 036.76**	**1 036.08**	**804.86**	**46.85**	**50.04**	**17 777.71**	**629.36**

续表

序号	地区	己亥猪－金猪银猪 5 元	己亥猪－福猪拱门 10 元	己亥猪－喜事连连 20 元	8 炫彩	梦圆桃花源	富贵满堂	同喜同囍	新芽
1	北　京	—	—	107.00	50.92	—	—	—	1 000.00
2	天　津	—	—	—	—	—	162.55	—	21.40
3	河　北	0.40	—	55.65	—	—	—	—	680.65
4	山　西	9.45	62.00	—	—	—	93.85	—	752.85
5	内蒙古	40.50	2.20	11.30	49.46	—	202.10	884.80	394.10
6	辽　宁	13.30	18.55	334.65	366.52	—	140.00	890.15	32.75
7	吉　林	—	—	—	32.26	26.35	27.65	—	436.45
8	黑龙江	12.95	32.85	—	29.22	—	—	—	240.10
9	上　海	—	—	747.55	—	—	—	—	—
10	江　苏	0.40	2.70	6.85	97.24	70.10	297.35	—	13.65
11	浙　江	7.95	3.07	156.60	—	—	—	—	69.78
12	安　徽	1.85	3.05	—	30.72	—	54.79	—	38.25
13	福　建	—	—	—	—	—	71.15	—	—
14	江　西	—	0.85	—	—	—	—	—	—
15	山　东	47.76	20.91	3.95	—	—	430.75	304.63	21.11
16	河　南	29.80	66.25	110.15	—	—	28.85	—	—
17	湖　北	20.80	—	—	—	—	—	—	—
18	湖　南	—	—	—	55.86	—	184.85	919.40	—
19	广　东	230.12	66.79	47.39	—	—	321.45	1 571.86	—
	深　圳	—	—	—	—	—	—	—	—
20	广　西	2.15	5.10	—	—	—	—	—	485.10
21	海　南	—	—	—	—	—	—	—	18.30
22	重　庆	—	11.45	79.90	—	—	332.30	—	29.60
23	四　川	1.75	2.55	6.65	453.74	—	481.70	1 372.65	568.75
24	贵　州	—	—	—	16.72	—	46.55	65.75	68.50
25	云　南	52.60	407.55	—	—	—	231.20	—	—
26	西　藏	—	—	—	—	—	—	—	—
27	陕　西	—	—	362.00	—	—	628.30	907.35	3 000.00
28	甘　肃	3.25	2.50	9.40	—	—	70.05	—	—
29	青　海	—	—	—	—	—	155.00	—	152.50
30	宁　夏	2.30	1.00	—	—	—	—	—	168.05
31	新　疆	47.65	10.30	75.30	120.44	188.70	265.45	—	19.35
合计 Total		**524.97**	**719.67**	**2 114.33**	**1 303.10**	**285.15**	**4 225.89**	**6 916.59**	**8 211.24**

魅力4射	超级钱袋子	中国龙5元	中国龙 10元	中国龙 20元	嗨啤	天仙配	福延吉至	繁荣昌盛	锦绣江山
—	—	—	—	510.70	—	—	—	—	—
7.40	—	—	2 000.05	—	20.95	—	—	—	—
—	229.05	319.65	2.40	—	1 662.85	—	—	—	—
—	—	5.25	31.90	714.60	—	—	—	—	—
203.35	39.35	205.45	72.65	582.90	369.85	—	—	—	—
473.40	143.50	2.65	128.75	580.40	294.45	—	—	—	—
65.95	198.55	—	—	—	71.30	—	34.95	—	—
—	—	139.10	79.20	537.30	161.85	237.60	—	—	—
—	400.00	—	—	—	—	—	—	—	—
332.90	75.30	138.15	30.75	207.90	212.15	571.25	—	—	—
154.47	—	30.19	922.24	176.90	619.46	—	—	—	—
—	10.70	23.75	20.95	548.45	86.48	—	—	—	—
267.65	399.95	—	0.50	—	4.70	398.75	—	—	—
—	—	223.90	199.85	—	—	—	—	—	—
275.25	—	32.68	13.63	—	640.01	159.13	—	—	—
—	5.05	353.70	430.30	92.75	19.10	—	—	—	—
247.14	—	9.93	8.74	5.86	202.07	—	—	—	—
384.55	—	—	—	0.30	120.05	—	—	—	—
—	690.06	423.53	2 429.68	3 562.26	—	—	—	—	—
—	—	—	—	4 359.40	—	—	—	—	—
—	—	408.15	301.05	—	130.45	—	—	—	—
36.30	—	58.05	—	—	—	—	—	—	—
1 189.65	118.15	16.80	164.80	1 383.85	563.50	—	—	1 803.80	324.40
1 620.95	1 574.70	16.15	21.10	—	339.60	—	—	—	—
—	27.10	50.15	79.65	—	—	—	—	—	—
—	402.20	136.15	357.50	1 228.15	—	—	—	—	—
11.15	—	—	6.10	183.35	—	—	—	—	—
1 072.70	1 051.40	—	12.50	—	—	—	—	—	—
—	17.25	25.65	2.05	27.80	7.10	—	—	—	—
25.25	—	292.40	27.55	55.35	405.15	—	—	—	—
177.70	299.20	55.00	1.30	61.20	—	—	—	—	—
26.20	3.45	34.80	981.85	—	—	1 496.40	—	—	—
6 571.96	**5 684.96**	**3 001.23**	**8 327.04**	**14 819.42**	**5 931.06**	**2 863.13**	**34.95**	**1 803.80**	**324.40**

续表

序号	地区	财富传奇	666-5 元	3 分制胜	黄金传奇	钻石风暴	小黄人－财神 10 元	龙凤呈祥	超级幸运
1	北 京	—	3.70	—	60.10	—	—	—	—
2	天 津	459.45	—	5.90	515.30	—	—	299.70	756.00
3	河 北	—	254.10	—	491.90	—	—	—	1 717.90
4	山 西	—	300.00	—	—	—	—	—	918.50
5	内蒙古	665.45	488.20	—	367.15	—	—	62.65	2 797.10
6	辽 宁	1 200.35	287.25	334.50	—	—	—	467.45	1 348.10
7	吉 林	—	249.70	—	—	—	—	—	1 129.10
8	黑龙江	—	401.35	152.10	588.70	—	—	—	1 402.70
9	上 海	—	—	—	—	—	—	—	2 880.30
10	江 苏	—	589.05	457.30	—	—	—	531.20	3 674.70
11	浙 江	4 310.54	—	764.89	—	—	—	—	9 889.93
12	安 徽	526.35	167.07	99.85	465.15	—	—	203.74	1 337.30
13	福 建	1 845.55	142.25	129.05	21.05	—	—	—	500.00
14	江 西	—	—	—	—	—	—	4.85	680.40
15	山 东	1 348.50	794.86	—	1 088.45	1 071.41	775.25	—	4 786.56
16	河 南	—	227.15	136.15	405.75	—	—	485.30	2 206.10
17	湖 北	—	—	—	—	—	—	—	1 194.42
18	湖 南	1 283.55	0.70	339.40	286.40	—	—	—	1 800.00
19	广 东	—	1 664.98	1 251.40	—	1 515.76	—	—	9 589.67
	深 圳	—	—	—	—	—	—	—	3 127.00
20	广 西	—	—	—	—	—	—	—	1 679.90
21	海 南	71.40	—	—	—	—	—	—	74.30
22	重 庆	—	—	—	—	—	—	—	1 980.40
23	四 川	1 724.45	—	—	—	—	—	—	5 729.40
24	贵 州	—	—	528.70	—	—	—	35.40	1 081.60
25	云 南	—	—	299.40	343.35	—	—	—	200.00
26	西 藏	199.85	—	22.15	99.95	—	—	—	2 259.60
27	陕 西	1 704.10	—	0.05	1 294.45	—	—	—	3 512.30
28	甘 肃	461.70	334.05	384.10	446.10	—	—	2.00	1 583.20
29	青 海	—	—	89.75	546.90	—	—	221.30	700.00
30	宁 夏	—	—	136.75	—	—	—	—	450.00
31	新 疆	—	650.80	43.50	—	—	—	993.05	7 269.50
合计 Total		**15 801.23**	**6 555.21**	**5 174.94**	**7 020.70**	**2 587.16**	**775.25**	**3 306.64**	**78 255.96**

好运锦鲤	鸿运当头	龙腾虎跃	至尊黄金	好礼多多	淘金王	甜如蜜	金福星	唱响幸运	蓝色奇迹
—	—	—	—	—	0.55	84.05	—	—	—
—	—	—	413.46	—	162.15	—	191.75	140.65	138.45
—	—	—	1 750.38	39.79	651.50	—	—	—	—
—	—	—	—	101.08	—	—	—	—	—
—	—	—	555.12	160.06	263.15	377.30	392.75	229.65	344.90
—	—	—	943.62	228.96	340.40	930.90	—	563.05	—
—	—	—	352.92	121.40	158.40	296.10	538.30	70.15	—
—	—	—	284.52	96.04	109.30	244.80	—	—	—
—	—	—	1 613.28	—	—	—	1 797.90	—	—
—	—	—	2 490.90	—	676.35	782.55	1 789.55	979.55	—
—	—	—	2 961.47	—	—	—	—	—	—
—	126.05	—	422.50	15.90	121.84	290.41	368.48	—	—
—	—	—	—	—	366.40	489.75	—	247.55	889.90
—	—	—	299.52	—	—	94.25	—	—	—
681.50	—	—	—	517.62	—	2 361.81	—	—	—
—	—	—	951.84	—	41.90	516.45	197.15	—	493.05
—	—	—	—	—	—	—	—	—	—
—	—	—	750.00	—	144.80	479.80	—	—	—
—	—	107.23	—	227.41	—	—	—	—	—
—	—	—	—	—	—	—	—	—	—
—	—	—	—	—	—	—	—	—	—
—	—	—	87.18	—	—	—	—	24.50	31.40
—	—	—	1 072.32	—	—	—	—	—	—
—	—	—	—	—	—	—	—	—	—
—	—	—	—	—	—	13.05	—	—	—
—	—	—	—	—	262.65	—	—	—	—
—	—	—	405.42	—	—	169.55	—	79.70	114.30
—	—	—	1 421.10	—	420.55	463.70	691.10	—	—
—	—	—	345.48	—	121.35	—	—	—	—
—	—	—	595.32	—	103.15	363.10	770.80	—	—
—	—	—	—	—	—	—	—	—	—
—	463.50	903.55	2 696.46	151.54	930.25	792.50	1 653.05	773.65	900.45
681.50	**589.55**	**1 010.78**	**20 412.82**	**1 659.81**	**4 874.69**	**8 750.07**	**8 390.83**	**3 108.45**	**2 912.45**

续表

序号	地区	喜事成双	庚子鼠5元	庚子鼠10元	庚子鼠20元	鼠兆丰年5元	好运来	新春大吉	南岳衡山
1	北京	—	500.00	1 000.00	1 426.45	600.00	—	—	—
2	天津	104.95	—	988.45	383.15	299.68	—	—	—
3	河北	39.30	948.30	974.15	1 486.85	—	—	—	—
4	山西	201.95	499.85	989.10	1 307.15	300.00	273.00	—	—
5	内蒙古	—	572.10	689.90	431.35	491.23	270.95	—	—
6	辽宁	288.75	1 500.00	1 000.00	—	—	809.00	504.25	—
7	吉林	141.45	404.55	—	—	—	—	—	—
8	黑龙江	70.55	333.20	429.40	—	583.48	600.00	—	—
9	上海	—	491.65	991.75	—	1 549.27	—	—	—
10	江苏	11.15	1 995.05	3 999.60	3 852.20	392.34	126.35	—	—
11	浙江	16.95	1 945.88	5 673.25	3 787.72	—	—	—	—
12	安徽	182.05	977.98	1 991.05	—	286.38	126.30	197.52	—
13	福建	—	498.20	996.30	—	—	515.90	—	—
14	江西	—	—	444.20	—	—	—	—	—
15	山东	—	3 718.91	8 720.39	3 577.27	—	—	—	—
16	河南	—	800.70	921.45	1 307.20	607.01	481.20	337.25	—
17	湖北	—	1 143.30	1 996.35	1 999.50	223.26	245.84	66.50	—
18	湖南	—	500.00	2 000.00	1 999.90	300.00	300.00	—	3 000.00
19	广东	—	2 453.95	4 185.14	1 738.98	1 428.31	—	2 493.20	—
	深圳	—	—	1 710.70	1 346.10	—	—	—	—
20	广西	—	1 050.03	1 569.95	—	—	—	—	—
21	海南	18.20	—	—	77.35	—	—	—	—
22	重庆	—	477.40	1 223.45	1 184.10	—	—	—	—
23	四川	—	1 895.35	10 286.50	3 997.30	—	—	—	—
24	贵州	28.00	—	—	—	—	—	26.25	—
25	云南	306.55	—	995.30	—	300.00	—	—	—
26	西藏	111.10	—	—	—	—	—	—	—
27	陕西	—	—	9 999.95	—	—	425.00	—	—
28	甘肃	222.45	443.00	869.45	423.90	294.52	54.75	—	—
29	青海	116.50	—	—	—	—	—	—	—
30	宁夏	—	499.80	907.45	399.80	269.52	—	—	—
31	新疆	461.65	891.10	973.15	9 997.50	1 205.98	593.05	818.80	—
合计 Total		**2 321.55**	**24 540.29**	**66 526.37**	**40 723.77**	**9 130.98**	**4 821.34**	**4 443.77**	**3 000.00**

金山·银山	开宝箱	笑口常开	心相连	幸运时刻	欢乐 Party	莲花绽放	荣耀夺金	金砖
—	—	—	—	1 000.00	—	—	—	—
—	—	—	—	—	188.75	—	—	—
267.00	—	—	433.95	—	—	—	—	—
263.85	42.24	166.10	200.10	344.40	48.40	—	—	—
—	144.84	—	—	269.70	—	—	696.15	628.85
—	404.98	519.45	—	862.05	—	—	—	—
—	—	281.05	46.25	—	98.65	—	1 841.55	—
118.85	—	289.60	—	—	—	—	—	408.85
—	—	—	—	—	—	—	—	—
294.95	229.00	411.50	—	701.35	409.55	—	—	—
2 489.13	—	449.29	410.91	—	—	—	—	—
—	—	99.00	—	—	46.43	—	—	—
—	—	—	279.25	404.50	—	—	—	—
—	—	—	66.75	—	—	139.55	—	—
—	—	402.32	—	1 721.75	511.92	—	1 365.18	—
—	—	90.35	—	—	—	—	—	—
—	—	8.26	24.10	—	0.25	—	—	—
247.80	—	—	—	—	—	—	—	—
—	8.91	—	—	1 498.54	—	—	—	—
—	—	—	—	—	—	—	—	—
—	—	—	191.60	255.00	133.30	—	—	—
—	—	—	0.50	—	—	—	—	—
—	—	—	—	—	—	—	968.30	—
—	—	—	—	—	—	—	—	—
—	—	—	20.90	—	—	—	—	—
—	99.62	—	126.45	289.00	50.00	—	—	—
—	—	—	—	—	—	—	—	—
—	—	206.05	400.00	500.00	250.00	—	—	—
—	—	148.05	—	297.50	208.75	—	998.90	—
—	—	—	—	—	—	—	—	—
—	—	—	—	—	—	—	—	—
—	—	—	—	618.80	334.90	—	—	—
3 681.58	**929.59**	**3 071.02**	**2 200.76**	**8 762.59**	**2 280.91**	**139.55**	**5 870.08**	**1 037.70**

续表

序号	地区	十里桃花	福彩	一触即发	福在眼前	扶贫帮困	福	九天揽月	丽美千秋
1	北　京	—	—	—	—	—	—	—	—
2	天　津	300.00	—	—	—	146.35	—	457.05	—
3	河　北	—	—	100.00	—	—	—	—	—
4	山　西	—	238.75	—	662.90	—	—	—	—
5	内蒙古	550.45	280.25	—	840.90	356.70	—	—	—
6	辽　宁	1 060.90	355.05	441.30	—	—	—	—	—
7	吉　林	—	243.10	1 070.90	212.75	—	79.95	—	—
8	黑龙江	—	128.35	299.20	269.70	—	—	—	307.70
9	上　海	—	—	—	—	—	—	—	—
10	江　苏	1 643.50	791.75	1 161.45	—	—	2 788.85	—	—
11	浙　江	—	—	383.12	—	—	421.63	—	—
12	安　徽	447.43	424.20	753.20	—	—	269.11	—	—
13	福　建	591.65	—	—	—	—	—	—	—
14	江　西	—	—	—	127.70	—	—	—	—
15	山　东	—	2 004.42	—	—	1 044.93	—	1 879.18	—
16	河　南	—	123.65	218.70	833.10	—	—	—	—
17	湖　北	—	378.85	4 904.60	—	—	481.70	—	—
18	湖　南	599.90	—	—	1 785.55	69.15	—	—	—
19	广　东	3 711.31	—	—	—	—	—	—	—
	深　圳	—	—	—	—	—	—	—	—
20	广　西	737.15	201.45	378.05	—	—	—	—	—
21	海　南	—	16.40	—	—	30.85	—	63.75	—
22	重　庆	—	108.50	—	—	—	—	—	—
23	四　川	—	—	—	—	—	—	—	—
24	贵　州	—	34.70	58.60	—	—	—	—	—
25	云　南	—	250.00	—	—	—	400.00	—	1 304.90
26	西　藏	—	—	—	—	—	—	167.80	—
27	陕　西	—	100.00	988.70	—	—	—	—	—
28	甘　肃	538.35	230.05	—	—	506.90	—	487.00	—
29	青　海	—	—	—	—	—	—	—	—
30	宁　夏	300.00	132.10	—	—	206.95	—	—	—
31	新　疆	1 111.75	621.75	596.55	—	747.45	—	—	—
合计 Total		**11 592.39**	**6 663.32**	**11 354.37**	**4 732.60**	**3 109.28**	**4 441.24**	**3 054.78**	**1 612.60**

超给力 10 元	超给力 20 元	超给力 50 元	平凡英雄	鹊桥会	连连好运	圆满	牛气 10 足	韩熙载夜宴图
1 000.00	600.00	1 500.00	888.20	—	—	—	—	273.42
1 200.00	795.00	500.50	—	149.10	208.60	176.75	—	110.46
1 936.30	1 857.50	1 668.50	—	—	339.35	—	—	—
1 000.00	1 000.00	966.50	326.65	—	177.55	—	—	—
1 392.30	1 675.75	1 732.70	267.95	366.20	—	—	478.55	433.14
1 962.80	1 481.70	1 002.90	—	—	256.85	—	541.70	206.70
1 387.35	958.60	662.10	209.55	—	79.80	—	989.85	128.88
1 060.85	785.30	688.20	389.80	—	—	—	—	59.94
3 467.05	2 502.70	2 515.20	600.00	—	—	—	—	—
5 126.55	4 845.35	3 573.20	962.05	982.35	508.35	1 483.90	1 383.30	651.72
10 759.42	8 128.99	7 087.60	1 109.68	—	—	—	1 555.87	876.73
2 681.20	2 145.55	1 243.60	412.05	—	—	161.15	1 130.30	—
1 991.75	1 932.60	1 041.70	548.90	486.40	—	—	646.80	—
922.40	700.80	—	—	—	—	—	—	—
8 264.20	4 685.59	3 153.18	2 908.03	2 762.54	—	—	—	807.03
3 030.90	2 511.45	1 592.70	—	—	—	788.25	2 054.15	—
—	1 983.03	903.46	390.34	257.24	170.49	—	—	—
3 999.50	2 000.00	2 431.70	277.15	—	—	346.10	300.30	198.84
9 304.04	7 023.45	8 043.62	2 496.34	—	300.71	2 193.74	2 202.30	590.06
—	—	3 000.00	—	—	—	—	—	—
2 806.15	1 375.85	1 121.10	279.45	117.75	142.15	276.10	—	220.02
—	—	—	—	—	—	—	—	—
995.20	1 936.75	987.60	—	—	—	—	—	—
4 645.15	3 207.75	3 361.80	1 412.00	—	—	—	—	—
1 640.60	1 519.00	974.30	—	30.40	—	—	33.80	—
400.00	439.85	200.00	314.80	—	—	199.90	—	114.12
823.55	731.15	945.20	—	41.35	—	—	—	—
—	—	1 519.80	600.00	—	169.20	—	—	—
1 428.05	1 005.30	572.10	1 877.05	36.10	—	5 804.55	401.80	—
520.00	644.50	500.00	—	—	—	—	—	—
1 239.85	959.95	599.90	170.05	—	—	—	—	—
1 708.30	1 806.10	2 588.70	394.70	—	—	—	441.80	384.00
76 693.45	**61 239.56**	**56 677.85**	**16 834.75**	**5 229.43**	**2 353.05**	**11 430.44**	**12 160.51**	**5 055.05**

续表

序号	地区	承德风光	福源宝地	大美湘中	挖金矿	哦耶	七彩叠叠乐
1	北 京	—	—	—	—	—	—
2	天 津	—	—	—	—	—	—
3	河 北	580.50	—	—	—	—	—
4	山 西	—	—	—	—	—	—
5	内蒙古	—	—	—	232.05	—	—
6	辽 宁	—	—	—	221.05	—	425.65
7	吉 林	—	—	—	161.55	42.65	117.45
8	黑龙江	—	—	—	—	—	—
9	上 海	—	—	—	—	—	—
10	江 苏	—	2 990.80	—	—	—	323.50
11	浙 江	—	—	—	—	—	—
12	安 徽	—	—	—	—	42.30	—
13	福 建	—	—	—	—	—	530.85
14	江 西	—	—	—	—	—	—
15	山 东	—	—	—	—	—	—
16	河 南	—	—	—	—	—	—
17	湖 北	—	—	—	—	208.85	—
18	湖 南	—	—	2 257.00	—	—	—
19	广 东	—	—	—	—	—	—
	深 圳	—	—	—	—	—	—
20	广 西	—	—	—	—	—	—
21	海 南	—	—	—	—	—	—
22	重 庆	—	—	—	—	—	—
23	四 川	—	—	—	—	—	—
24	贵 州	—	—	—	—	—	—
25	云 南	—	—	—	—	—	—
26	西 藏	—	—	—	—	—	—
27	陕 西	—	—	—	—	—	570.60
28	甘 肃	—	—	—	—	—	—
29	青 海	—	—	—	—	—	—
30	宁 夏	—	—	—	—	—	—
31	新 疆	—	—	—	—	140.75	—
合计 Total		**580.50**	**2 990.80**	**2 257.00**	**614.65**	**434.55**	**1 968.05**

百年辉煌	大运鲁风	五牛图	辛丑牛 5 元	辛丑牛 10 元	辛丑牛 20 元	黄金时代 20 元	合计 Total
—	—	—	—	—	—	—	18 255.61
—	—	3.60	—	18.60	10.40	—	19 733.70
—	—	—	—	—	—	—	32 305.41
—	—	—	—	26.90	18.10	—	19 197.71
—	—	—	1.35	2.85	1.55	—	34 285.86
—	—	580.79	0.85	1.00	—	—	46 151.13
268.15	—	341.36	—	0.05	—	—	23 682.92
—	—	—	—	—	—	—	21 812.78
—	—	261.80	—	—	—	—	43 749.26
—	—	455.48	96.45	15.50	14.60	—	95 553.38
—	—	—	—	0.25	0.35	2 580.04	138 675.38
—	—	289.44	—	0.60	0.40	—	29 586.93
—	—	222.39	—	4.45	3.05	—	28 459.73
—	—	—	—	8.70	6.80	—	24 825.44
—	1 163.47	—	—	—	—	—	103 339.67
—	—	—	—	—	—	—	35 347.50
—	—	—	—	0.10	0.15	—	35 097.73
—	—	146.60	—	—	—	—	53 850.93
—	—	600.29	—	174.74	129.14	—	184 395.54
—	—	—	—	—	—	—	35 338.56
—	—	316.40	—	—	—	—	42 082.77
0.85	—	—	—	—	1.70	—	1 526.71
—	—	—	—	—	—	—	32 254.47
406.45	—	—	—	1.80	0.90	—	89 528.35
68.40	—	1.11	—	—	—	—	12 188.13
—	—	—	—	—	—	—	19 406.73
—	—	—	—	—	—	—	21 403.47
—	—	—	—	—	—	—	76 567.37
—	—	—	—	—	—	—	30 253.85
—	—	—	—	—	—	—	10 319.15
—	—	118.43	—	—	—	—	11 275.22
—	—	—	0.10	0.60	0.40	7 629.25	93 804.69
743.85	**1 163.47**	**3 337.69**	**98.75**	**256.14**	**187.54**	**10 209.29**	**1 464 256.06**

（中国福利彩票发行管理中心供稿）

2020 年中国福利彩票中福在线视频型彩票销售情况表（分地区分游戏）

Sales Statistics of Online Video Games of China Welfare Lottery in Different Regions and in Different Games in 2020

单位：万元

Unit：Ten Thousand Yuan

序号	地　区	幸运五彩	开心一刻	四花选五	三江风光	连环夺宝	好运射击	趣味高尔夫	合计 Total
1	北　京	—	—	—	—	—	—	—	—
2	天　津	0.85	0.02	0.27	0.46	13 573.05	0.11	10.20	13 584.96
3	河　北	1.61	0.28	1.92	1.50	22 320.48	0.97	24.88	22 351.64
4	山　西	2.43	0.03	0.64	0.81	8 249.17	0.16	8.53	8 261.77
5	内蒙古	0.61	0.10	1.16	1.16	11 759.06	0.60	14.21	11 776.90
6	辽　宁	1.86	0.21	1.87	2.18	36 531.39	0.53	28.62	36 566.65
7	吉　林	1.92	0.05	0.47	1.15	7 720.85	0.39	12.85	7 737.69
8	黑龙江	0.01	0.01	0.07	0.04	1 304.02	0.02	3.04	1 307.23
9	上　海	0.09	0.01	0.05	0.28	4 929.79	0.04	4.16	4 934.41
10	江　苏	2.27	0.24	3.35	3.53	66 607.53	2.19	46.69	66 665.78
11	浙　江	12.14	0.11	1.08	1.80	25 954.51	0.37	27.09	25 997.10
12	安　徽	0.42	0.20	1.74	2.39	40 755.67	0.78	39.00	40 800.19
13	福　建	14.08	0.10	0.86	2.03	17 983.37	0.32	27.71	18 028.46
14	江　西	0.33	0.17	0.68	1.06	33 231.99	0.50	32.31	33 267.04
15	山　东	7.24	0.26	2.87	4.01	48 240.81	1.53	72.00	48 328.71
16	河　南	1.68	0.53	2.91	2.07	47 173.49	1.52	59.83	47 242.02
17	湖　北	5.81	0.16	1.77	2.86	69 674.53	1.35	75.92	69 762.41
18	湖　南	0.73	0.18	0.92	1.27	38 238.52	0.91	26.31	38 268.84
19	广　东	0.56	0.11	0.87	1.14	30 369.19	0.39	18.32	30 390.58
20	广　西	0.58	0.28	1.36	1.15	27 773.18	0.55	24.53	27 801.63
21	海　南	0.18	0.01	0.37	0.31	7 512.31	0.05	3.52	7 516.75
22	重　庆	0.71	0.07	1.46	3.22	26 835.21	0.65	26.42	26 867.74
23	四　川	0.58	0.05	0.85	0.84	21 670.89	0.28	25.47	21 698.96
24	贵　州	0.03	0.01	0.18	0.02	3 234.66	0.05	3.20	3 238.14
25	云　南	2.69	0.20	2.23	1.10	27 867.28	0.58	32.23	27 906.31
26	西　藏	—	—	—	—	—	—	—	—
27	陕　西	0.58	0.10	0.65	0.84	12 734.64	0.36	14.53	12 751.70
28	甘　肃	0.42	0.04	0.66	0.45	12 810.74	0.27	14.19	12 826.78
29	青　海	0.11	0.01	0.10	0.12	1 891.68	0.02	0.78	1 892.83
30	宁　夏	1.46	0.10	0.50	0.71	11 513.23	0.29	21.61	11 537.90
31	新　疆	—	—	—	—	—	—	—	—
合计 Total		**61.98**	**3.63**	**31.87**	**38.51**	**678 461.25**	**15.77**	**698.12**	**679 311.13**

（中国福利彩票发行管理中心供稿）

2020 年中国体育彩票全国联网游戏销售统计（分地区按月统计）

Monthly Sales Statistics of National Games of Sports Lottery in Different Regions in China in 2020

胜平负任选 9 场

单位：万元

Unit：Ten Thousand Yuan

地区 Region	游戏类型 Game Type	1月 Jan.	2月 Feb.	3月 Mar.	4月 Apr.	5月 May	6月 June	7月 July	8月 Aug.	9月 Sept.	10月 Oct.	11月 Nov.	12月 Dec.	合计 Total
北京	竞猜	694.88	—	—	—	—	154.57	619.83	522.37	920.14	1 266.36	1 487.99	1 215.34	6 881.48
天津		293.38	—	—	—	—	74.23	266.76	254.13	424.11	583.52	723.19	573.08	3 192.39
河北		482.58	—	—	—	—	79.63	429.17	696.35	1 002.13	959.33	1 116.22	828.60	5 594.02
山西		143.87	—	—	—	—	33.40	120.61	103.96	194.81	296.05	351.15	285.11	1 528.95
内蒙古		160.88	—	1.54	—	—	36.64	137.11	110.02	215.40	328.80	381.50	329.46	1 701.38
辽宁		593.98	—	0.85	—	—	147.82	583.67	445.45	851.33	1 164.37	1 366.06	1 118.51	6 272.04
吉林		156.30	—	3.55	—	—	41.98	156.44	127.23	234.72	348.56	426.21	355.15	1 850.13
黑龙江		134.84	—	0.08	—	—	37.16	131.53	112.14	185.22	260.73	305.57	270.61	1 437.87
上海		705.53	—	23.52	—	—	174.74	708.95	639.96	1 086.85	1 459.42	1 638.27	1 378.52	7 815.75
江苏		812.42	—	49.16	—	—	193.24	793.99	726.66	1 241.87	1 718.54	2 047.17	1 590.34	9 173.41
浙江		1 173.66	—	35.16	—	—	273.60	1 139.50	1 112.22	1 854.76	2 451.55	2 915.76	2 186.50	13 142.69
安徽		380.03	—	—	—	—	94.87	361.15	299.13	536.75	774.92	924.82	684.28	4 055.94
福建		480.27	—	11.73	—	—	113.08	493.43	449.30	770.04	1 048.51	1 218.62	941.53	5 526.50
江西		472.91	—	48.33	—	—	116.94	464.78	410.53	678.63	948.48	1 125.66	890.26	5 156.53
山东		621.02	—	51.94	—	—	154.76	585.40	480.46	879.80	1 239.88	1 415.21	1 111.01	6 539.49
河南		289.13	—	—	—	—	67.86	287.23	259.08	429.34	615.75	726.59	573.42	3 256.22
湖北		862.25	—	—	—	—	212.46	854.79	787.03	1 332.33	1 711.21	1 964.57	1 519.23	9 243.87
湖南		544.45	—	100.93	—	—	143.65	531.73	497.22	889.79	1 188.62	1 378.83	1 117.91	6 393.15
广东		3 061.70	—	—	—	—	662.65	2 711.08	2 404.04	4 232.10	5 940.08	7 015.16	5 426.91	31 453.72
广西		641.44	—	9.61	—	—	143.59	610.72	566.84	962.91	1 300.84	1 567.30	1 219.23	7 022.48
海南		55.97	—	1.18	—	—	8.92	46.37	35.74	67.61	106.25	129.66	98.17	549.88
重庆		465.18	—	60.35	—	—	118.07	468.81	406.78	733.12	1 011.40	1 140.83	966.42	5 370.96
四川		791.93	—	40.98	—	—	214.80	828.51	736.58	1 315.85	1 763.98	2 045.87	1 603.12	9 341.61
贵州		201.06	—	2.48	—	—	44.39	194.45	169.51	319.84	445.90	512.55	414.13	2 304.31
云南		256.90	—	6.95	—	—	58.47	242.99	227.35	392.53	540.04	648.85	503.11	2 877.19
西藏		5.01	—	—	—	—	1.78	7.47	8.37	14.78	25.75	28.90	32.00	124.07
陕西		334.86	—	14.75	—	—	75.09	274.82	236.76	447.10	605.71	712.68	561.73	3 263.51
甘肃		102.96	—	2.41	—	—	24.35	103.38	83.82	164.88	242.92	280.02	221.37	1 226.11
青海		26.50	—	1.09	—	—	4.44	21.47	16.87	32.88	46.53	57.29	47.26	254.34
宁夏		48.97	—	—	—	—	11.15	42.72	37.86	69.07	106.11	122.27	97.68	535.83
新疆		228.70	—	—	—	—	49.68	180.07	128.86	279.63	413.36	494.95	407.07	2 182.31
合计 Total		**15 223.56**	—	**474.42**	—	—	**3 568.01**	**14 398.94**	**13 092.62**	**22 760.34**	**30 913.45**	**36 269.74**	**28 567.06**	**165 268.14**

足球 4 场进球

单位：万元

Unit：Ten Thousand Yuan

地区 Region	游戏类型 Game Type	1月 Jan.	2月 Feb.	3月 Mar.	4月 Apr.	5月 May	6月 June	7月 July	8月 Aug.	9月 Sept.	10月 Oct.	11月 Nov.	12月 Dec.	合计 Total
北京	竞猜	28.18	—	—	—	—	4.06	26.32	26.97	42.32	53.02	64.17	52.59	297.63
天津		11.97	—	—	—	—	3.69	18.91	8.39	11.95	16.49	22.65	13.61	107.66
河北		56.12	—	—	—	—	1.69	46.41	54.53	49.76	90.07	88.24	68.55	455.37
山西		3.48	—	—	—	—	1.09	4.00	3.08	6.54	9.13	10.96	10.18	48.45
内蒙古		7.79	—	0.39	—	—	1.57	9.62	7.88	10.06	16.43	15.19	9.71	78.64
辽宁		22.14	—	0.04	—	—	2.62	16.52	8.82	13.46	27.41	32.37	18.69	142.07
吉林		11.87	—	0.63	—	—	0.94	9.18	7.77	10.96	11.55	20.21	12.90	86.01
黑龙江		13.03	—	0.03	—	—	0.67	5.96	7.74	12.17	9.37	19.08	8.91	76.94
上海		27.50	—	0.25	—	—	6.31	32.02	35.06	49.84	51.96	65.89	56.63	325.46
江苏		50.06	—	2.79	—	—	6.57	31.66	29.94	43.33	58.44	89.04	67.95	379.77
浙江		61.08	—	3.30	—	—	7.32	50.99	40.14	61.80	79.05	104.56	69.07	477.31
安徽		13.33	—	—	—	—	1.87	17.44	11.17	21.16	29.39	41.35	24.69	160.41
福建		34.13	—	0.28	—	—	3.82	21.05	20.47	33.09	47.35	58.14	56.09	274.43
江西		35.38	—	0.19	—	—	4.48	27.94	24.70	23.72	36.62	40.83	56.09	249.95
山东		45.11	—	11.93	—	—	8.82	39.78	34.88	50.05	54.20	56.81	44.73	346.31
河南		28.27	—	0.21	—	—	6.19	23.81	13.25	33.86	54.74	46.53	30.88	237.73
湖北		64.90	—	—	—	—	7.12	34.28	34.17	50.06	79.89	106.37	64.33	441.12
湖南		39.11	—	8.29	—	—	8.01	29.85	26.31	46.06	47.93	51.29	35.96	292.81
广东		203.18	—	—	—	—	29.52	161.59	119.49	182.89	250.54	311.64	228.96	1 487.82
广西		33.03	—	0.92	—	—	5.54	41.39	33.20	39.06	58.80	69.45	41.63	323.02
海南		5.08	—	0.15	—	—	1.13	4.79	3.18	8.35	5.61	5.18	5.44	38.92
重庆		31.35	—	0.70	—	—	25.22	94.35	76.21	91.62	116.08	113.52	74.44	623.47
四川		42.60	—	0.59	—	—	7.59	33.41	23.84	41.85	62.48	68.57	46.67	327.60
贵州		9.32	—	0.08	—	—	2.20	9.28	6.06	13.03	13.03	18.32	12.99	84.31
云南		19.75	—	0.25	—	—	2.77	18.54	19.48	22.62	29.91	35.71	29.75	178.79
西藏		0.50	—	—	—	—	0.09	0.25	0.27	0.42	2.02	3.81	1.12	8.49
陕西		23.65	—	0.15	—	—	2.11	13.11	6.14	13.32	28.44	29.89	14.22	131.04
甘肃		6.52	—	0.10	—	—	1.24	7.35	5.94	13.12	14.24	14.45	6.13	69.08
青海		3.15	—	0.11	—	—	0.12	2.97	0.48	2.75	3.01	4.18	1.77	18.54
宁夏		5.14	—	—	—	—	0.23	2.45	1.90	1.43	3.37	3.69	2.32	20.53
新疆		9.86	—	—	—	—	0.99	8.81	5.91	7.71	10.58	19.46	8.35	71.65
合计 Total		**946.55**	—	**31.37**	—	—	**155.59**	**844.03**	**697.37**	**1 008.35**	**1 371.16**	**1 631.55**	**1 175.34**	**7 861.32**

足球 6 场半全场胜平负

单位：万元

Unit：Ten Thousand Yuan

地 区 Region	游戏类型 Game Type	1 月 Jan.	2 月 Feb.	3 月 Mar.	4 月 Apr.	5 月 May	6 月 June	7 月 July	8 月 Aug.	9 月 Sept.	10 月 Oct.	11 月 Nov.	12 月 Dec.	合计 Total
北 京	竞猜	2.85	—	—	—	—	0.34	4.44	3.06	7.09	12.42	13.82	26.26	70.29
天 津		0.62	—	—	—	—	0.43	1.62	1.41	2.83	4.21	4.70	9.93	25.74
河 北		6.52	—	—	—	—	0.42	4.64	7.39	13.52	16.14	16.40	59.89	124.92
山 西		0.43	—	—	—	—	0.14	0.84	1.81	0.91	2.26	2.15	5.25	13.79
内蒙古		0.74	—	0.01	—	—	0.17	1.54	0.76	2.60	3.36	3.72	6.91	19.79
辽 宁		2.27	—	0.31	—	—	0.77	3.91	1.62	5.21	6.79	8.62	19.58	49.10
吉 林		0.39	—	0.05	—	—	0.11	0.74	0.23	0.80	1.46	2.03	4.95	10.75
黑龙江		1.37	—	—	—	—	0.16	1.97	1.34	2.47	3.34	3.43	6.78	20.87
上 海		3.27	—	0.35	—	—	0.64	4.90	3.54	6.92	13.02	14.15	62.38	109.17
江 苏		3.88	—	0.81	—	—	1.07	6.16	4.90	9.79	15.31	17.74	55.74	115.40
浙 江		7.53	—	1.75	—	—	1.35	11.16	6.81	18.17	29.10	39.87	136.87	252.61
安 徽		1.62	—	—	—	—	0.25	6.84	4.07	7.90	7.32	16.21	36.04	80.25
福 建		2.53	—	2.22	—	—	1.21	8.62	4.80	8.55	14.74	19.36	65.69	127.72
江 西		1.77	—	1.08	—	—	0.39	2.50	2.01	4.48	6.41	17.57	50.55	86.75
山 东		6.13	—	3.31	—	—	2.14	9.90	3.36	4.93	7.84	11.00	36.40	85.01
河 南		1.87	—	0.53	—	—	0.50	3.33	3.76	5.76	8.50	10.56	20.07	54.87
湖 北		3.12	—	—	—	—	1.22	8.07	5.36	10.20	14.29	26.01	64.54	132.79
湖 南		2.42	—	1.73	—	—	0.24	3.99	2.54	5.11	9.77	11.27	35.38	72.44
广 东		16.15	—	—	—	—	3.24	22.74	16.04	34.73	57.71	73.80	209.06	433.45
广 西		3.37	—	3.68	—	—	0.43	5.65	2.46	5.82	10.67	12.86	43.68	88.61
海 南		1.76	—	0.23	—	—	0.22	3.11	1.12	1.62	4.07	3.25	10.04	25.42
重 庆		1.75	—	6.12	—	—	2.00	20.60	11.63	26.15	20.92	17.96	147.04	254.17
四 川		2.57	—	1.84	—	—	0.88	5.48	3.96	7.94	13.38	15.00	36.91	87.95
贵 州		1.47	—	0.17	—	—	0.44	2.46	1.81	3.49	5.90	5.64	12.65	34.04
云 南		1.46	—	0.51	—	—	0.35	3.17	2.18	4.50	5.59	7.40	16.31	41.48
西 藏		0.03	—	—	—	—	0.01	0.02	0.01	0.12	0.56	0.43	0.34	1.53
陕 西		2.38	—	1.09	—	—	0.44	4.18	2.31	6.22	9.02	12.84	22.85	61.33
甘 肃		0.70	—	0.26	—	—	0.55	2.28	1.33	2.60	3.55	3.77	6.62	21.65
青 海		0.14	—	0.10	—	—	0.01	0.21	0.19	0.72	0.58	0.94	1.26	4.15
宁 夏		0.27	—	—	—	—	0.04	0.21	0.31	0.47	2.64	2.03	1.54	7.51
新 疆		0.92	—	—	—	—	0.28	1.83	0.92	2.37	2.50	3.74	7.12	19.68
合计 Total		**82.25**	—	**26.13**	—	—	**20.46**	**157.11**	**103.06**	**213.99**	**313.37**	**398.23**	**1 218.63**	**2 533.22**

足球胜平负

单位：万元

Unit：Ten Thousand Yuan

地区 Region	游戏类型 Game Type	1月 Jan.	2月 Feb.	3月 Mar.	4月 Apr.	5月 May	6月 June	7月 July	8月 Aug.	9月 Sept.	10月 Oct.	11月 Nov.	12月 Dec.	合计 Total
北京	竞猜	1 258.29	—	—	—	—	228.35	1 021.16	752.04	1 690.79	1 916.32	2 188.29	2 065.50	11 120.74
天津		438.79	—	—	—	—	93.23	340.12	275.74	674.25	770.13	764.32	780.56	4 137.12
河北		986.43	—	—	—	—	130.49	679.93	962.84	2 379.50	2 043.19	2 560.33	2 787.33	12 530.05
山西		183.39	—	—	—	—	41.03	144.38	124.15	291.94	326.63	383.14	383.02	1 877.69
内蒙古		239.82	—	1.51	—	—	52.91	221.82	171.53	405.03	457.69	524.19	504.49	2 578.98
辽宁		856.33	—	1.23	—	—	174.64	734.64	525.41	1 388.02	1 507.51	1 676.78	1 612.63	8 477.18
吉林		301.00	—	5.08	—	—	38.94	191.80	135.74	381.46	527.33	505.99	632.42	2 719.75
黑龙江		235.89	—	0.01	—	—	41.71	176.08	116.46	331.62	430.50	429.86	410.88	2 173.01
上海		1 166.75	—	13.72	—	—	214.19	962.73	845.33	2 016.91	1 964.85	2 301.52	2 335.03	11 821.03
江苏		1 454.73	—	29.79	—	—	285.30	1 283.56	971.83	2 408.61	2 683.55	3 111.03	3 090.56	15 318.97
浙江		2 297.45	—	22.82	—	—	422.19	1 890.72	1 709.99	3 978.73	4 439.63	5 069.74	4 715.66	24 546.94
安徽		576.68	—	—	—	—	124.10	458.58	350.00	773.72	937.22	1 099.00	1 018.95	5 338.23
福建		1 041.41	—	14.27	—	—	182.59	821.42	720.07	1 624.17	1 813.05	2 135.85	1 967.17	10 320.00
江西		962.50	—	11.79	—	—	161.71	696.63	732.56	1 467.62	1 117.55	1 310.50	1 350.42	7 811.28
山东		1 082.41	—	18.94	—	—	216.97	857.10	689.13	1 493.57	1 633.42	1 897.40	1 917.83	9 806.76
河南		466.67	—	10.50	—	—	107.03	425.13	352.89	740.94	923.72	1 038.97	936.63	5 002.48
湖北		1 666.22	—	—	—	—	285.47	1 214.70	954.83	2 412.05	2 290.92	2 916.92	2 727.16	14 468.27
湖南		936.57	—	13.41	—	—	220.39	869.70	684.13	1 695.82	1 687.60	1 969.06	2 035.98	10 112.67
广东		5 210.50	—	—	—	—	914.37	3 923.61	3 139.49	7 652.53	8 646.33	10 105.06	9 607.64	49 199.52
广西		908.08	—	11.48	—	—	167.03	721.99	601.64	1 435.78	1 471.97	1 687.76	1 589.24	8 594.96
海南		86.19	—	3.27	—	—	11.70	61.13	44.31	106.24	132.10	141.76	154.78	741.48
重庆		913.42	—	13.99	—	—	198.21	833.06	665.42	1 776.09	1 513.54	1 717.54	1 953.97	9 585.23
四川		1 198.63	—	25.02	—	—	268.60	1 033.99	807.52	2 039.67	2 096.16	2 363.14	2 375.81	12 208.54
贵州		361.34	—	6.05	—	—	76.45	312.07	231.33	564.51	583.11	659.07	659.99	3 453.90
云南		494.36	—	10.54	—	—	104.75	416.41	353.90	785.51	858.10	1 000.27	857.37	4 881.20
西藏		10.27	—	—	—	—	6.89	13.03	9.80	23.73	32.54	38.96	41.59	176.81
陕西		513.09	—	9.87	—	—	100.52	438.52	329.17	735.05	807.74	949.65	924.11	4 807.72
甘肃		189.79	—	5.87	—	—	41.78	190.56	140.34	297.43	334.20	425.91	395.25	2 021.13
青海		50.61	—	0.73	—	—	11.91	42.37	54.57	88.89	85.01	106.14	91.52	531.75
宁夏		97.81	—	—	—	—	19.27	89.17	79.99	155.81	163.26	218.97	239.73	1 064.01
新疆		280.71	—	—	—	—	63.19	229.73	149.35	405.46	513.26	586.90	625.68	2 854.29
合计 Total		**26 466.14**	—	**229.89**	—	—	**5 005.92**	**21 295.81**	**17 681.46**	**42 221.42**	**44 708.12**	**51 884.03**	**50 788.93**	**260 281.71**

竞彩玩法

单位：万元

Unit: Ten Thousand Yuan

地区 Region	游戏类型 Game Type	1月 Jan.	2月 Feb.	3月 Mar.	4月 Apr.	5月 May	6月 June	7月 July	8月 Aug.	9月 Sept.	10月 Oct.	11月 Nov.	12月 Dec.	合计 Total
北京	竞猜	10 737.33	—	321.31	—	4 321.04	10 360.65	15 342.34	15 868.20	15 365.58	10 069.15	12 641.57	13 498.72	108 525.89
天津		9 233.31	—	633.86	—	3 465.85	8 590.60	12 736.25	14 583.90	12 183.21	9 674.37	12 215.75	12 899.59	96 216.70
河北		19 609.62	—	1 213.51	—	6 734.41	16 640.40	25 799.30	29 221.48	30 451.18	23 489.98	28 765.42	27 469.25	209 394.55
山西		11 329.44	—	748.75	—	3 617.95	9 754.48	15 886.13	17 874.14	18 572.62	14 428.28	18 515.45	21 304.02	132 031.27
内蒙古		14 414.65	—	1 025.32	—	5 501.71	14 815.24	20 535.01	23 337.25	20 756.03	13 595.61	16 797.94	17 637.18	148 415.94
辽宁		14 232.26	—	851.16	—	5 640.33	14 592.73	20 356.52	18 310.76	19 263.83	14 127.99	17 762.90	17 781.92	142 920.38
吉林		8 765.54	—	946.49	—	3 546.43	8 413.26	13 080.27	14 953.46	15 705.44	10 454.60	12 350.03	13 017.66	101 233.17
黑龙江		10 689.29	—	373.09	—	3 484.02	9 017.09	12 208.60	13 678.59	14 147.52	10 655.25	13 733.08	14 829.21	102 815.74
上海		7 486.57	—	845.35	—	3 446.92	9 069.04	13 038.50	13 399.61	12 736.93	9 709.41	11 201.46	11 689.08	92 622.87
江苏		40 752.55	—	4 400.22	—	15 672.38	41 019.55	60 983.33	66 896.41	65 175.35	47 418.78	55 506.14	55 786.38	453 611.08
浙江		35 282.98	—	4 119.76	—	14 276.56	35 510.77	51 476.53	56 005.11	56 988.70	45 402.23	52 902.37	50 276.28	402 241.28
安徽		25 866.57	—	1 746.36	—	9 700.49	24 560.75	35 827.51	38 515.34	39 638.01	29 593.21	33 142.02	31 930.02	270 520.28
福建		14 589.37	—	1 620.42	—	5 666 29	14 883.27	20 888.57	27 845.03	25 217.81	18 593.26	20 984.02	21 026.24	171 314.29
江西		26 297.39	—	3 276.69	—	10 518.04	24 046.90	35 687.92	41 008.77	40 797.71	29 630.66	34 267.25	33 841.14	279 372.46
山东		65 429.47	—	5 902.38	—	21 413.67	54 648.27	78 436.62	85 954.56	87 476.15	67 572.11	80 378.51	80 645.02	627 856.76
河南		55 643.42	—	5 508.92	—	15 289.44	39 436.64	61 590.51	73 518.10	75 574.42	58 549.32	72 506.54	77 453.11	535 070.42
湖北		38 581.19	—	999.63	—	11 634.23	31 918.45	54 386.40	65 347.72	68 976.11	53 553.63	68 905.06	66 647.31	460 949.72
湖南		25 198.71	—	3 102.46	—	7 585.11	17 744.78	26 138.26	29 867.56	28 539.96	23 220.14	25 810.16	25 174.64	212 381.78
广东		35 038.08	—	2 082.80	—	14 971.49	36 081.61	50 577.26	52 551.63	51 546.56	37 206.85	45 188.43	46 861.03	372 105.73
广西		7 457.89	—	964.54	—	3 362.05	8 304.30	11 787.56	12 228.91	12 490.36	9 131.81	11 839.18	13 640.43	91 207.03
海南		942.01	—	80.54	—	304.55	809.29	1 366.96	1 133.50	909.53	765.22	998.02	1 161.02	8 470.63
重庆		20 669.74	—	2 114.79	—	7 218.48	22 880.47	34 503.55	42 414.32	38 767.27	25 876.11	34 882.02	45 883.10	275 209.84
四川		28 421.59	—	3 672.30	—	12 506.10	29 980.09	44 042.75	47 554.99	48 627.38	36 882.14	46 003.99	45 733.44	343 424.78
贵州		9 770.22	—	1 011.00	—	4 100.10	9 953.41	14 482.43	16 346.28	16 398.21	11 977.18	15 011.71	15 102.47	114 153.01
云南		14 528.93	—	1 708.94	—	5 748.71	13 648.05	21 454.43	25 530.14	25 906.08	19 890.29	22 873.63	22 402.55	173 691.74
西藏		382.53	—	4.03	—	151.24	401.01	488.45	695.02	762.03	585.75	1 090.78	1 359.63	5 920.47
陕西		20 088.08	—	2 320.29	—	6 768.30	16 295.47	24 045.55	26 959.11	29 122.44	23 834.81	27 999.93	26 267.41	203 701.39
甘肃		7 574.07	—	768.36	—	2 445.14	6 362.78	9 406.12	10 076.04	10 674.62	8 368.19	10 754.94	11 086.02	77 516.28
青海		1 653.52	—	195.67	—	645.46	1 578.51	2 168.55	2 615.56	2 714.00	1 928.47	2 512.71	2 677.58	18 690.04
宁夏		2 766.34	—	186.05	—	956.45	2 504.15	3 818.38	4 532.25	4 430.29	3 290.04	4 189.53	4 655.37	31 328.86
新疆		7 737.52	—	552.75	—	2 929.48	7 402.63	10 407.28	12 777.85	12 268.41	8 805.79	11 304.82	12 010.63	86 197.16
合计 Total		**591 170.21**	—	**53 297.69**	—	**213 622.42**	**541 224.65**	**802 947.84**	**901 601.58**	**902 183.72**	**678 280.62**	**823 035.37**	**841 747.42**	**6 349 111.52**

排 列 3

单位：万元

Unit：Ten Thousand Yuan

地区 Region	游戏类型 Game Type	1月 Jan.	2月 Feb.	3月 Mar.	4月 Apr.	5月 May	6月 June	7月 July	8月 Aug.	9月 Sept.	10月 Oct.	11月 Nov.	12月 Dec.	合计 Total
北京	乐透排列	1 301.91	—	0.13	—	1 462.88	1 768.20	1 882.04	1 728.19	1 763.07	1 451.97	1 658.76	1 870.34	14 887.49
天津		841.23	—	868.07	3 745.67	2 445.18	2 509.26	2 474.28	1 403.22	1 294.52	1 084.16	1 236.85	1 348.62	19 251.05
河北		1 521.25	—	1 258.45	4 679.39	3 861.39	2 589.63	2 870.08	3 311.36	2 433.30	2 022.30	2 235.55	2 448.10	29 230.80
山西		377.32	—	507.70	2 940.06	2 205.97	1 878.13	1 410.79	795.04	1 028.12	641.67	614.91	714.64	13 114.34
内蒙古		1 243.70	—	775.38	2 625.65	2 328.14	1 928.42	1 941.74	1 689.29	1 673.69	1 401.43	1 575.44	1 850.27	19 033.15
辽宁		1 542.84	—	787.37	2 875.75	2 707.31	2 422.73	2 243.38	1 801.15	1 995.41	1 679.29	1 857.02	2 059.77	21 972.01
吉林		761.42	—	649.74	3 012.03	2 758.62	1 544.20	1 156.50	1 122.18	1 081.68	872.57	995.93	1 162.64	15 117.51
黑龙江		837.87	—	136.83	1 593.18	1 483.52	1 187.60	1 186.95	1 159.07	1 089.85	943.44	1 064.44	1 262.87	11 945.62
上海		726.87	—	563.36	1 108.39	1 112.23	1 156.11	1 221.02	1 193.46	1 085.05	929.54	1 123.62	1 229.25	11 448.92
江苏		4 267.27	—	3 618.43	9 139.00	7 995.75	6 618.28	7 124.83	6 354.02	6 303.82	5 390.95	5 724.78	6 305.05	68 842.18
浙江		3 297.41	—	2 806.81	7 299.14	5 886.29	5 182.50	5 195.80	4 943.52	4 784.94	4 088.80	4 570.11	5 045.24	53 100.55
安徽		1 134.05	—	1 177.24	3 862.46	2 693.43	1 915.67	1 935.97	1 785.61	1 759.48	1 418.96	1 580.26	1 661.81	20 924.95
福建		575.65	—	746.95	2 193.34	1 378.10	1 045.73	1 032.64	862.46	803.46	709.04	783.83	873.09	11 004.31
江西		579.03	—	770.17	2 649.51	1 641.90	1 161.74	1 368.05	2 875.90	1 735.85	1 182.70	1 242.59	2 331.61	17 539.05
山东		1 349.32	—	2 898.23	10 272.86	5 519.70	3 282.77	2 858.57	2 146.20	2 075.54	1 610.08	1 781.47	1 893.40	35 688.14
河南		3 279.92	—	4 781.72	23 872.20	10 546.71	7 169.90	6 768.12	5 162.63	4 796.55	3 666.02	4 033.56	4 438.93	78 516.26
湖北		2 571.72	—	79.35	7 151.87	6 523.77	5 227.95	4 812.62	4 103.41	4 023.63	3 052.14	3 326.73	3 595.06	44 468.26
湖南		1 183.81	—	1 308.77	3 817.64	3 456.61	3 268.91	2 580.27	2 388.34	2 846.35	1 878.48	1 769.23	1 811.65	26 310.07
广东		1 749.20	—	1 170.29	4 295.80	3 463.52	2 926.29	3 023.80	3 354.32	4 712.87	2 549.87	2 706.90	2 829.19	32 782.03
广西		271.50	—	302.59	854.81	601.76	466.44	464.96	396.43	375.72	312.71	346.75	352.92	4 746.59
海南		44.31	—	43.55	85.46	71.87	90.41	82.23	49.84	56.35	47.38	62.11	69.90	703.41
重庆		633.76	—	970.59	4 144.34	2 563.80	1 852.02	2 366.30	1 279.82	1 188.45	931.88	962.39	1 297.47	18 190.82
四川		2 612.31	—	2 954.47	7 985.63	6 282.31	4 986.18	5 591.35	7 177.71	4 959.07	4 054.35	3 992.74	4 246.98	54 843.10
贵州		801.13	—	644.61	1 866.15	1 438.43	1 303.79	1 279.34	1 273.04	1 254.96	956.55	1 041.82	1 238.77	13 098.59
云南		2 338.26	—	1 705.38	4 157.98	3 808.37	3 547.27	3 892.41	4 198.12	3 734.71	3 273.22	3 579.94	4 035.54	38 271.20
西藏		72.24	—	11.22	82.02	98.11	114.10	108.03	90.08	93.00	80.93	85.82	99.60	935.15
陕西		992.07	—	968.63	3 156.62	2 896.67	1 940.63	2 144.52	2 060.62	1 848.67	1 664.36	1 518.91	1 669.84	20 861.53
甘肃		1 148.15	—	1 307.42	3 096.58	1 970.15	1 680.08	1 551.36	1 487.45	1 635.03	1 012.64	1 064.54	1 275.54	17 228.93
青海		186.73	—	163.07	448.91	347.72	306.97	292.76	295.81	284.93	238.46	261.16	293.08	3 119.60
宁夏		614.93	—	303.17	901.15	892.74	838.67	842.28	783.58	769.31	640.52	758.21	924.59	8 269.15
新疆		681.61	—	488.81	1 632.92	1 386.44	1 212.03	1 167.51	803.28	902.06	848.60	916.16	1 080.81	11 120.24
合计 Total		**39 538.78**	—	**34 768.51**	**125 546.52**	**91 829.39**	**73 122.63**	**72 870.48**	**68 075.12**	**64 389.45**	**50 635.01**	**54 472.52**	**61 316.57**	**736 564.99**

排 列 5

单位：万元

Unit：Ten Thousand Yuan

地 区 Region	游戏类型 Game Type	1月 Jan.	2月 Feb.	3月 Mar.	4月 Apr.	5月 May	6月 June	7月 July	8月 Aug.	9月 Sept.	10月 Oct.	11月 Nov.	12月 Dec.	合计 Total
北 京	乐透排列	679.59	—	0.11	—	631.77	773.56	861.28	915.52	911.59	802.74	925.55	1 109.90	7 611.60
天 津		335.21	—	228.08	598.58	690.32	756.39	526.30	521.08	513.80	447.95	449.94	500.13	5 567.77
河 北		1 054.16	—	606.24	1 435.96	1 515.67	1 417.36	1 521.90	1 517.47	1 488.40	1 328.34	1 503.36	1 617.23	15 006.09
山 西		267.04	—	170.95	414.83	453.69	417.85	418.21	447.62	445.82	388.35	421.57	473.75	4 319.66
内蒙古		837.55	—	455.22	1 084.43	1 195.03	1 130.90	1 102.80	1 111.51	1 110.33	978.28	1 105.41	1 252.39	11 363.84
辽 宁		819.57	—	396.05	1 104.56	1 240.65	1 151.60	1 114.73	997.83	1 141.00	993.84	1 087.71	1 217.72	11 265.24
吉 林		456.42	—	378.45	634.68	633.10	598.74	624.86	649.74	642.00	564.03	640.74	752.21	6 574.98
黑龙江		461.68	—	57.60	488.54	587.16	585.90	633.91	628.12	626.46	574.33	630.24	693.15	5 967.10
上 海		407.55	—	300.51	564.09	592.08	579.30	616.37	607.94	604.02	531.36	627.79	668.31	6 099.33
江 苏		2 123.04	—	1 599.13	2 861.94	3 037.79	2 898.11	3 012.20	3 024.67	3 030.01	2 687.72	2 973.06	3 255.75	30 503.41
浙 江		1 900.67	—	1 467.91	2 643.24	2 811.73	2 709.77	2 797.95	2 890.30	2 893.77	2 528.18	2 816.70	3 082.14	28 542.35
安 徽		988.25	—	594.07	1 335.07	1 429.25	1 258.99	1 282.12	1 263.95	1 267.90	1 113.70	1 207.64	1 329.71	13 070.64
福 建		397.99	—	323.89	566.35	608.40	567.48	589.43	611.66	581.57	518.86	555.36	629.09	5 950.08
江 西		317.24	—	310.20	585.33	615.78	541.82	521.17	649.89	620.71	497.68	490.26	564.52	5 714.59
山 东		759.77	—	615.10	1 159.28	1 226.03	1 126.38	1 132.76	994.72	1 006.14	877.01	972.46	1 106.40	10 976.05
河 南		1 803.30	—	1 452.28	2 686.49	2 730.77	2 473.59	2 574.89	2 789.78	2 734.05	2 427.97	2 654.74	2 963.14	27 291.00
湖 北		1 579.46	—	43.04	1 714.71	2 249.40	2 080.98	2 148.83	2 168.35	2 195.79	1 946.47	2 182.12	2 422.91	20 732.06
湖 南		772.37	—	658.67	1 087.84	1 164.96	1 136.61	1 128.30	1 199.06	1 191.50	997.03	1 059.75	1 183.53	11 579.63
广 东		1 462.30	—	791.57	2 178.67	2 345.19	2 153.27	2 228.00	2 309.46	2 326.36	1 975.83	2 183.70	2 477.99	22 432.35
广 西		157.26	—	143.67	256.51	270.74	261.01	298.10	290.64	280.70	223.98	253.41	279.72	2 715.74
海 南		345.57	—	281.66	463.71	464.96	497.25	573.71	520.41	514.46	465.37	530.52	608.10	5 265.72
重 庆		233.72	—	202.15	372.50	425.02	356.50	496.49	554.03	552.33	474.26	365.31	428.95	4 461.24
四 川		1 591.29	—	1 362.57	2 392.29	2 460.26	2 330.17	2 377.77	2 475.54	2 396.64	2 093.40	2 245.21	2 467.64	24 192.79
贵 州		830.08	—	586.69	1 183.49	1 272.71	1 213.61	1 246.61	1 312.52	1 290.04	1 075.99	1 198.37	1 339.56	12 549.67
云 南		2 437.19	—	1 855.39	3 345.63	3 557.98	3 472.09	3 890.72	3 891.33	3 836.15	3 301.44	3 753.58	4 180.15	37 521.67
西 藏		87.44	—	17.71	122.72	149.68	147.95	170.51	164.49	154.81	137.15	155.05	165.97	1 473.48
陕 西		692.69	—	549.01	928.29	985.19	937.49	957.18	963.88	956.05	813.73	868.11	1 013.52	9 665.15
甘 肃		627.82	—	505.49	843.53	859.49	836.56	873.92	888.69	913.49	782.69	863.43	981.38	8 976.50
青 海		183.27	—	143.32	264.90	285.20	260.61	256.91	250.53	253.40	215.88	243.91	284.48	2 642.41
宁 夏		383.44	—	195.14	492.17	536.76	522.99	534.47	534.15	522.63	449.72	514.06	621.80	5 307.32
新 疆		375.64	—	233.93	526.56	542.72	517.35	430.17	299.55	452.07	419.23	464.89	547.48	4 809.59
合计 Total		**25 368.55**	—	**16 525.78**	**34 336.91**	**37 569.48**	**35 712.19**	**36 942.58**	**37 444.42**	**37 453.99**	**32 632.47**	**35 943.94**	**40 218.74**	**370 149.04**

七 星 彩

单位：万元

Unit: Ten Thousand Yuan

地区 Region	游戏类型 Game Type	1月 Jan.	2月 Feb.	3月 Mar.	4月 Apr.	5月 May	6月 June	7月 July	8月 Aug.	9月 Sept.	10月 Oct.	11月 Nov.	12月 Dec.	合计 Total
北京	乐透排列	289.44	—	0.12	—	212.47	268.71	289.07	330.96	397.19	506.93	552.74	564.55	3 412.19
天津		360.75	—	220.68	406.04	456.06	437.60	439.61	481.10	526.08	608.34	576.14	624.00	5 136.39
河北		834.28	—	523.67	932.43	1 018.73	952.76	1 000.13	1 062.35	1 152.21	2 064.22	1 677.67	1 543.05	12 761.49
山西		84.71	—	58.91	105.41	114.70	106.55	109.82	116.38	125.58	323.16	270.18	191.00	1 606.40
内蒙古		123.53	—	79.50	144.94	166.97	154.53	159.81	168.51	184.44	336.92	367.90	329.65	2 216.68
辽宁		154.51	—	87.89	173.62	195.80	185.60	187.05	187.67	227.84	343.75	512.16	440.48	2 696.36
吉林		319.50	—	278.99	384.02	429.83	398.33	409.27	422.78	443.93	648.77	614.77	541.88	4 892.07
黑龙江		241.13	—	42.00	230.09	266.22	253.21	262.36	294.35	325.10	472.48	477.38	436.61	3 300.93
上海		258.25	—	198.56	292.20	324.98	313.16	317.65	346.26	395.73	493.50	553.36	482.35	3 976.00
浙江		—	—	—	—	—	—	—	—	—	1 307.18	1 394.26	1 260.57	3 962.01
安徽		528.06	—	342.68	597.08	657.90	628.86	639.76	683.84	752.18	1 303.98	1 064.91	937.11	8 136.35
福建		330.48	—	277.06	361.66	395.34	378.42	389.69	465.57	511.87	981.66	1 089.02	923.02	6 103.78
江西		138.77	—	129.74	166.42	186.97	170.26	175.07	188.94	211.12	598.94	561.43	436.42	2 964.08
山东		480.19	—	435.36	593.97	662.84	622.31	641.46	523.84	590.93	1 893.29	1 939.55	1 216.77	9 600.52
河南		1 631.45	—	1 314.01	1 875.74	2 083.83	1 973.83	2 029.27	2 157.98	2 307.09	3 087.94	3 062.89	2 750.34	24 274.37
湖北		944.46	—	92.64	835.95	1 089.08	1 046.88	1 079.85	1 192.10	1 324.24	1 637.85	1 774.81	1 579.01	12 596.88
湖南		201.03	—	179.40	225.58	245.03	240.23	252.39	278.72	383.68	583.16	435.20	382.57	3 406.99
广东		1 231.33	—	700.83	1 393.80	1 548.41	1 471.61	1 500.59	1 691.25	1 875.58	2 244.43	2 238.53	2 416.94	18 313.29
广西		98.97	—	92.38	111.23	122.60	117.63	119.39	136.26	156.11	256.26	273.11	230.30	1 714.25
海南		495.09	—	427.62	580.68	653.60	627.50	646.27	613.38	632.30	782.86	926.81	711.04	7 097.13
重庆		110.05	—	95.18	125.37	135.78	127.56	131.07	148.12	170.86	597.61	510.44	330.01	2 482.05
四川		1 511.76	—	1 272.17	1 739.93	1 901.24	1 842.72	1 851.04	1 936.07	2 142.60	2 655.52	3 469.04	2 576.37	22 898.45
贵州		247.64	—	181.57	300.04	340.24	318.15	330.67	347.20	378.47	778.75	924.68	1 048.53	5 195.95
云南		1 126.24	—	922.50	1 284.16	1 478.84	1 408.09	1 439.87	1 489.77	1 622.85	1 944.82	2 098.29	1 931.42	16 746.84
西藏		25.95	—	6.98	34.22	51.50	50.62	52.57	50.67	53.22	121.28	74.51	68.75	590.27
陕西		140.49	—	116.62	160.48	172.08	162.26	168.85	184.75	205.71	340.21	374.83	301.98	2 328.27
甘肃		81.80	—	77.20	98.72	109.99	102.86	105.77	113.92	119.01	523.04	427.38	310.92	2 070.61
青海		40.02	—	32.17	48.41	55.74	53.28	52.71	57.50	57.65	124.81	103.43	94.50	720.25
宁夏		54.14	—	31.72	60.06	71.04	68.36	67.98	72.14	77.45	169.22	186.55	112.78	971.44
新疆		183.79	—	122.76	216.46	235.89	222.94	186.11	124.92	230.60	277.95	316.84	318.91	2 437.17
合计 Total		**12 267.79**	—	**8 340.91**	**13 478.72**	**15 383.70**	**14 704.81**	**15 035.15**	**15 867.30**	**17 581.60**	**28 008.84**	**28 848.81**	**25 091.82**	**194 609.46**

超级大乐透

单位：万元

Unit：Ten Thousand Yuan

地　区 Region	游戏类型 Game Type	1月 Jan.	2月 Feb.	3月 Mar.	4月 Apr.	5月 May	6月 June	7月 July	8月 Aug.	9月 Sept.	10月 Oct.	11月 Nov.	12月 Dec.	合计 Total
北　京	乐透组合	8 405.28	—	191.54	6.66	9 004.17	11 288.61	11 029.21	11 470.19	10 712.30	9 718.93	10 922.16	11 332.67	94 081.73
天　津		2 966.17	—	1 916.02	4 829.82	5 512.29	5 131.97	4 367.57	5 020.71	4 794.02	4 530.03	4 718.86	4 400.88	48 188.35
河　北		10 907.03	—	6 334.43	14 784.65	20 489.61	19 038.96	15 952.36	16 134.42	15 022.55	14 026.27	15 189.75	16 275.15	164 155.16
山　西		2 634.72	—	1 715.75	3 800.26	4 807.51	4 706.99	4 274.40	4 346.64	4 034.36	3 801.17	4 145.09	4 116.19	42 383.09
内蒙古		4 797.03	—	2 518.11	5 934.86	7 444.67	6 942.66	6 070.92	6 232.50	5 771.72	5 363.44	6 020.44	6 388.42	63 484.77
辽　宁		5 172.75	—	2 639.11	6 881.48	8 619.14	8 100.91	7 585.06	7 003.77	7 072.44	6 547.16	7 189.07	7 153.56	73 964.44
吉　林		3 645.56	—	2 936.59	4 919.92	6 190.58	5 970.64	5 463.73	5 442.55	5 234.25	4 499.52	5 090.43	5 363.27	54 757.04
黑龙江		6 003.04	—	917.06	6 613.62	8 705.80	8 458.17	7 622.35	8 118.53	7 494.63	6 842.71	7 591.31	7 660.93	76 028.16
上　海		7 497.62	—	5 216.17	10 095.07	11 956.27	11 525.60	10 488.03	11 010.96	10 298.71	9 566.48	10 506.92	10 375.64	108 537.48
江　苏		23 571.97	—	17 164.93	31 599.22	39 180.21	39 670.39	34 003.83	35 248.43	32 857.16	30 673.50	33 204.68	32 635.07	349 809.40
浙　江		23 057.10	—	16 439.35	31 029.83	38 855.55	37 751.19	33 576.06	35 895.98	32 716.21	30 629.20	36 178.26	34 772.94	350 901.69
安　徽		9 567.41	—	5 958.47	12 794.88	18 508.95	17 094.14	13 828.02	13 938.31	12 630.84	12 096.83	12 686.33	12 359.43	141 463.63
福　建		18 836.71	—	13 332.06	29 709.52	31 931.67	30 126.94	26 686.96	28 231.51	30 688.76	25 194.47	26 761.35	26 188.38	287 688.33
江　西		6 643.19	—	4 931.91	8 887.29	10 782.91	10 036.28	8 281.71	9 970.76	8 658.47	7 417.02	7 593.11	8 712.94	91 915.56
山　东		15 583.41	—	11 536.48	25 940.74	27 024.99	25 143.42	22 547.20	24 603.25	20 696.11	18 749.61	20 993.87	20 523.83	233 342.91
河　南		16 338.26	—	11 789.41	25 503.20	25 978.42	25 131.45	24 891.00	24 742.33	22 490.48	20 515.95	26 214.54	22 804.84	246 399.88
湖　北		9 676.22	—	230.69	11 565.52	15 121.68	14 330.57	12 175.20	12 395.75	11 563.56	10 433.01	11 646.22	12 552.47	121 690.88
湖　南		5 308.32	—	4 195.30	7 427.99	9 337.10	9 121.26	8 082.04	8 428.70	7 855.07	7 185.59	7 387.16	7 115.84	81 444.35
广　东		26 502.52	—	12 578.61	32 196.71	41 447.29	40 249.65	35 962.31	37 331.47	35 552.62	32 172.53	36 166.60	36 104.07	366 264.40
广　西		3 416.03	—	2 479.33	4 727.07	6 054.71	5 622.20	5 012.89	5 276.25	4 828.45	4 689.72	5 055.46	4 705.57	51 867.66
海　南		1 389.13	—	985.33	1 690.96	2 087.96	2 024.61	1 992.40	1 934.86	1 711.43	1 572.66	1 851.74	1 967.60	19 208.69
重　庆		4 918.54	—	3 703.72	6 550.84	9 469.66	8 240.19	7 648.79	7 283.39	6 878.67	6 477.53	7 186.49	6 869.49	75 227.32
四　川		12 719.73	—	9 748.48	17 213.08	20 356.22	19 933.19	17 861.42	18 492.24	17 166.09	15 700.70	17 207.00	16 830.34	183 228.48
贵　州		6 692.50	—	3 918.61	8 650.72	11 399.58	11 549.68	9 862.50	10 147.79	9 415.70	8 589.19	9 995.04	9 907.91	100 129.22
云　南		11 738.60	—	8 464.48	15 988.09	20 121.14	20 254.97	17 989.35	18 441.22	16 979.14	15 376.95	17 624.52	19 873.73	182 852.19
西　藏		589.06	—	110.76	917.03	1 284.20	1 380.52	1 247.79	1 251.42	1 127.06	995.81	1 124.99	1 125.04	11 153.68
陕　西		6 222.02	—	4 763.55	9 311.69	10 612.32	10 134.87	9 239.25	9 419.48	10 572.41	9 366.48	9 633.50	8 939.78	98 215.34
甘　肃		3 604.58	—	2 360.57	4 541.62	5 939.04	6 181.15	4 868.54	4 976.34	4 491.08	4 078.42	4 534.26	4 571.44	50 147.04
青　海		948.20	—	697.85	1 367.28	1 710.26	1 777.53	1 510.06	1 527.02	1 383.76	1 266.76	1 407.66	1 404.46	15 000.85
宁　夏		1 690.41	—	842.57	2 188.01	2 924.46	2 982.81	2 628.85	2 742.19	2 529.27	2 376.67	2 687.75	2 885.20	26 478.19
新　疆		3 414.20	—	2 083.16	4 572.41	5 701.44	5 498.00	4 210.96	2 564.75	4 012.12	3 927.36	4 371.21	4 589.96	44 945.56
合计 Total		**264 457.30**	—	**162 700.40**	**352 240.01**	**438 559.82**	**425 399.49**	**376 960.76**	**389 623.72**	**367 239.44**	**334 381.66**	**372 885.79**	**370 507.05**	**3 854 955.45**

2020 年中国体育彩票区域联网游戏销售统计（分地区按月统计）

Monthly Sales Statistics of Inter-Regional Games of Sports Lottery in Different Regions in China in 2020

传统单场

单位：万元

Unit：Ten Thousand Yuan

地区 Region	游戏类型 Game Type	1月 Jan.	2月 Feb.	3月 Mar.	4月 Apr.	5月 May	6月 June	7月 July	8月 Aug.	9月 Sept.	10月 Oct.	11月 Nov.	12月 Dec.	合计 Total
北京	竞猜	2 438.52	—	—	—	943.70	4 526.25	4 591.80	4 321.74	4 279.66	4 613.30	5 820.97	5 190.86	36 726.81
天津		3 060.20	—	158.12	—	781.01	5 406.84	6 539.89	5 905.23	7 227.83	4 992.74	7 443.63	7 262.97	48 778.46
广东		15 967.91	—	416.13	—	5 061.19	30 001.34	33 323.41	32 923.99	33 219.09	32 885.18	37 285.12	30 990.42	252 073.79
合计 Total		**21 466.63**	—	**574.25**	—	**6 785.90**	**39 934.43**	**44 455.10**	**43 150.97**	**44 726.58**	**42 491.23**	**50 549.72**	**43 444.25**	**337 579.07**

快中彩

单位：万元

Unit：Ten Thousand Yuan

地区 Region	游戏类型 Game Type	1月 Jan.	2月 Feb.	3月 Mar.	4月 Apr.	5月 May	6月 June	7月 July	8月 Aug.	9月 Sept.	10月 Oct.	11月 Nov.	12月 Dec.	合计 Total
北京	乐透组合	0.04	—	—	—	0.09	0.03	0.02	0.01	0.01	0.02	—	—	0.21
天津		0.30	—	0.29	0.46	0.12	0.36	0.27	0.19	0.15	0.17	—	—	2.31
广东		2.05	—	1.14	2.88	2.08	1.85	1.89	3.15	2.63	2.82	—	—	20.49
合计 Total		**2.39**	—	**1.43**	**3.34**	**2.28**	**2.24**	**2.18**	**3.36**	**2.79**	**3.01**	—	—	**23.02**

2020年中国体育彩票地方游戏品种销售情况表（分地区按月统计）

Monthly Sales Statistics of Inter-Regional Games of China Sports Lottery in Different Regions in 2020

单位：万元

Unit：Ten Thousand Yuan

地区 Region	游戏类型 Game Type	游戏名称 Game Name	1月 Jan.	2月 Feb.	3月 Mar.	4月 Apr.	5月 May	6月 June	7月 July	8月 Aug.	9月 Sept.	10月 Oct.	11月 Nov.	12月 Dec.	合计 Total
北京	乐透组合	北京11选5	14 306.72	—	—	—	14 876.95	22 953.42	24 855.33	24 467.69	24 724.47	21 931.88	24 066.97	24 552.18	196 735.61
天津	乐透组合	天津11选5	2 144.76	—	1 534.39	4 715.88	4 905.29	3 759.78	3 574.59	3 813.25	3 847.06	3 615.90	3 994.76	3 790.35	39 696.00
河北	乐透组合	河北快乐扑克	0.58	—	0.28	2.99	1.73	1.83	2.40	1.55	0.83	1.57	—	—	13.76
		河北11选5	30 249.50	—	14 706.99	42 852.28	42 908.77	42 120.82	45 606.81	43 538.53	40 845.50	36 558.65	43 736.41	45 159.34	428 283.59
山西	乐透组合	山西11选5	1 642.59	—	1 224.37	3 516.76	4 329.26	3 721.36	3 693.41	3 479.10	3 425.71	3 050.05	3 373.45	3 400.91	34 856.97
		山西泳坛夺金	0.11	—	0.06	0.38	0.14	0.10	0.16	0.16	0.08	0.17	—	—	1.37
内蒙古	乐透组合	内蒙11选5	10 370.66	—	5 221.73	15 505.43	17 156.92	16 720.90	16 596.72	15 588.17	16 892.42	14 517.90	17 921.18	19 321.92	165 813.95
		内蒙古泳坛夺金	1.47	—	0.18	1.05	0.65	0.69	0.73	1.11	0.95	1.05	—	—	7.86
辽宁	乐透组合	辽宁11选5	5 685.92	—	2 178.56	7 838.59	9 054.12	8 231.38	7 611.70	5 981.73	7 818.46	7 517.87	8 280.79	8 159.46	78 358.60
		辽宁快乐扑克	2.49	—	0.17	0.53	0.50	0.54	0.49	0.39	0.44	0.50	—	—	6.04
吉林	乐透组合	吉林11选5	8 877.84	—	6 618.18	11 959.89	13 974.64	12 545.03	12 813.08	13 278.65	13 661.99	11 838.86	14 334.52	16 100.19	136 002.86
黑龙江	乐透组合	黑龙江11选5	11 939.32	—	1 312.18	12 335.82	13 912.62	14 144.74	13 853.08	13 260.64	13 434.53	12 088.47	14 426.76	16 421.91	137 130.06
		黑龙江快乐扑克	0.48	—	0.01	0.38	0.34	0.27	0.21	0.32	0.26	0.38	—	—	2.66
	乐透排列	黑龙江六位数	57.83	—	10.13	57.66	67.09	67.75	67.90	60.95	68.98	59.30	58.33	64.97	640.90
上海	乐透组合	上海11选5	6 197.78	—	4 084.76	10 404.71	11 861.46	11 765.29	11 520.43	10 608.49	10 292.70	9 852.64	11 701.31	11 579.66	109 869.23
江苏	乐透组合	江苏11选5	27 326.44	—	23 262.09	46 522.91	52 582.01	49 181.13	49 194.55	46 571.80	43 718.36	40 394.54	51 111.64	49 754.77	479 620.24
	乐透排列	江苏体彩7位数	4 045.16	—	3 359.32	5 370.34	6 033.00	5 714.83	6 068.56	5 605.01	5 720.51	5 030.69	5 314.36	5 610.57	57 872.36
浙江	乐透组合	浙江11选5	15 184.07	—	9 493.60	28 163.36	32 457.96	30 378.91	29 056.05	28 488.58	28 005.31	25 004.96	30 151.26	30 005.90	286 389.95
		浙江20选5	331.26	—	325.45	460.30	456.59	423.66	464.47	459.29	438.93	398.72	420.56	421.47	4 600.71
		浙江飞鱼	1 537.76	—	890.61	2 187.94	3 194.65	2 846.62	2 725.25	2 427.65	2 352.53	2 387.84	3 010.46	3 228.62	26 789.93
		浙江泳坛夺金	0.2444	—	0.0984	0.3156	0.4208	0.477	0.5158	0.3906	0.3334	0.368	0	0	3.16
	乐透排列	浙江6加1	1 807.67	—	1 521.04	2 207.88	2 582.09	2 371.69	2 413.83	2 339.46	2 369.18	1 796.53	1 866.54	1 806.81	23 082.70
安徽	乐透组合	安徽11选5	9 607.55	—	6 051.91	17 256.26	18 823.94	16 607.98	16 549.02	14 751.35	14 845.38	13 666.70	16 053.63	15 855.35	160 069.07
福建	乐透组合	福建11选5	12 578.87	—	10 101.79	18 631.53	22 991.16	21 217.06	20 786.17	20 585.32	20 110.06	17 876.44	20 522.3114	20 698.5494	206 099.26
		福建22选5	378.96	—	242.99	465.92	368.84	456.72	608.73	1 289.42	572.24	406.68	403.66	370.09	5 564.24
		福建31选7	2 656.00	—	2 844.42	5 486.53	4 808.97	6 754.96	4 367.64	3 933.83	2 876.34	2 166.04	3 837.3314	4 344.1974	44 076.25
		福建31选7附加	1 678.76	—	1 188.18	2 203.70	2 777.33	2 188.49	1 987.96	1 987.57	2 009.73	1 736.86	1 911.344	2 765.6348	22 435.57
		福建36选7	1 078.47	—	909.12	1 369.86	1 348.45	1 330.72	1 335.30	1 326.45	1 328.55	1 224.27	1 210.3232	1 419.1476	13 880.66

续表

地区 Region	游戏类型 Game Type	游戏名称 Game Name	1月 Jan.	2月 Feb.	3月 Mar.	4月 Apr.	5月 May	6月 June	7月 July	8月 Aug.	9月 Sept.	10月 Oct.	11月 Nov.	12月 Dec.	合计 Total
江西	乐透组合	江西多乐彩	5 570.12	—	4 493.07	10005.79	10 010.23	8 701.67	8 627.75	8 561.05	7 877.24	7 352.71	8 181.23	7 684.67	87 065.52
山东	乐透组合	山东快乐扑克 3	4 139.47	—	2 487.49	5098.55	5 529.30	5 096.61	5 466.64	6 331.80	7 342.27	4 839.80	—	—	46 331.93
		山东十一运夺金	22 862.64	—	18 841.01	41471.69	43 001.85	38 477.73	37 928.64	36 982.51	35 204.13	32 674.85	37 398.68	37 805.95	382 649.69
河南	乐透组合	河南 11 选 5	11.68	—	21.95	39.23	50.55	27.43	26.94	27.37	27.98	22.10	—	—	255.22
		河南泳坛夺金	14 080.92	—	10 221.42	32562.54	33 487.78	28 980.73	27 585.17	27 981.12	28 063.62	24 026.86	26 655.14	27 495.24	281 140.51
湖北	乐透组合	湖北 11 选 5	6 495.32	—	115.92	15960.49	19 915.66	14 328.08	11 795.83	13 914.02	10 264.82	8 308.96	9 814.57	10 384.57	121 298.25
湖南	乐透组合	湖南即乐彩	—	—	—	—	—	—	—	—	—	—	—	—	—
		幸运赛车	375.60	—	305.12	732.37	787.74	597.73	637.71	518.04	511.68	543.71	523.31	596.88	6 129.90
广东	乐透组合	广东 11 选 5	19 392.95	—	9 373.62	31777.89	34 925.00	32 855.24	34 243.62	35 418.63	33 418.81	28 636.63	33 099.9932	33 679.31	326 821.69
广西	乐透组合	广西 11 选 5	667.94	—	768.76	1734.82	1 725.92	1 530.50	1 530.14	1 561.19	1 348.63	1 276.65	1573.03	1 603.01	15 320.59
海南	乐透组合	飞鱼	443.01	—	—	127.32	531.05	462.43	544.98	560.75	566.76	489.02	840.17	1 007.57	5 573.06
		环岛赛	142.02	—	—	27.14	143.26	141.49	167.16	179.42	197.32	173.26	—	—	1 171.07
	乐透排列	海南 4+1	77.21	—	63.04	102.58	130.79	309.20	259.53	208.16	215.50	156.96	163.26	156.54	1 842.78
重庆	乐透组合	重庆 11 选 5	—	—	—	—	—	—	—	—	—	—	—	—	—
		重庆百变王牌	270.50	—	377.27	587.14	576.47	449.47	497.10	483.52	411.81	356.32	409.30	357.48	4 776.37
四川	乐透组合	四川 11 选 5	—	—	—	—	—	—	—	—	—	—	—	—	—
		四川金 7 乐	1 159.56	—	1 915.12	6003.80	4 526.64	3 715.51	2 821.70	2 808.88	2 588.46	2 158.82	2 100.59	1 871.95	31 671.02
贵州	乐透组合	贵州 11 选 5	8 575.72	—	4 081.84	11855.23	14 422.56	15 502.89	16 940.43	18 202.43	17 956.13	15 918.04	17 516.38	16 406.64	157 378.29
云南	乐透组合	云南 11 选 5	14 761.40	—	10 883.56	21187.56	25 256.07	25 611.93	29 032.69	28 884.53	29 018.08	24 686.75	26 939.17	26 236.36	262 498.10
		云南快乐 123	2.05	—	1.63	3.20	3.32	3.19	3.36	3.89	2.72	2.68	—	—	26.04
西藏	乐透组合	西藏 11 选 5	4 525.32	—	755.38	6322.39	9 151.22	9 533.89	9 580.05	8 742.09	9 320.63	7 938.29	9 130.72	9 683.32	84 683.28
陕西	乐透组合	陕西 11 选 5	3 942.31	—	3 900.18	8361.96	9 371.35	9 226.19	8 576.03	8 090.11	7 829.85	6 980.99	7 904.47	7 392.86	81 576.32
		陕西泳坛夺金	0.79	—	0.66	1.71	1.32	1.26	1.12	0.78	0.73	0.80	—	—	9.16
甘肃	乐透组合	甘肃 11 选 5	7 166.03	—	6 974.28	11885.78	12 538.04	12 380.75	13 180.45	12 775.94	12 736.50	10 896.88	12 463.5588	12 872.2566	125 870.46
		甘肃泳坛夺金	6.98	—	5.13	11.55	11.14	8.57	10.89	11.97	17.28	19.80	0	0	103.31
青海	乐透组合	青海 11 选 5	1 381.32	—	1 075.18	2457.19	2 881.06	3 156.07	2 996.22	2 925.31	3 047.95	2 439.21	2 763.41	3 036.03	28 158.96
		青海快乐扑克	—	—	—	—	—	—	—	—	—	—	—	—	—
宁夏	乐透组合	宁夏 11 选 5	2 969.10	—	1 261.65	3919.18	5 095.48	4 566.43	4 977.37	4 747.45	4 755.68	4 111.89	4 940.67	5 440.74	46 785.64
新疆	乐透组合	新疆 11 选 5	4 112.38	—	2 538.01	7187.30	8 219.18	7 346.92	6 361.81	3 851.18	5 247.21	5 348.33	6 326.24	6 790.03	63 328.59
合计 Total			**292 821.57**	—	**177 543.92**	**458 943.61**	**523 768.86**	**498 519.05**	**499 548.42**	**487 618.94**	**477 333.62**	**422 486.15**	**486 451.78**	**495 333.39**	**4 820 369.30**

（国家体育总局体育彩票管理中心供稿）

2020年中国体育彩票竞猜型彩票销售情况表（分地区分游戏）

Sales Statistics of Toto of China Sports Lottery in Different Regions and in Different Games in 2020

单位：万元

Unit：Ten Thousand Yuan

序号	地区 Region	14场胜平负	足彩任选9场	4场进球	6场半场胜负	竞彩玩法	北京单场	虚拟足球	合计 Total
1	北京	11 120.74	6 881.48	297.63	70.29	108 525.89	36 726.81	—	163 622.84
2	天津	4 137.12	3 192.39	107.66	25.74	96 216.70	48 778.46	—	152 458.07
3	河北	12 530.05	5 594.02	455.37	124.92	209 394.55	—	—	228 098.92
4	山西	1 877.69	1 528.95	48.45	13.79	132 031.27	—	—	135 500.14
5	内蒙古	2 578.98	1 701.38	78.64	19.79	148 415.94	—	—	152 794.73
6	辽宁	8 477.18	6 272.04	142.07	49.10	142 920.38	—	—	157 860.77
7	吉林	2 719.75	1 850.13	86.01	10.75	101 233.17	—	—	105 899.81
8	黑龙江	2 173.01	1 437.87	76.94	20.87	102 815.74	—	—	106 524.43
9	上海	11 821.03	7 815.75	325.46	109.17	92 622.87	—	—	112 694.28
10	江苏	15 318.97	9 173.41	379.77	115.40	453 611.08	—	369 080.53	847 679.16
11	浙江	24 546.94	13 142.69	477.31	252.61	402 241.28	—	—	440 660.84
12	安徽	5 338.23	4 055.94	160.41	80.25	270 520.28	—	—	280 155.11
13	福建	10 320.00	5 526.50	274.43	127.72	171 314.29	—	—	187 562.94
14	江西	7 811.28	5 156.53	249.95	86.75	279 372.46	—	—	292 676.96
15	山东	9 806.76	6 539.49	346.31	85.01	627 856.76	—	—	644 634.32
16	河南	5 002.48	3 256.22	237.73	54.87	535 070.42	—	—	543 621.72
17	湖北	14 468.27	9 243.87	441.12	132.79	460 949.72	—	—	485 235.78
18	湖南	10 112.67	6 393.15	292.81	72.44	212 381.78	—	—	229 252.85
19	广东	49 199.52	31 453.72	1 487.82	433.45	372 105.73	252 073.79	—	706 754.03
20	广西	8 594.96	7 022.48	323.02	88.61	91 207.03	—	—	107 236.10
21	海南	741.48	549.88	38.92	25.42	8 470.63	—	—	9 826.32
22	重庆	9 585.23	5 370.96	623.47	254.17	275 209.84	—	—	291 043.67
23	四川	12 208.54	9 341.61	327.60	87.95	343 424.78	—	—	365 390.48
24	贵州	3 453.90	2 304.31	84.31	34.04	114 153.01	—	—	120 029.57
25	云南	4 881.20	2 877.19	178.79	41.48	173 691.74	—	—	181 670.39
26	西藏	176.81	124.07	8.49	1.53	5 920.47	—	—	6 231.37
27	陕西	4 807.72	3 263.51	131.04	61.33	203 701.39	—	—	211 964.99
28	甘肃	2 021.13	1 226.11	69.08	21.65	77 516.28	—	—	80 854.26
29	青海	531.75	254.34	18.54	4.15	18 690.04	—	—	19 498.82
30	宁夏	1 064.01	535.83	20.53	7.51	31 328.86	—	—	32 956.74
31	新疆	2 854.29	2 182.31	71.65	19.68	86 197.16	—	—	91 325.09
合计 Total		**260 281.71**	**165 268.14**	**7 861.32**	**2 533.22**	**6 349 111.52**	**337 579.07**	**369 080.53**	**7 491 715.51**

（国家体育总局体育彩票管理中心供稿）

2020 年中国体育彩票网点即开型彩票销售情况表（分地区分游戏）

Sales Statistics of Terminal-Sales Instant Win Tickets of China Sports Lottery in Different Regions and in Different Games in 2020

单位：万元

Unit：Ten Thousand Yuan

序号	省编号	面值（元）	1	1	2	2	2	2	2	2	2	2	2	2
		省份 / 游戏名称	棒棒糖	丰彩	八喜	报喜	猜猜看	彩蛋	宠物乐	富贵鱼	杭州 2022	红色印迹	黄金 8	黄金瓜
1	11	北 京	—	—	—	—	—	—	—	—	—	—	—	—
2	12	天 津	—	—	114.48	—	—	—	—	—	—	—	—	—
3	13	河 北	1.64	—	162.78	0.03	—	26.04	—	—	—	—	—	-0.18
4	14	山 西	—	—	—	—	—	19.23	—	—	—	—	—	—
5	15	内蒙古	—	—	14.64	—	0.42	17.55	—	—	—	—	—	-0.24
6	21	辽 宁	24.28	—	0.06	—	—	—	—	—	—	—	—	—
7	22	吉 林	—	—	0.30	—	—	—	—	—	—	—	—	—
8	23	黑龙江	1.64	—	—	0.06	—	—	—	—	—	—	—	—
9	31	上 海	—	—	—	—	—	—	—	—	—	—	—	—
10	32	江 苏	0.08	—	125.58	10.86	—	105.69	—	—	—	59.02	—	—
11	33	浙 江	—	—	2.76	0.21	—	—	-0.06	—	521.46	—	—	—
12	34	安 徽	—	—	—	—	—	—	—	—	—	—	—	—
13	35	福 建	—	—	—	2.52	—	11.13	—	—	—	15.16	—	—
14	36	江 西	—	—	8.70	—	1.08	2.10	—	—	—	—	—	—
15	37	山 东	—	—	15.60	—	—	—	—	—	—	—	—	—
16	41	河 南	8.46	—	0.18	0.06	—	2.52	—	—	—	—	—	—
17	42	湖 北	21.48	—	—	—	—	—	—	—	—	—	—	—
18	43	湖 南	11.94	—	—	8.13	0.42	11.34	—	—	—	0.02	—	—
19	44	广 东	—	—	0.18	—	—	—	—	—	—	—	—	—
20	45	广 西	—	—	—	—	—	—	—	—	—	—	—	—
21	46	海 南	—	—	—	—	—	—	—	—	—	—	—	—
22	50	重 庆	—	—	54.90	—	—	—	—	—	—	—	—	—
23	51	四 川	—	—	20.22	—	1.86	—	—	—	—	—	-0.03	—
24	52	贵 州	—	—	2.34	—	1.02	8.19	—	—	—	—	—	—
25	53	云 南	6.32	—	7.38	6.15	—	1.59	—	—	—	—	—	—
26	54	西 藏	—	—	—	—	—	—	—	—	—	—	—	—
27	61	陕 西	—	—	54.84	—	1.98	18.18	—	—	—	—	—	—
28	62	甘 肃	0.16	—	—	—	0.06	34.95	—	—	—	—	—	—
29	63	青 海	—	—	—	1.83	—	—	—	—	—	—	—	—
30	64	宁 夏	—	—	49.20	3.15	—	—	—	—	—	—	—	—
31	65	新 疆	1.84	—	10.44	—	—	8.73	—	—	—	—	—	—
合计 Total			**77.84**	—	**644.58**	**33.00**	**6.84**	**267.24**	**-0.06**	—	**521.46**	**74.20**	**-0.03**	**-0.42**

续表

序号	省编号	面值（元）	2	2	2	2	2	2	2	2	2	2	2	2
		省份 / 游戏名称	加油	剪子包袱锤	蕉好运	金豆豆	金铃铛	金满罐	开口笑	快乐赢	六六顺	年年有鱼	年终奖	切西瓜
1	11	北　京	—	—	9.30	—	—	—	—	—	—	—	—	—
2	12	天　津	—	—	—	—	—	—	—	—	—	—	—	—
3	13	河　北	-13.46	—	—	24.72	—	-0.06	—	-0.72	—	-0.06	7.53	-0.06
4	14	山　西	—	—	—	—	—	—	—	—	—	—	3.33	—
5	15	内蒙古	—	—	12.60	24.84	-0.06	—	—	—	—	—	9.45	—
6	21	辽　宁	—	—	99.24	—	—	—	—	—	—	—	—	—
7	22	吉　林	—	—	—	0.06	—	—	—	—	—	—	—	—
8	23	黑龙江	—	—	—	—	—	—	27.93	—	—	—	0.03	—
9	31	上　海	—	—	—	—	—	—	—	—	—	—	—	—
10	32	江　苏	—	—	—	15.36	—	—	—	—	—	—	—	—
11	33	浙　江	—	—	—	—	-0.06	-0.24	—	—	-0.12	—	0.09	-0.42
12	34	安　徽	—	—	—	19.44	—	-0.42	—	—	—	—	6.24	—
13	35	福　建	—	—	12.42	—	—	—	—	—	—	—	—	—
14	36	江　西	—	—	—	3.12	—	—	—	—	—	—	5.07	—
15	37	山　东	91.90	—	—	4.62	—	—	—	—	—	—	—	—
16	41	河　南	—	—	27.60	3.12	—	—	—	—	-0.06	—	—	—
17	42	湖　北	—	—	—	41.52	—	—	—	—	-0.06	—	—	—
18	43	湖　南	—	—	—	1.80	—	—	—	—	—	—	—	—
19	44	广　东	—	—	—	—	—	—	—	—	—	—	—	—
20	45	广　西	—	—	—	4.86	—	—	—	—	—	—	—	—
21	46	海　南	—	—	—	—	—	—	—	—	—	0.12	—	—
22	50	重　庆	—	—	—	—	—	—	—	—	—	—	—	—
23	51	四　川	—	—	—	—	—	—	—	—	0.06	—	—	—
24	52	贵　州	—	—	—	11.52	—	—	—	—	—	—	1.71	—
25	53	云　南	—	—	—	13.80	—	—	—	—	—	—	5.91	—
26	54	西　藏	—	—	—	—	—	—	—	—	—	—	—	—
27	61	陕　西	—	—	61.92	17.46	—	—	—	—	—	—	—	—
28	62	甘　肃	—	—	—	—	—	—	—	—	—	—	—	—
29	63	青　海	—	—	—	9.60	—	—	—	—	—	—	—	—
30	64	宁　夏	—	—	—	—	—	—	—	—	—	—	2.88	—
31	65	新　疆	—	—	18.12	8.94	—	—	—	—	—	—	—	—
合计 Total			**78.44**	—	**241.20**	**204.78**	**-0.12**	**-0.72**	**27.93**	**-0.72**	**-0.18**	**0.06**	**42.24**	**-0.48**

续表

序号	省编号	面值（元）	2	2	2	2	2	2	2	2	2	2	2	2
		省份 / 游戏名称	情谊两心知	热力 50	三倍甜蜜	三叠字	三只猴子	神秘礼物	四叶草	太空寻宝	糖葫芦	旺旺	我爱中国	小蛋糕
1	11	北　京	—	—	—	—	—	—	—	125.82	—	—	—	—
2	12	天　津	—	—	—	—	—	—	—	204.84	—	—	—	—
3	13	河　北	—	—	-1.80	247.47	—	-0.06	—	764.16	18.90	13.23	0.12	—
4	14	山　西	—	—	—	127.53	—	—	—	355.86	—	—	—	—
5	15	内蒙古	—	-0.18	-0.06	68.19	—	—	—	213.30	11.88	4.41	69.18	—
6	21	辽　宁	—	—	—	69.66	—	—	—	980.43	3.36	0.48	—	—
7	22	吉　林	—	—	—	—	—	—	—	1 213.80	—	—	—	—
8	23	黑龙江	—	—	—	139.95	—	—	—	886.50	0.30	—	—	—
9	31	上　海	—	—	—	—	—	—	—	—	—	—	—	—
10	32	江　苏	—	—	—	200.55	—	—	—	15.00	2.28	7.68	301.23	0.06
11	33	浙　江	-0.06	-2.76	—	187.26	—	—	-0.06	770.55	—	0.21	—	—
12	34	安　徽	—	—	—	—	—	—	—	151.20	—	—	41.43	1.50
13	35	福　建	—	0.03	—	—	—	—	—	274.68	—	—	—	—
14	36	江　西	—	—	—	—	—	—	—	—	—	17.31	—	0.18
15	37	山　东	—	—	—	603.03	—	—	—	1 933.59	—	—	—	—
16	41	河　南	—	-0.03	—	171.69	—	—	—	861.30	2.07	—	—	—
17	42	湖　北	-0.06	-0.03	—	—	—	—	-0.06	29.94	—	—	—	—
18	43	湖　南	—	—	—	—	—	—	—	11.34	23.01	5.16	1.02	—
19	44	广　东	—	—	—	144.00	—	—	—	1 858.50	—	0.06	—	—
20	45	广　西	—	—	—	—	—	—	0.12	12.30	—	—	—	—
21	46	海　南	—	—	—	—	—	—	—	0.06	—	0.18	—	—
22	50	重　庆	—	-1.08	—	—	—	—	—	194.73	0.15	—	—	—
23	51	四　川	0.24	-0.33	-0.06	18.36	—	—	—	1 037.79	35.40	—	5.28	—
24	52	贵　州	—	—	—	26.76	—	—	—	161.76	—	—	13.23	0.06
25	53	云　南	—	—	—	65.25	—	—	—	307.86	—	27.45	0.03	—
26	54	西　藏	—	—	—	—	—	—	—	—	—	—	—	—
27	61	陕　西	—	—	—	—	—	—	—	627.21	31.08	100.56	15.21	—
28	62	甘　肃	—	—	—	224.55	—	—	—	193.56	57.15	—	—	0.03
29	63	青　海	—	—	—	6.06	—	—	—	0.54	—	—	—	—
30	64	宁　夏	0.06	—	—	34.35	—	—	—	164.70	—	—	0.06	6.54
31	65	新　疆	—	—	—	—	—	—	—	274.50	11.10	—	2.73	—
合计 Total			**0.18**	**-4.38**	**-1.92**	**2 334.66**	—	**-0.06**	**0.00**	**13 625.82**	**196.68**	**176.73**	**449.52**	**8.37**

续表

序号	省编号	面值（元）	2	2	2	2	2	3	3	3	3	3	3	5
		省份 / 游戏名称	小金猪	笑口常开	星座奇缘	熊猫宝宝	招财猫	爱心永存	超级王牌	存钱罐	红樱桃	碰碰和	挖地雷	168
1	11	北　京	—	—	—	—	—	—	—	—	—	—	—	—
2	12	天　津	—	—	—	—	—	—	—	—	—	—	—	—
3	13	河　北	232.20	—	–0.54	–0.06	28.92	—	—	—	—	—	—	—
4	14	山　西	—	—	—	—	—	—	—	—	—	—	—	—
5	15	内蒙古	354.12	—	—	—	82.02	—	—	—	—	—	—	1.89
6	21	辽　宁	1 460.85	—	—	—	—	—	—	—	2.28	—	—	—
7	22	吉　林	0.06	—	—	—	—	—	—	—	—	—	—	—
8	23	黑龙江	960.69	—	—	—	—	—	—	—	317.46	—	—	—
9	31	上　海	—	—	—	—	—	—	—	—	—	—	—	—
10	32	江　苏	2.64	—	—	—	0.66	—	—	—	775.08	—	—	81.42
11	33	浙　江	16.56	–0.06	–0.48	—	3.18	—	—	—	419.40	—	—	—
12	34	安　徽	—	—	—	—	18.36	—	—	—	11.07	—	—	3.06
13	35	福　建	0.60	—	—	—	6.66	—	—	—	105.84	—	—	0.27
14	36	江　西	0.18	—	—	—	—	—	—	—	—	—	—	—
15	37	山　东	1 033.23	—	—	—	—	—	—	—	959.13	—	—	—
16	41	河　南	—	—	—	—	–0.12	—	—	—	—	—	—	—
17	42	湖　北	58.08	–0.06	—	—	—	—	—	—	–0.18	—	—	0.03
18	43	湖　南	4.71	0.06	—	—	—	—	—	—	—	—	—	—
19	44	广　东	—	—	—	—	7.44	—	—	—	—	—	—	—
20	45	广　西	43.08	—	0.06	—	7.74	—	—	—	—	—	—	0.03
21	46	海　南	0.03	—	—	—	—	—	—	—	—	—	—	—
22	50	重　庆	—	—	—	—	—	—	—	—	—	—	—	—
23	51	四　川	358.29	—	—	—	–0.06	—	—	—	359.16	–0.06	—	—
24	52	贵　州	11.88	—	—	—	0.06	—	—	—	97.26	—	—	3.72
25	53	云　南	—	—	—	—	97.38	—	—	—	1 323.12	—	—	0.63
26	54	西　藏	—	—	—	—	—	—	—	—	—	—	—	0.81
27	61	陕　西	—	—	—	—	146.76	—	—	—	45.42	—	—	0.93
28	62	甘　肃	—	—	—	—	33.96	—	—	—	—	—	—	0.03
29	63	青　海	—	—	—	—	0.06	—	—	—	25.08	—	—	0.33
30	64	宁　夏	—	—	—	—	0.06	—	—	—	0.12	—	—	—
31	65	新　疆	—	—	—	—	—	—	—	—	219.42	—	—	—
合计 Total			**4 537.20**	**–0.06**	**–0.96**	**–0.06**	**433.08**	—	—	—	**4 659.66**	**–0.06**	—	**93.15**

续表

序号	省编号	面值（元）	5	5	5	5	5	5	5	5	5	5	5	5
		省份 / 游戏名称	520	A&K	LOVE	爱冰雪爱运动	爱拼敢赢	爱赢爱冰雪	包好运	冰雪极限	步步登高	步步高	财运旺好运旺	采蘑菇
1	11	北　京	29.94	—	—	—	1.02	—	174.06	—	—	—	—	—
2	12	天　津	—	—	—	—	—	—	84.00	—	—	—	—	—
3	13	河　北	—	—	3.00	49.32	35.40	572.58	111.84	122.49	—	—	62.76	-0.12
4	14	山　西	—	—	—	—	—	—	—	—	—	—	0.06	—
5	15	内蒙古	72.18	-0.12	11.94	8.10	16.80	—	—	—	—	—	31.14	—
6	21	辽　宁	34.86	—	—	—	—	—	167.04	—	0.30	—	0.12	—
7	22	吉　林	66.06	—	—	—	—	—	248.31	—	—	—	41.94	—
8	23	黑龙江	40.32	—	—	—	—	—	160.62	—	—	—	—	—
9	31	上　海	—	—	44.01	—	—	—	104.85	—	—	—	—	—
10	32	江　苏	12.66	—	105.75	—	—	—	123.54	—	126.24	—	99.06	—
11	33	浙　江	—	-0.12	27.63	—	—	—	—	—	—	—	—	-0.24
12	34	安　徽	165.00	—	—	—	—	—	—	54.27	—	—	—	—
13	35	福　建	—	—	2.97	—	25.86	—	—	2.97	—	—	6.24	—
14	36	江　西	—	—	1.59	—	3.48	—	—	—	4.50	—	—	—
15	37	山　东	—	—	0.30	—	—	—	1 176.60	—	—	—	—	—
16	41	河　南	—	-0.06	18.00	87.30	—	—	318.72	0.09	—	—	—	—
17	42	湖　北	—	—	1.59	—	—	—	—	—	—	-0.42	95.70	-0.12
18	43	湖　南	—	—	6.39	—	—	—	—	—	—	—	15.06	—
19	44	广　东	—	—	—	—	—	—	—	—	—	—	—	—
20	45	广　西	—	—	—	—	—	—	—	—	—	—	6.12	—
21	46	海　南	—	—	—	—	—	—	—	0.27	—	—	—	—
22	50	重　庆	—	-0.12	—	—	—	—	—	—	—	—	—	—
23	51	四　川	37.80	—	0.99	—	5.70	—	—	—	—	—	14.94	—
24	52	贵　州	—	—	0.39	—	—	—	—	—	—	—	3.06	—
25	53	云　南	0.90	—	13.08	—	3.90	—	317.49	—	—	—	21.36	—
26	54	西　藏	—	—	6.39	—	—	—	—	—	—	—	—	—
27	61	陕　西	—	—	0.63	—	—	—	73.47	8.55	—	—	—	—
28	62	甘　肃	—	—	—	—	—	—	224.76	1.26	0.96	—	18.48	—
29	63	青　海	—	—	0.33	—	—	—	—	—	—	—	36.84	—
30	64	宁　夏	—	—	0.90	—	5.58	—	—	—	0.36	—	8.88	—
31	65	新　疆	114.00	—	—	—	42.18	—	—	—	10.98	—	13.20	—
合计 Total			**573.72**	**-0.42**	**245.88**	**144.72**	**139.92**	**572.58**	**3 285.30**	**189.90**	**143.34**	**-0.42**	**474.96**	**-0.48**

续表

序号	省编号	面值（元）	5	5	5	5	5	5	5	5	5	5	5	5
		省份 / 游戏名称	长征	吃西瓜	大吉大利	弹珠	第十届少数民族运动会	巅峰对决	蝶	顶呱刮	动出真我	动起来	发财树	翻倍赢家
1	11	北　京	—	—	—	—	—	—	—	—	10.92	—	—	—
2	12	天　津	—	—	—	—	—	—	—	—	—	—	—	—
3	13	河　北	—	0.24	134.52	—	—	—	—	-0.30	—	46.68	0.24	—
4	14	山　西	—	—	—	—	—	—	—	—	—	23.10	—	—
5	15	内蒙古	—	2.64	57.00	-0.12	1.86	17.97	—	—	14.10	8.82	55.50	—
6	21	辽　宁	—	—	—	—	—	2.25	—	—	—	6.18	—	—
7	22	吉　林	—	—	—	—	—	—	—	—	—	41.52	—	—
8	23	黑龙江	48.70	—	0.06	—	—	—	—	—	—	1.56	—	—
9	31	上　海	8.24	—	—	—	—	50.25	—	—	23.76	94.38	—	—
10	32	江　苏	94.42	8.40	201.18	—	—	394.11	—	—	77.22	66.00	13.02	—
11	33	浙　江	—	—	—	-0.06	—	0.06	—	-0.24	—	140.10	—	—
12	34	安　徽	—	41.28	—	—	—	—	—	—	—	—	11.70	—
13	35	福　建	—	2.22	0.30	—	—	0.09	25.50	—	—	4.44	0.36	—
14	36	江　西	—	—	—	—	—	—	—	—	—	—	2.28	—
15	37	山　东	28.92	—	—	—	—	4.53	—	—	—	—	—	44.97
16	41	河　南	1.48	—	17.52	—	—	19.14	—	—	—	0.96	—	—
17	42	湖　北	1 140.00	—	—	-0.12	—	—	—	—	—	—	0.60	—
18	43	湖　南	423.52	13.14	4.80	—	—	13.35	—	—	—	4.74	5.34	—
19	44	广　东	—	—	0.06	—	—	269.34	0.06	—	39.96	7.02	2.64	—
20	45	广　西	—	—	—	—	—	22.14	—	—	12.96	—	—	—
21	46	海　南	—	—	—	0.06	—	—	—	—	—	—	—	—
22	50	重　庆	—	—	—	—	—	—	—	—	—	25.08	—	—
23	51	四　川	0.04	0.30	0.06	0.12	—	10.17	—	—	21.60	3.06	7.98	—
24	52	贵　州	1.30	—	4.32	—	—	—	—	—	—	4.98	—	—
25	53	云　南	1.02	—	39.66	—	—	—	—	—	—	33.48	12.90	—
26	54	西　藏	—	—	—	—	—	—	—	—	—	—	—	—
27	61	陕　西	172.94	12.12	4.20	—	—	15.51	—	—	—	124.92	27.78	—
28	62	甘　肃	—	—	90.96	—	—	87.24	—	—	0.24	—	—	—
29	63	青　海	0.02	0.12	—	—	—	—	—	—	—	14.16	2.28	—
30	64	宁　夏	—	7.14	—	—	—	—	—	—	—	—	—	—
31	65	新　疆	—	0.18	4.98	—	—	—	—	—	—	5.64	13.50	—
合计 Total			**1 920.60**	**87.78**	**559.62**	**-0.12**	**1.86**	**906.15**	**25.56**	**-0.54**	**200.76**	**656.82**	**156.12**	**44.97**

续表

序号	省编号	面值（元）	5	5	5	5	5	5	5	5	5	5	5	5
		省份 / 游戏名称	繁花似锦	粉橙蓝	丰彩	富贵金锁	感恩母亲节	功夫	恭喜发财	够级	过大年	好开心	好事成双	好运 8
1	11	北　京	—	—	—	—	—	—	3.00	—	—	0.06	—	—
2	12	天　津	—	—	—	—	—	—	—	—	—	—	—	149.55
3	13	河　北	203.28	36.90	—	—	−0.18	1.86	0.03	—	—	7.26	−0.06	—
4	14	山　西	82.77	—	—	—	—	—	—	—	—	51.84	—	—
5	15	内蒙古	69.06	11.94	—	0.15	—	3.51	2.10	—	—	47.55	−0.06	311.85
6	21	辽　宁	165.15	11.58	—	—	—	—	—	—	—	0.06	—	29.31
7	22	吉　林	133.47	52.44	—	—	—	—	—	—	—	7.71	—	—
8	23	黑龙江	199.08	3.66	—	—	—	—	—	—	—	—	—	117.60
9	31	上　海	—	55.74	—	—	—	—	—	—	—	—	—	230.85
10	32	江　苏	411.99	170.52	—	—	—	94.02	127.20	—	—	213.78	—	23.10
11	33	浙　江	—	−0.12	—	—	—	0.54	5.79	—	−0.06	2.97	−0.06	—
12	34	安　徽	—	—	—	—	—	0.36	20.79	—	—	12.00	—	289.11
13	35	福　建	117.48	22.86	—	0.03	—	6.03	2.85	—	—	13.71	—	75.54
14	36	江　西	22.50	—	—	—	—	—	4.20	—	—	4.35	—	—
15	37	山　东	487.20	1.80	—	0.09	—	—	—	—	—	—	—	629.91
16	41	河　南	—	15.78	—	—	—	—	7.56	—	—	57.75	—	491.61
17	42	湖　北	—	—	—	—	—	0.06	152.04	—	—	10.05	—	—
18	43	湖　南	0.78	5.82	—	—	—	0.12	3.09	—	—	7.59	—	74.73
19	44	广　东	246.09	111.12	—	—	—	—	0.06	—	—	—	—	747.69
20	45	广　西	—	—	—	0.06	—	—	—	—	—	—	—	—
21	46	海　南	—	—	—	—	—	3.12	0.99	—	—	—	—	—
22	50	重　庆	28.71	—	—	—	—	0.57	—	—	—	—	—	—
23	51	四　川	69.75	11.22	—	—	—	—	2.94	—	—	9.60	−0.18	—
24	52	贵　州	417.15	6.36	—	—	—	—	19.56	—	—	—	—	29.94
25	53	云　南	81.57	49.20	—	—	—	—	30.15	—	—	36.09	—	—
26	54	西　藏	—	—	—	4.92	—	2.46	—	—	—	—	—	—
27	61	陕　西	212.61	19.02	—	—	—	0.24	0.54	—	—	3.96	—	98.13
28	62	甘　肃	—	—	—	—	—	0.06	—	—	—	—	—	—
29	63	青　海	—	—	—	—	—	—	—	—	—	2.67	—	—
30	64	宁　夏	137.55	—	—	—	—	—	—	—	—	12.57	—	175.83
31	65	新　疆	—	7.08	—	0.21	—	—	5.79	—	—	2.88	—	127.41
合计 Total			**3 086.19**	**592.92**	—	**5.46**	**−0.18**	**112.95**	**388.68**	—	**−0.06**	**504.45**	**−0.36**	**3 602.16**

续表

序号	省编号	面值（元）	5	5	5	5	5	5	5	5	5	5	5	5
		省份 / 游戏名称	好运 123	好运生肖	红包来啦	红色印迹	华夏古文明山西好风光	环太湖赛	基乐彩	吉祥金桔	剪子 包袱 锤	金光闪烁 7	金猪贺岁	锦鲤
1	11	北　京	—	236.58	0.12	—	—	—	—	—	—	—	—	537.93
2	12	天　津	—	—	0.48	—	—	—	—	—	—	—	6.03	234.72
3	13	河　北	44.04	367.17	84.42	—	—	—	-1.26	—	9.36	384.90	—	—
4	14	山　西	0.06	192.99	—	—	15.32	—	—	—	4.50	—	30.33	332.37
5	15	内蒙古	15.84	256.92	42.60	—	—	—	—	—	—	186.18	—	601.50
6	21	辽　宁	—	353.04	—	—	—	—	—	—	—	12.96	16.74	356.52
7	22	吉　林	—	310.41	7.08	—	—	—	—	—	—	5.10	0.42	1 096.83
8	23	黑龙江	—	277.50	—	—	—	—	—	—	—	0.12	0.18	719.85
9	31	上　海	—	155.79	—	—	—	—	—	—	—	125.88	48.30	358.83
10	32	江　苏	2.76	918.36	6.84	—	—	—	—	—	19.92	—	—	2 114.40
11	33	浙　江	—	17.76	—	71.52	—	—	-0.18	—	—	—	76.23	2 644.08
12	34	安　徽	—	—	113.16	—	—	—	—	—	—	144.60	1.95	415.41
13	35	福　建	3.24	954.84	2.58	—	—	—	—	—	4.68	13.56	3.96	1 016.49
14	36	江　西	—	164.85	—	—	—	—	—	—	—	—	5.73	347.88
15	37	山　东	—	2 111.22	—	—	—	—	—	—	—	—	—	2 459.58
16	41	河　南	—	474.87	—	—	—	—	-0.06	—	—	—	19.23	891.15
17	42	湖　北	—	644.01	—	—	—	—	—	—	—	151.32	33.09	493.38
18	43	湖　南	25.98	187.41	—	122.53	—	—	—	—	—	—	3.45	281.82
19	44	广　东	—	—	29.88	—	—	—	—	—	—	0.12	130.98	2 044.89
20	45	广　西	—	100.02	—	0.24	—	—	—	—	—	60.48	12.24	—
21	46	海　南	—	101.01	—	—	—	—	—	—	—	—	—	—
22	50	重　庆	—	59.55	—	—	—	—	—	—	—	—	8.13	—
23	51	四　川	0.06	1 062.42	32.16	—	—	—	-1.08	—	—	—	3.60	—
24	52	贵　州	3.48	—	—	—	—	—	—	—	—	65.10	15.45	876.24
25	53	云　南	—	505.53	13.26	6.18	—	—	—	—	—	6.90	31.68	967.02
26	54	西　藏	—	—	—	—	—	—	—	—	—	20.58	—	—
27	61	陕　西	—	553.86	30.84	—	—	—	—	—	—	—	21.45	—
28	62	甘　肃	1.86	351.15	—	—	—	—	—	—	6.96	—	1.44	778.95
29	63	青　海	—	92.37	—	—	—	—	—	—	—	—	—	89.19
30	64	宁　夏	—	—	10.20	—	—	—	—	—	—	57.84	2.76	179.19
31	65	新　疆	3.12	280.05	86.70	—	—	—	—	—	—	11.58	31.29	530.97
合计 Total			**100.44**	**10 729.68**	**460.32**	**200.52**	**15.32**	—	**-2.58**	—	**45.42**	**1 247.22**	**504.66**	**20 369.19**

续表

序号	省编号	面值（元）	5	5	5	5	5	5	5	5	5	5	5	5
		省份 / 游戏名称	精彩奇妙 5	景彩骑妙	九宫格	开门大吉	开心麻将	开运罐	快乐 J	拉火车	灵秀湖北	龙年吉祥	龙之九子	绿宝石
1	11	北 京	—	—	—	—	—	—	—	—	—	—	—	—
2	12	天 津	—	—	—	—	—	—	—	—	—	—	—	—
3	13	河 北	—	—	–0.06	26.16	—	–0.18	—	—	—	—	—	0.81
4	14	山 西	—	—	—	0.06	—	—	—	—	—	—	—	—
5	15	内蒙古	—	—	–0.48	1.80	—	–0.06	—	—	—	—	—	13.50
6	21	辽 宁	—	—	—	—	—	—	—	—	—	—	—	—
7	22	吉 林	—	—	—	—	—	—	—	—	—	—	—	—
8	23	黑龙江	—	—	—	—	—	—	—	—	—	—	—	0.03
9	31	上 海	—	—	—	—	—	—	—	—	—	—	—	—
10	32	江 苏	—	—	—	13.80	—	—	—	—	—	—	2.43	118.26
11	33	浙 江	—	—	–0.12	—	—	–0.06	–0.12	—	—	—	—	—
12	34	安 徽	—	—	—	7.08	—	—	—	—	—	—	—	7.23
13	35	福 建	0.18	—	—	0.66	—	—	—	—	—	—	—	0.06
14	36	江 西	—	—	—	0.36	—	—	—	—	—	—	—	—
15	37	山 东	—	—	—	—	—	—	—	—	—	—	—	—
16	41	河 南	–0.18	—	–0.12	—	—	—	—	—	—	—	—	—
17	42	湖 北	—	—	–0.12	—	—	—	—	—	1 170.21	—	—	—
18	43	湖 南	—	—	—	11.76	—	—	—	—	—	—	2.13	0.63
19	44	广 东	—	—	—	0.12	—	—	—	—	—	—	—	—
20	45	广 西	—	2.10	—	0.30	—	—	—	—	—	—	—	—
21	46	海 南	—	—	0.30	0.06	—	—	—	—	—	—	—	5.85
22	50	重 庆	—	—	—	—	—	—	—	—	—	—	—	—
23	51	四 川	—	—	0.06	—	—	—	—	—	—	—	—	—
24	52	贵 州	—	—	—	0.36	—	—	—	—	—	—	—	0.06
25	53	云 南	—	—	—	8.82	—	—	—	—	—	—	—	—
26	54	西 藏	—	—	—	—	—	—	—	—	—	—	—	9.18
27	61	陕 西	—	—	—	0.84	—	—	—	—	—	—	—	2.04
28	62	甘 肃	—	—	—	94.44	—	—	—	—	—	—	—	—
29	63	青 海	—	—	—	0.30	—	—	—	—	—	—	—	—
30	64	宁 夏	—	—	—	10.26	—	—	—	—	—	—	—	0.27
31	65	新 疆	0.24	—	—	0.30	—	—	—	—	—	—	—	0.15
合计 Total			**0.24**	**2.10**	**–0.54**	**177.48**	—	**–0.30**	**–0.12**	—	**1 170.21**	—	**4.56**	**158.07**

续表

序号	省编号	面值（元）	5	5	5	5	5	5	5	5	5	5	5	5
		省份 / 游戏名称	麻辣 6	梅兰竹菊	美丽江西	魅力龙江	魅力新兰州激情马拉松	梦想成金	魔钻	牛	欧洲风云	巧克力	清凉水果	全民运动
1	11	北　京	2 502.66	0.06	—	—	—	—	—	12.48	—	0.06	—	178.74
2	12	天　津	599.43	—	—	—	—	—	—	—	—	—	—	—
3	13	河　北	2 933.16	54.66	—	—	—	—	–0.30	—	—	2.58	–0.09	399.51
4	14	山　西	274.38	—	—	—	—	—	—	—	—	—	—	59.19
5	15	内蒙古	1 036.98	26.64	—	—	—	—	–0.12	—	—	27.60	–0.15	182.37
6	21	辽　宁	2 535.90	2.16	—	—	—	—	—	—	—	—	—	—
7	22	吉　林	2 892.18	7.80	—	—	—	—	—	—	—	—	—	—
8	23	黑龙江	2 356.17	0.24	—	—	—	—	—	—	—	79.86	—	155.43
9	31	上　海	710.97	—	—	—	—	—	—	—	—	—	—	—
10	32	江　苏	1 550.55	142.26	—	—	—	—	—	—	—	118.56	—	282.18
11	33	浙　江	2 456.46	—	—	—	—	–0.12	–0.06	1.14	—	51.24	–0.03	171.36
12	34	安　徽	693.42	—	—	—	—	—	—	—	—	42.54	—	—
13	35	福　建	2 237.43	—	—	—	—	—	—	—	—	0.78	—	238.56
14	36	江　西	284.82	—	9.90	—	—	—	—	—	—	2.76	—	—
15	37	山　东	2 438.67	1.08	—	—	—	—	—	—	—	6.60	—	1 197.69
16	41	河　南	2 679.36	—	—	—	—	—	–0.12	—	—	0.66	–0.15	296.82
17	42	湖　北	187.98	—	—	—	—	—	—	—	—	46.62	–0.12	175.35
18	43	湖　南	71.55	—	—	—	—	—	—	—	—	10.50	—	—
19	44	广　东	4 385.58	—	—	—	—	—	—	316.35	—	63.96	—	287.34
20	45	广　西	131.49	—	0.30	—	—	—	—	—	—	3.72	—	—
21	46	海　南	0.18	—	—	—	—	—	—	—	—	—	–0.06	—
22	50	重　庆	298.47	—	—	—	—	–0.06	–0.06	—	—	7.92	–0.06	—
23	51	四　川	1 239.09	35.04	—	—	—	—	—	25.92	—	—	–0.39	218.55
24	52	贵　州	970.35	—	—	—	—	—	—	0.06	—	18.54	—	212.25
25	53	云　南	3 255.27	69.48	—	—	—	—	—	—	—	31.92	—	333.33
26	54	西　藏	1 681.05	—	—	—	—	—	—	—	—	68.82	—	—
27	61	陕　西	1 161.99	—	—	—	—	—	—	—	—	8.04	0.03	—
28	62	甘　肃	1 213.17	—	—	—	—	—	—	0.42	—	1.74	—	177.90
29	63	青　海	24.18	—	—	—	—	—	—	—	—	8.10	—	25.71
30	64	宁　夏	139.02	—	—	—	—	—	—	—	—	18.12	—	87.39
31	65	新　疆	856.86	—	—	—	—	—	—	—	—	0.84	—	—
合计 Total			**43 798.77**	**339.42**	**10.20**	—	—	**–0.18**	**–0.66**	**356.37**	—	**622.08**	**–1.02**	**4 679.67**

续表

序号	省编号	面值（元）	5	5	5	5	5	5	5	5	5	5	5	5
		省份 / 游戏名称	热力 100	三国故事	山水重庆	山水重庆火锅	神秘贝壳	神奇的宝葫芦	生日快乐	十倍奖金	双龙戏珠	体彩顶呱刮十周年庆	甜蜜蜜	甜蜜约会
1	11	北　京	—	—	—	—	—	—	—	—	—	—	1 906.74	—
2	12	天　津	—	—	—	—	—	—	—	—	—	—	658.74	—
3	13	河　北	−0.18	—	—	—	—	—	—	—	−0.78	79.02	1 943.94	−0.18
4	14	山　西	—	—	—	—	—	—	—	—	—	20.52	152.04	—
5	15	内蒙古	—	—	—	—	—	—	—	—	—	1.44	859.77	—
6	21	辽　宁	—	—	37.05	—	—	—	—	—	—	0.90	2 318.88	—
7	22	吉　林	—	—	—	—	—	—	—	—	—	0.78	1 838.43	—
8	23	黑龙江	—	—	—	—	—	—	—	—	—	1.50	1 561.41	—
9	31	上　海	—	—	—	—	—	—	—	—	—	36.42	929.82	—
10	32	江　苏	—	—	—	—	—	—	—	—	—	142.86	2 367.57	—
11	33	浙　江	−0.30	—	—	—	−0.27	—	—	—	—	158.70	2 024.31	—
12	34	安　徽	—	−0.36	—	—	−0.45	—	—	—	—	—	823.08	—
13	35	福　建	—	—	15.54	—	—	—	—	—	0.12	24.00	1 790.61	—
14	36	江　西	—	—	—	—	—	—	—	—	—	3.90	354.87	—
15	37	山　东	—	—	—	—	—	—	—	—	—	4.44	2 161.08	—
16	41	河　南	—	—	—	—	−0.06	—	—	—	—	19.80	2 202.30	—
17	42	湖　北	0.06	—	—	—	—	—	—	—	—	17.40	43.98	—
18	43	湖　南	—	—	2.16	—	—	—	—	—	—	4.98	173.58	—
19	44	广　东	—	—	183.24	—	—	—	—	—	—	150.66	3 204.96	—
20	45	广　西	—	—	—	—	—	—	—	—	—	—	74.85	—
21	46	海　南	—	—	6.30	—	—	—	—	—	—	—	0.06	—
22	50	重　庆	—	—	407.88	6.54	—	—	—	—	—	24.72	371.55	—
23	51	四　川	—	—	38.67	—	—	—	—	—	0.24	2.64	1 148.49	—
24	52	贵　州	—	—	—	—	0.12	—	—	—	0.06	1.80	725.40	—
25	53	云　南	—	—	—	—	—	—	—	—	—	29.16	2 342.22	—
26	54	西　藏	—	—	—	—	—	—	—	—	—	—	—	—
27	61	陕　西	—	—	56.31	—	—	—	—	—	—	19.02	990.57	—
28	62	甘　肃	—	—	—	—	—	—	—	—	—	1.50	536.10	—
29	63	青　海	—	—	—	—	—	—	—	—	—	—	118.17	—
30	64	宁　夏	—	—	—	—	—	—	—	—	—	10.14	223.35	—
31	65	新　疆	—	—	16.71	—	—	—	—	—	—	3.00	597.51	—
合计 Total			**−0.42**	**−0.36**	**763.86**	**6.54**	**−0.66**	—	—	—	**−0.36**	**759.30**	**34 444.38**	**−0.18**

续表

序号	省编号	面值（元）	5	5	5	5	5	5	5	5	5	5	5	5
		省份 / 游戏名称	挑战 MVP	跳跃音符	挖财宝	旺旺	我爱中国	我的幸福	卧虎藏龙	五禽戏	小财神	小红包	小元宝	携手奥运
1	11	北京	4.41	—	—	—	—	319.56	—	—	—	—	0.18	—
2	12	天津	—	—	—	—	—	123.33	—	—	—	—	0.96	—
3	13	河北	—	−0.24	3.84	21.87	2.22	385.41	14.10	2.28	—	—	23.22	−0.54
4	14	山西	—	—	—	—	0.12	119.07	—	—	—	1.68	74.40	—
5	15	内蒙古	—	−0.06	17.40	22.44	37.32	199.62	32.94	1.77	—	9.18	58.68	—
6	21	辽宁	—	—	—	0.69	—	209.34	—	0.87	—	—	20.64	—
7	22	吉林	—	—	0.12	0.33	0.06	194.04	—	—	—	—	41.46	—
8	23	黑龙江	159.12	—	—	—	—	117.87	—	—	—	98.88	120.60	—
9	31	上海	22.56	—	—	89.07	—	—	—	—	—	—	—	—
10	32	江苏	239.91	—	3.36	422.34	134.52	745.89	67.92	163.74	—	102.90	9.78	—
11	33	浙江	—	—	—	381.30	—	578.04	—	0.24	−0.03	5.40	—	—
12	34	安徽	—	—	33.12	—	22.74	211.17	17.94	1.59	−0.12	1.08	137.94	—
13	35	福建	68.58	—	—	—	0.18	684.54	3.60	0.12	—	2.40	29.40	—
14	36	江西	3.06	—	—	7.77	38.82	111.42	0.06	2.04	—	—	25.14	—
15	37	山东	157.08	—	—	—	—	681.15	0.30	1.05	—	—	501.24	—
16	41	河南	—	−0.06	—	—	9.78	370.50	0.06	1.02	—	0.96	41.88	—
17	42	湖北	—	—	—	—	—	227.19	3.00	11.64	—	16.80	92.28	—
18	43	湖南	—	—	5.52	3.69	6.00	104.04	15.18	—	—	2.16	—	—
19	44	广东	65.19	—	—	—	739.08	490.41	—	—	—	—	—	—
20	45	广西	16.02	—	—	26.13	0.06	40.20	1.68	—	—	1.80	31.50	—
21	46	海南	12.78	—	—	—	0.06	21.57	—	0.39	—	0.78	—	—
22	50	重庆	28.95	—	—	—	—	—	44.94	3.99	—	15.24	—	—
23	51	四川	14.01	—	9.24	6.21	41.10	289.50	7.80	2.19	—	3.00	41.52	—
24	52	贵州	—	—	0.36	—	1.20	259.14	1.32	1.77	—	—	0.54	—
25	53	云南	—	—	2.82	35.19	4.92	369.51	1.44	3.87	—	13.32	97.32	—
26	54	西藏	31.47	—	—	—	—	—	—	14.91	—	6.36	—	—
27	61	陕西	—	—	10.68	9.54	8.40	241.59	1.38	2.88	—	—	30.12	—
28	62	甘肃	—	—	—	—	95.82	192.51	—	—	—	0.12	0.60	—
29	63	青海	10.83	—	—	—	0.06	20.46	—	9.03	—	1.32	44.40	—
30	64	宁夏	—	—	—	—	20.28	87.81	6.18	0.99	—	0.06	37.80	—
31	65	新疆	32.97	—	1.68	—	4.50	89.16	1.26	2.67	—	6.00	52.62	—
合计 Total			**866.94**	**−0.36**	**88.14**	**1 026.57**	**1 167.24**	**7 484.04**	**221.10**	**229.05**	**−0.15**	**289.44**	**1 514.22**	**−0.54**

续表

序号	省编号	面值（元）	5	5	5	5	5	5	5	5	5	5	5	5
		省份 / 游戏名称	新时代动起来	星光大道	幸福时光	幸运彩虹	炫青春行大运	摇钱树	一蹴而就	遇见	中国红	中国节	中国结	中国砚都 运动之城
1	11	北　京	—	—	—	—	—	—	535.83	265.32	836.70	26.58	—	—
2	12	天　津	—	—	—	—	—	—	118.47	116.70	324.51	7.62	—	—
3	13	河　北	2.91	–0.18	17.24	—	—	—	629.22	541.47	6.18	88.56	90.90	—
4	14	山　西	—	—	—	—	—	—	118.32	87.42	—	38.52	—	—
5	15	内蒙古	—	—	—	—	—	—	574.44	128.85	641.73	28.20	33.60	—
6	21	辽　宁	—	—	0.04	—	—	—	575.10	323.61	2 192.88	20.76	0.24	—
7	22	吉　林	—	—	0.04	—	—	—	834.87	—	1 590.66	33.72	0.66	—
8	23	黑龙江	—	—	—	—	—	—	255.87	225.03	1 509.81	24.54	—	—
9	31	上　海	—	—	—	—	—	—	—	—	—	—	45.60	—
10	32	江　苏	—	—	185.02	—	—	—	1 260.45	276.81	1 400.88	105.06	63.06	—
11	33	浙　江	125.61	–0.06	—	—	—	—	1 330.05	233.97	2 127.42	—	—	—
12	34	安　徽	—	—	9.80	—	—	—	422.31	—	269.52	59.40	—	—
13	35	福　建	1.53	0.06	—	—	—	—	1 077.03	540.84	1 909.47	63.00	12.78	—
14	36	江　西	—	—	—	—	—	—	190.95	—	386.43	—	—	—
15	37	山　东	—	—	—	—	606.90	—	2 136.57	985.95	1 410.42	270.48	0.06	—
16	41	河　南	—	–0.18	6.12	—	—	—	1 693.95	—	2 397.75	—	—	—
17	42	湖　北	—	—	15.84	—	—	—	314.37	—	—	33.18	—	—
18	43	湖　南	9.72	—	1.72	—	38.82	—	71.91	—	—	—	—	—
19	44	广　东	—	0.06	—	—	—	—	1 293.51	360.00	4 214.94	296.70	—	1 080.00
20	45	广　西	—	—	—	—	—	—	—	34.26	161.88	8.04	—	—
21	46	海　南	12.33	—	—	—	—	—	28.77	—	420.36	—	—	—
22	50	重　庆	—	—	—	—	15.18	—	130.35	—	325.35	7.98	—	—
23	51	四　川	—	—	—	—	4 039.56	—	679.02	159.69	1 456.32	25.86	33.00	—
24	52	贵　州	—	—	—	—	—	—	230.34	117.81	800.01	—	35.82	—
25	53	云　南	—	—	9.14	—	341.16	—	589.65	338.16	1 719.30	5.70	2.76	—
26	54	西　藏	—	—	—	—	—	—	288.81	41.85	573.30	—	—	—
27	61	陕　西	—	—	2.70	—	—	—	620.46	—	286.56	83.22	122.10	—
28	62	甘　肃	40.05	—	—	—	—	—	297.18	289.26	0.06	1.92	—	—
29	63	青　海	—	—	—	—	—	—	53.91	40.23	—	12.96	—	—
30	64	宁　夏	—	—	—	—	—	—	146.49	57.72	308.79	6.24	28.02	—
31	65	新　疆	—	—	—	—	—	—	426.63	86.25	0.84	—	43.32	—
合计 Total			**192.15**	**–0.30**	**247.66**	—	**5 041.62**	—	**16 924.83**	**5 251.20**	**27 272.07**	**1 248.24**	**511.92**	**1 080.00**

续表

序号	省编号	面值（元）	5	5	10	10	10	10	10	10	10	10	10	10
		省份 / 游戏名称	中中中	竹报平安	7 乐无穷	9	10 来运转	11 选 5	100	GO 好运	NBA	爱跑	爱赢爱冰雪	八方来财
1	11	北　京	265.23	—	—	—	—	—	—	—	—	—	—	—
2	12	天　津	84.42	—	—	—	—	—	—	—	—	—	—	—
3	13	河　北	660.39	—	—	0.06	133.80	—	—	0.06	−0.30	39.69	1 087.53	−0.54
4	14	山　西	335.07	—	—	6.60	—	—	—	—	—	59.76	—	—
5	15	内蒙古	326.76	—	6.96	1.20	33.18	—	—	—	—	14.01	—	0.18
6	21	辽　宁	645.84	—	—	—	—	—	—	—	—	7.05	—	0.06
7	22	吉　林	397.14	—	—	—	5.46	—	—	—	—	—	—	—
8	23	黑龙江	269.64	—	0.06	75.54	—	—	—	—	—	—	—	—
9	31	上　海	176.88	—	—	—	—	—	—	—	—	—	—	—
10	32	江　苏	1 197.57	—	9.24	70.02	29.40	—	—	—	—	521.67	—	59.82
11	33	浙　江	989.82	−0.03	—	47.76	—	—	—	—	−0.90	0.48	—	−0.06
12	34	安　徽	504.72	—	—	1.74	—	—	—	—	—	—	—	—
13	35	福　建	676.05	—	10.98	0.18	57.48	—	84.33	—	—	2.49	—	—
14	36	江　西	221.73	—	—	0.06	—	—	—	—	—	4.92	—	—
15	37	山　东	1 793.43	—	—	—	548.64	—	—	—	—	16.77	—	—
16	41	河　南	1 376.88	—	0.12	0.96	0.06	—	—	—	—	4.47	—	—
17	42	湖　北	580.08	—	—	1.74	—	—	—	—	—	—	—	—
18	43	湖　南	236.46	—	—	1.26	147.78	—	—	—	—	4.47	—	—
19	44	广　东	1 080.00	—	—	—	—	—	—	—	—	162.51	—	—
20	45	广　西	115.53	—	—	1.02	—	—	—	—	—	14.01	—	—
21	46	海　南	89.94	—	—	—	67.14	—	—	—	—	8.25	—	—
22	50	重　庆	202.08	−0.06	—	—	—	—	—	—	—	—	—	−0.06
23	51	四　川	624.12	−0.36	—	2.28	71.82	—	59.01	—	—	—	—	13.14
24	52	贵　州	715.89	—	9.72	3.12	71.28	—	—	—	—	7.38	—	—
25	53	云　南	356.61	—	75.72	14.70	—	—	—	—	—	—	—	—
26	54	西　藏	—	—	—	—	26.46	—	—	—	—	—	—	—
27	61	陕　西	607.95	—	—	—	—	—	—	—	—	11.07	—	16.92
28	62	甘　肃	269.85	—	—	—	—	—	—	—	—	4.77	—	—
29	63	青　海	54.30	—	—	—	—	—	—	—	—	—	—	—
30	64	宁　夏	188.43	—	—	—	40.62	—	—	—	—	4.83	—	—
31	65	新　疆	213.36	—	—	—	2.52	—	—	—	—	6.69	—	—
合计 Total			**15 256.17**	**−0.45**	**112.80**	**228.24**	**1 235.64**	—	**143.34**	**0.06**	**−1.20**	**895.29**	**1 087.53**	**89.46**

续表

序号	省编号	面值（元）	10	10	10	10	10	10	10	10	10	10	10	10
		省份 / 游戏名称	八桂红	百步穿杨	捕鱼大师	财富之门	财运到	彩运来	草原那达慕	长征	超级赛车	赤壁	出 7 制胜	串串赢
1	11	北　京	—	—	—	—	—	0.06	—	—	—	—	2 319.66	—
2	12	天　津	—	—	—	—	—	—	—	—	—	—	454.77	—
3	13	河　北	—	—	—	9.48	—	102.54	—	—	—	3.54	587.73	—
4	14	山　西	—	—	—	4.44	—	—	—	—	—	1.98	—	—
5	15	内蒙古	—	—	—	10.86	90.00	182.94	−0.06	—	—	3.78	825.75	—
6	21	辽　宁	—	—	—	—	—	4.56	—	—	—	—	496.50	—
7	22	吉　林	—	—	—	—	—	—	—	—	—	0.06	—	—
8	23	黑龙江	—	—	59.88	—	—	—	—	—	—	—	117.00	—
9	31	上　海	—	—	—	—	—	—	—	—	—	—	706.77	—
10	32	江　苏	—	—	—	53.04	5.28	4.56	—	117.12	—	23.94	929.58	—
11	33	浙　江	—	—	—	57.78	—	—	—	—	—	12.78	2 131.98	—
12	34	安　徽	—	—	—	1.08	43.38	232.62	—	—	—	—	—	—
13	35	福　建	—	—	—	0.12	19.92	—	—	—	—	0.12	2 552.13	—
14	36	江　西	—	—	—	6.12	—	—	—	—	—	—	1.20	—
15	37	山　东	—	—	—	52.74	0.24	—	—	33.68	—	—	0.42	—
16	41	河　南	—	—	—	—	1.44	4.86	—	1.60	—	11.28	1 740.12	—
17	42	湖　北	—	—	—	—	7.44	—	—	—	—	2.22	—	—
18	43	湖　南	—	—	—	0.24	—	—	—	—	—	—	—	—
19	44	广　东	—	—	—	28.74	—	—	—	—	—	7.68	86.46	—
20	45	广　西	0.81	—	—	5.64	2.28	32.58	—	0.34	—	—	—	—
21	46	海　南	—	—	—	5.64	41.52	—	—	—	—	3.12	—	—
22	50	重　庆	—	—	—	—	—	—	—	1.42	—	—	204.00	—
23	51	四　川	—	—	—	1.80	14.34	98.28	—	0.02	—	1.20	1 105.08	1.74
24	52	贵　州	—	—	—	0.60	19.56	—	—	1.10	—	0.24	1.86	—
25	53	云　南	—	—	—	14.58	16.50	257.16	—	0.46	—	4.20	2 869.32	—
26	54	西　藏	—	—	—	4.32	17.94	56.34	—	—	—	—	—	—
27	61	陕　西	—	—	—	4.80	6.66	199.68	—	0.92	—	3.78	14.40	—
28	62	甘　肃	—	—	—	—	—	—	—	—	—	—	—	—
29	63	青　海	—	12.30	3.00	0.24	—	—	—	0.08	—	0.18	—	—
30	64	宁　夏	—	—	—	—	0.06	—	—	0.16	—	—	254.58	—
31	65	新　疆	—	6.36	—	0.18	0.12	—	—	—	—	4.08	1 654.05	—
合计 Total			**0.81**	**18.66**	**62.88**	**262.44**	**286.68**	**1 176.18**	**−0.06**	**156.90**	—	**84.18**	**19 053.36**	**1.74**

续表

序号	省编号	面值（元）	10	10	10	10	10	10	10	10	10	10	10	10
		省份 / 游戏名称	璀璨钻石	打黑 8	大美龙江	大漠寻宝	大运连连	巅峰之战	点秋香	蝶	顶呱刮	东海明珠	动起来	翻倍赢
1	11	北 京	—	—	—	—	—	—	—	—	—	—	—	0.24
2	12	天 津	—	—	—	—	—	—	—	—	—	—	—	—
3	13	河 北	−0.30	−0.18	—	−0.06	—	−0.06	—	—	−0.06	—	59.10	9.12
4	14	山 西	—	—	—	0.06	—	—	—	—	0.06	—	13.68	—
5	15	内蒙古	−0.06	—	—	−0.12	—	—	—	—	—	—	2.16	0.24
6	21	辽 宁	—	—	—	—	—	—	—	—	—	—	—	—
7	22	吉 林	—	—	—	−0.06	—	—	—	—	—	—	34.56	—
8	23	黑龙江	—	—	—	—	—	—	—	—	—	—	65.88	—
9	31	上 海	—	—	—	—	—	—	—	3.00	—	—	136.20	—
10	32	江 苏	—	—	—	0.06	—	—	—	—	—	—	208.62	0.54
11	33	浙 江	−0.06	−0.54	—	—	—	−0.84	—	—	−0.48	−0.18	125.34	—
12	34	安 徽	−0.06	—	—	—	—	−0.12	—	—	—	—	—	—
13	35	福 建	—	—	—	—	—	—	2.22	31.38	—	—	2.58	13.08
14	36	江 西	—	—	—	—	—	—	—	—	—	—	10.44	—
15	37	山 东	—	—	—	—	—	—	—	—	—	—	—	12.12
16	41	河 南	−0.06	−0.06	—	—	—	—	—	—	—	—	27.90	37.50
17	42	湖 北	—	—	—	—	—	—	—	—	−0.06	—	—	—
18	43	湖 南	—	—	—	—	—	—	—	—	—	—	4.32	—
19	44	广 东	—	—	—	—	—	—	—	—	—	—	52.80	—
20	45	广 西	—	—	—	—	—	—	—	—	—	—	—	—
21	46	海 南	—	—	—	—	—	—	—	—	—	—	—	—
22	50	重 庆	—	—	—	—	—	—	—	—	—	—	8.04	—
23	51	四 川	—	—	—	—	62.76	—	—	—	—	—	8.28	—
24	52	贵 州	−0.06	—	—	—	—	—	—	—	—	—	10.62	—
25	53	云 南	—	—	—	0.06	—	—	—	—	—	—	41.76	47.10
26	54	西 藏	—	—	—	—	—	—	—	—	—	—	—	—
27	61	陕 西	—	—	—	—	—	—	—	—	—	—	93.84	0.30
28	62	甘 肃	—	—	—	—	—	—	—	—	—	—	24.96	2.64
29	63	青 海	—	—	—	—	—	—	—	—	—	—	—	—
30	64	宁 夏	—	—	—	—	—	—	—	—	—	—	10.68	—
31	65	新 疆	—	—	—	—	—	—	—	—	—	—	28.80	1.32
合计 Total			**−0.60**	**−0.78**	—	**−0.06**	**62.76**	**−1.02**	**2.22**	**34.38**	**−0.54**	**−0.18**	**970.56**	**124.20**

续表

序号	省编号	面值（元）	10	10	10	10	10	10	10	10	10	10	10	10
		省份 / 游戏名称	翻倍赢家	丰彩	福禄寿喜	掼蛋	滚雪球	国泰民安	过大年	杭州 2022	豪门盛宴	和气生财	红包	红宝石 8
1	11	北 京	—	—	—	—	—	164.94	—	—	—	—	—	1 178.88
2	12	天 津	—	—	111.96	—	—	—	—	—	—	—	—	—
3	13	河 北	—	—	37.14	—	206.04	46.92	—	—	3.36	100.32	—	369.12
4	14	山 西	—	—	—	—	—	25.38	—	—	23.88	—	—	205.68
5	15	内蒙古	—	—	—	—	28.62	24.12	—	—	6.84	18.36	—	0.66
6	21	辽 宁	—	—	—	—	7.14	—	—	—	0.24	—	—	—
7	22	吉 林	—	—	—	—	—	41.58	—	—	0.54	—	—	—
8	23	黑龙江	—	—	—	—	—	89.58	—	—	—	—	—	299.94
9	31	上 海	—	—	—	—	139.62	—	—	—	0.84	0.06	—	831.00
10	32	江 苏	—	—	—	0.42	115.86	12.54	—	—	11.58	561.36	—	0.48
11	33	浙 江	—	—	—	—	0.84	—	—	2 369.52	350.22	—	4.29	1 933.41
12	34	安 徽	—	—	—	—	—	3.54	—	—	5.64	—	—	627.21
13	35	福 建	—	—	—	—	2.52	0.18	—	—	0.12	11.40	—	1 763.22
14	36	江 西	—	—	—	—	—	6.00	—	—	4.80	67.68	3.66	1.68
15	37	山 东	63.99	—	36.90	—	3.96	99.42	—	—	0.06	—	—	—
16	41	河 南	—	—	—	—	0.36	4.08	—	—	3.12	8.94	—	—
17	42	湖 北	—	—	—	—	—	30.00	—	—	117.60	—	—	—
18	43	湖 南	—	—	—	—	—	24.18	—	—	1.74	5.16	0.12	—
19	44	广 东	—	—	51.30	—	—	—	—	—	—	0.06	—	4 376.43
20	45	广 西	—	—	—	—	—	12.84	—	—	11.97	—	—	93.18
21	46	海 南	—	—	—	—	—	—	—	—	13.62	—	—	0.06
22	50	重 庆	—	—	—	—	—	21.12	—	—	10.86	—	—	2.64
23	51	四 川	—	—	—	—	10.50	2.94	—	—	2.22	23.46	0.36	765.69
24	52	贵 州	—	—	—	—	3.72	12.36	—	—	3.78	18.84	—	856.74
25	53	云 南	—	—	—	—	—	33.06	—	—	19.20	27.06	—	3 873.12
26	54	西 藏	—	—	—	—	—	19.08	—	—	8.70	—	—	1 023.18
27	61	陕 西	—	—	—	—	—	9.30	—	—	—	—	—	229.74
28	62	甘 肃	—	—	—	—	—	0.90	—	—	—	—	—	714.54
29	63	青 海	—	—	—	—	40.32	—	—	—	25.32	—	—	—
30	64	宁 夏	—	—	—	—	53.88	25.98	—	—	16.02	14.64	—	—
31	65	新 疆	—	—	—	—	—	9.48	—	—	22.44	2.34	—	316.26
合计 Total			**63.99**	—	**237.30**	**0.42**	**613.38**	**719.52**	—	**2 369.52**	**664.71**	**859.68**	**8.43**	**19 462.86**

续表

序号	省编号	面值（元）	10	10	10	10	10	10	10	10	10	10	10	10
		省份 / 游戏名称	红玫瑰	华夏古文明山西好风光	环岛高铁	环青海湖	黄金万两	黄金之城	激情亚沙会快乐在一起	吉祥如意	吉星高照	加油中国	剪子包袱锤	江山如画
1	11	北　京	—	—	—	—	—	—	—	76.44	—	—	—	—
2	12	天　津	—	—	—	—	—	—	—	0.30	—	—	—	—
3	13	河　北	7.20	—	—	—	—	37.26	—	1.26	−0.42	12.60	—	—
4	14	山　西	0.06	16.32	—	10.68	—	—	—	0.24	—	50.64	—	—
5	15	内蒙古	11.70	—	—	3.66	−0.18	63.72	—	112.20	—	36.84	—	—
6	21	辽　宁	0.84	—	—	—	—	—	—	16.86	—	1.86	—	—
7	22	吉　林	—	—	—	—	—	3.42	—	17.70	—	0.78	—	—
8	23	黑龙江	—	—	—	—	—	—	—	126.00	—	—	—	—
9	31	上　海	—	—	—	—	—	—	—	—	—	—	—	—
10	32	江　苏	0.84	—	—	—	—	283.92	—	159.60	—	28.56	—	—
11	33	浙　江	−0.06	—	—	—	−0.06	—	—	—	−0.18	0.06	—	—
12	34	安　徽	—	—	—	—	—	58.86	—	—	—	50.94	—	—
13	35	福　建	0.06	—	—	—	—	0.30	—	205.26	—	4.02	—	—
14	36	江　西	—	—	—	—	—	2.40	—	137.04	—	13.08	—	—
15	37	山　东	—	—	—	—	—	43.38	—	486.12	—	—	—	—
16	41	河　南	—	—	—	—	—	25.56	—	354.72	—	37.98	—	—
17	42	湖　北	—	—	—	—	—	—	—	159.54	—	198.66	—	—
18	43	湖　南	1.68	—	—	—	—	11.22	—	—	—	35.22	—	—
19	44	广　东	—	—	—	—	—	—	—	—	—	604.86	—	—
20	45	广　西	—	—	—	—	—	—	—	17.34	—	16.08	—	—
21	46	海　南	—	—	26.22	—	—	—	—	4.20	—	32.76	—	—
22	50	重　庆	—	—	—	—	—	—	—	—	—	15.12	—	—
23	51	四　川	—	—	—	—	—	8.22	—	111.78	—	1.44	—	—
24	52	贵　州	—	—	—	1.62	—	13.38	—	87.84	—	0.30	—	—
25	53	云　南	5.16	—	—	—	—	32.22	—	175.20	—	73.44	—	—
26	54	西　藏	—	—	—	—	—	—	—	156.00	—	—	—	—
27	61	陕　西	—	—	—	1.68	—	52.32	—	28.98	—	6.78	—	—
28	62	甘　肃	—	—	—	28.02	—	—	—	78.42	—	—	—	—
29	63	青　海	0.18	—	—	24.78	—	—	—	51.36	—	0.12	—	—
30	64	宁　夏	—	—	—	1.50	—	—	—	65.64	—	6.36	—	—
31	65	新　疆	—	—	—	7.02	—	—	—	8.64	—	2.10	—	—
合计 Total			**27.66**	**16.32**	**26.22**	**78.96**	**−0.24**	**636.18**	—	**2 638.68**	**−0.60**	**1 230.60**	—	—

续表

序号	省编号	面值（元）	10	10	10	10	10	10	10	10	10	10	10	10
		省份/游戏名称	金猴献宝	金鸡纳福	金满堂	金牛贺岁	金蛇添财	金石奇缘	金镶玉	金元宝	金猪贺岁	金猪纳财	金砖	津彩全运
1	11	北　京	—	—	—	19.92	—	—	—	—	—	—	—	—
2	12	天　津	—	—	—	—	—	—	—	—	—	—	—	—
3	13	河　北	—	1.74	—	—	—	—	-0.60	-0.18	36.48	12.24	—	—
4	14	山　西	0.54	9.90	—	—	—	—	—	—	15.90	—	—	—
5	15	内蒙古	0.66	1.68	—	—	—	—	—	—	11.94	10.74	—	—
6	21	辽　宁	—	—	—	11.49	—	—	—	—	8.58	1.38	—	—
7	22	吉　林	—	0.30	—	—	—	—	—	—	6.72	0.78	—	—
8	23	黑龙江	—	—	—	5.73	—	—	—	—	—	—	—	—
9	31	上　海	—	—	—	—	—	—	—	—	—	0.06	—	—
10	32	江　苏	10.50	9.60	1.68	—	—	—	—	0.09	8.52	9.78	0.06	—
11	33	浙　江	43.02	—	-0.12	31.62	-0.06	—	—	-0.03	—	0.54	-0.06	—
12	34	安　徽	2.22	—	-0.12	—	—	—	—	—	—	44.16	—	—
13	35	福　建	0.06	1.26	—	—	—	—	—	—	—	1.92	—	—
14	36	江　西	1.32	—	—	5.82	—	—	—	—	—	—	—	—
15	37	山　东	29.52	66.24	—	—	—	—	—	—	58.32	146.34	—	—
16	41	河　南	2.34	—	-0.06	41.64	—	—	—	—	—	—	—	—
17	42	湖　北	—	0.12	-0.12	—	—	—	—	—	51.36	—	—	—
18	43	湖　南	1.92	0.12	—	—	—	—	—	—	—	0.36	—	—
19	44	广　东	—	—	—	2 196.66	—	—	—	—	—	145.74	—	—
20	45	广　西	1.14	0.78	—	0.78	—	—	—	—	—	3.18	—	—
21	46	海　南	0.06	—	—	—	—	—	—	—	—	—	0.12	—
22	50	重　庆	—	0.06	—	10.44	—	—	—	—	—	60.84	—	—
23	51	四　川	0.06	1.50	—	19.65	—	—	—	-0.27	2.28	—	—	—
24	52	贵　州	0.30	0.06	—	0.12	—	—	—	—	34.44	—	—	—
25	53	云　南	—	1.08	0.06	—	—	—	—	—	—	53.46	—	—
26	54	西　藏	0.60	—	—	—	—	—	—	—	30.00	41.04	—	—
27	61	陕　西	0.42	4.50	—	—	—	—	—	—	—	7.50	—	—
28	62	甘　肃	0.06	—	—	0.54	—	—	—	—	—	126.36	—	—
29	63	青　海	0.30	0.12	—	—	—	—	—	—	—	—	—	—
30	64	宁　夏	0.06	—	—	—	—	—	—	—	4.44	5.82	—	—
31	65	新　疆	—	0.06	—	—	—	—	—	—	19.20	—	—	—
合计 Total			**95.10**	**99.12**	**1.32**	**2 344.41**	**-0.06**	—	**-0.60**	**-0.39**	**288.18**	**672.24**	**0.12**	—

续表

序号	省编号	面值（元）	10	10	10	10	10	10	10	10	10	10	10	10
		省份 / 游戏名称	锦鲤	精彩冬运	聚宝盆	开门 8 件事	开心果	可爱小樱桃	快赢	狂热中	浪漫水晶球	乐在 7 中	灵秀湖北 – 人文篇	灵秀湖北 – 山水篇
1	11	北　京	1 885.80	—	—	—	—	—	357.84	—	—	—	—	—
2	12	天　津	472.56	—	—	—	—	—	—	—	—	—	—	—
3	13	河　北	1 475.07	—	–0.12	—	—	—	—	—	—	—	—	—
4	14	山　西	508.77	—	—	—	—	—	—	—	—	—	—	—
5	15	内蒙古	1 312.53	130.92	—	—	—	—	—	–0.12	—	—	—	—
6	21	辽　宁	1 359.69	—	—	—	—	—	—	—	—	—	—	—
7	22	吉　林	1 407.51	—	—	—	—	—	—	—	—	—	—	—
8	23	黑龙江	1 139.73	—	—	—	—	—	—	—	—	0.06	—	—
9	31	上　海	719.16	—	—	—	—	—	—	—	—	—	—	—
10	32	江　苏	4 093.68	—	—	—	—	—	—	—	—	—	—	—
11	33	浙　江	5 207.85	—	—	—	—	—	—	—	—	—	—	—
12	34	安　徽	697.98	—	—	—	—	—	—	—	–0.36	—	—	—
13	35	福　建	2 705.46	—	—	—	—	—	—	—	—	0.24	—	—
14	36	江　西	1 331.58	—	—	—	—	—	—	—	—	—	—	—
15	37	山　东	4 909.14	—	—	46.56	—	—	—	—	—	11.46	—	—
16	41	河　南	3 163.95	—	—	—	—	—	—	—	—	—	—	—
17	42	湖　北	583.02	—	—	—	—	—	—	—	—	—	529.86	5.40
18	43	湖　南	397.02	—	—	—	—	—	—	—	—	—	—	—
19	44	广　东	3 960.00	—	—	—	—	—	—	—	—	—	—	—
20	45	广　西	345.48	—	—	—	—	—	—	—	—	—	—	—
21	46	海　南	—	—	—	—	—	—	—	—	—	—	—	—
22	50	重　庆	860.10	—	—	—	—	—	—	—	–0.06	—	—	—
23	51	四　川	2 129.43	—	—	—	—	—	—	—	—	0.36	—	—
24	52	贵　州	1 714.05	—	—	—	—	—	—	—	—	—	—	—
25	53	云　南	2 480.31	—	—	—	—	—	—	—	—	0.06	—	—
26	54	西　藏	669.24	—	—	—	—	—	—	—	—	—	—	—
27	61	陕　西	1 369.71	—	—	—	—	—	—	—	—	—	—	—
28	62	甘　肃	1 557.72	—	—	—	—	—	—	—	—	—	—	—
29	63	青　海	149.79	—	—	—	—	—	—	—	—	—	—	—
30	64	宁　夏	236.22	—	—	—	—	—	—	—	—	—	—	—
31	65	新　疆	1 203.99	13.80	—	—	—	—	—	—	—	—	—	—
合计 Total			**50 046.54**	**144.72**	**–0.12**	**46.56**	—	—	**357.84**	**–0.12**	**–0.42**	**12.18**	**529.86**	**5.40**

续表

序号	省编号	面值（元）	10	10	10	10	10	10	10	10	10	10	10	10
		省份 / 游戏名称	龙狮争霸	绿翡翠 9	绿色生活	马到成功	美好安徽 活力体博	魅力闽南	魅力内蒙古辉煌 70 年	魔法师	七彩云南	强力 5	强力金球	抢红包
1	11	北　京	—	2 687.43	—	—	—	—	—	—	—	—	—	—
2	12	天　津	—	600.45	—	—	—	—	—	—	—	—	—	—
3	13	河　北	—	3 895.68	—	–0.24	—	—	—	—	—	58.32	—	34.86
4	14	山　西	—	240.09	—	—	—	—	—	—	—	62.16	—	41.10
5	15	内蒙古	—	1 916.73	—	—	—	—	10.62	—	—	6.36	—	20.34
6	21	辽　宁	—	2 638.47	—	—	—	—	—	—	—	0.06	—	0.48
7	22	吉　林	—	2 520.00	—	—	—	—	—	—	—	—	—	—
8	23	黑龙江	—	1 812.78	—	—	—	—	—	—	—	—	—	—
9	31	上　海	—	1 948.41	—	—	—	—	—	—	—	—	—	—
10	32	江　苏	—	2 369.46	—	—	—	—	—	—	—	29.94	—	11.70
11	33	浙　江	—	3 010.44	—	–0.06	—	—	—	—	—	415.80	–0.06	2.28
12	34	安　徽	—	1 044.60	—	–0.06	—	—	—	—	—	—	—	—
13	35	福　建	—	3 106.62	—	—	—	936.24	—	—	—	115.68	—	0.42
14	36	江　西	—	—	—	—	—	—	—	—	—	—	—	8.04
15	37	山　东	—	971.79	—	—	—	—	—	—	—	624.18	—	170.46
16	41	河　南	—	3 101.64	—	—	—	—	—	—	—	—	–0.06	—
17	42	湖　北	—	46.32	—	—	—	—	—	—	—	—	–0.06	—
18	43	湖　南	—	171.36	—	—	—	—	—	—	—	—	—	—
19	44	广　东	—	11 131.29	—	—	—	—	—	—	—	—	—	144.06
20	45	广　西	—	134.52	—	—	—	—	—	—	—	—	—	—
21	46	海　南	—	0.06	—	—	—	—	—	—	—	—	—	—
22	50	重　庆	—	–0.12	—	—	—	—	—	—	—	—	0.24	2.16
23	51	四　川	—	1 313.34	—	–0.18	—	—	—	—	—	—	—	—
24	52	贵　州	—	1 172.31	—	—	—	—	—	—	—	—	–0.06	0.42
25	53	云　南	—	5 846.34	—	—	—	—	—	—	19.02	—	—	24.36
26	54	西　藏	—	1 186.35	—	—	—	—	—	—	—	15.78	—	—
27	61	陕　西	—	1 585.26	—	—	—	—	—	—	—	182.10	—	4.56
28	62	甘　肃	—	1 003.83	—	—	—	—	—	—	—	3.12	—	—
29	63	青　海	—	154.59	—	—	—	—	—	—	—	—	—	2.88
30	64	宁　夏	—	292.14	—	—	—	—	—	—	—	—	—	—
31	65	新　疆	—	1 119.03	—	—	—	—	—	—	—	0.66	—	—
合计 Total			—	**57 021.21**	—	**–0.54**	—	**936.24**	**10.62**	—	**19.02**	**1 514.16**	—	**468.12**

续表

序号	省编号	面值（元）	10	10	10	10	10	10	10	10	10	10	10	10
		省份 / 游戏名称	倾城之恋	情比金坚	全民健身日	全民运动	热力 500	赛事之都	三江源	三羊开泰	三重钻石	神灯	盛世十二运	十倍幸运
1	11	北　京	3.54	—	0.09	—	—	—	—	—	780.96	1.20	—	2 725.26
2	12	天　津	—	—	—	—	—	—	—	—	—	—	—	928.11
3	13	河　北	12.36	—	—	72.18	−0.36	—	—	—	782.22	43.50	—	3 803.13
4	14	山　西	—	—	—	—	—	—	—	—	172.32	32.22	—	410.19
5	15	内蒙古	66.90	—	—	—	—	—	—	0.42	1.80	61.80	—	1 819.86
6	21	辽　宁	268.86	—	2.88	—	—	—	—	—	15.90	0.78	—	3 353.55
7	22	吉　林	—	—	2.34	—	—	—	—	—	—	0.66	—	2 657.40
8	23	黑龙江	32.16	—	0.51	—	—	—	—	—	—	—	—	2 743.02
9	31	上　海	—	—	1.32	—	—	—	—	—	1 301.46	—	—	2 458.17
10	32	江　苏	132.78	—	381.81	148.74	—	—	—	0.18	962.16	260.10	—	6 411.03
11	33	浙　江	5.70	−0.18	—	—	−0.06	—	—	—	1 201.17	−0.06	—	5 740.47
12	34	安　徽	—	—	5.49	—	—	—	—	—	709.62	20.40	—	1 358.01
13	35	福　建	826.62	—	0.54	—	—	—	—	—	883.26	0.12	—	3 708.03
14	36	江　西	—	—	—	—	—	—	—	—	106.80	—	—	478.68
15	37	山　东	370.20	—	15.75	49.44	—	—	—	—	—	7.92	—	3 947.64
16	41	河　南	706.02	—	—	23.46	—	—	—	—	—	38.82	—	4 650.00
17	42	湖　北	—	—	21.42	—	—	—	—	—	−0.06	—	—	757.89
18	43	湖　南	8.46	—	5.52	—	—	—	—	—	48.78	4.44	—	174.42
19	44	广　东	—	—	—	220.26	—	—	—	—	—	—	—	11 868.27
20	45	广　西	—	—	13.29	13.32	—	—	—	1.38	44.16	—	—	248.46
21	46	海　南	—	—	6.60	11.45	—	—	—	—	—	0.36	—	301.74
22	50	重　庆	—	—	11.73	—	—	—	—	—	49.86	—	—	651.00
23	51	四　川	58.86	—	2.40	20.46	−0.30	—	—	1.08	72.00	4.98	—	2 530.65
24	52	贵　州	—	—	0.60	20.94	—	—	—	—	712.17	4.44	—	1 128.06
25	53	云　南	31.08	—	17.49	14.76	—	—	—	—	3 586.29	—	—	4 321.17
26	54	西　藏	66.12	—	11.37	26.88	—	—	—	—	2 431.80	2.64	—	1 385.55
27	61	陕　西	344.82	—	17.22	—	—	—	—	—	—	73.38	—	1 778.43
28	62	甘　肃	—	—	42.24	—	—	—	—	—	—	—	—	1 233.96
29	63	青　海	—	—	15.00	—	—	—	—	—	108.90	—	—	163.29
30	64	宁　夏	—	—	—	—	—	—	—	—	—	—	—	667.38
31	65	新　疆	283.14	—	4.92	41.28	—	—	—	—	257.85	—	—	2 047.17
合计 Total			**3 217.62**	**−0.18**	**580.53**	**663.18**	**−0.72**	—	—	**3.06**	**14 229.42**	**557.70**	—	**76 449.99**

续表

序号	省编号	面值（元）	10	10	10	10	10	10	10	10	10	10	10	10
		省份 / 游戏名称	十二生肖	十二星座	世界客都	鼠来宝	数字密码	丝绸之路·奇观	体彩顶呱刮十周年庆	天下大足	天下名钻	天作之合	甜蜜蜜	甜蜜物语
1	11	北　京	5.52	1.38	—	233.67	—	—	—	—	0.06	—	—	0.06
2	12	天　津	—	7.86	—	237.93	—	—	—	—	—	—	—	—
3	13	河　北	—	33.72	—	470.19	156.72	—	236.76	—	2.40	93.72	—	7.95
4	14	山　西	—	—	—	163.44	44.70	—	32.16	—	6.12	—	—	1.41
5	15	内蒙古	7.59	190.92	—	283.02	118.14	—	7.56	—	51.72	39.54	—	5.79
6	21	辽　宁	10.17	9.84	—	373.29	1.14	—	5.16	—	0.42	0.96	—	0.39
7	22	吉　林	—	33.36	—	280.38	26.22	—	8.40	—	0.12	—	—	4.77
8	23	黑龙江	0.03	17.10	—	577.41	4.56	—	1.08	—	83.82	0.06	—	—
9	31	上　海	—	92.88	—	463.26	80.70	—	—	—	0.06	—	—	—
10	32	江　苏	675.66	162.36	—	1 656.51	238.56	—	154.98	—	511.92	3.78	—	173.34
11	33	浙　江	—	—	—	11.40	305.58	—	155.22	—	195.60	—	-0.60	44.07
12	34	安　徽	—	—	—	—	59.46	—	9.90	—	65.04	—	—	5.73
13	35	福　建	0.60	5.16	—	632.40	4.14	—	11.46	—	7.44	18.06	—	0.06
14	36	江　西	27.60	8.64	—	341.16	—	—	17.58	—	4.68	—	—	0.96
15	37	山　东	—	117.24	—	2 123.13	247.08	—	157.92	—	2.94	238.80	—	43.92
16	41	河　南	0.93	111.72	—	945.90	314.04	—	15.66	—	13.80	0.06	—	27.66
17	42	湖　北	2.58	—	—	696.99	—	—	7.98	—	0.48	—	—	7.95
18	43	湖　南	42.27	23.76	—	303.84	—	—	18.78	—	16.92	—	—	0.42
19	44	广　东	0.03	105.84	252.33	2 381.37	154.50	—	0.30	—	0.06	—	—	10.92
20	45	广　西	4.23	11.10	—	223.95	—	—	11.52	—	—	—	—	1.89
21	46	海　南	31.56	158.88	—	—	—	—	45.48	—	—	—	—	—
22	50	重　庆	—	—	—	476.37	185.94	—	61.56	-21.45	0.12	69.06	-0.84	—
23	51	四　川	4.65	4.80	—	1 428.21	14.52	—	3.54	—	36.06	—	—	0.33
24	52	贵　州	8.64	16.98	—	711.72	43.74	—	2.46	—	8.10	—	—	0.18
25	53	云　南	24.90	35.10	—	819.63	42.36	—	51.84	—	90.42	19.68	—	9.12
26	54	西　藏	—	—	—	153.84	32.88	—	68.64	—	72.78	24.06	—	—
27	61	陕　西	2.88	97.98	—	588.18	78.72	—	34.08	—	8.82		—	3.57
28	62	甘　肃	—	43.86	—	—	0.12	—	0.06	—	1.50	2.82	—	—
29	63	青　海	—	12.18	—	113.70	49.56	—	—	—	—	—	—	—
30	64	宁　夏	1.53	19.92	—	178.80	65.22	—	12.78	—	53.76	8.94	—	0.03
31	65	新　疆	4.74	—	—	490.86	—	—	9.00	—	1.02	139.50	—	1.02
合计 Total			**856.11**	**1 322.58**	**252.33**	**17 360.55**	**2 268.60**	—	**1 141.86**	**-21.45**	**1 236.18**	**659.04**	**-1.44**	**351.54**

续表

序号	省编号	面值（元）	10	10	10	10	10	10	10	10	10	10	10	10
		省份 / 游戏名称	铁人夺金 II	通吃	团团圆圆	挖金矿	旺旺	我爱篮球	我爱中国	我们的生活	卧虎藏龙	五星报喜	喜结良缘	相约亚沙
1	11	北　京	—	1 782.57	—	553.00	—	3.84	—	—	—	0.06	—	—
2	12	天　津	—	238.56	—	113.37	—	—	—	6.18	—	—	—	—
3	13	河　北	-0.66	2 741.19	237.42	1 733.04	48.06	2.04	27.12	149.61	21.36	61.92	—	—
4	14	山　西	—	89.76	—	327.63	—	—	13.44	—	—	—	—	—
5	15	内蒙古	—	912.36	99.90	342.12	12.18	58.20	13.92	33.87	40.20	49.20	—	—
6	21	辽　宁	—	409.20	2.16	—	1.50	16.08	0.84	—	3.66	4.14	—	—
7	22	吉　林	—	—	—	317.07	—	—	—	95.76	—	10.68	—	—
8	23	黑龙江	—	958.38	—	179.28	—	122.40	—	9.54	—	0.06	—	—
9	31	上　海	—	—	—	345.72	0.12	—	—	—	—	—	—	—
10	32	江　苏	—	2 169.27	15.66	1 575.99	394.68	241.50	247.08	36.63	5.10	409.32	—	—
11	33	浙　江	—	1 990.77	—	1 624.41	52.92	—	—	—	1.50	—	-0.03	—
12	34	安　徽	—	856.68	—	675.33	—	99.60	27.24	67.74	11.94	—	—	—
13	35	福　建	—	1 384.80	3.18	640.92	—	91.38	0.48	137.76	3.96	0.30	—	—
14	36	江　西	—	—	—	236.28	0.99	28.98	27.90	—	1.26	—	—	—
15	37	山　东	—	—	11.16	1 635.24	0.72	—	1.20	281.94	291.30	338.52	—	—
16	41	河　南	—	3 040.65	—	896.31	—	17.28	4.20	—	36.84	—	—	—
17	42	湖　北	—	—	17.88	355.56	—	123.12	—	89.58	1.08	—	-0.90	—
18	43	湖　南	—	116.22	—	294.42	23.04	47.04	22.50	—	30.60	—	—	—
19	44	广　东	—	4 233.54	—	1 637.64	0.09	123.66	30.66	—	—	—	—	—
20	45	广　西	—	—	—	99.39	—	26.82	2.64	—	—	—	—	—
21	46	海　南	—	455.70	—	59.94	—	—	—	—	—	—	0.06	29.88
22	50	重　庆	—	—	—	205 32	—	—	—	—	1.14	—	-0.03	—
23	51	四　川	—	1 297.32	25.68	580 86	12.96	29.40	25.92	—	6.78	13.86	-0.09	—
24	52	贵　州	—	1 220.61	—	688.71	—	—	5.52	—	39.00	—	—	—
25	53	云　南	—	4 206.12	84.24	532.56	19.98	48.90	15.18	4.98	9.96	129.24	—	—
26	54	西　藏	—	—	—	122.01	71.88	—	—	—	—	—	—	—
27	61	陕　西	—	720.54	—	384.81	15.78	189.36	26.88	58.41	1.98	—	—	—
28	62	甘　肃	—	1 015.77	1.68	89.61	—	118.08	—	172.74	—	—	—	—
29	63	青　海	—	163.62	—	55.65	—	39.06	—	—	—	—	—	—
30	64	宁　夏	—	—	—	163.35	—	—	—	—	7.86	—	—	—
31	65	新　疆	—	—	—	169.26	—	84.72	—	12.84	—	55.14	—	—
合计 Total			**-0.66**	**30 003.63**	**498.96**	**16 639.30**	**654.90**	**1 511.46**	**492.72**	**1 157.58**	**515.52**	**1 072.44**	**-0.99**	**29.88**

续表

序号	省编号	面值（元）	10	10	10	10	10	10	10	10	10	10	10	10
		省份 / 游戏名称	新时代动起来	幸福 99	幸福中国	幸运时辰	秀甲天下 壮美广西	炫动青运	一触即发	一路平安	一投成名	英雄会	有礼了	遇见敦煌
1	11	北　京	—	—	499.77	262.77	—	—	—	—	—	—	—	22.56
2	12	天　津	—	—	163.53	118.14	—	—	149.55	—	—	—	—	15.90
3	13	河　北	8.70	—	364.35	516.42	—	—	84.51	—	—	-0.54	—	130.56
4	14	山　西	—	—	55.59	88.14	—	—	—	—	—	—	—	—
5	15	内蒙古	—	—	252.72	189.24	—	—	419.85	—	—	-0.18	—	96.48
6	21	辽　宁	—	—	383.79	409.68	—	—	78.33	—	—	—	—	218.22
7	22	吉　林	—	—	276.57	349.20	—	—	—	—	—	—	—	122.88
8	23	黑龙江	—	—	217.29	337.83	—	—	83.25	—	—	—	—	155.10
9	31	上　海	—	—	—	—	—	—	—	—	—	—	—	171.18
10	32	江　苏	—	—	1 326.39	563.58	—	—	852.75	8.06	—	—	—	103.98
11	33	浙　江	146.61	-0.03	874.11	411.99	—	—	—	—	—	—	—	118.92
12	34	安　徽	—	—	249.60	—	—	—	—	—	—	—	—	412.56
13	35	福　建	2.55	—	1 232.70	785.25	—	1.02	50.58	—	—	—	0.60	131.22
14	36	江　西	—	—	152.01	—	—	—	—	25.24	—	—	—	84.96
15	37	山　东	83.61	—	1 007.76	1 217.85	—	—	744.54	121.24	—	—	326.16	—
16	41	河　南	—	—	457.77	170.97	—	—	1 412.94	—	—	—	—	—
17	42	湖　北	—	—	241.92	186.99	—	—	472.80	31.00	—	—	—	90.42
18	43	湖　南	3.30	—	131.97	—	—	—	63.27	—	—	—	15.78	—
19	44	广　东	—	—	937.59	461.94	—	—	—	—	—	—	—	171.54
20	45	广　西	—	—	116.37	—	340.83	—	—	—	—	—	—	28.86
21	46	海　南	9.63	—	42.57	—	—	—	—	—	—	—	—	—
22	50	重　庆	30.90	—	145.53	—	—	—	—	—	—	—	—	82.68
23	51	四　川	—	—	506.40	292.98	—	—	522.48	—	—	—	—	94.74
24	52	贵　州	—	—	—	133.95	—	—	—	—	—	—	—	—
25	53	云　南	—	—	515.46	482.28	—	—	144.09	4.30	—	—	—	17.22
26	54	西　藏	—	—	90.39	59.46	—	—	131.31	—	—	—	—	49.92
27	61	陕　西	—	—	376.44	—	—	—	—	—	—	—	—	—
28	62	甘　肃	—	—	286.11	293.16	—	—	—	—	—	—	—	175.62
29	63	青　海	32.43	—	46.65	—	—	—	—	—	—	—	—	—
30	64	宁　夏	—	—	103.44	87.00	—	—	177.96	—	—	—	—	37.08
31	65	新　疆	17.88	—	164.19	114.90	—	—	168.24	—	—	—	—	—
合计 Total			**335.61**	**-0.03**	**11 218.98**	**7 533.72**	**340.83**	**1.02**	**5 556.45**	**189.84**	—	**-0.72**	**342.54**	**2 532.60**

续表

序号	省编号	面值（元）	10	10	10	10	10	10	10	10	10	10	10	10
		省份 / 游戏名称	跃龙门	砸金蛋	扎西德勒	招财猫	蒸蒸日上	芝麻开花节节高	芝麻开门	至尊钻石 7	中国奥运军团	中国红	中国砚都 千年之城	中国砚都 山水之城
1	11	北　京	76.08	—	—	—	171.96	356.22	—	—	—	1 372.38	—	—
2	12	天　津	3.48	—	—	—	85.23	149.40	—	—	—	372.21	—	—
3	13	河　北	526.02	—	—	134.04	—	762.30	33.00	—	−0.84	441.06	—	—
4	14	山　西	175.92	—	—	87.84	—	—	—	—	—	222.57	—	—
5	15	内蒙古	176.04	—	—	14.83	—	300.12	92.10	—	—	897.78	—	—
6	21	辽　宁	12.90	—	—	3.54	349.83	359.04	—	—	—	1 944.96	—	—
7	22	吉　林	17.40	—	—	2.83	—	317.70	—	—	—	1 570.89	—	—
8	23	黑龙江	68.82	—	—	3.24	160.26	359.82	—	—	—	502.65	—	—
9	31	上　海	—	—	—	0.06	122.04	—	—	—	—	—	—	—
10	32	江　苏	4.20	—	—	545.34	253.05	1 030.77	3.00	—	—	2 525.85	—	—
11	33	浙　江	187.86	−0.18	—	0.06	5.82	1 576.89	1.02	—	—	2 793.21	—	—
12	34	安　徽	43.08	—	—	5.52	—	1 225.05	—	—	—	368.82	—	—
13	35	福　建	3.42	—	—	2.28	—	1 669.95	41.88	—	—	2 793.30	—	—
14	36	江　西	120.72	—	—	—	—	—	1.08	—	—	912.60	—	—
15	37	山　东	417.84	—	—	521.10	1 540.80	2 964.84	487.62	—	—	46.23	—	—
16	41	河　南	—	—	—	—	619.38	1 372.08	0.06	—	—	3 583.53	—	—
17	42	湖　北	30.00	—	—	—	—	349.50	—	—	—	162.36	—	—
18	43	湖　南	—	—	—	140.04	—	20.94	2.28	—	—	98.70	—	—
19	44	广　东	374.04	—	—	—	—	3 949.59	—	—	—	6 774.33	1 800.00	2 024.31
20	45	广　西	23.16	—	—	—	—	—	2.40	—	—	169.56	—	—
21	46	海　南	—	0.36	—	—	—	—	—	—	—	608.49	—	—
22	50	重　庆	—	—	—	—	—	—	—	—	—	511.14	—	—
23	51	四　川	84.36	—	—	24.54	—	627.15	—	—	—	1 832.91	—	—
24	52	贵　州	69.48	—	—	19.86	—	922.86	66.42	—	—	1 185.03	—	—
25	53	云　南	42.00	1.56	—	—	416.76	692.43	11.64	—	—	3 008.40	—	—
26	54	西　藏	—	—	376.74	77.88	—	117.09	6.66	—	—	604.47	—	—
27	61	陕　西	—	—	—	—	275.22	724.77	46.62	—	—	192.72	—	—
28	62	甘　肃	878.04	—	—	32.70	304.41	—	—	—	—	720.36	—	—
29	63	青　海	—	—	—	—	—	58.98	—	—	—	—	—	—
30	64	宁　夏	179.88	—	—	97.92	—	—	2.94	—	—	15.12	—	—
31	65	新　疆	76.44	—	—	—	—	531.09	—	—	—	0.06	—	—
合计 Total			**3 591.18**	**1.74**	**376.74**	**1 713.72**	**4 304.76**	**20 438.58**	**798.72**	—	**−0.84**	**36 231.69**	**1 800.00**	**2 024.31**

续表

序号	省编号	面值（元）	10	10	10	10	10	10	20	20	20	20	20	20
		省份 / 游戏名称	中奖达人	赚翻天	紫水晶	总冠军榜	足够精彩	钻石王朝	7	7 彩宝石	20 倍现金	NBA	爱赢爱冰雪	宝罐
1	11	北　京	—	—	—	—	—	—	4 556.10	2 104.32	0.30	—	—	—
2	12	天　津	—	—	—	—	1.08	—	1 190.70	813.96	—	—	—	—
3	13	河　北	—	−0.36	—	−0.12	—	—	5 296.56	2 975.22	0.12	−1.44	1 880.16	−0.42
4	14	山　西	—	—	—	—	—	—	749.10	700.98	—	—	—	—
5	15	内蒙古	—	—	—	—	—	—	2 887.32	1 238.16	2.88	—	—	−0.48
6	21	辽　宁	—	—	—	—	—	—	3 136.62	1 425.60	—	—	—	—
7	22	吉　林	—	—	—	—	—	—	1 254.48	988.68	—	—	—	—
8	23	黑龙江	—	—	—	—	—	—	1 759.20	1 066.32	0.06	—	—	—
9	31	上　海	—	—	—	—	—	—	2 262.60	672.96	534.84	—	—	—
10	32	江　苏	—	0.06	—	—	—	—	3 568.74	7 618.44	1 072.74	—	—	—
11	33	浙　江	—	−0.06	−0.06	−0.24	—	—	4 524.96	5 546.58	1.20	−0.06	—	−0.06
12	34	安　徽	—	—	−0.18	—	—	—	1 709.28	1 767.00	109.08	−0.06	—	—
13	35	福　建	1.14	—	—	—	—	—	4 289.40	3 613.68	7.98	—	—	—
14	36	江　西	6.84	—	—	—	—	—	520.02	2 097.12	32.22	—	—	—
15	37	山　东	66.54	—	—	—	—	—	4 440.54	6 639.12	—	—	—	—
16	41	河　南	—	−0.12	—	—	—	—	6 868.62	7 029.24	0.42	—	—	—
17	42	湖　北	—	—	—	—	—	—	1 265.70	1 235.22	155.16	—	—	—
18	43	湖　南	—	—	—	—	—	—	245.22	669.30	47.34	—	—	—
19	44	广　东	—	—	—	—	—	—	4 843.68	7 738.38	—	—	—	—
20	45	广　西	—	—	—	—	—	—	68.46	1 065.42	5.52	—	—	—
21	46	海　南	—	—	—	—	—	—	345.66	338.64	0.84	—	—	—
22	50	重　庆	—	—	—	—	—	—	487.92	587.88	—	—	—	—
23	51	四　川	—	—	—	—	—	—	2 383.08	5 017.26	190.56	—	—	—
24	52	贵　州	—	—	—	—	—	—	1 549.20	2 071.56	21.24	—	—	—
25	53	云　南	—	—	—	—	—	—	4 688.40	2 952.96	1 266.06	—	—	—
26	54	西　藏	—	—	—	—	—	—	2 216.28	510.48	221.76	—	—	—
27	61	陕　西	—	—	—	—	—	—	1 862.34	2 874.36	584.88	—	—	—
28	62	甘　肃	—	—	—	—	—	—	1 210.14	1 047.48	0.06	—	—	—
29	63	青　海	—	—	—	—	—	—	888.78	315.66	117.00	0.06	—	—
30	64	宁　夏	—	—	—	—	—	—	997.50	594.06	146.58	—	—	—
31	65	新　疆	—	—	—	—	—	—	2 714.52	761.76	0.54	—	—	—
合计 Total			**74.52**	**−0.48**	**−0.24**	**−0.36**	**1.08**	—	**74 781.12**	**74 077.80**	**4 519.38**	**−1.50**	**1 880.16**	**−0.96**

续表

序号	省编号	面值（元）	20	20	20	20	20	20	20	20	20	20	20	20
		省份 / 游戏名称	保龄球俱乐部	财富金字塔	茶马古道	超级大乐透	超值 8	大富豪	大红包	大美青海·中华水塔	大熊猫	点石成金	蝶	夺宝
1	11	北　京	—	—	—	—	1 377.48	—	—	—	1 250.82	3 748.80	5.76	—
2	12	天　津	—	—	—	—	441.30	—	—	—	630.30	1 061.64	—	—
3	13	河　北	-0.12	-0.96	—	—	1 137.54	-1.50	0.12	—	948.30	3 804.54	—	—
4	14	山　西	—	—	—	—	208.74	—	—	—	211.68	365.64	—	—
5	15	内蒙古	—	-0.12	—	—	1 164.48	—	2.04	—	510.60	1 948.80	1.92	—
6	21	辽　宁	—	—	—	—	2 338.86	—	—	—	529.74	2 521.56	—	—
7	22	吉　林	—	—	—	—	1 020.06	—	—	—	635.52	1 809.90	—	—
8	23	黑龙江	—	—	—	—	1 315.26	—	—	—	358.26	1 601.22	—	—
9	31	上　海	—	—	—	—	—	—	—	—	695.82	3 103.02	39.36	—
10	32	江　苏	—	—	—	—	1 841.10	—	12.36	—	—	4 661.70	—	4.50
11	33	浙　江	—	-0.06	—	-0.30	1 760.40	-0.12	1.50	—	834.24	7 024.68	5.76	—
12	34	安　徽	—	-0.12	—	-0.12	231.30	—	11.46	—	—	1 707.90	—	—
13	35	福　建	—	0.06	—	—	67.50	—	18.00	—	1 754.16	3 592.56	62.72	11.70
14	36	江　西	—	—	—	—	—	—	0.48	—	2 113.86	451.92	—	—
15	37	山　东	—	—	—	—	0.30	—	—	—	3 094.62	2 237.82	—	—
16	41	河　南	—	-0.06	—	—	7.68	—	—	—	4 502.46	3 751.92	13.04	—
17	42	湖　北	—	—	—	—	15.06	—	—	—	376.98	239.58	—	—
18	43	湖　南	—	—	—	—	32.22	—	11.58	—	80.64	324.30	—	1.68
19	44	广　东	—	—	—	—	3 370.98	—	—	—	—	13 300.32	—	—
20	45	广　西	—	—	—	—	—	—	0.96	—	100.92	199.44	—	0.36
21	46	海　南	—	—	—	—	3.72	—	0.84	—	—	—	—	—
22	50	重　庆	—	—	—	—	—	—	—	—	462.48	620.34	—	—
23	51	四　川	—	—	—	—	371.46	—	145.26	—	618.30	2 384.16	6.00	2.52
24	52	贵　州	—	—	—	-0.06	1.50	—	0.06	—	514.44	1 966.98	—	1.20
25	53	云　南	—	—	2 270.82	—	1 457.64	—	0.24	—	1 601.88	5 603.04	—	0.66
26	54	西　藏	—	—	—	—	1 294.20	—	10.56	—	215.40	1 540.32	—	—
27	61	陕　西	—	—	—	—	292.80	—	1.56	—	—	2 028.36	—	1.32
28	62	甘　肃	—	—	—	—	713.76	—	—	—	815.46	1 153.38	—	—
29	63	青　海	0.06	—	—	—	65.64	—	2.28	206.88	—	573.54	—	0.12
30	64	宁　夏	—	—	—	—	0.06	—	0.06	—	180.24	362.22	—	—
31	65	新　疆	—	—	—	—	914.40	—	0.06	—	356.70	1 125.90	—	0.18
合计 Total			**-0.06**	**-1.26**	**2 270.82**	**-0.48**	**21 445.44**	**-1.62**	**219.42**	**206.88**	**23 393.82**	**74 815.50**	**134.56**	**24.24**

续表

序号	省编号	面值（元）	20	20	20	20	20	20	20	20	20	20	20	20
		省份 / 游戏名称	发发发	翻倍赢家	丰彩	福禄寿喜	富贵 8	富贵竹	国宝	过大年	好运	贺新年	黑旋风	黑旋风Ⅱ
1	11	北　京	—	—	—	—	—	—	1 704.66	—	—	—	—	—
2	12	天　津	—	—	—	43.56	—	—	1 092.42	—	—	—	—	—
3	13	河　北	11.58	—	—	—	6.18	—	753.60	−0.06	3.00	887.94	−0.54	−1.74
4	14	山　西	—	—	—	—	—	—	300.18	—	—	—	—	—
5	15	内蒙古	2.70	—	—	—	4.02	0.36	746.22	—	—	2.34	0.66	—
6	21	辽　宁	1.86	—	—	—	—	—	186.18	—	—	—	—	—
7	22	吉　林	0.06	—	—	—	0.06	—	495.66	—	—	17.94	—	—
8	23	黑龙江	—	—	—	—	—	—	36.24	—	—	—	—	—
9	31	上　海	—	—	—	—	—	—	1 352.34	—	—	0.12	0.06	—
10	32	江　苏	47.64	—	—	—	3.48	19.56	1 896.54	—	—	5.64	1.56	—
11	33	浙　江	—	—	—	—	—	0.06	2 791.80	−0.06	—	—	−0.30	−0.18
12	34	安　徽	—	—	—	—	9.06	5.34	550.86	—	—	—	3.96	—
13	35	福　建	27.00	—	—	—	2.58	1.50	285.72	—	—	31.02	4.92	—
14	36	江　西	—	—	—	—	—	—	2 223.48	—	—	—	2.28	—
15	37	山　东	4.08	126.48	—	—	—	1.56	2 062.80	—	—	4.26	—	—
16	41	河　南	10.74	—	—	—	—	—	2 306.52	—	—	91.86	—	—
17	42	湖　北	—	—	—	—	0.18	—	247.62	—	—	0.78	—	—
18	43	湖　南	137.52	—	—	—	0.78	20.40	222.78	—	—	—	—	—
19	44	广　东	1.26	—	—	2 695.32	—	—	542.76	—	—	—	—	—
20	45	广　西	7.44	—	—	—	0.60	0.72	67.80	—	—	4.02	—	—
21	46	海　南	0.12	—	—	—	—	—	180.54	—	—	—	0.06	—
22	50	重　庆	—	—	—	—	—	—	176.64	—	—	—	−0.12	0.12
23	51	四　川	—	—	—	—	23.04	—	672.54	—	—	11.04	42.36	—
24	52	贵　州	0.12	—	—	—	1.74	—	18.60	—	—	0.66	1.62	—
25	53	云　南	0.06	—	—	—	31.86	2.04	1 158.36	—	—	40.20	1.98	—
26	54	西　藏	—	—	—	—	—	—	—	—	—	14.40	—	—
27	61	陕　西	—	—	—	—	1.26	7.26	510.00	—	—	16.38	45.78	—
28	62	甘　肃	—	—	—	—	—	—	473.10	—	—	—	0.12	—
29	63	青　海	—	—	—	—	0.84	0.24	96.42	—	—	30.72	0.48	—
30	64	宁　夏	45.42	—	—	—	—	—	58.08	—	—	9.96	0.24	—
31	65	新　疆	4.26	—	—	—	—	1.68	839.64	—	—	24.00	0.60	—
合计 Total			**301.86**	**126.48**	—	**2 738.88**	**85.68**	**60.72**	**24 050.10**	**−0.12**	**3.00**	**1 193.28**	**105.72**	**−1.80**

续表

序号	省编号	面值（元）	20	20	20	20	20	20	20	20	20	20	20	20
		省份 / 游戏名称	花开富贵	欢乐扑克	皇家金典	吉祥如意	吉象如玉	节气歌	金孔雀	锦鲤	锦绣	牛气冲天	跑出精彩	日进斗金
1	11	北　京	—	—	—	0.54	—	—	230.40	3 188.40	—	35.82	—	0.30
2	12	天　津	—	—	—	—	—	—	406.56	842.58	—	—	—	—
3	13	河　北	27.18	−0.24	15.12	0.42	—	12.36	6.12	3 123.60	174.42	—	—	141.54
4	14	山　西	132.78	—	—	—	—	—	0.42	834.84	—	—	—	—
5	15	内蒙古	132.96	—	5.46	333.24	—	94.86	317.64	1 562.76	133.20	—	—	4.68
6	21	辽　宁	1.38	—	—	0.06	—	0.78	9.00	677.28	0.72	—	—	1.74
7	22	吉　林	0.06	—	—	0.12	—	0.54	—	1 621.92	0.12	—	—	—
8	23	黑龙江	0.06	—	—	—	—	—	—	1 799.82	0.06	3.90	—	0.06
9	31	上　海	—	—	—	0.05	—	—	—	—	—	—	—	—
10	32	江　苏	—	—	1 035.24	—	—	—	1 147.32	9 261.48	1 836.18	—	—	815.94
11	33	浙　江	3.00	—	−0.06	3.42	—	0.66	2.58	9 042.18	—	33.54	—	3.00
12	34	安　徽		—	—	15.42	—	—	—	1 465.62	—	—	—	19.38
13	35	福　建	19.38	—	24.96	6.30	1 793.22	1.08	4.92	4 972.50	—	—	82.08	12.18
14	36	江　西	—	—	0.30	—	—	—	—	1 484.64	—	17.34	—	16.08
15	37	山　东	388.92	—	—	—	—	6.72	2.76	8 000.82	15.18	—	—	456.84
16	41	河　南	61.26	—	0.06	—	—	—	548.94	4 819.02	2.94	—	—	6.18
17	42	湖　北	—	−0.06	0.84	339.66	—	—	—	790.50	—	—	—	0.78
18	43	湖　南	17.10	—	4.20	—	—	28.32	10.86	406.56	107.52	—	—	23.82
19	44	广　东	150.48	—	—	—	—	—	—	8 280.00	369.24	1 619.52	—	—
20	45	广　西	—	—	19.02	66.66	—	—	—	441.66	—	1.38	—	5.58
21	46	海　南	10.62	—	—	—	—	—	—	353.16	9.84	12.78	—	27.12
22	50	重　庆	—	—	—	—	—	—	—	305.52	—	13.08	—	0.06
23	51	四　川	35.88	—	—	9.60	—	15.42	59.58	2 532.54	—	33.54	—	25.32
24	52	贵　州	7.20	—	1.80	0.30	—	24.66	—	2 581.08	—	0.42	—	7.80
25	53	云　南	72.54	—	63.66	36.18	898.92	—	767.34	3 397.50	—	—	—	65.40
26	54	西　藏	—	—	5.94	51.60	—	41.22	174.06	911.82	—	—	—	64.44
27	61	陕　西	—	—	—	—	—	—	89.34	2 286.36	—	—	—	0.06
28	62	甘　肃	73.44	—	—	—	—	—	—	2 272.80	—	0.42	—	—
29	63	青　海	29.04	—	2.04	—	—	1.02	0.24	566.58	1.32	—	—	0.24
30	64	宁　夏	13.56	—	133.98	—	—	11.82	120.48	604.38	4.50	—	—	18.42
31	65	新　疆	33.48	—	4.68	48.60	—	53.58	568.86	1 781.40	71.64	—	—	43.32
合计 Total			**1 210.32**	**−0.30**	**1 317.24**	**912.18**	**2 692.14**	**293.04**	**4 467.42**	**80 209.32**	**2 726.88**	**1 771.74**	**82.08**	**1 760.28**

续表

序号	省编号	面值（元）	20	20	20	20	20	20	20	20	20	20	20	20
		省份 / 游戏名称	四季来财	淘金乐	体彩顶呱刮十周年庆	天时地利人和	甜蜜蜜	卧虎藏龙	五虎将	西游记	星光闪耀	幸运星	炫酷 9	一蹴而就
1	11	北 京	—	—	—	—	—	—	—	—	1 248.12	—	282.72	952.64
2	12	天 津	—	—	—	—	—	—	—	—	297.06	—	272.64	475.84
3	13	河 北	−0.72	−2.04	178.74	—	−0.06	10.80	—	—	2 876.94	−0.78	0.42	1 346.08
4	14	山 西	—	—	41.28	—	—	—	—	—	236.04	—	195.60	416.08
5	15	内蒙古	−2.88	−0.30	8.04	—	—	47.82	—	9.24	1.32	−0.48	362.70	1 447.92
6	21	辽 宁	—	—	6.42	—	—	0.90	—	—	702.66	—	102.00	643.60
7	22	吉 林	—	—	7.86	—	—	—	—	—	2 492.76	—	116.04	1 045.84
8	23	黑龙江	—	—	0.12	—	—	—	30.00	—	862.50	—	2.76	325.76
9	31	上 海	—	—	—	—	—	—	—	—	378.78	—	—	—
10	32	江 苏	0.18	—	765.36	—	0.12	347.94	—	243.84	5 798.64	—	1 476.66	4 118.00
11	33	浙 江	—	−0.18	469.56	—	−0.06	—	—	—	2.58	−0.12	—	3 595.36
12	34	安 徽	−0.30	—	—	—	−0.06	28.56	—	—	1 577.88	—	553.44	1 000.64
13	35	福 建	—	—	11.34	15.48	—	10.44	—	1.50	53.34	—	271.50	3 208.80
14	36	江 西	—	—	—	—	—	0.54	—	—	515.28	—	100.26	396.40
15	37	山 东	—	—	0.48	621.00	—	2.82	—	0.06	7 599.72	—	1 681.08	5 371.84
16	41	河 南	—	—	0.96	—	—	0.66	—	95.64	—	—	—	5 664.56
17	42	湖 北	−0.12	—	5.82	—	—	9.00	—	—	412.08	—	11.94	662.16
18	43	湖 南	—	—	15.24	—	—	23.10	—	6.42	27.48	—	—	314.08
19	44	广 东	—	—	0.42	—	—	—	—	0.12	1 080.00	—	—	2 937.44
20	45	广 西	—	—	3.96	—	—	2.22	—	—	93.24	—	106.74	—
21	46	海 南	—	—	—	—	—	—	—	—	—	—	—	80.00
22	50	重 庆	−0.18	—	49.80	—	0.06	0.54	—	—	480.24	—	—	314.56
23	51	四 川	0.06	—	4.26	—	−1.86	28.86	—	—	620.88	—	658.50	585.44
24	52	贵 州	—	—	5.22	—	—	1.92	—	—	1 462.62	—	23.88	658.16
25	53	云 南	0.06	—	55.14	—	—	32.34	—	2.46	1 770.18	—	682.80	1 686.08
26	54	西 藏	0.06	—	76.56	—	—	9.84	—	7.56	188.04	—	523.02	367.28
27	61	陕 西	—	—	76.68	—	—	5.10	—	—	820.50	—	569.40	—
28	62	甘 肃	—	—	134.76	—	—	—	—	—	1 081.92	—	387.90	636.40
29	63	青 海	0.06	—	4.62	—	—	0.12	—	—	235.56	—	233.82	170.00
30	64	宁 夏	—	—	80.16	—	—	148.80	—	—	621.18	—	240.60	440.32
31	65	新 疆	—	—	166.26	—	—	0.36	—	—	628.44	—	899.40	1 209.92
合计 Total			**−3.78**	**−2.52**	**2 169.06**	**636.48**	**−1.86**	**712.68**	**30.00**	**366.84**	**34 165.98**	**−1.38**	**9 755.82**	**40 071.20**

续表

序号	省编号	面值（元）	20	20	20	20	20	20	20	20	30	30	30	30
		省份/游戏名称	赢	永子	粤战越勇	运	招财进宝	真金白银	中国范儿	中国红	宝石之王	大吉大利	点石成金 II	富贵多多
1	11	北京	454.02	—	—	1 087.08	—	—	546.30	1 296.54	2 342.58	2 393.22	—	—
2	12	天津	655.68	—	—	—	—	—	473.34	—	469.14	338.58	—	—
3	13	河北	232.20	—	—	—	—	−0.36	557.70	1 563.96	3 641.76	2 973.66	−0.24	—
4	14	山西	145.38	—	—	—	—	—	215.94	198.54	444.12	490.26	—	—
5	15	内蒙古	419.82	—	—	72.72	1.38	0.36	536.40	1 092.00	1 440.42	1 731.36	—	—
6	21	辽宁	291.78	—	—	125.16	—	—	170.52	1 566.12	1 750.74	2 156.22	—	—
7	22	吉林	187.68	—	—	0.66	—	—	295.02	822.78	1 413.66	1 448.34	—	—
8	23	黑龙江	160.32	—	—	0.12	—	—	232.08	139.68	1 095.54	1 184.34	—	—
9	31	上海	403.20	—	—	824.58	—	—	—	2 585.28	2 067.24	—	—	—
10	32	江苏	4 542.66	—	—	1 853.22	2.10	—	1 333.80	2 783.94	3 547.32	37.32	0.06	—
11	33	浙江	717.00	—	—	1 773.48	—	0.60	412.44	3 493.86	4 206.24	3 728.28	−0.06	−0.06
12	34	安徽	1 011.48	—	—	664.56	0.06	—	1 134.24	−0.06	1 157.28	455.10	−0.06	−0.30
13	35	福建	2 352.06	—	—	60.48	0.30	—	759.30	2 963.04	2 424.00	1 557.78	—	—
14	36	江西	145.08	—	—	233.10	—	—	262.62	812.94	596.58	424.32	—	—
15	37	山东	972.06	—	—	8.58	—	—	5 423.28	2 316.06	4 423.20	2 793.96	—	—
16	41	河南	4 809.84	—	—	2 149.20	—	—	3 837.78	4 246.74	5 338.38	5 306.10	—	—
17	42	湖北	258.06	—	—	268.86	0.18	—	1 598.76	437.46	471.48	70.56	—	—
18	43	湖南	290.10	—	—	—	3.18	1.08	10.08	96.78	7.20	80.94	—	—
19	44	广东	1 761.42	—	477.54	367.32	—	—	6 285.54	5 191.08	7 885.08	3 988.44	—	—
20	45	广西	103.32	—	—	11.04	2.94	—	94.50	174.72	132.96	120.72	—	—
21	46	海南	0.78	—	—	71.10	—	—	—	963.96	0.18	171.48	—	—
22	50	重庆	—	—	—	158.64	0.48	—	89.94	453.60	542.16	288.12	—	—
23	51	四川	314.94	—	—	543.12	3.72	—	2 528.82	1 875.48	1 844.40	526.38	—	—
24	52	贵州	391.98	—	—	5.94	—	—	1 288.38	1 275.66	1 037.52	754.14	—	—
25	53	云南	2 121.54	1 643.76	—	2 136.00	—	—	818.16	3 283.98	4 558.20	5 152.56	—	—
26	54	西藏	—	—	—	—	14.40	—	—	528.66	798.06	978.54	—	—
27	61	陕西	401.82	—	—	797.94	—	—	892.14	—	1 419.00	747.96	—	−0.96
28	62	甘肃	329.04	—	—	10.56	0.06	—	1 951.50	425.52	899.10	1 233.24	—	—
29	63	青海	68.22	—	—	0.66	0.30	—	242.82	—	328.14	427.68	—	—
30	64	宁夏	447.66	—	—	46.08	—	—	—	464.94	334.92	412.44	—	—
31	65	新疆	384.54	—	—	716.82	—	0.42	648.12	—	1 420.14	2 177.46	—	—
合计 Total			**24 373.68**	**1 643.76**	**477.54**	**13 987.02**	**29.10**	**2.10**	**32 639.52**	**41 053.26**	**58 036.74**	**44 149.50**	**−0.30**	**−1.32**

续表

序号	省编号	面值（元）	30	30	30	30	30	30	30	30	50	50	合计
		省份 / 游戏名称	富贵有余	好彩头	黄金世界	金玉满堂	天降财神	万马奔腾	新速度新高度	至尊宝	巅峰对决	中国龙	
1	11	北　京	—	0.24	—	—	—	—	855.60	—	—	914.50	56 109.72
2	12	天　津	—	1.32	—	—	—	—	311.34	—	2.70	354.10	17 233.61
3	13	河　北	—	-1.38	—	-0.24	—	—	1 569.48	—	—	1 811.30	71 769.74
4	14	山　西	—	1.26	—	—	—	—	381.24	—	—	274.30	12 285.85
5	15	内蒙古	17.70	676.74	2.04	—	4.68	354.54	605.22	31.26	12.10	627.70	39 145.58
6	21	辽　宁	0.42	183.78	—	—	0.30	—	1 097.88	—	7.00	687.50	45 802.50
7	22	吉　林	—	57.84	—	—	—	—	196.14	—	—	533.50	37 655.07
8	23	黑龙江	—	60.30	—	—	—	—	453.90	—	—	481.00	34 218.54
9	31	上　海	—	6.84	—	—	—	—	917.16	—	—	533.70	29 212.25
10	32	江　苏	42.96	5.64	2.52	—	36.78	—	2 810.10	28.20	1 073.50	2 906.00	120 791.61
11	33	浙　江	1.20	7.08	0.12	-0.06	—	—	2 515.44	—	4.80	2 344.20	103 572.94
12	34	安　徽	—	256.92	1.68	—	—	—	1 425.12	89.22	—	605.70	31 441.60
13	35	福　建	43.26	293.88	7.56	0.12	7.56	—	1 094.94	3.30	30.30	2 928.60	77 610.18
14	36	江　西	2.34	22.26	0.06	—	0.54	—	64.14	0.54	—	331.60	19 302.27
15	37	山　东	0.18	88.02	—	—	1.56	—	3 996.96	—	4.00	1 843.80	118 432.53
16	41	河　南	0.42	828.90	—	—	0.18	—	1 654.02	—	33.30	115.20	105 731.88
17	42	湖　北	55.44	20.10	—	-0.78	1.92	—	586.02	—	—	412.90	21 136.94
18	43	湖　南	—	6.42	7.44	—	85.08	—	105.06	40.86	17.30	83.90	8 130.93
19	44	广　东	12.72	392.64	—	—	0.78	—	1 845.24	—	441.40	2 573.60	162 466.31
20	45	广　西	89.76	158.64	0.30	0.06	18.54	—	—	11.16	13.00	—	6 203.39
21	46	海　南	—	0.12	16.14	—	0.12	—	83.94	0.60	43.10	114.00	5 500.45
22	50	重　庆	—	0.90	—	—	—	—	79.02	—	—	544.90	11 575.05
23	51	四　川	—	2.70	64.26	1.08	—	—	960.06	207.00	0.30	758.20	55 368.54
24	52	贵　州	57.66	90.90	0.06	—	—	—	313.20	0.06	4.60	1 118.60	34 197.77
25	53	云　南	22.62	146.64	—	—	0.90	10.80	2 230.56	0.60	38.20	1 593.30	103 815.78
26	54	西　藏	—	111.60	—	—	44.10	—	463.98	24.18	—	280.60	23 679.27
27	61	陕　西	187.08	51.48	0.66	—	41.28	—	805.68	0.42	70.40	413.30	34 547.51
28	62	甘　肃	—	5.88	—	—	—	—	1 040.22	—	—	548.10	30 724.49
29	63	青　海	14.76	15.06	0.12	—	8.76	—	381.12	1.80	88.50	96.80	7 248.14
30	64	宁　夏	51.60	85.68	—	—	70.56	—	—	—	22.30	237.40	12 158.02
31	65	新　疆	0.12	210.24	0.90	—	0.12	—	1 016.58	—	6.00	436.90	32 661.37
合计 Total			**600.24**	**3 788.64**	**103.86**	**0.18**	**323.76**	**365.34**	**29 859.36**	**439.20**	**1 912.80**	**26 505.20**	**1 469 729.83**

（国家体育总局体育彩票管理中心供稿）

（五）其他统计资料

Other Statistical Data

2002—2020 年全国彩票机构代扣代缴中奖奖金个人所得税情况一览表

Table of Individual Income Tax from Lottery Winners Withheld by Lottery Organizations in China from 2002 to 2020

所 得 税 额

Individual Income Tax

单位：万元

Unit：Ten Thousand Yuan

年 份 Year	福利彩票机构 Welfare Lottery Organization	体育彩票机构 Sports Lottery Organization	合 计 Total
2002	78 606.53	121 109.45	199 715.98
2003	84 221.75	123 735.36	207 957.11
2004	96 053.50	86 883.14	182 936.64
2005	105 357.07	70 823.65	176 180.72
2006	112 917.80	127 554.33	240 472.13
2007	156 994.13	142 039.91	299 034.04
2008	159 522.18	152 544.72	312 066.90
2009	198 950.60	166 801.30	365 751.90
2010	232 340.43	169 751.12	402 091.55
2011	289 156.99	202 445.02	491 602.01
2012	329 532.92	190 863.29	520 396.20
2013	308 398.23	207 576.22	515 974.46
2014	329 890.42	259 744.71	589 635.13
2015	304 516.62	249 166.36	553 682.98
2016	317 677.41	232 534.00	550 211.41
2017	326 649.71	280 602.21	607 251.92
2018	316 356.53	279 868.17	596 224.70
2019	342 574.68	460 001.76	802 576.44
2020	280 447.66	328 786.72	609 234.38
合计 Total	**4 370 165.15**	**3 852 831.44**	**8 222 996.59**

2020年全国各地区彩票机构代扣代缴中奖奖金个人所得税情况一览表

Table of Individual Income Tax from Lottery Winners Withheld by Lottery Organizations in Different Regions in China in 2020

所得税额
Individual Income Tax

单位：万元
Unit：Ten Thousand Yuan

地区 Region	福利彩票机构 Welfare Lottery Organization	体育彩票机构 Sports Lottery Organization	合计 Total
北京	5 268.28	8 433.57	13 701.85
天津	2 482.92	4 436.76	6 919.68
河北	11 084.26	14 904.97	25 989.23
山西	6 979.43	3 914.11	10 893.54
内蒙古	5 293.44	4 617.52	9 910.96
辽宁	11 974.39	6 398.98	18 373.37
吉林	4 146.34	6 297.33	10 443.68
黑龙江	4 596.79	4 907.01	9 503.80
上海	9 266.51	7 184.73	16 451.24
江苏	22 230.23	30 858.41	53 088.65
浙江	24 402.79	35 101.55	59 504.34
安徽	11 795.28	11 347.30	23 142.58
福建	11 271.28	22 113.86	33 385.14
江西	8 287.36	5 086.12	13 373.47
山东	15 518.19	15 774.77	31 292.96
河南	12 250.55	19 067.44	31 317.99
湖北	9 682.46	10 618.02	20 300.48
湖南	9 197.88	7 248.68	16 446.56
广东	30 185.95	38 486.87	68 672.83
广西	7 245.90	4 178.99	11 424.89
海南	1 092.73	2 143.52	3 236.25
重庆	3 882.32	3 699.69	7 582.01
四川	12 563.28	13 927.56	26 490.84
贵州	6 535.18	7 371.92	13 907.10
云南	8 269.59	20 593.84	28 863.43
西藏	827.74	1 289.82	2 117.56
陕西	9 879.12	5 452.43	15 331.55
甘肃	3 324.91	3 847.82	7 172.73
青海	1 166.28	2 363.01	3 529.29
宁夏	3 251.81	2 774.80	6 026.60
新疆	6 494.47	4 345.32	10 839.79
合计 Total	**280 447.66**	**328 786.72**	**609 234.38**

（中国福利彩票发行管理中心、国家体育总局体育彩票管理中心供稿）

2002—2020 年全国彩票机构中百万元以上大奖情况一览表

Table of Quantity of Millionaire Prize Winners in Lottery Organizations in China from 2002 to 2020

单位：个
Unit: Ge

年　份 Year	福利彩票机构 Welfare Lottery Organization	体育彩票机构 Sports Lottery Organization	合　计 Total
2002	874	1 141	2 015
2003	766	774	1 540
2004	1 017	627	1 644
2005	806	606	1 412
2006	873	534	1 407
2007	1 023	533	1 556
2008	873	872	1 745
2009	1 137	1 037	2 174
2010	1 348	1 118	2 466
2011	1 391	1 012	2 403
2012	1 794	939	2 733
2013	1 874	1 120	2 994
2014	1 736	1 341	3 077
2015	1 435	1 302	2 737
2016	1 597	1 389	2 986
2017	1 726	1 105	2 831
2018	1 540	1 147	2 687
2019	1 853	2 910	4 763
2020	1 778	1 284	3 062
合计 Total	**25 441**	**20 791**	**46 232**

2020年全国各地区福利彩票中百万元以上大奖情况一览表

Table of Quantity of Welfare Lottery Millionaire Prize Winners in Different Regions in China in 2020

地　区 Region	500万元以上大奖个数 Five-million Yuan Prize Winners	100万元以上大奖个数 One-million Yuan Prize Winners
北　京	26	34
天　津	10	12
河　北	60	67
山　西	34	34
内蒙古	23	30
辽　宁	46	57
吉　林	19	23
黑龙江	24	32
上　海	49	54
江　苏	83	101
浙　江	132	151
安　徽	64	70
福　建	86	95
江　西	35	37
山　东	66	89
河　南	61	64
湖　北	62	67
湖　南	43	45
广　东 （不含深圳）	117	135
广　西	36	50
海　南	5	5
重　庆	17	20
四　川	56	145
贵　州	33	35
云　南	56	60
西　藏	3	5
陕　西	51	68
甘　肃	17	19
青　海	3	4
宁　夏	17	17
新　疆	31	56
深　圳	28	97
合　计 Total	**1 393**	**1 778**

注：其中500万元以上大奖个数包含在百万元以上大奖个数中。

（中国福利彩票发行管理中心供稿）

2020 年全国各地区体育彩票中百万元以上大奖情况一览表

Table of Quantity of Sports Lottery Millionaire Prize Winners in Different Regions in China in 2020

地区 Region	500 万元以上大奖个数 Five-million Yuan Prize Winners	100 万元以上大奖个数 One-million Yuan Prize Winners
北京	15	36
天津	9	13
河北	38	68
山西	11	16
内蒙古	13	20
辽宁	16	29
吉林	14	18
黑龙江	14	18
上海	19	35
江苏	87	126
浙江	82	120
安徽	31	45
福建	65	125
江西	10	21
山东	43	64
河南	60	72
湖北	18	41
湖南	13	31
广东	77	138
广西	8	15
海南	4	5
重庆	8	16
四川	33	62
贵州	21	28
云南	45	64
西藏	4	6
陕西	10	14
甘肃	8	10
青海	7	9
宁夏	5	9
新疆	8	10
合计 Total	**796**	**1 284**

注：其中 500 万元以上大奖个数包含在百万元以上大奖个数中。

（国家体育总局体育彩票管理中心供稿）

2005—2020 年全国彩票机构投注终端数量一览表

Table of the Quantity of Lottery Sales Terminals in China from 2005 to 2020

投注终端机

Sales Terminal

单位：台
Unit：Tai

年 份 Year	福利彩票机构 Welfare Lottery Organization	体育彩票机构 Sports Lottery Organization	合 计 Total
2005	77 969	49 914	127 883
2006	93 138	65 040	158 178
2007	104 526	79 055	183 581
2008	115 487	96 828	212 315
2009	125 415	111 317	236 732
2010	144 250	113 971	258 221
2011	154 520	129 699	284 219
2012	151 994	127 871	279 865
2013	165 629	130 467	296 096
2014	171 109	140 824	311 933
2015	179 296	145 330	324 626
2016	184 362	156 065	340 427
2017	184 741	165 437	350 178
2018	183 673	173 591	357 264
2019	188 245	177 579	365 824
2020	174 714	196 374	371 088

2020 年全国各地区彩票机构投注终端数量一览表

Table of the Quantity of Lottery Sales Terminals in Different Regions in China in 2020

投注终端机
Sales Terminal

单位：台
Unit：Tai

地 区 Region	福利彩票机构 Welfare Lottery Organization	体育彩票机构 Sports Lottery Organization	合 计 Total
北 京	2 848	3 199	6 047
天 津	1 733	2 729	4 462
河 北	8 351	9 615	17 966
山 西	3 409	3 115	6 524
内蒙古	4 211	4 492	8 703
辽 宁	8 614	5 554	14 168
吉 林	4 555	4 185	8 740
黑龙江	8 984	5 646	14 630
上 海	2 874	3 350	6 224
江 苏	11 258	14 965	26 223
浙 江	7 831	13 818	21 649
安 徽	5 568	6 079	11 647
福 建	4 169	9 945	14 114
江 西	4 719	5 963	10 682
山 东	10 331	14 636	24 967
河 南	8 768	16 241	25 009
湖 北	7 855	7 964	15 819
湖 南	6 923	4 764	11 687
广 东	16 962	15 400	32 362
广 西	4 971	4 430	9 401
海 南	1 501	2 132	3 633
重 庆	4 306	3 719	8 025
四 川	8 029	9 181	17 210
贵 州	3 743	4 337	8 080
云 南	7 009	6 853	13 862
西 藏	676	874	1 550
陕 西	5 719	5 382	11 101
甘 肃	3 502	3 117	6 619
青 海	787	807	1 594
宁 夏	1 250	1 261	2 511
新 疆	3 258	2 621	5 879
合 计 Total	**174 714**	**196 374**	**371 088**

（中国福利彩票发行管理中心、国家体育总局体育彩票管理中心供稿）

2020 年全国电脑福利彩票游戏一览表

Table of Computerized National Welfare Lottery Games in 2020

地区	玩法	停止销售时间	开奖日（星期）一	二	三	四	五	六	日	开奖方式	开奖时间	媒体
北京	双色球联销	20：00		1		1			1	直播	21：15	中国教育电视台 1 套、中国福彩网、中彩网、人民网、新华网、新浪网、搜狐网、网易网、腾讯视频网
	七乐彩联销		1		1		1					
	3D 联销	20：30	1	1	1	1	1	1	1			
	基诺：80 开 20 选 1~10	00：00	1	1	1	1	1	1	1	计算机自动开奖	每 20 分钟开奖一次	
	PK10		1	1	1	1	1	1	1			
	乐透：111~666 组合（快 3）		1	1	1	1	1	1	1	计算机自动开奖	每 20 分钟开奖一次	
天津	双色球联销	20：00		1		1			1	直播	21：15	中国教育电视台 1 套、中国福彩网、中彩网、人民网、新华网、新浪网、搜狐网、网易网、腾讯视频网
	七乐彩联销		1		1		1					
	3D 联销		1	1	1	1	1	1	1			
	快乐 8	21：00	1	1	1	1	1	1	1	直播	21：30	中国福彩网、新浪网、搜狐网、新华网、中彩网
	数字：00000~99999 排列（时时彩）	23：00	1	1	1	1	1	1	1	计算机自动开奖	每 20 分钟开奖一次	
	乐透：组合 20 选 5（快乐十分）	22：55	1	1	1	1	1	1	1	计算机自动开奖	每 20 分钟开奖一次	
河北	双色球联销	19：40		1		1			1	直播	21：15	中国教育电视台 1 套、中国福彩网、中彩网、人民网、新华网、新浪网、搜狐网、网易网、腾讯视频网
	七乐彩联销		1		1		1					
	3D 联销		1	1	1	1	1	1	1			
	快乐 8	21：00	1	1	1	1	1	1	1	直播	21：30	中国福彩网、新浪网、搜狐网、新华网、中彩网
	乐透：组合 20 选 5	18：30	1	1	1	1	1	1	1	录播	22：15	河北都市频道
	乐透：组合 20 选 5 好运 2		1	1	1	1	1	1	1			
	乐透：组合 20 选 5 好运 3		1	1	1	1	1	1	1			
	数字：排列 00000~99999 全组合				1		1		1			
	数字：排列 0000000~9999999 全组合		1		1		1					
	乐透：111~666 组合（快 3）	22：00	1	1	1	1	1	1	1	计算机自动开奖	每 20 分钟开奖一次	
山西	双色球联销	19：45		1		1			1	直播	21：15	中国教育电视台 1 套、中国福彩网、中彩网、人民网、新华网、新浪网、搜狐网、网易网、腾讯视频网
	七乐彩联销		1		1		1					
	3D 联销	20：00	1	1	1	1	1	1	1			
	乐透：组合 20 选 5（快乐十分）	冬令时：22：00 夏令时：23：00	1	1	1	1	1	1	1	计算机自动开奖	每 20 分钟开奖一次	

续表

地区	玩法	停止销售时间	开奖日（星期）							开奖方式	开奖时间	媒体
			一	二	三	四	五	六	日			
内蒙古	双色球联销	20：00		1		1			1	直播	21：15	中国教育电视台1套、中国福彩网、中彩网、人民网、新华网、新浪网、搜狐网、网易网、腾讯视频网
	七乐彩联销		1		1		1					
	3D 联销	20：30	1	1	1	1	1	1	1			
	乐透：111 ~ 666 组合（快 3）	22：10	1	1	1	1	1	1	1	计算机自动开奖	每 20 分钟开奖一次	
	数字：00000 ~ 99999 排列（时时彩）	22：00	1	1	1	1	1	1	1	计算机自动开奖	每 20 分钟开奖一次	
辽宁	双色球联销	20：00		1		1			1	直播	21：15	中国教育电视台1套、中国福彩网、中彩网、人民网、新华网、新浪网、搜狐网、网易网、腾讯视频网
	七乐彩联销		1		1		1					
	3D 联销	20：20	1	1	1	1	1	1	1			
	乐透：组合 35 选 7	19：00	1		1			1		录播	20：30	辽宁福彩网
	乐透：组合 35 选 7 好运彩 1		1		1			1				
	乐透：组合 35 选 7 好运彩 2		1		1			1				
	乐透：组合 35 选 7 好运彩 3		1		1			1				
	乐透：组合 35 选 7 好运彩 4		1		1			1				
	数字：6 位数 +1 生肖码	18：30	1		1			1				
	乐透：组合 12 选 5（快乐 12）	21：50	1	1	1	1	1	1	1	计算机自动开奖	每 20 分钟开奖一次	
吉林	双色球联销	20：00		1		1			1	直播	21：15	中国教育电视台1套、中国福彩网、中彩网、人民网、新华网、新浪网、搜狐网、网易网、腾讯视频网
	七乐彩联销		1		1		1					
	3D 联销	20：30	1	1	1	1	1	1	1			
	数字：00000 ~ 99999 排列（时时彩）	21：30	1	1	1	1	1	1	1	计算机自动开奖	每 20 分钟开奖一次	
	乐透：111 ~ 666 组合（快 3）	21：40	1	1	1	1	1	1	1	计算机自动开奖	每 20 分钟开奖一次	
黑龙江	双色球联销	20：00		1		1			1	直播	21：15	中国教育电视台1套、中国福彩网、中彩网、人民网、新华网、新浪网、搜狐网、网易网、腾讯视频网
	七乐彩联销		1		1		1					
	3D 联销		1	1	1	1	1	1	1			
	快乐 8	21：00	1	1	1	1	1	1	1	直播	21：30	中国福彩网、新浪网、搜狐网、新华网、中彩网
	乐透：组合 22 选 5	18：20	1	1	1	1	1	1	1	录播	18：50	黑龙江福彩网
	乐透：组合 36 选 7		1		1			1				
	数字：000000 ~ 999999 排列		1	1	1	1	1	1	1			
	数字：00000 ~ 99999 排列（时时彩）	0：00	1	1	1	1	1	1	1	计算机自动开奖	每 20 分钟开奖一次	
	乐透：组合 20 选 5（快乐十分）	22：00	1	1	1	1	1	1	1	计算机自动开奖	每 20 分钟开奖一次	

续表

地区	玩法	停止销售时间	开奖日（星期）一	二	三	四	五	六	日	开奖方式	开奖时间	媒体
上海	双色球联销	20：00		1		1			1	直播	21：15	中国教育电视台1套、中央电视台财经频道、中央人民广播电台“中国之声”频道、中国福彩网、新浪网、搜狐网、新华网、中彩网；上海福彩网、上海福彩微信公众号、官方客户端
	七乐彩联销		1		1		1					
	3D 联销	20：00	1	1	1	1	1	1	1			
	快乐 8	21：00	1	1	1	1	1	1	1	直播	21：30	中国福彩网、新浪网、搜狐网、新华网、中彩网；上海福彩网、上海福彩微信公众号、官方客户端
	乐透：组合 15 选 5	18：45	1	1	1	1	1	1	1	公告	21：00	上海福彩网、上海福彩微信公众号、官方客户端
	数字：6 位数 +1 生肖码	18：30	1		1			1				
	数字：0000 ～ 9999 全排列	20：30	1	1	1	1	1	1	1			
	基诺：80 开 20 选 1 ～ 10	22：40	1	1	1	1	1	1	1	计算机自动开奖	每 5 分钟开奖一次	
	数字：000 ～ 999 全排列（时时乐）	21：50	1	1	1	1	1	1	1		每半小时开奖一次	
	乐透：111 ～ 666 组合（快 3）	22：28	1	1	1	1	1	1	1		每 20 分钟开奖一次	
江苏	双色球联销	20：00		1		1			1	直播	21：15	中国教育电视台1套、中国福彩网、中彩网、人民网、新华网、新浪网、搜狐网、网易网、腾讯视频网
	七乐彩联销		1		1		1					
	3D 联销		1	1	1	1	1	1	1			
	快乐 8	21：00	1	1	1	1	1	1	1	直播	21：30	中国福彩网、新浪网、搜狐网、新华网、中彩网
	乐透：组合 15 选 5	18：30	1	1	1	1	1	1	1	公告	19：30	江苏省福彩网、官微及主流报纸
	数字：6 位数 +1 生肖码		1		1			1				
	乐透：111 ～ 666 组合（快 3）	22：10	1	1	1	1	1	1	1	计算机自动开奖	每 20 分钟开奖一次	
浙江	双色球联销	20：00		1		1			1	直播	21:15	中国教育电视台1套、中国福彩网、中彩网、人民网、新华网、新浪网、搜狐网、网易网、腾讯视频网
	七乐彩联销		1		1		1					
	3D 联销		1	1	1	1	1	1	1		22:25	浙江钱江都市频道
	快乐 8	21：00	1	1	1	1	1	1	1	直播	21:30	中国福彩网、新浪网、搜狐网、新华网、中彩网
	乐透：组合 15 选 5	18：30	1	1	1	1	1	1	1	录播	22:25	浙江钱江都市频道
	数字：6 位数 +1 生肖码		1		1			1			22:25	浙江钱江都市频道
	乐透：组合 22 选 1（快 2）	24：00	1	1	1	1	1	1	1	计算机自动开奖	每 20 分钟开奖一次	
	乐透：组合 12 选 5（快乐 12）	22：20	1	1	1	1	1	1	1	计算机自动开奖	每 20 分钟开奖一次	
安徽	双色球联销	20：00		1		1			1	直播	21:15	中国教育电视台1套、中国福彩网、中彩网、人民网、新华网、新浪网、搜狐网、网易网、腾讯视频网
	七乐彩联销		1		1		1					
	3D 联销		1	1	1	1	1	1	1			
	快乐 8	21：00	1	1	1	1	1	1	1	直播	21:30	中国福彩网、新浪网、搜狐网、新华网、中彩网
	乐透：组合 25 选 5	18：40	1	1	1	1	1	1	1	录播	19:00	中安在线
	乐透：组合 15 选 5	19：00	1	1	1	1	1	1	1		19:35	安徽省福彩网、开奖次日安徽省主流报纸刊登
	数字：6 位数 +1 生肖码		1		1			1				
	乐透：111 ～ 666 组合（快 3）	22：00	1	1	1	1	1	1	1	计算机自动开奖	每 20 分钟开奖一次	

续表

地区	玩法	停止销售时间	开奖日（星期）							开奖方式	开奖时间	媒体
			一	二	三	四	五	六	日			
福建	双色球联销	20：00		1		1			1	直播	21：15	中国教育电视台1套、中国福彩网、中彩网、人民网、新华网、新浪网、搜狐网、网易网、腾讯视频网；福建电视台电视剧频道、福建新闻广播、福建电视台教育频道、福建福彩官方微信、微博、开奖次日福建省主流报纸刊登
	七乐彩联销	19：30	1		1		1					
	3D 联销	20：15	1	1	1	1	1	1	1			
	乐透：组合 15 选 5	18：30	1	1	1	1	1	1	1	公告		福建影视频道 福建电视台教育频道 福建新闻广播
	数字：6 位数 +1 生肖码		1		1			1				
	乐透：111 ～ 666 组合（快 3）	22：30	1	1	1	1	1	1	1	计算机自动开奖	每 20 分钟开奖一次	
江西	双色球联销	20：00		1		1			1	直播	21：15	中国教育电视台1套、中国福彩网、中彩网、人民网、新华网、新浪网、搜狐网、网易网、腾讯视频网；江西福彩网、江西电视台2套、经济晚报
	七乐彩联销	20：00	1		1		1					中国教育电视台1套、中国福彩网、中彩网、人民网、新华网、新浪网、搜狐网、网易网、腾讯视频网；江西福彩网、经济晚报
	3D 联销	20：30	1	1	1	1	1	1	1			
	快乐 8	21：00	1	1	1	1	1	1	1	直播	21：30	中国福彩网、新浪网、搜狐网、新华网、中彩网
	乐透：组合 15 选 5	18：30	1	1	1	1	1	1	1	录播	19：00	江西教育电视台
	数字：6 位数 +1 生肖码		1		1			1				
	乐透：111 ～ 666 组合（快 3）	22：10	1	1	1	1	1	1	1	计算机自动开奖	每 20 分钟开奖一次	
山东	双色球联销	20：00		1		1			1	直播	21：15	中国教育电视台1套、中国福彩网、中彩网、人民网、新华网、新浪网、搜狐网、网易网、腾讯视频网；山东彩票网
	七乐彩联销		1		1		1					
	3D 联销		1	1	1	1	1	1	1			
	快乐 8	21：00	1	1	1	1	1	1	1	直播	21：30	中国福彩网、新浪网、搜狐网、新华网、中彩网
	乐透：组合 20 选 5（群英会）	22：30	1	1	1	1	1	1	1		每 20 分钟开奖一次	
河南	双色球联销	20：30		1		1			1	直播	21：15	中国教育电视台1套、中国福彩网、中彩网、人民网、新华网、新浪网、搜狐网、网易网、腾讯视频网
	七乐彩联销		1		1		1					
	3D 联销		1	1	1	1	1	1	1			
	乐透：组合 22 选 5		1	1	1	1	1	1	1	录播	22：50	河南都市频道
	乐透：组合 22 选 5 好运 2		1	1	1	1	1	1	1			
	乐透：组合 22 选 5 好运 3		1	1	1	1	1	1	1			
	乐透：组合 22 选 5 好运 4		1	1	1	1	1	1	1			
	乐透：111 ～ 666 组合（快 3）	22：00	1	1	1	1	1	1	1	计算机自动开奖	每 20 分钟开奖一次	
	幸运彩	22：00	1	1	1	1	1	1	1	计算机自动开奖	每 20 分钟开奖一次	

续表

地区	玩法	停止销售时间	开奖日（星期）							开奖方式	开奖时间	媒体
			一	二	三	四	五	六	日			
湖北	双色球联销	20：00		1		1			1	直播	21：15	中国教育电视台1套、中国福彩网、中彩网、人民网、新华网、新浪网、搜狐网、网易网、腾讯视频网
	七乐彩联销	20：00	1		1		1					
	3D 联销	20：00	1	1	1	1	1	1	1			
	快乐 8	21：00	1	1	1	1	1	1	1	直播	21：30	中国福彩网、新浪网、搜狐网、新华网、中彩网
	乐透：组合 30 选 5	20：00	1	1	1	1	1	1	1	公告	20：30	湖北福彩网，开奖次日湖北省主流报纸刊登
	数字：00000 ~ 99999 排列（时时彩）	22：00	1	1	1	1	1	1	1	计算机自动开奖	每 20 分钟开奖一次	
	乐透：111 ~ 666 组合（快 3）	22：00	1	1	1	1	1	1	1	计算机自动开奖	每 20 分钟开奖一次	
湖南	双色球联销	20：00		1		1			1	直播	21：15	中国教育电视台1套、中国福彩网、中彩网、人民网、新华网、新浪网、搜狐网、网易网、腾讯视频网
	七乐彩联销		1		1		1					
	3D 联销	20：30	1	1	1	1	1	1	1			
	快乐 8	21：00	1	1	1	1	1	1	1	直播	21：30	中国福彩网、新浪网、搜狐网、新华网、中彩网
	乐透：组合 20 选 5（快乐十分）	23：00	1	1	1	1	1	1	1	计算机自动开奖	每 20 分钟开奖一次	
广东	双色球联销	20：00		1		1			1	直播	21：15	中国教育电视台1套、中国福彩网、中彩网、人民网、新华网、新浪网、搜狐网、网易网、腾讯视频网
	3D 联销		1	1	1	1	1	1	1			
	快乐 8	20：50	1	1	1	1	1	1	1	直播	21：30	中国福彩网、新浪网、搜狐网、新华网、中彩网
	乐透：组合 26 选 5	19：00		1		1			1	录播	21：21	广东广播电视台经济科教频道
	乐透：组合 26 选 5 好彩 2			1		1			1			
	乐透：组合 26 选 5 好彩 3			1		1			1			
	乐透：组合 36 选 7		1	1	1	1	1	1	1			
	乐透：组合 36 选 7 好彩 1		1	1	1	1	1	1	1			
	乐透：组合 36 选 7 好彩 2		1	1	1	1	1	1	1			
	乐透：组合 36 选 7 好彩 3		1	1	1	1	1	1	1			
	乐透：组合 20 选 5（快乐十分）	23：00	1	1	1	1	1	1	1	计算机自动开奖	每 20 分钟开奖一次	
	乐透：组合 22 选 1（快乐彩）	23：30	1	1	1	1	1	1	1	计算机自动开奖	每 20 分钟开奖一次	
深圳	双色球联销	20：00		1		1			1	直播	21：15	中国教育电视台1套、中国福彩网、中彩网、人民网、新华网、新浪网、搜狐网、网易网、腾讯视频网
	七乐彩联销		1		1		1					
	3D 联销		1	1	1	1	1	1	1			
	基诺：80 开 20 选 1 ~ 8	23：00	1	1	1	1	1	1	1	计算机自动开奖	每 5 分钟开奖一次	
	乐透：组合 22 选 1（快乐彩）	23：10	1	1	1	1	1	1	1	计算机自动开奖	每 20 分钟开奖一次	
	乐透：组合 35 选 7	20：00		1			1			官网录播视频	20：20	深圳特区报、深圳福彩网

续表

地区	玩法	停止销售时间	开奖日（星期）							开奖方式	开奖时间	媒体
			一	二	三	四	五	六	日			
广西	双色球联销	20：00		1		1			1	直播	21：15	中国教育电视台1套、中国福彩网、中彩网、人民网、新华网、新浪网、搜狐网、网易网、腾讯视频网
	七乐彩联销		1		1		1					
	3D联销	20：20	1	1	1	1	1	1	1			
	乐透：组合24选7及好运彩（快乐双彩）	21：00	1	1	1	1	1	1	1	计算机自动开奖	21：30	
	乐透：组合21选5（快乐十分）	21：25	1	1	1	1	1	1	1		每20分钟开奖一次	
	乐透：111～666组合（快3）	22：27	1	1	1	1	1	1	1		每20分钟开奖一次	
海南	双色球联销	20：00		1		1			1	直播	21：15	中国教育电视台1套、中国福彩网、中彩网、人民网、新华网、新浪网、搜狐网、网易网、腾讯视频网
	七乐彩联销		1		1		1					
	3D联销		1	1	1	1	1	1	1			
	乐透：组合22选1（快2）	凌晨02：00	1	1	1	1	1	1	1	计算机自动开奖	每20分钟开奖一次	
	快乐三宝	凌晨02：00	1	1	1	1	1	1	1	计算机自动开奖	每20分钟开奖一次	
重庆	双色球联销	20：00		1		1			1	直播	21：15	中国教育电视台1套、中国福彩网、中彩网、人民网、新华网、新浪网、搜狐网、网易网、腾讯视频网
	七乐彩联销		1		1		1					
	3D联销	20：30	1	1	1	1	1	1	1			
	快乐8	21：00	1	1	1	1	1	1	1	直播	21：30	中国福彩网、新浪网、搜狐网、新华网、中彩网
	数字：00000～99999排列（时时彩）	23：50	1	1	1	1	1	1	1	计算机自动开奖	每20分钟开奖一次	
	乐透：组合20选5（快乐十分）	23：40	1	1	1	1	1	1	1		每20分钟开奖一次	
四川	双色球联销	20：00		1		1			1	直播	21：15	中国教育电视台1套、中国福彩网、中彩网、人民网、新华网、新浪网、搜狐网、网易网、腾讯视频网
	七乐彩联销		1		1		1					
	3D联销		1	1	1	1	1	1	1			
	快乐8	21：00	1	1	1	1	1	1	1	直播	21：30	中国福彩网、新浪网、搜狐网、新华网、中彩网
	乐透：组合12选5（快乐12）	22：00	1	1	1	1	1	1	1	计算机自动开奖	每20分钟开奖一次	
贵州	双色球联销	20：00		1		1			1	直播	21：15	中国教育电视台1套、中国福彩网、中彩网、人民网、新华网、新浪网、搜狐网、网易网、腾讯视频网
	七乐彩联销		1		1		1					
	3D联销		1	1	1	1	1	1	1			
	乐透：111～666组合（快3）	22：00	1	1	1	1	1	1	1	计算机自动开奖	每20分钟开奖一次	
云南	双色球联销	20：00		1		1			1	直播	21：15	中国教育电视台1套、中国福彩网、中彩网、人民网、新华网、新浪网、搜狐网、网易网、腾讯视频网
	七乐彩联销	19：30	1		1		1					
	3D联销	20：30	1	1	1	1	1	1	1			
	数字：00000～99999排列（时时彩）	22：00	1	1	1	1	1	1	1	计算机自动开奖	每20分钟开奖一次	
	乐透：组合20选5（快乐十分）	21：35	1	1	1	1	1	1	1	计算机自动开奖	每20分钟开奖一次	

续表

地区	玩法	停止销售时间	开奖日（星期）							开奖方式	开奖时间	媒体
			一	二	三	四	五	六	日			
西藏	双色球联销	19：30		1		1			1	直播	21：15	中国教育电视台1套、中国福彩网、中彩网、人民网、新华网、新浪网、搜狐网、网易网、腾讯视频网
	七乐彩联销	19：00	1		1		1					
	3D联销	20：00	1	1	1	1	1	1	1			
	乐透：组合12选3（生肖时时彩）	23：20	1	1	1	1	1	1	1	计算机自动开奖	每20分钟开奖一次	
	乐透：111～666组合（快3）	23：30	1	1	1	1	1	1	1	计算机自动开奖	每20分钟开奖一次	
陕西	双色球联销	20：00		1		1			1	直播	21：15	中国教育电视台1套、中国福彩网、中彩网、人民网、新华网、新浪网、搜狐网、网易网、腾讯视频网
	七乐彩联销		1		1		1					
	3D联销	20：30	1	1	1	1	1	1	1			
	快乐8	21：00	1	1	1	1	1	1	1	直播	21：30	中国福彩网、新浪网、搜狐网、新华网、中彩网
	乐透：组合20选5（快乐十分）	22：00	1	1	1	1	1	1	1	计算机自动开奖	每20分钟开奖一次	
甘肃	双色球联销	20：00		1		1			1	直播	21：15	中国教育电视台1套、中国福彩网、中彩网、人民网、新华网、新浪网、搜狐网、网易网、腾讯视频网
	七乐彩联销		1		1		1					
	3D联销	20：30	1	1	1	1	1	1	1			
	快乐8	21：00	1	1	1	1	1	1	1	直播	21：30	中国福彩网、新浪网、搜狐网、新华网、中彩网
	乐透：111～666组合（快3）	22：00	1	1	1	1	1	1	1	计算机自动开奖	每20分钟开奖一次	
青海	双色球联销	19：45		1		1			1	直播	21：15	中国教育电视台1套、中国福彩网、中彩网、人民网、新华网、新浪网、搜狐网、网易网、腾讯视频网
	七乐彩联销		1		1		1					
	3D联销	20：30	1	1	1	1	1	1	1			
	数字：111～666排列（快3）	22：00	1	1	1	1	1	1	1	计算机自动开奖	每20分钟开奖一次	
宁夏	双色球联销	20：00		1		1			1	直播	21：15	中国教育电视台1套、中国福彩网、中彩网、人民网、新华网、新浪网、搜狐网、网易网、腾讯视频网
	七乐彩联销		1		1		1					
	3D联销		1	1	1	1	1	1	1			
	快乐8	21：00	1	1	1	1	1	1	1	直播	21：30	中国福彩网、新浪网、搜狐网、新华网、中彩网
	数字：快3	22：00	1	1	1	1	1	1	1	计算机自动开奖	每20分钟开奖一次	
新疆	双色球联销	20：00		1		1			1	直播	21：15	中国教育电视台1套、中国福彩网、中彩网、人民网、新华网、新浪网、搜狐网、网易网、腾讯视频网
	七乐彩联销		1		1		1					
	3D联销		1	1	1	1	1	1	1			
	乐透：组合18选7	19：30	1				1			录播	0：25	新疆电视台4套
	乐透：组合35选7		1				1					
	乐透：组合25选7		1				1					
	数字：00000～99999排列（时时彩）	凌晨02：00	1	1	1	1	1	1	1	计算机自动开奖	每20分钟开奖一次	
	乐透：27选8～23（喜乐彩）	凌晨02：00	1	1	1	1	1	1	1	计算机自动开奖	每60分钟开奖一次	

（中国福利彩票发行管理中心供稿）

2020 年全国电脑体育彩票游戏品种一览表

Table of Computerized National Sports Lottery Games in 2020

省市	玩法	停止销售时间	开奖日							开奖方式	开奖时间	媒体
			一	二	三	四	五	六	日			
北京	北京 11 选 5	23：00：00	1	1	1	1	1	1	1	专用电子摇奖设备开奖	20 分钟开奖一次	销售点内指定画面
北京	排列 3、排列 5	20：00：00	1	1	1	1	1	1	1	专用摇奖设备开奖	20：30	中国体彩网、中国竞彩网、CCTV-2、CCTV-12、中央人民广播电台
北京	7 星彩	20：00：00		1			1		1	专用摇奖设备开奖	20：30	
北京	超级大乐透	20：00：00	1		1			1		专用摇奖设备开奖	20：30	
北京	足彩胜负（包括任选九场）	根据比赛时间								比赛结果		中国体彩网，中国竞彩网
北京	足彩 4 场进球	根据比赛时间										
北京	足球 6 场半全场胜负平	根据比赛时间										
北京	全国联网单场竞猜游戏（以下简称竞彩）	根据比赛时间										
北京	快中彩	21：59：59	1	1	1	1	1	1	1	专用电子摇奖设备开奖	20 分钟开奖一次	销售点内指定画面
北京	区域联网单场竞猜游戏（以下简称北京单场）	根据比赛时间								比赛结果		北京体彩网
天津	排列 3、排列 5	20：00：00	1	1	1	1	1	1	1	专用摇奖设备开奖	20：30	中国体彩网，中国竞彩网，CCTV-2，CCTV-12，中央人民广播电台
天津	7 星彩	20：00：00		1			1		1	专用摇奖设备开奖	20：30	
天津	超级大乐透	20：00：00	1		1			1		专用摇奖设备开奖	20：30	
天津	足彩胜负（包括任选九场）	根据比赛时间								比赛结果		中国体彩网，中国竞彩网
天津	足彩 4 场进球	根据比赛时间										
天津	足球 6 场半全场胜负平	根据比赛时间										
天津	竞彩	根据比赛时间										
天津	快中彩	21：59：59	1	1	1	1	1	1	1	专用电子摇奖设备开奖	20 分钟开奖一次	销售点内指定画面
天津	北京单场	根据比赛时间								比赛结果		天津体彩网
天津	天津 11 选 5	0：00：09	1	1	1	1	1	1	1	专用电子摇奖设备开奖	20 分钟开奖一次	销售点内指定画面

续表

省市	玩法	停止销售时间	开奖日							开奖方式	开奖时间	媒体
			一	二	三	四	五	六	日			
河北	排列 3、排列 5	20：00：00	1	1	1	1	1	1	1	专用摇奖设备开奖	20：30	中国体彩网，中国竞彩网，CCTV-2，CCTV-12，中央人民广播电台
	7 星彩	20：00：00		1			1		1	专用摇奖设备开奖	20：30	
	超级大乐透	20：00：00	1		1			1		专用摇奖设备开奖	20：30	
	足彩胜负（包括任选九场）	根据比赛时间								比赛结果		中国体彩网，中国竞彩网
	足彩 4 场进球	根据比赛时间										
	足球 6 场半全场胜负平	根据比赛时间										
	竞彩	根据比赛时间										
	河北快乐扑克	22：04：59	1	1	1	1	1	1	1	专用电子摇奖设备开奖	20 分钟开奖一次	销售点内指定画面
	河北 11 选 5	22：29：59	1	1	1	1	1	1	1	专用电子摇奖设备开奖	20 分钟开奖一次	销售点内指定画面
山西	排列 3、排列 5	20：00：00	1	1	1	1	1	1	1	专用摇奖设备开奖	20：30	中国体彩网，中国竞彩网，CCTV-2，CCTV-12，中央人民广播电台
	7 星彩	20：00：00		1			1		1	专用摇奖设备开奖	20：30	
	超级大乐透	20：00：00	1		1			1		专用摇奖设备开奖	20：30	
	足彩胜负（包括任选九场）	根据比赛时间								比赛结果		中国体彩网，中国竞彩网
	足彩 4 场进球	根据比赛时间										
	足球 6 场半全场胜负平	根据比赛时间										
	竞彩	根据比赛时间										
	山西 11 选 5	0：05：29	1	1	1	1	1	1	1	专用电子摇奖设备开奖	20 分钟开奖一次	销售点内指定画面
	山西泳坛夺金	22：30：29	1	1	1	1	1	1	1	专用电子摇奖设备开奖	20 分钟开奖一次	销售点内指定画面
内蒙古	排列 3、排列 5	20：00：00	1	1	1	1	1	1	1	专用摇奖设备开奖	20：30	中国体彩网，中国竞彩网，CCTV-2，CCTV-12，中央人民广播电台
	7 星彩	20：00：00		1			1		1	专用摇奖设备开奖	20：30	
	超级大乐透	20：00：00	1		1			1		专用摇奖设备开奖	20：30	
	足彩胜负（包括任选九场）	根据比赛时间								比赛结果		中国体彩网，中国竞彩网
	足彩 4 场进球	根据比赛时间										
	足球 6 场半全场胜负平	根据比赛时间										
	竞彩	根据比赛时间										
	内蒙古泳坛夺金	23：00：09	1	1	1	1	1	1	1	专用电子摇奖设备开奖	20 分钟开奖一次	销售点内指定画面
	内蒙古 11 选 5	23：05：29	1	1	1	1	1	1	1	专用电子摇奖设备开奖	20 分钟开奖一次	销售点内指定画面

续表

省市	玩法	停止销售时间	开奖日							开奖方式	开奖时间	媒体
			一	二	三	四	五	六	日			
辽宁	排列 3、排列 5	20：00：00	1	1	1	1	1	1	1	专用摇奖设备开奖	20：30	中国体彩网，中国竞彩网，CCTV-2，CCTV-12，中央人民广播电台
	7 星彩	20：00：00		1			1		1	专用摇奖设备开奖	20：30	
	超级大乐透	20：00：00	1		1			1		专用摇奖设备开奖	20：30	
	足彩胜负（包括任选九场）	根据比赛时间								比赛结果		中国体彩网，中国竞彩网
	足彩 4 场进球	根据比赛时间										
	足球 6 场半全场胜负平	根据比赛时间										
	竞彩	根据比赛时间										
	辽宁 11 选 5	22：28：29	1	1	1	1	1	1	1	专用电子摇奖设备开奖	20 分钟开奖一次	销售点内指定画面
	辽宁快乐扑克	22：24：29	1	1	1	1	1	1	1	专用电子摇奖设备开奖	20 分钟开奖一次	销售点内指定画面
吉林	排列 3、排列 5	20：00：00	1	1	1	1	1	1	1	专用摇奖设备开奖	20：30	中国体彩网，中国竞彩网，CCTV-2，CCTV-12，中央人民广播电台
	7 星彩	20：00：00		1			1		1	专用摇奖设备开奖	20：30	
	超级大乐透	20：00：00	1		1			1		专用摇奖设备开奖	20：30	
	足彩胜负（包括任选九场）	根据比赛时间								比赛结果		中国体彩网，中国竞彩网
	足彩 4 场进球	根据比赛时间										
	足球 6 场半全场胜负平	根据比赛时间										
	竞彩	根据比赛时间										
	吉林 11 选 5	21：29：59	1	1	1	1	1	1	1	专用电子摇奖设备开奖	20 分钟开奖一次	销售点内指定画面
黑龙江	黑龙江 6+1	20：00：00		1			1			专用摇奖设备开奖	20：10	黑龙江交通广播电台
	排列 3、排列 5	20：00：00	1	1	1	1	1	1	1	专用摇奖设备开奖	20：30	中国体彩网，中国竞彩网，CCTV-2，CCTV-12，中央人民广播电台
	7 星彩	20：00：00		1			1		1	专用摇奖设备开奖	20：30	
	超级大乐透	20：00：00	1		1			1		专用摇奖设备开奖	20：30	
	足彩胜负（包括任选九场）	根据比赛时间								比赛结果		中国体彩网，中国竞彩网
	足彩 4 场进球	根据比赛时间										
	足球 6 场半全场胜负平	根据比赛时间										
	竞彩	根据比赛时间										
	黑龙江快乐扑克	21：00：19	1	1	1	1	1	1	1	专用电子摇奖设备开奖	20 分钟开奖一次	黑龙江体彩网
	黑龙江 11 选 5	22：44：19	1	1	1	1	1	1	1	专用电子摇奖设备开奖	20 分钟开奖一次	销售点内指定画面

续表

省市	玩法	停止销售时间	开奖日							开奖方式	开奖时间	媒体
			一	二	三	四	五	六	日			
上海	排列 3、排列 5	20：00：00	1	1	1	1	1	1	1	专用摇奖设备开奖	20：30	中国体彩网，中国竞彩网，CCTV-2，CCTV-12，中央人民广播电台
	7 星彩	20：00：00		1			1		1	专用摇奖设备开奖	20：30	
	超级大乐透	20：00：00	1		1			1		专用摇奖设备开奖	20：30	
	足彩胜负（包括任选九场）	根据比赛时间								比赛结果		中国体彩网，中国竞彩网
	足彩 4 场进球	根据比赛时间										
	足球 6 场半全场胜负平	根据比赛时间										
	竞彩	根据比赛时间										
	上海 11 选 5	23：59：59	1	1	1	1	1	1	1	专用电子摇奖设备开奖	20 分钟开奖一次	销售点内指定画面
江苏	江苏体彩 7 位数	20：00：00		1		1	1		1	专用摇奖设备开奖	21：00	江苏体育休闲频道
	排列 3、排列 5	20：00：00	1	1	1	1	1	1	1	专用摇奖设备开奖	20：30	中国体彩网，中国竞彩网，CCTV-2，CCTV-12，中央人民广播电台
	超级大乐透	20：00：00	1		1			1		专用摇奖设备开奖	20：30	
	足彩胜负（包括任选九场）	根据比赛时间								比赛结果		中国体彩网，中国竞彩网
	足彩 4 场进球	根据比赛时间										
	足球 6 场半全场胜负平	根据比赛时间										
	竞彩	根据比赛时间										
	江苏 11 选 5	22：05：29	1	1	1	1	1	1	1	专用电子摇奖设备开奖	20 分钟开奖一次	江苏体彩网
	虚拟足球 e 球彩	22：08	1	1	1	1	1	1	1	销售点内指定画面	8 分钟开奖一次	销售点内指定画面
浙江	浙江 6+1	19：00：00		1			1		1	专用摇奖设备开奖	19：30	浙江电视台经济生活频道
	浙江 20 选 5	19：00：00	1	1	1	1	1	1	1	专用摇奖设备开奖	19：30	
	排列 3、排列 5	20：00：00	1	1	1	1	1	1	1	专用摇奖设备开奖	20：30	中国体彩网，中国竞彩网，CCTV-2，CCTV-12，中央人民广播电台
	7 星彩	20：00：00		1			1		1	专用摇奖设备开奖	20：30	
	超级大乐透	20：00：00	1		1			1		专用摇奖设备开奖	20：30	
	足彩胜负（包括任选九场）	根据比赛时间								比赛结果		中国体彩网，中国竞彩网
	足彩 4 场进球	根据比赛时间										
	足球 6 场半全场胜负平	根据比赛时间										
	竞彩	根据比赛时间										
	浙江飞鱼	1：59：30	1	1	1	1	1	1	1	专用电子摇奖设备开奖	20 分钟开奖一次	销售点内指定画面
	浙江 11 选 5	22：29：59	1	1	1	1	1	1	1	专用电子摇奖设备开奖	20 分钟开奖一次	销售点内指定画面
	浙江泳坛夺金	22：14：59	1	1	1	1	1	1	1	专用电子摇奖设备开奖	20 分钟开奖一次	销售点内指定画面

续表

省市	玩法	停止销售时间	开奖日							开奖方式	开奖时间	媒体
			一	二	三	四	五	六	日			
安徽	排列 3、排列 5	20：00：00	1	1	1	1	1	1	1	专用摇奖设备开奖	20：30	中国体彩网，中国竞彩网，CCTV-2，CCTV-12，中央人民广播电台
	7 星彩	20：00：00		1			1		1	专用摇奖设备开奖	20：30	
	超级大乐透	20：00：00	1		1			1		专用摇奖设备开奖	20：30	
	足彩胜负（包括任选九场）	根据比赛时间								比赛结果		中国体彩网，中国竞彩网
	足彩 4 场进球	根据比赛时间										
	足球 6 场半全场胜负平	根据比赛时间										
	竞彩	根据比赛时间										
	安徽 11 选 5	22：00：29	1	1	1	1	1	1	1	专用电子摇奖设备开奖	20 分钟开奖一次	销售点内指定画面
福建	福建 22 选 5	19：00：00	1	1	1	1	1	1	1	专用摇奖设备开奖	19：15	福建体育频道
	福建 36 选 7	19：00：00		1		1		1		专用摇奖设备开奖	19：15	
	福建 31 选 7	19：00：00	1	1	1	1	1	1	1	专用摇奖设备开奖	19：15	
	福建 31 选 7 附加	19：00：00	1	1	1	1	1	1	1	专用摇奖设备开奖	19：15	
	排列 3、排列 5	20：00：00	1	1	1	1	1	1	1	专用摇奖设备开奖	20：30	中国体彩网，中国竞彩网，CCTV-2，CCTV-12，中央人民广播电台
	7 星彩	20：00：00		1			1		1	专用摇奖设备开奖	20：30	
	超级大乐透	20：00：00	1		1			1		专用摇奖设备开奖	20：30	
	足彩胜负（包括任选九场）	根据比赛时间								比赛结果		中国体彩网，中国竞彩网
	足彩 4 场进球	根据比赛时间										
	足球 6 场半全场胜负平	根据比赛时间										
	竞彩	根据比赛时间										
	福建 11 选 5	23：08：59	1	1	1	1	1	1	1	专用电子摇奖设备开奖	20 分钟开奖一次	销售点内指定画面
江西	排列 3、排列 5	20：00：00	1	1	1	1	1	1	1	专用摇奖设备开奖	20：30	中国体彩网，中国竞彩网，CCTV-2，CCTV-12，中央人民广播电台
	7 星彩	20：00：00		1			1		1	专用摇奖设备开奖	20：30	
	超级大乐透	20：00：00	1		1			1		专用摇奖设备开奖	20：30	
	足彩胜负（包括任选九场）	根据比赛时间								比赛结果		中国体彩网，中国竞彩网
	足彩 4 场进球	根据比赛时间										
	足球 6 场半全场胜负平	根据比赛时间										
	竞彩	根据比赛时间										
	江西多乐彩	23：09：59	1	1	1	1	1	1	1	专用电子摇奖设备开奖	20 分钟开奖一次	销售点内指定画面

续表

省市	玩法	停止销售时间	开奖日							开奖方式	开奖时间	媒体
			一	二	三	四	五	六	日			
山东	排列 3、排列 5	20：00：00	1	1	1	1	1	1	1	专用摇奖设备开奖	20：30	中国体彩网，中国竞彩网，CCTV-2，CCTV-12，中央人民广播电台
	7 星彩	20：00：00		1			1		1	专用摇奖设备开奖	20：30	
	超级大乐透	20：00：00	1		1			1		专用摇奖设备开奖	20：30	
	足彩胜负（包括任选九场）	根据比赛时间								比赛结果		中国体彩网，中国竞彩网
	足彩 4 场进球	根据比赛时间										
	足球 6 场半全场胜负平	根据比赛时间										
	竞彩	根据比赛时间										
	山东快乐扑克 3	23：10：49	1	1	1	1	1	1	1	专用电子摇奖设备开奖	20 分钟开奖一次	销售点内指定画面
	山东十一运夺金	23：00：49	1	1	1	1	1	1	1	专用电子摇奖设备开奖	20 分钟开奖一次	销售点内指定画面
河南	排列 3、排列 5	20：00：00	1	1	1	1	1	1	1	专用摇奖设备开奖	20：30	中国体彩网，中国竞彩网，CCTV-2，CCTV-12，中央人民广播电台
	7 星彩	20：00：00		1			1		1	专用摇奖设备开奖	20：30	
	超级大乐透	20：00：00	1		1			1		专用摇奖设备开奖	20：30	
	足彩胜负（包括任选九场）	根据比赛时间								比赛结果		中国体彩网，中国竞彩网
	足彩 4 场进球	根据比赛时间										
	足球 6 场半全场胜负平	根据比赛时间										
	竞彩	根据比赛时间										
	河南 11 选 5	23：05：29	1	1	1	1	1	1	1	专用电子摇奖设备开奖	20 分钟开奖一次	销售点内指定画面
	河南泳坛夺金	23：10：30	1	1	1	1	1	1	1	专用电子摇奖设备开奖	20 分钟开奖一次	销售点内指定画面
湖北	排列 3、排列 5	20：00：00	1	1	1	1	1	1	1	专用摇奖设备开奖	20：30	中国体彩网，中国竞彩网，CCTV-2，CCTV-12，中央人民广播电台
	7 星彩	20：00：00		1			1		1	专用摇奖设备开奖	20：30	
	超级大乐透	20：00：00	1		1			1		专用摇奖设备开奖	20：30	
	足彩胜负（包括任选九场）	根据比赛时间								比赛结果		中国体彩网，中国竞彩网
	足彩 4 场进球	根据比赛时间										
	足球 6 场半全场胜负平	根据比赛时间										
	竞彩	根据比赛时间										
	湖北 11 选 5	21：55：29	1	1	1	1	1	1	1	专用电子摇奖设备开奖	20 分钟开奖一次	销售点内指定画面

续表

省市	玩法	停止销售时间	开奖日							开奖方式	开奖时间	媒体
			一	二	三	四	五	六	日			
湖南	排列 3、排列 5	20：00：00	1	1	1	1	1	1	1	专用摇奖设备开奖	20：30	中国体彩网，中国竞彩网，CCTV-2，CCTV-12，中央人民广播电台
	7 星彩	20：00：00		1			1		1	专用摇奖设备开奖	20：30	
	超级大乐透	20：00：00	1		1			1		专用摇奖设备开奖	20：30	
	足彩胜负（包括任选九场）	根据比赛时间								比赛结果		中国体彩网，中国竞彩网
	足彩 4 场进球	根据比赛时间										
	足球 6 场半全场胜负平	根据比赛时间										
	竞彩	根据比赛时间										
	湖南幸运赛车	23：01：00	1	1	1	1	1	1	1	专用电子摇奖设备开奖	20 分钟开奖一次	销售点内指定画面
	湖南即乐彩	22：12：00	1	1	1	1	1	1	1	专用电子摇奖设备开奖	20 分钟开奖一次	销售点内指定画面
广东	排列 3、排列 5	20：00：00	1	1	1	1	1	1	1	专用摇奖设备开奖	20：30	中国体彩网，中国竞彩网，CCTV-2，CCTV-12，中央人民广播电台
	7 星彩	20：00：00		1			1		1	专用摇奖设备开奖	20：30	
	超级大乐透	20：00：00	1		1			1		专用摇奖设备开奖	20：30	
	足彩胜负（包括任选九场）	根据比赛时间								比赛结果		中国体彩网，中国竞彩网
	足彩 4 场进球	根据比赛时间										
	足球 6 场半全场胜负平	根据比赛时间										
	竞彩	根据比赛时间										
	快中彩	21：59：59	1	1	1	1	1	1	1	专用电子摇奖设备开奖	20 分钟开奖一次	销售点内指定画面
	北京单场	根据比赛时间								比赛结果		广东体彩网
	广东 11 选 5	23：09：59	1	1	1	1	1	1	1	专用电子摇奖设备开奖	20 分钟开奖一次	销售点内指定画面
广西	排列 3、排列 5	20：00：00	1	1	1	1	1	1	1	专用摇奖设备开奖	20：30	中国体彩网，中国竞彩网，CCTV-2，CCTV-12，中央人民广播电台
	7 星彩	20：00：00		1			1		1	专用摇奖设备开奖	20：30	
	超级大乐透	20：00：00	1		1			1		专用摇奖设备开奖	20：30	
	足彩胜负（包括任选九场）	根据比赛时间								比赛结果		中国体彩网，中国竞彩网
	足彩 4 场进球	根据比赛时间										
	足球 6 场半全场胜负平	根据比赛时间										
	竞彩	根据比赛时间										
	广西 11 选 5	0：00：29	1	1	1	1	1	1	1	专用电子摇奖设备开奖	20 分钟开奖一次	销售点内指定画面

续表

省市	玩法	停止销售时间	开奖日							开奖方式	开奖时间	媒体
			一	二	三	四	五	六	日			
海南	海南 4+1	20：00：00		1			1		1	直播	20：20—20：30（开奖节目起始时间）	海南广播电视总台公共频道
	排列 3、排列 5	20：00：00	1	1	1	1	1	1	1	专用摇奖设备开奖	20：30	中国体彩网，中国竞彩网，CCTV-2，CCTV-12，中央人民广播电台
	7 星彩	20：00：00		1			1		1	专用摇奖设备开奖	20：30	
	超级大乐透	20：00：00	1		1			1		专用摇奖设备开奖	20：30	
	足彩胜负（包括任选九场）	根据比赛时间								比赛结果		中国体彩网，中国竞彩网
	足彩 4 场进球	根据比赛时间										
	足球 6 场半全场胜负平	根据比赛时间										
	竞彩	根据比赛时间										
	海南飞鱼	2：10：29	1	1	1	1	1	1	1	专用电子摇奖设备开奖	20 分钟开奖一次	销售点内指定画面
	海南环岛赛	2：01：39	1	1	1	1	1	1	1	专用电子摇奖设备开奖	20 分钟开奖一次	销售点内指定画面
重庆	排列 3、排列 5	20：00：00	1	1	1	1	1	1	1	专用摇奖设备开奖	20：30	中国体彩网，中国竞彩网，CCTV-2，CCTV-12，中央人民广播电台
	7 星彩	20：00：00		1			1		1	专用摇奖设备开奖	20：30	
	超级大乐透	20：00：00	1		1			1		专用摇奖设备开奖	20：30	
	足彩胜负（包括任选九场）	根据比赛时间								比赛结果		中国体彩网，中国竞彩网
	足彩 4 场进球	根据比赛时间										
	足球 6 场半全场胜负平	根据比赛时间										
	竞彩	根据比赛时间										
	重庆百变王牌	23：56：59	1	1	1	1	1	1	1	专用电子摇奖设备开奖	20 分钟开奖一次	销售点内指定画面
四川	排列 3、排列 5	20：00：00	1	1	1	1	1	1	1	专用摇奖设备开奖	20：30	中国体彩网，中国竞彩网，CCTV-2，CCTV-12，中央人民广播电台
	7 星彩	20：00：00		1			1		1	专用摇奖设备开奖	20：30	
	超级大乐透	20：00：00	1		1			1		专用摇奖设备开奖	20：30	
	足彩胜负（包括任选九场）	根据比赛时间								比赛结果		中国体彩网，中国竞彩网
	足彩 4 场进球	根据比赛时间										
	足球 6 场半全场胜负平	根据比赛时间										
	竞彩	根据比赛时间										
	四川金 7 乐	22：34：34	1	1	1	1	1	1	1	专用电子摇奖设备开奖	20 分钟开奖一次	销售点内指定画面

续表

省市	玩法	停止销售时间	开奖日							开奖方式	开奖时间	媒体
			一	二	三	四	五	六	日			
贵州	排列 3、排列 5	20：00：00	1	1	1	1	1	1	1	专用摇奖设备开奖	20：30	中国体彩网，中国竞彩网，CCTV-2，CCTV-12，中央人民广播电台
	7 星彩	20：00：00		1			1		1	专用摇奖设备开奖	20：30	
	超级大乐透	20：00：00	1		1			1		专用摇奖设备开奖	20：30	
	足彩胜负（包括任选九场）	根据比赛时间								比赛结果		中国体彩网，中国竞彩网
	足彩 4 场进球	根据比赛时间										
	足球 6 场半全场胜负平	根据比赛时间										
	竞彩	根据比赛时间										
	贵州 11 选 5	22：20：49	1	1	1	1	1	1	1	专用电子摇奖设备开奖	20 分钟开奖一次	销售点内指定画面
云南	排列 3、排列 5	20：00：00	1	1	1	1	1	1	1	专用摇奖设备开奖	20：30	中国体彩网，中国竞彩网，CCTV-2，CCTV-12，中央人民广播电台
	7 星彩	20：00：00		1			1		1	专用摇奖设备开奖	20：30	
	超级大乐透	20：00：00	1		1			1		专用摇奖设备开奖	20：30	
	足彩胜负（包括任选九场）	根据比赛时间								比赛结果		中国体彩网，中国竞彩网
	足彩 4 场进球	根据比赛时间										
	足球 6 场半全场胜负平	根据比赛时间										
	竞彩	根据比赛时间										
	云南 11 选 5	22：59：29	1	1	1	1	1	1	1	专用电子摇奖设备开奖	20 分钟开奖一次	销售点内指定画面
	云南快乐 123	23：04：29	1	1	1	1	1	1	1	专用电子摇奖设备开奖	20 分钟开奖一次	销售点内指定画面
西藏	排列 3、排列 5	20：00：00	1	1	1	1	1	1	1	专用摇奖设备开奖	20：30	中国体彩网，中国竞彩网，CCTV-2，CCTV-12，中央人民广播电台
	7 星彩	20：00：00		1			1		1	专用摇奖设备开奖	20：30	
	超级大乐透	20：00：00	1		1			1		专用摇奖设备开奖	20：30	
	足彩胜负（包括任选九场）	根据比赛时间								比赛结果		中国体彩网，中国竞彩网
	足彩 4 场进球	根据比赛时间										
	足球 6 场半全场胜负平	根据比赛时间										
	竞彩	根据比赛时间										
	西藏 11 选 5	23：10：29	1	1	1	1	1	1	1	专用电子摇奖设备开奖	20 分钟开奖一次	销售点内指定画面

续表

省市	玩法	停止销售时间	开奖日							开奖方式	开奖时间	媒体
			一	二	三	四	五	六	日			
陕西	排列 3、排列 5	20：00：00	1	1	1	1	1	1	1	专用摇奖设备开奖	20：30	中国体彩网，中国竞彩网，CCTV-2，CCTV-12，中央人民广播电台
	7 星彩	20：00：00		1			1		1	专用摇奖设备开奖	20：30	
	超级大乐透	20：00：00	1		1			1		专用摇奖设备开奖	20：30	
	足彩胜负（包括任选九场）	根据比赛时间								比赛结果		中国体彩网，中国竞彩网
	足彩 4 场进球	根据比赛时间										
	足球 6 场半全场胜负平	根据比赛时间										
	竞彩	根据比赛时间										
	陕西泳坛夺金	23：13：59	1	1	1	1	1	1	1	专用电子摇奖设备开奖	20 分钟开奖一次	销售点内指定画面
	陕西 11 选 5	23：09：59	1	1	1	1	1	1	1	专用电子摇奖设备开奖	20 分钟开奖一次	销售点内指定画面
甘肃	排列 3、排列 5	20：00：00	1	1	1	1	1	1	1	专用摇奖设备开奖	20：30	中国体彩网，中国竞彩网，CCTV-2，CCTV-12，中央人民广播电台
	7 星彩	20：00：00		1			1		1	专用摇奖设备开奖	20：30	
	超级大乐透	20：00：00	1		1			1		专用摇奖设备开奖	20：30	
	足彩胜负（包括任选九场）	根据比赛时间								比赛结果		中国体彩网，中国竞彩网
	足彩 4 场进球	根据比赛时间										
	足球 6 场半全场胜负平	根据比赛时间										
	竞彩	根据比赛时间										
	甘肃泳坛夺金	22：16：19	1	1	1	1	1	1	1	专用电子摇奖设备开奖	20 分钟开奖一次	销售点内指定画面
	甘肃 11 选 5	23：11：24	1	1	1	1	1	1	1	专用电子摇奖设备开奖	20 分钟开奖一次	销售点内指定画面
青海	排列 3、排列 5	20：00：00	1	1	1	1	1	1	1	专用摇奖设备开奖	20：30	中国体彩网，中国竞彩网，CCTV-2，CCTV-12，中央人民广播电台
	7 星彩	20：00：00		1			1		1	专用摇奖设备开奖	20：30	
	超级大乐透	20：00：00	1		1			1		专用摇奖设备开奖	20：30	
	足彩胜负（包括任选九场）	根据比赛时间								比赛结果		中国体彩网，中国竞彩网
	足彩 4 场进球	根据比赛时间										
	足球 6 场半全场胜负平	根据比赛时间										
	竞彩	根据比赛时间										
	青海 11 选 5	22：55：29	1	1	1	1	1	1	1	专用电子摇奖设备开奖	20 分钟开奖一次	销售点内指定画面
	青海快乐扑克	21：10：29	1	1	1	1	1	1	1	专用电子摇奖设备开奖	20 分钟开奖一次	销售点内指定画面

续表

省市	玩法	停止销售时间	开奖日							开奖方式	开奖时间	媒体
			一	二	三	四	五	六	日			
宁夏	排列 3、排列 5	20：00：00	1	1	1	1	1	1	1	专用摇奖设备开奖	20：30	中国体彩网，中国竞彩网，CCTV-2，CCTV-12，中央人民广播电台
	7 星彩	20：00：00		1			1		1	专用摇奖设备开奖	20：30	
	超级大乐透	20：00：00	1		1			1		专用摇奖设备开奖	20：30	
	足彩胜负（包括任选九场）	根据比赛时间								比赛结果		中国体彩网，中国竞彩网
	足球 6 场半全场胜负平	根据比赛时间										
	足彩 4 场进球	根据比赛时间										
	竞彩	根据比赛时间										
	宁夏 11 选 5	22：05：29	1	1	1	1	1	1	1	专用电子摇奖设备开奖	20 分钟开奖一次	销售点内指定画面
新疆	排列 3、排列 5	20：00：00	1	1	1	1	1	1	1	专用摇奖设备开奖	20：30	中国体彩网，中国竞彩网，CCTV-2，CCTV-12，中央人民广播电台
	7 星彩	20：00：00		1			1		1	专用摇奖设备开奖	20：30	
	超级大乐透	20：00：00	1		1			1		专用摇奖设备开奖	20：30	
	足彩胜负（包括任选九场）	根据比赛时间								比赛结果		中国体彩网，中国竞彩网
	足球 6 场半全场胜负平	根据比赛时间										
	足彩 4 场进球	根据比赛时间										
	竞彩	根据比赛时间										
	新疆 11 选 5	2：00：09	1	1	1	1	1	1	1	专用电子摇奖设备开奖	20 分钟开奖一次	销售点内指定画面

（国家体育总局体育彩票管理中心供稿）

五、中央专项彩票公益金使用情况

2020年中央专项彩票公益金支持未成年人校外教育项目实施情况

根据国务院批复方案和财政部要求，“十三五”期间教育部实施了中央专项彩票公益金支持未成年人校外教育事业发展项目，项目包含两个子项目：一是校外活动保障和能力提升项目（以下简称“能力提升项目”）；二是研学实践教育项目（以下简称“研学项目”）。2017年和2018年共命名了582个研学实践教育基地，40个研学实践教育营地（含6个重点支持营地），涵盖优秀传统文化、革命传统教育、国情教育、国防科工、自然生态等板块。通过推动开展研学实践教育活动，实现了学校教育与校外实践相结合，为孩子们提供良好的成长环境和更多实践活动机会，促进学生德智体美劳全面发展。

一、资金安排情况

2020年，中央财政安排专项经费9.2亿元支持未成年人校外教育项目。为规范项目预算申报、编制，2020年8月1—12日，基础教育司与财务司根据《教育部办公厅关于组织编报2020年中央专项彩票公益金支持未成年人校外教育项目预算的通知》共同组织专家，按程序集中对2020年度预算和报备的存量资金绩效目标进行了评议。评议采取集中封闭管理、独立线上评议、集中合议研究的方式，对国家有关基地推荐部门和省级教育行政部门审核后申报的6个重点营地项目、23个营地项目、321个基地项目以及911个校外活动场所项目开展了全面、认真、严格的评议，同时，兼顾地区平衡，尽量满足贫困地区尤其是“三区三州”集中连片地区的资金安排。经评议，2020年度支持基地295个，支持资金共计12 088.84万元；支持重点营地项目6个，支持资金共计12 000万元；一般营地项目23个，支持资金共计17 073.53万元；支持校外活动场所项目855个，支持资金共计50 837.63万元。

二、项目执行情况

根据《中央专项彩票公益金支持未成年人校外教育项目管理办法》和年度预算安排，结合新冠肺炎疫情防控工作实际，2020年度中央专项彩票公益金支持未成年人校外教育项目资金主要用于以下事项：

1.开发线上线下资源。支持所有项目单位开发与学校教育互补、有地域特点和文化特色，以公共卫生安全、生存体验、素质拓展、科学实践、劳动锻炼、专题教育、兴趣培养为主要内容的公益性校外活动资源。研发与学校教育内容相衔接的优秀传统文化、革命传统教育、国情教育、国防科工、自然生态、公共卫生安全等能照顾不同学段学生特点的主题线路与课程及课件。重点支持开发特色鲜明的线上实景课堂教育资源（含补充必要的设备设施）。

2.开展公益性活动。支持所有项目单位组织开展公共卫生安全、社会实践、研学实践等公益性活动。支持项目单位积极发挥自身优势，组织开展线上实景课堂实践教育活动；进行线上实景直播、开通电视专题栏目、在教育网存放活动视频，供学生及家长点播。优先支持项目单位组织接收挂牌督战的52个贫困县中小学生开展线上线下研学实践活动。

3.推动营地、基地和校外活动场所互通互联。支持营地根据研学实践教育线路和课程需要，直接委托符合条件的582个基地、已经注册的校外活动场所组织开展校外教育公益性活动。

4.改善营地、校外活动场所条件。支持营地、校外活动场所进行必要的修缮维护、设备更新。支持重点营地对必要的学生食宿条件进行扩容改善、修缮维护、设备更新和增补线上实景课堂设备，提升整体接待能力。

三、实施效果情况

随着“十三五”时期项目各项目标的逐步完成，中小学生校外教育和研学实践教育活动均有较大发展，2020年取得了预期的成效。一是研学旅行服务质量进一步提高。搭建综合实践活动课程网络平台，为综合实践活动课程实施提供高质量、常态化的资源支撑。推动主流媒体深入宣传中小学研学实践教育的有关政策文件，宣传有关地方、场所开展研学实践教育活动的经验做法。如中央电视台播出的《我在故宫修文物》《国家宝藏》《爱上博物馆》等一批高质量的纪录片、专题节目等，受到学生及家长的广泛欢迎。各地研学旅行活动也得到了学生和家长的普遍好评。二是活动课程资源不断丰富。累计设计和出台主题（线路）教育活动实施方案18 534个、开发线路7 351条、研发课程数6 397门，其中公开出版491门（部）。三是育人效果不断提升。各基（营）地普遍开展了以爱党爱国为主题的革命传统教育活动，以品味经典和传承美德为主题的优秀传统文化教育活动，以防灾自救为主题的生命安全教育活动等，增强孩子们对国家和民族的热爱，帮助孩子们开阔眼界、磨炼意志、增长知识、全面发展。

（教育部基础教育司供稿）

2020年中央专项彩票公益金支持居家和社区养老服务改革试点项目实施情况

一、彩票公益金使用规模

2020年，中央专项彩票公益金支持开展居家和社区养老服务改革试点补助资金（以下简称“试点补助资金”）规模为9.93亿元。

二、资助项目

试点补助资金主要支持第五批试点地区居家和社区养老服务发展，主要任务包括但不限于以下十项：一是建立政府领导、部门有效分工协作的试点工作机制。二是优化城市社区养老服务有效供给。三是积极培育居家养老服务。四是保障养老服务设施供给。五是加强养老服务人才队伍建设。六是建立特殊和困难老年人兜底服务制度。七是发展农村居家和社区养老服务。八是推动智慧养老。九是推动医养结合工作。十是推进居家和社区养老服务标准化、规范化建设。同时，试点补助资金也对第四批和第五批试点绩效考核成果优秀地区给予了奖励。

三、执行情况

2019年11月7日，民政部办公厅、财政部办公厅联合印发《民政部办公厅 财政部办公厅关于开展第五批居家和社区养老服务改革试点申报工作的通知》（民办函〔2019〕126号），最终通过专家评审遴选确定北京市海淀区等59个市（区）为第五批居家和社区养老服务改革试点地区。

经过试点实施工作，2020年7月，民政部、财政部根据疫情防控要求，严格按照验收地区疫情分区分级防控要求组织开展验收工作。通过组织试点地区自我评价、实地验收、视频连线和专家综合评价相结合的方式，确定了上海市闵行区等25个地区为第四批优秀试点地区，并根据优中选优的原则对北京市朝阳区等10个城市给予奖励。2020年9月，民政部、财政部确定了上海市闵行区等26个地区为第五批优秀试点地区，并对北京市海淀区等10个城市给予奖励。

四、实际效果

第五批试点地区围绕试点任务进行有益探索，在保障基本民生、推动政策创制、培育社会力量、撬动社会资源等方面，基本达到预期效果，有力保障了群众基本养老服务需求，逐步形成更加完善的以政府为主导，社会力量广泛参与的多层次养老服务体系，试点地区的广大老年人获得感和满意度明显增强。

重庆市渝北区按照《重庆市社区居家养老服务全覆盖实施方案》关于“街道、乡镇建养老服务中心，社区建养老服务站，村建互助养老点”的要求，多渠道落实设施选址布局，实现社区居家养老服务全覆盖目标，确保到2022年每个老年人享有基本养老服务。

江苏省淮安市结合《江苏省基本养老服务指导性目录》，出台《淮安市基本养老服务指导性目录》。制定包括居家适老化改造、健康管理服务等在内的三大类18项服务清单，着力加强对经济困难的高龄、空巢独居、失能（失智）、农村留守、计划生育特殊家庭等老人基本养老服务保障。

北京市海淀区逐步健全养老服务各环节专业

人才，按照“评估-规划-服务-服务评价”的养老服务环节，编写养老服务评估师、养老服务规划师培训大纲，开展居家服务人员、居家适老环境改造评估师、居家适老辅具应用适配师，以及失能老年人家庭照护者培训。

广西壮族自治区梧州市推行智慧养老服务管理模式，建立“梧州市云家庭智慧养老服务综合体”，不断创新摸索新的发展路径，逐步实现X-Y-Z三轴联动。

江苏省常州市着力构建康复辅具社区租赁服务体系，根据“成网成系、方便租还、社区协同、远近结合”的原则，常州市规划建设了1个租赁服务指导中心，10个社区租赁服务点，形成了“1+10”服务网络。

上海市徐汇区通过建设政府大数据平台和购买社会服务（协赢养老服务智慧监管服务）相结合的方式，对养老服务工作进行全面信息化管理。把长期护理保险智慧监管纳入一网统管体系，通过一网统管对养老服务监管大数据的分析，指导本区养老服务各阶段的工作和决策。

湖南省怀化市出台《怀化市养老服务人员工资指导目录》，为怀化市各级各类养老服务机构的岗位设置、服务人员工资待遇提供指导性意见。连续举办三届全市养老护理员职业技能大赛，可优先评选为“全市劳动能手”“五一劳动奖章”“巾帼建功”等荣誉称号，进一步提高养老护理员社会认同和从业热情。

广东省珠海市加强养老服务的标准化、规范化建设。对2016年出台地方标准《社区养老服务等级评定》《居家养老服务等级评定》进行修订，组织开展了2020年度珠海市居家社区养老服务等级评定工作，对全市34家居家社区养老服务设施自评等级三星级以上的开展了实地评估。

浙江省金华市着手探索适合农村特点，兼顾城市社区的两个“统分结合”居家养老模式，即“大村（社区）统一布点、小村（社区）分餐配送，白天统一照料、晚上分散居住”。

（民政部供稿）

2020年中央专项彩票公益金支持文化事业项目实施情况

2020年，在中央专项彩票公益金的有力支持下，国家艺术基金坚持党对文艺工作的领导，坚持以人民为中心的工作导向，坚持出精品、攀"高峰"的艺术理想，坚持崇德尚艺的品质追求，积极支持艺术创作、打造和推广精品力作，促进艺术人才成长，助力社会主义文艺事业繁荣健康发展。

一、资金规模

2020年，中央专项彩票公益金支持国家艺术基金项目10 000万元，全年支出9 847.45万元，预算执行率为98.47%，主要用于资助艺术创作生产、传播交流推广、人才培养等方面以及必要的组织管理工作。

二、执行情况

2020年，按照中央专项彩票公益金和国家艺术基金管理等有关制度，国家艺术基金重点完成以下六个方面工作：

1.统筹规划制度体系建设。全面总结国家艺术基金设立以来的实践经验，结合项目管理出现的新情况、新问题，开展制度"立、改、废"工作，围绕指南制定、项目申报、立项评审、签约拨款、实施监督、结项验收、成果运用和绩效评价等关键环节，制定了更加符合时代性、科学性和专业性要求的规则、程序、办法，有效精简数量，进一步完善制度体系，明晰管理层次，更好地发挥制度体系的功能和作用。

2.构建资助体系新格局。制定《国家艺术基金"十四五"时期资助规划》，突出资助重点、优化资助结构、提高资助效果。对标重大时间节点，制定《国家艺术基金庆祝中国共产党成立100周年大型舞台剧和作品主题创作资助项目申报指南》，点面结合，努力实现精准资助。落实党中央、文化和旅游部党组安排部署，进一步支持港澳地区艺术事业，促进内地与香港、澳门地区文化交流，探索制定向港澳地区开放项目资助实施方案和申报指南。修订2022年度资助项目申报指南，明确将讴歌党、讴歌祖国、讴歌人民、讴歌英雄的主题性创作和反映时代新气象、讴歌人民新创造的现实题材创作列为资助重点。

3.持续强化立项评审。制定《国家艺术基金资助项目评审办法》《国家艺术基金专家管理办法》，进一步强化国家艺术基金管理中心和专家委员会作用，顺利完成2020年度资助项目复核和2020年度滚动资助项目评审工作。加强专家管理，开展专家遴选、信息更新和资格审核工作，分类组建专家库，组织专题培训，建立信誉档案。自觉接受社会监督，发布资助项目申报情况报告、评审报告和评审工作监督报告，聘请新闻媒体记者等第三方监督专家参与立项评审工作全过程。

4.迈出成果运用新步伐。组织2019年度滚动资助剧目"两改两演"，指导剧目进行加工、修改、提高。主动策划实施，以"新时代图景——决战脱贫奔小康"为主题，在青海西宁、重庆、四川成都举行青年艺术创作人才（美术类）成果运用作品巡展。组织开展"奔小康·云展播"——国家艺术基金资助项目展播活动。搭建"国家艺术基金成果展示推广平台"。结集出版《国家艺术基金资助项目选编（2014—2018）》《谈剧录——国家艺术基金2019年度大型舞台剧和作品滚动资助项目评论集》《画外音——国家艺术基金2019年度青年艺术创作人才（美术类）成果运用作品评论集》，展示优秀项目成果，推动建立良好文艺评论生态。

5.夯实经费监管成效。组织召开资助项目财务视频会议，聚焦问题开展辅导培训，开拓监管新渠道、提升监管精准度。优化升级经费监督管理系统，提升远程监管与服务效能。强化第三方审计抽查，延伸经费监管手臂，以点带面有效督促项目主体落实经费使用主体责任，完善经费管理机制，强化开支规范性，提升主体项目制管理能力与运作水平，推动国家艺术基金资助管理整体取得新成效。

6.加强调研成果转化。开展国家艺术基金促进戏曲、话剧、舞剧、音乐发展成效评估课题结项验收工作，形成专题评估报告；深入推进促进艺术设计发展成效评估课题研究工作。强化经费管理规律的认识，发布《国家艺术基金资助项目经费管理情况报告》。《国家艺术基金资助项目艺术成本结构调研报告》获2019年文化和旅游优秀研究成果二等奖；《彩票公益金支持国家艺术基金实施情况报告（2019）》被《中国彩票年鉴》采用。

三、实施效果

2020年，国家艺术基金通过基金资助、专家评审、社会监督、成果运用、绩效管理等手段，持续完善资助体系，严密管理程序，充分发挥了财政资金的导向作用，中央专项彩票公益金使用效益得到充分彰显。在国家艺术基金资助下，广大艺术工作者积极投身艺术事业，创作了一批优秀作品，推出了一批品牌活动，培养了一批后备人才。资助的优秀作品积极开展公益性演出、纳入地方惠民演出计划，展览演出深受群众特别是基层群众欢迎，取得了良好社会效益。在国家艺术基金带动下，北京、江苏、江西、四川等地先后设立了省级艺术基金，其他省区相继出台了配套政策，多元化的资助体系正在形成，全社会参与艺术创作的积极性和创造性得到有效激发，资助导向作用发挥明显。

（国家艺术基金管理中心供稿，张亦鸣执笔）

2020年中央专项彩票公益金支持乡村学校少年宫项目实施情况

一、项目基本情况

2020年，中央专项彩票公益金支持建设乡村学校少年宫2 464所，投入资金99 174万元。

二、项目主要成效

乡村学校少年宫项目人均投入少、受益人数多，项目绩效高、社会效益好，得到了师生家长社会各界的广泛认可，是中央专项彩票公益金支持的精品项目，是未成年人思想道德建设工作的响亮品牌，成为学生受益、家长放心、群众满意的育人工程、民生工程。

（一）立德树人作用日益彰显

始终把立德树人放在首位，以社会主义核心价值观为引领，开展“扣好人生第一粒扣子”“我的中国梦”等主题实践，加强传承红色基因学习教育，注重中华优秀传统文化教育普及，广泛开展才艺展示活动，让农村学生开阔了视野、增长了见识、锻炼了能力。

（二）助力脱贫攻坚成效明显

项目建设重点面向国家级贫困县，覆盖率达到93.28%，基本实现原国贫县全覆盖。着力开展精神扶贫、文化扶贫，帮助孩子享受到尽可能公平、有质量的素质教育，增强脱贫内生动力，提升脱贫质量。部分学校因为有乡村学校少年宫而出现了县城学生“回流”的现象。

（三）促进未成年人健康成长

乡村学校少年宫让许多农村孩子接受到音乐、舞蹈、绘画、戏曲、书法等艺术培训，享受到足球、篮球、武术等运动乐趣，增长了天文、航天、机器人等科普知识，提高了审美素养，塑造了美好心灵。各地普遍反映，参与乡村学校少年宫活动的农村孩子，自尊自强、人格健全、心态阳光，展现出开朗自信的精神风貌。

（四）积极参与农村精神文明建设

组织辅导员和学生开展新时代文明实践，带动农民群众移风易俗。乡村学校少年宫在课余时间把农村孩子吸引进来、组织起来，减少失管失教现象，缓解了家长后顾之忧，提升了农村家庭的获得感、幸福感、安全感。

（中央文明办三局联络处供稿，杨静执笔）

2020年中央专项彩票公益金支持城乡医疗救助项目实施情况

中央专项彩票公益金支持医疗救助的资金，与中央财政医疗救助补助资金一般公共预算部分统筹使用，按照《城乡医疗救助基金管理办法》（财社〔2013〕217号）和《中央财政医疗救助补助资金管理办法》（财社〔2019〕142号）进行管理。

2020年中央财政投入医疗救助补助资金260亿元，其中包含中央专项彩票公益金18亿元，中央专项彩票公益金补助占当年中央财政投入的6.9%。

2020年初审数据统计，全国共实施医疗救助18 921.5万人次，支出资金571.6亿元。其中医保部门资助参加基本医疗保险8 695.5万人，支出166.0亿元，人均资助191.0元；医保部门实施住院和门诊救助8 573.2万人次、支出360.5亿元，次均救助420.5元。

通过资金有效支持，政策不断完善，医疗救助对象覆盖范围不断扩大，医保扶贫政策有效落实，缓解了困难群众医疗费用负担，降低了因病致贫、因病返贫风险。

下一步，我们将继续加强和规范“十四五”时期中央彩票公益金项目使用管理，切实提高彩票公益金使用效率。一是夯实医疗救助托底保障能力，分类资助医疗救助对象参加居民医保，确保困难群众应保尽保。二是加强对救助对象的识别和救助能力建设，提高医疗救助的精准性和托底功能。三是加快实现包括门诊费用在内跨省就医直接结算，方便群众看病就医。

（国家医疗保障局规财法规司供稿，葛旻书执笔）

2020年中央专项彩票公益金支持中国红十字会人道救助救援项目实施情况

2020年，中国红十字会总会共执行当年国家彩票公益金“红十字人道救助救援项目”资金6 325万元，主要用于采购并储备紧急人道救助物资，采购并发放送温暖物资，规范备灾救灾，开展救援队培训、演练，以及采购、维护保养救援装备，开展社区防灾减灾项目等工作。

一、项目实施基本情况

紧急人道救助项目，最终采购资金为3 750万元，赈济家庭箱5.71万个、服装4.5万件、毛巾被5.63万床、棉被5万床、棉帐篷1 000顶、单帐篷3 000顶、折叠床3 000张，储备到全国32个红十字备灾救灾中心以备救灾急需。2020年，分别向湖北新冠肺炎疫区和安徽、江西等洪涝灾区派出5批次工作组，指导当地红十字会开展救援救助；针对全国新冠肺炎疫情防控、自然灾害，启动响应83次，调拨物资包括赈济家庭包82 965个、夹克衫17 920件、冲锋衣25 000件、毛巾被58 500条、棉被109 560床、棉衣18 800件、棉帐篷3 544顶、单帐篷10 592顶、折叠床5 200张，受益群众达70.6万人次。

经常性人道救助项目，使用资金900万元采购红十字博爱送万家活动棉衣3万件、棉被3万床、毛毯3万床、大米3万袋（每袋10公斤）、糖果3万袋（每袋1公斤），在22个国家级贫困县所在省份及总会扶贫、挂职点开展送温暖活动，将干细胞和器官捐献者困难家庭纳入发放范围，将人道救助与干细胞、人体器官捐献的业务工作进行有机结合，促进人道救助和捐献工作整体发展。

人道救援和红十字系统备灾救灾中心规范化建设部分，全国各级红十字会派出救援队2.4万余队次、近19.8万人次，受益约3 000多万人次。组织区域性应急演练和培训8次，向17个省级红十字会拨付救援队装备维保费用150万元。举办全国红十字备灾救灾中心业务骨干培训班，完成价值35万元备灾救灾中心标准化设备采购。

社区防灾减灾项目（博爱家园）累计投入资金800余万元，在国家级贫困县湖北省英山县20个贫困村实施，项目从设计到执行全程本着“社区主导，群众参与”的原则，支持社区修建小型防灾减灾设施并组织应急演练、培训等，向贫困户发放生计金帮助其开展生产经营活动，助其脱贫。

二、项目实施成效

项目的实施取得了良好的成效。第一，为最易受损害群体提供了多方位救助。全国红十字备灾救灾中心调拨的救灾救助物资，有效满足了受灾群众吃、穿、住、用等多方面生活需求，为疫情防控工作人员和困难群众提供了工作和生活基本保障。第二，提升了红十字救援队和备灾救灾中心的应急救援速度和能力。救援队和备灾救灾中心培训及演练，强化了救援队员和应急物流工作人员的理论基础与实战能力，在突发事件、灾难发生时，能够及时、高质、高效地为受灾人员提供赈济、医疗、供水、大众卫生、心理、搜救、水上救生、救护转运等方面的服务，不断增强受灾情、疫情影响的困难群众获得感、幸福感、安全感。第三，经常性救助带动了地方投入。截至2020年年底，通过国家彩票公益金支持“红十字博爱送万家”的900万元项目资金，带动全国各级红十字会募集款物价值超过1亿元，受益户数近27万户，使更多的困难家庭得到了救助。第四，有效地提升了社区抵御灾害的能力，有力地助推了项目村的乡村振兴工作。

（中国红十字会总会供稿，茹文君执笔）

2020年中央专项彩票公益金支持中国红十字生命健康安全教育项目实施情况

2020年，中国红十字会总会在中央专项彩票公益金的支持下，在新冠疫情防控常态化阶段，创新方法，强化措施，认真完成了“十三五”时期红十字生命健康安全教育项目各项任务，大力推动应急救护工作。2020年，中国红十字会总会项目年度经费3 774.85万元，主要工作内容有：“学校+社区”安全健康教育活动，生命健康安全体验教室建设，应急救护师资培训，数据管理和应用，救护培训研发与知识宣传，红十字送健康行动，养老服务，项目管理等。

一、创新培训方式，满足群众学习救护需求，践行“人民至上、生命至上”理念

项目中“学校+社区”安全健康教育活动、师资培训等受疫情影响开展起来面临挑战，但是面对群众对应急救护知识与技能的需求，各级红会创新方法，寻求与教育、卫生等多部门合作，减少聚集，保质保量完成了项目任务。

辽宁凤城市红会将项目与当地发展旅游经济的目标结合起来，向其市级领导层宣传应急救护知识与项目内容，并与当地教育局合作，在项目活动设计上做到“三个结合”，即：内容上，把救护知识与疫情防控知识相结合；在授课方式上，线上与线下教学相结合；在载体运用上，与学校网课教学相结合，有效地保障了项目顺利开展。

经过各级红会努力，截至2021年3月，项目资金支持在学校和社区培训救护员5.77万名，通过亲子讲座、应急演练等普及性活动覆盖38.7万人次。2020年年底，中国红十字会总会与教育部联合发布通知，将心肺复苏纳入学校教育内容。

二、强化基地标准化建设，推动基地示范化、常态化管理

2020年，中国红十字会总会利用项目资金支持20个省级红十字会建设生命健康安全教育体验教室/馆（基地中体验场所）30个，并通过线上会议形式进行培训及督导、指导，在会上推出示范案例，强化标准化建设工作。各建设实施单位克服新冠疫情影响，积极筹集配套资金，与地方政府和有关合作单位协调场地，累计带动配套资金554.38万元投入建设，体验场所面积累计16 093平方米，远超过项目要求的2 400平方米。2020年年底，通过实地督导、组织评审，确定为宁夏中卫市红十字会等14家基地建设单位颁发“示范基地”铭牌，激励各级红会以生命健康安全教育体验教室/馆为阵地建立红十字应急救护培训长效机制。

三、进一步完善课程体系建设，加强顶层设计和统筹谋划

为丰富应急救护课程体系，中国红十字会总会在项目资金支持下研发发布了学时为4课时的心肺复苏（CPR+AED）培训课程；编写了《国际认证救护员培训教学工具包》，并支持在10个省份试点开展国际认证救护员培训课程，举办25期国际认证救护员培训，培训救护员758名；设计了冬奥会救护培训师资课程内容，为北京和河北2地各开展1期救护师资培训。为各级红会提供

了由中国红十字会总会编写的《新冠肺炎期间现场心肺复苏操作技术建议》和《新冠肺炎期间现场心肺复苏流程图》等技术标准；修订并发布救护员在线教学视频，制作发布了新冠肺炎防控宣传视频，广受欢迎。

四、提升各级红会应急救护工作能力，扩大彩票公益金影响力

因新冠疫情影响线下培训受限，中国红十字会总会创新方法，采用分组式线上培训，对来自各级项目红会的239名项目管理人员进行业务培训，并每月通过线上会议通报项目进度，组织项目经验交流会。各省级红会积极按照总会要求，对本省项目实施单位进行现场督导，累计督导100余次，显著提升了各级红会应急救护工作能力，助力项目顺利实施。

各级红会在实施项目过程中，宣传项目活动内容的同时冠以“国家彩票公益金支持”字样，通过官网、微信公众号、微博、抖音等多个平台宣传，充分营造出了“人人学急救，急救为人人”的社会氛围。

此外，项目中“学校+社区”安全健康教育活动对家长及社区居民起到很好的辐射作用，如山西太原红会通过亲子讲座与参与的家长互动，最终将学生家长发展为红十字救护员，达到“传播一个孩子，带动一个家庭”的社会效应。

（中国红十字会总会训练中心供稿，
顾新蕊执笔）

2020年中央专项彩票公益金支持中国造血干细胞捐献者资料库项目实施情况

中国造血干细胞捐献者资料库管理中心（中华骨髓库）坚持“以供者为本，为患者服务”的理念，以打造“世界一流强库”为目标，砥砺前行。2020年，新型冠状病毒感染的肺炎在世界毫无准备的情况下迅猛来袭，中华骨髓库在中国红十字会总会的正确领导下，深入贯彻习近平新时代中国特色社会主义思想，坚持党的领导，坚定正确方向，积极协调各方做好特殊时期的运行、保障工作，砥砺奋进，攻坚克难，深化改革创新，依法履职尽责，努力为国奉献、为民造福。

一、制度建设

为保证资金使用合理、规范，中华骨髓库制定了较为完备的财务管理制度，并及时进行修订、完善。

首先，根据业务发展和当前形式需要，参考财政部及总会相关文件，制定有《管理中心公务卡结算管理办法》《管理中心财务报销流程细则》《管理中心固定资产管理规定》《管理中心固定资产报废实施细则（试行）》《管理中心捐赠管理办法》等文件，严格资金及资产使用的规范性；同时，对省级分库资金管理方面，制定并下发了《中华骨髓库总库管理中心拨付省级分库资金管理规定》《省级分库自筹资金入库数据管理规定》《关于进一步加强分库彩票公益金及代收费使用管理的通知》，并新修订了《省级管理中心彩票公益金管理规定》《造血干细胞捐献相关费用预付金使用管理办法（试行）》文件。骨髓库财务管理制度相对比较完备，能够较好地按制度执行。

其次，在业务方面，中华骨髓库制定了《人道救助管理办法》《关于为2019—2020年造血干细胞捐献者提供保险的函》《关于HLA高分血样寄送工作的函》《关于填报满意度调查问卷的函》《全流程时效性的函》《采集移植医院备案管理办法》《干细胞运送须知》《中国造血干细胞捐献者资料库志愿服务手册》《中华骨髓库质量体系文件》《人类白细胞抗原（HLA）基因分型检测体系技术要求》《非血缘造血干细胞捐献者捐献前健康检查及适宜性评估指导意见（试行）》《非血缘外周血造血干细胞捐献者第二次捐献指导意见（试行）》《非血缘造干细胞捐献者后随访指导意见（试行）》《非血缘造血干细胞捐献不良事件指导意见（试行）》《中国红十字无偿献血志愿服务手册》等制度文件。2020年协调完成《中华骨髓库HLA基因分型数据入库标准》《中华骨髓库HLA基因分型质量管理与控制办法》（2021版）和《中国常见及确认的HLA等位基因表（CWD）》（2.4版本）的修改、完善和发布。项目管理制度健全。

二、预算执行

2020年，国家投入彩票公益金10 733万元支持中国造血干细胞捐献者资料库项目。其中：支付检测费等8 349.75万元；网络建设及维护费等275万元；样品储存保管费490万元；数据质控工作经费319万元；志愿者保留经费1 259.25万元；世界骨髓库会员经费20万元，绩效评价经费20万元。中华骨髓库严格按照财政部门批复的预算执行，参照总会支出管理规定及管理中心报销管理流程，对于预算资金的各项支出坚持“先有预算、后有支出，先审批、后使用”的原则。

"十三五"期间预算执行率为94.29%。

三、工作重点

疫情期间，中华骨髓库积极按照总会和属地管理要求，协助做好疫情防控、员工防护和后勤保障工作，为疫情期间有序开展工作做好服务和保障。截至2020年年底，中华骨髓库总库容已超过294万人份；累计为临床提供造血干细胞10 684例，其中向国（境）外捐献364例。当年实现捐献1 359例，其中为国（境）外骨髓库提供造血干细胞5例，首次为蒙古国患者提供造血干细胞。全年共接收国（境）内外骨髓库检索申请11 369份，其中国内患者检索10 506人次，初配相合率93.83%。境外检索863人次，初配相合率93.88%。历史累计提供检索服务92 214人次。

（一）科学、合理下达任务，保证质量完成入库

疫情期间统筹各地实际情况，科学、精准下达入库任务14.09万人份，其中国家彩票公益金支持13.32万（省内4.1万，省外9.22万）人份，省内自筹资金支持7 700人份，部署调配血样寄送9.22万人份。在各分库和组织配型实验室的通力合作下超额完成全年入库任务。截至目前已超额完成全年入库任务14.5万人份。

（二）信息化建设及网络系统维护

2019年底，中华骨髓库信息系统升级改造项目已经完成初验，2020年要进行试运行时遇到疫情。试运行阶段是非常重要的环节。前期做的大量的努力能不能产生出生产力，能不能试出错误进行修改，对信息系统未来稳定运行关系重大。信息化同志克服疫情不利影响，继续试错、修改、完善、小型培训等工作，共收集反馈问题342条，并全部解决。共增加4项新功能，变更3项功能。在2020年3月前顺利完成试运行，随即进行项目终验准备，包括第三方测试，专家现场考评等。2020年9月召开终验会，专家和用户代表给予项目充分肯定，通过验收。此次升级改造不仅更换了过期的硬件设备，升级了软件，还在安全方面进行了更多保障，异地备份机房的建立，使中华骨髓库数据保存、使用更安全；地市工作站模块的开通，使中华骨髓库业务工作层级向下延伸，工作架构更加壮大，工作体系更加丰满，业务效率大大提升。

（三）血样保管及入库数据质控工作

2020年的样本库工作，重点是配合总会落实上级单位有关生物安全和生物信息安全整改工作的要求，已完成涉及部门整改的全部工作，重点包括：督促样本库场地环境整改，参与样本库管理SOP文件的修改并纳入中心质量体系，建立样本库监督检查制度，制定相关管理办法。

骨髓库每年对入库任务数据按2%的比例进行抽检，除完成全年各类实验室预算、业务执行外，重点以问题为导向，使实验室管理不断深入和细化，完善工作流程，促进提质增效。

（四）志愿者保留和保障工作

志愿者保留工作是中华骨髓库"十三五"新增项目，意在通过回访激活在库的志愿者，保持志愿者捐献意向。管理中心制定实施细则，组织有针对性的督导组，指导各省开展工作。这支队伍围绕当地实际工作，在开展造血干细胞宣传、招募、再动员、采集、陪护、回访等工作中发挥了积极作用，在实践中愈加规范、专业。

2020年，重新修订《入库志愿者同意书》。制作完成《中华骨髓库志愿服务手册》（第6版）及《无偿献血志愿服务手册》（第1版）的编辑、印制工作。调查完成统计省（市）红十字无偿献血志愿服务队情况，为下一步工作奠定基础。各省大队配合当地分库在宣传招募、志愿者保留等各项工作中发挥作用。围绕第六个世界骨髓捐献者日，各省大队组织志愿者积极参与庆祝活动。志愿服务总队号召全体志愿者积极参与疫情期间当地联防联控各项工作，同时响应当地号召积极参与各地无偿献血与造干工作。

（五）其他工作

1.生物安全工作。新冠疫情爆发后不久，驻委纪检组、中央巡视组先后就生物安全工作，对中华骨髓库样本库展开专题监察或督导。中华骨髓库积极配合上级的监察督导，如实提供情况和材料，严格落实《监察建议书》的统一部署，结合现场调研，完成《关于生物安全管理专项检查工作情况的报告》。

2.质量体系工作。如期获得WMDA资质认证，持续推进质量体系建设。

3.多边国际外联工作。积极参与国际抗疫工作。年初新冠疫情爆发后，中华骨髓库积极落实全球共同抗疫的责任，响应WMDA的通知，一方面搜集汇总国际业界对疫情的反应，发布专题《简讯》；另一方面，将《WMDA抗疫指南》译成中文，方便各部门参考研究；同时，将中国应对疫情的正式声明，翻译后发布到世界骨髓库相关专区；参加世界骨髓库年会，撰写《世界骨髓库2020年度会议情况综述》；密切监测国际舆情，交涉对中国的不当介绍；全面更新在世界骨髓库会员区的信息资料。

四、社会效益

（一）骨髓库努力打造系统内外、线上线下、优势互补的宣传平台和阵地，坚持传统媒体与新兴媒体优势互补，与中央、地方媒体保持良好合作，灵活自如地作好宣传

管理中心利用官网、微信、微博公众号，及时、多角度宣传志愿者、捐献者的突出事迹，加强与志愿者、公众的联系，营造良好的氛围。官网根据不同时期要求分别开设3个专题。微信公众号全年共发布82期。微博年度阅读量超500万人次。

喜马拉雅音频节目的录制和编辑工作共完成26期，收听量超过25万人次。同期通过微信公众号推送推广，自播出以来受到好评。

完成2020年报编辑工作及4期《通讯》稿件的整理、编辑工作。完成网上舆情监控、疏导工作。制作中华骨髓库卡通形象系列宣传品，助力宣传。

针对“6·14”世界献血者日，及时发布专题公号2期，宣传2020年世界献血日主题，并在喜马拉雅音频专栏开设，请相关科普达人讲述无偿献血的科普知识，提高公众对宣传无偿献血知识的认知度。

（二）抓典型，讲好红十字故事

中华骨髓库通过典型宣传，把一个个生动的人物、感人的故事转化为人们对红十字事业的认同。

策划、执行“庆祝中华骨髓库捐献造血干细胞突破1万例暨第六个世界骨髓捐献者日”线下、线上两场宣传活动。遴选、挖掘线下宣传活动现场的供患见面案例，经央视新闻频道多栏目多次报道，案例话题登上新浪微博热搜榜榜首，阅读量超2.5亿人次。爱心大使康辉录制视频，祝贺中华骨髓库捐献突破1万例。

基于造血干细胞捐献者参与一线防控新冠疫情的先进事迹，组织摄制了抗疫造血干细胞捐献者风采纪录片——《守护》。

搜集造血干细胞捐献者捐献及参与抗击肺炎疫情的照片、事迹，编辑后积极向总会报送，均发布在总会官方微信公众号、官方网站、官方抖音号。

（三）打造志愿服务品牌，展现良好精神风貌

2020年新型冠状病毒肺炎迅猛来袭，1月22日是腊月廿八，来自云南，河南，广东，浙江的4位造血干细胞捐献者顺利实现捐献。2月，因故暂缓或终止50余例，最终在各方共同支持、努力、积极配合下实现捐献7例。这7例对于不平凡的2月来讲，实属不易，格外珍惜与感恩。2月7日，春节假期后第一例采集、移植工作顺利完成。因为患者病情需要，因为没有合适备选方案，经协调移植医院、采集医院和省级管理中心，并征得捐献者同意，就是在这样一个特殊时

期，我们完成了一件“最美逆行”。在移植医院、省级管理中心无法安排取送造血干细胞的情况下，2月17日首次启动第三方运送工作，协调各方做好特殊时期的造血干细胞运送工作。

4月22日，武汉两家移植医院顺利完成了2例造血干细胞移植工作；6月4日，湖北省管理中心2例造血干细胞捐献工作顺利完成，送往省外两家移植医院救助患者。自新冠疫情爆发以来，中心检索工作一直未中断。为临床服务，为人民服务是我们从事这项事业的根基。湖北武汉“重启”，更是对2020年新冠疫情之下勇敢前行的我们更好的激励。

在新冠疫情期间，临床出现用血紧张，志愿服务总队向全国志愿者发出倡议书，号召志愿者积极参与当地的无偿献血工作，志愿者们纷纷走上街头献血车或血液中心，伸出手臂，以实际行动奉献爱心。

（中国造血干细胞捐献者资料库管理中心供稿，刘洋执笔）

2020年中央专项彩票公益金支持贫困大病儿童救助项目实施情况

一、“十三五”圆满收官

（一）提前完成资助工作

2020年9月25日，随着中国红十字基金会（以下简称“中国红基会”）完成“十三五”国家彩票公益金大病儿童救助项目最后一笔资助款的拨付工作，“十三五”彩票公益金项目圆满收官。全年共执行彩票公益金1.45亿元，审核申请资料8 482份，评审患儿6 769名，审核回执资料7 265份，救助来自全国31个省（区、市）及新疆生产建设兵团的贫困白血病和先心病患儿5 600名，其中白血病患儿3 159名，先心病患儿2 441名。直接受益人口28万人。

同时，中国红基会通过彩票公益金项目的影响力，积极撬动社会救助资源，募集社会资金515.628万元，大病救助资金3 784.38万元，医疗救助类资金18.37亿元。

2020年，中国红基会继续与定点医院合作推广贫困白血病救助项目的“直通车”救助模式和贫困先心病救助项目的“紧急救助”渠道，提升救助效率。对于病情紧急、资金困窘的患儿，经合作医院审核后直接向中国红基会申报，缩短审批流程，资助款直接拨付至医院以确保用于患儿治疗。通过该模式，共救助来自8 个省（区、市）的14名贫困白血病患儿，以及来自5个省（区、市）的21名贫困先心病患儿，这些患儿从提交申请到资助款拨付，均在一周内完成，有效保证了受助患儿的紧急救助治疗。

（二）第三方评价创历史新高

中国红基会彩票公益金贫困大病儿童救助项目在本年度财政部绩效考评中获得总分91.07分，评价等级“优”。

二、打造“天使之旅”公益品牌，加大先心病筛查力度

2020年，为响应国家健康扶贫政策，助力决战决胜脱贫攻坚，使更多先心病儿童得到及时有效的治疗，在疫情防控进入常态化后，红基会继续延续邀约定点医院筛查和鼓励定点医院省内自主筛查两种模式，主动为贫困偏远、信息闭塞，医疗资源短缺地区的患儿进行筛查，及时发现边远地区先心病患儿的人道困境。天使阳光基金携手郑州市第七人民医院、牡丹江心血管病医院、山东阳光融和医院等12家合作定点医院，深入西藏阿里地区措勤县、贵州省毕节市黔西县、西藏日喀则地区等9个省份开展40余次“天使之旅——贫困先心病患儿系列行动”，国家彩票公益金项目为21.9万余名儿童进行了筛查初诊，确诊患儿965名。

9月，中国红基会携手牡丹江心血管病医院、黑龙江省第七批援藏工作队在西藏日喀则地区启动先心病患儿筛查救助行动。国家彩票公益金项目支持手术费用，患儿及家长往返交通费及治疗期间的食宿费用全部由牡丹江心血管病医院承担。筛查团队抵达日喀则后，专家们不顾强烈的高原反应，一边吸氧一边投入工作。当天初筛386名儿童，彩超检查5人。同天下午，专家团队又奔赴90公里之外的谢通门县关切乡陈江村及切琼乡切勤村牧区，对2019年救助的2名先心病儿童进行术后探访。

三、广泛开展宣传传播活动

2020年，彩票公益金项目结合资助款发放、“天使之旅”系列筛查、探访活动等时间节点，联合各省开展宣传推广活动，积极发布传播文案，推广宣传国家彩票公益金贫困大病儿童救助项目，在央视、公益时报、红十字报等媒体发表4篇，省市媒体33篇，机构自媒体23篇，中心自媒体24篇，媒体年度转载量逾800篇，宣传效果显著。

中国红基会于11月策划“发现生命的希望——2020中国红基会贫困大病儿童探访活动”，走进江苏和甘肃两省开展贫困大病儿童探访活动。探访组由中国红基会、江苏省红十字会、甘肃省红十字会工作人员，医疗专家志愿者及媒体志愿者组成，通过入户和入院两种方式探访了26名患有白血病、先天性心脏病、再生障碍性贫血等大病的儿童，总行程超过6 600公里。央视网、《健康时报》、《国家彩票》杂志、环球网、《中国红十字报》、费加罗夫人公众号等60余家媒体报道转发，单次探访人数、探访病种、媒体参与报道数量均达到历史之最。

该活动有效整合已救助患儿回访、等待救助患儿探访、典型案例网络众筹、活动及救助案例宣传报道、志愿者活动等要素，新闻报道、视频宣传片、宣传海报等方式进行多维度综合性呈现，突出展示“十三五”彩票金项目救助成果，展现中国红十字会履行党和政府在人道领域助手职责，围绕国家脱贫攻坚战略实施所取得的成果，同时寻找深层次的人道需求，提高社会关注，进一步发挥红十字人道救助作用，巩固建成小康社会成果，提升全社会健康保障水平。

四、项目管理水平不断提升，信息化建设跨越式发展

中国红基会一直致力于信息化的更新迭代，对原有彩票公益金项目管理过程进行升级改造，探索实现儿童大病救助“一口受理、分担救助、联合募捐”的全国红十字系统协调合作机制，建立起了覆盖全国的立体化救助网络。为进一步提高彩票公益金项目执行效率，中国红基会从2018年开始启动彩票金项目系统研发设计，截至目前，彩票公益金项目管理系统于2019年通过部分省份的实操测试，2020年8月完成上线前的准备测试，彩票办工作人员还设计制作了全国系统培训课件和业务指导课件，现阶段正在联合信息技术部解决测试过程中产生的问题，逐步完善系统，即将启动上线运营。

五、多渠道撬动社会资源，完善一体化人道救助体系

在做好彩票金执行工作的前提下，中国红基会继续整合社会资源参与救助，积极推动英雄能量包、小天使医典等公益衍生品。英雄能量包项目结合疫情特点，策划推出线上定制版，获腾讯公益30个全国线下广告位支持，有效助力传播；首次联合内蒙古红会开展“子项目”网络筹款模式，能量包项目共计筹款85 862.24元。全年共在全国4个省市9家医院举办了10场大病患儿探访活动，共发放英雄能量包297个，小天使医典125本。

在新浪微博发起的人人公益节活动中，积极与经纪公司合作，联合四位艺人发起了英雄能量包的宣传活动，相关微博转评赞近万次，话题讨论近20万次，阅读量累计近8 300万人次。

六、“十四五”扬帆起航

为争取国家彩票公益金“十四五”的支持，中国红基会与中国公益研究院联合开展“十四五”项目规划调研，并形成专业报告；组织国务院妇女儿童工作委员会调研座谈会，为完善提高儿童医疗保障水平建言献策；积极参加国家医保局罕见病、“十四五”规划等专题会议，汇报工作成效及规划建议，为“十四五”申报奠定坚实基础。

国家彩票公益金大病儿童救助项目发展至今，挽救了数万名大病患儿的生命，帮助了数万个贫困家庭走出困境，在全社会产生了广泛的影响。“十三五”彩票公益金项目圆满收官，“十四五”项目就要踏上征程，将抵达更多等待帮助的地方。

（中国红十字基金会供稿，吴丹执笔）

2020年中央专项彩票公益金支持人体器官捐献项目实施情况

2020年是国家“十三五”彩票公益金人体器官捐献项目的最后一年，中国红十字会中国人体器官捐献管理中心在宣传动员、报名登记、人道救助、缅怀纪念、信息平台建设及工作队伍建设等方面扎实开展工作，取得显著成效。2020年度新增志愿登记者人数首次超过100万人，比上年全年增长53.8%，完成捐献5 200余例，捐献器官1.65万余个。公民逝世后器官捐献的社会知晓度和公众参与度大大提升，已成为我国引领社会文明进步的新风尚。

一、项目预算收支及管理情况

2020年度项目总预算1 151.21万元，其中当年财政预算收入1 054.35万元，以前年度结转96.86万元。截至2020年12月31日，项目实际支出金额1 103.48万元。器官捐献项目资金严格按照《中央专项彩票公益金支持红十字事业项目资金管理办法》(财社〔2011〕70号)有关规定管理，且在预算执行过程中，严格按照《“十三五”彩票公益金人体器官捐献项目实施方案》执行。在会计核算方面，严格按照相关财务规定和要求，建立独立、完整的项目核算体系，专款专用，严格资金审批流程，确保项目资金使用的规范性和安全性。有效控制成本，努力提高彩票公益金的使用效益。2019年绩效评价获得财政评审中心94.17高分，评价等级为“优”，名列总会所有项目第一名。

二、项目执行及完成情况

（一）宣传动员

1.通过开展形式多样的宣传普及活动，让更多人了解和支持器官捐献事业。2020年5月发起“助力疫情防控·红十字救在身边——人体器官捐献志愿服务月活动”，8月发起“生命之约·大爱传递——人体器官捐献宣传季活动”，11月发起“人体器官捐献工作十周年宣传月活动”等主题活动，11月7日，在杭州举办生命接力·救在身边——全国人体器官捐献工作十周年宣传活动和新闻发布会。

2.充分发挥主流媒体作用，策划有影响力的宣传，推动影视作品创作。协调“一个人的球队”参加央视《越战越勇》节目，与影视公司签订协议，启动“叶沙捐献事迹”的电影制作；继续宣传推广“一个人的乐队”，协调“一个人的乐队”参加央视《见字如面》等节目，在重庆举办“一个人的乐队·圆梦中秋”云上音乐会，央视《24小时》播出《遇见你“一个人的乐队”》专题节目，“一个人的乐队”还登上2020年第二届北京国际公益盛典晚会舞台；央视《新闻1+1》播出“人体器官捐献，大爱下的法治”专题节目，进一步提升红十字会开展人体器官捐献工作的社会影响力和感知度。

3.结合器官捐献工作开展十周年的重要时点，编印《因爱而行·向阳而生》《生命回响》等宣传册。制作《生命接力·救在身边》宣传片、纪念品及原创歌曲《为你点赞》；印制器官捐献宣传旗帜包等宣传品，通过讲述器官捐献故事，普及器官捐献知识，弘扬社会正能量。

（二）报名登记

中国人体器官捐献微门户公众号全年新增关注140余万人，总关注人数达257万余人。2020

年通过中心志愿登记平台新增报名登记人数100.9万人，完成志愿登记实体卡和感谢信发放50余万套。咨询热线值班电话保障24小时畅通，全年完成器官捐献登记咨询6 000余人次，接听400咨询热线8 000余人次，处理短信咨询事项1.5万余人次；与“浙里办”和“云闪付”APP实现志愿登记对接，拓展了器官捐献志愿登记渠道；在“010999”红十字人道服务热线中开通人体器官捐献咨询服务。

（三）人员培训

2020年中心共举办1期高级培训班，培训90余人。通过培训器官捐献管理机构负责人、业务骨干和协调员代表，提升业务能力和水平，提高工作人员的专业素养和服务意识，为器官捐献事业的更好发展提供人员保障。

（四）信息平台运营、系统维护

完成信息系统安全测评，升级完善人体器官捐献志愿登记、案例报告管理系统，进行信息系统安全加固，确保系统安全、稳定运行。创新工作方式方法，积极尝试推动开展线上会议和培训，打造高效的信息化管理和服务平台。

（五）缅怀纪念

2020年开展了多种形式的缅怀纪念活动。清明节前夕，发起2020年全国人体器官捐献线上缅怀纪念活动；3月发起主题为“生命回响·云上缅怀”的“全国人体器官捐献缅怀纪念月活动”，20多个省份组织30多场纪念月活动。覆盖范围广，群众反映较好；推动全国范围内建设纪念馆、纪念园、纪念林等，全年共支持在地市级以上城市建设捐献者缅怀纪念场所40个。

（六）捐献救助

2020年拨付器官捐献人道救助和慰问经费210万元，共救助700户家庭，体现了对困难捐献者家属的人道关怀和红十字精神。

三、项目取得的社会成效

（一）缓解了我国人体器官匮乏的严峻现状

经过10年的积极探索和不懈努力，中国人体器官捐献与移植工作取得了瞩目的成绩。自2010年3月2日至2020年12月31日，中国大陆累计完成公民逝世后器官捐献3.25万余例，捐献器官9.56万余个。每百万人口年捐献率从2010年0.03上升至2020年3.73，增长123倍。截至2020年12月31日，已有277万余人登记成为器官捐献志愿者。这在一定程度上缓解了人体器官来源严重匮乏与移植器官需求不断增加之间的巨大矛盾，满足人民群众医药卫生需求，对挽救和保护群众生命健康起到了良好的促进作用。

（二）推动我国人体器官捐献事业健康发展

通过制定和完善各项标准制度，充实完善人体器官捐献专家委员会，建立转运绿色通道，开展人道主义救助，开展器官捐献协调员培训考核，完善全国人体器官捐献志愿服务体系，不断壮大人体器官捐献志愿者的队伍。

（三）提高人民群众对人体器官捐献重要性、科学性的认识

器官捐献项目通过广泛开展社会宣传活动，普及器官捐献知识，宣传相关政策，鼓励公民自愿捐献器官，树立崇高科学、移风易俗、友爱奉献的新风尚。

（中国人体器官捐献管理中心供稿，
曹蕊执笔）

2020年中央专项彩票公益金支持失能老人养老服务项目情况

中国红十字会总会事业发展中心（以下简称“事业发展中心”）作为2020年中央专项彩票公益金支持失能老人养老服务项目（以下简称“失能老人养老项目”）的执行单位，在总会筹资与财务部的大力帮助和指导下，严格按照项目流程，保质、保量地完成了各阶段工作任务，既弘扬了“人道、博爱、奉献”的红十字精神，又改善了经济欠发达地区特别是革命老区、少数民族地区贫困失能老人的生活境遇和质量，实现了立项目标。

一、项目使用规模及资助情况

2020年度失能老人养老项目预算1 000万元，其中800万元用于物资资助，200万元用于组织养老服务培训。全年执行金额999.69万元，年度经费执行率达99.97%。项目直接惠及失能老人约3 000人，惠及养老机构老人约4万人，受到广大养老机构及入住老人的欢迎和肯定。

二、项目执行情况

项目分物资资助和养老服务专业技能培训两个部分。

（一）物资资助情况

物资支持甘肃、黑龙江、新疆、新疆生产建设兵团的养老机构，按程序确定40家受助机构，每家机构资助约20万元养老服务物资，按规定委托国采中心进行集中采购，并由3家中标企业直接将物资配送到位。

（二）养老服务专业技能培训情况

根据养老机构的实际需求，经总会报财政部批准，调整200万元组织养老服务专业培训。培训中，坚持把养老标准推广作为培训的重点内容，把红十字应急救护作为必培内容。全年组织院长、护理员培训班6期，培训西藏、江西、河南、贵州、山西等5地养老服务管理人员439人、护理员230人。参加培训的学员、养老机构及当地红会、民政等部门都对培训给予了高度评价。同时，积极制定介护士培训标准，组织专家征求意见，多次召开专题讨论会，初步完成了介护士分级标准制订。

三、项目实施主要做法

（一）适应形势变化调整工作思路

受新冠病毒疫情影响，2020年项目实施进行了相应调整，受助养老机构评审会、集中采购招投标都被迫推迟进行，集中力量在下半年抓紧推动工作，按质量按时限完成了工作任务。根据养老服务形势的发展变化和养老机构的需求，调整200万元资金开展养老机构院长和护理员专业培训，在改善养老机构硬件设施的同时，提高其管理水平和服务能力。

（二）通过层层把关确定资助对象

确定资助对象时，采取自下而上的方案，按照各养老机构对照标准条件申报，市（县）红会初审，省（自治区、直辖市）红会审核推荐，事业发展中心组织专家委员会评定、网上公示的程序组织实施。

（三）采取专款专用进行集中采购

项目经费全部由财政部拨款，全部用于资助相关养老机构。物资采购时，委托中央国家机关政府采购中心进行集中采购，货物由中标单位直接送达受资助养老机构，货款由总会直接拨付给中标单位，从根本上杜绝了采购中违规违纪问题的发生。

（四）提前预防保证采购物资质量

采购时招标文件中明确“未全面履行招标文件及合同文书，违约失信企业将拉入如黑名单条款，限制其投后续项目的投标”条款，并要求中标企业在物资样品经事业发展中心审核后方可生产，防止以次充好的问题发生，提前把好物资质量关。

（五）加强监督管理做到防微杜渐

事业发展中心坚持把项目管理纳入重点监控范围，安排纪检人员全程参与、全程监督，定期与项目专员谈话提醒，使项目始终处于有效的监管中；每年的项目启动、受资助对象确定、采购招标评标、合同签订等关键敏感环节都在网上进行公告，接受群众的监督，做到阳光操作；加强对受助养老机构实施项目的监督管理，定期进行调查、回访，对项目实施情况进行评估，并提出改进意见，确保项目执行质量，确保物资使用效率，确保项目落地的实际效益。

四、项目实际效果

（一）提升了受助养老机构的综合服务水平

通过物资资助，基本满足受资助养老机构最迫切的养老物资需求，提升其基础设施水平，提高其接纳失能老人的能力。通过对5个省部分养老机构的专业化公益培训，提高从业人员的管理及护理水平，提升管理护理服务人员的职业道德素养。

（二）提升了受助养老机构入住老人的满意率

通过相关设备设施的改善，以及对管理人员、护理人员的培训，受资助养老机构的服务质量得到明显提高，入住老人满意度普遍提高。

（三）夯实了彩票金项目实施的组织基础

通过多年的项目实施，明确了各级职责实施层级管理，采取自上而下的管理方式，由总会负责统一规划和业务指导，事业发展中心负责组织实施，地方红十字会负责推荐养老机构和协助监督，相关养老机构负责具体实施，同时每级机构都指定专人负责，确保项目实施过程中层层有人管理，事事有人负责，组织有序，强力推进。通过项目实施，进一步密切了各级红十字会与养老机构之间的关系，扩大了红十字会参与养老服务工作的社会影响力，为失能老人养老项目有效实施打下了扎实基础。

（中国红十字会总会事业发展中心供稿，
李赐恩执笔）

2020年中央专项彩票公益金支持残疾人事业项目实施情况

2020年中央财政安排专项彩票公益金预算222 800万元，其中：中央本级22 700万元、转移支付200 100万元。共资助中央本级项目4个、转移支付项目6个。各项目彩票公益金使用规模、执行情况和实际效果如下：

一、中央本级资助项目

（一）残疾人体育项目

1.资金规模：13 646.18万元。

2.执行情况及效果：

（1）有条不紊备战残奥会和冬残奥会。受新冠肺炎疫情影响，暂停举办国际赛事，停止全部出访团组，实现了残疾人体育领域零感染。2020年5月，开始了备战北京和东京集训工作，627名参训人员以良好的精神状态投入紧张的复训备赛工作。根据东京残奥会延期，重新制定训练计划和参赛方案，着重调整参训人员疲惫心理、生理状态，采取模拟赛、对抗赛、异地拉练等方式，提升技（战）术水平。我国首次举办冬残奥亚洲杯单板滑雪、越野滑雪比赛，为我国运动员获得国际分级和国际积分创造了难得的机会。目前已获得东京残奥会210个参赛名额。

（2）贴近残疾人提供体育服务。全国累计建设社区残疾人健身示范点1.2万个，为27.4万名重度残疾人提供康复体育进家庭服务，培养残疾人社会体育指导员13万名。通过努力，疫情下残疾人参与康复健身活动人数和频次不减反升，据统计，2020年全国残疾人社区文体活动参与率由上年的12.9%上升至14.6%。

（二）残疾人群众性体育和残疾人体育技术保障项目

1.资金规模：5 053.82万元。

2.执行情况及效果：

（1）发展残疾人群众性体育运动。培养残疾人群众体育专业人才432人。举办残疾人群众体育赛事和品牌示范服务活动，累计组织8 000多名残疾人参与康复健身体育活动，带动30余万基层残疾人经常性参与健身活动，促进残疾人康复健身。

（2）加强残疾人体育技术保障工作。2020年累计采购2.53万件（套）器材装备、15种营养品，保障了近千人次的残疾运动员日常训练及参赛。完成残疾人运动员兴奋剂检查129例，检测合格率100%，不断筑牢反兴奋剂风险防控体系。

（三）盲人读物出版项目

1.资金规模：3 000万元。

2.执行情况及效果：出版盲文读物1 016种、9 327万页，出版多媒体有声读物742课时、有声读物1 570.98小时，大字读物534种、53.33万册，无障碍影视30部、制作光盘400套，完成3款无障碍硬件产品和2款软件研发工作，逐步提升盲人阅读的广度和深度，拓宽盲人阅读覆盖面，丰富盲人精神生活。

（四）盲人公共文化服务项目

1.资金规模：1 000万元。

2.执行情况及效果：2020年开展线上盲人阅读推广宣讲活动5次，进行40期书目推荐活动。开展讲座、名家讲堂等各类盲人文化活动533场，开展口琴、视障文化综合培训等各类教育培训

238场。提供近1.61万册（台）盲人读物、阅听设备的循环借阅。开展全国文化助盲志愿服务推进活动5次。盲人公共文化服务项目丰富了盲人读者的文化生活，大幅度提高盲人公共文化产品和服务的供给能力，推动了公益性盲人文化事业的发展。

二、转移支付项目

（一）残疾人康复项目

1.资金规模：161 600万元。

2.执行情况及效果：

（1）残疾儿童康复救助项目。全国各地积极贯彻落实党中央、国务院决策部署，残疾儿童康复救助制度在全国所有省、市、县落地实施，救助政策体系、工作体系、服务网络普遍建立且有效运行。同时，各地积极开展政策创新，上海、山东、广西等20个省（区、市）扩大救助年龄范围，天津、山西、辽宁等21个省（区、市）提高救助标准。2020年，28.4万名残疾儿童得到了康复救助，比上年增加4.9万人，有需求的残疾儿童得到基本康复服务的比例达98.3%，基本实现了有需求的残疾儿童“应救尽救”目标。

（2）贫困智力、精神和重度残疾人残疾评定补贴项目。为全国23.71万名当年办理残疾人证的贫困智力、精神和重度残疾人提供残疾评定补贴，减轻了办理残疾人证经济负担。为残疾人及时享受到各项社会保障和福利政策，改善生产、生活状况创造了条件。

（二）贫困重度残疾人家庭无障碍改造等项目

1.资金规模：38 500万元。

2.执行情况及效果：

（1）贫困重度残疾人家庭无障碍改造项目。2020年全国共对9.96万户贫困重度残疾人家庭进行了无障碍改造，解决了残疾人家庭生活难题，增强了残疾人独立自主生活能力，改善了残疾人及家庭生活质量，增强了残疾人的获得感、幸福感、安全感。

（2）助学项目。向1.5万人次家庭经济困难残疾儿童发放学前教育资助，带动地方出资资助6 637人，有效缓解了部分贫困残疾幼儿家庭面临的经济困难，使他们有机会接受学前教育。资助全国16所中高等特教学校（院），用于改进办学条件、加强实训基地建设。

（3）残疾人康复和托养机构设备补助项目。2020年，为全国391个残疾人康复机构、托养机构配发康复训练设备、医疗康复设备、残疾人基本生活技能训练设备、残疾人无障碍设备设施，解了新建的残疾人康复和托养机构燃眉之急，保障已建的各地残疾人康复和托养机构的良性运转，让广大残疾人就近就便享受到康复、托养服务。

（4）残疾人文化服务项目。截至2020年年底，扶持市、县两级公共图书馆盲人阅览室50个，残疾人特殊艺术人才培养基地、文化创意产业基地和人道主义思想宣传基地120个，省、市两级电视台开播“手语栏目”和各级人民广播电台残疾人专题节目80个，实施“五个一”文化进残疾人家庭项目近3万户。项目的实施提升了公共文化场所和残疾人综合服务设施为残疾人提供文化服务的能力，弘扬了社会主义核心价值观和人道主义思想，使更多残疾人走出家门，融入社会，积极参与社区文化生活。

（中国残联计财部供稿，张宁执笔）

2020年中央专项彩票公益金支持贫困革命老区脱贫攻坚项目实施情况

"十三五"时期中央财政共拨付专项彩票公益金支持贫困革命老区脱贫攻坚资金（以下简称"彩票公益金"）100亿元，其中，2020年安排资金20.6亿元，支持中西部19个省（区、市）173个贫困革命老区县实施扶贫项目。按照贫困县财政涉农资金统筹整合试点政策要求，2020年度彩票公益金全部纳入统筹整合使用。

一、预算执行情况

截至2020年12月底，下达资金已使用20.11亿元，执行率达到97.6%。其中，河北、山西、内蒙古、吉林、黑龙江、安徽、江西、河南、湖南、陕西、甘肃、宁夏等12省份资金全部使用完毕，执行率100%；湖北、广西、重庆、四川、贵州等5省份执行率超过95%；云南省执行率超过90%；海南省执行率超过80%。

二、资助项目实施情况

支持项目主要涉及基础设施建设和农业产业发展。在基础设施建设方面，共使用资金16亿元，占项目总使用资金的79.6%。其中，农村道路建设11.93亿元，主要用于建设村道、生产路和联户路等3 048.9公里，加固村内小型桥梁90座；农村水利设施建设3.33亿元，主要用于修建供水点113处、机井246口、供水管道1 087.8公里；贫困村环境整治与公共服务设施建设0.74亿元，主要用于建设排污沟14.4公里，平整场地8.2万平方米。在农业产业发展方面，共使用资金4.11亿元，占项目总使用资金的20.4%。其中，产业发展基础设施建设2.3亿元，主要用于建设各类养殖场55个、养殖圈棚8 870平方米、食用菌棚319座、光伏电站34座；发展种植业1.6亿元，主要用于种植中药材、花卉等经济作物1.7万亩，油茶、板栗等林果作物3.6万亩；购买屠宰加工、污水处理等生产设备0.21亿元。

三、取得的主要成效

彩票公益金支持贫困革命老区实施扶贫项目，进一步补齐了贫困村村内小型生产性公益设施短板，有效改善了当地生产生活条件，为打赢脱贫攻坚收官战提供了有力支撑。2020年，173个贫困革命老区县彩票公益金全部纳入涉农资金整合范围统一评价，老区贫困群众受益匪浅，满意度整体较高，达到95%。

1.带动了产业发展升级。项目实施打通了乡村产业循环线和生产生活路，改善了农田灌溉条件，降低了物流运输成本，提高了农业规模化、标准化、产业化水平，加速了第一、第二和第三产业间的联动，使得当地产业布局和结构更趋合理。

2.带动了农户就业增收。项目实施提高了当地劳动生产率，增加了农户生产经营收益，受益群众幸福感、获得感不断增强。同时，工程建设提供了大量公益性岗位，产业发展拓宽了就业渠道，有力辐射带动了贫困户增收，为当地稳岗就业做出了积极贡献。

3.带动了营商环境优化。项目实施解决了村容村貌脏乱差、公共服务零基础问题，促进了土地、林业、渔业、旅游等资源的开发利用，加快了城乡物资、人才、信息等要素的深度融合，提高了当地招商引资等振兴发展的吸引力。

（国务院扶贫办供稿）

2020年中央专项彩票公益金支持教育助学项目实施情况

2020年，中国教育发展基金会在教育部、财政部领导下，以习近平新时代中国特色社会主义思想为指导，深入贯彻落实习近平总书记关于教育的重要论述，围绕党中央决策部署和教育中心工作，服务教育改革发展大局，以办好人民满意的教育为目标，坚持“拾遗补缺”工作要求，严格执行《中央专项彩票公益金支持教育助学项目相关管理实施办法》，顺利开展了2020年中央专项彩票公益金教育助学项目中滋蕙计划、励耕计划、润雨计划立项资助工作，推动教育事业改革发展，助力教育脱贫攻坚战圆满“收官”，确保工作成效，为衔接乡村振兴战略做好准备。

一、资金安排情况

2020年，中央财政通过中央专项彩票公益金安排专项经费10亿元，支持教育助学项目滋蕙计划、励耕计划、润雨计划。2020年，实际支出10.93亿元（含上年结转资金）。

二、项目执行情况

1.滋蕙计划安排资金3亿元，实际支出3亿元，用于奖励内蒙古、吉林、黑龙江、广西、重庆、湖北、四川、贵州等地区品学兼优的普通高中家庭经济困难学生15万人，奖励标准为每人2 000元。

2.励耕计划安排资金3亿元，实际支出3亿元，用于资助内蒙古、吉林、黑龙江、广西、重庆、湖北、四川、贵州等地区家庭经济特别困难的小学、初中、普通高中和中职学校教师3万人，资助标准为每人1万元。

3.润雨计划安排4亿元：一是普通高校家庭经济困难新生入学资助项目安排资金1.2亿元，实际支出1.2亿元，资助中西部地区22个省（区、市）以及新疆生产建设兵团的18万名普通高校家庭经济困难新生，用于补助其到校报到的交通费和短期生活费。资助标准为省（区、市）内院校录取的新生每人500元，省（区、市）外院校录取的新生每人1 000元。二是家庭经济特别困难幼儿教师资助项目安排资金5 000万元，实际支出5 000万元，资助中西部地区5 000名家庭经济特别困难幼儿教师，资助标准为每人1万元。受资助教师主要为因遭受自然灾害、突发事故或重大疾病等而造成家庭经济特别困难的教师。三是资助地方解决教育领域特殊困难或突发紧急事件安排资金2.3亿元，实际支出3.23亿元（含上年结转资金），主要用于支持西藏、内蒙古、贵州、云南、广西、青海、新疆等地解决教育发展中遇到的特殊困难或突发的紧急事件。

三、实施效果情况

中国教育发展基金会开展的滋蕙计划、励耕计划和润雨计划充分发挥了中央专项彩票公益金在教育领域的拾遗补缺作用。同时，项目资金向脱贫攻坚收官重点区域倾斜，向受新冠肺炎疫情和暴雨洪涝灾害影响严重的学校倾斜。弘扬了中华民族传统美德，让受资助家庭经济困难教师和学生感受到党的关怀和温暖。

1.滋蕙计划的实施效果。一是进一步完善了普通高中家庭经济困难学生资助政策体系；二是有效缓解了中西部贫困地区普通高中优秀学子在学习生活中遇到的困难，使其得以安心学习；三是激励了有理想、有本领、有担当的学生为实现梦想而奋斗，对于其成长成才特别是拔尖人才的培养起到了积极的作用。

2.励耕计划的实施效果。一是在一定程度上弥补了国家在家庭经济困难教师资助方面的政策空白；二是切实解决了受资助教师的部分生活困难问题，增强了他们战胜困难的信心；三是坚定了广大教师教书育人、立德树人的信念；四是进一步带动全社会关心、支持家庭经济困难教师群体。

3.润雨计划的实施效果。一是普通高校家庭经济困难新生入学资助项目。该项目的实施实现了普通高中阶段和高等教育阶段国家助学政策的对接，是对整个家庭经济困难学生资助政策体系的有效补充，同时也从经济上解除了普通高校家庭经济困难新生的后顾之忧，鼓励他们以积极的姿态投入大学的学习和生活中。二是家庭经济特别困难幼儿教师资助项目。该项目的实施实现了中央专项彩票公益金资助家庭经济特别困难教师基础教育阶段全覆盖，有利于促进幼儿教师队伍的稳定，推动学前教育事业的健康发展。三是其他项目。部分项目的实施有效解决一些地方突发紧急事件对教育发展带来的特殊困难，有力地维护了社会稳定、促进了社会和谐，充分体现了彩票公益金取之于民、用之于民的精神。

近年来，中央专项彩票公益金教育助学项目受到上级主管部门的认可，2020年财政部预算评审中心对“十三五”时期教育助学项目进行绩效评价，评价结论为“良”，教育经费监管事务中心对2019年中央专项彩票公益金教育助学项目开展的支出预算绩效评价结论为“优”。

（中国教育发展基金会供稿，段小川执笔）

2020年中央专项彩票公益金支持法律援助项目实施情况

2020年，在财政部、司法部的支持和领导下，在项目各管理和实施单位的大力配合下，中国法律援助基金会（以下简称“基金会”）积极推动中央专项彩票公益金法律援助项目（以下简称“‘中彩金’法律援助项目”）实施工作。2020年5月，考虑新冠肺炎疫情影响，基金会通过非会议形式组织评审专家进行实施单位评审，最终确立597家实施单位。“中彩金”法律援助项目管理办公室根据《中央专项彩票公益金法律援助项目实施与管理办法》，规范组织法律援助案件申报审核工作，共执行资金1.4亿多元，资助办理农民工、残疾人、老年人、妇女家庭权益保障和未成人法律援助案件7.5万件，直接受益群众达10万人次。项目资助的民事案件中，胜诉或部分胜诉的有3.1万件，维护了受援人合法权益，以调解或和解的方式结案2.6万件，快速、有效地实现了受援人的诉求，做到了止纷息争；资助的刑事案件中，辩护意见被全部采纳或部分采纳的4 900多件，使犯罪嫌疑人、被告人的合法权利得到了保障。项目还资助办理了800多件重大疑难法律援助案件，办理了2 500多件“执行难”案件，妥善解决3人以上的群体性案件8 500多件，有效地避免了集体上访等情况的发生，成功化解社会矛盾，促进社会公平正义，维护了社会的和谐稳定。

一、开展规范建设年活动，加强监督检查工作

中国法律援助基金会确定2020年为“中彩金”法律援助项目规范建设年，为此：一是完善资金分配方案，制定了《关于完善中央专项彩票公益金法律援助项目资金分配方案的规定》；在制定资金使用计划时，积极落实国家脱贫攻坚和疫情防控政策，合理分配项目资金，重点保障、优先满足西部地区，尤其是涉藏地区法律援助资金需求，做到能援则援，应援尽援。资金计划报司法部党组审议，并在中国法律援助基金会官网公示。二是加大监督检查力度，制定了《关于加强对中央专项彩票公益金法律援助项目监督检查的规定》《中央专项彩票公益金法律援助项目特约检查员聘用办法》，为加强项目监管提供制度依据；在疫情得以控制间隙，实地检查了新疆、西藏、云南、广西、浙江、四川等地项目实施工作；积极开展项目卷宗抽查工作，抽查比例从不低于10%提高到不低于20%，总计抽查卷宗9 117份，以防止虚假申报和重复申报为重点，规范卷宗管理。三是启动执行标准制定工作，中国法律援助基金会委托法律援助资深专家起草了《“中彩金”法律援助项目执行标准》，通过多种形式广泛征求意见；挑选项目试点示范实施单位，以示范单位为样板，推进项目标准化建设。

二、加强宣传工作，提高项目影响力

一是项目评估成果宣传。2020年9月10日，经司法部领导批准，在司法部举行了“中彩金”法律援助项目实施十周年第三方评估报告发布会，《人民日报》、新华社、中央广播电视总台等新闻媒体进行了宣传报道。二是与央视《今日说法》栏目合作，通过生动案例，以案说法，宣传了项目实施成果，提高了项目社会知晓度。三是

在《法治日报》开设专栏宣传，刊发项目经验做法、典型案例和先进人物及事迹，得到广泛的好评。同时，各地、各实施单位也结合实际情况，进行了多形式、多渠道的项目宣传。

三、落实财政部绩效评价意见，促使项目长效发展

2020年，中国法律援助基金会就财政部“中彩金”法律援助项目绩效评价意见，积极组织、认真落实，改进相关工作。编制《中央专项彩票公益金法律援助项目“十四五”规划》，提出了“十四五”期间“中彩金”法律援助项目要发挥典型示范作用、突出项目特点、扩大服务范围、提高服务能力等，进一步明确项目定位，突出项目特色。下发《关于规范中央专项彩票公益金法律援助项目经费发放管理的通知》《关于提高中央专项彩票公益金法律援助项目执行效率的通知》，提高项目执行效率，让更多困难群众及时、高效享受优质法律援助服务。

2020年，“中彩金”法律援助项目始终坚持“以人民为中心”的发展思想，通过资助办理法律援助案件，积极服务和保障困难群众的民生需求，促进了社会公平正义，维护了社会和谐稳定。一是发挥“法援惠民生”重要作用。2020年项目资助的案件中，涉及生命健康、劳动保障、婚姻家庭、社保纠纷等与基本民生紧密相连的民事法律援助案件6.6万件，占全年案件数的88.9%，较好地满足了新时代保障和改善民生对法律援助工作的新需求。二是服务国家脱贫攻坚战略。2020年，项目资助国家重点连片贫困地区（如“三区三州”）困难群众法律援助案件近700件，为困难群众挽回损失或取得利益3 000多万元；资助办理农民工讨薪、工伤赔偿等法律援助案件近5万件，支持资金9 000多万元，为7万多名农民工挽回损失或取得经济利益20多亿元。三是配合服务疫情防控工作。疫情期间，“中彩金”法律援助项目对疫情防控一线人员的法律援助申请免于经济状况审查，为疫情防控一线人员搭建法律援助绿色通道；项目实施单位还充分发挥自身优势，组织律师开展线上咨询服务，为疫情地区捐献物资，为当地援鄂“抗疫英雄”提供终身免费法律服务等多项工作，在做好项目实施工作的同时为疫情防控贡献力量。

（中国法律援助基金会供稿，范丽娟执笔）

2020年中央专项彩票公益金支持中国出生缺陷干预救助项目实施情况

2020年是新中国历史上极不平凡的一年。为全力做好新冠肺炎防疫期间出生缺陷干预救助工作，中央财政从统筹的中央专项彩票公益金中拨付3亿元，用于支持中国出生缺陷干预救助基金会（以下简称“基金会”）在全国实施出生缺陷干预救助项目。在财政部、国家卫生健康委、民政部和各地卫生健康部门及医疗机构的支持下，基金会坚持以人民健康为中心的发展理念，通过实施出生缺陷干预救助项目推进健康中国建设取得了明显成效。

一、29 840万元用于开展出生缺陷救助

（一）开展遗传代谢性出生缺陷疾病干预救助

2020年，在全国16个省（区、市）完成新生儿多种遗传代谢病检测36万例。在全国30个省（区、市）救助122种遗传代谢疾病贫困患儿2 180人次。其中，1 433名贫困患儿来自506个革命老区，479名贫困患儿来自221个原国家级贫困县，20名贫困患儿来自12个“三区三州”深度贫困地区。本项目遵循早发现、早诊断、早治疗和早康复原则，通过检测和救助的相互衔接，避免“筛而不治”的发生，探索“即筛、即治、即救”的完整链条，成为我国儿童医疗类慈善项目的典范。

（二）开展先天性结构畸形患儿救助

针对六大类72种先天性结构畸形疾病，全年在31个省（区、市）救助贫困患儿14 095人。其中，9 202名贫困患儿来自933个革命老区，3 018名贫困患儿来自457个原国家级贫困县，124名贫困患儿来自33个“三区三州”深度贫困地区。项目开展以来，许多患儿通过早期干预、手术治疗和康复培训重获新生，有效防止了病程发展或致残致死等严重后果的发生，增强了贫困家庭幸福感和获得感，取得了显著社会效益和群众口碑。

二、160万元用于开展出生缺陷防治宣传和健康教育

一是国家卫生健康委联合基金会于9月12日共同举办2020年“同心抗疫　护佑新生”主题线上活动。活动播放了妇幼人抗击新冠肺炎感人视频、“共和国勋章”获得者钟南山院士的访谈视频、全国妇幼人合唱预防出生缺陷日主题曲《爱的力量》等优质内容。本次线上活动在人民网、健康中国微博、基金会网站及公众号的播放和浏览量达100.2万次。二是深入开展出生缺陷防治宣传主题公益活动，成功举办“爱心传递　防治出生缺陷”公益行走进四川活动和运城市出生缺陷防治技术培训班暨义诊活动，共培训439名医疗工作人员、义诊100人次。三是联合国家卫生健康委举办全国首届出生缺陷防治科普作品征集大赛，共评选出图片类获奖作品33件，视频类获奖作品45件，文章类获奖作品22件，最具人气奖作品32件。四是充分发挥专家力量，举办出生缺陷干预救助相关会议10期、培训班19期，线上线下培训学习共计6 000人。五是通过组织公益活动、健康讲座、编写教材和拍摄公益短片，并充分运用广播电视、海报、互联网、微信公众号等宣传手段和平台，广泛开展形式多样的社会宣传，普及出生缺陷防治知识，促进了全社会对出生缺陷防控的高度重视。

三、项目实施取得的效果

项目以出生缺陷防治三级预防为指导，采取多途径宣传，在全国范围内开展出生缺陷干预救助工作。通过及时采取干预救助措施，改变了许多出生缺陷儿童的命运，有效减轻了患儿家庭就医负担，提高了患儿的生活质量，加强了临床专业技术人才队伍建设，推动了优质医疗资源向基层下沉，提升了各级医疗机构出生缺陷疾病诊疗能力。同时带动了各地政府、医疗机构及爱心企业对出生缺陷防治工作的关注，形成“政府主导、部门协作、社会参与”的出生缺陷干预救助工作机制，获得了当地政府和人民群众的一致好评，有利于促进社会和谐稳定发展，为提高我国人口素质、推动健康中国建设做出了积极贡献。

（中国出生缺陷干预救助基金会供稿，王紫薇执笔）

2020年中央专项彩票公益金支持农村贫困母亲“两癌”救助项目实施情况

一、资金使用规模

截至2020年6月，当年申报农村贫困母亲“两癌”救助项目且符合救助条件的贫困患病妇女达到87 866人，经过与国务院扶贫办信息比对，确认其中9 010人为建档立卡贫困妇女。

2020年，农村贫困母亲“两癌”救助专项基金获得中央专项彩票公益金3.02亿元的支持，其中，3亿元全部用于救助3万名农村贫困“两癌”妇女，200万元用于开展“两癌”防治宣教活动及相关工作。

二、执行情况

（一）领导高度重视，全力推动“两癌”工作

全国妇联主席沈跃跃高度重视农村贫困妇女“两癌”救助工作，强调各级妇联要积极争取资源，加大对贫困患病妇女的救助，2020年10月在山东省济南市调研时十分关心村里妇女“两癌”检查和贫困妇女帮扶工作，反复叮嘱基层妇联干部要重视妇女健康，关心关爱贫困妇女。全国妇联党组书记、副主席、书记处第一书记黄晓薇同志多次研究农村贫困母亲“两癌”救助工作，2020年7月和10月分别在河南省兰考县、甘肃省西和县调研妇女“两癌”筛查和救助工作时强调，妇联组织要持续加强“两癌”患病贫困妇女等特殊困难妇女群体的关爱服务，及时协调解决生存发展中存在的困难问题，把党和政府的温暖送到家中、送到身边。全国妇联妇女发展部与妇基会多次开会研究如何进一步加大“两癌”救助力度，积极推动各地将“两癌”检查和救助项目纳入各级政府民生实事。截至目前，贵州、甘肃等25省（区、市）将“两癌”检查纳入省级民生实事；天津、辽宁、江苏、江西、河南、湖南、重庆、云南、陕西、青海、宁夏11个省（区、市）将“两癌”救助纳入省级民生实事。

（二）严格项目管理，实施精准救助

一是严把救助对象审核关。严格落实各级妇联审核责任，对确定救助的患病妇女，依次经由市级妇联、省级妇联进行审核。2020年4—5月，组织各级妇联开展患病妇女申报，各地共有87 866名患病妇女符合申报条件。二是科学分配救助资金。在救助资金分配中，坚持与国家精准扶贫工作有效衔接，向中西部地区特别是“三区三州”深度贫困地区及52个未摘帽贫困县等脱贫攻坚重点区域倾斜；坚持向建档立卡贫困患病妇女等重点人群倾斜。2020年实现了对52个未摘帽贫困县、272个西部地区省定深度贫困县和“三区三州”深度贫困县救助全覆盖。

（三）强化资金监管，确保公开透明

一是强化各级妇联监管责任。项目资金实行专款专用，不得与其他资金混合管理使用。各级妇联层层签订执行协议，责任明确到人、监督管理到位。省级项目执行办公室对县级项目实施档案进行抽查，在2020年3月根据全国妇联要求对历年来农村贫困母亲“两癌”救助项目执行情况进行全面自查、梳理问题及进行整改。截至5月底，31个省（区、市）和新疆生产建设兵团均已提交自查报告及整改说明。针对自查中发现的资格审查不规范、救助资金拨付发放不规范、项目

档案保存不规范等问题，各省项目办认真检视问题，压实责任，指导各级妇联逐级进行改正。二是加强调研检查和社会公示。2020年年底，全国“两癌”项目办在江西、福建、黑龙江、内蒙古四地开展实地调研检查，共对4地的1个区7个县项目实施档案进行抽查，对12名受助妇女进行入户走访。建立项目执行进度周报制度，要求各级妇联每周汇报一次项目进展情况。在妇基会网站进行受助人员名单公示，要求项目实施县妇联及时向社会公开救助资金使用情况。三是加强绩效管理。结合2020年财政部绩效评估中发现的问题，认真修订项目管理办法，科学设计救助方案，进一步明确各层级妇联的责任和审核时限，切实加快执行进度，提高救助资金发放时效性，不断提升预算绩效管理水平。

三、实际效果

（一）有效缓解3万名贫困患病妇女经济压力

2020年中央专项彩票公益金支持的3亿元全部用于直接救助，根据管理办法的救助标准每人获得1万元的救助，对防止“两癌”患病妇女家庭因病致贫、返贫起到了积极作用，受到了党政领导的高度重视和妇女群众的普遍欢迎。

（二）示范带动作用明显，各地积极拓宽救助渠道

在中央专项彩票公益金的带动下，2020年各级妇联共争取各级各类“两癌”救助资金1.95亿元，救助患病妇女5.05万人。一是协调当地财政部门支持，出资扩大救助范围。辽宁省妇联执行辽宁省彩票公益金救助项目，利用省政府投入的1 000万元，救助1 000名患病妇女；江西省争取省级公益彩票金1 000万元用于救助农村和城镇贫困患病妇女；河南省财政持续列支2 000万元“两癌”救助专项资金。二是争取社会资源，拓宽救助渠道。江苏省妇联、卫健委、省妇女儿童慈善基金会联合组织实施了“江苏省脱贫攻坚建档立卡户女性‘两癌’救助”项目，支出救助资金256.9万元，救助建档立卡户199人。福建省在疫情期间，及时调整创新开展线上第六届福建省“为爱奔跑·母亲健康1+1”公益募捐活动，与腾讯公益合作“救助‘两癌’贫困母亲”项目共募集救助金1 294.43万元，救助患病妇女1 685人。

（三）广泛开展宣教活动，提高妇女健康意识

“两癌”项目办合理安排宣教经费，开展形式多样的“两癌”防治宣教活动。一是制作“两癌”防治知识视频在高铁电视上循环播放。在北京局、上海局等共计5.9万车次上播放20.47万次，“两癌”救助项目介绍和“两癌”防治健康知识介绍，辐射人群超8 700万人。二是开展妇女“两癌”防治知识到村庄到社区活动。项目办共制作3万个“两癌”防治知识视频U盘发放到全国370个市级妇联和3 197个县（区、旗、团场）妇联，印制及发放妇女“两癌”防治宣传折页50万册（包含维语版20万册），宣传覆盖人群超250万人。在网络、报纸、杂志上刊登“两癌”文章236篇，总阅读量超450万人次。三是通过培训、义诊等活动宣传“两癌”防治。在河南、云南两地组织开展“两癌”防治健康讲座培训3场，在西部3个省的5个贫困县开展了6场“两癌”防治健康科普讲座和3场义诊活动，受益人数1 770余人。指导各地妇联举办“两癌”防治知识培训班、健康知识讲座、主题活动等3.11万期，全年参与妇女群众580万人次。

（全国妇联妇女发展部供稿，郭隶执笔）

2020年中央专项彩票公益金支持大学生创新创业项目实施情况

根据《国务院办公厅关于深化高等学校创新创业教育改革的实施意见》(国办发〔2015〕36号),教育部商财政部设立了大学生创新创业教育专项资金,“十三五”期间每年投入5 000万元支持高校深入推进创新创业教育改革。2016—2017年,在省级教育部门遴选推荐基础上,教育部组织专家分两批认定了共200所深化创新创业教育改革示范高校,以中央专项彩票公益金支持大学生创新创业项目形式给予持续支持。

作为“十三五”收官之年,根据工作安排,2020年初,高等教育司研制印发《教育部办公厅关于做好深化创新创业教育改革示范高校阶段性总结工作的通知》,指导各示范校系统梳理建设以来的阶段性成果,认真总结建设发展的特色亮点与典型经验,客观分析存在的不足及原因,明确“十四五”时期重点改革举措,形成各校总结报告。同时,高等教育司组织研制了“深化创新创业教育改革示范校建设成效自评表”,在高校自评、省级教育行政部门初评和高等教育司复评的基础上,认定了各校的建设成效。

一、资金安排情况

2020年,中央财政安排资金5 000万元。对于30所建设成效突出、示范辐射效应强的创新创业示范校,给予每校50万元经费支持,共支持1 500万元;40所建设成果丰硕、具有鲜明特色的创新创业示范校,给予每校30万元经费支持,共支持1 200万元;100所完成建设任务、单项建设成效显著的创新创业示范校,给予每校20万元经费支持,共支持2 000万元;30所达到建设要求的创新创业示范校,给予每校10万元经费支持,共支持300万元。

二、项目执行情况

(一)打造了创新创业线上“金课”

在中央专项彩票公益金的引导下,各示范校结合学科专业优势和特色,充分利用现代信息技术,整合创新创业优质教育资源,积极推动高水平教师领衔打造创新创业线上“金课”。2020年度重点打造了1 229门优质在线开放课程,在线选课人数395.8万余人次。

(二)打造了“专创融合”特色示范课程

各校积极挖掘和充实各类专业课程的创新创业教育资源,将专业知识传授与创新创业能力训练有机融合,重点打造了2 040门“专创融合”特色示范课程,选课学生64.9万人。

(三)开展创新创业教育师资培训

各校着力发挥示范带动作用,面向本区域、本类型高校,积极开展教师创新创业教育教学能力培训工作,2020年度共组织开展了684场师资培训,培训师资7.7万人次。

(四)支持“青年红色筑梦之旅”活动团队

各校积极引领学生将个人成长发展与国家建设相结合、将培育创业精神与坚定理想信念相结合,结合本地扶贫工作特点,组织青年大学生、企业家、投资人走进基层、乡村、西部和革命老区,将高校的智力、技术和项目资源辐射到广大农村地区,助力精准扶贫和乡村振兴,共开展了2.2场“青年红色筑梦之旅”活动,15万名学生参加。

三、实施效果情况

截至2020年9月,200所示范高校累计建设了3 429门创新创业教育在线开放课程,选课人数达3 149.6万人次；打造了6 586门“专创融合”特色示范课程，选课人数达271万人次；自主编写了3 019本创新创业教材和11 251个创新创业案例库；有创新创业专职教师1.7万余人，兼职导师4.3万余人，组织了4 048场“双创”师资培训，培训“双创”教师34.6万余人次；建有校内创新创业实践平台4 647个，校外创新创业实践平台1.2万个，服务大学生创业者856.6万余人次；组织红旅团队5.1万个，参与学生43.8万余人。创新创业教育覆盖学生比例达97.9%，在校生参与创新创业实践比例达90.7%。

在示范校的带领下，全国高校创新创业教育的课程体系不断健全，教师教育教学能力有效提升，学生创新创业实践不断强化。大学生创新创业热情和活力空前高涨，已经成为我国创新驱动发展的重要有生力量。

（教育部高等教育司供稿，朱蓓蓓执笔）

2020年中央专项彩票公益金支持留守儿童快乐家园项目实施情况

一、资金使用规模

2020年中央专项彩票公益金支持“儿童快乐家园”项目1 500万元，用于捐建150个“儿童快乐家园”。目前，2020年中央专项彩票公益金支持的“儿童快乐家园”已全部建设完成并投入使用。项目建设地区为四川省、安徽省、湖北省、云南省、贵州省等13个省（区、市）的150个乡镇、村、社区。

二、执行情况

（一）配备场所及基础设施

每个“儿童快乐家园”项目地区需提供至少60平方米的场地，同时提供水、电、暖气、网络、电话等基础设施；项目建成后，按照统一格式标准制作铜牌，并进行挂牌；配置有不同年龄段的儿童读物3 900册左右，文体用品、音乐器材、电脑、玩具、桌椅、书架等60余种500多件硬件设施。

（二）统一纳入社区综合服务管理

为确保项目的公益性、公信力，全国妇联、中国儿童少年基金会在实施“儿童快乐家园”项目时，严格按照项目流程落实项目，资助程序严谨，各省妇联有专人负责，县级妇联进行实时监管，乡级妇联负责组织实施，按照社区综合服务要求，纳入统一管理，制定相关管理制度，统筹利用社区资源，积极推进各项工作。

（三）组织相关人员培训

开展“儿童快乐家园”项目负责人培训，邀请专家从法律法规、政策解读、项目管理方面授课指导，各地妇联交流分享项目经验，进一步提升项目管理、规范执行、风险防控能力，切实发挥各级妇联组织及其所属公益慈善机构的工作优势，推动妇联系统公益慈善项目可持续发展。发放《儿童快乐家园指南》，帮助项目负责人及管理人员更好地掌握“儿童快乐家园”的相关要求和具体的工作方法，指导项目负责人及管理人员广泛开展“儿童快乐家园”的相关服务工作。

（四）开展项目评估

委托北京师范大学中国公益研究院开展第三方评估工作。组织专家团队赴安徽省、宁夏回族自治区进行项目实地调研，采用定量和定性相结合的方法，包括统计分析、文献调查、问卷调查、实地调研等方式，考察2016—2019年中央专项彩票公益金支持的“儿童快乐家园”项目的需求分析、执行情况、组织管理以及“儿童快乐家园”对当地农村留守儿童的作用和意义，促进和优化项目发展。

（五）提供丰富多彩的关爱服务

1.构建安全、便利的活动场所。“儿童快乐家园”配备有管理人员，辅助照料人看护农村留守儿童，保证“儿童快乐家园”日常定时开放。孩子们放学后和周末可到家园参与学习、读书、画画、看动画片、打羽毛球等活动，为农村留守儿童构建了安全、便利的活动场所。

2.构造亲情联系的畅通渠道。“儿童快乐家园”管理人员和志愿者定期组织农村留守儿童通过亲子热线和亲子视频与在外地打工的父母进行沟通交流，为农村留守儿童提供了便捷、稳定的亲情联系渠道，促进留守儿童家庭和睦；通过举办亲子游戏、亲子阅读、亲子运动会等家庭活动，增进了儿童与父母之间的情感距离，使家庭关系更加稳定，使农村留守儿童更能健康、快乐地成长。

3.搭建平台，整合资源，共同关爱留守儿童。在当地政府的支持下，妇联组织发动当地机关、企业、学校的党员、干部、员工、老师志愿者争当“爱心妈妈”“爱心爸爸”，与特困农村留守儿童开展“一对一”帮扶活动，从学业上和生活上给予孩子更多的关怀和帮助；通过动员爱心志愿者团队，对留守儿童及家庭开展家庭教育、儿童自我安全保护、科学、法律等相关知识的培训，一定程度上解决了留守儿童校外学习、生活中面临的安全、孤僻、缺少交流等问题。

三、实际效果

（一）实施“儿童快乐家园”项目，是贯彻落实习近平新时代中国特色社会主义思想和党的十九大，十九届二中、三中、四中、五中全会精神的实际举措

习近平总书记在党的十九大报告中强调，要加强社会保障体系建设，健全农村留守儿童和妇女、老人关爱服务体系。“儿童快乐家园”以项目趣味性、知识性和活动性成为农村留守儿童的重要课外活动场所和家长的学习交流有效平台，同时以开放性、社会性和实践性吸引了社会各界力量参加农村留守儿童关爱保护工作，积极探索了农村、社区关爱留守儿童的模式，优化了农村留守儿童成长的家庭及社会环境。

（二）实施“儿童快乐家园”项目，是辅助政府推进完善农村留守儿童关爱服务体系，建立健全救助保护机制的重要补充

国务院《关于加强农村留守儿童关爱保护工作的意见》提出要“发挥群团组织关爱服务优势”“积极为农村留守儿童提供假期日间照料、课后辅导、心理疏导等关爱服务”。全国妇联、中国儿童少年基金会把实施“儿童快乐家园”，作为贯彻落实国务院重要指示精神的具体举措，通过深化调查研究、组织关爱帮扶等系列工作，不断丰富、延展“儿童快乐家园”项目内涵，为留守儿童提供实实在在的关爱和帮扶，对于完善农村留守儿童关爱服务体系有着积极的推动作用。

（三）实施“儿童快乐家园”项目，是解决农村留守儿童问题的有效途径之一

“儿童快乐家园”项目根据留守儿童存在的因监管不力导致的学习、生活等突出问题，因长期缺乏亲情关爱导致的心理问题，因缺乏安全保护导致的各种意外伤害等问题，从硬件设施配置、志愿队伍保障、关爱服务活动开展等方面，为留守儿童建立校外活动阵地，为社会各界关爱留守儿童搭建平台，凝心聚力，促进了留守儿童身心健康发展。

（四）实施“儿童快乐家园”项目，是有效传递党和政府及社会各界对留守儿童关怀的重要实践平台

“儿童快乐家园”的建设和发展集合了当地政府和妇联、共青团、教育部门以及公众等社会各方力量的协同支持，不仅为农村留守儿童提供了看得见、摸得着的关爱和帮助，更使留守儿童及其家庭直接体会到了党和政府的关怀以及社会主义大家庭的温暖，对于培养留守儿童良好的思想道德品质和促进社会和谐稳定具有重要的现实意义。

“儿童快乐家园”项目以自身独特的项目形式、项目内涵，已成为贯彻落实党中央、国务院关于做好农村留守儿童关爱服务工作的重要载体和妇联组织履行职责、服务大局、帮助农村留守儿童健康快乐成长的坚强阵地。北京师范大学中国公益研究院的评估显示，超九成儿童经常去“儿童快乐家园”并接受安全教育，超五成受益儿童学习成绩明显改善，儿童整体心理健康水平显著增强；超八成家长照料压力减轻，五成家长接受家庭教育知识宣讲，科学育儿意识得到

提升，八成家长与孩子沟通交流增多。家长和儿童对“儿童快乐家园”项目的满意度高达98%以上。

2014年至2020年年底，项目通过争取中央专项彩票公益金和筹集社会资金，已在全国31个省（区、市）和新疆生产建设兵团共捐建1 404个“儿童快乐家园”，共投入1.4亿元，惠及儿童和家庭百万余人，深受项目地群众和孩子的认可和喜爱。

（中国儿童少年基金会供稿，蔡芮灵执笔）

2020年中央专项彩票公益金支持足球公益项目实施情况

2020年，国家体育总局委托足球发展基金会实施足球公益项目，具体包括青少年足球公益项目和社会足球公益项目，促进青少年足球人才培养和社会足球普及推广，并取得较好成效。主要项目实施情况如下：

一、足球后备人才培养项目

资助北京体育大学中国足球运动学院（以下简称“足球学院”）足球运动招生、训练、参加赛事，以及出国外训、科技保障、租用场所、聘请外方教练团队和中方教练团队，努力打造出国家主导的高水平足球竞技体育青训体系，培养具有国家情怀、社会责任、国际水平的新时代足球运动人才和国家队后备人才。2020年，在做好新冠疫情防控的前提下，足球学院以秦皇岛基地为中心，辐射全国各地28所体校武校，打通跨界人才选拔渠道，初步搭建人才输送基地，多渠道、全方位招收优秀足球苗子，提高球员入口质量和成材率，坚持精英化、产业化办学方向；全年参赛132人次，U14男队获得全国“体校杯”足球比赛总决赛亚军；延续外派培养计划完成85人次的海外集训任务；通过大数据平台和选派外籍教练相结合的方式，对U13、U14年龄段进行选拔；线上线下授课相结合，完成了580名学生运动员的训练、文化课学习和思想教育及考核测试工作；完成了210人次运动员科技保障服务工作；19名队员入选职业俱乐部，学院青训队员童菲戈入选国青集训队。项目经费8 043万元。

二、全国“体院杯”足球比赛

为全面落实《中国足球改革发展总体方案》《中国足球中长期发展规划》《关于加强青少年足球工作的意见》等文件精神，促进全国体育院校足球训练、竞赛工作，加强高校高水平运动队建设，推动全国体育院校间的交流与合作，提升足球项目总体发展水平，体育总局青少司与中国足球协会联合主办了2020年全国“体院杯”足球比赛。本次比赛由北京体育大学和武汉市足球协会承办，12月12—26日在武汉市塔子湖训练基地举行，共有来自全国14家体育学院的24支队伍参加，参赛人数480人。经过15天55场比赛，广州体育学院获得男子组冠军，北京体育大学获得女子组冠军；转播比赛场次19场，其中男足、女足决赛在中国教育电视台同步转播。项目经费200万元。

三、全国“体校杯”足球赛

该项目由国家体育总局青少司、中国足球协会联合主办，全国体育运动学校联合会作为承办单位负责具体实施，组织北京、山西、辽宁、吉林、上海、江苏、江西、山东、湖北、湖南、广东、广西、重庆、四川、陕西、新疆等地区开展足球项目的武校和中国足球运动学院的男子U14组、女子U14组进行赛会制总决赛，参赛运动员及领队、教练员、球队官员达800人，参赛队伍达到32支、进行72场比赛。通过资助举办该赛事，逐步完善青少年足球竞赛体系，促进各级各类体校足球后备人才的培养，夯实了青少年足球基础工作。项目经费400万元。

四、中国城市少儿足球联赛

项目由体育总局青少司、中国足球协会共同指导，全国体育运动学校联合会作为主办单位负责具体实施，该项目全称为“2020—2021‘中国足球发展基金会杯’中国城市少儿足球联赛”，组织5个组别进行比赛，分别为U8男女混合组、U9男女混合组和U10男子组、U11男子组、U12男子组，其中U8、U9、U10组别进行5人制比赛，U11和U12进行8人制比赛。比赛在10个赛区共进行4 500场，参赛运动人员达到6 800人，参赛队伍不少于500支。通过资助该赛事，丰富和完善8岁至12岁少年儿童足球竞赛，促进各城市完善建立少年儿童足球竞赛体系，通过比赛促进训练，培养和发现人才，并普及推广足球文化，提高少年儿童参与足球兴趣，扩大少年儿童足球人才基础。项目经费837万元。

五、“阳光球场”足球设施建设

资助学校、社区、公园、体育场（馆、所）以及地方政府能够提供公共场地的地点建设公益性标准足球场或笼式足球场，免费或低费向社会开放，增加场地数量，促进足球运动的开展和普及。2020年度资助湖南省和云南省各建设一块标准足球场，云南省建设1个笼式足球场。项目经费477万元。

以上项目的实施，有力地促进了足球青训体系建设和社会足球公益活动的开展，有利于夯实职业足球的人才基础、设施基础和社会基础，对推动我国足球的普及和竞技水平提高做出了积极贡献。

（中国足球发展基金会供稿，关潮执笔）

2020年中央专项彩票公益金支持河北省社会公益事业建设项目实施情况

一、基本情况

2017年至2020年，中央财政安排200亿元中央专项彩票公益金用于支持“十三五”时期部分省市的社会公益事业发展，河北省共获得5.42亿元补助资金（2017年至2020年每年下达河北省1.355亿元，以下简称“补助资金”）。按照财政部有关要求，结合河北省重点工作中所涉及的社会公益事业发展领域需求，上述补助资金采取因素法分配下达各市、县，由各市、县按照规定的资金使用范围，自主确定扶持领域，主要使用方向包括：社会福利、体育、教育、红十字、残疾人、文化、扶贫、法律援助、城乡医疗及其他社会公益事业。

二、项目资金分配管理情况

2019年11月，财政部提前下达河北省2020年度中央专项彩票公益金指标1.355亿元，用于支持河北省社会公益事业发展。按照《通知》要求，本着“缺什么补什么”原则，省财政厅按照区域面积、人口数量、财力状况、彩票公益金收入等因素，并结合上一年度绩效评价结果，采取因素法于同年11月25日向各市、县提前分解下达了此项资金预算指标和区域绩效目标，由各市、县按照规定的资金使用范围，自主确定扶持领域。结合中央专项项目绩效目标内容，河北省设定的区域绩效目标主要包括：①提升地方政府社会公益事业供给能力；②促进各地区社会公益事业均衡协调发展；③改善地方社会公益事业落后状况。其中，一级指标3个，包括产出指标、效益指标和满意度指标；二级指标6个，包括数量、质量、时效、经济效益、社会效益、可持续影响和满意度；三级指标16个，包括工作任务及时完成率等。

从资金执行情况看，项目预算安排资金16 193.79万元，其中中央补助资金13 550万元，地方配套资金2 421.39万元，其他资金222.41万元。2020年全省中央专项彩票公益金支持地方社会公益事业发展项目资金共安排项目213个，分布在教育、民政、体育等领域。在项目具体实施过程中，项目主管部门和实施单位严格按照项目规划及规定用途专款专用，资金使用严格执行相关财务制度，合理分配管理项目资金，确保了资金运行安全、高效。

三、项目实施效果

2020年全省预算安排项目213个，年底实际完工174个，项目完工率为81.69%（部分地区因新冠疫情影响造成开工、招投标、规划及土地等项目延迟）。总体上看，各地通过项目的实施，有效提升了社会公益机构的服务能力和水平，改善了学校教育、体育设施和民政福利机构等条件，弥补了在基本公共服务相关领域存在的不足，促进了全省各地社会公益事业均衡持续发展。如邢台市实施的中小学操场硬化和厕所改造项目，有效改善了学校的教学环境和办学条件，提升了校园形象，促进了县域内教育均衡和教育事业的持续发展。廊坊市实施的全民健身示范基地和健身与健康融合中心建设项目，满足了当地群众日益增长的体育健身需求，为全民健身提供了更加完备的公共体育服务。衡水市实施的社区服务及居家养老服务中心项目建设，积极推进了全市社区服务及居家养老服务事业的发展，为社区居民和老年人从生活服务到文化生活等方面提供更加优质的服务。

（河北省财政厅供稿，甄建荣执笔）

2020年中央专项彩票公益金支持山西省社会公益金事业建设项目实施情况

一、中央专项彩票公益金使用规模及资助项目

财政部以财综〔2019〕47号文件下达山西省2020年中央专项彩票公益金14 150万元，专项用于支持地方社会公益事业发展。按照文件要求，山西省财政厅及时分配下达全部资金。资金主要用于以下六个方面：教育事业项目6 500万元，包括乡村中小学老师能力素质提升项目资金5 000万元和改善普通高中学校办学条件项目资金1 500万元；文化事业发展项目3 888万元；残疾人托养服务项目762万元；红十字会备灾物资采购和关爱生命健康教育项目1 000万元；“助力计划”困境青少年服务项目1 000万元；移民新村全民健身路径项目1 000万元。

二、中央彩票公益金执行情况

（一）用于支持教育事业发展项目

1.资助中小学乡村教师能力素质提升计划。本项目年度预算总额5 000万元，全年执行数5 000万元，预算执行率100%。项目年度指标全部完成。中小学乡村教师培训28 044人次，乡村教师、校长结业率90%。

2.改善普通高中办学条件。本项目年度预算总额1 500万元，全年执行数1 500万元，预算执行率100%。项目年度指标全部完成。受益学校数达到34所，受益学生数量8.68万人，新建改扩建工程验收合格率达100%。

（二）移民新村全民健身路径工程

本项目年度预算总额1 000万元，全年执行数961.5万元，预算执行率96.2%。年度指标全部完成。全省新增体育场面积16万平方米，完成全省200个移民新村2 000件健身器材的安装。招标健身器材质量全部符合国家有关规定，室外移动篮球架符合新标准、室内健身器材符合国家标准。

（三）支持地方社会公益文化事业发展项目

本项目年度预算总额3 888万元，全年执行数3 085.6万元，预算执行率79.4%。项目年度指标部分完成。演出场次292次，受益群众人次18.6万人次；举办培训17期，培训人次950人次；资助基层舞台建设数量66个，基层文化服务中心建设数量55个；开展活动15 372次，开展活动次数增幅7.81%，完成率77.27%；服务群众人次117.5万人次，服务群众人次增幅55.73%；配送流动文化设施套数15套。工程阶段性验收合格率100%。

（四）资助残疾人托养服务项目

本项目年度预算总额762万元，全年执行数720.84万元，预算执行率94.6%。项目年度指标全部完成。全年完成托养人数2 540人，完成率100%。

（五）支持“助力计划”山西省困境青少年服务项目

本项目年度预算总额1 000万元，全年执行数873.5万元，预算执行率87.4%。项目年度指标全部完成。建设完善“青年之家”困境青少年社会服务点132个，培训骨干工作人员1 321人，组建志愿者服务团队500支，志愿者团队服务人数5 150人；开展主题活动1 615场；开展“五防”

安全自护课程5 491节；开展团体心理健康教育课程3 419场节。

（六）资助红十字会备灾物资采购和关爱生命健康教育项目

本项目年度预算总额1 000万元，全年执行数904.9万元，预算执行率90.5%。项目年度部分指标全部完成。全年采购救灾物资单帐篷800顶，采购救灾物资棉衣2万件，采购救灾物资棉被1.5万床，采购救灾物资毛巾被3.3万条，建立红十字会安全健康体验教育2个，举办救护培训及急救知识谈及等受益人群25.3万人次，完成率均达100%。

全年举办急救知识普及公益性讲座22.5万人次，举办初级救护员培训2.8万人次，举办项目启动培训班及应急救护师资培训班6期243人次。

通过对各项目的实施效果和满意度调查显示，各受益群体的满意度达到了预期指标要求，满意度均在90%以上。

三、中央彩票公益金实施效果

（一）用于支持教育事业发展项目

不同项目的培训，使具有不同优势和特长的骨干教师在不同的教学岗位，以不同的方式发挥骨干带头作用，这对于提高农村教师队伍素质、加强乡村教师队伍建设、推进义务教育均衡发展、促进基础教育改革及提高教育质量均具有重要意义，对山西省基础教育改革发展有着巨大的推动作用，取得了良好的社会效益。

改善普通高中办学条件项目的实施，进一步改善了山西省普通公办高中学校的办学条件，提升了高中教育质量，进一步优化教育资源配置，推动高中学校办学条件标准化，促进普通高中教育快速发展。

（二）移民新村全民健身路径工程

移民新村健康路径建设项目的实施，提升了异地搬迁移民新村体育场地等公共体育设施水平和健身服务质量，助力打赢脱贫攻坚战，完善了移民新村公共体育服务体系，帮助了农民树立科学、健康的生活方式，为搬迁群众参与健身活动提供了健身服务便利，大大提升了易地搬迁安置宜居水平，带动了全省全民健身活动的普及开展。

（三）支持地方社会公益文化事业发展项目

本项目的实施，深入推动了山西省文化和旅游大融合大发展，实现了经济效益和社会效益的双赢。公益文化设施功能提升项目，改善了市、县两级公共文化设施水平，推动了城乡文化均衡发展。基层舞台建设项目，改善了公共文化设施水平，丰富了农村居民精神文化生活，有效保障了农村居民的基本文化权益。基层综合性文化服务中心建设项目，有利于完善基层公共文化设施网络，打通地区公共文化服务“最后一公里”；有利于统筹利用资源，促进共建共享，提升基层公共文化服务效能。高雅艺术进校园项目，不仅满足了学生的观演需求，也带动和引领了大学的文化教育方向。文化品牌基层行项目，满足了基层群众多样化、多层次、多方面的精神文化需求，同时也增进了群众对山西本土文化的认识和了解，增强了群众对家乡的文化自信。基层文化人才能力培训提升项目，提升了基层文化建设人才的业务水平、知识水平和创新发展能力，提升了基层公共文化服务质量。流动文化设施配送项目，促进了公共文化服务向基层辐射延伸，能够满足大众的实际需求，有效促进了地方公益事业发展。

（四）资助残疾人托养服务项目

通过实施本项目，托养人员的生活处理能力有所提高，健康状况有所好转，居家环境有所改善，健康管理服务有所加强；通过各级残疾人联合会的政策宣传、服务机构入户贴心服务，整个社会进一步提高了对残疾人的关心、理解和支持，残疾人的获得感、幸福感、安全感持续提升。

（五）支持“助力计划”山西省困境青少年服务项目

本项目的实施，帮助青少年形成积极、良好

的心理状态，提升自我保护意识和能力；建立困境青少年心理、安全教育服务的专业团队，引导支持社会专业力量服务于困境青少年；建立常态化联系服务青少年的“青年之家”，扶植联系专业服务青少年的社会组织；进一步引导社会、学校、家庭关注支持困境青少年群体成长成才，初步建立山西省困境青少年群体关爱帮扶体系，进一步增强困境青少年群体获得感。

（六）资助红十字会备灾物资采购和关爱生命健康教育项目

本项目的实施，增加了救灾物资，为应急救灾提供了救援安全保障，提高了山西省红十字会的应急救援能力；建设生命安全健康体验教室和举办公益讲座、培训，提高了人民群众防灾避险、自救互救的能力，促进社会和谐，对经济发展起到了间接促进作用；进一步完善山西省应急救护培训网络体系，使得“人人学急救，急救为人人”的理念深入人心；进一步维护和提升了红十字会的社会公信力。

（山西省财政厅供稿，陈艳华执笔）

2020年中央专项彩票公益金支持内蒙古自治区社会公益事业建设项目实施情况

一、支持呼和浩特市托克托县革命历史纪念馆配套工程建设项目实施情况

（一）项目基本情况

托克托县革命历史纪念馆配套工程建设项目一期占地面积6 810.11平方米，总建筑面积2 488.89平方米，其中革命历史纪念馆1 780.23平方米，李裕智烈士故居708.66平方米。主体工程总投资为1 180万元，全部为政府建设投资。

（二）项目执行情况及实际效果

2020年中央专项彩票公益金支持托克托县革命历史纪念馆配套工程建设项目资金900万元。该项目于2019年6月13日完成可行性研究报告各相关责任方声明。托克托县发展和改革委员会于2019年6月21日批复了托克托县革命历史纪念馆配套工程建设项目可行性研究报告的申请（项目编码2019—150122—88—01—013194），托克托县自然资源局于同日出具了建设用地《项目选址意见书》（选字第15012220190001号），建设内容包括花岗岩铺装、沥青道路、配套用房等。目前配套工程建设项目已完成70%工程量，布展工程（一期）建设项目于2021年3月1日批复。项目建成后，将成为托克托县回顾革命历史，缅怀先烈，继承遗志，开展革命教育、党性教育、青少年爱国主义教育以及举办重大纪念活动的重要场所。

（呼和浩特市托克托县河口管理委员会供稿，乔红燕执笔）

二、支持包头市东河区公园路小学转龙藏分校教学楼二期工程建设项目实施情况

（一）项目基本情况

东河区公园路小学转龙藏分校规划建设为两期工程。规划占地面积35 253.31平方米，其中净用地面积24 004.33平方米，城市道路面积11 248.98平方米。按照设计规划，该校建成后可设置24个教学班，可容纳1 080名学生就读，项目建设期为2018—2020年。

（二）项目执行情况及实际效果

2019年11月，东河区争取2020年中央专项彩票公益金支持地方社会公益事业发展资金1 000万元，专项用于东河区公园路小学转龙藏分校教学楼二期工程建设。截至目前，教学楼、校园及道路硬化工程均已完工，并交付学校使用。

随着东河区北梁棚改工程的实施，原棚户区居民相继在北梁安置区新区入住。原有教育资源相对匮乏，故在原校区内扩建二期教学楼，增设12个教学班，可容纳540个学位，服务周边人口1.5万—2万人，既满足了北梁适龄儿童就近入学的需求，又可带动周边相关产业的发展，还可为东河区解决诸多就业岗位。公园路小学转龙藏分校二期工程一方面从生活实际出发，方便附近小区居民的使用；另一方面在学校现已取得成绩的基础上，为创建全区一流名校、确保一流的教学质量提供发展机遇；同时对北梁安置区的建设、对东河区经济及民生改善将起到积极的推动作用，推动实现北梁地区教育均衡发展。

（包头市东河区教育局供稿，魏炜执笔）

三、支持新巴尔虎右旗老年养护院建设项目实施情况

（一）项目基本情况

新巴尔虎右旗新建老年养护院项目是一所集老年照护、医疗保健、康乐活动为一体的综合性养老机构。养护院总占地面积21 171.22平方米，总建筑面积6 299.09平方米。其中主要包括新建养护院一栋，建筑面积为6 017.28平方米；附属用房一处，建筑面积为281.81平方米；绿化及道路硬化等。

（二）项目执行情况及实际效果

老年养护院建设项目总投资2 693.83万元，其中中央福彩公益金支持1 070万元，自治区福彩公益金支持480万元，发改中央内预算资金986万元。该项目设有南楼和北楼，北楼建筑面积为2 407.64平方米。设有公寓式居室16间，家属陪护居室、棋牌室、活动室、护理站和洗衣房等房间。南楼建筑面积为3 609.64平方米。设有标准居室48间（4间3人间、44间双人间）、厨房、餐厅、医务室、接待中心、商店、诊疗室、洗衣房、活动室、书画室、阅览室、亲情网络室、物理理疗室、运动理疗室和诊疗室等房间。中间长廊部分设有厨房、餐厅和活动室。项目建成后，主要是针对旗内“三无”、“五保”、残疾人、弱势群体，满足不断改善民生和减轻现实社会养老矛盾的客观要求，提高老年人集中供养工作水平，努力实现老有所养、老有所医、老有所乐、终有所安，为推动养老事业的健康发展，构建和谐社会做出了积极贡献。

（新巴尔虎右旗民政局供稿，韩晓明执笔）

四、支持阿尔山市五岔沟镇全民活动中心建设项目实施情况

（一）项目基本情况

该项目位于五岔沟镇学校院内，规划总占地面积5 140平方米，建筑面积3 450平方米，占地面积2 500平方米（地上一层、地下一层），是一座多用途、多功能的全民活动中心。主要分为室内篮球场地、排球场地、羽毛球场地、乒乓球场地、广场舞场地、室内运动器材场地、图书阅览室、综合活动场地、棋牌室等相关辅助用房。同时进行室外广场硬化及相关配套设施建设。

（二）项目执行情况及实际效果

2020年，为推动阿尔山市五岔沟镇体育事业发展，丰富居民业余生活，提高百姓身体素质，中央专项彩票公益金支持阿尔山市五岔沟镇共1 000万元，用于建设五岔沟镇全民活动中心项目。原预计项目建设期限为2019年5月—2020年12月。2019年10月开始办理全民活动中心工程项目前期手续，2020年1—4月受寒冷天气影响不能施工，5—7月因疫情导致工人不能到位又未能及时施工建设。自2020年8月开始施工以来，施工单位及建设单位积极克服困难，加快施工进度，争取早日投入使用。

（阿尔山市五岔沟镇人民政府供稿，高源执笔）

五、支持通辽市中心血站建设项目实施情况

（一）项目基本情况

通辽市中心血站是通辽地区唯一的采供血机构，肩负着全市60多家医疗临床用血的采供任务、临床输血指导以及经血液传播感染性疾病的预防研究工作。2020年采血量达11.5吨，比2019年增长14.8%。随着医疗临床技术水平的提高，年供血量大幅度增长，导致采供血压力逐年加大。通辽市中心血站原有可使用的业务用房面积不足1 750平方米，无法满足快速发展的采供血事业工作需要。通辽市中心血站业务楼为主楼的地面一层至五层，为血站主要业务功能区域，建筑面积为6 000平方米。一、二层对外服务空间建筑面积为3 095.64平方米，三、四、五层实验用房建筑为2 904.36平方米。建筑基底面积1 619.38平方米，建筑高度31.65米，结构形式

为框架结构，层数为地上五层。地上建筑耐火等级为二级，地下建筑耐火等级为一级。建筑功能：一、二层为办公、展厅、采血大厅等，三、四、五层为各类实验室。总投资3 000万元，其中申请中央资金1 500万元，地方配套资金1 500万元。

（二）项目执行情况及实际效果

2019年，血站争取到中央专项彩票公益金1 000万元。中央专项彩票公益金的拨付不仅为血站业务楼建设项目提供了资金支持，而且为采供血事业的发展提供了有力的保障。目前，主体结构验收已完成。该项目建成后有利于预防和控制传染性疾病、改善通辽市中心血站业务环境，保证血液质量和血液安全。建设工程完成后，能够增加先进采供血大型高精尖仪器设备，缩短工作时间，提高工作效率，为临床抢救生命应急用血提供有力保障，促进通辽市医疗卫生事业的发展。

（通辽市中心血站供稿，赵琪执笔）

六、支持赤峰市林西县老年养护中心建设项目实施情况

（一）项目基本情况

林西县老年养护中心位于赤峰市林西县养老园区内，占地面积8 174平方米，总建筑面积6 974平方米，床位160余张。项目总投资2 498万元，其中中央专项彩票公益金支持地方公益事业发展项目资金900万元，用于配套附属设施设备建设。

（二）项目执行情况及实际效果

项目于2019年开始规划设计，2020年开工建设，截至目前已经完成主体工程验收，下一步将进入装修阶段，预计2021年年末建成并投入使用。主体结构为框架结构六层，养护中心内部设有医务室、理疗室、棋牌室、阅览室、健身房、洗衣房、厨房和多功能餐厅。中心内设客厅、卧室和室内卫生间，集中供热供暖供水供电，电视、电话、太阳能浴霸一应俱全。室外绿化、硬化、亮化、基础设施设备齐全配套，环境清新优雅，为入住的老年人提供了优越的生活条件。林西县老年养护中心建成投用后，推行健康常态化、服务亲情化、管理规范化、医疗专业化的工作模式，秉承尊老敬老传统美德，热情关心和照顾老年人，切实为老年人解决实际问题，使老年人老有所养、老有所医、老有所乐、老有所学、老有所为，弘扬为老助老时代风尚，积极完善中心配套设施，努力提高管理水平和服务质量，让每一位入住老人都在这里生活得开心快乐。

（赤峰市林西县民政局供稿，李志敏执笔）

七、支持鄂托克旗安睦隆社区服务中心建设项目实施情况

（一）项目基本情况

安睦隆社区是以旗旧法院西厅作为社区党群服务中心，属于建成年代比较早的老旧建筑，建筑面积840平方米。随着安睦隆社区小区居民入住率的提高，以及日后要组建的自治队伍及孵化社会组织的需求，活动室功能显得比较匮乏，不能满足辖区17个居民小区的老年人精神文化活动和年轻一代健身强体的需求，日间照料中心、托幼等便民服务也无法开展。鉴于目前社区党群服务中心位置既辐射周边居民区，交通也十分便利，还有空地可供扩建，故向上级申请资金，以规划设计一栋建筑面积2 000平方米、总用地面积6 661平方米，具备日间照料室、健身活动、托幼室等文艺型、思维型、锻炼型、学习型功能的建筑。

（二）项目执行情况及实际效果

2020年，中央专项彩票公益金支持地方社会公益事业建设项目资金800万元，全部用于鄂托克旗安睦隆社区服务中心建设。受新冠肺炎疫情影响，项目前期手续办理时间跨度较长，目前安睦隆社区服务中心建设项目已立项，项目设计工

作已完成，正在协调办理工地手续，预计项目建成后能满足当地群众的生活、休闲、娱乐等活动需求，进一步完善15分钟生活圈，充分解决周边居民公共活动问题，改善居住区环境，提升街道整体形象。

（鄂托克旗乌兰镇人民政府供稿，关惠芳执笔）

八、支持乌拉特后旗残疾人康复中心托养中心综合服务中心项目实施情况

（一）项目基本情况

2020年，中央专项彩票公益金支持地方社会公益事业建设项目为乌拉特后旗残疾人康复中心托养中心综合服务中心项目。该项目位于乌拉特后旗巴音宝力格镇旗蒙医院路南，项目大楼共四层。总建筑面积4 450平方米，主体结构为四层框架结构。其中托养中心面积2 000平方米，康复中心面积2 000平方米，综合服务中心面积450平方米。项目总预计投资2 591万元，其中，基本土建工程1 288万元，管网工程（换热站、消防水池、供热、供水、排水管网及硬化等附属工程）325万元，两部医用电梯90万元，康复、托养、综合服务中心设备购置888万元。建成后的项目是一座功能较为齐全、服务手段优良，集残疾人托养、康复、综合服务为一体的综合大楼。

（二）项目执行情况及实际效果

2020年，中央专项彩票公益金支持地方社会公益事业建设项目使用规模1 000万元，占到项目总投资2 591万元的38.6%，对于项目的支持力度非常大。经项目单位充分研究，将福彩公益金项目资金1 000万元划分以下方面：基本建设费600万元，管网工程110万元，医用电梯90万元，康复、托养、综合服务中心设备购置200万元。该项目是集残疾人托养、康复、综合服务为一体的综合大楼项目，能满足乌拉特后旗残疾人的托养、康复、就业培训和法律援助等需求。在地方财政资金受疫情等影响出现较大困难的情况下，中央专项彩票公益金支持地方社会公益事业建设项目资金起到了巨大的项目建设支撑作用。

（乌拉特后旗残疾人联合会供稿，李险峰执笔）

九、支持乌海市海勃湾区宜和老年公寓扩建项目实施情况

（一）项目基本情况

乌海市海勃湾区宜和老年公寓扩建项目计划投资9 956.04万元，扩建项目新增用地总面积6 009.55平方米，建筑面积18 445平方米。建筑物为3座地上五层、地下一层框架结构养老公寓楼。设计房间167间，其中养老房间129间、功能用房16间、辅助用房22间，绿化面积3 015.05平方米。

（二）项目执行情况及实际效果

2020年，中央专项彩票公益金支持乌海市海勃湾区（采煤沉陷区）宜和老年公寓扩建项目700万元，在现有老年公寓养老服务基础上，扩建一座设施先进、配套完善，新增床位287张的医养结合型养老公寓。该项目建成后：一是解决部分老年人的养老问题，来此居住的老年人不仅可以很好地体会到老有所养，还可以充分体会到老有所乐的愉悦，做到人与社会的和谐相处，高质量地安度晚年。二是解决部分社会矛盾，促进社会和谐。子女随着工作、生活节奏的加快及本人所受压力的加大，赡养老人方面表现弱化，进而招致老人的抱怨，同时由于生活方式、生活习惯及思想观念不同也常常会产生冲突，产生家庭矛盾。居住在宜和老年公寓，则可以缓和家庭矛盾，促进社会和谐。

（乌海市海勃湾区宜和老年公寓供稿，代玉梅执笔）

十、支持阿拉善孪井滩学校图书综合楼建设项目实施情况

（一）项目基本情况

阿拉善腾格里经济技术开发区阿拉善孪井滩

学校图书综合楼项目占地面积11 456.7平方米，基地建筑面积1 820平方米，总建筑面积3 995平方米。其中：阶梯教室设计层数为1层，建筑面积936平方米，座位600个，小型舞台200平方米；图书馆设计层数整体4层，建筑面积2716平方米，每层679平方米；过道面积343平方米。

（二）项目执行情况及实际效果

2020年，中央专项彩票公益金支持阿拉善孪井滩学校图书综合楼项目575万元。项目建成后，是搜集、整理、保存、传播和利用书刊资料为学生获取信息、增长知识的重要场所，也是营造学校书香氛围的重要手段，更是弘扬校园文化的必经之路。校园文化具有特殊的教育功能、检释功能、创造功能和辐射功能，校园文化建设的价值观文化为师生确立了内心推崇的信念，在青少年的思想行为、道德情操的教育等方面起着重要作用。

（阿拉善孪井滩学校供稿，马武满执笔）

2020年中央专项彩票公益金支持吉林省社会公益事业建设项目实施情况

一、2020年项目实施情况

（一）资金使用规模

2020年，财政部下达吉林省中央专项彩票公益金支持地方社会公益事业建设项目资金10 475万元。收到中央下达的专项转移支付预算后，吉林省结合市、县申报项目情况，制定了具体的绩效目标并全部落实到各市、县，并据此将资金于2020年11月全部提前下达到各市、县。从资金支持方向上看，支持社会福利事业发展7 723万元，支持体育事业发展2 594万元，支持教育事业发展158万元。

（二）资助项目情况

2020年，财政部下达吉林省中央专项彩票公益金支持地方社会公益事业建设资助项目具体包括：

1.支持社会福利项目47个，受益人数十万人。主要包括社会福利服务中心新建及维修改造、救助站维修改造、城镇社区服务设施、殡葬基础设施和环保改造等项目。

2.支持体育事业项目8个，受益人数40万人左右。主要包括全民健身中心建设、公共体育场地设施建设和维修改造等项目。

3.支持教育事业项目1个，受益人数5万人左右。主要用于未成年人校外教育场所设备购置项目。

（三）项目执行情况

在项目执行过程中，我们要求各市、县严格按照彩票公益金使用和绩效管理相关规定，加强资金的使用管理，加快预算执行进度，建立绩效运行监控机制、项目资金绩效评价指标体系和绩效考核问责机制，确保专款专用，并结合项目施工进度审核拨付资金，满足项目工程建设需要。截至2020年4月中旬，资助的56个项目已竣工41个，项目资金已实际支出7 227万元，剩余资金待其他项目竣工并验收合格后支付。

二、实际效果

随着社会公益事业项目的竣工和投入使用，公益设施服务能力明显提升，人民群众精神文化生活更加丰富，生活环境明显改善，促进了社会福利、体育、教育、文化等事业的全面发展，满足了人民对美好生活向往的追求，提升了服务对象的获得感、幸福感，达到了受益人群非常满意的良好效果。

（吉林省财政厅供稿）

2020年中央专项彩票公益金支持黑龙江省社会公益事业建设项目实施情况

一、使用规模和资助项目

2020年，财政部下达黑龙江省中央专项彩票公益金支持地方社会公益事业发展资金8 900万元，主要用于两个方面：一是安排6 900万元，用于支持民政相关公益事业（中心乡镇骨灰寄存堂项目4 600万元，全省“多村一社区”及农村社区建设项目1 500万元，消防改造800万元）；二是安排2 000万元用于支持教育相关公益事业。

民政项目主要用于：一是落实民政职业技术学校消防安全主体责任，完善消防安全制度及档案建设，确保消防安全形势稳定；二是实施“多村一社区”建设，实现有效整合资源、破解“一村一社区”重复建设、改善资金短缺、匮乏、设施不配套等现状，有效提高农村社区服务半径，服务更多村民、辐射更多村，不断提高农村社区综合服务设施覆盖率。社区服务中心设置公共服务大厅、棋牌室、多功能活动大厅、乒乓球室和健身室，并配置了慈善超市、日间照料室、图书室、书画室等功能室，为居民提供丰富多彩的便民利民、志愿服务活动，吸引众多村民的广泛参与；三是改善儿童福利机构消防设施，为儿童福利机构内儿童提供安全保障；四是进一步深化殡葬制度改革，有效解决散埋乱葬问题，提升火化率，节约土地，优化环境，降低人民群众殡葬成本，革除丧葬陋俗，提倡文明、节俭办丧事。

教育项目主要用于：支持民办教育发展专项资金900万元，大中专院校家庭经济特殊困难学生价格临时补贴资金507万元。其余资金统筹用于疫情防控，如购置一次性医用口罩、购置手持式红外测温仪数量、支持实训基地建设、购置教学仪器设备、特殊困难学生价格临时补贴资助等。

二、执行情况

中央下达黑龙江省转移支付预算已于指标文下达时，全额下达属地财政及相关单位。因照顾管理弱势群体，受疫情影响多数机构采取封闭式管理，人员无法出入，施工进度受影响较大，民政部门资金支出比例为74.22%，教育部门资金支出比例为71.29%。

三、实际效果

（一）民政项目

省民政职业技术学校消防电等设施维修资金预算安排258万元，按财政评审及招标成交价实际支出221.36万，完成85.80%。年末目标任务已完成，各项指标如期完成，达到预期目标，评价良好。

多村一社区建设35个项目，已完成33个项目。

儿童福利机构消防改造项目，其中3家儿童福利机构已完成消防改造，2家儿童福利机构因审批手续及疫情影响尚未完成，资金累计支出128.5万元。

中心乡镇骨灰寄存堂项目，46个项目中，已主体完工18个，已开工、即将开工15个，2021年将全部可开工建设，资金累计支出3 300万元。

（二）教育项目

900万元用于支持民办学校疫情防控工作。

其中，全省18所民办普通高校学生共计11.9万人，按照生均补助50元标准，安排民办高校疫情防控补助600万元，用于核酸检测及防护口罩，教学楼、寝室和食堂等消杀用具及测温仪器配备等校园疫情防控急需相关支出；根据各地民办学校学生规模，对学生人数超过2万人的7个地市，分档奖补合计300万元，由地市统筹用于购置必要的防护、消杀、测温等物资及校舍改造等民办学校疫情防控急需项目支出，并从帮助民办幼儿园纾困角度给予重点支持。截至2020年末，民办高校支出496万元，采购一次性医用口罩140.5万个，手持式红外测温仪1 712个，消杀用具、防护服、医用一次性手套等其他防疫物资约7.5万套，支付核酸检测费用14.1万元。地市支出60万元，采购一次性医用口罩17万个，手持式红外测温仪256个，消杀用具、防护服、医用垃圾桶等他防疫物资约3.5万套，惠及民办幼儿园204所。

大中专院校家庭经济特殊困难学生价格临时补贴资金507万元。2020年，为进一步做好疫情防控期间大中专院校家庭经济特殊困难学生生活保障工作。黑龙江省启动了大中专院校价格临时补贴联动机制，对建档立卡学生、城乡特困供养学生、城乡最低生活保障学生及孤儿等四类大中专院校家庭经济特殊困难学生，按照所在地城市（农村）人均低保标准和CPI涨幅确定价格临时补贴标准按月发放。对省属和市县大中专院校家庭经济特殊困难学生发放的价格临时补贴所需资金，按照院校隶属关系，由同级财政负担。全省共落实大中专院校家庭经济特殊困难学生价格临时补贴提标资金507万元，资助学生45.1万人。其中，为缓解新冠肺炎疫情对各地大中专院校家庭经济特殊困难学生基本生活影响，经省政府批准，自2020年2月到6月价格临时补贴在原有保障标准基础上，价格临时补贴标准每生每月提高10元，增发补贴资金已由省财政全额承担。

（黑龙江省财政厅供稿）

2020年中央专项彩票公益金支持安徽省社会公益事业建设项目实施情况

2020年，安徽省继续实施彩票公益金支持学前教育发展资金项目（“十三五”时期中央专项彩票公益金支持地方社会公益事业发展资金）。

一、资金使用规模及资助项目

彩票公益金支持学前教育发展资金项目于2017年开始在全省实施，至2020年底结束时全省累计投入资金14.83亿元。其中：中央专项彩票公益金资金5.61亿元，其他地方配套资金9.22亿元。2020年度投入项目资金2.87亿元。其中：中央专项彩票公益金资金1.45亿元，其他地方配套资金1.42亿元，全部于2019年底前提前下达到市县。

通过该项目，对32个国家和省级扶贫开发重点县普惠性民办幼儿园予以奖补，对其他县区公办幼儿园项目建设予以支持。在资金下达市、县（市、区）的同时，随同文件分解下达彩票公益金支持地方社会公益事业发展资金区域绩效目标，明确专项资金严禁用于偿还债务，严禁用于平衡预算、发放人员津补贴以及公用经费等支出。各县（市、区）在收到上级资金预算文件后的30日内，按照支持学前教育项目年度实施计划，将资金科学、合理地分配到学校，落实到项目。

二、支持学前教育项目资金执行情况

为切实提高资金使用效益，保证年度绩效目标如期实现，全省各地根据《中央专项彩票公益金支持安徽省学前教育项目规划（2017—2020年）》，制定年度实施计划，开展集中审核，并认真执行预算。同时，严格依据《安徽省中央专项彩票公益金支持学前教育发展资金管理办法》，遵照专款专用的原则，按照招标文件和合同约定，由县区教育部门按相关程序和项目进度拨付专项资金。2017—2020年实际完成投资14.83亿元，项目资金执行率达到100%。

三、支持学前教育项目实施效果

（一）全省学前教育办学能力和办学条件得到有力提升

2020年全省共计支持203所公办幼儿园新建、改扩建，支持6所民办幼儿园新建、改扩建，支持560所幼儿园购置各类教玩具34 008台（套）件。据统计，自2017年项目实施以来，全省累计支持755所幼儿园新建、改扩建，支持1 362所幼儿园购置各类教具、玩具87 220台（套）件。新建或改扩建园舍项目建设完工率为100%，质量验收合格率为100%；新建、改扩建、购置设施设备的使用率为100%；设施设备采购完成率也达到100%。通过支持学前教育项目实施，提高了安徽省学前教育的毛入园率和普惠性幼儿园覆盖率，至2020年底，全省学前毛入园率达到94.9%，全省普惠性幼儿园覆盖率达到85.3%。

（二）促进全省学习教育水平提升，减轻学前儿童家庭的社会经济压力

按照“补齐短板”的思路，本着“缺什么补什么”的原则，注重中央专项彩票公益金使用的提质增效，集中精力重点解决好突出问题、首要问题，进一步扩大安徽省普惠性教育资源覆盖面，改善了项目幼儿园的办园条件，提升资金使

用的经济效益和社会效益；同时，注重加强绩效运行动态监控，使建设项目和购置设备使用率均达到100%。通过支持学前教育项目实施，适龄幼儿就近入园费用和家长接送支出成本得以有效降低，切实减轻了贫困家庭的经济负担，社会和家长评价正面，满意度持续增加，调查满意度达到85%以上。

（三）进一步增进彩票公益金的社会公益形象

在项目实施中，全省各地统筹考虑本地区不同区域、人群、领域的社会公益事业需求，注重与地方其他资金统筹安排使用，将彩票公益专项资金统筹用于第三期学前教育行动计划实施，改善幼儿园办学条件，夯实幼儿园硬件根基，园容园貌得到了明显改善。各民办幼儿园办园更有积极性和归属感，惠及社会公众的各个层面，有力彰显了中央专项彩票公益金的社会价值属性。

四、绩效自评情况

绩效自评结果应用，既是开展绩效评价工作的基本前提，又是加强财政支出管理，增强资金绩效理念，合理配置公共资源，优化财政支出结构，强化资金管理水平，提高资金使用效益的重要手段。安徽省从绩效管理入手，转变管理方式，项目管理既注重规划进度，更注重规划执行的精准度，既注意资金使用的及时性，更注重资金使用的规范；同时，将项目建成与事业发展的贡献度相联系，提升项目的综合效益。评价结果也将作为下一年度分配有关专项资金的奖惩因素之一。

（安徽省财政厅供稿，张飞执笔）

2020年中央专项彩票公益金支持福建省原中央苏区社会公益事业建设项目实施情况

2020年，财政部下达福建省中央专项彩票公益金支持原中央苏区社会公益事业项目资金1.65亿元，根据原中央苏区社会公益事业建设发展情况进行统筹，用于补助社会公益事业项目共计53个，涵盖社会福利、体育、文化教育、医疗等领域。

一、资金使用规模和资助项目情况

福建省财政厅全力支持福建省原中央苏区社会公益事业建设，充分发挥中央专项彩票公益金的政策扶持和引导作用。2020年年初下达7个设区市中央专项彩票公益金支持原中央苏区社会公益事业项目资金1.65亿元，支持原中央苏区社会福利、文化教育、公益体育等社会公益事业项目的建设和提升。通过部门预算分别下达福州市360万元、三明市4 850万元、泉州市950万元、南平市2 190万元、漳州市2 860万元、龙岩市3 250万元、宁德2 040万元，七地市根据项目安排及时、足额将资金分解拨付到位，资金到位率100%。

截至2020年年底，已建成的建设工程项目建设质量合格率达100%，中央专项彩票公益金补助资金使用合规率达100%。

二、资金使用和项目管理情况

福建省各级、各部门积极作为，精心策划、统一组织，细化责任分工，共同推进立项批复、项目规划、土地划拨、规划设计、建设招标、项目实施，并加强资金监管，加强预算执行，强化监督检查，积极推进社会公益事业项目建设。

（一）拨付程序规范，专款专用

严格按《2017—2020年福建省专项彩票公益金支持原中央苏区社会公益事业项目资金管理办法》规定进行管理，专款专用，并加强对项目管理及资金使用的监督。严格执行各项有关法律法规、财经纪律、财务规章制度、预（决）算、政府采购、专项资金等管理办法和操作规程。项目建设严格按照基建管理程序报批立项。按照《政府采购法》及相关规定，严格执行招投标制度，依法合规推进项目招标采购工作。在项目资金的使用上，做到规范使用、专款专用，不断提高资金使用效率。资金拨付程序规范，资产管理制度健全，各级财政部门定期对项目资金的使用进行检查，确保资金专款专用。

（二）开展绩效评估，提升效益

在项目建设单位层面，福建省细化责任分工，抓落实、抓责任、抓进度，根据项目施工进展情况，建立绩效运行动态监控机制，跟踪施工情况和用款进度，扎实推进项目建设进度和质量。福建省财政厅对项目建设情况进行抽查和督促落实。各级财政部门开展中央专项彩票公益金专项资金转移支付项目绩效评估，根据资金投入情况、绩效指标完成情况，对项目经济效益、社会效益、生态效益、可持续发展等进行评估分析，提升工程效益，助力各项公益事业的发展。

三、项目实施取得的效果

在中央专项彩票公益金的支持下，2020年福建省受益的53个社会公益事业项目均取得良好的社会效益。涵盖多个民生领域的社会公益事业项目把福建的青山绿水、产业建设和人民福祉融合在一起，在八闽大地落地生花，极大地改善了福建省原中央苏区社会公益事业基础配套设施，提高城市品位。

（一）助力社会福利事业品质升级

加快福建省社会福利服务事业发展进程，支持全省老年人福利、儿童福利、残疾人福利与基础设施建设等，提升全省社会福利事业整体品质。以漳州市社会福利中心项目为例。漳州市社会福利中心是漳州市委、市政府为民办实事重大项目，总建筑面积104 228.68平方米，概算总投资约4.9亿元，2020年，使用中央专项彩票公益金620万元。2020年年底，中心住养老人327名，其中供养特困人员56名，自费老人271名；在院弃婴、孤残儿童72名。社会福利中心的建设扩大了漳州养老服务有效供给，提高了医养结合养老服务水平，改善了全市孤儿收养条件和流浪乞讨人员救助条件，保障优抚弱势群体，推进漳州市社会福利事业健康发展，不断提升城市功能与品质。

（二）推动文化教育事业向上向善

统筹推进文化教育事业发展，通过支持建设具有示范引领作用的优秀项目，进一步提升各地文化软实力，为全省经济社会发展营造向上向善的浓厚氛围。以将乐县博物馆新建建设项目为例。该项目投资总额12 500万元，2020年使用中央专项彩票公益金260万元，项目占地面积16 557.3平方米，建筑面积21 906平方米。将乐县博物馆新馆于2020年10月1日正式开放，国庆期间参观人数达32 069人，将乐县成了炙手可热的“打卡”地。将乐县博物馆免费向社会开放，对促进城市健康发展、提高人们身心健康都起到极大的推动作用，取得显著社会效益，对将乐县精神文明建设也起到了积极的促进作用。将乐县成为重要的爱国主义教育基地、科普教育基地和中小学学生德育教育基地。

（三）支持体育健康事业蓬勃发展

积极响应国家“健康中国战略”号召，支持中国国民体育健康事业发展。各项全民健身、休闲类项目的建成，有力推动了群众性体育赛事和全民健身活动的蓬勃繁荣。以龙岩市新罗区龙津湖全民健身慢道项目为例。龙津湖公园是省市重点民生工程，总投资5 000万元，2020年使用中央专项彩票公益金840万元。新罗区龙津湖全民健身慢道宽6米、总长约2.8公里，宛若一条绿丝带飘动在潺潺的龙津湖边。该项目的建成，进一步改善了龙岩城区的人居环境，提升了城市品位。城市绿起来，脚步慢下来，项目的建成，更是助力龙津湖公园成为集休闲、健身、观光为一体的城市“新会客厅”和龙岩城区崭新的“城市名片”。

又如，建宁县户外运动休闲公园项目规划面积2 000亩，是集运动休闲、户外拓展、赛事举办、农事体验、赏花观景等功能为一体的大型运动公园，总投资约1亿元，2020年使用中央专项彩票公益金520万元。建宁县户外休闲公园自建成投入使用以来，为建宁人民提供了设施优良的运动休闲环境，户外运动休闲公园的儿童乐园更是吸引了众多的游人前来游玩，尤其是节假日，儿童乐园更是热闹，为亲子活动提供了良好场地。

中央专项彩票公益金项目的建设，极大地改善了福建省社会公益事业的面貌，补齐了基础设施“短板”，提升了公益设施服务能力。人民群众精神文化生活更加丰富，生活环境明显改善，促进了社会福利、文化、教育和体育等事业的全面发展，让人民群众拥有更多的获得感和幸福感。

（福建省财政厅供稿，舒晓磊执笔）

2020年中央专项彩票公益金支持江西省赣南等原中央苏区社会公益事业建设项目实施情况

一、项目总体情况

“十三五”时期，财政部下达江西省中央专项彩票公益金115 500万元，支持项目102个。其中：扶老项目46个，补助资金30 562万元；全民健身项目38个，补助资金72 522万元；助残项目10个，补助资金5 471万元；社区建设项目6个，补助资金1 050万元；救孤项目2个，补助资金600万元；奖补资金5 295万元。中央专项彩票公益金项目的实施，有力助推了赣南等原中央苏区脱贫攻坚、同步全面小康步伐，极大地改善了赣南等原中央苏区社会公共服务设施的落后面貌，原苏区百姓更多地享受到了公共财政的阳光雨露。

二、项目推进情况

“十三五”期间，江西省始终坚持强化中央专项彩票公益金支持地方社会公益事业发展项目督导，尤其是在2020年，面对突如其来的新冠肺炎疫情，我们克服疫情不利影响，抢抓复产复工时机，总体执行情况较好。项目建设效率、社会效益等内容的年度总体目标、产出指标、效益指标、满意度指标均达到了预期值，彩票公益形象更加深入人心。

1.全力抓进度、抓成效。将完工数、投入使用数、绩效评价与奖补资金分配挂钩，助推项目早日落地生效。各市县财政部门为推进项目进展，多次开展实地调研，召集相关职能部门召开项目建设协调会；对进度滞后的项目下发工作提示函，要求项目实施单位拿出切实可行的举措，有力推动了项目进展。

2.强化绩效管理。不断推动项目实施科学化、精细化管理，科学、合理设置年度绩效目标，社会效益方面成效显著，赣南等原中央苏区社会福利、城乡养老、全民健身、残疾人托养等方面的条件都得到了较大提升和改善，群众和服务对象满意度方面均达到了90%以上。

3.加大宣传力度。为展示“十三五”时期中央专项彩票公益金建设成果，加大宣传效应，让群众深刻感受到党对老区人民的温暖关怀，所有完工建成的项目在醒目位置上悬挂有“中央彩票公益金项目资助”标识牌。赣州市财政局精心组织，制作了《“十三五”中央专项彩票公益金支持赣南苏区振兴发展社会公益事业》画册，彰显了中央专项彩票公益金在扶持老区社会公益事业方面的显著成效。

三、取得的成效

中央专项彩票公益金项目的实施，极大地改善了赣南等原中央苏区社会公益事业落后面貌，助推了赣州脱贫攻坚、同步全面小康步伐，较大地提升了群众的幸福感和获得感。

项目实施前，赣南等原中央苏区底子薄、社会福利欠账多。原有光荣院、敬老院、综合福利院床位少，缺口大，残疾人康复托养、治疗条件严重不足，体育基础设施供需矛盾突出。通过“十三五”中央专项彩票公益金项目的实施，赣南原中央苏区新增光荣院、综合福利院、敬老院46个，极大地改善了光荣院、敬老院、综合福利院的居住条件。新增残疾人康复（服务）中心10个，极大地改善了残疾人康复服务的治疗条件。体育健身场所的覆盖率大幅提高，有效丰富了广大群众的精神文化生活。

（江西省财政厅供稿）

2020年中央专项彩票公益金支持山东省沂蒙革命老区社会公益事业建设项目实施情况

一、资金使用规模

2020年，财政部拨付山东省中央专项彩票公益金支持地方社会公益事业发展资金（以下简称“中央专项资金”）7 500万元，全部用于支持山东省沂蒙革命老区18个县（市、区）社会公益事业项目建设。其中，用于支持其他社会福利事业发展项目1 117万元，占比总量14.8%；用于支持残疾人事业发展项目428万元，占比总量5.7%；用于支持教育事业发展项目1 812万元，占比总量24.2%；用于支持文化事业发展项目3 201万元，占比总量42.7%；用于支持体育事业发展项目942万元，占比总量12.6%。在中央专项资金的带动下，地方财政及社会资本累计投入2.64亿元，为支持沂蒙革命老区社会公益事业发展提供了有力支持。

二、资助项目情况

经统计，2020年中央专项资金用于实施社会公益事业建设项目共计18个。主要情况如下：

（一）社会福利类建设项目6个

主要是新建或维修养老服务机构及设施，完善硬件建设，改善居住环境，满足供养需求，提高服务水平，扩大养老服务供给能力，不断提高老年人及其亲属满意度。例如：淄博市沂源县特困人员救助供养中心总投资2 060万元，使用2020年中央专项资金295万元，为县域范围内半自理、不能自理特困老年人提供集中供养服务。配置床位186张，目前已入住特困老年人115人。

（二）残疾人事业建设项目1个

主要是临沂市平邑县特殊教育学校建设项目。该项目总投资4 000万元，使用2020年中央专项彩票公益金353万元。项目包含教学楼、宿舍楼、综合楼、运动场、餐厅、室外工程及绿化、内部配套设施等，设有多感官治疗室、奥尔夫音乐治疗室、感统训练室、音乐游戏治疗室、沟通认知训练室、结构化训练室、小团体社交训练室等30余个数字化康复训练室。目前，有150名脑瘫、智障、孤独症儿童在学校免费接受教育及康复训练，同时为全县147名重度残疾儿童提供“送教上门”服务，极大地为社会减负、为残疾儿童家庭分忧，切实保障了残疾儿童平等接受教育的权益。

（三）教育类建设项目3个

主要是建设学校综合楼、校外活动中心等。例如：日照市莒县第六实验小学综合楼建设项目总投资969万元，使用2020年中央专项彩票公益金补助项目资金495万元。主要建设综合楼一座，新增教学班14个，新增学位630个。建成后将极大提升学校的办学条件，优化教育硬件布局，均衡教育资源配置，解决学校目前存在的“大班额”问题，改善学校基础设施薄弱的现状，受益学生2 600多人。

（四）文化类建设项目6个

主要是建设文化馆、博物馆、文化广场等项目。例如：临沂市费县新时代文明实践中心建设项目，使用2020年中央专项彩票公益金补助项目资金1 000万元。该项目于2020年12月施工完成，目前已投入运行。主要用于新时代文明实践指挥调度、媒体融合、信息发布、志愿服务培训、主题活动开展等，受益群众1万余人。该项目能充分发挥思想教育、价值引领、传播交流、辐射带动、服务保障等作用，成为全县的文化信息传播中心、交流展示中心。

（五）体育类建设项目2个

主要是建设体育运动场馆、群众活动中心及周边附属配套设施，丰富人民群众全民健身活动，提高全民健身意识。例如：临沂市沂水县体育馆建设项目。该项目总投资978万元，使用2020年中央革命老区项目资金446万元。主要建设体育馆1座及其配套设施。该项目已基本完工，运营后将会带动县域体育事业全面发展，提升体育竞技水平，满足群众多元化体育活动需求，受益人数达20多万人。

三、项目执行情况

截至统计日，中央专项资金7 500万元已全部拨付到位，实际支出6 122.5万元，预算执行率81.63%。主要是受疫情等因素影响，部分项目工期拖后或正处在工程验收阶段，需根据项目实施进度和验收情况拨付资金。支持建设的18个项目中，11个项目已完工，7个项目尚在建设。其中，临沂兰陵县工人文化宫项目总投资超过1亿元，工程规模较大，预计2022年年底前完工；临沂市青少年示范性综合实践基地、临朐市沂山文化服务中心等项目工期拖后近半年，预计2021年年底前完工。全部项目完成后，预计惠及群众将超过200多万人。

四、社会效益

中央专项资金支持的项目中，既有为老年人、残疾人弱势群体服务的敬老院、康复中心等特定公益机构，又有让群众普遍受惠受益的文化广场、运动场等大型公益项目；既有鼓励全民参与体育健身活动的体育馆，也有开阔眼界、提升素质的博物馆，有效满足了老区人民生活、生产及养老优抚等方面的公共服务需求，社会效益十分显著。社会公众或服务对象满意度问卷调查得分率90%，群众对已完成并投入使用的项目总体满意度较高。

山东是人口大省、农业大省、优抚大省，社会公益事业发展短板较多，资金需求很大，尤其是沂蒙革命老区社会公益事业发展急需更多资金支持。山东省将按照“取之于民，用之于民”的原则，进一步加强资金管理，提高资金使用效益，确保中央专项资金承载的利民惠民政策落实到位，造福广大人民群众。

（山东省财政厅供稿）

2020年中央专项彩票公益金支持河南省社会公益事业建设项目实施情况

一、资金安排情况

为贯彻落实党中央、国务院和省委、省政府关于积极应对人口老龄化的相关要求，解决河南省城镇社区养老服务设施缺乏严重、财政支持政策内容分散及资金缺乏统筹等问题，经省政府同意，省财政厅会同省民政厅、省人力资源和社会保障厅印发了《关于财政支持城镇社区养老服务体系建设发展的实施意见》(豫财综〔2019〕58号)，统筹彩票公益金等多项财政资金，进一步加大对河南省城镇社区养老服务体系建设发展的支持力度，增强社区居家养老服务的有效供给，尽快提高河南省养老服务能力。

按照《财政部关于“十三五”时期中央专项彩票公益金支持地方社会公益事业发展安排以及下达2017年资金的通知》(财综〔2017〕47号)、《财政部关于印发〈中央专项彩票公益金支持地方社会公益事业发展资金管理办法〉的通知》(财综〔2019〕21号)相关要求，结合河南省社会公益事业发展实际，河南省将2020年度中央专项彩票公益金支持地方社会公益事业发展资金(以下简称“中央专项彩票公益金”)19 825万元连同省级其他专项资金107 775万元共计127 600万元，选取省政府规定的已建成城镇居民住宅区每百户20平方米的养老服务设施建设面积标准和各地城镇社区嵌入式养老机构床位需求量等因素，按照因素法测算分配市县，专项用于支持各地推进城镇社区养老服务体系建设发展；同时，制定了全省区域绩效目标，并在下达预算指标文件时同步向市县分解下达，支持各地新建、改造、购置社区公共养老服务场所及消防设施设备，以及社区嵌入式养老机构社会化运营，增加河南省社区养老服务设施有效供给，优化社区养老设施服务功能，提升服务能力和质量。

二、项目资金执行情况

2020年城镇社区养老服务体系建设资金127 600万元已全部落实项目。截至2020年12月底，实际支出120 006万元，支出比例为94%，其中：中央专项彩票公益金19 825万元全部支出完毕，支出比例为100%。

按照全面预算绩效管理要求，省财政厅、省民政厅进一步加强制度建设，就加强项目预算管理、做好绩效监控、加快资金支出进度提出了一系列具体要求，持续加强绩效管理。省财政厅依托全省养老服务体系建设资金在线监控系统，通过“制度+技术”手段，建设养老服务资金在线监管系统，对各级财政安排的养老服务资金从分配到拨付进行全流程跟踪监控。同时，强化绩效监控结果运用，结合在线监控情况，实行奖优罚劣，对于支出进度慢的市、县及时收回调整已下达资金，2020年度共计收回7 594万元调整用于支出进度较快市、县。截至目前，河南省未发现资金违规使用情况，未收到审计等部门关于2020年城镇社区养老服务体系建设发展资金截留、挪用等违规违纪问题的结果反馈，未发现群众举报、新闻媒体曝光等情况。

三、项目成效情况

针对河南省城镇小区普遍存在居民老龄化

突出、老年人口占比较大、养老服务设施缺失严重等问题，河南省通过推进城镇社区养老服务设施建设，支持嵌入式养老机构运营，大力提升河南省养老服务能力，并在实施过程中切实做到“三好”，即养老服务设施建设不仅“好看”，更要“好用”“好住”，最大限度满足广大老年人居家社区养老需求。同时支持各地通过政府购买服务、委托经营等方式，在充分征求社区老年人的意见的基础上，引入专业机构、社会资本参与社区养老服务设施运维，努力打造“一刻钟”的养老服务圈。截至2020年年底，河南省累计建成社区养老服务设施3 371个，建设社区养老服务设施176.97万平方米，其中：2020年新增社区养老服务设施1 011个，新增社区养老服务设施建设面积77.08万平方米。随着城市社区养老服务设施覆盖率稳步提升，社区养老服务基础持续夯实，社区居家老年人逐步享受到了“足不出社区、服务家庭化”的助餐、助浴、助洁、文化娱乐等养老服务，有效满足了老年人多样化、多层次的养老服务需求，老年人生活质量和幸福指数明显提高。

（河南省财政厅供稿，郑丽敏执笔）

2020年中央专项彩票公益金支持湖北省社会公益事业建设项目实施情况

一、彩票公益金使用规模

2020年，中央下达湖北省专项彩票公益金支持地方社会公益事业发展资金11 450万元，用于支持提高贫困地区农村贫困人口基本医疗保障水平项目，资金全部拨付到位。

二、资助项目情况

国家医保局、财政部、国务院扶贫办联合印发《医疗保障扶贫三年行动实施方案（2018—2020）》，从2018年起，中央财政连续三年安排补助资金，用于提高深度贫困地区农村贫困人口医疗保障水平。湖北省房县等9个深度贫困地区农村纳入中央财政补助范围。全省贫困县共计37个，9个深度贫困县由中央支持。2020年，中央专项彩票公益金支持地方社会公益事业发展资金11 450万元，湖北省专项用于支持剩余28个贫困县医疗救助工作，通过加强医疗救助托底保障，确保贫困人口基本医疗有保障。

三、资金执行情况

中央专项彩票公益金支持地方社会公益事业发展项目11 450万元全部执行到位，做到了资金保障有力、对象精准、全面落实医疗救助政策。

四、实际效果

为确保发挥好中央专项彩票公益金支持地方社会公益事业的积极作用，湖北省财政厅督促湖北省医保局和市县财政部门严格按照年初下达的绩效目标做好贫困地区农村贫困人口医疗保障工作，项目预期实施目标基本达成，资金使用效益得到有效发挥。

1.按照《关于完善农村贫困人口基本医疗有保障有关政策的通知》（鄂政办发〔2018〕24号）和《关于进一步完善保障农村贫困人口基本医疗的若干措施的通知》（鄂办发〔2019〕18号）要求，明确对于2014年以来扶贫部门认定的全部农村贫困人口，其享受参保补贴和医疗保障待遇至2020年年底。

2.落实农村贫困人口在县域内定点医疗机构住院，持社会保障卡、有效身份证件和扶贫部门出具的贫困证明办理入院手续，并签订先诊疗后付费协议，入院时只需交纳基本医保住院起付标准费用，无需缴纳住院押金。

3.全面推进以按病种付费为主的多元复合式医保支付方式，规范按病种付费病种，扩大按病种付费范围，稳步开展点数法、DRGs付费试点。

4.确保农村贫困人口在县域内住院，政策范围内医疗费用报销比例达到90%左右，大病、特殊慢性病县域内就医，政策范围内医疗费用报销比例达到80%左右。农村贫困人口县域内就医，年度个人负担政策范围内医疗费用控制在5 000元以内。

（湖北省财政厅供稿）

2020年中央专项彩票公益金支持湖南省社会公益事业建设项目实施情况

一、中央下达专项彩票公益金预算情况

（一）中央专项彩票公益金预算

财政部《关于提前下达2020年中央专项彩票公益金支持地方社会公益事业发展资金预算的通知》（财综〔2019〕47号）安排湖南省2020年中央专项彩票公益金16 175万元，用于支持地方社会公益事业发展。

（二）中央专项彩票公益金使用要求

中央专项彩票公益金用于：加强中西部等经济欠发达地区社会公益事业建设，有效弥补当地社会公益事业欠账，改善革命老区和贫困地区等社会公益事业落后状况，促进全国各地区社会公益事业协调发展。

二、湖南省资金分解下达和管理使用情况

（一）资金分解下达情况

《湖南省财政厅关于提前下达“十三五”时期中央专项彩票公益金支持地方社会公益事业发展2020年度资金的通知》（湘财综指〔2019〕28号）将中央专项彩票公益金16 175万元下达全省14个市州本级及41个财政省直管县市。其中主要通过因素法安排市县15 075万元（主要下达市州本级及贫困县），由各地自主确定项目支持社会公益事业发展；安排民政系统实施养老机构“安联网”项目1 100万元。

（二）资金使用管理情况

资金使用方面，考虑全省社会公益事业均衡发展，按照弥补短板的要求，2020年度中央专项彩票公益金使用主要关注弱势群体，发挥公益属性，重点支持为老年人、残疾人、儿童、特殊困难群体服务的社会福利事业及全民健身、奥运争光等社会体育事业。

湖南省财政厅制定印发了《湖南省省级财政专项彩票公益金管理办法》（湘财综〔2017〕22号）、《湖南省省级财政专项彩票公益金绩效管理办法》（湘财综〔2017〕38号），规范中央专项彩票公益金使用管理，提高资金绩效。市县也根据各地实际制定了公益金管理办法和绩效管理办法。

三、中央专项彩票公益金绩效情况

（一）项目实施情况

2020年度中央专项彩票公益金使用主要关注弱势群体，发挥公益属性，重点支持为老年人、残疾人、儿童、特殊困难群体服务的社会福利事业及全民健身、奥运争光等社会体育事业。共建设完成845个社会公益项目，其中支持民政福利类143个、支持体育类248个、支持教育类38个、支持文化类148个、扶贫类109个、支持其他社会公益159个。

（二）资金绩效情况

通过中央专项彩票公益金的投入，贫困地区公益服务硬件设施明显改善，老年人、儿童、残疾人、特殊困难群体的生活质量不断提高，基层机构承载社会公益服务能力不断加强，贫困地区脱贫攻坚成果不断巩固，社会公益事业不断发展。

1.彩票公益金公益属性进一步彰显。通过中央专项彩票公益金的投入，弥补了湖南省社会公

益事业短板。资金投向关注弱势群体，重点支持为老年人、残疾人等困难群体服务的社会福利和社会救助事业，全民健身等，推进当地社会公益事业发展。

2.基层公益服务能力进一步提升。基层社会福利机构硬件建设逐步得到完善，机构承载服务能力不断提升。文体活动设施明显改善，进一步丰富了群众业余文体生活。

3.群众获得感进一步增强。中央专项彩票公益金支持项目的实施，重点解决了各地一些突出的民生问题，人民群众受益明显。

（湖南省财政厅供稿，李慧娟执笔）

2020年中央专项彩票公益金支持广东省原中央苏区社会公益事业建设项目实施情况

一、资金下达情况

按照《财政部关于“十三五”时期中央专项彩票公益金支持地方社会公益事业发展安排以及下达2017年资金的通知》（财综〔2017〕47号）要求，广东省相应制定《“十三五”时期中央专项彩票公益金支持广东社会公益事业项目资金管理办法》（粤财综〔2017〕122号），细化了资金分配、使用、监督管理和绩效评价等具体规定。2020年，中央专项彩票公益金支持广东社会公益事业发展资金共5 775万元，广东省及时分配下达了中央补助资金。考虑到省内原中央苏区各县情况不一，省财政对该项资金实行因素法分配，主要因素为各原苏区县人均可支配财力、人均公共财政预算支出、国土面积、人口等，并于2019年12月将资金全部提前下达到有关市县。具体包括：韶关市（南雄市）453.25万元，河源市（和平县、龙川县、连平县）1 375.5万元，梅州市（梅江区、梅县区、蕉岭县、平远县、兴宁市、大埔县、丰顺县、五华县）3 478万元，潮州市（饶平县）468.25万元。资金分配到各区县后，由各区县按照要求安排用于当地社会公益事业项目。

二、加强资金管理

省财政厅高度重视中央专项彩票公益金支持广东省原中央苏区社会公益事业项目资金的执行情况，按照中央各项资金有关管理规定，切实加强对中央专项彩票公益金的管理，着力提高资金使用效益。一是加强制度建设。认真执行中央管理办法，按要求加强彩票公益金项目资金管理。二是加强分配管理。采取因素法确定分配资金，并切实加大信息公开力度，增强资金分配透明度。三是加强使用管理。在下达中央专项彩票公益金时要求市县在一定期限内报送项目执行情况，推动市县加快中央专项彩票公益金下达和项目执行进度，对部分预算执行进度较慢的项目加强督促，敦促市县加快项目建设进度，及时安排拨付项目资金，并要求研究制定下一步加快项目实施进度及资金执行进度的措施，及早发挥资金使用效益。四是加强绩效管理。通过绩效目标申报、对每一个项目制定绩效目标表、绩效自评、自评结果公开等措施，切实加强项目资金绩效管理工作。

三、项目成效明显

2020年中央专项彩票公益金支持广东各地原中央苏区社会公益事业项目资金共安排用于18个项目。一是社会福利事业项目共4个，包括河源市和平县社会福利中心，龙川县福利院光荣院，梅州市兴宁市石马敬老院扩建，丰顺县汶水河人行景观桥工程及乌石铺桥工程。二是体育产业项目1个，即梅州市五华县球王产业园建设。三是文化产业项目共6个，包括韶关市南雄市图书馆后续建设工程，韶关市南雄市档案馆后续建设工程，河源市连平县新建溪山和内莞两个文化站，梅州市蕉岭县一场一馆一中心建设，丰顺县仙洞森林公园建设，潮州市饶平县图书馆建设。四是教育项目共4个，包括梅州市梅江区芹洋学校，梅县区德兴学校，平远县实验学校，兴宁市文峰幼儿园建设。五是医疗卫生项目共2个，包括梅州市平远县城东医疗养生保健中心医疗服务区建设，大埔县慢性病防治院精神科住院大楼工程项目。六是残疾人救助项目1个，即梅州市梅江区贫困精神病人医疗救助。实施这些项目，对广东省各原苏区县社会福利、文化、教育、医疗卫生、残疾人救助等社会公益事业发展发挥了重要作用，改善了原中央苏区社会公益事业设施建设，提高了社会福祉。各原苏区县养老服务水平不断提高，社会福利设施和群众文体活动设施得到有效改善，困难群众生活负担得到减轻，人民群众的学习、生活、休闲环境变得更好，充分彰显出彩票公益金的公益属性。

（广东省财政厅供稿，兰军芝、杨晨执笔）

2020年中央专项彩票公益金支持广西壮族自治区社会公益事业建设项目实施情况

一、使用规模

财政部下达广西2020年中央专项彩票公益金支持地方社会公益事业发展资金（以下简称“中央专项彩票公益金”）18 025万元。

二、资助项目

2020年，广西中央专项彩票公益金主要用于五个方面，具体如下：

1.安排自治区医疗康复机构建设或装修项目1 100万元，用于支持广西精神病防治康复技术指导中心大楼、广西职业病防治研究住院部综合大楼以及广西退役军人康复服务中心康复楼建设及装修。

2.安排残疾人事业发展补助项目5 500万元，其中：残疾人精准康复基本辅具适配2 300万元，为2.3万名残疾人提供基本辅助器具适配服务；贫困残疾人家庭无障碍改造3 200万元，为全区8 000户贫困残疾人家庭提供无障碍改造。

3.安排县级中医医院康复科改扩建及康复治疗设施设备购置项目4 095万元，用于支持全区14个地市33家县级中医医院康复科改扩建，康复治疗设备购置。

4.安排健身步道建设项目2 700万元，用于支持市县27个健身步道项目建设。

5.安排教育项目资金4 630万元，其中：中小学校改扩建2 900万元，用于支持部分地区中小学校改扩建；义务教育配备多媒体教学设备及课桌椅更新1 700万元，用于支持全区14个地市部分义务教育学校购置多媒体教学设备及课桌椅。

三、执行情况

2020年，自治区财政厅按照《广西壮族自治区“十三五”时期中央专项彩票公益金支持地方社会公益事业项目资金管理办法》有关要求，结合地方社会公益事业发展需要选择支持项目，合理安排资金，严格督促项目管理实施部门切实加快实施进度，发挥中央专项彩票公益金使用效益。截至2020年年底，中央专项彩票公益金共支出16 143.9万元，支出进度89.6%，尚余1 881万元未形成支出。

四、实际效果

一是贫困残疾人保障能力得到提升。通过为全区2.3万名贫困残疾人提供基本辅具适配服务，对全区8 000户贫困残疾人家庭实施无障碍改造，帮助残疾人解决影响日常起居、基本生活的家庭环境障碍。二是医疗康复机构诊疗能力得到提升。补助医疗康复机构建设、改扩建及采购治疗设施设备，提升医疗康复机构康复诊疗能力。三是群众文化体育需求得到满足。补助健身步道建设，为群众提供运动场地，促进群众性体育运动大发展。四是义务教育学校教学条件得到改善。补助义务教育学校新建（迁建）及采购多媒体教学设备，满足学生入学需求，助力提升教学质量。

（广西壮族自治区财政厅供稿，曾庆伟执笔）

2020年中央专项彩票公益金支持重庆市社会公益事业建设项目实施情况

一、资金使用规模

根据财综〔2019〕47号文件，及时分解下达资金计划12 475万元。分项目预算主要有三个方面，一是按照向贫困地区和革命老区倾斜的精神，支持辖内的18个国家级和市级贫困区县社会公益事业发展，其中：每个国家级贫困区县补助350万元、每个市级贫困区县补助275万元，共计6 000万元，占本年度中央下达预算总额的48%。二是结合乡村振兴战略和美丽乡村建设，支持部分区县乡村精准扶贫项目2 000万元，占本年度中央下达预算总额的16%。三是资助市本级社会福利、残疾人事业、文化公益、职业教育、法律援助、城市公园和绿化等社会公益事业项目4 475万元，占本年度中央下达预算总额的36%。

二、资助项目

2020年重庆市因地制宜、突出重点，把中央专项彩票公益金集中用在“补齐短板”的社会公益事业项目上，全市共计资助了234个项目。其中：18个国家级和市级贫困区县主要用于民政福利和精准扶贫等方向，共计资助了188个项目；8个区县乡村精准扶贫共计资助了27个项目，主要用于打通断头路、村级道路硬化、人行便道、人畜饮水、公共环境卫生整治等方面；市本级资助了5个市级福利事业单位设施设备及环境整治项目，3个公共卫生福利项目，3个城市公园绿化建设及科普教育项目，3个公共文化品质提升项目等，合计19个项目。

三、执行情况和实际效果

鉴于2020年受新冠疫情影响，部分项目未及时实施到位，2020年度中央彩票公益金支持地方社会公益事业发展项目资金预算执行率为72.6%。其中：18个国家级和市级贫困区县项目资金预算执行率为87.2%，8个区县乡村精准扶贫项目资金预算执行率为64.5%，市本级19个项目资金预算执行率为56.6%。

从实际效果来看，支持乡村道路硬化、人畜饮水项目，有效解决了群众出行难、人畜饮水安全和公共环境卫生问题，促使生态环境得到进一步改善；资助文化公益、职业教育项目，有效满足服务对象物质和精神文化的需要，同时也促进了人们交流和沟通需求。用于社会福利、体育、教育、红十字、残疾人、文化、扶贫、法律援助以及其他社会公益事业项目持续运营时间不低于8年，充分彰显出彩票公益金使用的社会公益性。

2020年中央专项彩票公益金支持地方社会公益事业发展项目绩效评价结果拟将在重庆市财政局的公开网及政府网站对外公开。

（重庆市财政局供稿）

2020年中央专项彩票公益金支持四川省社会公益事业建设项目实施情况

一、中央资金下达情况

根据《财政部关于提前下达2020年中央专项彩票公益金支持地方社会公益事业发展资金预算的通知》（财综〔2019〕47号）文件通知，核定四川省中央专项彩票公益金1.66亿元。为保障第31届大运会顺利召开，支持大运会场馆提档升级、维修改造，四川省将中央彩票公益金1.66亿元全额用于新建赛事配套用房、提升体育工艺，提升竞赛场地及设施、改造观众区域设施、升级赛事专用系统、新建媒体转播区以及其他安全设施改造等，为大运会相关赛事顺利举行提供更优质的比赛服务和优良的竞赛环境，完成大运会场馆维修改造10个。

二、总体资金投入情况

大运会场馆改造项目计划总投入29 253万元，其中中央资金16 600万元，省级对应安排体彩公益金1 970万元，单位预算内基本建设资金及其他地方资金1.07亿元。截至2020年12月31日，中央体彩公益金1.66亿元已全部下达完毕，完成支付1.2亿元，执行率72.29%。所有场馆均按照赛事组委会要求进行改造，各项目单位均如期完成既定工作任务和项目进度，10个场馆改造项目均达到既定项目进度要求。

三、绩效指标完成情况

（一）产出指标完成情况

1.数量指标。2020年拟开工改造场馆项目个数10个，已开工改造场馆10个；拟改造维修场馆面积数不低于62 600平方米，实际完成维修面积为65 846.25平方米。

2.质量指标。2020年大运会已验收的维修改造项目验收合格率100%。

（二）社会效益指标完成情况

随着大运会场馆维修建设的完成，将为第31届世界大学生运动会的顺利召开打实基础，为运动员提供良好的比赛和训练场地，对大运会比赛需求保障程度高于95%，完成年初既定目标。

（三）满意度指标完成情况

大运会组委会满意度、运动员满意度均高于95%，完成年初既定目标。

（四川省财政厅供稿）

2020年中央专项彩票公益金支持贵州省社会公益事业建设项目实施情况

一、项目和资金安排情况

（一）资金安排原则

按照党的十九大报告提出“要建立全面规范透明、标准科学、约束有力的预算制度，全面实施绩效管理”要求，结合彩票公益金的社会公益性，贵州省对“十三五”期间中央专项彩票公益金支持贵州省社会公益事业发展项目的资金安排重点向社会公益基础设施方面的薄弱环节和贫困地区倾斜，项目和资金安排按以下原则进行：

1.公开公平公正、科学选择项目。省级住建、民政、体育等主管部门会同财政部门公开公平公正、科学筛选项目。

2.突出重点，回应民生关切。重点围绕教育、体育、民政、新农村、卫生等民生领域安排项目，坚持“缺什么补什么”、“支持一个、建设一个、成功一个”的原则，项目突出规模效益、引领和示范效应。

3.实行“绩效承诺奖补法”。“绩效承诺奖补法”以“公开透明”为前提，以“绩效”为导向，将“绩效管理”贯彻始终，资金拨付与项目建设进度挂钩。同时，加强监督检查，建立奖惩机制，对实施进度好的项目可提前拨付奖补资金，对未按承诺时间开工的项目取消奖补资格，收回奖补资金，并在“十三五”时期不再安排专项彩票公益金支持。

（二）支持项目情况

2020年中央专项彩票公益金支持贵州省社会公益事业发展资金5亿元。按照项目安排原则，经相关省级主管部门审核，确定中央专项彩票公益金支持以下类社会公益项目：

1.文化事业方面：支持省图书馆异地扩建项目4 300万元。

2.体育事业方面：支持11个体育场馆及体育旅游示范区内体育设施建设项目7 708万元。

3.民政方面：支持贵阳市儿童福利院提质改造1 660万元，2个城市公益性公墓建设项目2 767万元，民政老年康养建设项目10 515.87万元。

4.教育事业方面：支持易地扶贫搬迁安置点24所学校建设项目6 200万元。

5.残疾人事业方面：支持省特殊教育学校提质改造832.38万元，省康复医院提质改造908.75万元。

6.新农村建设方面：支持全省109个乡镇污水处理设施建设项目15 108万元。

其中，对民政老年康养建设项目实行“先建后补”，项目完成建设后，对通过省级主管部门验收的项目进行补助。

2019年中央专项彩票公益金支持项目情况

序号	项目类型		补助项目个数	补助资金（万元）	
1	文化事业	省图书馆异地扩建	1	4 300	4 300
2	体育事业	体育场馆建设	6	4 503	7 708
		体育旅游示范区内体育设施建设	5	3 205	
3	民政事业	贵阳市儿童福利院提质改造	1	1 660	14 942. 87
		城市公益性公墓建设	2	2 767	
		民政老年康养建设	—	10 515. 87	

续表

序号	项目类型		补助项目个数	补助资金（万元）	
4	教育事业	易地扶贫搬迁安置点学校建设	24	6 200	6 200
5	残疾人事业	省特殊教育学校提质改造	1	832.38	1 741.13
		省康复医院提质改造	1	908.75	
6	新农村建设事业	乡镇污水处理设施建设	109	15 108	15 108
合计			150	50 000	

二、项目实施情况

中央专项彩票公益金2020年支持贵州省社会公益事业建设的项目有150个，截至2021年3月已建设完成117个，项目完工率达78%。其中：省图书馆异地扩建项目已完成，109 个建制镇污水处理项目已全部完成，24个易地扶贫搬迁安置点学校项目已完成7个，11个体育事业项目、城市公益性公墓项目以及贵阳市儿童福利院、省特殊教育学校和省康复医院的提质改造仍在实施。部分项目已提前投入使用，及时发挥了社会效益。

三、项目成效

通过“以奖代补”方式，充分发挥奖补资金四两拨千斤的效应，带动地方实施项目的积极性，撬动社会各方资金投入社会公益事业。中央专项彩票公益金对贵州省的支持，有效提升了全省社会公益事业服务水平，发挥了彩票公益金的公益属性。

1.文化公益事业方面：省图书馆异地扩建项目建成后，将进一步增加馆藏书量，改善阅读环境，满足市民的阅读需求，提高广大市民群众的文化素养。

2.体育公益事业方面：11个公共体育场馆和体育旅游示范区内体育设施建设完成后，将方便广大群众开展形式多样的健身活动，提升市民身体素质。

3.民政公益事业方面：2个城市公益性公墓试点项目的建设，将在一定程度上减轻当地群众的丧葬支出负担，也会对贵州省今后在全省范围内建设城市公益性公墓起到良好的引导作用。贵阳市儿童福利院是贵州省综合能力最强的儿童福利院，集养、治、教、康服务为一体，该院提质改造完成后，将打造成全省儿童福利示范性、区域性养育中心，更好地服务全省孤残儿童、事实无人抚养儿童和困境儿童。

4.教育公益事业方面：24所易地扶贫搬迁安置点学校建设完成后，将解决近2.3万名易地扶贫搬迁安置点儿童的入学需求，促进易地扶贫搬迁安置点儿童接受良好教育。

5.残疾人公益事业方面：完成省特殊教育学校和省康复医院提质改造后，能进一步满足全省残疾青少年入学和残疾人职业培训需求，也将为广大的残疾人提供更全面和优质的康复服务。

6.新农村建设事业方面：109个建制镇污水处理工程项目建设投产后，将改变当地农村污水乱排乱放的现象，提高农村人居环境质量。

四、组织保障措施

（一）加强部门沟通协调和制度建设

省财政厅会同省民政厅、省体育局、省民政厅、省住房和城乡建设厅、省残疾人联合会等省级主管部门，对项目申报、审核及资金下达及时进行研究，按照职责分工分解工作任务，对发现的问题及时提出对策和意见。经商相关省级主管部门后，省财政厅制定了《2017—2020年中央专项彩票公益金支持贵州省社会公益事业项目规划》和《“十三五”时期中央专项彩票公益金支持贵州社会公益事业项目资金管理办法》，科学、合理组织项目实施，建立完善绩效目标管理制度。

（二）调动地方政府积极参与

资金和项目安排实行绩效承诺奖补制，由地方政府进行有效承诺，保证按时、保质保量完成项目建设任务，从而使积极性高、实施能力强的地方优先得到支持。

（三）加强项目督查力度

省财政厅会同相关省级主管部门抓好项目建设督查，由省级主管部门牵头，不定期组织专项督查，要求各地按时报送项目建设进度，促进项目狠抓落实，及时发现和解决问题，进一步推动项目建设。

（贵州省财政厅供稿）

2020年中央专项彩票公益金支持云南省社会公益事业建设项目实施情况

2020年，云南省财政厅本着“公益性、平衡性、补短板”的原则，聚焦重点区域、重点项目和突出问题，向“补短板”的社会公益事业倾斜，尤其向脱贫攻坚任务较重的地方倾斜，充分发挥中央专项彩票公益金支持地方社会公益事业发展的保障和助推作用。按照《中央专项彩票公益金支持地方社会公益事业发展资金管理办法》（财综〔2019〕21号）规定，云南省2020年度中央专项彩票公益金支持地方社会公益事业发展资金安排使用情况如下：

一、彩票公益金使用规模

为提高预算编制的完整性，加快支出进度，财政部于2019年10月29日提前下达云南省2020年中央专项彩票公益金支持地方社会公益事业发展资金13 250万元，资金于2020年预算年度开始后按程序拨付使用，专项用于支持云南省社会公益事业发展。

二、资助项目

云南省财政厅严格按照《中共中央 国务院关于全面实施预算绩效管理的意见》（中发〔2018〕34号）、《财政部关于“十三五”时期中央专项彩票公益金支持地方社会公益事业发展安排以及下达2017年资金的通知》（财综〔2017〕47号）、《财政部关于印发〈中央专项彩票公益金支持地方社会公益事业发展资金管理办法〉的通知》（财综〔2019〕21号）等规定，加强中央专项彩票公益金支持地方社会公益事业发展资金与地方留成彩票公益金统筹安排，重点向“补短板”的社会公益事业项目倾斜，向困难行业和弱势群体倾斜，用于云南省社会公益事业发展的薄弱环节和领域。2020年，分配云南省的中央专项彩票公益金13 250万元，支持云南省社会公益事业项目402个，主要包括农村综合性活动场所建设、农村公益性基础设施建设、农村中小学体育设施建设和基层老年人活动场所建设等项目。补助项目分布在全省16个州（市），覆盖387个自然村，受益人数达45.24万人。

三、执行情况

（一）预算执行情况

2019年11月26日，云南省财政厅以《云南省财政厅关于提前下达2020年度中央专项彩票公益金预算的通知》（云财综〔2019〕56号）将2020年中央专项彩票公益金支持地方社会公益事业发展资金下达各州（市）、省直管县财政部门。其中：昆明市1 560万元、昭通市950万元、曲靖市1 030万元、玉溪市650万元、保山市480万元、红河州1 200万元、楚雄州840万元、文山州980万元、普洱市1 020万元、西双版纳州420万元、大理州1 050万元、德宏州430万元、丽江市550万元、怒江州330万元、迪庆州360万元、临沧市720万元、宣威市260万元、镇雄县250万元、腾冲市170万元。在下达资金的同时，分解下达绩效目标。各级财政部门严格按照绩效管理有关规定，加强预算绩效目标管理，做好绩效运行监控和绩效评价，强化绩效评价结果应用，切实提高财政资金使用效益。截至2020年12月31日，中央专项彩票公益金支持地方社会公益事业发展资金实际支出10 046.83万元，结转3 203.17万元。资金结转主要是受新冠疫情影响，部分补助项目实施较晚，未能在规定的时间范围内完工。

（二）项目实施情况

社会公益事业主管部门协同财政部门具体管理社会公益项目资金，做好项目组织实施工作，严格按照批复的预算执行。为确保资金一下达即可实施项目，云南省财政厅认真指导各州（市）财政部门做好中央专项彩票公益金支持地方社会公益事业发展项目库建设，加强项目的申报、审核和管理。在单位申报项目时，均提交编制完整、符合相关规定的项目规划。在项目实施过程中，各级财政部门协同社会公益事业主管部门及时督促项目单位加快实施进度。针对进度较慢的项目，开展实地检查。重点检查是否严格按照项目申报的建设内容实施，是否擅自变更实施内容，是否严格按照专项资金管理要求独立核算、专款专用等问题，保证项目尽快竣工并投入使用。截至2020年年底，中央专项彩票公益金资助项目402个，其中，已完工资助项目322个，在建项目68个，延期动工项目12个。完工项目均全部通过验收。

四、实际效果

项目的实施，有效改善了困难地区群众生活质量，促进了各民族和谐发展，保障了困难地区人民群众充分从彩票公益金项目中受益，年度总体绩效目标基本完成。中央专项彩票公益金支持的项目，持续发挥作用期限均在3年以上。群众对项目满意度达95.33%。中央专项彩票公益金补助项目的顺利推进，取得了显著的社会效益，彰显了国家彩票遵循取之于民、用之于民的发行宗旨，体现了党和政府对农村、农民的关怀，密切了党群、干群和城乡关系，为脱贫攻坚和乡村振兴起到了积极的作用。

调查结果显示，项目受益对象参与度为96.12%，补助项目极大地丰富了基层群众的业余文体生活，群众参与文体活动的积极性不断提高，民族文化发展和繁荣得以不断推进。中央专项彩票公益金支持的402个项目分布在全省16个州（市），覆盖了387个自然村。项目的实施，有效地改善了困难地区群众生活质量，提升困难地区公共服务均等化水平，缩小了城乡差距，为促进社会和谐稳定、文明进步创造了良好环境，作出了积极贡献，受到了广大农村和农民的普遍欢迎和赞扬，群众满意度超过95%。

（云南省财政厅供稿）

2020年中央专项彩票公益金支持西藏自治区社会公益事业建设项目实施情况

一、资金使用情况

2020年，西藏自治区下拨昌都市各县（区）民政（残联）的残疾人事业发展补助资金彩票公益金147.8万元，其中：肢体脑瘫残疾儿童康复救助20户，每户救助标准13 200元，共计26.4万元；残疾儿童肢体矫治手术救助10户，每户救助标准17 250元，共计17.25万元；视力残疾儿童手术救助3人，每人救助标准10 000元，共计3万元；贫困重度残疾人无障碍改造289人，每人标准3 500元，共计101.15万元。截至2020年年底项目实际支出120.6万元，尚有27.2万元未支出。

二、资助项目

根据昌都市11个县（区）残疾人群众的实际情况，共资助了肢体（脑瘫）残疾儿童康复救助项目，残疾儿童肢体矫治手术救助项目，视力儿童手术救助和贫困重度残疾人无障碍改造项目。

三、执行情况

（一）肢体（脑瘫）残疾儿童康复救助资金执行情况

1.肢体（脑瘫）残疾儿童康复救助20户，每人13 200元，共计26.4万元。具体为：江达县3名，贡觉县2名，类乌齐县3名，察雅县2名，左贡县2名，芒康县2名，八宿县2名，边坝县2名，洛隆县2名，共计20人。

2.残疾儿童肢体矫治手术救助10户，每人17 250元，共计172 500元。具体为：卡若区5人，丁青县5人，共计10人。其中丁青县5人、共86 250元尚未支出。

3.视力残疾儿童手术救助3人，每人10 000元，共计30 000元。具体为：贡觉县3人，共计30 000元。

（二）贫困残疾人家庭无障碍改造项目资金执行情况

贫困重度残疾人无障碍改造项目，有289人享受该政策，每人标准3 500元，共计101.15万元。具体为：卡若区19人，江达县19人，贡觉县19人，类乌齐县19人，丁青县19人，察雅县105人，八宿县21人，左贡县19人，芒康县19人，洛隆县19人，边坝县11人，共计289人。

四、实际效果

（一）肢体（脑瘫）残疾儿童康复救助效果

对肢体和脑瘫残疾儿童进行系统的康复训练，让他们逐渐恢复行动能力，改善生活自理和社会适应能力。

（二）残疾儿童肢体矫治手术救助效果

残疾儿童肢体矫治手术，有效地恢复了患者的行动能力。患者在自理、身体移动、生活活动和社会参与等方面得到有效提高，期望在以后的康复训练里，可以达到正常人水准，能够比较正常地参与社会活动。

（三）视力残疾儿童手术救助效果

该项目填补了昌都市残疾儿童视力康复的空白，明确视力残疾儿童手术救助的病种范围、康复训练内容，建立0–6岁视力残疾儿童机构教育康复训练模式，规范训练内容及标准，完善康复救助基金拨付程序，完善社会保障体系，减轻残疾儿童家庭负担，促进昌都市视力残疾儿童康复救助工作全面、均衡发展。

（四）贫困重度残疾人无障碍改造

此次无障碍改造涵盖了进出门坡道改造，残疾人轮椅通道，门户改造，地面硬化，安装马桶、坐便椅等。通过无障碍改造，从根本上改善了贫困残疾人的生活环境和精神面貌，使他们能安全独立、便捷自如地生活。

（西藏自治区财政厅供稿）

2020年中央专项彩票公益金支持陕西省社会公益事业建设项目实施情况

一、基本情况

2020年，中央下达陕西省专项彩票公益金10 450万元，全年共实施项目88个，主要涉及全民健身、养老、教育等12个领域。其中：全民健身项目16个，共安排资金2 110万元；养老项目17个，共安排资金1 960万元；教育项目15个，共安排资金1 800万元；其他便民项目10个，共安排资金1 515万元；儿童福利项目6个，共安排资金840万元；社会事务项目7个，共安排资金800万元；文化项目5个，共安排资金550万元；城乡社区项目6个，共安排资金405万元；残疾人项目2个，共安排资金300万元；科学普及项目1个，共安排资金100万元；社会救助项目2个，共安排资金60万元；贫困资助项目1个，共安排资金10万元。

二、项目实施效果

2020年，在中央财政的大力支持下，陕西省围绕经济社会发展中的“短板”，将中央专项彩票公益金重点用于支持全民健身、养老、教育等项目。从总体情况来看，各地项目的实施取得了良好成效，解决了长期困扰基层的重（难）点问题，提升了政府为社会提供公共服务的水平，为群众生活带来了实实在在的幸福感和获得感。同时，通过地方财政网站对中央彩票公益金支持地方社会公益事业建设项目进行宣传，彰显了彩票公益金“取之于民、用之于民”的根本宗旨，既为陕西社会公益事业发展起到了积极促进作用，又发挥了良好的社会效益。

三、具体项目设施情况

（一）西咸新区儿童保护之家项目

该项目共计安排中央彩票公益金31万元，为困境留守儿童提供有针对性的服务，进行个案跟踪辅导，心理辅导；帮助残疾儿童申请救助项目；探索儿童大病的社会救助之路，协助大病儿童申请专项救助；整合社会资源，引导社会力量共同参与儿童保障工作；提供儿童主题活动服务；进行有关健康的宣传教育和技能指导等。

（二）安康江北体育运动中心一期建设项目

安排中央彩票公益金共计200万元，支持安康江北体育运动中心一期（体育馆、田径场）建设项目和安康市综合训练馆建设项目，两个场馆均于2020年建成投用。安康市体育馆和综合训练馆的建成，将有效满足“十四运会”相关比赛要求及运动员训练要求，促进安康市体育事业长足发展。

（三）商洛市山阳县国民体质监测中心提升改造项目

安排中央彩票公益金安排30万元支持山阳县国民体质监测中心提升改造项目。该项目于2020年初开始逐步实施，全年对外宣传动员群众2.4万人，培训检测人员2次，完成监测任务1 500余人次，进行了环境提升改造并更换了部分老旧健身器材，引导了广大市民积极参与监测，科学进行体育锻炼。

（四）商洛市山阳县球类训练场馆项目

安排中央彩票公益金100万元支持山阳县球类训练场馆场地地面铺设及设备配置。该项目于

2019年年底进行了前期相关申报，于2020年年初正式开工建设并如期完工对外开放。场馆铺设了专业比赛场地1 520平方米、全馆配备了专业灯光设施及体育器材并安装中央空调系统1套，提升了市民健身环境，激发市民参与体育项目的积极性，全年接待健身市民3万余人次，同时引进了体育项目协会，对专业型体育人才的提升也起到了良好的促进作用。

（五）宝塔区残疾人联合会残疾儿童抢救性康复项目

安排中央彩票公益金150万元支持宝塔区残疾人联合会残疾儿童抢救性康复项目。该项目于2020年3月正式开始实施，历时10个月，共完成0–12岁残疾儿童抢救性康复训练60人次。该项目通过对残疾儿童提供康复训练补贴，切实缓解了残疾儿童家庭困难，提高了残疾儿童训练水平，加快了恢复残疾儿童身体功能，提高了残疾人生活水平，显著改善残疾儿童身体功能状况，增强其生活自理和社会参与能力。

（六）渭南市临渭区育红小学教学设施设备及功能部室提升改建建设项目

安排中央彩票公益金100万元支持育红小学教学设施设备及功能部室提升改建建设项目。该项目共涉及科技教室、书法教室、美术教室、舞蹈室、播音室、音乐教室、科学探究教室等20个功能部室建设，并配备触控一体机8套、教学音响设备2套、科学探究实验室2间、精品录播系统设备1套、图书管理系统、心理测评系统各1套、卫生保健仪器设备1套、会议室音视频设备2套等。项目建设依托现有育红小学基础条件进行改造，建设完成后能满足学校的教学任务，改善教学条件，推进教育信息化建设，提升教学条件及办学质量，解决现阶段人民群众反映强烈的突出问题。

（七）铜川市王益区中心敬老院提升改造项目

王益区中心敬老院改造提升项目，总投资196万元，其中中央彩票公益基金100万元。该项目于2019年7月正式开始实施，主要内容包括改建功能部室、新建休闲广场、改造地下管网、老旧坏部件更换等。项目完成后，能为老年人提供优质的住养、生活、护理服务，满足社会养老需求，发挥社会保障基础，维护社会和谐稳定，为老人们营造出一个环境优美、设施齐全、功能完备的幸福家园，大大提高了老人的生活质量。

（八）宜君县高级中学体育馆建设项目

宜君县高级中学体育馆建设项目，安排中央专项彩票公益金100万元，主要用来完成学校1 500平方米的体育馆内部设施的配置，包含电动液压篮球架及相关设备、扩音系统设备、灯光系统设备、乒乓球及相关设备、羽毛球地胶以及羽毛球裁判相关设备、运动休息椅、看台及裁判桌、场馆管理及维护、场馆内相关文化建设等。该项目于2020年5月正式开始实施，2020年11月全部完工并投入使用。项目完成后，学校成为全县唯一有标准体育馆的校园，学生也不会因为天气原因，无法开展体育活动。学校体育馆在节假日对外免费开放使用，同时为全县人民提供了新的运动场所。

（九）岚皋县体育馆建设项目

安排中央彩票公益金100万元支持岚皋县体育馆建设项目。项目实施后，达到了预期效果，取得了良好成效：一是提高体育馆功能，能容纳更多的观众，内部设施更加完善；二是可举办省、市、县高规格的体育竞赛；三是能够提升城市形象，增加城市知名度；四是能够满足全民健身以及其他文艺演出、大型集会等需求；五是城市社区居民对项目建设满意度100%，群众性体育赛事活动举办满意度≥90%；六是极大地促进岚皋县体育事业的蓬勃发展，给县域经济和社会发展注入了新的活力。

（十）吴起县周湾镇中心小学操场改造项目

安排中央彩票公益金100万元支持吴起县周湾镇中心小学操场改造项目。该项目总投资211.6万元。于2020年6月开工，10月竣工，历时5个月。该项目硬化面积约5 500平方米，新建5人制草坪一个，300米环形跑道4个，看台1个。项目的实施满足了学校日常体育活动的开展，为师生提供了良好的生活和锻炼环境。

（十一）宝鸡市殡仪馆环保除尘设施配置项目

宝鸡市殡仪馆火化机尾气净化装置设备工程项目总投资200万元，其中中央福利彩票公益金100万元，于2020年4月正式开始施工，历时3个月时间，共完成安装火化机尾气净化装置设备4套。环保焚烧炉和火化机尾气净化装置的安装，使排放符合《火葬场大气污染物排放标准》（GB 13801-2015）及排放限值，利用急冷+脱酸+活性炭吸附+旋风除尘+布袋除尘技术，有效去除有害污染气体，消除对周边环境的影响，对殡仪服务机构空气净化和生态环境治理发挥了积极作用，有力保障了职工及治丧群众健康。

（十二）延安市延长县张家滩镇养老服务中心维修扩建项目

延长县张家滩镇养老服务中心维修扩建项目总投资748万元，其中中央彩票公益金100万元。主要建设内容：维修窑洞55孔，包括院落、屋顶、管网、强弱电、卫生间、供暖、门窗及其他附属工程。该项目于2020年3月开工建设，2020年10月建成投入使用。项目建成后，可确保张家滩镇养老服务中心正常启用，为张家滩镇特困供养人员、农村留守老人、失能半失能人员提供一个舒适、安全的集中供养机构，实现民政兜底托养。

（十三）淳化县精神障碍康复中心项目

安排中央专项彩票公益金100万元支持淳化县精神障碍康复中心项目，主要是方便本地残疾人日常活动。项目共分三层框架结构：一层为接待服务室、活动室、心理咨询室、办公室；二层为康复训练室、医疗室、宣泄室、餐厅；三层为休息室、多功能活动室、洗浴室。项目实施后，切实解决了当地精神障碍患者康复训练、正常融入社区生活、保障合法权益等问题，同时为残障人士家长提供有效心理疏导与康复护理知识培训，进一步缓解了家庭生活压力。

（陕西省财政厅供稿，简宏仓执笔）

2020年中央专项彩票公益金支持甘肃省社会公益事业建设项目实施情况

一、资金分配情况

2020年度中央专项彩票公益金支持社会公益事业专项资金安排甘肃省13 525万元，专项资金采用因素法与项目库管理机制相结合的方式进行分配。甘肃省财政厅采取因素法，根据各市州2019年中央彩票公益金支持社会公益事业项目绩效评价分值、常住人口数、财政困难程度、上缴彩票公益金金额等因素将13 525万元测算分配后切块下达市州，各市州财政部门从本地区中央彩票公益金支持社会公益事业专项资金项目库中，采取项目法安排具体扶持项目及补助金额，并将资金分配文件向省财政厅报备。2020年，全省共扶持社会公益事业项目41个，其中：社会福利类项目15个、体育类项目17个、残疾人社会公益项目9个。

二、项目管理及实施情况

为进一步加强中央彩票公益金支持社会公益事业项目管理，规范项目立项、审核、备案等相关程序，根据《关于建立中央彩票公益金支持社会公益事业专项资金项目库的通知》（甘财综〔2019〕53号），规定中央专项彩票公益金支持社会公益事业专项资金实行“项目库”管理制度，对本地区中长期规划中确定发展的社会福利、体育、残疾人等公益金项目直接纳入项目库管理，对新增和重大项目进行专门评审，评审通过后纳入项目库。由省财政牵头组织开展项目库建立及管理，市州财政部门会同同级相关行政主管部门组织本地区社会福利、体育、残疾人等项目申报、审核、评审及入库储备管理等工作。同时要求各市（州）、县（区）财政局要严格核实项目情况、审核申报资料，确保项目真实、可行、合规，申报资料真实、完整、有效。

三、主要做法及取得效益

（一）以绩效为导向，科学合理分配资金

省财政厅积极推动绩效评价工作，不断深化绩效管理水平，每年组织第三方机构对上一年度扶持项目进行绩效评价，并将绩效结果作为各市州下一年度资金分配重要依据，结合其他科学因素安排专项资金补助金额。充分督促财政资金效益发挥，确保重点工作和重大项目以及各项工作任务的完成，有利于各有关部门形成科学发展理念，促进社会公益事业更好更快发展。

（二）整合优质养老资源，打造多元养老模式

实施的乡镇敬老院建设、农村幸福院建设、养老服务中心建设等项目，整合优化了养老和医疗两方面资源，打造了集养老护理、医疗康复于一体的养老机构，为老年人提供了持续性、具有针对性的医疗、养老服务，重点解决了老年人的医疗和康复护理的服务难题，满足社会多层次养老需求。肃北县老年公寓建设工程在以养为主的基础上，探索多种养老模式，实现“老有所为、老有所乐、老有所学、老有所居、老有所养、老有所医”的目标，做到规模适宜、功能完善、安全卫生、运行经济。

（三）推进殡葬改革进程，倡导文明殡仪行为

兰州市殡仪馆骨灰寄存楼建设项目、漳县殡仪馆建设项目，把“以人为本、以孝为先”作为

殡葬文化建设核心内容，建成了融殡葬文化、园林艺术与人文景观为一体，传统文化与现代科技相结合的殡葬服务体系，打造了承担社会责任，传承传统文化、传达地方特色、传播现代文明的文化基地和教育基地，对推进殡葬改革进程，倡导文明、健康、进步的殡仪活动及构建和谐社会、保护生态环境等具有重要意义。

（四）培育体育项目文化，丰富市民业余生活

健身场地设施提档升级，是开展全民健身运动的重要保障。白银市体育中心维修及局部改造项目、西和县卢河镇健身步道项目、临夏州全民健身中心建设项目，充分利用区域内各类闲置健身场地、绿地等资源，修建或完善体育活动配套设施，满足市民对“饭后健身”爆发式增长的需求，同时引导群众寻求多样化的锻炼方式，改善当地居民生活条件，有效解决广大市民“健身去哪儿”的难题，推动了城乡体育均衡发展，使当地市民在参与中增强体育意识，享受体育乐趣，提升生活满足感和幸福感。

（五）推动残疾人事业发展，增强残疾人康复保障能力

残疾康复托养机构的建设，进一步规范了康复服务，使服务能力不断提升。定西市残疾人托养中心建设项目，为残疾人实施康复服务，帮助残疾人恢复或补偿功能，提高残疾人生存质量，培养残疾人自尊、自强、自立的精神，减轻了残疾人的家庭经济负担和后顾之忧。实施残疾人“贫困造血”和“保障兜底”行动，提高为残疾人服务的能力和水平，切实改善残疾人基本生活状况，实现残疾人“人人享有健康服务”的目标，解决了定西市残疾人日益增长的服务需求与残疾人综合康复设施明显滞后的突出问题。

总之，中央专项彩票公益金有力推动了甘肃省社会福利事业、公众体育事业和残疾事业项目建设，对全面建成小康社会，推动全省社会公益事业持续健康发展起到十分重要的作用。

（甘肃省财政厅供稿，匡哲执笔）

2020年中央专项彩票公益金支持青海省社会公益事业建设项目实施情况

一、资金使用规模

根据《财政部关于提前下达2020年中央专项彩票公益金支持地方社会公益事业发展预算的通知》（财综〔2019〕47号）精神，按照财政部关于项目安排和资金使用的有关要求，在深入调研全省各地区社会公益事业发展需求的基础上，确定了项目资金安排重点向青海省东部人口集中地区和青南藏区贫困县倾斜，以及重点向教育、文化、群众体育、社会福利等补“短板”的社会公益事业倾斜的资金分配方案。青海省在综合考虑地区间财力状况、老年人口、学生数量等相关因素的基础上，按照因素法切块下达各市州中央专项彩票公益金支持地方社会公益事业发展资金33 765万元（含上年结转490万元），并同步下达绩效目标，要求各地根据具体项目细化三级指标。分资金层级看，市（州）级安排资金13 810万元，区（县）级安排资金19 955万元，省本级未安排资金。分资金投向看，民政福利项目23个，下达资金14 963万元；教育类项目23个，下达资金5 350万元；体育类项目6个，下达资金2 469万元；医疗卫生类项目9个，下达资金1 710万元；文化类项目5个，下达资金1 031万元；残疾人事业类项目8个，下达资金821万元；其他社会公益类项目19个（城乡社区公共设施、基层政权建设），下达资金7 421万元。分项目类型看，基建工程类项目65个，资金28 449万元；设备购置类27个，资金5 176万元；赛事活动项目1个，资金140万元。从执行情况看，上述资金已全部拨付至资金使用单位，预算执行率100%。根据项目施工进度已累计支付13 569万元，资金支付率40.2%。部分项目由于开工较晚，且建设周期为2020—2021年，剩余20 196万元将根据施工进度计划于年内支付。

二、实施效果

随着中央专项彩票公益金支持青海省社会公益事业建设资金投入和项目实施，有效弥补了地方公共财政对社会福利事业和公益事业资金投入上的不足，进一步夯实了社会公益事业发展基础，提升了全省特别是涉藏州县社会公益事业基础设施建设水平，为加快推进全省社会公益事业发展，巩固脱贫攻坚成果奠定了坚实基础。一是符合地区实际。项目安排和资金分配经由各级政府慎重研究，科学决策，充分结合地区社会公益事业发展实际，重点向民政福利、教育、医疗卫生、文化等薄弱环节和领域倾斜，体现了“补短板”的资金分配导向。二是资金使用规范。强化事前项目申报和绩效目标审核，资金严格按照规定的使用范围分配使用，未安排与社会公益事业无关的支出，有效保障了资金合理使用。三是有效弥补欠账。青海省地方财力有限，社会公益事业发展历史欠账较多。2020年受疫情冲击等因素叠加影响，全省财政收入增速明显下降，市县财政“三保”、债务还本付息等刚性支出压力较大，财政收支形势和矛盾突出，中央专项彩票公益金有效改善了地方财力困境，弥补了地方社会公益事业投入不足，为进一步促进各地社会公益事业协调发展提供坚实保障。

三、部分项目效果展示

1.西宁市儿童福利院迁建项目。

建设内容：建设28 500平方米，主要建设业务用房及辅助设施，并购置相关设备。目前儿童福利院服务儿童140人，重残比例在90%以上。

资金执行情况：项目总投资1.54亿元，目前已竣工验收并交付使用。2016—2020年累计拨付彩票公益金1.26亿元，其中2020年支持0.06亿元。

项目效益：该项目的实施，改变了原来儿童福利院基础设施建设水平弱，儿童医疗康复理疗水平低，教育教学设施不完善的问题，有力提升了全市孤残儿童的养育水平、文化教育水平、体智治疗水平，充分保障孤残儿童的权益，满足社会需求，进一步提升儿童福利发展水平，儿童福利事业进入科学、优质、高效的发展阶段。

2.西宁市七一中学能力提升项目。

建设内容：（1）校园文化建设项目；（2）室外连廊及景观项目；（3）校门、教学楼与理化实验楼连廊建设。

资金执行情况：项目总投资342.00万元，目前已竣工验收并交付使用。根据工程进度及合同约定，已全额拨付工程款342.00万元，拨付率为100%；按规定收取了工程质保共计11.45万元。

项目效益：从校园建设方面来看，项目的实施，有力提高了学校教育事业发展建设的步伐，有效改善了学校教育资源不平衡的状况、提高了校园环境质量及绿化面积，学校教书育人的氛围更加浓厚。从社会效益来看，项目的实施，不仅营造了有益于教师教学、学生学习的环境，而且为学校提升了良好的整体形象，为学校的发展赢得了良好的口碑，更是得到了社会的认可和赞誉，为西宁市七一中学将来的发展奠定了良好的基础。

3.海东市养老示范基地二建设项目。

建设内容：主要用于建设25 000平方米的业务用房、附属设施建设和设备配置。

资金执行情况：截至2020年12月31日，项目资金累计到位5 495万元，累计支出2 203.81万元，资金使用率40.11%。因室外附属设施正在建设，以及内部设备配置正在编制工程量清单，故结余资金将用于以上支出。

项目效益：养老示范基地二期的建设，可为省内具有高中端养老需求的人群提供特定养老服务，既可填补市内养老地产的空白，完善海东市的公共服务设施和中心城区的服务功能，也可有效促进供给侧结构性改革，拉动投资促进经济增长。全市以提高失能、半失能老年人的生活质量，改善生存发展条件为目标，切实将福利彩票公益金“扶老、助残、救孤、济困”宗旨落到实处，让更多的老年人享受共享经济和社会发展成果，进一步促进社会文明进步、和谐发展。本项目的实施，使得受助人群深刻感受到党和政府对老年人的关爱，人民安居乐业，无后顾之忧，对加强社会保障建设和促进社会和谐发展起到了积极的推动作用。

4.格尔木市八一社区、建安社区服务能力提升项目。

建设内容：对八一社区、建安社区办公场所进行室内改造，主要包括天棚吊顶、墙面粉刷、线路改造等。

资金执行情况：项目总投资199.95万元，已完成工程量90%，已支付项目工程款159.29万元，支付率79.66%。

项目效益：八一、建安社区均为新建社区。该项目的实施，使这两个社区基础设施及服务能力进一步得到提升，解决了新建综合服务中心无基本活动及服务设施的问题。项目实施后，将极大地改变以往服务方式，更加突出社区的自治和服务属性，为更好地服务辖区群众提供了硬件基础设施。加强基层治理是当今及今后很长一段时间各级党委和政府的主要工作。强化基层治理，完善基层软硬件设施是其中基础性的工作。只有不断加强基层服务能力建设，才能更好地开展活动，服务群众，化解各类矛盾，推进党和政府工作落实，因此，该项目的实施具有重大的现实意义。

5.都兰县民政局社会养老服务机构能力提升项目。

建设内容：对都兰县红光敬老院、香日德敬老院整体进行主体外立面、防水屋顶进行改造，新建50平方米晾衣房及设备配置购置。

资金执行情况：项目总投资200万元，2020年9月完成招投标，中标单位为青海腾川建设工程有限公司，中标价为175.55万元，根据工程进度及合同约定目前已完成建设内容的90%，支付资金为110.53万元，拨付率为55.27%。

项目效益：项目的实施旨在着力构建设施完善、功能齐全的养老服务体系，使老人居住得更加安心、舒心，为老年人提供良好的居住环境。项目实施后，能解决日益突出的社区老龄化问题，使老年人老有所依、老有所养、老有所乐，维护老年人的合法权益，为老年人提供了多方位综合服务，促进养老服务事业持续健康发展。

6.天峻县全民健身活动中心西馆设施提升及设备更新项目。

建设内容：返修跑道1 450平方米，更新部分设备。

资金执行情况：项目总投资60万元，目前已竣工验收并交付使用，根据工程进度及合同约定，已拨付工程款57.24万元，拨付率为95.4%。

项目效益：项目的实施，极大地改善海西州群众文化活动，通过各项活动的开展，间接带动牧区生活，加快推进公共文化服务体系资源配置均衡化，有效促进全州公共文化整体水平健康发展，推动群众文化事业大发展，保障各项活动顺利开展。

7.乌兰县第五中学教学楼维修项目。

建设内容：维修教学楼地基的回填土方下沉等。

资金执行情况：项目总投资70万元，目前已竣工验收并交付使用，根据工程进度及合同约定，已拨付工程款65.86万元，拨付率为94.1%。

项目效益：项目的实施，从根本上解决了乌兰县第五中学师生安全隐患，极大地改善师生学习、生活条件，改善办学条件，提高办学的社会效益。项目实施后，为各小学提供了安全的学习环境，打下了良好的基础。

8.共和县乡镇“残疾人之家”基础设施及硬软件配套项目。

建设内容：包括康复器材、残疾人专职委员办公设施及配套基础设施（房屋维修、电气工程、暖通工程等）。

资金执行情况：项目总投资580万元，目前已完成项目科研、设计、投资估算等编制工作，并于2020年4月20日前完成项目招投标，根据项目前期准备工作及合同约定，已拨付项目二类费用14.6万元，拨付率为2.52%。

项目效益：根据残疾人需求和基层工作特点，依托乡镇（社区）各类服务资源，配置建设集辅助性就业、康复、培训、文化体育、维权等各项服务为一休的残疾人综合服务平台，到2021年12月底，塘格木镇、龙羊峡镇、倒淌河镇、江西沟镇、石乃亥镇、黑马河镇、廿地乡、铁盖乡、切吉乡、沙珠玉乡10个乡镇各建成1个“残疾人之家”，为残疾人提供就近就便常态化基本康复、文化、娱乐服务，不断提高广大残疾人生活质量。

9.贵德县民办幼儿园图书购置和厨房设备配备。

建设内容：为民办幼儿园购置一批绘本阅读图书（含藏语图书）和配备一批厨房设备。

资金执行情况：购买图书24 053册，总价为46.94万元；厨房设备69.97万元，拨付率为40.12%。

项目效益：图书和厨房设备项目的实施，让广大乡村民办幼儿园幼儿有了更多的、精美的绘本图书，教师在开展阅读课的时候也有了足够数量的图书，为进一步提升幼儿阅读能力打下了物质基础。厨房设备的配备，对一部分幼儿园的厨房危旧设备进行了更换，为一部分幼儿园增添了新设备，提高了幼儿园厨房的设备安全系数，增加了幼儿园食品安全系数。

10.海南州共和县敬老院能力提升建设项目。

建设内容：活动场地硬化1 828平方米，库房70平方米，防滑胶垫地面780平方米。

建设时间：2020年7月—2020年11月。

资金执行情况：项目总投资87.05万元，目前已竣工验收并交付使用。根据工程进度及合同约定，已拨付工程款71万元，拨付率为81.56%。

项目效益：为了满足老年人养老服务需求，提升老年人生活服务质量，该项目面向所有老人，提供生活照料、康复护理，提升基础设施，提高服务水平。

11.尖扎县五彩神箭体育场改扩建项目。

建设内容：主要建设体育场主席台、看台、场地，篮球场、排球场、围墙及大门、跑道和管网建设等。

资金执行情况：项目总投资1 700万元，目前已竣工验收。根据工程进度及合同约定，已拨付工程款1 562万元，拨付率为92%。

项目效益：项目的实施，极大地改善了尖扎县运动经济和体育健身服务场地条件，满足人们的体育欣赏和宣传体育文化，推进经济和社会进步，提高人们的生活水平。该项目为尖扎县传统文化“五彩神箭”射箭国际邀请赛提供开幕式场地，极大地推广“灵秀尖扎”“箭乡”文化，提高国际、国内知名度，推动尖扎体育向更高层次、更有质量、更好效益发展。

12.尖扎县滨河公园项目。

建设内容：该项目占地面积为119 619平方米，约合179.1亩。

资金执行情况：项目总投资3 100万元，资金来源为国家投资。

建设时间：2014年4月至2015年4月。

项目效益：一是可以提升城市景观环境水平。城市公园的建立不仅可以调节气候、净化空气、保持水土，还能为人们提供游览、观光、度假、健身等活动场所，为改善城市环境质量起到了积极的作用，提升了城市品位，提高了城市景观环境水平；二是公园可以保护生态环境，一定程度上降低城市噪音带来的影响：三是有利于旅游业发展。

13.果洛州藏医院医疗废水处理设施建设项目。

建设内容：化粪池、格栅池、调节池、絮凝反应池、沉淀池、过滤池、消毒池、集泥池。

资金执行情况：项目总投资307.194万元，其中旧址项目132.684万元，新建项目174.51万元；目前支付可研费3.2万元（其中新址可研费1.8万元、旧址1.4万元）。2020年12月支付污水处理费144.51万元给青海南翔建设工程有限公司，剩余30万元未支付。2020年12月支付污水处理费89.484万元给青海旭源建设工程开发有限公司，剩余40万元未支付。

项目效益：改善果洛州藏医院医疗污水监管能力，进一步加强藏医院废弃物处理能力。有效改善果洛州地区给排水现状，提高当地居民的生活质量，保障当地居民的饮用水安全。

14.果洛藏族自治州妇幼保健院污水处理项目。

建设内容：化粪池、格栅池、调节池、絮凝反应池、沉淀池、过滤池、消毒池、集泥池等。

资金执行情况：项目总投资44.37万元，目前支付可行性研究经费10 000元整，并根据合同要求已拨付40%款项17.6万元，剩余款项待完工后支付。

项目效益：一是强化妇幼保健网络建设。保健机构独立建制、机构的房屋建设、设备配置等，提升了妇幼保健人员配备及服务能力。二是推动了妇幼保健管理工作，如落实机构和人员执业许可、三级妇幼卫生网络指导、托幼机构管理、爱婴医院、妇幼卫生信息等。三是为提高了妇幼保健服务的管理，提升了服务对象的满意度。四是提高妇女儿童健康水平，降低了孕产妇和新生儿死亡率。

15.果洛州中心血站医疗废水处理设施建设项目。

建设内容：调节池、设备间、一体化设备、管道系统、电气系统、保温系统等。

资金执行情况：项目总投资44.37万元，目前支付可行性研究经费4 000元整，并根据合同要求已拨付40%款项17.6万元，剩余款项待完工后支付。

项目效益：医疗废水处理设施是医疗卫生基础设施建设的重要组成部分，是增强人民群众身心健康，提高生活水平的标志，也是控制水质污染、改善和保护生态环境的重要措施。保护生态环境、提高人民生活质量是城市建设的重中之重，医疗机构废水处理设施项目的实施，能不断满足城市发展和城镇居民生产和生活的需要。

16.果洛州疾控中心医疗污水处理设施建设项目。

建设内容：调节池、设备间、一体化设备、管道系统、电气系统、保温系统等。

资金执行情况：项目总投资48万元，合同总价448 860.73元，于2020年7月29日通过政府采购办支付项目资金435 395.00元，3%的质保金13 465.73元，支付污水处理可行性研究经费5 000.00元，支付污水处理项目监理费10 000.00元，支付污水处理20 000.00元，项目资金无结余。

项目效益：可以有效改善果洛州地区给排水现状，提高当地居民的生活质量，保障当地居民的饮用水要求。一定的时间段内，周边民众在为本项目实施提供劳动力的同时，也为周边民众提高收入等。

17.果洛州人民医院医疗废水处理设施工程。

建设内容：调节池、沉淀池、消毒池、絮凝池、氧化池、设备间、消毒设备、管道系统、电气系统、保温系统等。

资金执行情况：项目总投资356.07万元，2020年12月底支付可行性研究经费3.3万元；138.09万元于2021年3月16日开具发票，将于近日拨付。

项目效益：改善区域人居环境、卫生条件等，提高周边经济发展。

（青海省财政厅供稿）

2020年中央专项彩票公益金支持宁夏回族自治区社会公益事业建设项目实施情况

根据《财政部关于“十三五”期间中央专项彩票公益金支持地方社会公益事业发展安排以及下达2017年资金的通知》(财综〔2017〕47号)和《财政部关于提前下达2020年中央专项彩票公益金支持地方社会公益事业发展资金预算的通知(财综〔2019〕47号),中央财政下达宁夏2020年中央专项彩票公益金24 250万元。宁夏财政厅会同相关部门周密安排部署,及时分配资金,推进项目落地见效。

一、项目组织实施情况

宁夏财政厅依据《2017—2020年中央专项彩票公益金支持宁夏社会公益金事业项目资金管理办法》和项目规划,会同民政厅、体育局、残联、科协等相关部门认真研究2020年拟实施项目,根据项目资金安排原则、支持范围,加快资金拨付,加快项目实施。一是结合之前年度开展的中央专项彩票公益金支持项目绩效自评情况,合理筛选出2020年支持项目,将绩效评价与项目安排紧密结合。二是提高预算完整性,提前下达市县中央专项彩票公益金预算指标,编入地方部门预算,督促项目启动,加快预算执行,强化业务监管。三是加强跟踪问效,通过工作调研、日常督查、重点督办等方式,了解项目进度和资金拨付情况,及时组织自治区各主管部门及各市县开展项目资金绩效自评,查遗补漏,督促整改,确保资金拨付到位,确保项目发挥应有效益。

二、中央彩票公益金使用规模和资助项目

按照“缺什么,补什么”要求,宁夏财政厅会同相关部门紧紧围绕自治区重大民生项目,突出重点支持领域。2020年中央专项彩票公益金重点支持社会福利、体育、残疾人、科技等社会公益事业项目,共计安排资金24 250万元。

1.安排社会福利公益项目13 575万元。其中:护理型床位养老服务项目7 725万元,支持4个县区新建4个老年养护院建设;支持新建26个社区日间照料中心,补助5 850万元。

2.安排体育公益项目6 700万元。支持建设健身步道100公里,补助4 200万元;支持建设40个多功能运动场,补助2 000万元;支持建设5个拼装式游泳池,补助500万元。

3.安排残疾人事业发展公益项目3 150万元。支持6个县区康复托养项目建设,补助1 350万元;支持14个市、县(区)的16个康复托养设备购置,补助1 500万元;支持实施贫困重度残疾人家庭无障碍改造项目300万元,对600户以上重度贫困残疾人进行家庭无障碍改造,户均补助0.5万元。

4.安排科技公益项目825万元。支持实施宁夏农村中学科技馆可持续发展项目,对经审核符合条件的全区79所农村中学科技馆,补助797万元;开展农村中学骨干科技教师培训及业务交流费用28万元。

三、项目资金执行情况

(一)项目资金到位情况

2020年中央专项彩票公益金24 250万元全部落实到社会福利、体育、残疾人、科技公益事业项目四个领域,在规定时间内资金全部下达相关

市、县及单位，资金到位率100%。

（二）项目资金执行情况

截至2020年12月底，2020年中央专项彩票公益金24 250万元，已完成支出15 470.4万元，预算执行率63.8%。其中：一是安排社会福利事业项目13 575万元，完成支出7 149.77万元，预算执行率52.67%。二是安排体育项目6 700万元，完成支出5 533.5万元，预算执行率82.59%。三是安排残疾人事业发展项目3 150万元，完成支出2 004.1万元，预算执行率63.62%。四是安排科技公益项目825万元，完成支出783.03万元，预算执行率94.91%。

四、产生的社会效益

一是社会福利公益项目。目前4个护理型床位养老服务机构建设正在有序实施，建设规范管理，工程保质保量，此项目的实施将有效弥补自治区床位不足的空缺，进一步完善全区养老服务布局；26个社区老年人日间照料中心相继建成并投入使用，将为老年人提供养老生活照料、保健康复、精神慰藉等服务，提高服务质量和老年人幸福指数。二是体育公益项目。支持实施的一批体育项目效果明显，进一步填补了自治区群众健身锻炼的活动场地，有效满足了群众的生活需求，促进全民健身运动的广泛开展。三是残疾人公益项目。通过实施残疾人康复服务设施建设项目，实现了自治区每个县级残疾人康复服务设施、托养服务设施两者有其一的目标，残疾人基础设施条件得到极大改善，基本形成布局合理、设施完善、服务便捷、保障有力的残疾人服务体系；实施贫困重度残疾人实施无障碍改造项目，使残疾人受益群体的居家生活品质得到改善，方便出行。四是科技公益项目。实施农村中学科技馆可持续发展项目，全区79所农村中学科技馆购置基础学科展品、机器人、无人机、数字化虚拟科技馆等及科技活动器材，发挥教师专业特长，开展各类科普科技活动1 438场次，科技馆参观人数达到9.5万人次，进一步激发学生科学兴趣，提升其科学素养；支持连续三年举办了宁夏农村中学科技馆骨干教师培训班，教师理论素养和专业能力不断提升。

五、项目资金监督管理

针对2020年中央专项彩票公益金实施存在的问题，宁夏财政厅结合项目绩效自评情况和社会影响，继续加强与自治区各主管部门及有关市、县的沟通，推进项目进度和资金落实，确保中央专项彩票公益金发挥最大效益。一是加快项目实施进度。推进护理型养老服务机构后续建设，完善服务功能，尽早投入使用。发挥社区老年人日间照料中心辐射带动作用，支持公建民营、政府购买服务，吸引社会力量参与养老服务。督促残疾人康复服务项目正常运营，更好地服务残疾人群体。完善健身步道、多功能运动场等管理制度，对选址、设计变更的抓紧落地实施，保质保量完成任务，进一步增加群众活动场地。二是加强与部门的联查联动。会同自治区民政、体育、残疾人等相关部门开展重点督导，督促项目加快实施，尽早竣工验收。对于发现的问题盯紧不放，督促整改到位。三是完善项目库管理。发挥财政预算一体化系统作用，扎实做好项目库，通过先期审批，筹划、论证、评审一批项目，好中选优，转变市县、单位“资金等项目”的观念，切实提高项目预算执行率。四是加强绩效管理。落实部门、单位主体责任，完善项目绩效评价体系和相关指标，以绩效目标为导向，加强全过程绩效管理，不断提高资金使用效益。

（宁夏回族自治区财政厅供稿，李海宁执笔）

2020年中央专项彩票公益金支持新疆维吾尔自治区社会公益事业建设项目实施情况

2020年，中央专项彩票公益金安排新疆维吾尔自治区社会公益事业建设项目资金5亿元，主要用于社会福利事业、教育事业、体育事业等社会公益事业方面。

一、资金使用规模

为支持新疆社会公益事业发展，2019年11月，财政部印发《财政部关于提前下达2020年中央专项彩票公益金支持地方社会公益事业发展资金预算的通知》（财综〔2019〕47号），拨付下达新疆维吾尔自治区2020年中央专项彩票公益金5亿元。

依据国家出台的《彩票公益金管理办法》《自治区彩票公益金管理办法》《自治区“十三五”时期中央专项彩票公益金管理办法》规定，自治区财政厅坚持按照彩票公益金使用方向，重点向自治区党委、人民政府明确提出的重大民生项目倾斜，向贫困地区、困难行业和弱势群体倾斜，向补“短板”的公益事业倾斜的原则安排使用资金。

二、项目资助情况

2020年安排社会公益项目17个，共计资金5亿元，其中安排区本级项目资金23 100万元，地州市项目资金26 900万元，具体如下：

1.安排社会福利事业发展项目7个，支持资金21 400万元。分别为：“双集中”项目资金15 720万元，居家和社区医养结合试点项目1 000万元，全民健康体检工程补助项目2 880万元，社会工作和志愿服务等项目1 700万元，优抚对象短期疗养和巡回医疗补助项目100万元。

2.安排体育发展项目9个，支持资金9 000万元。分别为：乡镇农民体育健身工程2 600万元，社区健身中心工程2 400万元，行政村体育建设器材更新项目900万元，健身步道项目400万元，雪上传统项目学校700万元，发展传统体育项目学校300万元，自治区体育中心锅炉维修改造项目800万元，购置造雪压雪设备项目600万元，购置运动员康复科技设备项目300万元。

3.安排义务教育类项目1个，支持资金19 600万元。用于城乡义务教育免费教科书项目。

三、执行情况

为促进新疆维吾尔自治区社会公益事业协调发展，自治区财政厅严格按照《预算法》《彩票公益金管理办法》《彩票公益金实施细则》《自治区彩票公益金管理办法》《自治区“十三五”时期中央专项彩票公益金管理办法》相关规定，以制度建设为抓手，对中央专项彩票公益金的使用范围、资金分配、使用管理、监督检查等方面进行规范，使彩票公益金管理更加合规、合法。

经自治区财政厅会同民政厅、教育厅、体育局等部门认真研究，报自治区人民政府批准，于2020年年初拨付5亿元全部到位，到位率100%。截至2020年年底，中央专项彩票公益金5亿元，实际执行44 889万元，执行率为89.78%。

四、实际成效

彩票作为国家筹集社会公益资金的重要渠

道，自治区始终坚持“来自社会、服务社会，取之于民、用之于民”的原则安排使用资金，重点向自治区党委、人民政府提出的重大民生项目倾斜，向贫困地区和弱势群体倾斜，向补“短板”的公益事业倾斜。中央专项彩票公益金使新疆各项社会公益事业得到了稳步发展。

1.有力保障社会福利事业发展。紧紧围绕国家民政部提出的“救急难、托底线、保民生”的民政工作要求，对生活无着落的流浪乞讨人员实施救助管理工作，切实解决社会弱势群体的生活困难，共资助25个养老福利机构和14个儿童福利机构新建、改（扩）建及设施设备的配备，全面完成了现有公办“五保”老人集中供养和孤儿收养机构改造提升，提高了机构管理服务水平，解决了空巢老人和独居老人的社会养老问题，保障了老弱残幼的生活，使老有所养、孤有所依，为社会养老服务体系的建立奠定了基础。

2.助力脱贫攻坚，减轻贫困学生负担。为有效阻断贫困代际传递，加大中央专项彩票公益金对新疆维吾尔自治区教育事业的投入，投入金额占总资金的40%，同比增长18.4%，专项用于城乡义务教育阶段的学生发放免费教科书，使教育公平显著提升，减轻家庭经济困难学生的负担，满足家庭经济困难学生基本学习生活需要，实现不让一个学生因家庭经济困难而失学的目标，加快了脱贫攻坚步伐，推进了农牧民家庭稳定脱贫和高质量脱贫，有效巩固民族团结和社会稳定成果。

3.发展传统体育事业，助力全民健身。为发挥新疆地缘优势，积极落实“带动三亿人参与冰雪运动”的目标，资助雪上传统项目学校35所，发展传统体育项目学校60所，优化了运动员训练环境，使新疆维吾尔自治区传统体育项目得到了发展。同时，为激发人民群众参与体育锻炼，增强体育素质，资助建设完成66个乡镇农民体育健身工程项目，进一步丰富人民群众的文化娱乐生活，将全民健身理念融入群众生活，促进了社会和谐稳定。

2020年，中央专项彩票公益金的投入，充分体现了自治区党委、人民政府对各类社会困难群体和各族人民群众的关心、关爱，较好地发挥了彩票公益金的社会公益属性，进一步彰显了国家彩票的社会责任，为新疆社会稳定和长治久安作出了积极贡献。

（新疆维吾尔自治区财政厅供稿，
哈力木拉提·阿布都赛里木执笔）

2020年中央专项彩票公益金支持新疆生产建设兵团社会公益事业建设项目实施情况

一、基本情况

根据《财政部关于“十三五”时期中央专项彩票公益金支持地方社会公益事业发展安排以及下达2017年资金的通知》（财综〔2017〕47号），2017年至2020年，中央财政每年安排新疆生产建设兵团（以下简称“兵团”）中央专项彩票公益金11 250万元，4年共安排45 000万元，用于支持兵团社会公益事业发展。按照向基层、向困难团场倾斜的原则，严格遵循有关工作要求，将中央专项彩票公益金重点用于支持社会福利、教育和残疾人公益事业发展。

二、项目执行情况

2020年兵团财政下达各师市及兵直单位中央专项彩票公益金11 250万元，支持项目共计81个，具体执行情况如下：

（一）支持社会福利事业发展

2020年，兵团“十三五”中央专项彩票公益金支持52个社会福利事业项目，共计5 450万元，部分项目仍在执行中。

1.用于新建4个老年人日间照料中心、6个师市本级和18个团（镇）养老服务机构改造及设施设备配备、8个养老服务机构消防改造，支持资金共计3 735万元。受疫情影响，目前仍有1个老年人日间照料中心在建，预计2021年完工；部分师市养老服务机构仍处于封闭管理，无法入院开展设施设备配备及消防改造工作，项目前期工作正在推进中。

2.用于6个师市儿童福利机构设备配置和困境儿童关爱保护，支持资金共计330万元。受疫情影响，目前剩余1个师市儿童福利院正在建设中，设备配置项目已完成前期工作，暂未进行设备采购。

3.用于2个团（镇）殡仪服务站建设、2个师市殡仪馆改扩建、6个师市殡仪馆火化炉及环保改造，支持资金共计1 385万元。受疫情影响，项目正在推进中。

（二）支持教育事业发展

2020年，兵团“十三五”中央专项彩票公益金支持5个教育事业项目，共计5 140万元，部分项目仍在执行中。

1.支持4个义务教育学校仪器设备购置，支持资金共计2 020万元。受疫情影响，目前剩余2所新建学校未竣工，设备购置已完成前期工作，暂未进行设备采购。

2. 支持塔里木大学南疆技术转移中心建设，支持资金共计3 120万元，项目正在建设中，计划2021年11月投入使用。

（三）支持残疾人事业发展

2020年，兵团“十三五”中央专项彩票公益金支持24个残疾人公益事业项目，共计660万元，部分项目仍在执行中。

1. 支持11个康复机构设备补助，支持资金共计400万元，项目已全部完成。

2. 支持13个托养机构设备补助，支持资金共计260万元。受疫情影响，剩余5个项目土建工程未如期完工，设备暂未进行采购。

三、项目实施效果

（一）完善服务体系，提升社会福利事业整体水平

1. 支持养老事业发展。支持4个师市新建老年人日间照料中心，养老服务机构改造、设施设备配备及养老服务机构消防改造项目覆盖14个师25个团场，增加床位100张，年服务老年人12 000人次，为老年人提供助餐、助洁、助行、助浴、助医、文化娱乐活动等服务，提高了老年人的生活质量，改善了老年人的生活环境，丰富了老年人的业余生活。

2. 支持孤残儿童福利事业发展。支持6个师市儿童福利机构设备配置和困境儿童关爱保护项目，为兵团孤残儿童在养护、医疗、康复、教育和技能培训等方面增置仪器设备，保障孤残儿童的合法权益，促进兵团儿童社会福利事业发展。

3. 支持殡葬服务事业发展。支持殡仪服务站新建及改扩建、殡仪馆火化炉及环保改造，覆盖9个师市，提升了兵团基本殡葬服务质量和服务能力。

（二）优化基础设施，改善教育教学条件

1. 促进义务教育教学条件改善。为4个义务教育学校购置教学仪器设备，改善了学校学习、生活条件，优化了师生工作、学习环境，家长、学生、社会满意度均超过95%，提高了教育教学质量，促进了兵团义务教育事业均衡发展。

2. 促进大学教育条件改善。塔里木大学南疆技术转移中心建设项目总投资5 120万元，从“十三五”中央专项彩票公益金中全额保障，其中：2017年中央专项彩票公益金支持2 000万元，2020年中央专项彩票公益金支持3 120万元。该项目作为高校科研成果转化的“桥梁”，建成后将在南疆与国内外优质技术资源与产业对接中发挥作用，进一步提升高校服务南疆经济社会发展的能力。

（三）搭建专业化平台，改善残疾人生活

支持11个康复机构、13个托养机构购置设备，用于残疾人手术、康复训练、辅助器具适配等方面，康复托养机构设备验收通过率达100%。通过项目实施，提升了兵团康复和托养机构的服务能力和水平，为残疾人搭建了生活技能训练的专业化服务平台。

2020年，中央专项彩票公益金的下达充分体现了中央对兵团的亲切关怀，体现了财政部对兵团社会公益事业的大力支持。社区老年人日间照料中心、儿童福利机构、殡仪服务设施、塔里木大学南疆技术转移中心、残疾人康复托养机构设备补助等项目的建设，一定程度上解决了团场空巢、留守、高龄老年人养老服务需求，优化了兵团养老服务机构设施环境，推动了儿童福利事业健康快速发展，提升了兵团基本殡葬服务质量和服务能力，改善了兵团教育条件，提高了残疾人生活技能，有效支持了兵团社会福利事业持续发展。

（新疆生产建设兵团财政局供稿，易晔执笔）

六、附　　录

主要彩票游戏类型简介

传统型彩票（Draw Games）：又称被动型彩票，指由彩票发行者事先在彩票上印好号码，通常是5至7位数字，并将固定编组、中奖规则、奖金等级和中奖金额或实物公布，彩票销售一段时间后集中公开摇奖，购买者所购彩票的号码与开奖号码比对，以确定是否中奖和中奖奖级的彩票游戏。传统型彩票有着悠久的历史，遍布全球，我国福利彩票早期主要是此类彩票。由于购买传统型彩票需要等待开奖时间，因此随着即开型彩票的出现，购买者更青睐即买即刮即兑的即开型彩票，对传统型彩票的兴趣逐渐减少。

乐透型彩票（Lotto）：指由购买者从M个号码中选取N个号码（M>N）的组合为一注彩票进行投注，并与彩票发行者在投注活动结束后某一时点从M个号码中随机抽取的N个开奖号码的组合比对，以确定是否中奖和中奖奖级的彩票游戏。如福利彩票双色球、体育彩票超级大乐透等属于此类彩票游戏。

数字型彩票（Number）：指购买者从由0至9个号码构成的N组数列中选取其中一组排列号码为一注彩票进行投注，并与彩票发行者在投注活动结束后某一时点从相同数列集合中随机抽取的某一组开奖排列号码比对，以确定是否中奖和中奖奖级的彩票游戏。如福利彩票3D、体育彩票排列3等属于此类彩票游戏。

即开型彩票（Instant Games）：指彩票发行者在某一固定奖组的彩票中，将中奖符号印制在彩票介质上加以遮盖，并事先公告中奖符号，购买者从同一奖组的彩票中选购后可即时刮开遮盖物以确定是否中奖和兑奖的彩票游戏。如福利彩票刮刮乐、体育彩票顶呱刮属于此类彩票游戏。

竞猜型彩票（Toto）：指以某种竞赛结果确定投注中奖结果的彩票游戏。相对于其他纯粹的幸运型游戏而言，竞猜型彩票具有更多的个人智慧因素。如体育彩票足球彩票、篮球彩票属于此类彩票游戏。

（财政部综合司供稿）

2020年世界彩票销售情况

2020年，全球彩票总销量达到3 108.4亿美元（不包括视频彩票VLT销量）。其中，欧洲彩票销量为1 081.3亿美元，北美洲彩票销量为965.0亿美元，亚洲和中东地区彩票销量为924.9亿美元，澳大利亚和新西兰地区彩票销量为65.8亿美元，中美洲、南美洲和加勒比海地区彩票销量为60.1亿美元，非洲彩票销量为11.3亿美元。

在各类型彩票销量（不包含视频彩票VLT销量）统计中，即开型彩票销量为1 023.5亿美元，是2020年销量最高的彩票类型，占总销量的32.9%；乐透型彩票销量为928.7亿美元，占总销量的29.9%；体育竞猜型彩票销量为333.8亿美元，占总销量的10.7%；数字型彩票销量为296.4亿美元，占总销量的9.5%；传统抽奖型彩票销量为192.6亿美元，占总销量的6.2%；基诺型彩票销量为68.6亿美元，占总销量的2.2%；其他类型彩票（不包含视频彩票VLT）的销量为264.8亿美元，占总销量的8.5%。

2020年，全球视频彩票（VLT）共销售229.7亿美元，其中欧洲视频彩票销量为163.8亿美元，所占份额最大，达到71.3%；其次是北美，销量为62.3亿美元，所占份额为27.1%；亚洲视频销量为3.6亿元，所占份额为1.6%。

附表 1　　2020 年世界彩票销售[1,2]

单位：百万美元

	乐透 / 乐透附加[3]	数字[4]	基诺[5]	其他[6]	体彩（足彩）[7]	抽奖型	即开型 / 拉开型	总销售额
非洲	613.6	13.1	22.4	60.1	255.6	9.2	158.2	1 132.1
澳大利亚、新西兰	5 668.0	10.9	130.2	94.3		78.7	598.2	6 580.2
亚洲 / 中东	32 043.7	14 737.3	800.3	6 607.2	21 335.7	9 676.2	7 294.4	92 494.8
欧洲	36 066.1	1 673.5	1 417.7	17 193.3	11 070.6	8 567.2	32 140.6	108 129.0
中美洲、南美洲、加勒比海地区	4 394.4	897.2	102.1	16.9	158.8	363.3	76.2	6 008.9
北美洲	14 085.7	12 307.3	4 390.3	2 512.0	555.7	560.8	62 086.7	96 498.5
全球总计	**92 871.4**	**29 639.3**	**6 862.9**	**26 483.8**	**33 376.4**	**19 255.4**	**102 354.2**	**310 843.4**
占总额百分比	29.9%	9.5%	2.2%	8.5%	10.7%	6.2%	32.9%	100.0%

注：

1.除非有特殊标注的“财政年度”，所有彩票销售都表示为日历年度。如果2020年度彩票销售数据在截稿前未能获得，编辑人员将采用上一年度提供的数据。栏中标注的“年度”表示销售数据公布的年度。表格列中的“年”表示彩票的销售年度，“PC”表示人均量。

2.根据世界各国2020年预计人口数据。美国人口数据为美国人口统计局2020年7月1日所预测的人口数据。2020年加拿大人口数据由加拿大统计局提供。2020年澳大利亚人口数据由澳大利亚统计局提供。其他国家的人口数据是该国2020年的预计人口数（来源：美国人口普查局国际数据库）。

3.乐透游戏的销售数据包括各种乐透彩票的销售额以及乐透附加的销售额。

4.此栏数字销售为非乐透玩法，如每日和周开型的2D、3D和4D。

5.基诺彩票销售包括定期基诺抽奖和快速基诺抽奖。

6.此栏为混合栏，彩票种类包括宾果和一款类似于超级6的niche游戏。此外，博彩机构未提供销售明细，因此其总销售额列入“其他”类。

7.体彩（足彩）销售额包括赔率竞猜彩票和固定赔率投注彩票的销售。

附表 2　　2020 年非洲彩票销售

彩票机构	国家	年份	人口（百万）	乐透 / 乐透附加（百万美元）	数字（百万美元）	基诺（百万美元）	其他（百万美元）	体彩（足彩）（百万美元）	抽奖型（百万美元）	即开型 / 拉开型（百万美元）	总销售额（百万美元）	人均销售额（美元）	汇率
阿尔及利亚体育彩票	阿尔及利亚	2003	32.5	5.0			0.1		0.5	6.9	12.5	0	0.0140
国家彩票	贝宁	2000	6.6				3.4	3.7		5.1	12.2	2	0.0014
国家彩票	布基纳法索	2016	17.9	0.7				170.7		5.6	177.1	10	0.0016
国家彩票	布隆迪	2010	9.9							0.6	0.6	0	0.0008
COGELO	刚果	1995	2.5				17.7				17.7	7	0.0020
国家彩票	科特迪瓦	2003	17.0							67.2	67.2	4	0.0019
国家彩票	埃塞俄比亚	2012	96.8	0.4					8.6	18.5	27.5	0	0.0543
国家彩票	冈比亚	1997	1.2				0.8			0.4	1.2	1	0.0955
国家彩票	加纳	2014	26.4	98.2			0.5				98.7	4	0.3109
慈善彩票	肯尼亚	1996	27.8						0.0	8.6	8.6	0	0.0185
Sociéte d’ Explotiation	马达加斯加	1996	14.1	0.8						0.7	1.6	0	0.0003
LONAMA	马里	1999	10.8					0.1		0.0	0.2	0	0.0016
Lottotech Ltd.	毛里求斯	2020	1.3	46.1							46.1	36	0.0247
体育彩票	摩洛哥	2006	33.2					27.0		13.3	40.3	1	0.1189
国家彩票	摩洛哥	2017	35.3	16.3	11.4	22.3	3.7			21.7	75.4	2	0.1065
莫桑比克博彩机构	莫桑比克	2001	19.4		1.1			1.0			2.1	0	0.0000
国家彩票	尼日尔	2003	10.4					28.7		1.1	29.8	3	0.0019
国家彩票	塞内加尔	2000	10.3				32.8	0.8	0.1	1.9	35.6	3	0.0014
南非国家彩票	南非	2019	58.6	439.1	0.5	0.1	1.0	17.3		6.1	464.1	8	0.0711
国家彩票	多哥	1999	5.3	6.8			0.1	6.3		0.5	13.7	3	0.0016
津巴布韦国家彩票	津巴布韦	2010	11.7				0.0			0.1	0.1	0	0.0027
总　计				**613.6**	**13.1**	**22.4**	**60.1**	**255.6**	**9.2**	**158.2**	**1 132.1**		
占总额百分比				54.2%	1.2%	2.0%	5.3%	22.6%	0.8%	14.0%	100.0%		

附表 3　　2020 年亚洲 / 中东彩票销售

彩票机构	国家	年份	人口（百万）	乐透 / 乐透附加（百万美元）	数字（百万美元）	基诺（百万美元）	其他（百万美元）	体彩（足彩）（百万美元）	抽奖型（百万美元）	即开型 / 拉开型（百万美元）	总销售额（百万美元）	人均销售额（美元）	汇率
中国福利彩票	中国	2020	1 439.3	15 699.8	3 013.5	139.6				2 243.4	21 096.2	15	0.1532
中国体育彩票	中国	2020	1 439.3	6 044.9	9 240.4			11 477.9		2 264.1	29 027.3	20	0.1532
香港马会奖券有限公司	中国香港	2019	7.5	1 078.6							1 078.6	144	0.1284
幸运彩票	印度	2003	1 049.7	1 369.4							1 369.4	1	0.0219
马丁彩票代理	印度	2003	1 049.7	2.3					759.7		762.1	1	0.0219
瑞穗银行彩票部	日本	2020	126.5	3 065.4	804.3		124.9		3 256.5	479.5	7 730.5	61	0.0097
日本体育彩票中心	日本	2020	126.5					854.7			854.7	7	0.0097
Nanum Lotto, Inc.	韩国	2016	49.8	2 959.8			34.2		81.5	149.7	3 225.2	65	0.0008
Sportstoto Korea	韩国	2020	51.3					4 501.4			4 501.4	88	0.0009
Korea Sports Promotion	韩国	2014	49.8					2 986.0			2 986.0	60	0.0009
Libanaise des Jeux	黎巴嫩	2018	6.1				113.7			2.9	116.7	19	0.0007
Magnum Corp.	马来西亚	2015	30.1		627.3						627.3	21	0.2323
Pan Malaysian Pools	马来西亚	2020	32.4		396.0			74.3			470.3	15	0.2475
马来西亚体育足彩	马来西亚	2020	32.4				591.1				591.1	18	0.2475
慈善彩票	菲律宾	2019	108.1	210.9	570.7	34.5			0.2	15.3	831.6	8	0.0197
新加坡博彩机构	新加坡	2018	5.8				5 413.4				5 413.4	935	0.7313
国家彩票机构	斯里兰卡	2015	21.6						108.5	7.8	116.3	5	0.0068
中国台湾彩票机构	中国台湾	2020	23.8	1 508.0	75.7	543.0	329.9			2 131.6	4 588.4	193	0.0356
中国台湾体育彩票	中国台湾	2020	23.8					1 441.4			1 441.4	61	0.0356
政府彩票办公室	泰国	2020	69.8						5 469.8		5 469.8	78	0.0333
越南彩票	越南	2020	97.3	104.5	9.5	83.2					197.2	2	0.0000
总计				**32 043.7**	**14 737.3**	**800.3**	**6 607.2**	**21 335.7**	**9 676.2**	**7 294.4**	**92 494.8**		
占总额百分比				34.6%	15.9%	0.9%	7.1%	23.1%	10.5%	7.9%	100.0%		

附表 4　　2020 年澳大利亚、新西兰彩票销售

彩票机构	国家	年份	人口（百万）	乐透 / 乐透附加（百万美元）	数字（百万美元）	基诺（百万美元）	其他（百万美元）	体彩（足彩）（百万美元）	抽奖型（百万美元）	即开型 / 拉开型（百万美元）	总销售额（百万美元）	人均销售额（美元）	汇率
金匣子彩票机构	澳大利亚	2020	5.2	985.1					11.6	187.9	1 184.5	229	0.7662
西澳大利亚彩票机构	澳大利亚	2020	2.7	564.2	10.9		50.9			105.3	731.3	275	0.7662
新南威尔士州彩票机构	澳大利亚	2020	8.2	1 385.0					56.9	112.7	1 554.6	190	0.7662
南澳大利亚彩票机构	澳大利亚	2020	1.8	293.9		101.4			3.0	31.4	429.7	243	0.7662
塔特萨尔彩票机构	澳大利亚	2020	7.9	1 527.7					7.1	74.6	1 609.5	203	0.7662
新西兰彩票机构	新西兰	2020	5.0	912.1		28.7	43.4			86.3	1 070.5	214	0.7190
总计			**30.7**	**5 668.0**	**10.9**	**130.2**	**94.3**		**78.7**	**598.2**	**6 580.2**	**214**	
占总额百分比				86.1%	0.2%	2.0%	1.4%		1.2%	9.1%	100.00%		

附表 5　　　　2020 年欧洲彩票销售

彩票机构	国家	年份	人口（百万）	乐透 / 乐透附加（百万美元）	数字（百万美元）	基诺（百万美元）	其他（百万美元）	体彩（足彩）（百万美元）	抽奖型（百万美元）	即开型 / 拉开型（百万美元）	总销售额（百万美元）	人均销售额（美元）	汇率
奥地利彩票（GGR）	奥地利	2020	9.0	732.0	5.8	0.0	155.8	3.2	14.8	80.0	991.6	110	1.2282
国家彩票	比利时	2020	11.6	1 154.5			127.7			481.5	1 763.8	152	1.2282
国家彩票	保加利亚	2019	7.0	19.9			48.1			382.5	450.5	64	0.5726
Hrvatska Lutrija	克罗地亚	2020	4.1	81.8		10.2	30.5	68.0	1.3	16.3	208.2	51	0.1626
政府彩票	塞浦路斯	2019	1.2						4.8	46.4	51.2	43	1.9134
SAZKA a.s.	捷克	2019	10.7		426.4		19.9	109.6		225.8	781.7	73	0.0440
Danske Spil	丹麦	2019	5.8	422.6			339.9				762.5	132	0.1651
D. K. Klasselotteriet	丹麦	FY19	5.8						121.7		121.7	21	0.1651
Eesti Loto AS	爱沙尼亚	2020	1.3	73.2		9.5				12.6	95.2	72	1.2282
Veikkaus（GGR）	芬兰	2019	5.5	470.1		180.1	255.7	165.5		56.5	1 128.0	204	1.1199
La Française des Jeux	法国	2020	65.3				6159.3	3912.8		9 480.0	19 552.1	300	1.2282
GKL（NKL & SKL）	德国	2019	83.8						373.1		373.1	4	1.1199
Lotto Baden wurttemberg	德国	2020	10.8	1 503.8		23.8	89.5	7.5	59.9	93.3	1 327.8	123	1.2282
Lotto Bayern	德国	2018	12.5	990.9		28.2	71.7	52.9	56.0	149.5	1 349.3	108	1.1438
Lotto Berlin	德国	2018	3.5	269.7		7.2	14.9	1.5	9.6	7.0	309.9	88	1.1438
不莱梅足彩	德国	2004	0.7	76.4			8.6	7.8	2.2	1.5	96.4	145	1.3640
基尔西北乐透	德国	2018	2.8	241.6		4.0	30.7	6.5	11.0	7.4	301.2	106	1.1438
Lotto Hessen	德国	2020	6.1	680.8		20.0	53.0	21.1	28.1	99.4	902.4	148	1.2282
下萨克森州足彩 – 乐透	德国	2015	7.9	600.0		10.7	87.4	19.3	33.2	24.8	775.5	98	1.0925
莫科林伯格乐透	德国	2015	1.6	116.9				3.3		4.4	124.5	76	1.0925
西部乐透	德国	2019	17.8	1 451.5		28.1	109.0	60.0	42.1	92.7	1 783.4	100	1.1199
莱茵兰 – 普法尔茨州乐透	德国	2017	4.0	328.4		7.9	30.2	16.5		20.4	403.4	101	1.1979
Lotto Saarland	德国	2020	1.0	116.3		3.3	21.2	0.7	5.3	9.2	156.0	154	1.2282
汉堡乐透	德国	2010	1.8	155.8		2.9	20.5	5.3	4.3	2.1	191.0	106	1.3252
萨克森乐透 – 足彩	德国	2017	2.3	168.9		0.2	19.3	8.6	7.7	11.0	215.8	93	1.1979
莱比锡 Sächsische 乐透	德国	2016	4.1				328.3				328.3	79	1.0536
波茨坦勃兰登堡彩票	德国	2017	2.5	184.3		6.1	16.2	0.9	3.3	8.8	219.5	88	1.1979
Lotto Thuringen	德国	2017	2.2	151.9		3.5	9.7	4.5	3.7	9.4	182.6	82	1.1979
直布罗陀政府彩票	直布罗陀	FY15	0.03						7.9		7.9	272	1.4833
OPAP（GGR）	希腊	2019	10.4	871.9				443.7			1 315.6	126	1.1199
希腊国家彩票（GGR）	希腊	2019	10.4							165.2	165.2	16	1.1199
Szerencsejáték RT	匈牙利	2020	9.7	424.4	141.7	21.7		933.5		408.6	1 929.9	200	0.0034
冰岛大学彩票	冰岛	2020	0.3						17.6	1.0	18.6	55	0.0079
Islensk getspá	冰岛	2020	0.3	47.2							47.2	139	0.0079
国家彩票	爱尔兰	2019	4.9	614.7	11.4		30.9			333.5	990.5	201	1.1199
以色列体育竞猜	以色列	2017	8.5					788.1			788.1	92	0.2601
米佛尔哈佩斯彩票	以色列	2020	8.7	408.0	939.6	44.1	129.2			647.2	2 168.1	250	0.3105

续表

彩票机构	国家	年份	人口（百万）	乐透/乐透附加（百万美元）	数字（百万美元）	基诺（百万美元）	其他（百万美元）	体彩（足彩）（百万美元）	抽奖型（百万美元）	即开型/拉开型（百万美元）	总销售额（百万美元）	人均销售额（美元）	汇率
SISAL S.p.A.	意大利	2019	60.5	2065.7			2 286.8	1 770.5		18.2	6 141.1	102	1.1199
Lottomatica	意大利	2020	60.5	6 685.8			3 676.9	370.6		10 005.7	20 739.0	343	1.2282
国家彩票	哈萨克斯坦	2020	18.8	2.8		1.0	2.6			9.1	15.5	1	0.0024
Latvijas Loto SJSC	拉脱维亚	2020	1.9				70.1				70.1	37	1.2282
UAB OLIFEJA	立陶宛	2020	2.7	45.5		4.1				48.0	97.6	36	1.2282
Loterie Nationale	卢森堡	2011	0.5	73.4		28.7				22.0	124.1	244	1.3252
Lotarija Makedonija	马其顿	2008	2.6					9.6			9.6	4	0.0234
MALTCO（GGR）	马耳他	2020	0.4	25.9		5.9	0.0	5.5		0.5	37.8	86	1.2282
摩尔多瓦彩票	摩尔多瓦	2015	3.4	0.3				0.1			0.4	0	0.0500
荷兰彩票机构	荷兰	2016	16.8	164.5	7.4	23.3		141.0	733.7	91.5	1 161.5	69	1.0536
Norsk Tipping	挪威	2019	5.4	1 199.5			2 047.3	431.1		119.3	3 797.3	701	0.1136
Totalizator Sportowy	波兰	2020	37.9	699.0		697.8			13.4	420.4	1 830.6	48	0.2696
SCML	葡萄牙	2019	10.2	926.2			110.0	716.4	85.5	1 924.0	3 762.2	369	1.1199
罗马尼亚彩票	罗马尼亚	2020	19.2	72.1				0.2		15.6	87.9	5	0.2519
JSC TC Center	俄罗斯	2020	145.9	430.5	132.5	5.8	113.1			20.7	702.5	5	0.0135
塞尔维亚国家彩票	塞尔维亚	2017	7.1	41.3			8.6			12.1	62.0	9	0.0101
Tipos AS	斯洛伐克	2019	5.5	152.0		57.6	265.3	43.4		89.2	607.4	111	1.1199
Sportna Loterija d.d.	斯洛文尼亚	2020	2.1		2.3		9.0	94.4		1.1	106.8	51	1.2282
SELAE	西班牙	2020	46.8	3 459.7			160.7	184.6	5 636.6		9 441.7	202	1.2282
L. Catalunya	西班牙	2020	7.6	14.3	1.7	3.5	3.5		37.7	7.3	67.9	9	1.2282
ONCE	西班牙	2020	46.8	240.3					1 094.4	649.1	1 983.8	42	1.2282
Svenska Spel（GGR）	瑞典	2019	10.1	277.9		57.6	57.2	170.1		172.2	735.0	73	0.1072
Swiss Los	瑞士	2020	6.1	826.7		56.6	71.3	395.2		454.1	1 804.4	296	1.1325
Loterie Romande	瑞士	2020	2.1	310.6	4.7	64.2	100.8	95.0		398.3	973.5	464	1.1325
土耳其国家彩票	土耳其	2018	76.7	429.8					158.1	54.3	642.2	8	0.1891
M.S.L. Ukraine	乌克兰	2019	44.0	6.6	0.0		2.8	2.0		3.7	15.2	0	0.0419
英国国家彩票	英国	2020	67.9	6 008.1						4 726.2	10 734.3	158	1.3577
总计				**36 066.1**	**1 673.5**	**1 417.7**	**17 193.3**	**11 070.6**	**8 567.2**	**32 140.6**	**108 129.0**		
占总额百分比				33.4%	1.5%	1.3%	15.9%	10.2%	7.9%	29.7%	100.00%		

附表 6　2020 年中美洲、南美洲和加勒比海地区彩票销售

彩票机构	国家	年份	人口（百万）	乐透 / 乐透附加（百万美元）	数字（百万美元）	基诺（百万美元）	其他（百万美元）	体彩（足彩）（百万美元）	抽奖型（百万美元）	即开型 / 拉开型（百万美元）	总销售额（百万美元）	人均销售额（美元）	汇率
国家彩票	阿根廷	2016	42.2	115.0	289.1				4.9	2.1	411.0	10	0.0629
C. Economica Federal	巴西	2020	212.6	3 233.7				12.4	42.7		3 288.8	15	0.1923
Polla Chilena	智利	2019	19.0	192.4			0.6	26.6	1.9	7.3	228.9	12	0.0013
Lotería Concepcion	智利	2008	17.9	7.3		67.5			6.7	8.6	90.0	5	0.0016
Junta de Proteccion	哥斯达黎加	2017	4.9	30.0	108.3				307.2	7.8	453.3	93	0.0017
国家彩票	萨尔瓦多	2015	6.4	39.0						3.0	42.0	7	1.0000
Supreme Ventures Ltd.	牙买加	2009	2.8	27.6	242.9	3.6	16.1			1.5	291.7	103	0.0112
国家彩票	巴拿马	2015	4.0	638.0						5.0	643.0	161	1.0000
INTRALOT de Peru	秘鲁	2012	29.5	38.0	0.8	1.8	0.1	41.6		7.2	89.5	3	0.3914
圣卢西亚国家彩票	圣卢西亚	2020	0.2	1.8	10.3					0.9	13.0	71	0.3704
国家彩票	特立尼达	2010	1.2	37.8	191.3	3.4				17.0	249.5	203	0.1548
Banco de Quinielas	乌拉圭	2020	1.3	33.9	54.5	25.7		78.2		15.9	208.2	158	0.0235
总计				**4 394.4**	**897.2**	**102.1**	**16.9**	**158.8**	**363.3**	**76.2**	**6 008.9**		
占总额百分比				73.1%	14.9%	1.7%	0.3%	2.6%	6.0%	1.3%	100.0%		

附表 7　2020 年北美洲彩票销售

彩票机构	国家	年份[1]	人口[2]（百万）	乐透 / 乐透附加[3]（百万美元）	数字[4]（百万美元）	基诺[5]（百万美元）	其他[6]（百万美元）	体彩（足彩）[7]（百万美元）	抽奖型（百万美元）	即开型 / 拉开型（百万美元）	总销售额（百万美元）	人均销售额（美元）	汇率[8]
大西洋彩票	加拿大	2020	2.4	248.0	0.4	8.5	158.2	28.2		237.1	680.4	279	0.7823
不列颠哥伦比亚彩票	加拿大	2020	5.1	498.2		253.3	274.1	21.3	59.3	205.3	1 311.5	255	0.7823
乐透－魁北克彩票机构	加拿大	2020	8.6	737.3	30.2	126.3	169.5	62.9	76.1	357.4	1 559.7	182	0.7823
安大略省彩票机构	加拿大	2020	14.7	1 659.7	146.8	76.9	7.7	161.2		1 193.3	3 245.6	220	0.7823
加拿大西部彩票	加拿大	2020	7.1	775.3	20.5	12.8		46.0		282.7	1 137.3	160	0.7823
Pronosticos	墨西哥	2015	125.2	393.4				82.6		8.3	484.3	4	0.0578
国家彩票	墨西哥	2016	125.2						262.9		262.9	2	0.0483
电子彩票	美国	2020	2.9	79.8	192.0	0.5			154.6	47.4	474.2	166	1.0000
维尔京群岛彩票	美国	FY10	0.1	4.6	1.1	0.2			7.9	3.1	17.0	154	1.0000
亚利桑那州彩票	美国	2020	7.4	202.4	16.2		36.3			1 015.6	1 270.5	171	1.0000
阿肯色州彩票	美国	2020	3.0	49.3	16.3		18.1			491.4	575.0	190	1.0000
加利福尼亚州彩票	美国	2020	39.4	1 030.6	205.2	322.8	34.7			5 563.5	7 156.9	182	1.0000

续表

彩票机构	国家	年份[1]	人口[2]（百万）	乐透 / 乐透附加[3]（百万美元）	数字[4]（百万美元）	基诺[5]（百万美元）	其他[6]（百万美元）	体彩（足彩）[7]（百万美元）	抽奖型（百万美元）	即开型 / 拉开型（百万美元）	总销售额（百万美元）	人均销售额（美元）	汇率[8]
科罗拉多州彩票	美国	2020	5.8	167.5	14.5					518.9	701.0	121	1.0000
康涅狄格州彩票	美国	2020	3.6	159.1	283.1	121.4	20.8			792.4	1 376.9	387	1.0000
哥伦比亚特区彩票	美国	2020	0.7	12.0	125.2	6.8	18.8			44.8	207.6	292	1.0000
特拉华州彩票	美国	2020	1.0	35.3	60.2	8.7		90.2		102.2	296.7	301	1.0000
佛罗里达州彩票	美国	2020	21.7	1 097.2	797.6		19.5			6 279.5	8 193.7	377	1.0000
乔治亚州彩票	美国	2020	10.7	348.4	995.9	215.7	207.7			3 689.3	5 456.9	510	1.0000
印第安纳州彩票	美国	2020	6.8	183.9	95.5		20.9			1 235.5	1 535.7	228	1.0000
爱达荷州彩票	美国	2020	1.8	45.5	2.7		15.5			239.7	303.4	166	1.0000
伊利诺伊州彩票	美国	2020	12.6	426.0	615.3		15.7			2 032.0	3 089.1	245	1.0000
爱荷华州彩票	美国	2020	3.2	68.3	14.5		22.4			300.3	405.5	128	1.0000
堪萨斯州彩票	美国	2020	2.9	60.2	8.3	11.4	9.0			213.6	302.5	104	1.0000
肯塔基州彩票	美国	2020	4.5	113.7	245.6	78.5	86.7			848.5	1 373.0	306	1.0000
路易斯安那州彩票	美国	2020	4.6	121.4	134.0					302.1	557.5	120	1.0000
缅因州彩票	美国	2020	1.4	40.8	11.0		13.0			283.4	348.2	258	1.0000
马里兰州彩票	美国	2020	6.1	224.4	631.5	247.4	318.9			908.7	2 331.0	385	1.0000
马萨诸塞州彩票	美国	2020	6.9	279.1	346.9	912.4				3 726.9	5 265.3	764	1.0000
密歇根州彩票	美国	2020	10.0	340.1	1043.3	498.5	369.4			2 209.1	4 460.3	447	1.0000
明尼苏达州彩票	美国	2020	5.7	114.0	20.5		18.4			580.6	733.5	130	1.0000
密西西比州彩票	美国	2020	3.0	50.0						458.8	508.8	171	1.0000
密苏里州彩票	美国	2020	6.2	162.7	170.1	49.2				1 132.1	1 514.1	246	1.0000
蒙大拿州彩票	美国	2020	1.1	26.3			9.2	19.1		29.8	84.3	78	1.0000
内布拉斯加州彩票	美国	2020	1.9	65.1	7.2					116.9	189.3	98	1.0000
新罕布什尔州彩票	美国	2020	1.4	56.6	10.8	32.6	49.8			295.5	445.3	325	1.0000
新泽西州彩票	美国	2020	8.9	266.3	350.7	35.2	13.7			1 945.0	2 611.0	294	1.0000
新墨西哥州彩票	美国	2020	2.1	38.7	7.2		1.0			85.3	132.3	63	1.0000
纽约州彩票[9]	美国	2020	19.3	834.8	1 828.4	591.5				4 029.2	7 283.8	377	1.0000
北卡罗来纳州彩票	美国	2020	10.6	284.3	658.3	76.6	27.5			2 320.1	3 366.8	318	1.0000
北达科他州彩票	美国	2020	0.8	25.0							25.0	33	1.0000
俄亥俄州彩票	美国	2020	11.7	289.6	772.8	465.6	183.0			2 110.8	3 821.7	327	1.0000
俄克拉荷马州彩票	美国	2020	4.0	64.6	6.5					236.8	307.9	77	1.0000
俄勒冈州彩票[9]	美国	2020	4.2	90.5	1.8	89.5		20.1		171.4	373.3	88	1.0000
宾夕法尼亚州彩票	美国	2020	12.8	518.7	626.3	36.1	241.6			3 514.7	4 937.4	386	1.0000
罗得岛彩票[9]	美国	2020	1.1	39.9	23.6	65.8	1.2	24.1		122.8	277.2	262	1.0000

续表

彩票机构	国家	年份[1]	人口[2]（百万）	乐透/乐透附加[3]（百万美元）	数字[4]（百万美元）	基诺[5]（百万美元）	其他[6]（百万美元）	体彩（足彩）[7]（百万美元）	抽奖型（百万美元）	即开型/拉开型（百万美元）	总销售额（百万美元）	人均销售额（美元）	汇率[8]
南卡罗来纳州彩票	美国	2020	5.2	147.1	425.1					1 686.1	2 258.3	433	1.0000
南达科他州彩票[9]	美国	2020	0.9	21.1						41.8	62.9	71	1.0000
田纳西州彩票	美国	FY20	6.9	154.7	106.7	13.5	9.8			1 427.5	1 712.2	249	1.0000
德克萨斯州彩票	美国	2020	29.4	782.0	429.4					5 915.0	7 126.4	243	1.0000
佛蒙特州彩票	美国	2020	0.6	16.9	2.4		7.5			117.6	144.4	233	1.0000
弗吉尼亚州彩票	美国	2020	8.6	216.3	726.7	21.9	107.5			1 208.3	2 280.6	265	1.0000
华盛顿州彩票	美国	2020	7.7	173.9	22.4	6.3				676.3	878.8	114	1.0000
西弗吉尼亚州彩票	美国	2020	1.8	45.3	13.4	4.4	4.1			161.1	228.2	128	1.0000
威斯康星州彩票	美国	2020	5.8	173.5	43.4		0.6			571.5	789.0	135	1.0000
怀俄明州彩票	美国	2020	0.6	26.5							26.5	46	1.0000
总计				**14 085.7**	**12 307.3**	**4 390.3**	**2 512.0**	**555.7**	**560.8**	**62 086.7**	**96 498.5**		
占总额百分比				14.6%	12.8%	4.5%	2.6%	0.6%	0.6%	64.3%	100.00%		

注：

1.除非有特殊标注的“财政年度”，所有彩票销售都表示为日历年度。如果2020年度彩票销售数据在截稿前未能获得，编辑人员将采用上一年度提供的数据。栏中标注的“年度”表示销售数据公布的年度。表格列中的“年”表示彩票的销售年度，“PC”表示人均量。

2.美国人口数据为美国人口统计局2020年7月1日所预测的人口数据。2020年加拿大各省人口数据由加拿大统计局提供。2020年澳大利亚各州人口数据由澳大利亚统计局提供。其他国家的人口数据是该国2020年的预计人口数（来源：“统计时代”（Statistic Times））。

3.乐透游戏的销售数据包括各种乐透彩票的销售额以及乐透附加的销售额。

4.此栏数字销售为非乐透玩法，如每日和周开型的2D、3D和4D。

5.基诺彩票销售包括定期基诺抽奖和快速基诺抽奖。

6.此栏为混合栏，彩票种类包括宾果和一款类似于超级6的niche游戏。此外，博彩机构未提供销售明细，因此其总销售额列入“其他”类。

7.体彩（足彩）销售额包括赔率竞猜彩票和固定赔率投注彩票的销售。

8.货币汇率以2020年12月31日的当天销售为准（来源：www.oanda.com）。

9.彩票机构总销售额不包含视频终端游戏收入。

10.销售额不包括Tactilo的营业总收入。

附表 8　　2020 年非洲彩票销售

单位：当地货币百万计

彩票机构	国家	年份	货币	乐透/乐透附加	数字	基诺	其他	体彩（足彩）	抽奖型	即开型/拉开型	总销售额
阿尔及利亚体育彩票	阿尔及利亚	2003	阿尔及利亚第纳尔	359			6		35	491	890
国家彩票	贝宁	2000	西非法郎（非洲金融共同体法郎）				2 389	2 602		3 641	8 632
国家彩票	布基纳法索	2016	西非法郎（非洲金融共同体法郎）	460				106 040		3 500	110 000
国家彩票	布隆迪	2010								780	780
COGELO	刚果	1995	中非法郎（中非金融合作法郎）				8 738				8 738
国家彩票	科特迪瓦	2003	西非法郎（非洲金融共同体法郎）							35 542	35 542
国家彩票	埃塞俄比亚	2012	埃塞俄比亚比尔	7					159	341	507
国家彩票	冈比亚	1997	达拉西				9			4	13
国家彩票	加纳	2014	加纳塞地	316			2				317

续表

彩票机构	国家	年份	货币	乐透 / 乐透附加	数字	基诺	其他	体彩（足彩）	抽奖型	即开型 / 拉开型	总销售额
慈善彩票	肯尼亚	1996	肯尼亚先令						1	463	464
Sociéte d' Explotiation	马达加斯加	1996	马达加斯加法郎	3 393						2 813	6 207
LONAMA	马里	1999	西非法郎（非洲金融共同体法郎）					95		2	97
Lottotech Ltd.	毛里求斯	2020	毛里求斯卢比	1 870							1 870
体育彩票	摩洛哥	2006	摩洛哥迪拉姆					227		111	339
国家彩票	摩洛哥	2017	摩洛哥迪拉姆	153	107	210	35			203	708
莫桑比克博彩机构	莫桑比克	2003	莫桑比克梅蒂卡尔		26 678			22 616			49 294
国家彩票	尼日尔	2014	西非法郎（非洲金融共同体法郎）					15 500		600	16 100
国家彩票	塞内加尔	2000	西非法郎（非洲金融共同体法郎）				23 286	573	68	1 331	25 258
南非国家彩票	南非	2019	南非兰特	6 174	7	1	14	244		86	6 525
国家彩票	多哥	1999	西非法郎（非洲金融共同体法郎）	4 350			81 741	4 023		290	8 745
津巴布韦国家彩票	津巴布韦	2010	津巴布韦元				11			43	54

附表 9　　2020 年亚洲 / 中东彩票销售

单位：当地货币百万计

彩票机构	国家和地区	年份	货币	乐透 / 乐透附加	数字	基诺	其他	体彩（足彩）	抽奖型	即开型 / 拉开型	总销售额
中国福利彩票	中国	2020	元	102 472	19 669	911				14 643	137 695
中国体育彩票	中国	2020	元	39 455	60 312			74916		14 778	189 461
香港马会奖券有限公司	中国香港	2019	港币	8 400							8 400
幸运彩票	印度	2003	印度卢比	62 500							62 500
马丁彩票代理	印度	2003	印度卢比	106	1 921				34 675		36 702
瑞穗银行彩票部	日本	2020	日元	316 677	83 085		12 899		336411	49 534	798 606
日本体育彩票中心	日本	2020	日元					88 298			88 298
Nanum Lotto, Inc.	韩国	2016	韩元	3566012			41 158		98 151	180 415	3885736
Sportstoto Korea	韩国	2020	韩元					4892842			4892842
KoreaSports Promotion	韩国	2014	韩元					3281344			3281344
Libanaise des Jeux	黎巴嫩	2018	黎巴嫩磅				172 347			4 416	176 763
Magnum Corp.	马来西亚	2015	马来西亚元		2 700						2 700
Pan Malaysian Pools	马来西亚	2020	马来西亚元		1 600			300			1 900
马来西亚体育足彩	马来西亚	2020	马来西亚元				2 388				2 388
慈善彩票	菲律宾	2019	菲律宾比索	10 717	28 998	1 753			11	777	42 257

续表

彩票机构	国家和地区	年份	货币	乐透 / 乐透附加	数字	基诺	其他	体彩（足彩）	抽奖型	即开型 / 拉开型	总销售额
新加坡博彩机构	新加坡	2018	新加坡元				7 402				7 402
国家彩票机构	斯里兰卡	2015	斯里兰卡卢比						16 029	1 152	17 181
中国台湾彩票机构	中国台湾	2020	新台币	42 395	2 129	15 267	9 276			59 928	128 995
中国台湾体育彩票	中国台湾	2020	新台币					40 523			40 523
政府彩票办公室	泰国	2020	泰铢						164 160		164 160
越南彩票	越南	2020	越南盾	2 613 681	236 467	2 078 773					4 928 922

附表 10　　2020 年澳大利亚、新西兰彩票销售

单位：当地货币百万计

彩票机构	国家	年份	货币	乐透 / 乐透附加	数字	基诺	其他	体彩（足彩）	抽奖型	即开型 / 拉开型	总销售额
金匣子彩票机构	澳大利亚	2020	澳元	1 286					15	245	1 546
西澳大利亚彩票机构	澳大利亚	2020	澳元	736	14		66			137	955
新南威尔士州彩票机构	澳大利亚	2020	澳元	1 808					74	147	2 029
南澳大利亚彩票机构	澳大利亚	2020	澳元	384		132			4	41	561
塔特萨尔彩票机构	澳大利亚	2020	澳元	1 994					9	97	2 101
新西兰彩票机构	新西兰	2020	新西兰元	1 269		40	60			120	1 489

附表 11　　2020 年欧洲彩票销售

单位：当地货币百万计

彩票机构	国家	年份	货币	乐透 / 乐透附加	数字	基诺	其他	体彩（足彩）	抽奖型	即开型 / 拉开型	总销售额
奥地利彩票（GGR）	奥地利	2020	欧元	596	5	0	127	3	12	65	807
国家彩票	比利时	2020	欧元	940			104			392	1 436
国家彩票	保加利亚	2019	保加利亚列弗	35			84			668	787
Hrvatska Lutrija	克罗地亚	2020	克罗地亚库纳	503		63	188	419	8	100	1 281
政府彩票	塞浦路斯	2019	欧元						3	24	27
SAZKA a.s.	捷克	2019	捷克克朗		9 689		453	2 490		5 130	17 762
Danske Spil	丹麦	2019	丹麦克朗	2 560			2 059				4 619
D. K. Klasselotteriet	丹麦	FY19	丹麦克朗						737		737
Eesti Loto AS	爱沙尼亚	2020	爱沙尼亚克朗	60		8				10	78
Veikkaus（GGR）	芬兰	2019	欧元	420		161	228	148		50	1 007
La Française des Jeux	法国	2020	欧元				5 015	3 186		7 718	15 919

续表

彩票机构	国家	年份	货币	乐透 / 乐透附加	数字	基诺	其他	体彩（足彩）	抽奖型	即开型 / 拉开型	总销售额
GKL（NKL & SKL）	德国	2019	欧元						333		333
Lotto Baden wurttemberg	德国	2020	欧元	858		19	73	6	49	76	1 081
Lotto Bayern	德国	2018	欧元	866		25	63	46	49	131	1 180
Lotto Berlin	德国	2018	欧元	236		6	13	1	8	6	271
不莱梅足彩	德国	2004	欧元	56			6	6	2	1	71
基尔西北乐透	德国	2018	欧元	211		4	27	6	10	6	263
Lotto Hessen	德国	2020	欧元	554		16	43	17	23	81	735
下萨克森州足彩－乐透	德国	2015	欧元	549		10	80	18	30	23	710
莫科林伯格乐透	德国	2015	欧元	107				3		4	114
西部乐透	德国	2019	欧元	1 296		25	97	54	38	83	1 593
莱茵兰－普法尔茨州乐透	德国	2017	欧元	274		7	25	14		17	337
Lotto Saarland	德国	2020	欧元	95		3	17	1	4	7	127
汉堡乐透	德国	2010	欧元	118		2	16	4	3	2	144
萨克森乐透－足彩	德国	2017	欧元	141		0	16	7	6	9	180
莱比锡 Sächsische 乐透	德国	2016	欧元				312				312
波茨坦勃兰登堡彩票	德国	2017	欧元	154		5	14	1	3	7	183
Lotto Thuringen	德国	2017	欧元	127		3	8	4	3	8	152
直布罗陀政府彩票	直布罗陀	FY15	直布罗陀镑						5		5
OPAP（GGR）	希腊	2019	欧元	779				396			1 175
希腊国家彩票（GGR）	希腊	2019	欧元							147	147
Szerencsejáték RT	匈牙利	2020	匈牙利福林	126 312	42 186	6 462		277 829		121 596	574 385
冰岛大学彩票	冰岛	2020	冰岛克朗						2 244	122	2 366
Islensk getspá / getraunir	冰岛	2020	冰岛克朗	6 012							6 012
国家彩票	爱尔兰	2019	欧元	549	10		28			298	885
以色列体育竞猜	以色列	2017	以色列谢克尔					3 030			3 030
米佛尔哈佩斯彩票	以色列	2020	以色列谢克尔	1 314	3 026	142	416			2 084	6 982
SISAL S.p.A.	意大利	2019	欧元	1 845			2 042	1 581		16	5 484
Lottomatica	意大利	2020	欧元	5 443			2 994	302		8 146	16 885
国家彩票	哈萨克斯坦	2020	哈萨克斯坦坚戈	1 188		407	1 111			3 844	6 549
Latvijas Loto SJSC	拉脱维亚	2020	欧元				57				57
UAB OLIFEJA	立陶宛	2020	欧元	37		3				39	79
Loterie Nationale	卢森堡	2010	欧元	55		22				17	94
Lotarija Makedonija	马其顿	2008	代纳尔					409			409
MALTCO Lotteries（GGR）	马耳他	2020	欧元	21		5	0	4		0	31

续表

彩票机构	国家	年份	货币	乐透 / 乐透附加	数字	基诺	其他	体彩（足彩）	抽奖型	即开型 / 拉开型	总销售额
摩尔多瓦彩票	摩尔多瓦	2015	摩尔多瓦列伊	7				2			9
荷兰彩票机构	荷兰	2016	欧元	156	7	22		134	696	87	1 102
Norsk Tipping AS	挪威	2019	挪威克朗	10 564			18 030	3 797		1 051	33 442
Totaliator Sportowy	波兰	2020	兹罗提	2 593		2 588			50	1 559	6 790
SCML	葡萄牙	2019	欧元	827			98	640	76	1 718	3 360
罗马尼亚彩票	罗马尼亚	2020	罗马尼亚列伊	286				1		62	349
JSC TC Center	俄罗斯	2020	卢布	31 956	9 837	430	8 393			1 534	52 150
塞尔维亚国家彩票	塞尔维亚	2017	塞尔维亚第纳尔	4 097			852			1 200	6 148
Tipos AS	斯洛伐克	2019	欧元	136		51	237	39		80	542
Sportna Loterija d.d.	斯洛文尼亚	2020	欧元		2		7	77		1	87
SELAE	西班牙	2020	欧元	2 817			131	150	4 589		7 687
Loteria Catalunya	西班牙	2020	欧元	12	1	3	3		31	6	55
ONCE	西班牙	2020	欧元	196					891	529	1 615
AB Svenska Spel（GGR）	瑞典	2019	瑞典克朗	2 593		537	534	1 587		1 607	6 858
Swiss Los	瑞士	2020	瑞士法郎	730		50	63	349		401	1 593
Loterie Romande	瑞士	2020	瑞士法郎	274	4	57	89	84		352	860
土耳其国家彩票	土耳其	2018	新土耳其里拉	2 273					836	287	3 397
M.S.L. Ukraine	乌克兰	2019	格里夫纳	157	1		66	49		89	363
英国国家彩票	英国	2020	英镑	4 425						3 481	7 906

附表 12　　2020 年中美洲、南美洲和加勒比海地区彩票销售

单位：当地货币百万计

	国家	年份	货币	乐透 / 乐透附加	数字	基诺	其他	体彩（足彩）	抽奖型	即开型 / 拉开型	总销售额
国家彩票	阿根廷	2016	阿根廷比索	1 828	4 597				78	33	6 535
C. Economica Federal	巴西	2020	巴西雷亚尔	16 820				65	222		17 107
Polla Chilena	智利	2019	智利比索	143 616			462	19 867	1 413	5 459	170 817
Lotería Concepcion	智利	2008	智利比索	4 573		42 374			4 197	5 397	56 541
Junta de Proteccion	哥斯达黎加	2017	哥斯达黎加克朗	17 231	62 240				176 544	4 482	260 498
国家彩票	萨尔瓦多	2015	美元	39						3	42
Supreme Ventures Ltd.	牙买加	2009	牙买加元	2 465	21 684	324	1 439			131	26 043
国家彩票	巴拿马	2015	巴拿马巴波亚	638						5	643
INTRALOT de Peru	秘鲁	2012	秘鲁索尔	97	2	5	0	106		18	229
圣卢西亚国家彩票	圣卢西亚	2020	东加勒比元	5	28					2	35
国家彩票	特立尼达	2010	特立尼达和多巴哥元	244	1 236	22				110	1 612
Banco de Quinielas	乌拉圭	2020	乌拉圭新比索	1 443	2 319	1 093		3 323		675	8 853

附表 13　　　　2020 年北美洲彩票销售

单位：当地货币百万计

	国家	年份	货币	乐透 / 乐透附加	数字	基诺	其他	体彩（足彩）	抽奖型	即开型 / 拉开型	总销售额
大西洋彩票机构	加拿大	2020	加元	317	1	11	202	36		307	874
不列颠哥伦比亚彩票	加拿大	2020	加元	637		324	350	27	76	262	1 677
乐透－魁北克	加拿大	2020	加元	943	39	161	217	80	97	457	1 994
安大略省彩票和博彩机构	加拿大	2020	加元	2 122	188	98	10	206		1 525	4 149
加拿大西部彩票	加拿大	2020	加元	991	26	16		59		361	1 454
Pronosticos	墨西哥	2015	墨西哥比索	6 805				1 429		143	8 377
国家彩票	墨西哥	2016	墨西哥比索						5 440		5 440

附表 14　　　　2020 年亚洲视频彩票终端（VLT）机器净收入

彩票机构	国家	年份	人口（百万）	乐透 / 乐透附加（百万美元）	数字（百万美元）	基诺（百万美元）	视频终端（净）净收入（百万美元）	体彩（足彩）（百万美元）	抽奖型（百万美元）	即开型 / 拉开型（百万美元）	销售总额（百万美元）	人均销售额（美元）	汇率
中国福利彩票	中国	2020	1439.3				364.3				364.3	0.25	0.1532

附表 15　　　　2020 年欧洲视频彩票终端（VLT）机器净收入

彩票机构	国家	年份	人口（百万）	乐透 / 乐透附加（百万美元）	数字（百万美元）	基诺（百万美元）	视频终端净收入（百万美元）	体彩（足彩）（百万美元）	抽奖型（百万美元）	即开型 / 拉开型（百万美元）	销售总额（百万美元）	人均销售额（美元）	汇率
奥地利彩票	奥地利	2020	9.0				32.9				32.9	4	1.2282
OPAP	希腊	2019	10.5				333.3				333.3	32	1.1199
冰岛大学彩票	冰岛	2020	0.3				36.5				36.5	108	0.0079
SISAL S.p.A.[1]	意大利	2019	59.3				4 689.6				4 689.6	79	1.1199
Lottomatica[1]	意大利	2018	59.3				10 928.8				10 928.8	184	1.1438
Lotarija Makedonija	马其顿	2008	2.1				20.76				20.8	10	0.0234
摩尔多瓦彩票	摩尔多瓦	2015	3.6				0.4				0.4	0	0.0504
Norsk Tipping AS	挪威	2019	5.4				57.1				57.1	11	0.1136
罗马尼亚彩票	罗马尼亚	2020	19.6				154.3				154.3	8	0.2519
AB Svenska Spel	瑞典	2019	9.9				80.2				80.2	8	0.1072
Loterie Romande	瑞士	2020	2.1				48.1				48.1	23	1.1325
M.S.L. Ukraine	乌克兰	2019	44.0				0.4				0.4	0	0.0419
总计			**225.0**				**16 382.5**				**16 382.5**	**73**	

注：1 表示 VLT 和 AWP 的收入。

附表 16　　2020 年北美洲视频彩票终端（VLT）机器净收入

彩票机构	国家	年份	人口（百万）	乐透/乐透附加（百万美元）	数字（百万美元）	基诺（百万美元）	VLT净收入（百万美元）	体彩（足彩）（百万美元）	抽奖型（百万美元）	即开型/拉开型（百万美元）	销售总额（百万美元）	人均销售额（美元）	汇率
阿尔伯塔省博彩与酒类	加拿大	FY20	4.4				426.7				426.7	97	0.7823
大西洋彩票	加拿大	2020	2.4				325.5				325.5	134	0.7823
乐透－魁北克（SEJQ）	加拿大	2020	8.5				702.5				702.5	82	0.7823
曼尼托巴省彩票	加拿大	FY20	1.4				277.4				277.4	202	0.7823
萨斯喀彻温省酒类和彩票	加拿大	FY20	1.2				170.1				170.1	144	0.7823
特拉华州彩票	美国	2020	1.0				202.7				202.7	208	1.0000
马里兰州彩票	美国	2020	6.0				798.4				798.4	132	1.0000
纽约州彩票	美国	2020	19.5				729.5				729.5	37	1.0000
俄亥俄州彩票	美国	2020	11.7				724.2				724.2	62	1.0000
俄勒冈州彩票	美国	2020	4.2				662.1				662.1	157	1.0000
罗得岛彩票	美国	2020	1.1				248.6				248.6	235	1.0000
南达科他州彩票	美国	2020	0.9				252.2				252.2	285	1.0000
西弗吉尼亚州彩票	美国	2020	1.8				712.8				712.8	398	1.0000
总计			**64.0**				**6 232.7**				**6 232.7**	**97**	
世界各国销售总计							**22 979.5**				**22 979.5**		

附表 17　　2020 年亚洲视频彩票终端（VLT）机器净收入

单位：当地货币百万计

彩票机构	国家	年份	货币	乐透/乐透附加	数字	基诺	VLT净收入	体彩（足彩）	抽奖型	即开型/拉开型	总计
中国福利彩票	中国	2020	元				2 378				2 378

附表 18　　2020 年欧洲视频彩票终端（VLT）机器净收入

单位：当地货币百万计

彩票机构	国家	年份	货币	乐透/乐透附加	数字	基诺	VLT净收入	体彩（足彩）	抽奖型	即开型/拉开型	总计
奥地利彩票	奥地利	2020	欧元				27				27
OPAP	希腊	2019	欧元				298				298
冰岛大学彩票	冰岛	2020	冰岛克朗				4 654				4 654
SISAL S.p.A.[1]	意大利	2019	欧元				4 188				4 188
Lottomatica[1]	意大利	2018	欧元				9 555				9 555
马其顿彩票	马其顿	2008	代纳尔				887				887
摩尔多瓦彩票	摩尔多瓦	2015	摩尔多瓦列伊				8				8
Norsk Tipping AS	挪威	2019	挪威克朗				503				503

续表

彩票机构	国家	年份	货币	乐透/乐透附加	数字	基诺	VLT净收入	体彩（足彩）	抽奖型	即开型/拉开型	总计
罗马尼亚彩票	罗马尼亚	2020	罗马尼亚列伊				613				613
AB Svenska Spel	瑞典	2019	瑞典克朗				748				748
Loterie Romande	瑞士	2020	瑞士法郎				43				43
M.S.L. Ukraine	乌克兰	2019	格里夫纳				11				11

注：1 代表综合 VLT 和 AWP 收入。

附表 19　　2020 年北美洲视频彩票终端（VLT）机器净收入

单位：当地货币百万计

彩票机构	国家	年份	货币	乐透/乐透附加	数字	基诺	VLT净收入	体彩（足彩）	抽奖型	即开型/拉开型	总计
阿尔伯塔省博彩与酒类	加拿大	FY20	加元				546				546
大西洋彩票	加拿大	2020	加元				416				416
乐透－魁北克（SEJQ）	加拿大	2020	加元				898				898
曼尼托巴省彩票	加拿大	FY20	加元				355				355
萨斯喀彻温省酒类和彩票	加拿大	FY20	加元				218				218
特拉华州彩票	美国	2020	美元				203				203
马里兰州彩票	美国	2020	美元				798				798
纽约州彩票	美国	2020	美元				730				730
俄亥俄州彩票	美国	2020	美元				724				724
俄勒冈州彩票	美国	2020	美元				662				662
罗得岛彩票	美国	2020	美元				249				249
南达科他州彩票	美国	2020	美元				252				252
西弗吉尼亚州彩票	美国	2020	美元				713				713

（国家体育总局体育彩票管理中心供稿）

七、彩票票样

中国福利彩票
面值5元
最高奖金10万元
牛
【明】唐寅·自书词
五牛图
10-10

中国福利彩票
面值10元
福
最高奖金1万元
8次中奖机会
(2-1)

中国福利彩票
面值10元
福源宝地
最高奖金20万元
玩法区
12次中奖机会
中奖号码
我的号码
刮开覆盖膜，如果任意一个"我的号码"与任意一个"中奖号码"相同，即可获得该"我的号码"下方所对应的奖金；如果刮出"福"图符，即可获得该图符下方所对应的奖金。中奖奖金兼中兼得。
(4-1)

中国福利彩票
面值10元
福源宝地
最高奖金20万元
玩法区
12次中奖机会
中奖号码
我的号码
刮开覆盖膜，如果任意一个"我的号码"与任意一个"中奖号码"相同，即可获得该"我的号码"下方所对应的奖金；如果刮出"福"图符，即可获得该图符下方所对应的奖金。中奖奖金兼中兼得。
(4-3)

中国福利彩票
面值20元
才华盖世
16次中奖机会
最高奖金100万元
玩法二
保安区刮开无效
J0000-00000-0000000-000-2

中国福利彩票
面值10元
南岳衡山
寿岳石刻
奖金对照表
(8-1)
最高奖金40万元
玩法区

中国福利彩票
面值10元
南岳衡山
南岳云海
奖金对照表
(8-4)
最高奖金40万元
玩法区

中国福利彩票
面值10元
南岳衡山
云中南台
奖金对照表
(8-8)
最高奖金40万元
玩法区

中国福利彩票
面值10元
金山·银山
(12-1)
最高奖金10万元
"两山"理念诞生地
湖州·安吉余村

中国福利彩票
面值10元
金山·银山
(12-5)
最高奖金10万元
湖州·吴兴丝绸小镇

中国福利彩票
面值10元
金山·银山
(12-4)
最高奖金10万元
湖州·安吉高家堂村

中国福利彩票
面值10元
金山·银山
(12-12)
最高奖金10万元
湖州·长兴大唐贡茶院

中国福利彩票
面值10元
深圳 40周年
1980-2020
深圳经济特区建立40周年
17次中奖机会
最高奖金40万元
[市民中心]

中国福利彩票
面值10元
深圳 40周年
1980-2020
深圳经济特区建立40周年
17次中奖机会
最高奖金40万元
[地王大厦]

中国福利彩票
面值10元
深圳 40周年
1980-2020
深圳经济特区建立40周年
17次中奖机会
最高奖金40万元
[大梅沙]

中国福利彩票
面值10元
深圳 40周年
1980-2020
深圳经济特区建立40周年
17次中奖机会
最高奖金40万元
[蛇口]

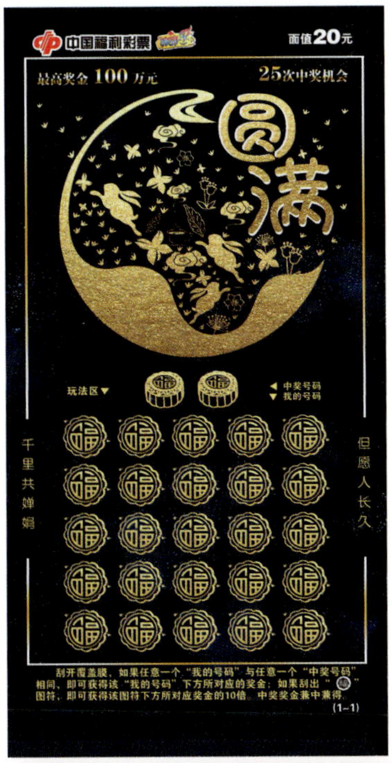
中国福利彩票
面值20元
最高奖金100万元
25次中奖机会
圆满
玩法区
中奖号码
我的号码
千里共婵娟
但愿人长久
(1-1)

中国福利彩票
12次中奖机会
面值10元
大美湘中
玩法区
中奖号码
我的号码
最高奖金40万元
(8-1)
保安区刮开无效
J0000-00000-0000000-000-2

中国福利彩票
12次中奖机会
面值10元
大美湘中
玩法区
中奖号码
我的号码
最高奖金40万元
(8-3)
保安区刮开无效
J0000-00000-0000000-000-2

中国福利彩票
面值10元
福在眼前
26次中奖机会
最高奖金30万元
中奖号码
我的号码
玩法区
(1-1)
保安区刮开无效
J0000-00000-0000000-000-2

中国福利彩票
最高奖金10万元
面值10元
丽美千秋
长江第一湾
11次中奖机会
奖金
保安区刮开无效
J0000-00000-0000000-000-2

中国福利彩票
最高奖金10万元
面值10元
丽美千秋
黑龙潭
11次中奖机会
奖金
保安区刮开无效
J0000-00000-0000000-000-2

中国福利彩票
面值5元
笑口常开
最高奖金
1万元
8次
中奖机会
玩法区
刮开覆盖膜，如果刮出任何奖金金额，即可获得该奖金。中奖奖金兼中兼得。
(3-1)
保安区刮开无效
J0000-00000-0000000-000-2

中国福利彩票
面值5元
笑口常开
最高奖金
1万元
8次
中奖机会
玩法区
刮开覆盖膜，如果刮出任何奖金金额，即可获得该奖金。中奖奖金兼中兼得。
(3-3)
保安区刮开无效
J0000-00000-0000000-000-2

中国福利彩票
面值5元
辛丑牛
牛气冲天
6次中奖机会
最高奖金10万元
我的号码
中奖号码
玩法区
(2-1)
保安区刮开无效
J0000-00000-0000000-000-2

中国福利彩票
最高奖金1万元
面值5元
欢乐Party
5次中奖机会
保安区刮开无效
J0000-00000-0000000-000-3

中国福利彩票
9次中奖机会
面值5元
福
连连好运
最高奖金1万元
保安区刮开无效
J0000-00000-0000000-000-3

中国福利彩票
面值5元
挖金矿
最高奖金15万元
8次中奖机会
保安区刮开无效
J0000-00000-0000000-000-3

中国福利彩票
面值10元
超给力
15次中奖机会 最高奖金30万元
赞
保安区刮开无效
J0000-00000-0000000-000-3

中国福利彩票
面值10元
福鼠送彩
最高奖金25万元
保安区刮开无效
J0000-00000-0000000-000-3

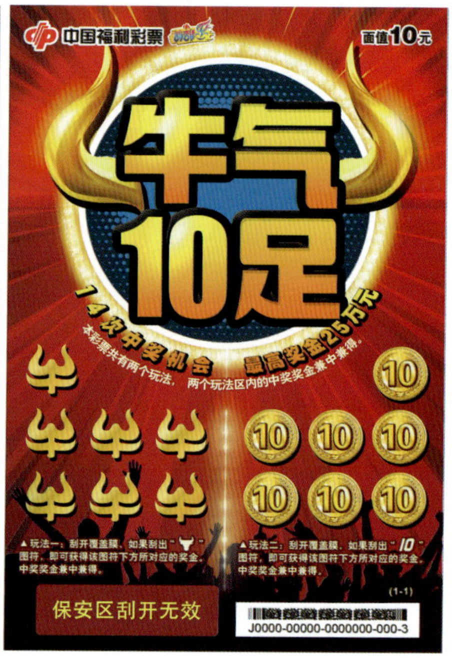
中国福利彩票
面值10元
牛气10足
14次中奖机会
最高奖金25万元
保安区刮开无效
J0000-00000-0000000-000-3

中国福利彩票
面值10元
平凡英雄
10次中奖机会 最高奖金20万元
保安区刮开无效
J0000-00000-0000000-000-3

中国福利彩票
面值10元
平凡英雄
10次中奖机会 最高奖金20万元
保安区刮开无效
J0000-00000-0000000-000-3

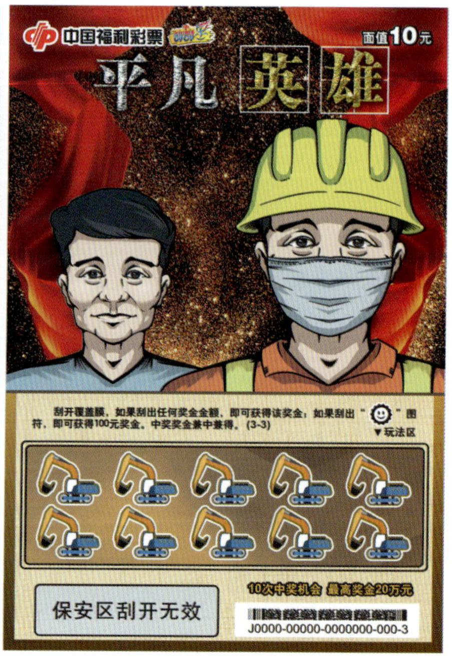
中国福利彩票
面值10元
平凡英雄
10次中奖机会 最高奖金20万元
保安区刮开无效
J0000-00000-0000000-000-3

共有20次中奖机会！
面值20元
星光闪耀
最高奖金1,000,000元！
刮开区
保安区刮开无效
35-0552-0000001-000

共有20次中奖机会！
面值20元
星光闪耀
最高奖金1,000,000元！
刮开区
保安区刮开无效
35-0552-0000001-000

面值10元
鼠来宝
农历庚子鼠年
刮开区
保安区刮开无效
最高奖金30万元
36-0583-000000001-000

面值5元
中奖奖金兼中兼得
最高奖金100,000元
好运生肖
保安区刮开无效
生肖中奖·元宝通吃
36-0584-000000001-000

面值5元
中奖奖金兼中兼得
最高奖金100,000元
好运生肖
保安区刮开无效
生肖中奖·元宝通吃
36-0584-000000001-000

面值5元
中奖奖金兼中兼得
最高奖金100,000元
好运生肖
保安区刮开无效
生肖中奖·元宝通吃
36-0584-000000001-000

面值5元
CHENGDU 2021
炫青春
行大运
世界文创名城
保安区刮开无效
最高奖金10万元
36-0623-000000001-000

面值5元
CHENGDU 2021
炫青春
行大运
世界赛事名城
保安区刮开无效
最高奖金10万元
36-0623-000000001-000

面值5元
CHENGDU 2021
炫青春
行大运
国际音乐之都
保安区刮开无效
最高奖金10万元
36-0623-000000001-000

面值20元
7彩宝石
最高奖金100万元
保安区刮开无效
35-0625-0000001-000

面值20元
7彩宝石
最高奖金100万元
保安区刮开无效
35-0625-0000001-000

面值30元
最高奖金100万元
中奖奖金兼中兼得
新速度新高度
▼游戏一：刮开覆盖膜，如果出现金额标志，即中得该金额。
▼游戏二：刮开覆盖膜，如果你的号码中任意一个号码与中奖号码之一相同，即中得该号码下方所示的奖金金额。
▼中奖号码
▼你的号码
保安区刮开无效
36-0624-00000001-000

面值5元
锦鲤
保安区刮开无效
35-0635-0000001-000

面值5元
一蹴而就
最高奖金200,000元
刮开覆盖膜，如果出现金额标志，即中得该金额。
保安区刮开无效
35-0632-0000001-000

面值20元
一蹴而就
最高奖金1,000,000元
刮开覆盖膜，如果出现金额标志，即中得该金额。
保安区刮开无效
35-0633-0000001-000

面值10元
幸运时辰
最高奖金250,000元
刮开覆盖膜，在任意一场游戏中，如果出现两个相同的时辰，即中得该场游戏区内所示的奖金金额，中奖奖金兼中兼得。
保安区刮开无效
35-0627-0000001-000

顶呱刮
中国体育彩票
面值20元
国宝系列
大熊猫
飞行员
保安区刮开无效
最高奖金100万元
中奖奖金兼中兼得
35-0639-0000001-000

顶呱刮
中国体育彩票
面值20元
可可西里
大美青海
中华水塔
保安区刮开无效
最高奖金25万元
中奖奖金兼中兼得
36-0645-000000001-000

顶呱刮
中国体育彩票
面值5元
最高奖金十万元
梁山伯与祝英台
第1场
第2场
第3场
第4场
第5场
遇见
刮开覆盖膜，在任意一场游戏中，如果出现两个相同的标志，即中得该场游戏下方所示的金额；如果出现爱心标志，即中得该场游戏下方所示金额的两倍。中奖奖金兼中兼得。
保安区刮开无效
36-0643-000000001-000

顶呱刮
中国体育彩票
面值10元
广西·宁明花山岩画
秀甲天下 壮美广西
中奖号码
你的号码
保安区刮开无效
最高奖金25万元
36-0673-000000001-000

顶呱刮
中国体育彩票
面值10元
蒸蒸日上
保安区刮开无效
最高奖金30万元
中奖奖金兼中兼得
35-0642-0000001-000

顶呱刮
中国体育彩票
面值5元
最高奖金十万元
第1场
第2场
第3场
第4场
第5场
遇见
保安区刮开无效
36-0643-000000001-000

顶呱刮
中国体育彩票
面值5元
最高奖金十万元
牛郎与织女
第1场
第2场
第3场
第4场
第5场
遇见
保安区刮开无效
36-0643-000000001-000

顶呱刮
中国体育彩票
面值5元
最高奖金十万元
梁山伯与祝英台
第1场
第2场
第4场
第5场
遇见
保安区刮开无效
36-0643-000000001-000

面值5元
最高奖金5万元
全民运动
保安区刮开无效

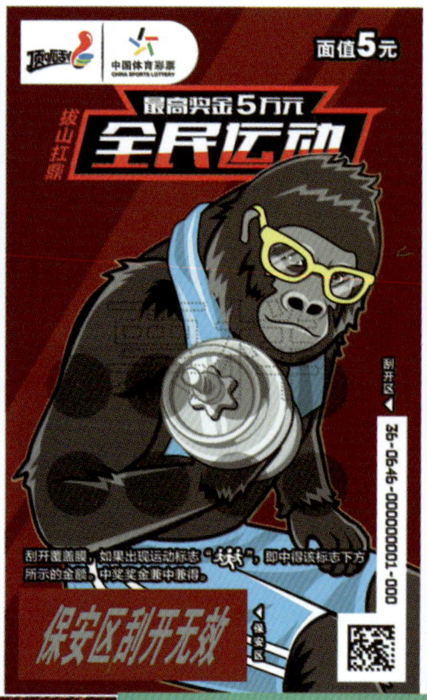
面值5元
最高奖金5万元
全民运动
保安区刮开无效

面值5元
最高奖金5万元
全民运动
保安区刮开无效

面值5元
最高奖金5万元
全民运动
保安区刮开无效

面值50元
中国龙
最高奖金1,000,000元
¥100
¥150
¥600
¥800
中奖号码
翻倍号码
你的号码
保安区刮开无效
中奖奖金兼中兼得
36-0677-000000001-000

最高奖金10,000元
面值5元
共有8次中奖机会
保安区刮开无效
36-0686-000000001-000

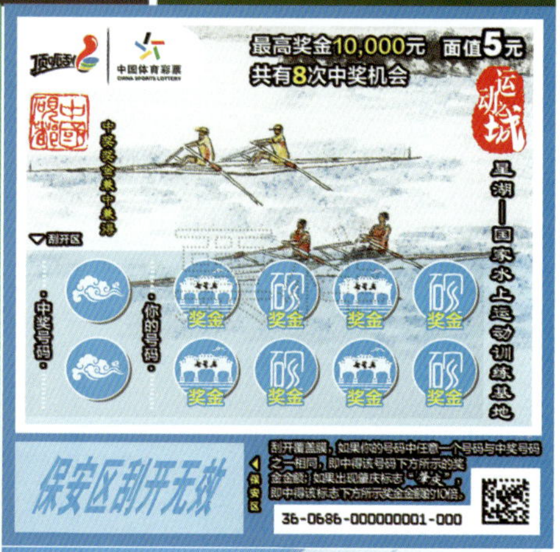
最高奖金10,000元
面值5元
共有8次中奖机会
保安区刮开无效
36-0686-000000001-000

最高奖金1万元
面值5元
奖金
火锅
保安区刮开无效
36-0671-000000001-000

面值5元
最高奖金10万元
共有8次中奖机会
赢冰雪
保安区刮开无效
36-0679-000000001-000

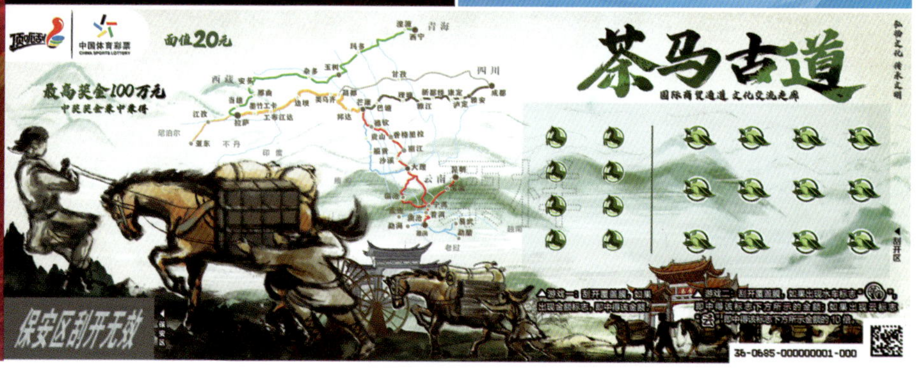
面值20元
最高奖金100万元
茶马古道
保安区刮开无效
36-0685-000000001-000